物流产业发展规划理论与实践

汪　鸣　编著

人民交通出版社股份有限公司
China Communications Press Co.,Ltd.

内 容 提 要

本书以现代物流产业为视角，以国内外物流规划的最新理论与实践为背景，既系统总结了各类物流规划的基本方法，又在物流产业发展规划理论与方法方面进行了积极探索和系统研究，并通过物流产业发展规划的内容、目标、环境分析、需求分析、基础设施建设、物流企业发展、企业物流技术应用，以及物流系统建设、物流组织与网络构建、物流产业发展政策和规划的实施等诸多层面，对物流产业发展涉及的长期性、前沿性和重点、难点问题，进行了既具有理论系统性又具有实践和创新性的研究。特别是作者在2002年提出物流复合产业概念的基础上，集10余年从事该领域研究工作与资料积累，将物流产业发展规划的主要类型、内容与相关案例较为全面和集中地体现在本书中，对从事物流教学、规划研究、政府管理和企业经营的人员，具有较高的参考价值。

图书在版编目(CIP)数据

物流产业发展规划理论与实践 / 汪鸣编著. — 北京：人民交通出版社股份有限公司，2014.6

ISBN 978-7-114-11429-8

Ⅰ. ①物… Ⅱ. ①汪… Ⅲ. ①物流—产业发展—研究—中国 Ⅳ. ①F259.2

中国版本图书馆CIP数据核字(2014)第102141号

书　　名： 物流产业发展规划理论与实践
著 作 者： 汪　鸣
责任编辑： 李　农　丁　遥　潘艳霞　富砚博
出版发行： 人民交通出版社股份有限公司
地　　址： (100011)北京市朝阳区安定门外外馆斜街3号
网　　址： http://www.ccpress.com.cn
销售电话： (010)59757973
总 经 销： 人民交通出版社股份有限公司发行部
经　　销： 各地新华书店
印　　刷： 北京市天宇万达印刷有限公司
开　　本： 787×1092　1/16
印　　张： 28.5
字　　数： 684千
版　　次： 2014年6月　第1版
印　　次： 2014年6月　第1次印刷
书　　号： ISBN 978-7-114-11429-8
定　　价： 128.00元

《物流产业发展规划理论与实践》
编　委　会

主　　编　汪　鸣

副 主 编　冯　浩　王彦庆　谢雨蓉

撰写人员　（按章节顺序）

汪　鸣　谢雨蓉　樊一江　陆成云

陆　华　冯　浩　王彦庆　贺兴东

前　言

自20世纪90年代后期以来，尤其是“十一五”国家力促经济发展方式转变以来，现代物流产业的发展在我国受到高度重视，从国家到地方营造了非常有利于现代物流产业发展的政策氛围。从政府部门和企业推进物流产业发展的途径与手段分析，制定各种类型物流产业发展规划(战略)，成为物流产业发展领域的重要工作。

现代物流在形态上既具有制造业和流通业企业物流技术应用基础上的流程再造，以达到降低物流成本、提高效率和创新服务为目标的供应链管理特征，又具有社会化分工基础上的专业化物流企业与第三方服务发展的产业特征。现代物流产业的形成与发展，是通过国民经济整体运行方式转变和工商企业运作模式与组织创新而实现的，无论是技术应用还是专业化服务的发展，均具有很强的相关性、交叉性和协同性。现代物流作为产业没有明显的产业界面，是具有多产业、多环节融合性的复合产业。如何形成适应现代物流产业发展的政府管理政策和企业运行模式，目前尚存在许多需要解决的问题。从物流产业规划的理论和方法论层面，均需要在既有实践的基础上，进行较为系统的总结和深化研究，以便为物流产业的发展提供理论和方法论支撑。

物流产业发展规划的内容较为复杂、庞杂，规划的形式具有多样性。规划涉及的产业领域和物流本身的发展层面的复杂性，使规划编制的难度较大，并主要难在如何能通过政府管理、政策和企业的运作途径，使规划能够付诸实施，需要在理论和方法论上解决诸如物流产业发展的方向、方式、定位、内容等方方面面的问题。物流产业发展规划的制定和实施主体具有多元性。目前，我国物流产业发展规划的制定和实施主体既包括各级、各类物流相关政府管理部门，也包括制造业、流通业和物流服务企业，其发展物流的目标不同，手段也存在明显差异，使物流产业发展规划因主体的不同而存在很大的区别。鉴于上述原因，编写《物流产业发展规划理论与实践》一书，对既有物流产业发展规划工作进行系统总结，特别是对规划的理论和方法进行归纳、提升，对梳理物流产业发展规划具有积极的作用和意义。

鉴于目前我国物流产业发展规划研究的现状，为使《物流产业发展规划理论与实践》一书对从事物流相关规划工作的人员既具有理论和方法论的参考价值，也能够使读者通过各类案例了解物流产业发展规划的内容和方法，《物流产业发展规划理论与实践》在编写上采取了理论与实践、宏观与微观、政府与企业等不同层面和角度具有内在逻辑联系的方式进行编写，并尽可能纳入目前较为前沿的理论和方法，以适应物流规划的不断进展。《物流产业发展规划理论与实践》在总体结构上分为基本理论与方法（第 1 至第 3 章）、国内外不同类型物流规划的内容和方法（第 4 至第 14 章）、物流规划案例（第 15 章），具有理论与实践紧密结合的特点，便于阅读、理解和运用。

《物流产业发展规划理论与实践》一书是国家发展和改革委员会综合运输研究所研究人员集体智慧的结晶，体现了专家和研究人员在物流规划方面的长期积累。作者系统总结了从事区域及省市物流产业发展规划、企业物流发展规划和物流企业、物流园区等百余项规划的经验，并积极吸收了国内外物流相关规划研究的成果，为读者展现了目前国内最新的物流产业发展规划研究进展情况。《物流产业发展规划理论与实践》一书的编写分工如下：第 1 章由汪鸣撰写（其中第 1.1 节的 1.1.1 和 1.1.2 由陆华撰写），第 2 章由谢雨蓉撰写，第 3 章由汪鸣撰写，第 4 章由樊一江撰写，第 5 章由谢雨蓉撰写，第 6 章由陆成云撰写（其中第 6.1 节由汪鸣撰写），第 7 章由冯浩撰写，第 8 章由王彦庆撰写（其中第 8.1 节由陆华撰写，第 8.3 节由贺兴东撰写），第 9 章由冯浩、陆成云撰写，第 10 章由王彦庆、贺兴东撰写，第 11 章由樊一江撰写，第 12 章由陆成云撰写，第 13 章由王彦庆、贺兴东撰写，第 14 章由贺兴东撰写（其中第 14.5 节由汪鸣撰写），第 15 章由陆成云撰写。全书由汪鸣统稿。

在《物流产业发展规划理论与实践》的撰写过程中，得到了业界同仁的大力帮助和支持，包括国务院政策研究室陈文玲司长、中国物流与采购联合会副会长兼秘书长崔忠付、中国物流与采购联合会副秘书长兼研究室主任贺登才、北京物资学院孙前进博士、北方工业集团公司王佐博士、北京物资学院崔介河教授、北京中物联物流规划研究院李锦莹院长等，均对本书的编写提供了思想贡献、理论指导和资料支持，在此深表感谢！

由于作者的理论水平有限，加上物流产业发展规划理论和方法也在不断演变之中，《物流产业发展规划理论与实践》一书的疏漏、粗浅甚至谬误之处在所难免，作者愿与热爱物流产业发展和积极从事物流产业发展规划工作的同仁共同研究和讨论，为我国物流产业的发展作出贡献。

作　者

2013 年 12 月 · 北京

目　录

第 1 章　物流产业发展问题

物流产业与经济发展、产业运行具有紧密的内在联系，物流产业的发展水平和质量，既受关联产业和经济发展阶段的制约，又因供应链物流管理与服务、第三方物流服务、物流园区规划与建设、城市配送系统建设等的应用和发展，对关联产业具有良好的提升发展和转型引导作用。物流产业是国民经济发展中非常重要的、运作机理较为复杂的产业。物流产业发展的重要性和复杂性，使得物流产业发展的规划和政策引导成为非常具有难度的一项工作。如何按照物流产业与经济发展关系特征，以及遵循物流产业自身的发展规律，编制科学性、可操作性的规划，并制定能推动物流业健康发展的实施政策，成为物流产业发展中的重要任务和根本问题。

1.1　物流产业问题的产生

1.1.1　产业问题产生的基础

在现代经济发展趋向产业化和产业组织不断变革的背景下，物流产业发展问题的产生，既具有缘自物流本身的概念变化因素，又由于现实的通过规划引导产业发展模式在物流产业领域的应用，两大因素是物流产业问题产生的重要基础。

1.1.1.1　物流概念的演变基础

在物流概念的演变过程中，有一个脉络是非常清晰的，就是物流活动涵盖的内容越来越多，以物流活动为支撑的物流服务的专业化、规模化、信息化等程度越来越高，以物流服务为基础的企业经营活动范围越来越广，由此形成了专业企业和特定经营领域构成的物流服务产业，物流概念的演变成为物流产业形成与发展的重要基础。同时，也由于物流产业问题的形成与发展，在很大程度上推进了物流概念进一步朝着产业方向演变，物流概念的产业内涵不断扩展。由此可见，物流概念与物流产业问题在现代经济条件下具有相互影响和伴生性。

1.1.1.1.1　物流概念的总体演变

关于物流概念的演变问题，王之泰主持编写的《现代物流学》进行了相对较为系统的描述：物流最早被称为“Distribution”，1921 年美国学者阿奇・萧在《市场流通中的若干问题》(*Some Problem in Market Distribution*)一书中提出“物流是与创造需要不同的一个问题”，并提到“物资经过时间和空间的转移，会产生附加价值”。这里，Market Distribution 指的是商流，而时间和空间的转移指的是销售过程的物流。同一时期(1918 年)，英国的利费哈姆勋爵成立了“即时送货股份有限公司”。其宗旨是在全国范围内把商品及时送到批发商、零售商和用户的手中，这一举动被一些物流学者誉为有关“物流活动的早期文献记载”。20 世纪 30 年代初，在一部关于市场营销的基础教科书中，开始涉及物流运输、物资储存等业务的“实物供应”(Physical Supply)这一名词，该书将市场营销定义为“影响产品产权转移和产品的实物流通活动”。这里所说的产权转移是指商流，实物流通是指物流。1935年，美国销售协会最早对物流进行了定义：“物流(Physical Distribution)是包含于销售之中的物质资料和服务，与从生产地到消费地点流动过程中伴随的种种活动。”在第二次世界大战期间，美国对军火等进行的战时供应中，首先采用了后勤管理(Logistics Management)这一名词，对军火的运输、补给、屯驻等进行全面管理。从此，后勤逐渐形成了单独的学科，并不断发展为后勤工程(Logistics Engineering)、后勤管理(Logistics Management)和后勤分配(Logistics of Distribution)。后勤管理方法后被引入到商业部门，被称之为商业后勤(Business Logistics)。最终，相关概念逐渐统一为“物流”，并定义为“包括原材料的流通、产品分配、运输、购买与库存控制、储存、用户服务等业务活动”，其领域统括原材料物流、生产物流和销售物流。物流概念无论如何演变，物流活动内容不断增加和专业化的服务是主要特征，尤其是物流活动的增加是以服务创新、服务组织的改变等体现出来的，而提供服务的企业的发展造就了物流产业的形成与发展。物流产业问题其实在物流概念产生之初就已经形成了，仅仅是由于规模小、影响范围窄和以运输、仓储等传统载体体现而不为人们认识，或未从产业层面上进行表述而已。

1.1.1.1.2 配送物流概念的演进

20世纪50年代到70年代，人们研究的对象主要是狭义的物流，是与商品销售有关的物流活动，即实物流通过程中的商品实体运动。因此，通常采用的仍是Physical Distribution一词。日本在1964年开始使用“物流”这一术语。在使用物流这个术语以前，日本把与商品实体有关的各项业务，统称为“流通技术”。1956年，日本通产省派出“流通技术专门考察团”赴美国考察，弄清楚了日本以往叫做“流通技术”的内容，相当于美国的“Physical Distribution”(实物配送PD)的内容，便采用美国定义，把流通技术简称为“PD”。从此，“PD”这个术语在日本得到了广泛的使用。1964年，鉴于经济发展产生了新的流通相关活动，“PD”概念已经不能完整涵盖相关的活动，日本根据现实情况，将“PD”改为“物的流通”。1965年，日本在政府文件中正式采用了“物的流通”这个术语，并简称为“物流”。我国目前使用的物流一词正是来源于此。1981年，日本综合研究所编著的《物流手册》，对“物流”的表述是：“物质资料从供给者向需要者的物理性移动，是创造时间性、场所性价值的经济活动。从物流的范畴来看，包括包装、装卸、保管、库存管理、流通加工、运输、配送等诸种活动。”

1986年，美国物流管理协会(NCPDM，National Council of Physical Distribution Management)改名为CLM，即The Council of Logistics Management。将Physical Distribution改为Logistics，其理由也是因为Physical Distribution的领域较狭窄，Logistics的概念则较宽广、连贯，更具整体性。改名后的美国物流管理协会(CLM)对Logistics所做的定义是：“以适合于顾客的要求为目的，对原材料、在制品、制成品与其关联的信息，从产业地点到消费地点之间的流通与保管，为求有效率且最大的‘对费用的相对效果’而进行计划、执行、控制”。

美国与日本对“PD”概念的扩充，在内涵上具有很强的相近性，并使物流概念逐渐转变成与经济发展同步和不断演进、完善的概念。与日本不同的是，美国认为Logistics与Physical Distribution的不同，在于Logistics突破了商品流通的范围，把物流活动扩大到生产领域，而Physical Distribution实际就是配送，仅仅是物流在商贸流通领域存在的一种存在形态，也是目前对物流较为狭义的理解。物流已不仅仅从产品出厂开始，而是包括从原材料采购、加工生产到产品销售、售后服务，直到废旧物品回收等整个产业链的流通过程。主要原因在于随着生产的发展，社会分工越来越细，大型的制造商往往把半成品、零部件的生产任务外包给其他可能位于世界上劳动力比较便宜的地区或更为专业的制造商，自己只是对这些半成品、零部件进行组装。在这种情况下，物流不但与流通系统维持密切的关系，同时与生产系统也产生了密切的联系。将物流、商流和生产三个方面连接在一起，就能产生更高的效率和效益。近年来，日、美的进口批发及连锁零售业等，运用这种观念积累了许多成功的经验，产生了 Wal-Mart 这种位于世界 500 强前列的成功企业。

从配送概念的演进可以较为清晰地看到，以商品终端流通服务为初期阶段主要活动内容的配送，在经济发展和产业组织模式变化中发生了两个较为显著的变化：一是与产品的生产、流通全过程联系密切，既产生了不同的配送服务内容，也形成了全新的配送模式，并因生产、流通的社会分工而出现专业化的配送服务企业，促进了物流产业的形成与发展；二是专业化分配送服务企业的不断发展，逐步形成了具有独立经营领域和特点的配送企业群体，具有扩张能力的企业在竞争中不断发展壮大，符合现代经济发展中的产业发展模式。

1.1.1.1.3　供应链物流概念的形成及演变

Logistics 一词的出现，是世界经济和信息等科学技术发展的必然结果。当前，物流正在向全球化、信息化、一体化发展。一个国家的市场开放与发展必将要求物流的开放与发展。随着世界商品市场的形成，从各个市场到最终市场的物流日趋全球化；信息技术的发展，使信息系统得以贯穿于不同的企业之间，使物流的功能发生了质变，物流效率大为提高，并同时为需求、配送和库存管理的物流一体化创造了条件。所有这些已成为国际物流的发展方向，现代物流的概念也因此得以提出。1998 年，美国物流管理协会对物流的概念也进行了符合时代发展特征的调整，即物流是供应链管理过程的一部分，其专注于物品、服务及相关信息从起始点到消费点的有效流通和储存的计划、执行和控制，以满足顾客需求。这种概念上的调整，导致供应链物流概念逐步形成。2005 年，美国物流管理协会更名为美国供应链管理协会，从供应链的角度对物流的概念进行了定义："供应链管理，即利用计算机网络技术全面规划供应链中的商流、物流、信息流、资金流等，并进行计划、组织、协调与控制。"从供应链管理的角度定义并推进物流的发展，标志着世界物流已进入供应链管理的新阶段，物流活动的范畴已经大大超出了传统的物流定义，为物流业的发展奠定了理论和实践基础。物流概念的形成及演变过程见表 1-1。

物流概念的形成及演变过程　　表 1-1

<table>
<tr><th>发展阶段</th><th>时　期</th><th>地　域</th><th>研究和运作领域</th><th>认识程度</th></tr>
<tr><td rowspan="2">起源</td><td rowspan="2">20 世纪初</td><td rowspan="2">美国</td><td>农产品流通</td><td rowspan="2">流通的附属机能</td></tr>
<tr><td>市场经营</td></tr>
<tr><td rowspan="2">形成</td><td>第二次世界大战期间</td><td rowspan="2">美国</td><td>军事后勤活动</td><td>组织管理思想、方法与技术</td></tr>
<tr><td>第二次世界大战后初期</td><td rowspan="3">经济生活与企业管理</td><td rowspan="2">一系列的组织、协调、控制和经营管理活动</td></tr>
<tr><td>传播</td><td>20 世纪 50、60 年代</td><td>日本</td></tr>
<tr><td>成熟</td><td>20 世纪 70 年代</td><td>发达国家</td><td>第三利润源泉</td></tr>
<tr><td>完善</td><td>20 世纪 90 年代后</td><td>全球</td><td>供应链管理</td><td>能够创造更高价值的经济管理活动</td></tr>
</table>

中华人民共和国国家标准《物流术语》(GB/T 18354)于 2001 年 8 月 1 日开始实施。《物

流术语》对物流给出了如下定义:物流即物品从供应地向接收地的实体流动过程。根据实际需要,将运输、储存、装卸、搬运、包装、流通加工、配送、信息处理等基本功能实施有机结合。台湾物流业者联谊会1996年给出的物流定义是:物流是一种物的实体流通活动的行为,在流通过程中,通过管理程序有效结合运输、仓储、包装、流通加工、资讯等相关物流机能性活动,以创造价值,满足顾客及社会性需求。由于我国物流产业发展起步较晚,同时,制造业、商贸服务业发展的层次水平相差较大,导致我国物流的实践客观上存在物流管理的多层次性,即多种模式的物流并存。我国的物流概念需要很好地涵盖这些内容,因此,我国的物流定义中既包括了物流配送等在内的物流活动,也具有供应链物流的内涵。

供应链物流概念的形成与发展,大大拓展了物流服务的内容和形态,使在物流服务基础上形成具有规模化、组织化特点的物流产业既成为可能又具有现实需求,为在地理空间(辐射区域和国际)、产业跨度(涵盖所有物流活动)上发展物流产业奠定了较为坚实的理论基础。现代物流产业形态之所以丰富多彩,很大程度上得益于物流供应链概念对物流活动的拓展性总结,也为未来物流业的发展指明了方向。

1.1.1.2 物流产业发展规划的实践基础

在物流概念演变基础上产生物流产业问题的同时,在产业发展层面也开始了较为丰富的实践,尤其是不同层次、不同范围、不同视角和不同内容的各种类型的物流产业发展规划的编制,在很大程度上推进了物流产业的发展,使物流产业问题成为物流产业发展中的重要问题。

1.1.1.2.1 产业发展内容

无论是物流相关的政府部门还是企业,在各种类型的物流产业发展规划编制过程中,很自然地涉及各种物流产业发展内容问题,这些主要由物流活动构成的发展内容构成了目前发展物流产业的基本框架。由于客观上物流产业规划走在了物流产业理论的前面,导致物流产业发展相关规划缺乏坚实的理论基础。目前,各类物流产业发展规划基本是按照一般性产业的构成要件和发展需要来编制的,各个不同区域范围和产业发展领域的具有引导、控制、管理、建设等功能的规划,均具有这种特征。由于物流产业发展规划研究是在物流产业理论逐步建立和完善过程中进行的,不同阶段物流产业概念的差异,直接导致了规划内容和模式的不同,概念的演变也体现在规划内容的演进上。

编制物流产业发展规划,核心是科学、合理、有效率、低成本地实现物流产业组织和发展。从目前的物流产业发展规划分析,物流产业发展内容主要包括物流产业空间布局、物流基础设施建设、物流管理与服务组织、物流企业和企业物流的发展,以及支持物流产业发展的相关政策与措施等。由于物流活动随着实践的发展不断增加和物流组织形态日益丰富多彩,从产业角度对物流产业发展问题进行规划,需要对物流产业内涵进行界定,并针对物流产业内涵涉及的物流产业发展领域,按照物流运行的特点和模式,进行基础设施系统和服务网络的合理布局规划,以及对相关企业发展、技术应用、政府管理体制与机制进行适合物流特点的规划,以便使规划具有结构的规范性和内容的统一性。但是,近些年来,我国区域(省)、城市、企业和重要物流基础设施规划,以及物流信息化、标准化、技术进步等相关发展规划实践表明,由于对物流产业发展内容的认知缺乏统一性,导致规划缺乏必要的规范,很难适应物流产业发展特别是区域性、网络化发展需要,必须系统地研究物流产业的发展内容问题,以便能将物流产业发展纳入具有理论指导的轨道,使规划能够更好地指导物流产业的发展。

1.1.1.2.2　产业发展思路

解决物流产业发展内容，仅仅是物流产业发展的一个方面。由于特定区域范围(如区域、省、城市)的物流服务系统，是在服务于制造业、商贸服务业，以及特定的综合交通运输环境条件下形成的，导致了不同区域物流产业发展内容可能相同，但发展的思路可能完全不同，于是产生了关于物流产业发展思路的问题。从近些年来的物流产业发展规划实践分析，在规划中均形成了一定的思路，如确立城市物流的区域定位、培育龙头物流企业、建设区域功能的物流基础设施系统、建设港口等依托交通运输枢纽的物流服务系统等，对指导、引导、推动物流业发展的确发挥了很好的作用。

在特定区域如何形成与区域竞争力、经济发展、产业布局等相关联，符合产业组织与发展规律的物流产业系统，目前的理论研究尚存在不足，导致关于一定区域物流产业发展思路的混乱。关于物流产业发展思路的相关理论问题，在我国学术界尚未形成统一认识，部分领域还存在一些争论。由于对相关问题的认识不一致，到目前为止，在物流产业的发展思路上并未形成定论，反过来又导致物流产业发展规划的内容和形式呈现出多样化格局。这不仅在一定程度上影响了各类物流产业发展规划的质量和水平，也给各级政府、各类企业编制物流产业发展规划的科学性、系统性和可操作性方面带来影响，对规划的实施推进以及效果产生影响，不仅不利于物流作为产业在整体上发展，也不利于物流各个相关领域在统一的产业政策下顺利发展。因此，作为产业问题的重要组成部分，物流产业发展的思路方面的实践，既对产业发展问题进行了较多的探索，也对产业发展问题的正确认识提出了要求。

1.1.1.2.3　产业发展政策

从规划的角度推进物流产业的发展，最终会体现到物流产业发展政策层面，其实规划本身也是政策的重要组成部分。多年的物流产业发展规划实践表明，具有可操作性的政策，既是物流产业发展的必然要求，也是规划顺利实施的关键所在。以目前针对产业发展的政策机理分析，对物流产业发展问题的正确、全面认识，是制定科学政策的基石，而现实的情况是物流产业理论严重滞后于各类物流政策的制定，导致目前物流产业发展政策存在诸多问题，要么非常宏观，缺乏对产业发展的引导性和可操作性，要么非常微观，很难发挥对产业发展的整体引导。因此，物流产业规划中政策方面的实践，既对物流产业政策问题的认识提供了很好的支持，又要求对产业发展的机理进行深入研究，以便建立物流产业和物流政策之间的密切的内在联系，使物流产业政策成为物流产业发展的重要引导和推动力量。

1.1.2　物流研究领域的拓展

近些年来，我国物流学术研究非常活跃，各种学术成果不断涌现，形成了一批较高质量的关于物流产业的研究成果，且物流产业问题的研究呈现出研究领域不断拓展的局面。与其他产业相比较，物流产业在产业内容、结构和发展机理上更为复杂，具有较强的复合性[1]特征，要形成较为一致的认识，存在较大的难度，争论在所难免。正是由于争论的存在，随着研究领域的不断拓展，对物流产业问题的认识不断深化，物流产业问题的研究架构和体系正在形成。

1.1.2.1　早期物流产业研究局限

物流概念在20世纪70年代末、80年代初期从西方经济发达国家引入到我国后，在20多年时间里，国内众多学者对物流管理的理论、方法等进行了大量研究，取得了丰硕的成果。由于受到经济发展水平和阶段的限制，早期的物流研究多局限于物流管理与服务的理论和方法层面，既缺乏从当代经济运行、产业布局与发展，以及物流服务结构与产业组织等涉及物流产业宏观层面问题的研究，也缺乏从具体的物流产业发展内容层面的研究，导致物流研究较长时间停留在管理、技术层面。

在宏观层面，对经济发展规模、水平、质量和运行方式与物流水平与管理模式提升的内在需求方面的研究，更多是从社会物流成本角度进行，即社会物流成本（物流费用）与 GDP 的关系。对物流产业发展的宏观问题进行研究，从物流产业发展的历史比较视角，得出了社会物流成本与 GDP 的比率不断下降的研究结论，具有较为重要的产业发展意义和学术价值，为物流产业问题的形成和深化研究奠定了基础。但对于两者关系的内涵认识并不充分，如长期使用（现在很多学者依然在使用）“社会物流成本占 GDP 的比重”这种不严谨的提法。社会物流成本与 GDP 应不是包含关系，是获得同样 GDP 所付出的物流成本代价方面的关系，是体现经济活动的物流效率的概念。此外，社会物流成本代价不断下降的机理是什么？是哪些因素促成了社会物流成本代价的下降趋势？物流产业的发展与经济结构、产业结构和产业发展阶段、产业组织模式等是什么关系？物流产业内部在服务业态、产业组织上有什么特点？这诸多方面的问题，在早期的物流研究中，并未给予很好的回答，无疑成为早期物流研究的缺憾，也体现了对物流产业问题认识的渐进的过程。

在物流产业发展内容层面的研究，也存在一些薄弱的环节，如缺乏对物流企业整体和分类的经营管理理念与能力方面的研究，对物流管理技术应用的支撑环境与制造业、商贸服务业和物流业企业运行模式等的研究，也处于相对薄弱的状态，使得对物流管理与经营的人才的认识缺乏与企业发展模式和经营内容等的关联性，往往提出泛泛的人才研究结论，并不利于物流人才的培养。同时，物流管理作为能够为工业制造、商贸流通和运输、仓储服务等领域企业带来降低成本、提高效率和改善服务效应，并在促进流程再造、资源整合等方面具有重要作用的先进技术，其具体的应用技术研究并未得到研究界的足够重视。

1.1.2.2 物流产业问题研究拓展

物流产业发展实践在很大程度上推动了物流产业问题的研究，但反过来，物流产业的理论研究的不断拓展，也对物流产业的发展实践形成了有力的支撑。尤其是在省、城市等区域性物流产业发展规划、物流园区等基础设施规划、物流信息化发展规划、物流标准化规划方面的理论探索，在物流网络结构、枢纽功能等方面的研究，在各种产业物流（如钢铁、粮食、农产品冷链、商贸、电子商务物流）服务体系等方面的研究，以及在影响物流业发展的税收、土地、企业扶持等政策方面的研究，出现了大批具有奠基作用的研究成果，使物流产业发展问题的研究范围得到了有效的拓展，初步形成了物流产业问题的研究范式与框架。

物流产业问题研究范围与内容的不断拓展，还得益于社会物流研究组织的努力和研究院所的学科建设。在社会物流研究组织方面，中国物流学会无疑发挥了极其重要的作用，首先是源于 2001 年度的全国优秀物流论文评选，虽然仅仅是精神层面的，获奖不一定能为当下各种机构评职称、晋升等承认，但每年参与者的规模越来越大，达到千篇以上的参评规模，在 10 余年的评选中大大促进了物流产业问题的研究，尤其是促进了研究理论、方法和内容的交流，使研究的范围不断得到拓展。其次是后来作为年度学术会议重要内容之一的优秀研究成果评选，采取了向中国物流学会申请立项（依然是没有经费支持）和接纳社会研究成果申报的方式，扩大了研究成果的交流范围，尤其是物流产业问题研究成为这些申报项目中的重要组成部分，有力促进了物流产业问题研究的拓展。随着研究工作的不断深入和成果的不断涌现，在研究院所学科建设方面得到了完善，不仅涉及产业问题的研究，而且能从产业的构成方面，形成具有一定系统性的研究体系，有力支撑了产业问题研究范围的扩展。

1.1.3　经济发展方式的转变

随着我国经济发展规模不断扩大和水平不断提高，在迈向建成全面小康社会门槛的过程中，调整产业结构和提高经济发展质量，特别是培育现代服务产业，加快经济发展转型和结构调整步伐，成为重要的国家战略。为此，现代物流业作为现代服务业的重要组成部分，以及通过供应链物流管理技术的应用有利于带动制造业、商贸服务业、运输与仓储业转型发展的重要产业地位得到充分认识，物流产业的发展与经济发展方式的转变实现了紧密契合，使物流产业问题成为重要经济发展战略问题。

1.1.3.1　*发展方式转变需要物流业支持*

1.1.3.1.1　物流与经济发展关系的变化

20 世纪 90 年代末期以来，我国经济总量增长进入快速和稳定阶段，2000～2012 年，平均增长速度为 14.9%。同期，我国经济结构也在不断调整中，第一产业所占比重下降 5 个百分点，第二产业下降 0.6 个百分点，第三产业增长 5.6 个百分点。2000～2012 年我国经济发展水平与结构见表 1-2。

我国经济发展水平与结构　　表 1-2

年　份	GDP (亿元)	第一产业所占比重 (%)	第二产业所占比重 (%)	第三产业所占比重 (%)
2000	98 001	15.1	45.9	39.0
2005	183 617	12.1	47.4	40.5
2010	399 760	10.1	46.7	43.2
2011	468 562	10.0	46.6	43.4
2012	516 282	10.1	45.3	44.6

随着我国经济的不断发展和结构调整要求的不断增强，国家提出了发展方式转变的战略，其中，增加第三产业比重和提升服务业的地位，成为重要的战略任务。物流业作为生产性服务业，既具有一般性服务业的增长潜力，更具有与制造业、商贸服务业紧密联系而创新服务运作方式的增量增长潜力。20 世纪 90 年代末期，我国开始关注和高度重视物流业的发展，物流业与经济发展的关系，逐步形成了仅仅作为服务业发展到作为转变经济发展方式的重要内容和支持的转变，物流业的地位得到不断提升。尤其是 2009 年，为应对国际金融危机和国内经济发展面临的困难，国家出台了《物流业调整与振兴规划》，物流业的地位进一步提高，物流业被作为振兴经济的重要手段与途径，其复合型产业的地位得到确立，产业发展的任务也开始变得越来越明确。

1.1.3.1.2　物流与经济发展关系的机制

降低成本、提高效率是物流管理的基本目标，因此，物流业作为产业，在仅仅作为一般性服务业的前提下，不断提高产业发展规模的空间受到物流管理目标的根本性制约，提出产业发展目标和特性层面地做大物流业规模，将不符合物流原理。日本、美国等西方经济发达国家，以及我国近些年来有正式统计的物流指标，也表明一个规律，即社会物流总费用与GDP的比率是不断下降的，也不支持不断做大物流产业的产业发展目标，物流产业的发展问题，需要在物流业与经济发展的关系机制层面进行认识，不能孤立地看待物流产业的发展问题。社会物流成本与GDP的比率在一定程度上反映了社会物流的效率，正是由于社会物流效率的不断提高，我国及日本、美国的该比值均为不断下降状态（表1-3）。特别是处于经济转型中的我国，由于产业结构调整较日本、美国的变动更为明显，而西方经济发达国家的产业结构相对较为稳定，因此，社会物流费用与GDP的比率变动，我国近些年的变化相对较为显著，与日本、美国在经济发展的相同阶段具有很大的相似性。物流与经济发展之间的关系机制，充分体现了转变经济发展方式需要不断提高经济发展效率的基本内涵，对认识和应用物流业改善经济发展环境与条件，具有重要的意义和价值，可以在此角度研究和考虑物流业与经济发展的相互促进。但是，作为产业的发展，需要谋求增量，这其中隐含提出的命题实际是需要产业发展的创新，需要寻求新的产业发展空间与思路。近几年我国电子商务与物流的创新发展，说明了这种创新发展的产业空间是巨大的，物流产业在经济发展方式转变背景下具有扩张空间，而非物流效率所反映的缺乏空间，因此，经济发展方式转变条件下的物流产业发展将是一个全新的产业发展命题。

中国、日本、美国社会物流成本与GDP的比率(%) 表1-3

年 份	中 国	日 本	美 国
2000	19.4	8.6	10.2
2005	18.5	8.4	9.3
2010	17.8	7.4	8.3
2011	17.8	8.8	8.5
2012	18	—	—

1.1.3.1.3 物流业发展对经济发展的贡献

鉴于上述对物流业与经济发展关系的机制的分析，物流业发展对经济增长具有贡献作用，这种贡献作用来自于产业业态、产业组织方式、产业发展内容等的不断创新，而非传统的以运输、仓储等为主要内容的产业规模的简单扩张。经济发展方式的转变导致对提高物流产业发展水平与质量的要求，而物流对经济的贡献作用，是通过用尽可能小的投入形成物流服务设施和能力，为经济运行成本的下降提供管理和服务环境支持的方式来实现的。在经济及产业领域应用物流技术和发展物流服务，实际上是一种新的经济发展方式，在当前中国经济发展的大背景下，实质是将现代物流培育成全新的现代服务产业，赋予其新的产业发展任务与使命，不是简单地提高物流产业的发展地位和物流业领域自身认为物流产业重要的问题，而是寻求新的经济增长的路子的问题。近年来，随着物流服务业态的不断创新，物流业也的确发挥了对经济增长的贡献作用，贡献能力保持在稳定状态（表1-4）。

我国物流业发展水平及对经济增长的贡献　　表 1-4

年　份	物流业增加值(亿元)	服务业增加值(亿元)	物流业增加值占 GDP 的比重(%)	物流业增加值占服务业的比重(%)
2005	1.3	7.5	6.9	17.1
2010	2.7	17.4	6.9	16.0
2011	3.2	20.5	6.8	15.7
2012	3.5	23.1	6.8	15.3

物流业对经济发展的贡献能力不断提升，物流作为产业的问题受到不断重视。由于不同区域(如省、城市)物流业发展中对经济发展的贡献受到资源禀赋和经济发展基础的制约，以及物流业发展创新带来增量增长能力的约束，因此，物流产业对经济发展的贡献能力没有统一的规律可以遵循，为此，需要对不同范围和层次的物流产业进行合理和科学的定位，不能单纯强调提高物流业的规模和不断提高其效益，以便使物流与经济增长保持合理的比例关系。从产业的角度、从物流产业与其他产业关系的层面，研究物流与经济发展的关系，以便促进经济发展方式的转变，成为理论和实践均需要很好解决的问题。

1.1.3.2　*经济发展需要发挥物流业作用*

进入"十二五"后，在转变经济发展方式的过程中，需要在相关领域充分发挥物流业提升效率、降低成本和创新服务的作用，以便形成新的经济运行和企业运作模式，实现经济发展方式的实质性转变。目前，我国物流业总体发展水平还不高，果品蔬菜在物流过程中由于缺少冷链系统，年损耗率达 25%～30%，而发达国家一般控制在 5%；粮食从产区到销区的物流费用占销售价的 30%～35%，而发达国家一般控制在 20%～25%；企业与社会货运车辆空载率超过 30%，而发达国家一般控制在 5%；在包装、仓储与装卸环节物流的损耗一年约上千亿元；发达国家生鲜产品的冷藏率达 80%～90%，而我国只有 20%，食品安全问题十分突出。因此，挖掘物流效率与效益的潜力巨大，以期通过物流业发展水平和质量的提升，为经济提升发展创造环境和运行模式条件。

鉴于物流与经济、企业发展的关系，以及物流业自身发展提升要求，我国在经济发展中需要充分发挥现代物流在以下十个方面的经济价值和功能[2]，形成物流业与经济发展、产业布局相互促进的发展模式。

1.1.3.2.1　改变粗放发展方式

我国目前物流总成本与 GDP 的比率与发达国家相比，高一倍以上。2013 年，我国社会物流总成本与 GDP 的比率为 18%，大致相当于美国 20 世纪 70 年代的水平，即便考虑到我国产业结构的因素，我国经济发展的粗放性是很明显的，需要通过各个产业企业物流技术的广泛应用，以及社会化、专业化物流服务的发展，通过企业物流管理与物流企业服务的基于社会分工的合作与衔接，改变粗放型的经济发展方式。

1.1.3.2.2　加快调整产业结构

物流业属于服务业领域，是第三产业的重要组成部分，是我国要大力发展的产业。物流业的发展不仅使传统的流通业得到改造，也使传统的运输业、仓储业得到提升发展的机遇，物流园区、物流中心、配送中心、分拨中心等将成为社会经济生活中的新事物和新的产业增长领域。2012年，物流业增加值已占服务业全部增加值的15.3%，因此，应通过提升物流业构成中的传统业态和培育创新业态，提高物流业对经济发展的贡献能力，加快我国产业结构的调整。

1.1.3.2.3 完善基础设施功能

改革开放以来，国家对包括交通运输等在内的物流基础设施的投入已超过10万亿元，"十二五"将继续加大投入，预期未来将以超过10万亿元的投资规模进行建设。基础设施投资建设达到一定规模，基础设施制约经济发展和产业布局的瓶颈基本消除后，接下来的问题将是如何提高基础设施的利用效率和以基础设施为依托实现服务创新的问题。现代物流业的发展为这种发展带来了机会，应充分发挥现代物流服务的网络化、集约化功能，加快以物流管理技术应用和专业化物流服务为手段的资源整合步伐，完善物流基础设施的服务功能，提高物流基础设施的使用效率。

1.1.3.2.4 拉动潜在消费需求

现代经济发展中，消费的规模扩张和水平提升，对经济增长的贡献巨大。我国在实现产业发展结构转型中，很重要的战略是拉动内需的发展，以降低经济发展的外向度，提高经济发展的内生性增长能力，确保经济的持续健康发展。现代物流方便和低成本的服务，具有支持和拉动内需增长的功能，应积极通过物流服务环境的营造，拉动我国已经具备的潜在的内需发展能力。特别是要充分利用快递、零担运输等物流服务带动电子商务消费的发展，2011、2012和2013年连续三年的"光棍节"这一"人造节日"消费井喷，充分说明了其拉动消费的潜力，应当结合小康生活的实现，以及电子商务法律保障与金融支付的完善，积极发展支撑网上购物的高效率物流服务。

1.1.3.2.5 提升产业组织效率

我国经济发展方式粗放的表现形态之一为产业组织较为松散。为解决这个问题，国家提出利用信息化带动工业化的战略，以便用集约式经营提高效益和效率。为此，需要发挥物流管理与服务的支持，并通过物流业与制造业联动、物流业与商贸服务业融合等方式，提升产业的组织效率，使企业可以在更为广阔的区域范围内进行高效率的产业组织，同时提高物流业发展水平和质量。

1.1.3.2.6 提高企业运行效率

物流业的发展首先是以企业内部的物流管理技术应用和流程再造形态出现的，其次才是发挥专业化物流服务的作用。发挥物流业的管理与服务功能，目的在于通过合理的库存管理和具有良好衔接的专业化服务，以达到减少企业生产、销售过程中的原材料、半成品和产成品的库存量，以及相关联的流动资金的占用，加快资金周转速度，降低物流成本，提高市场竞争力。

1.1.3.2.7 有效增加就业规模

尽管现代物流具有集约化、规模化和网络化的特征，但从整个产业的发展状态分析，在国民经济各行业中，物流行业具有劳动密集的特点。目前，全国物流从业人员为1 676万人，到2020年将增加到2 630万人，因此，应充分发挥物流业吸纳就业人员较多的特点，发挥其对经济发展的支持作用，尤其是要形成高端人才、一般劳动者共同从事物流业的就业发展格局，提高物流产业的整体劳动力素质。

1.1.3.2.8　改善城市运行环境

在建成全面小康社会的进程中，提高城镇化水平和城市经济发展质量，改善城市经济和社会运行环境，将是非常重要的战略任务。随着城市人口的不断增加，以及城市交通拥堵问题的日益严峻，改变城市物流服务模式成为当务之急。以共同配送为创新模式的现代城市物流产业发展，为改善城市物流运营方式，并为解决城市交通拥堵带来福音，应以城市配送系统的建设为切入点，以高效率的配送替代低水平的传统城市货物运输，有效减少完成等量配送任务的交通流量，并以标准化和环保的配送车辆替代传统的运输车辆，降低对城市环境的负面影响。

1.1.3.2.9　促进新农村的建设

现代农业产业实际上是由种养业、农产品加工业以及农村流通业构成，这三个方面都离不开与之相匹配的农业物流的发展。农业物流包括满足农业生产需要的农业生产资料物流、满足人民生活需求的农产品物流、满足农业劳动力再生产的生活资料物流，以及满足循环经济需要的可利用物资回收物流。目前，我国农业物流十分落后，需要培育农村物流服务业的发展，以便发挥物流业带动农业提升的作用，不断提高农村和农业物流的水平、质量和效率，这应成为新农村建设的战略任务。

1.1.3.2.10　加快电子商务发展

电子商务是利用信息技术、物流服务对传统流通业进行的一场革命性变革，其发展的前景非常广阔。随着电子商务在网络购物领域与物流紧密结合产生成熟的产业组织与发展形态，未来电子商务将不可避免地向其他领域扩展，成为产业发展和运行的基本形态。因此，应在总结网购快递为主体的物流产业发展经验的基础上，对其他领域电子商务物流产业发展业态、组织模式等方面的产业发展问题进行探索，发挥物流业在实现原材料采购、产品生产和产品销售在空间上依托物流、信息管理进行有效分离，不断扩大产业组织范围和企业经营活动范围的作用，以便不断降低经营运行和产业组织成本，提高经济运行效率和质量。

1.1.3.3　*需要不断改善物流业发展环境*

鉴于物流产业对经济发展方式转变的支持作用，以及在未来我国经济发展的重要领域均需要发挥物流的功能和作用，加快物流产业发展成为经济领域的重要任务，由此产生了物流业发展中的另一重要问题，即产业培育与发展环境问题，必须积极营造物流产业发展的良好环境。改善物流业发展环境，主要涉及三个方面的问题：

1.1.3.3.1　市场竞争环境

传统物流产业是市场竞争最为激烈的领域，尤其是传统的运输、仓储等服务领域，市场进入门槛较低，市场竞争不断加剧，市场竞争环境较为恶劣。为此，必须按照物流产业体系建设的内容，按照物流产业运行的趋势和规律，营造有利于经济发展方式转变所需要的物流管理技术在工业制造、商贸流通企业的应用环境，使相关产业企业的市场竞争建立在良好的物流管理基础上，并有利于企业物流服务外包，使我国从“世界工厂”的产品生产中心向产业物流组织为核心的世界供应链管理中心转变。企业的物流管理水平提升和服务的外包离不开良好的物流服务企业的专业化服务运作。为此，要为专业化物流服务的发展，为降低物流成本、提高效率和改善服务，以及合理整合和利用物流资源创造良好的市场竞争环境，使物流服务企业的市场竞争建立在服务质量和运作效率的基础上，确立物流企业“蓝海战略”，而非简单的价格战的“红海战略”。

1.1.3.3.2　产业政策环境

从我国经济运行模式和管理体制的特点出发，为营造良好的市场竞争环境，必须以加快政府管理改革为基本导向，营造良好的物流产业发展政策环境。首先需要变革政府管理体制，在物流业发展涉及多部门的现实情况下，形成既具有统一的政策发展导向，又具有各个部门紧密衔接和配合的政策机制。为此，需要彻底打破部门界限，实现物流业发展中的政策融合和政策执行的管理融合，在物流业发展政策环境营造方面形成政策合力；其次是改革政策机制，要按照物流产业发展的结构特点和规律研究物流业的发展政策，而非按照现状的物流产业构成进行分割的政策制定，以便使物流业发展政策具有迎合和适应物流业提升发展的前瞻性；同时，在政策制定上要能体现具有与物流业创新发展及时衔接的机制，发挥政策的引导作用。

1.1.3.3.3　物流供需环境

市场竞争环境与政策环境建设目标的实现，来自于良好的物流产业运行环境，按照经济运行和产业发展的基本规律，要实现物流产业的良好运行，必须克服就物流论物流的市场、政策模式，从源头问题的解决入手，积极营造物流服务需求与供给的良好发育环境。首先是营造需求环境。与西方经济发达国家相比，我国物流业的发展具有需求的多层次性和高端物流产业发展的跨越性，即经济和产业发展水平决定了我国传统的储运物流、物流产业发展提升阶段的配送物流，以及物流产业发展高级决断的供应链物流等在市场中将长期共存，如此决定了物流需求的多样性和服务要求的多层次性。同时，为加快物流业的发展，供应链等高端物流的发展又必须发展对整个产业提升发展的引导作用，因此，必须在以低端需求为主要需求形态的基础上，通过制造业与物流业联动、商贸服务业与物流业的衔接和融合等途径，积极培育高端物流服务需求，营造产业在需求支撑下的良好发展格局。其次，实现供需对接。要按照需求环境培育的方向和要求，针对性解决创新性物流企业发展的问题，实现物流需求与供给的良好衔接，提高物流产业发展的水平与质量，并发挥物流业支持、保障经济发展方式转变的作用。

1.2　物流产业的发展内涵

1.2.1　明确产业问题的意义

从物流产业问题的产生过程分析可以看出，为推进物流产业发展，需要正确和全面认识物流产业的概念，以及物流产业的内涵、外延和特性等问题，以便准确和全面把握物流产业的发展内容、政策界限和管理范围，将物流产业的发展纳入具有理论和方法论支撑的轨道。

1.2.1.1　理论层面的意义

从物流产业发展的理论层面，由于目前理论界在物流产业概念等问题上存在一定的争论，要解决这个问题难度较大，需要理论研究的不断深入和完善。但是，鉴于物流产业发展规划编制，以及产业发展环境建设中的政策制定等均需要在产业层面开展工作，需要对产业发展问题进行具有框架意义的界定，至少也需要在物流产业发展的内容、发展手段等方面进行界定。因此，明确物流产业问题的目的，并非要在此给出正确的产业理论解释和解决争论问题，而是根据物流产业发展需要和制定规划的要求，界定其相应的发展范围，以便根据物流产业的内涵及特点，形成讨论物流产业发展问题的基础平台，推进物流产业的不断发展，并且通过在规划和政策等层面对物流产业的理论问题的探索，为最终解决物流产业理论问题创造条件。

1.2.1.2　实践层面的意义

从物流产业发展的实践层面，目前，物流产业发展也面临产业理论的现实性问题。现代物流产业的发展受到各级政府和制造业、商贸、物流服务等企业的重视，利用各种政策、方法系统性地推进物流的发展，尤其是按照宏观、微观两个层面的规划来推进物流业发展，已经成为重要的物流产业发展视角。一个命题被反复强调，这就是要积极发展物流产业，国内部分省市也提出了要将物流产业作为支柱产业来培育和发展，而产业在政府的推进下获得发展，产业发展的领域和内容是必须具有相应界定的问题，否则政策的作用点无法确定，其效果也将无从评价。因此，在实践层面形成科学、合理的物流产业发展局面，也需要对物流产业概念等问题进行探索研究。

1.2.2　产业的基本概念问题

1.2.2.1　产业概念

产业及产业化是我国近几年来出现频率较高的两个概念，政府推动产业发展的政策也落实在产业领域和相关企业的发展上。为明确物流产业的性质和概念，需要明确产业的基本概念。在《辞海》中，对“产业”的解释为“各种生产、经营的事业”。《知识进程中的产业变革》一书中，所描述的产业概念为：“一个比较宽泛的概念，在不同的历史阶段和理论研究中，产业的含义是不同的。产业的产生和形成是社会分工发展的结果，产业的概念与内涵是随着社会生产力发展逐步形成而不断充实的。”马克思曾指出：“这里所说的产业，包括任何按资本主义方式经营的生产部门。”我国部分学者给产业的定义是：“所谓产业，简言之，即生产性企业、行业、部门的某种集合。”

鉴于目前在理论界并无较为系统和清晰的产业概念，在许多产业发展中，基本按照约定俗成的对产业发展内容和领域的认识去研究产业发展问题。综合各个方面对产业的相关定义和具体做法，结合经济发展中产业所处的地位和作用，为研究物流产业问题的需要，对产业概念做如下归纳：产业是指具有特定经营方式、遵循相同或相近的市场规则、服务具有相同需求对象的企业集合体。按照这种定义，产业具有以下特点：组成产业的企业集合不是简单的企业叠加，而是企业之间存在一定的专业化分工，形成了较为完整的服务体系；企业群体参与的经济活动，使得产业发展需要具备一定的环境条件，主要是市场环境和条件，需要政府在管理与政策方面提供支持。

1.2.2.2　产业内涵

鉴于上述不同角度对产业的定义，产业的概念有广义与狭义之分。广义的产业是指具有某些相同特征的经济活动的集合，涉及的领域较为宽泛，产业发展问题实质上是经济领域的发展问题。狭义的产业指具有某些相同特征的企业集合，它具有如下两个方面的内涵：一是具有企业宏观经济总体，它的活动和行为既不同于单个经济主体的行为，也不同于整个赢利性和分工协作性；二是活动具有单个企业或整体的规模性，产业发展问题具有行业特性，是某个单一行业的发展问题。但是，无论是广义产业还是狭义产业，都有一个共同点，产业是介于单个经济主体和国民经济总量之间的中间层次的概念，它的外延大于单个经济主体而小于国民经济活动，推动产业的发展需要进行范围的准确和合理界定。产业结构理论中对产业内涵的界定是：具有使用相同原材料、相同生产技术或生产相同用途产品企业的集合。在产业链概念下，产业的内涵则变为为生产最终产品进行纵向和横向合作的企业集合。因此，无论如何界定产业的内涵，企业的研究和划分，成为产业界定的重要基础。产业作为经济学的研究对象，是指具有某种特性的企业的集合或系统，而产业究竟由哪些特性的企业来集合，要服从于经济分析和自身发展阶段与水平的需要，涉及对产业外延的界定，且这种界定具有随发展阶段、内容不同的非固定性。

1.2.2.3 产业外延

虽然理论界对宏观和微观等角度的产业发展问题已有较多的涉及，而且，关于产业和产业化问题的研究也不断深入，从产业和产业化角度推进相关经济领域的发展，也成为近些年来很重要的行业经济活动和政府管理方式，但是，由于对产业、产业化概念及内涵本身的相关研究较为薄弱，产业理论研究和理论体系的建设存在一定的滞后性，在推进产业发展的过程中，对产业外延的界定较为模糊和具有约定俗成的特征，缺乏对特定产业构成要素的针对性，影响了产业发展政策和规划制定的科学性和实施效果。从近些年来关于产业和产业化的有关研究成果分析，部分学者将其定义在商品和经济的意义上，即强调不能用单纯的物质生产来对它进行解释，必须把它同商品和经济概念联系起来进行考察，在一定程度上有利于产业的发展和产业化的推进，但对产业外延认识上的缺乏，使推进的效果并不理想，政府推动的产业发展，往往按照有利于自身管理进行运作，而非按照产业的完整构成推进发展，存在较为明显的计划经济的思维模式和干预特征。鉴于此，在我国经济发展方式转变和改革不断深化背景下认识产业的外延问题，需要与产业内涵具有一致性，除了从商品价值和经济发展意义上对产业外延进行界定外，还需要从产业发展领域和政府管理手段改革等方面进行确定，即产业的外延是指构成产业上游直接相关企业、核心企业和下游直接相关企业，具有较为完整的系统性和紧密的产业链关系，必须克服既有政府管理体制往往对产业链具有割裂特性的产业外延界定思维。

1.2.2.4 产业特点

根据产业的概念、内涵与外延，考虑到商品价值特性和宏观、微观经济发展及经济运行特点，作为价值的体现者和经济发展的载体，产业的表现形态是具有明确经营领域和行为，且上、下游之间关系紧密的企业体系，而且是非公益性的生产与服务企业系统。因此，作为产业，应具备五个方面的特点：一是具有重要的经济价值和经济发展地位，并要求具备较明确的发展政策；二是具有相对独立的支持经济活动在一定范围内开展的技术基础；三是具有从经营活动角度衡量的界面清晰的投入和产出；四是具有可衡量发展水平的产值，并能体现相关企业追求经济利益和效益的目的与价值；五是产业的发展在宏观层次解决的是产业发展方式问题，即通过产业链的构建和供应链管理，将相关产业环节紧密联系在一起，在提升产业的竞争能力的同时，可以极大提升产业的组织化水平。

1.2.3 物流产业的发展意义

按照上述对一般意义上的产业概念及对产业发展边界的界定分析，在确立物流的产业地位之前，应对物流产业的经济属性进行具体分析，以便明确物流产业的经济形态和特点，为奠定物流业的产业地位，以及对物流产业边界进行界定创造条件。

关于物流是否是产业，或是否是独立产业的问题，争论始终存在，争论的焦点涉及物流理论与实践的诸多方面。通过对相关观点的归纳和分析，其根本的问题在于认识角度的差异，以及无法套用一般性产业概念。之所以在前面分析产业的一般概念、内涵和外延，是希望在厘清产业本身的属性的情况下，从发展物流的必要性角度，借鉴经济发达国家物流产业发展的经验，界定其发展的边界。综合地将相关生产、经营事业与通过市场实现价值紧密地结合起来，认识物流产业的经济形态和特性，以便寻求讨论物流产业发展问题的基点。按照产业的特点，物流产业的经济形态和特点主要体现在经济价值、技术价值、投入产出和宏观经济意义等方面。

1.2.3.1 经济价值

根据物流概念和物流服务的发展过程，从生产、流通和交通运输、仓储服务等领域，均可以体现出物流产业的经济价值，物流产业具有为服务需求企业降低成本、提高效率和改善服务的特性，以及在提供社会化、专业化分工基础上的物流服务企业自身所获得的经济价值，足以奠定物流产业的经济发展地位。但是，物流活动在不同的产业领域，如工农业生产、商贸流通和交通运输、仓储等，其活动方式、活动所要达到的目的、价值衡量标准和价值体现与获得途径等均明显不同，要在这种多层面、多角度上明确产业概念，显然是困难的。物流服务提供的是一种通过其服务对象获得经济利益所反映出来的经济价值，这种价值的特点是不能单纯强调提高物流服务自身的利益，而应综合体现两者在价值上的共同利益，即需要实现“双赢”，否则，物流服务一味追求自身经济价值的最大化，将很难得到服务对象的支持，服务关系也因此而消亡，之所以在实践中强调培育物流需求，实际就是探索两者在利益上的结合关系；此外，物流服务的经济规模也并不一定随着需求的增长而同步扩大，其与国民经济增长的弹性系数通常是小于1的，这从我国及欧美等国的社会物流费用与GDP的比率不断下降中得到充分的验证。因此，将物流产业作为一定区域范围内的重要产业或支柱性产业的命题，必须设定服务范围、价值增值领域等前提条件，否则，发展物流产业将缺乏经济价值和可行性的支持。

1.2.3.2 技术价值

物流技术是近年来研究和讨论较多也较为充分的领域，物流的发展也较为直观地以管理技术的应用与进步的方式体现，而且当今信息、装备等技术也往往率先在物流领域获得应用。物流作为帮助企业获得降低成本、提高效率和改善服务的管理技术，其价值是毋庸置疑的。物流活动具有计算机、网络和通信技术基础，这是物流管理与服务的信息化特征所决定的。同时，在系统技术的支持下，也衍生出许多行之有效的物流管理方法和模式，如供应链管理、JIT、MRP、MRPⅡ、共同配送、冷链物流、物流金融、金融物流等，使物流具有相对独立的支持经济活动在一定范围内开展、适应应用对象物流活动特点的技术基础，这在物流技术相对普遍应用的今天，已成定论。而且，从不同产业领域的企业采用物流技术的特点分析，其技术基础和通过技术手段所要达到的目的差异并不大，无外乎降低成本、改善服务、压缩库存和提高资金利用率等。这些不同产业领域的企业技术应用过程是不同的，这种与应用主体特点和经济目标直接相关的过程，虽然均具有相应的技术价值，但是，在宏观经济层面和企业微观经营层面上是无法按照一个完整的产业领域进行统一界定的，必须设定其在不同领域的技术标准和规范，明确其技术应用的方向、手段和途径，以便更好地体现物流的不同技术价值。

1.2.3.3 投入产出

物流活动在工业、商业等企业管理领域和运输、仓储等经营领域，均会因企业管理和经营活动而产生“投入—产出”过程，具有生产和再生产的基本经济特征。但是，工业、商业企业的物流管理与物流服务企业的经营活动的物流投入产出的内涵，以及对投入产出的成本、效率控制与经营目标、效益的要求是不同的。工农业生产、商贸流通等主要应用物流管理技术和创新运作流程的企业，在利用物流技术时，大多是在企业的生产经营层面上展开的，虽然也对资源进行整合和投入设施、设备从事物流活动，但往往将其作为支持手段而非经营手段，产出不具有企业整体目标所表达的经济价值，多以企业成本控制目标进行衡量，即便是在物流成本中心、利润中心等理论发展的背景下，物流成为企业的第三利润源泉，也没有从根本上改变这种特性。因此，其“投入—产出”界面并不清晰，但企业应用技术的原动力中往往有成本考核的因素，考核成本的过程，实质上就有“投入—产出”行为。对于物流服务企业，投入设施、设备、管理和服务，产出企业经济效益，“投入—产出”界面较为清晰，但鉴于物流的发展特征，其产出需要得到企业物流管理认可和成本等的承受能力支持，对物流需求企业虽然存在随生产经营规模不断扩大而“投入—产出”规模也随之扩大的发展形态，但其成本控制目标的存在和通过市场竞争降低成本预期的存在，而对于物流服务企业整体却很难简单按照这种形式获得发展。因此，若不区分上述实际情况，笼统进行“投入—产出”分析，由于整体性的衡量界面不清晰和考核目标的差异性，于物流产业的综合发展并无多大帮助，需要根据物流的“投入—产出”特性推进产业的发展。

1.2.3.4 宏观经济意义

产业存在的意义能够通过其经济、技术和“投入—产出”而在宏观层面得到体现，物流产业具有上述经济特征，也无例外地具有宏观经济意义。由于宏观经济意义和价值是通过产业发展水平和增加值进行反映的，物流产业也应具有能够衡量的宏观经济价值。无论何种企业，采用物流技术均是为了达到追求经济利益和效益，以及改善服务的目的。但是，要从数量上衡量物流产业发展水平，统计其产值和增加值，无疑是困难的。根据物流的经济特性，物流产业的价值仅仅部分地从专业化物流服务企业得到体现，相当大部分是通过生产和流通企业降低物流成本、提高效率和改善服务而包含在相关企业的增加值中。因此，将物流作为一个独立的传统意义上的产业，势必因缺乏产业发展决策的宏观依据和发展水平的宏观衡量标准，使得宏观管理意图不能得到很完整的体现，宏观上对物流产业发展的推动和努力，可能只会助长物流微观经营领域的盲目发展，以及社会整体物流成本在缺乏生产和流通领域的积极参与下无法真正下降，甚至有可能因单方面投入的加大而上升的困惑，物流园区在初期发展的盲目性就说明了这个问题。但物流管理技术在生产和流通领域的广泛应用，以及专业化物流服务的发展，无疑在社会整体上具有降低物流成本和提升经济增长质量的宏观经济价值。

综上所述，鉴于物流产业经济属性的存在，可以对物流的产业问题进行系统的分析和判断，虽不能做出物流是否是一个独立产业的结论，但奠定了确立物流产业地位的基础。做出这种判断的原因在于，认为物流是独立产业，按照通常产业进行推进，会遇到一系列的问题，如政策的针对性问题、技术的应用范围问题、“投入—产出”的衡量标准和发展水平的体现等问题；反之，否认物流的产业地位，以物流几乎涉及所有经济领域，并对经济运行环境具有较大的影响和较高要求的特点，又会因缺乏产业发展所必需的宏观层面的推动，使物流产业发展缓慢，进而影响物流产业宏观经济价值的体现和微观领域物流技术的应用、物流服务的发展。因此，需要根据物流的经济形态和特点，明确其产业概念与特征。

1.2.4　物流产业的基本概念

1.2.4.1　物流产业的概念

根据产业的一般概念，综合各个方面对物流产业的相关研究成果，结合经济发展中产业的地位和物流管理与服务应发挥的作用，物流产业的基本概念是：以物流活动为经营内容，以物流投资、服务系统建设、资源整合和服务运作为经营方式，以降低成本、提高效率和创新服务下的合理回报为经营目标，在遵循物流管理基本原理的基础上，按照相同或相近的市场规则构成的物流企业集合体。在现代经济发展方式和产业运行模式下，基于供应链管理的一体化和物流服务运作的内在联系，物流企业的集合不是简单的企业叠加，而是物流服务企业与服务对象企业之间、不同类型物流服务企业之间存在一定的专业化分工，以供应链物流管理为基础形成的较为完整的服务体系，以及具有政府规划、管理与政策意义的产业。

1.2.4.2　物流产业的内涵

从物流产业的基本概念出发，物流产业具有广义与狭义之分。广义的物流产业指具有相同物流经济活动特征的集合，涉及的领域较为宽泛，产业发展问题实质上是企业物流管理与物流企业的发展问题。狭义的物流产业指具有相同物流服务特征的企业集合，它具有如下两个方面的内涵：一是具有企业赢利性和专业化运作、网络化服务的分工协作性；二是活动具有单个企业或整体的规模性，产业发展问题具有行业特性，是某个单一行业的发展问题。产业结构理论中对产业内涵的界定是：具有使用相同原材料、相同生产技术或生产相同用途产品企业的集合。因此，物流产业的内涵更多是从狭义角度界定的，为此，物流企业的研究和划分，成为物流产业内涵界定的重要基础。物流产业作为物流理论的研究对象，是指提供物流服务的企业的集合或系统，而究竟由哪些企业集合，要服从于物流产业发展阶段与水平的需要，涉及对物流产业外延的界定。

1.2.4.3　物流产业的外延

在物流产业发展背景下认识物流产业的外延问题，需要与物流产业内涵具有一致性，除了从物流管理与服务上对物流产业外延进行界定外，还需要从物流产业发展领域和政府规划、管理手段等方面进行确定，即物流产业的外延是指构成物流产业上游直接相关企业、核心企业和下游相关直接相关企业，包括生产制造、商贸流通内部物流管理与资源整合基础上的服务外包（自营物流或管理物流服务），以及专业化的承接服务外包的第三方物流服务，具有较为完整的系统性和紧密的产业链关系。

1.2.5　物流产业的主要特征

物流产业的形态和特点，以及物流产业的内涵与外延，决定了物流产业的基本特征。物流产业的特征是指物流产业在发展形态、政府管理、产业结构、服务组织和市场经营等方面的基本属性，分析和研究物流产业特性的目的在于为推进物流产业的发展奠定规划领域和规划方法基础。由于将物流产业作为独立产业来进行界定，并遵循产业思路推进其发展，目前尚无统一的认识，而现实条件下，政府、企业在很大程度上是按照产业发展的方式来推进物流产业发展的，包括物流产业发展政策的制定、第三方物流企业的经营、物流基础设施的投资和运营。因此，理论问题可以不断研究和探讨，但如何指导物流实践是必须面对的重要问题，特别是针对实践中出现和可能遇到的关键问题，必须进行界定，才有利于推进物流健康、有序发展。

1.2.5.1 复合性特征

物流管理和服务涉及经济发展的各个领域和层面，为推进其发展，既需要从宏观层次上进行规划引导和提供有力的政策支持，并培育物流需求与服务市场，又需要从微观层面上寻求各种服务模式和企业的发展，以及物流设施的建设和经营。因此，赋予物流产业发展地位，必须很好解决发展形态问题。从现代物流产业发展的特点和趋势分析，物流已渗透到经济活动的各个领域和环节，涉及从工农业生产、商贸流通到运输、仓储、信息服务等各个产业经济及企业经营领域，既包括生产与流通企业层面的技术应用与管理，也包括利用物流技术开展的专业化服务与经营。因此，物流作为一个产业，与过去传统上具有相对独立产业界面的一般性产业应具有明显的不同。物流管理存在于各个经济领域和各类企业的各个经济活动环节的现实特征，以及物流在不同环节的价值衡量标准的不同，决定了将其定义为复合型产业比较符合其产业发展的基本特征。

所谓复合型产业，指既具有整体的独立产业发展形态，又在局部具有以共同使用的技术为支撑的多个产业交叉和融合的非独立产业发展形态[1]。物流的独立产业发展形态指从提供物流服务的角度，存在包括第三方物流企业在内的专门化物流服务企业体系，符合一般性产业的基本特点，物流产业的发展实质就是这些企业在市场中经营与发展的结果；物流的非独立产业发展形态指从提供物流服务的角度，传统的运输、仓储等产业，在工业、农业和商业企业进行物流管理的情况下，可以通过服务外包为这些企业完成物流服务过程提供支持，这也是物流业发展的早期形态，物流产业的发展虽然对运输、仓储等服务方式和质量提出了更高的要求，但实质上这些产业的发展是独立的，仅仅是在技术和服务上存在交叉和融合，是这些传统产业企业参与物流经营与发展的结果。此外，非独立产业形态还表现在工业、农业和商业企业进行物流管理，通过整合内部物流资源、改善物流管理流程、改变生产和销售方式等，使企业获得更高的经济效益。

1.2.5.2 跨行业特征

作为具有复合型产业特征的产业，物流产业从企业经营管理和服务的角度，具体表现在物流的专业化经营、传统运输仓储行业的服务支持，以及工业、农业、商贸流通等企业物流管理技术应用和物流运作的社会化分工等方面，因此，从产业管理和行业运行的角度，由于物流管理活动与服务企业分散在不同的行业领域，物流产业具有明显的体现在不同层面的跨行业特征。

1.2.5.2.1 供给的跨行业性

参与物流服务企业的多样性，使物流产业具有跨相关服务供给行业的特征，即以物流技术和活动内容为经营手段的相关服务行业，包括交通运输、仓储、城市配送及第三方物流企业、物流咨询与信息服务企业，这些企业从不同角度提供经济物流服务。这种经营性的并由多个行业和多种服务方式组成的服务业态，具有了跨部门、跨行业、跨企业和多环节的全方位供给特征，造成供给的机制较为复杂，由此也带来了供给管理的复杂性和行业交叉性。

1.2.5.2.2　需求的跨行业性

从工农业及商贸流通领域的物流活动分析，其物流活动不是物流服务企业单纯的提供物流服务的独立经营活动，往往具有需求企业的广泛和深度参与，从需求产生的角度具有较为明显的跨行业特征。这种跨行业性与需求企业的原材料采购、生产组织、销售组织、产品配送等紧密结合，成为需求企业改善管理和提高效率的重要技术手段和工具。需求企业角度的跨行业特点，形成物流产业发展区别于其他产业的不同的运行机理和方式，需要将需求企业的物流管理技术应用，以及以需求企业为依托的产业组织、运行模式的创新，作为产业发展的重要内容。

1.2.5.2.3　产业链跨度较大

从社会化分工的角度，物流组织活动只有在规模经营和网络化运作的基础上才能产生预期的效益，只有物流服务提供企业和服务需求企业共同参与才能实现。特别是供应链管理技术与专业化物流服务的出现，使这种联系成为企业的创新经营模式与核心竞争力的有机组成部分。因此，工农业及商贸流通企业寻求物流服务的外部支持或构建供应链物流系统的过程中，企业物流管理与专业物流服务经营的融合和渗透，使物流的产业特征中的相关识别因子进一步淡化，各方经济利益的获得，往往是通过供应链的优化而进行利益再分配的产物，或者是双方寻求共同市场利益的过程，使得物流产业的产业链具备内在利益驱动的较大跨度，因而不仅物流产业的复合性特征得到充分体现，同时，依托供应链而使物流产业在服务和运作上涉及采购、生产和销售等多个环节，具有跨多个行业和多个产业环节的特征。

1.2.5.3　网络化特征

物流产业的复合性和跨行业特征，使得企业在进行物流服务运作过程中，为保证整个供应链的效率和控制总体物流运作成本，需要进行合理的产业空间组织。这种空间组织因具有依托物流服务与组织节点进行，以及物流企业需要针对原材料采购、生产过程和销售过程的物流服务需求产生地点的不同和环节的不同，使得物流产业具有较为鲜明的网络化特征，包括物流产业基础设施空间布局的网络化和服务运作组织的网络化两个方面，并因成本控制、效率提升和服务便利性的要求，使网络化表现在物流基础设施资源整合与空间集约布局和优化，物流服务与运作、物流信息和物流网络的集成等方面。

1.2.5.3.1　物流基础设施空间布局网络化

物流管理与服务依托物流园区、物流中心、配送中心、运输枢纽和场站等节点基础设施进行运作，形成了物流活动在空间上的相对集中，再加上铁路、公路、水运、航空、管道等运输线路的支持，在空间上形成了点线结合的网络系统。从宏观的角度，这些网络设施空间布局的合理化，有利于物流效率的提升和物流服务的规模化，并由此产生基于网络的物流业规模经济。

1.2.5.3.2　物流服务与运作网络化

就单个物流企业或参与供应链的多个物流服务、物流需求企业而言，因物流活动的空间组织与管理需要，物流服务与运作具有网络化的特征。正是由于这种特征，才形成了物流基础设施网络需求。物流基础设施网络实际上是物流企业和企业管理运作物流的网络化的空间集合的结果。

1.2.5.3.3 物流信息网络化

物流管理和运作的基本手段是信息技术，物流各个环节的信息收集与传递是开展物流服务与管理的重要基础。因此，在物流服务与运作的网络化环境下，物流需求企业、物流服务企业、物流产业的政府管理机构之间的信息活动，具有明显的网络化特征。物流信息网络的构建，有利于物流服务与运作的网络化，也是物流基础设施网络形成的重要基础环境，对提高物流效率和物流服务网络效率具有重要作用。

1.2.5.3.4 物流网络的集成

物流产业表现出的基础设施、服务与运作和信息网络特征，是现代条件下物流产业发展的趋势。为追求网络效率，在物流产业的发展中，企业根据降低物流成本、提高物流效率和改善物流服务的需要，往往需要与其他网络之间进行服务衔接和物理性网络设施的对接，从而使物流网络具有集成特征。物流网络的集成，不仅可以提高物流效率，也使物流服务与运作网络不断扩大，产生物流规模效益与效率。

1.2.5.4 规模化特征

与物流的网络化相对应，由于各种网络的发展和不同网络的集成，物流产业将随着网络的扩大和网络上物流承载量的增加而产生规模经济效益，物流产业也因此而具有规模化特征。根据物流产业的内涵与外延，物流产业的规模化特征将表现为物流活动的规模化、专业化服务的规模化和基础设施的规模化等方面。

1.2.5.4.1 物流活动的规模化

物流服务与运作的网络化，使参与物流管理与服务等相关物流活动环节，如运输、仓储等产业在一定区域范围内，因不断实现网络的集成和追求效率与效益的需要，而存在规模化运作的特征。这种物流在单个和多个活动环节的规模化，是促进传统的运输与仓储产生升级的重要力量，也是在这种产业升级基础上产业总体规模效应和区域规模效应的重要推动力量。

1.2.5.4.2 物流服务的规模化

物流活动的规模化以及社会分工的不断深化，使运输、仓储、配送、第三方物流服务不断实现规模化运作与发展，而从各种专业物流服务的角度对物流活动的不断集成，又反过来推进了物流服务的集中运作，导致了物流服务的规模化。物流服务的规模化并非所有服务企业均向规模化方向发展，而是以产业集中度提升的方式实现物流服务的合理分工与合作，形成具有服务衔接性的产业组织模式。

1.2.5.4.3 物流基础设施的规模化

物流活动和物流服务的规模化，导致对空间上布局合理的物流园区、物流中心、配送中心、运输枢纽场站等的需求，依托这些物流基础设施不断进行的物流活动与服务的规模化，最终导致了物流在基础设施网络支持下的集约化经营和所体现的规模化特征，不仅使物流基础设施规模不断扩大，而且在空间布局上也逐步趋向依托城市节点的集中。物流基础设施的规模化，还体现在由物流企业和物流活动集约组织所推动资源整合活动，通过物流资源整合形成物流活动向具有规模效应的物流基础设施集中。

1.3　物流产业的发展结构

对物流产业问题的产生和产业发展内涵的分析，搭建了认识物流产业问题的框架，但从推进产业发展的层面，还需要解决物流产业发展的内容问题，以便使物流产业的发展具有与产业内容紧密结合的针对性，形成较为清晰的产业推进层次和发展结构。

1.3.1　物流产业分类

关于物流产业的分类，已经产生了大量的研究成果。如前所述，由于物流产业的复合性特征，无论哪种分类，都很难涵盖和清晰表达所有物流管理和服务类型，即便仅仅从物流企业的角度，也没有形成完全一致的看法。但是，在实践中，目前已经形成了关于物流产业分类的两大角度，即从企业类型角度的和从行业归并角度的分类。

1.3.1.1　企业类型分类

物流产业的主体是各类物流企业，对物流企业的分类研究是确定物流产业构成的基础。在《物流企业分类与评估指标》(GB/T 19680—2005)中，按照各类物流企业的主要业务功能特点，将其分为运输型、仓储型、综合型三种类型。运输型物流企业是从事货物运输或代理运输服务为主，包含其他物流服务的企业；仓储型物流企业是从事区域性仓储、配送服务为主，包含其他物流服务活动的企业；综合型物流企业是专门为客户提供原材料、在制品、产成品一体化物流服务的企业。

1.3.1.2　行业归并分类

物流产业目前尚不是独立的行业，但可以从涉及物流的相关行业归并中形成相应的行业分类，这种归并思维也体现了物流产业的复合性。根据《国民经济行业分类》(GB/T 4754—2011)以及物流产业的定义和物流企业的分类，以G门类(交通运输、仓储和邮政业)为主，集中反映了物流产业的有关内容。物流产业的基本结构如表1-5所示，主要包括国民经济行业分类中的G门类与L门类(其中客运等部分内容已剔除)的有关内容。

1.3.2　物流产业结构

从服务的组织和产业关联的角度来分析，物流产业的运行涉及三个层次的内容：一是物流基础设施，包括综合交通运输基础设施系统和物流节点设施系统，点与线结合成为物流基础设施网络，反映了物流设施的“生产”能力。物流基础设施不仅因为它们大部分是固定在地面的基础设施，更是因为对于整个物流产业的发展和服务的运作是决定性的，没有基础设施就不可能有物流服务运作手段，而没有物流手段就不可能进行物流产业的扩张和发展。二是依靠基础设施来运行的物流装备，包括各种方式的运输车辆、搬运装备、仓储装备、分拣、包装、条码印刷和识别，以及信息管理与服务、物联网等物流信息系统等。三是物流运作管理与服务。其主要实体为物流企业，通过物流企业对服务资源的组织和协调，为特定客户提供物流服务的运作。鉴于上述分析，从构成完整的物流活动组织角度，物流产业是由三个层次的物流服务运行内容构成的具有系统性和紧密的产业链关系的产业发展结构。对于物流产业的发展而言，分析物流产业结构的意义在于推进物流产业的发展进程中，通过政府管理和市场运作，使物流产业维系良好的各个产业组成部分之间的关系。

表 1-5

物流产业的基本结构

序号	产业名称	产业内容
G　交通运输、仓储和邮政业		
1	铁路运输业(53)	铁路货物运输(5320)，货运火车站(5332)，其他铁路运输辅助活动(5339)
2	道路运输业(54)	道路货物运输(5430)，公路管理与养护(5442)，其他道路运输辅助活动(5449)
3	水上运输业(55)	远洋货物运输(5521)，沿海货物运输(5522)，内河货物运输(5523)，货运港口(5432)，其他水上运输辅助活动(5539)
4	航空运输业(56)	航空货物运输(5612)，通用航空服务(5620)，机场(5631)，空中交通管理(5632)，其他航空运输辅助活动(5639)
5	管道运输业(57)	管道运输业(5700)
6	装卸搬运和其他运输服务业(58)	装卸搬运(5810)，货物运输代理(5821)，其他运输代理业(5829)
7	仓储业(59)	谷物仓储(5911)，棉花仓储(5912)，其他农产品仓储(5919)，其他仓储业(5990)
8	邮政业(60)	邮政基本服务(6010)，快递服务(6020)
L　租赁和商务服务业		
9	商务服务业(72)	包装服务(7293)，其他未列明的商务服务(7299)

1.3.3　物流产业系统

按照物流产业的发展结构，以及物流产业的复合性、跨行业、网络化和规模化特征，在产业发展层面分析，物流产业在实际发展和企业运行过程中，具有较为明显的系统性特点，往往依托一定的具有共同特点和分布在不同环节的服务企业，形成包括物流基础设施、技术装备和服务运作的较为完整的、提供相同或具有紧密内在联系的产业系统。如服务于网上购物的快速高效物流系统，该系统既涉及快递、快运等具有专门功能和布局要求的用于集结、分拨和分拣、递送的基础设施，也涉及分拣、信息处理、快递运输等装备，更需要专门的快递企业提供取、递送服务。三大产业结构在实际运行中可以是具有整体性的，也可以是多个企业参与的，但总体上为维持快速、高效的服务，必须具有较为完整的、高效率和成本合理的基于完成全过程服务的系统性。此外，区域物流分拨系统、城市物流配送系统、制造物流服务系统、大宗物资物流服务系统、冷链物流服务系统等均具有系统性特点。为营造良好的物流服务系统建设与发展环境，在物流产业系统化发展背景下，运输服务也需要实现系统发展，如与各种物流服务系统衔接和发挥支撑作用的多式联运组织系统等。

1.4　物流产业的运行特点

之所以要形成关于物流产业发展内涵和发展结构的基本共识，目的在于从产业发展内涵和结构层面，更好地按照产业运行规律推进物流产业发展。为此，需要分析物流产业的运行特点，以便为物流产业发展规划的制定，以及物流产业发展实际运行，提供一定的理论基础支撑。

1.4.1　物流产业运行演变

物流概念产生的内在动力来自于其所包含的基本目标，即各类企业在物流管理与服务中对成本、效率、服务等核心管理目标的追求。物流产业的运行就是针对核心目标展开的。正是由于追求目标过程中所面临的环境差异和采取的手段、模式的不同，才使物流产业运行出现了丰富多彩的局面。因此，要从产业发展规律的层面上认识物流产业的运行特点，首先必须分析产业运行的演变过程，以及导致运行方式演变的内在实质。

1.4.1.1　运行演变过程

现代经济活动与物流业的紧密结合，使当今物流与过去传统的物流有了很大的区别，这种差别主要是由于物流运行方式的不断演进造成的。社会化大生产的发展和专业化分工的深化，逐渐出现了专门为制造业、商贸服务业提供服务的第三方物流和网络化快速运输等现代专业物流运行形态。在计算机和网络技术的支撑下，物流规模和活动范围扩大，物流企业不断向集约化、协同化方向发展。世界经济因专业化物流服务的形成与发展而进入到了消费多样化、生产柔性化、流通高效化、生产与流通全过程服务的物流时代。因此，物流运行既具有不同的阶段演变特征，也具有与服务模式、服务对象和服务网络等相匹配的演变特点。

1.4.1.1.1　发展阶段演进

随着工业和流通企业的经营理念、经营方式演变，物流服务的内涵和运作模式等处于不断的演变过程中。物流管理与技术的提升，在很大程度上支持物流服务向集约化、规模化和网络化方向发展，也促进了作为物流服务环节和运作支撑的运输、仓储等相关传统运作环节的加快转型和向更高水平发展。物流服务内容的不断丰富，服务方式的不断完善，活动范围的不断扩大，不仅使物流运作具有明显的阶段性、多样化特征，也使得通过物流服务所要实现的关于成本控制、效率提升等方面的目标具有阶段性特点，即关于物流产业运行的目标并无统一的标准，完全取决于经济、产业、企业等的发展阶段和水平。物流产业运行目标的阶段性，对于通过规划和政策推进物流产业发展具有重要意义。物流产业的发展是在科学和合理的目标下进行的，脱离合理的阶段性目标强调物流产业的运行，将因经济环境、产业发展水平和企业运作能力、模式不支撑而并不利于物流产业发展。

1.4.1.1.2　商贸流通物流演进

商贸流通领域是物流服务的发源地。由于物流服务是在与流通紧密结合的过程中发展的，而且物流概念的产生和发展也反映了商贸与物流紧密联系的发展与变化过程，因此，商贸流通产业的发展演进在很大程度上促进了物流产业运行的演变。也正是由于这种运行中建立的演进关系，使得现代物流产业发展条件下，物流运行环境对商贸服务业产生了引领作用，即依托物流运行方式的创新，可以派生出新的商贸流通业态。如电子商务的发展产生了网络购物物流服务，反过来快递物流服务系统的形成，又引领了网购产业的快速发展。我国现代商贸流通产业尚处在发展初期，对商贸流通物流运行的认识有个逐渐提升的过程。从国际上关于商贸流通领域物流服务的运行演变过程，以及物流与商贸结合的演进历程的看法分析，必须认识商贸流通产业现代化演进与物流服务产业演进的关系，以便促进为商贸流通业服务的物流业的快速发展，同时，积极营造有利于商贸流通产业提档升级的物流产业运行环境。尤其是在全球经济一体化和企业争夺国际市场的竞争日益激烈的背景下，几乎一切经济活动都是围绕满足市场需求而进行的，从而使经济活动通过产品生产所需原材料采购、产品销售等市场流通组织过程而体现出来。商贸流通领域的物流服务实际成为流通的组织与服务手段，是商贸流通供应链基础上的物流管理与服务。我国提高企业的经济效益和市场竞争能力，需要积极借鉴国际上商贸流通领域物流服务的发展规律与经验，以物流服务为支撑，建立以市场流通引导产品生产的发展模式，积极依托连锁经营、生产资料流通、电子商务等经营活动，在集中采购、区域分拨、终端配送等方面，推进物流服务的发展。

1.4.1.1.3　工业生产物流演进

工业生产领域物流运行经历了企业自营物流服务与逐步扩大物流服务外包的演变，这种演变实质上是实现工业企业的物流服务从内部管理和运作向社会化和专业化发展的过程。特别是经济全球化和跨国企业的发展，使原材料产地、产品生产加工地与产品的消费地之间实现了在不同国家、地区之间的空间分离，物流服务的组织与管理难度超过以往任何时候，物流服务的网络化和专业化程度得到空前提高，工业生产领域以具有战略伙伴关系的专业化供应链物流服务为重要标志，推进了物流服务的社会化程度的不断提升，成为物流产业运行方式改变的重要标志和演进推动力量。我国传统上工业生产物流具有“大而全、小而全”的特征，企业往往自备运输设施、装备，成立专门运输、仓储等物流管理和运作机构，提供企业自身所需要的运输、仓储服务。目前，这种方式仍然占有较大的比重。由于物流管理与服务的理念较为落后，这种传统的经营模式，不仅使企业沉淀了大量的运输、仓储等物流设施，而且其利用效率很低，是造成企业物流成本居高不下的主要原因。因此，目前我国相当部分工业生产企业认为物流服务就是整合资源，就是积极开展物流服务获取“第三利润源泉”。在产品市场竞争加剧和物流产业发展潜力被认可后，从生产领域是物流服务需求的原生地角度，积极整合资源和开展企业内部物流管理，并采取多种形式实现物流服务外包，将从培育需求的角度推动物流服务的发展。经过多年的物流产业发展，目前，工业企业普遍不再排除专业化的物流服务，生产环节物流需求的推动，已经成为包括供应链物流管理、第三方物流企业发展演变的重要因素。

1.4.1.1.4　物流企业演进

商贸流通和工业生产领域物流服务的发展，为物流服务的专业化带来了动力。物流企业在这种物流服务发展动力的作用下，发生了物流服务业态、企业组织形态等的诸多变化。为寻求更低的物流成本、更高的物流效率和更好的物流服务，从社会化分工的角度，出现了基于规模经营和专业管理与服务技能，并以特定的物流运作模式，为商贸流通和工业生产企业提供物流服务的专业化多种形式的第三方物流服务。先是商贸流通和制造企业从专业化的角度寻求外部的运输、仓储等具有单一和组合功能的专业物流服务的支持，以解决商贸流通和工业企业内部物流服务的不经济和水平不高的问题，这种物流服务需求为专业化物流服务企业的发展演变提供了推动力。之后，逐渐产生了第三方物流服务，即专门从供应链物流管理的角度，为商贸流通和工业企业提供从原材料采购、生产到产品销售的一体化的物流服务，为物流服务的发展带来了市场分工的拉动力。第三方物流服务的产生和发展，是物流产业运行走向社会化、专业化的重要标志，也是现代物流与传统物流服务之间的重要区别所在。

1.4.1.1.5　物流基础设施演进

物流服务的专业化运行促进了物流设施的规划、建设和发展，以及相应的利用既有设施与规划建设设施的范围不断扩大的物流资源整合，这种整合也在很大程度上推进了区域服务的竞争。形成这种发展局面的经济逻辑是制造业、商贸服务业的规模扩张和布局的区域化，物流在提供其所需要的服务过程中，因追求更低的成本和更高的效率而逐渐向网络化发展，即以物流运作节点为据点建设物流服务系统建设基础上的物流产业运行模式的形成，以便在更大的范围内开展具有竞争力的物流服务。物流网络化在物流服务方面产生了更为细化和社会化分工要求，物流服务的专业化分工，形成了以物流规模经济为目标，以配送中心、物流中心、物流园区为组织功能的物流基础设施，为在区域范围内开展具有扩张和发展潜力的物流服务创造了条件。物流基础设施及其为依托的覆盖区域的物流网络的出现，对物流服务的规模扩张、整体水平与质量的提升，产生了重要影响，并发挥了重要作用，创新了物流产业的运行形态和模式。

(1)以配送中心为依托的物流运行。以配送中心为运行节点的物流运行演变，将商贸流通和工业制造领域的物流带到了更为集约和规模发展的新阶段；配送中心及网络系统的形成，更是使集中采购、区域分拨、及时配送服务等物流运行具有创新性。特别是配送中心对连锁商业、大型超级市场、电子商务等的重要运作支撑，推动了商业模式的转变和发展方式的转型，使物流服务的组织化水平和运行效率得到有效提升。目前，许多创新性的物流服务，均具有以配送中心为依托的运作特征。配送中心在物流产业运行发展，以及建设具有区域覆盖服务能力的物流服务网络方面，正在扮演重要的角色。

(2)以物流中心为依托的物流运行。物流中心在功能上将运输、仓储等物流活动的规模化和集中化发展推进到新的水平，较配送中心在规模化物流运行中的作用更大。由于物流规模运作和经营最大限度地降低了物流成本，提高了物流效率，使分散在物流中心周边地区一定距离范围内的物流组织开始趋向集中，形成以物流中心为依托的服务组织，物流设施在区域性物流组织与服务上的功能得到充分培育和发展，使得以城市为依托、为区域和重要的制造业基地提供物流服务的规模不断扩大成为可能，在一定区域以物流业规模发展为目标的物流服务的竞争逐步形成，并从企业之间发展到不同地区之间，逐渐改变了物流运行形态，为物流产业运行效率的不断提高创造了资源整合与聚集条件。

(3)以物流园区为依托的物流运行。在物流运行不断集约化、规模化和网络化的推动下，物流园区将物流产业的运行推向了更新和更高的发展阶段，其发展的目标就是通过物流设施和企业资源的双重集聚，实现物流产业运行的规模化发展。由于物流园区在选址上既兼顾区域辐射又充分考虑为所在地区服务，从区域性物流规模组织的特征层面考虑，物流园区对配送中心、物流中心具有组织辐射功能，自身也形成了各类物流企业、多种运输方式的集聚和综合服务功能。物流园区对不同层次的物流网络的形成与发展，以及对一定区域范围和经济中心城市物流服务的规模化具有重要意义，对地区之间物流竞争水平与质量的提升具有重要作用。以物流园区为依托的区域性的物流业发展竞争可能成为物流产业发展的重要推动力量。尤其是物流园区在物流运行功能和服务组织上对物流中心、配送中心形成了组织和运营支持，为在特定空间形成三者共同服务城市、服务区域的物流基础设施系统奠定了基础，使三个层次的物流基础设施成为物流产业发展的重要内容。

1.4.1.1.6　运输与仓储服务演进

在物流服务和组织不断演变的背景下，运输和仓储服务不断向专业化、规模化和网络化方向演变，也使运输和仓储等传统产业的运行经历了服务方式、内容和企业运作模式的转变和发展的过程。由于传统物流活动能够被直观反映的核心环节是运输和仓储，对物流成本、效率和运作模式具有重要影响的也是运输和仓储，因此，运输和仓储产业的运行变化，在物流产业的总体演变中扮演着重要的角色。现代条件下，运输、仓储服务除在成本上需要满足企业对效益的追求外，还需要在质量、效率、准确、安全、模式等方面满足和适应物流服务的要求。从经济发达国家运输与仓储发展过程、现状与趋势分析，运输与仓储适应物流服务不同要求的过程，推进了运输与仓储服务的全面提升与运作模式的转变和创新。

1.4.1.1.7　物流咨询服务演进

由于物流服务具有需要很好整合工业、商贸流通企业资源，优化其物流管理，转变其运作模式，改变其业务流程的特点，为有效发挥物流服务的这种功能，需要深入研究企业物流管理的内容、方式和运作模式、解决方案，以便指导企业的物流管理和专业化的物流服务。同时，物流企业开展经营活动本身，也因为物流基础设施布局与功能、物流服务网络建设、物流服务模式创新等需要较强的技术性支持。鉴于这种专业性和技术性均很强的专业服务需求，物流咨询服务在物流产业的发展中也经历了不断的演变过程。随着物流产业运行复杂程度的不断提高，企业物流管理规划与咨询、物流基础设施的规划、物流管理与服务的信息化解决方案，以及企业物流解决方案的研究与编制等与物流产业运行直接相关的物流产业发展问题，逐渐成为专门的服务企业的服务内容，从事该领域服务的企业也得到很快的发展。同时，物流作为产业的认识的逐步形成，区域性（全国、经济区域、省、市）的物流产业规划研究和咨询服务也随之产生。物流研究与咨询服务的发展和服务系统的形成，既为推进物流产业向更高水平发展提供了技术支撑，又丰富了物流产业运行的内容与方式。

1.4.1.2　*产业运行实质*

物流产业运行演变的复杂性和过程显示，推进物流产业运行方式不断升级的内在动力来自于物流成本控制、效率提升和服务模式创新三大核心要素。这三大要素也是物流产业运行与发展的实质问题。

1.4.1.2.1　控制物流成本

在物流概念形成和服务发展的初期阶段，物流成本的管理和控制多局限在单个企业或单一活动的范畴，即物流管理与服务的目的在于不断降低显性的物流成本。随着物流产业运行的不断演变和发展，物流成本的内涵和外延均发生了较大的变化。在微观层次上，物流管理与服务的目标已经集中于供应链整体成本的管理和控制，而非供应链上的某个企业或物流活动某个环节的成本问题，物流成本的控制成为供应链系统的目标和任务。宏观层面而言，一定区域的企业物流成本转化为社会物流总费用，社会物流成本的高低，既反映了社会物流产业发展的阶段和产业内容，也对区域经济竞争力具有重要影响，必须合理定位和控制社会物流总费用。因此，在物流管理与服务中，成本控制问题占据重要地位。从成本的角度分析，物流的实质是通过管理和服务实现从宏观到微观的成本控制,使物流成本具有与区域发展、企业运行相匹配的合理性。

1.4.1.2.2 物流效率提升

物流服务将生产、流通紧密联系起来,实现了从原材料采购、产品生产到最终产品销售全过程的物流管理。由于物流管理与服务涉及环节多,特别是从供应链物流管理的角度,多个企业和多环节的共同参与,必须通过全过程的统筹管理与协调,才能保证各个物流活动环节,如运输、仓储、流通加工和配送等的效率,以及参与供应链的企业之间的衔接和配合效率。同时,专业化的物流服务所具有的规模化、网络化特征,也使得物流运作在更大的区域中进行,服务环节的增加和参与服务企业数量较多,也需要很好地解决运作的效率问题。因此,鉴于物流与经济发展和企业管理的紧密结合、相互渗透,作为经济活动细胞的企业,已经在流程、资源整合和管理上对物流管理提出了更高的要求,为不断提高经济和企业的运行效率,物流管理和服务必须给予足够的保障。从此角度看,物流产业运行的实质就是通过科学和有效的管理与服务不断提高效率,从现代经济发展和企业运作的模式考虑,提升物流服务效率成为物流管理的重要目标。

1.4.1.2.3 物流服务模式创新

现代经济发展的特征和趋势是服务业地位不断提升,在经济总量中的比重和对经济结构调整的作用日益明显。在很大程度上,现代企业之间的竞争已经从产品转向了服务,在产品从供应者向需求者的转移过程中,良好的物流服务已经成为保证企业维持较高服务质量的重要手段和条件。特别是物流供应链服务与企业服务的融合和发展,在物流服务模式创新的支撑下,成为企业提供更好的客户服务的核心竞争力。在现代物流服务支撑企业培育核心竞争力的过程中,物流服务模式的创新和发展,成为物流产业运行发展的实质内容。物流服务企业与制造业、流通业企业的战略合作伙伴关系的建立,以及相关企业建立具有自身特点的物流服务系统,均需要物流服务模式的建立作为基本条件,需要企业根据自身情况和市场竞争的需要对服务模式进行创新。因此,从提高企业竞争力和完善企业服务的角度,物流产业的运行目标就是建立具有创新能力的服务模式。

1.4.2 物流产业运行特点

对物流产业运行演变规律的分析可以看出,在不同的经济和产业发展阶段,物流产业运行具有不同特点。在现代物流产业发展环境条件下,需要认识物流产业的运行特点,以便按照产业运行特点推进产业发展,提高产业发展的质量和水平。对物流产业研究分析的视角和认识的差异,使得目前关于物流产业的运行特点的认识并不一致,但需要研究该问题的认识是共同的。从现代物流产业发展的形态层面分析,物流产业具有四个基本运行特征[2]:以物流资源的优化整合为手段,实现多功能一体化运作;以信息网络技术为支撑,实现全程信息化;第三方物流企业的出现,成为专业化物流服务提供商;全球物流市场的形成,物流业作为生产性服务业已成为全球经济稳定发展的有力支撑。因此,现代物流产业具有较为鲜明的一体化服务、资源整合、信息管理和资本增值等特征。

1.4.2.1 一体化服务

在现代经济发展和产业布局、产业组织环境条件下,物流产业运行是在供应链物流管理环境实现的，是将产业链不同环节企业的原材料采购、半成品及产成品库存、销售相关的运输、仓储、配送、包装等进行一体化运作管理与经营。这种一体化并非简单的多个物流活动的叠加，而是必须建立内在的紧密联系，即某个物流活动是根据另一活动的需要而设计的，是为了获得整个供应链的物流成本、效率和服务目标。2005年，国家发展和改革委员会为推动现代意义上的物流的发展，制定了对物流企业分类的标准，明确了只有具备两个及以上物流活动，并拥有实现物流活动系统管理（一体化管理）的信息系统，才能认定为物流企业，其基本的含义也是物流运作服务的一体化。物流运作服务一体化除包含物流过程的作业形态和物流服务功能，主要从物流活动要素（运输、仓储、装卸搬运、包装、流通加工、配送和信息处理等）角度实现一体化外，还包括企业的经营活动全过程（供应物流、生产物流、销售物流、回收物流和废弃物流等）的物流活动。目前，这种企业物流与物流服务全过程一体化，已经演变成为较为成熟的供应链物流管理下的服务模式，而且，因对物流管理目标追求的不同，在一体化服务的实现上存在很大的差异。可以认为，现代物流之所以出现丰富多彩的运作模式，其主要原因就是各种不同物流要素和产业环节在一定氛围和程度上实现一体化管理的结果。

1.4.2.2 资源整合

一体化物流运作服务模式的形成，以及多模式供应链物流管理与服务运行格局，主要推动因素是物流管理目标的多样性和实现途径、标准的差异性。正是物流服务一体化及模式的多样性，使得在提升物流运行效率、降低成本的过程中，形成了寻求各个物流要素资源更高效率利用的运行模式，即物流资源整合。在以往的物流产业运行中，物流资源往往作为保障物流运行的手段，随着管理水平不断提高和经营领域不断扩展，整合物流资源也逐步成为物流运行中非常重要的领域，并因为整合的方式、手段和效益的不同，产生了企业物流、物流企业、公共物流服务等不同的物流资源整合模式。物流资源从手段到目的的身份转变，大大拓展了物流管理与服务的内涵和外延，如物流园区、物流地产等物流设施和经营模式的出现，很大程度上就是网络化、集约化物流产业发展背景下物流资源整合的产物。遵循这种理念，物流成为对企业的仓库、运输设施及装备等相关资源进行重新整合，以优化企业对物流资源的合理和充分利用的资源整合活动。因此，以物流在社会经济和相关企业活动中的目标和实际功效为出发点，物流资源整合将更有利于物流服务的一体化和专业化，这也从物流服务的发展进程得到证实。而从物流资源整合的运作角度分析，最显著的特点是导致制造业、流通业企业物流业务的外包（供应物流、生产物流、销售物流的专业化服务），从而促进第三方物流的形成与发展。在物流资源整合过程中，不仅形成了各种物流运作与管理模式，如零库存管理、JIT运作、供应商管理库存、配送中心、物流中心、物流园区、供应链管理，使物流成为参与资源整合的企业系统的第三利润源泉，而且，资源利用效率提高和管理水平提升后，物流也因此构成企业核心竞争力的一部分，成为企业战略管理的重要内容和物质基础。

1.4.2.3 信息管理

计算机技术的进步和网络技术的发展，以及信息采集与传输技术的进步，是建立现代物流管理信息系统，实现网络化物流运作与管理的重要前提和基本手段。而物流管理的实施和资源整合、成本控制等目标的实现，并非通过信息系统自身的功能发挥来实现，而是物流信息系统和管理所提供的决策信息，帮助参与一体化和供应链管理的企业进行科学决策的结果。信息对于物流运行的重要性，在得到物流运作各个环节的企业认可和应用的过程中，逐步派生出了物流信息管理与服务的模式，如供应链信息整合、公共信息平台、货物跟踪、条码技术、数据采集与传递服务等。因此，现代物流的标志性特点，往往并非管理技术、服务模式和资源整合等，而是信息管理与服务。物流是为参与供应链物流管理的企业的生产计划制订、存量管理、产品分布提供市场需求及决策支持的信息服务与管理活动。利用信息系统和一体化的物流运作进行供应链的物流管理，参与企业在授权的范围内，可以随时了解各个物流活动环节的原材料库存、在途运输和销售等即时信息，从而为企业进行原料采购、产品生产和市场销售提供了最为准确的决策信息。关于这种信息服务特点，目前国内企业的重视程度依然不高，注意力还更多地集中在物流活动环节以及物流模式的建立，这也是我国物流产业落后于经济发达国家物流业的主要原因之一。随着物联网技术的发展，将使现在以物流活动环节信息为主要特征的信息管理转变为过程中的任意点的及时信息。信息管理与服务对于提高效率、降低成本和生产、销售的决策、管理支持意义更为重要，将带来物流信息化支持下的运行模式创新，应引起企业的高度重视。

1.4.2.4　资本增值

在现代物流产业运行环境下，无论是一体化物流服务、物流资源整合，还是物流信息管理与服务，均围绕用最少的资源占用、最低的资源消耗目标，以期获取最大的经济效益。因此，物流是通过降低或使企业运输及配送费用更为合理，通过实现零库存或库存管理的优化，使原材料和产成品库存量保持安全有效的数量，以及通过物流主要活动环节的科学有效管理和控制，优化资金流管理，从而实现企业经营成本节约而创造更高价值的资本增值活动。物流的资本增值特征还可以从物流过程的组织形态得到体现，物流管理实现了参与活动或供应链管理企业的集成化管理和运作，企业之间形成供应链管理环境，并实现核心业务在社会分工细化、专业化基础上的强化，实现了具有产业关联性的供应链上的企业群组成利益共享、风险共担的经营机制，既整合了企业内部资源，又充分集成企业外部资源，使资本在快速周转和充分使用中得到增值。现代物流产业运行中的资本增值特征，使现代物流真正成为企业的核心竞争力，为现代物流管理和服务在经济发展、产业运行中的广泛应用奠定了基础。

1.5　物流产业的关键问题

我国高度重视现代物流业发展，并从“十一五”开始，将物流产业发展问题纳入国家规划，以期通过国家层面的政策推进物流产业发展的情况下，针对我国目前在物流业发展中存在的产业体系建设滞后，以及政策的针对性不强的问题。在认识物流产业运行特点的前提下，解决涉及物流产业发展的产业地位、发展模式、产业体系、空间布局和推进方式等关键性问题，这些问题既是物流产业发展的重要问题，也是物流产业发展规划中必须进行深入研究的问题。

1.5.1　产业地位问题

目前，国家和地方政府均给予了物流产业很高的地位，部分地区甚至将物流产业的发展提升到非常突出的地位，过分强调物流产业的重要性，以为如此就能加快推进物流产业的发展。其实，由于缺乏对物流产业运行特点和物流产业与地区经济、产业布局的正确认识，脱离地区经济发展与物流业发展关系的实际强调物流产业的特殊地位，并不利于物流产业的发展，需要对物流产业的地位问题进行更为全面和科学的分析。

1.5.1.1　与关联产业发展关系地位

在现代经济和产业发展背景下，物流产业与关联产业之间具有较为密切的发展关系，是通过提升关联产业的发展效率与质量而与相关产业建立的这种关系，因此，从与关联产业之间关系的角度，物流产业具有重要的产业地位。从与关联产业发展关系的角度认识物流产业的地位，对于纠正较长时期在物流产业发展过程中就物流论物流的产业发展理念具有重要意义，尤其是在国家积极推进经济结构调整和转变经济发展方式的战略下，注重通过现代物流服务提升产业发展质量，既有利于培育物流服务需求，又能充分发挥物流服务帮助制造业、商贸流通业降低运行成本、提高发展效率的作用，并建立较为紧密的发展关系。

1.5.1.2　作为独立产业的发展地位

物流产业作为独立产业的发展地位在于通过物流业的发展提升服务产业的发展质量与水平，寻求服务产业新的增长点，以及加强包括运输、仓储、配送、信息、金融等在内的服务产业的发展联系，提高服务产业的整体竞争与发展能力。由于物流产业是以制造业、商贸流通业付出成本的方式获得发展的，降低物流成本和提高物流效率又是物流产业发展的基本特征，因此，在特定的区域范围内提出将物流产业培育成支柱产业，不宜成为一般性的产业发展目标，必须明确物流产业发展内容、服务范围和发挥作用的方式，否则，提出的发展目标将无任何实际意义。

1.5.1.3　合理确定物流产业发展地位

物流产业与关联产业发展关系地位和作为独立产业的发展地位，决定了在制定一定范围内(经济区域、省、城市群、城市、县域等)的物流产业发展规划过程中，以及制定物流产业发展政策时，必须进行特定区域范围、产业发展内容与结构相适应的产业定位，明确物流产业的发展地位，使物流产业在与其地位相适应的范围内推进发展，不顾及物流产业的发展特性，人为确定过高的物流产业地位，或者忽略物流产业发展地位，均不可取，不符合物流产业发展要求。

1.5.2　发展模式问题

物流产业在特定区域范围内的不同发展地位，决定了区域性物流业发展内容、发展方式不同而产生不同的发展模式。物流产业发展模式的基本含义是指：按照服务于经济发展、产业布局、企业运作等物流需求的不同，通过物流产业发展内容与结构的调整与完善，形成的产业发展方式。从该层面考虑，由于区域经济发展的差异性，导致物流产业的发展模式具有多样性和创新性，在制定特定区域的物流产业发展规划过程中，必须充分考虑这种特性。

1.5.2.1　发展模式的多样性

物流业与经济发展之间具有双重特性，物流业既服务于产业发展，提升产业发展的效率与效益，同时，物流业又可以通过与经济运行的紧密结合，引导产业布局与提升发展。在区域经济发展阶段和内容存在差异的情况下，物流产业的这种特性，决定了区域物流产业发展模式的多样性。区域物流产业发展模式多样性的基本内涵是区域物流没有固定的发展内容和方式，区域物流业发展取决于区域经济发展需要和对物流业发展的合理定位。从目前的状况分析，区域物流产业发展主要有两种模式：存量发展模式和增量发展模式。所谓存量物流产业发展模式就是区域物流系统以服务自身经济发展和产业布局为主要任务，与经济增长之间具有较为紧密的伴随关系，不谋求物流产业快于经济增长所带来的额外增长；增量物流产业发展模式是区域利用和充分整合物流资源，获取高于经济增长的物流产业增量，将物流业培育为新的经济增长点。由于现代物流的网络化、集约化和规模化发展特性，这种谋求增量的发展模式具有产业布局发展的合理性，但由于不同区域特别是区域中心城市在这种发展模式下存在较为激烈的竞争，因此，不是所有区域和城市均适合采取这种增量的发展模式。

1.5.2.2　发展模式的创新性

在现代经济发展条件下，区域物流产业发展模式出现了一定的创新，即除存量和增量两种发展模式外，还出现了物流业与制造业、商贸服务业联动发展，或者在特定的物流服务领域如快递、区域分拨等方面的聚集发展。区域物流产业发展模式的创新，使得特定区域在发展模式上出现了新的选择，即提升存量发展水平谋求局部的增量，往往这种局部的增量，使区域物流产业发展更具有竞争力。比较典型的案例是美国的部分中小城市如孟菲斯、亚特兰大等，因国际龙头快递企业选择其作为全球性总部和操作中心，使城市物流业具有很好的增量发展能力。物流产业发展模式创新是现代物流业发展的新特点，在制定物流产业发展规划中，区域和城市应分析自身的发展优势，确定适宜的与产业地位匹配的发展模式。

1.5.3　产业体系问题

无论采取何种物流产业发展模式，现代物流产业的网络化、集约化和规模化发展特征，以及供应链管理技术的普遍应用，均决定了需要依托物流服务需求与供给环境，建立包括物流基础设施、物流技术装备和服务企业在内的物流产业体系，形成服务于特定需求的物流服务系统，提高物流产业的组织化发展水平。

1.5.3.1　物流产业体系

在一定区域范围内建立物流产业体系，其基本含义是按照区域物流产业发展地位和发展模式选择，根据区域物流服务需求规模，形成由基础设施、技术装备和服务企业构成的结构较为完整的产业体系。形成规模、功能与布局合理的物流基础设施系统，满足物流服务运作和产业组织的需要；形成具有创新能力和质量水平的物流技术装备，满足提升物流运作效率的需求；形成服务衔接、功能齐全和分工合作的物流企业系统，满足物流服务运作效率提升和降低成本的需要。

1.5.3.2　物流服务系统

构建物流产业体系，仅仅解决了物流产业的构成要素问题，按照现代物流产业运行机制和服务运作方式，要推进物流产业发展，必须建立服务特定对象、具有较强供应链协同关系和较高运行效率的各种物流服务系统，如大宗物资物流服务系统、快递服务系统、冷链物流系统等，以便通过物流服务系统的建设和运行，提升整个物流产业体系的发展水平和运行质量与效率，最终提升物流产业的组织化水平。

1.5.4 空间布局问题

现代物流产业体系的建设是在特定的空间范围内进行的，为提高物流产业的运行效率和物流资源的利用水平，必须解决区域性物流产业的空间布局问题，以便合理整合物流资源和高效开展物流服务。

1.5.4.1 物流基础设施布局

在现代物流产业的发展进程中，逐步形成了包括物流园区、物流中心和配送中心等构成的多层次物流活动、物流企业聚集设施，以及物流通道、运输枢纽等运作载体设施。为不断提高物流效率和降低物流成本，为构建更为高效的物流产业体系，均需要很好解决一定区域范围内的物流基础设施的空间布局问题。按照目前已经形成的经验，物流基础设施的空间布局，主要是依照基础设施之间的运作关系和功能匹配关系进行。为提高设施的利用效率，必须按照新建设施的布局与既有设施的整合进行综合考量，目标是完成单位物流运作量的物流设施占用规模。关于这一点，目前在规划中存在较大的误区，通常许多区域采取的是物理性增加物流基础设施的方式，不符合物流产业发展的基本特性和规律。

1.5.4.2 物流服务企业布局

虽然物流产业的空间布局主要考虑的是基础设施的布局问题，但作为服务产业，物流产业的布局还需要考虑提供区域所需要的物流服务方式、内容等的物流企业的布局问题，物流服务企业的布局很大程度上可以决定区域物流运作的效率。目前，物流企业布局主要采取三种方式：一是依托基础设施布局，形成局部的物流活动聚集，产生规模运作和服务效应；二是建设物流企业总部聚集区，实现物流企业的聚集发展，形成具有衔接和分工关系的物流服务企业系统；三是网络化企业的节点局部，形成具有网络化运作特征的单个企业系统。物流企业的合理空间布局，对于提升物流效率和培育高质量的物流企业具有重要价值，必须在物流产业的空间布局中给予高度重视。

1.5.5 推进方式问题

在较为系统地解决了物流产业地位、发展模式、产业体系和空间布局等关键问题之后，为推进物流业的健康和稳定发展，需要最终解决物流产业发展的推进方式问题。从物流产业发展的宏观层次上分析，明确物流产业地位、发展模式、产业体系和空间布局等，均属于推进方式的范畴，但从产业发展的组织和发挥政府的作用层面，推进方式更主要体现为规划、政策和市场监管机制等。

1.5.5.1 规划与政策环境

就具体经济领域而言，政府进行管理的主要方式是针对产业（行业）发展编制规划和制定引导性政策。尽管市场经济条件下推进产业发展与政府管理的关系存在不同的模式，但我国改革开放和政府引导的经济发展实践，证明了政府推进产业发展作用的合理性；同时，我国政府在推动经济发展的过程中，也形成了依靠产业规划和政策引导的政府管理模式。物流产业体系的建设，需要政府进行规划和政策引导，以便营造良好的发展环境。

1.5.5.2　规划与政策推进

物流产业体系的建设是一个庞大的系统工程，按照经济发达国家物流产业发展中政府管理所发挥的作用，这种系统的发展可以通过市场对资源的合理配置作用来实现，也可以通过政府规划和政策实现更好、更有序的发展。由于我国发展现代物流的基本目标是充分发挥物流在成本控制、效率提升和服务环境改善中的作用，以便使经济发展具有更高的水平和质量，与其他产业培育的加速过程一样，需要加速物流业发展。为此，物流产业体系的建设，需要得到政府规划、政策的引导和支持。

1.5.5.3　体制与机制创新

从物流产业体系建设涉及的领域和建设的多目标特性分析，政府作用的发挥，并非制定规划和颁布相关政策这么简单，需要在物流产业体系建设的方方面面进行有效的协调，这种协调又是目前的政府管理体制和机制所缺乏和存在难度的地方。因此，我国现代物流产业发展的主要问题，在很大程度上归结为政府管理方式、手段和政策问题，需要政府管理部门在管理体制与机制上实现创新，以便形成良好的市场监管与推进发展条件，满足物流这种复合产业发展的需要。

第 2 章　物流规划理论方法

2.1　规划的理论基础及根据

从现代物流业发展现状和趋势分析，现代物流学科是在多学科相互交叉、渗透、融合基础上发展起来的综合性学科，其理论基础包括经济学、管理学和工程技术科学等相关学科的基本理论。根据物流产业发展规划的内涵和形式对物流产业发展规划研究和编制工作的基本要求，考虑到物流的产业特性和产业发展的相关理论基础，这些学科也是编制物流产业发展规划的基本理论根据。

2.1.1　规划的理论基础

2.1.1.1　规划的定位

对物流产业发展进行分析，目的在于解决物流产业发展规划的基础理论问题，即明确物流的产业特性和界定物流的产业范畴，为物流产业发展规划的编制提供产业发展理论根据，各类物流产业发展规划的研究和编制，实际上应当就是针对物流产业发展所涉及的基础问题而进行。

2.1.1.2　规划的内容

由于物流的表象形态是管理技术，是生产、流通企业对该技术在原材料、半成品和产成品从供应点到需求点之间所涉及的运输、仓储、配送、流通加工等的管理技术的应用，涉及的管理问题主要是资源的整合、流程再造等企业管理问题，在专业化物流服务发育之前或初期，其产业形态并不明显，物流产业发展规划主要是企业内部的物流战略和管理层次的问题。因此，从产业发展的角度对物流产业发展进行规划，存在一定的争论，而且，规划的理论和方法也存在很大的局限性。

2.1.1.3　规划的基础

随着现代物流管理技术的普遍应用和物流专业化服务的不断发展，从产业的角度认识物流和推动物流的发展，已经显得非常必要，国内外的物流产业发展规划实践也充分证明了规划的必要性。因此，以物流产业的界定为基础，按照物流产业的基本构成，对物流产业的发展定位和所涉及的相关内容进行规划，发挥规划在系统研究物流产业发展问题，合理布局物流基础设施和整合相关资源上的作用，推进物流服务的产业化和物流产业的加快发展。但根据目前的物流产业发展规划现状，必须在总结既有规划的理论和方法的基础上，建立科学、规范的理论和方法，奠定满足物流产业发展要求的物流产业发展规划理论和方法论基础。

2.1.1.4　规划的特征

2.1.1.4.1　综合性

物流业是复合型产业，物流产业发展规划的对象也是由多种要素构成的统一的、复杂的综合体，各要素之间互相联系、影响和融合，形成单个要素所不具备的系统功能。因此，物流产业发展规划必须综合考虑所涉及的对象，进行多方面分析研究，反映与之相关的各地区、各行业、各部门以及各种利益群体的意见和要求，以保证规划制定的科学性、合理性和可操作性。

2.1.1.4.2　衔接性

物流产业发展规划是跨地区、跨行业的综合性规划，而各地区与各行业都有各自的专项规划，这些规划之间往往相互重叠、相互联系，构成支撑物流业发展的有机整体。因此，物流产业发展规划需要从全局角度，搭建物流业发展的总体框架，使物流产业发展规划与各专项规划有机衔接、彼此支撑，建立起完整的规划体系。

2.1.1.4.3　协调性

物流产业发展规划除需要与各专项规划相互衔接外，还要调整各专项规划之间的关系，通过规划的编制和实施，统筹兼顾、综合协调各方面的需求，使各级政府之间、政府与企业之间形成共识，妥善处理长远、全局战略与短期、局部利益的关系，提高物流业发展的整体水平和运行效率。尤其是物流业发展涉及多个部门，需要多部门的参与与协调，才能形成发展的合力。

2.1.1.4.4　导向性

物流产业发展规划展示了规划主体对未来物流产业发展环境、发展趋势的分析判断和预测，对社会、企业的经济管理活动具有极其重要的信息导向作用，为引导资源优化配置，加强微观决策的科学合理性提供了政策和制度保障。

2.1.2　规划的理论依据

2.1.2.1　经济学理论根据

2.1.2.1.1　经济学理论研究的基本问题

虽然亚当·斯密、马克思到当代经济学家对经济学研究和分析的主题曾经做过各种各样的描述，但基本都围绕着共同的问题，即诺贝尔经济学奖获得者美国的萨缪尔森将其提炼总结的观点："经济学研究的是社会如何使用稀缺资源来生产有价值的商品，并把它们在不同人之间进行分配。"[3]围绕这一核心问题，经济学工作者以供给与需求、市场与政府等为研究对象，采用观察、经济分析、统计分析、实验等一系列科学方法进行分析和论证，构建了庞大而复杂的经济学理论体系，成为社会经济许多领域开展研究与实践的基本理论依据之一，也是社会经济生活中进行各种决策的基本理论依据之一。

2.1.2.1.2　物流业发展问题的理论范畴

对于物流业而言，无论是宏观上的产业发展问题，还是微观上的企业行为问题，都隶属于经济学的研究范畴。物流产业发展规划从根本上说也是解决资源优化配置与产品(服务)分配问题，而且是以资源整合和系统优化为基本手段和方法，以节约成本和资源消耗为目标，物流理论所提出的第三利润源泉学说、物流成本的冰山理论等，均体现了这种经济学研究的核心问题，而且非常符合现代经济发展的重要价值观——科学发展观。

2.1.2.1.3　物流业发展问题的理论基础

经过多年的发展，经济学创造出了许多经典且较为成熟的理论，为这些问题的解决提供了理论根据。具体而言，物流产业发展规划从经济学的基本原理出发，针对物流的基本实质，运用市场结构和需求理论、要素价格理论、分配理论、工资理论、利润和利息理论、投资理论、费用与信息理论、政府管理与政策评价理论等经济学理论，分析物流需求与供给等市场特性，研究物流生产组织、成本、要素、政府管理等经济学特征，将物流现象融入到经济学的体系来进行剖析，探索物流产业的内在规律，求得物流系统运作更加优化、经济合理，物流管理体系更加科学、高效。

2.1.2.2　管理学理论根据

2.1.2.2.1　管理学的发展与适应范围

管理是人类各种活动中最重要的活动之一，著名的管理学教授孔茨和韦里克认为："管理是设计并保持一种良好环境，使人在群体里高效率地完成既定目标的过程。"[4]自从人们开始组成群体来实现个人无法达到的目标以来，管理工作就成为协调个体努力必不可少的因素。现代管理思想产生至今已有百年历史，形成了科学管理原理、现代经营管理理论、行为科学理论、系统理论等一批有代表性的管理学理论，这些理论经过不断发展、完善、提升，如今已不仅适用于企业，还适用于宏观经济、政治、宗教、军队等现代社会经济活动的众多领域。

2.1.2.2.2　物流产业管理的理论基础

物流最早期的形态是对企业内部涉及的相关活动的系统管理，现代物流产业与运输、仓储等传统产业最大的区别就在于其采用了先进的、具有自身特点的管理理念，开创了全新的服务组织模式。物流管理的内容极其广泛，主要包括物流作业管理、物流过程组织管理、人事(行为)管理等。被称为"现代经营管理理论之父"的法国工业家亨利·法约尔以整个组织的广阔视角提出了管理的五项职能——计划、组织、指挥、协调和控制[5]。基于这一理论，物流管理最根本的任务就是借助人的主观行为对物流活动进行策划、组织实施、协调、指挥和控制，保证物流活动正常、有序、高效地进行。物流产业发展规划主要实施的是物流管理的首要职能，即对微观的企业物流或宏观的物流产业发展的长期的、系统的计划，因此，管理学理论体系中丰富的管理思想与管理分析模式构成了物流产业发展规划编制的基本理论根据。

2.1.2.3　工程学理论根据

2.1.2.3.1　工程技术科学的基本内容

工程技术科学是利用数学、化学、物理学等基础科学的基本原理解决工程技术应用中具体问题的科学，它是众多技术科学、工程学的统称，如建筑工程、机械工程、核技术工程、生物医药工程等。

2.1.2.3.2　物流业的工程学理论基础

物流工程是将自然科学的原理应用到物流作业过程和物流管理流程而形成的各种学科的总称，同时，鉴于物流系统的复杂性和具有一定的规律性，它也可以指具体的物流项目。物流技术是指人们在物流活动中所使用的各种工具、设备、设施，以及方法、技能和作业程序等。物流产业发展问题不仅仅包括产业层次的经济和管理问题，也包括工程技术的应用和技术的进步，特别是信息技术、系统集成技术等，因此，物流产业发展规划既涉及物流工程建设，又涉及物流技术应用，涵盖设施与管理两大领域，对数据采集与处理、预测、线路与网点布局等具体规划问题的解决，均需要应用工程技术科学体系中的相关理论和方法。不同学科门类下的各种工程技术科学理论的建立和发展，为物流设施建设规划、运营组织规划等提供了强有力的理论与技术支撑，保证了规划的科学性和可行性。

2.2　规划的基本内涵与形式

2.2.1　规划的内涵

2.2.1.1　一般性的规划

一般意义上而言，规划是指比较全面的长远的发展计划，规划是计划的一种，它是一个跨越较长时间段的、综合性的计划，它要解决的是一个既定战略如何部署、如何实施的问题，是一个战略目标与具体策略的组合。规划通常包括目标、策略、程序、规则、任务分配、要采取的步骤、要使用的资源，以及为完成既定行动方针所需的其他因素[6]。规划可以针对一个地区、一个产业、一个部门、一项事业、一项需要比较长时期完成的工作(工程)等。

2.2.1.2　物流产业规划

物流产业发展规划也遵循一般意义上规划的基本内涵，但也有因物流产业发展与物流管理理论决定的特殊性。对于物流产业发展规划而言，它在宏观上是对一个产业的规划，在微观上是对一项经营管理和生产活动的规划。物流产业发展规划的内涵就是针对当前和今后可利用的资源，以最合理、最高效的途径，实现某一特定系统或区域范围内物流产业的健康快速发展，并获得最佳的经济效益、社会效益和生态效益。

2.2.2　规划的形式

2.2.2.1　规划的内在形式

物流产业发展规划的内在形式是物流内涵的外在表现，是抽象的内涵的具体表现手段与表达方式。因此，物流产业发展规划的内在形式是指在特定的规划层面上，对某一系统或区域内的物流产业发展的具体内容进行计划，包括对物流业如何发展进行战略定位、确定物流产业发展目标和设计目标实现的具体策略、路径方法、实施步骤与保障措施等。鉴于现代物流管理与服务往往是在供应链的管理形态下进行的，因此，在特定的情况下，物流产业发展规划往往还具有一定区域、产业链范畴内的物流系统建设等的发展规划。

2.2.2.2　规划的外在形式

物流产业发展规划的外在形式是指物流产业发展的规划主体、客体对物流产业发展要求的具体体现，表现为各种特定区域范围和产业内涵、外延的规划。因此，物流产业发展规划包括各种区域层面的规划，以及各种企业管理层次的规划。物流产业发展规划以国家、地区的经济社会发展战略或企业发展战略为指导，以规划系统内的自然资源、社会资源和技术经济构成基础为依据，综合分析系统内、外部物流产业发展的优势与劣势、机遇与挑战，确定系统内物流业的发展方向以及发展规模、结构、布局等，使物流要素的投入能够获取最大综合产出，即物流业发展对国民经济的直接贡献和物流业为社会经济系统提供服务所产生的间接贡献之和达到最大。

2.3 规划的研究与分析方法

物流产业发展规划具有经济学、管理学和工程技术科学等理论依据，以及物流作为产业存在的经济、技术价值，从理论与实践结合的应用角度，进行物流产业发展规划时可以针对规划的内涵和形式的不同而使用多种方法。根据目前开展的物流产业发展规划研究和规划的编制工作情况，物流产业发展规划的方法主要有系统分析法、综合分析法、比较分析法、数学模拟法等。

2.3.1 系统分析法

物流活动存在于企业微观运营领域和国民经济宏观运行领域，物流系统是庞大而复杂的经济社会系统的子系统；物流自身的活动也需要解决包括各项物流运作活动和管理活动，以及基础设施建设与装备的配置问题，物流系统本身就是一个庞大而复杂的系统。由于物流具有较强的系统性，为保证这种系统的整体性、相关性、动态性、层次性与环境适应性，发挥物流的作用和体现物流的特征，目前，物流产业发展规划常采用系统分析方法，即从系统的观点出发，着重从整体与局部、整体与外部环境的相互联系、相互作用、相互制约的关系中综合地、精确地考察对象，找到问题的最满意解[7]。

系统分析是从系统长远和总体的最优结果出发，在选定系统目标和评价准则的基础上，分析组成系统的各个层次的分系统的功能和相互关系，以及系统与环境的相互影响；在调查研究、收集资料和系统思维推理的基础上，产生对系统的输入、输出及转换过程的种种假设；在确定和不确定的条件下利用定性和定量方法，探讨若干可能代替的方案，并建立模型或用模型方法分析对比各个不同方案，同时研究探讨可能产生的效果，综合资源配置的最佳方案所需的信息和资料。图 2-1 为系统分析定义框图[8]。

2.3.1.1 系统分析方法的要素

经过几代学者的努力，关于系统分析的方法已经取得了丰硕的成果。根据物流系统的特征，从物流产业发展体现的物流内涵和实质的角度，美国学者 E. S. 奎德提出的系统分析方法比较适合对物流系统进行分析。在《系统分析和政策计划》中，他提出了包括目标、备选方案、标准、模型和效果在内的系统分析的五要素：

①目标。指为了解决公共问题所要达到的目的和指标。

②备选方案。指为实现目标设计的具体措施方案，并对备选方案做可行性论证。

③标准。用来评估备选方案取得目标或效果的尺度。

④模型。指按照政策方案设想构建政策模型。

⑤效果。指政策方案实施在社会环境里产生的反应和结果。

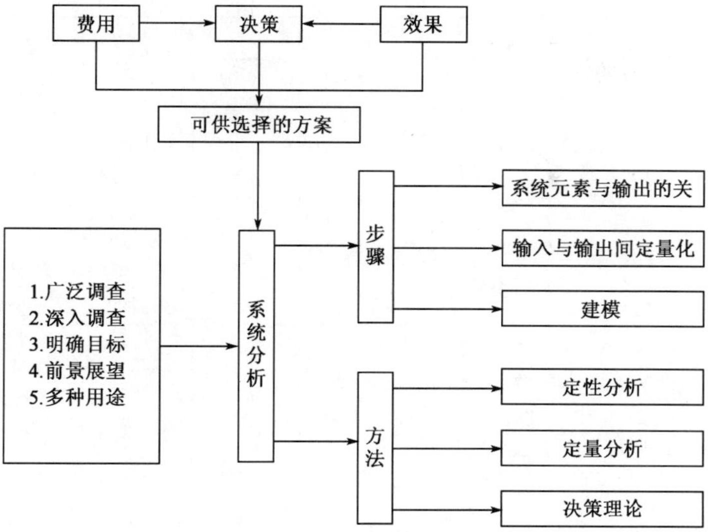

图 2-1　系统分析定义框图

物流产业发展规划中的系统分析是一项目标导向的活动，它的目标非常明确，就是要实现物流产业发展的低成本、高效率与优质服务。物流系统分析把物流系统作为一个整体，根据上述分析目的将系统分解成不同层次和不同部分，以认识系统的组成要素、组成方式、要素间的关系、系统与外界之间的关系，在此基础上采用科学的方法确定规划方案，并依据相应的指标进行考核和效果评估。

2.3.1.2　*系统分析方法的范畴*

物流产业发展规划的外在形式决定了无论是区域性物流产业发展规划还是企业层次的物流产业发展规划，为很好实施规划，均需要解决规划的政策性问题。由于政策本身的系统性，在物流系统中解决政策问题，需要较为科学的系统分析方法。系统分析理论不断发展完善后，被扩展为政策系统分析，美国著名政策学家克朗・R. M. 在《系统分析和政策科学》[9]中提出了其方法论的三个相互关联的基本范畴，即行为分析、价值分析和规范分析。

①行为分析。即现状研究，就是要对物流产业发展政策所涉及的事物和各种关系进行描述、观察、计数和测度，以发现物流产业发展各方行为的实际状态与期望状态之间的差距。

②价值分析。价值规定着政治进程和管理进程，是资源分配指导原则的核心，针对物流系统，必须进行相关环节和领域、对象的价值分析，以便能够构筑共赢的物流系统。

③规范分析。主要解决公共政策目标实现的行为和手段问题，并在规范分析中创造出备选方案。物流作为具有复合性特征的产业，政策作用具有较为明显的交叉和融合特点，进行这种范围分析，将提高物流系统发展的整体性，并取得良好的预期效果。

2.3.1.3　*系统分析方法的内容*

抽象的系统分析方法范畴决定了具体的物流系统分析内容，何明珂教授将其总结为物流系统分析表(表 2-1)，根据该分析表可以确定需要分析和研究的重点，以提高物流系统分析的效率和效果。

物流系统分析表[7] 表 2-1

<table>
<tr><th rowspan="2">物流系统分析内容</th><th colspan="5">物流系统主体分析</th><th colspan="2">物流系统环境分析</th></tr>
<tr><th>供应商</th><th>企业</th><th>客户</th><th>合作伙伴</th><th>主要竞争对手</th><th>环境因素</th><th>分析内容</th></tr>
<tr><td>战略与战术分析</td><td colspan="5">企业物流战略与战术、竞争力、优势、劣势、竞争策略；采用第三方的比例与态度</td><td>政治</td><td>国家政体、政局、对外关系</td></tr>
<tr><td>组织与人事分析</td><td colspan="5">决策层、管理层、运作层；组织结构、人员结构；薪酬体系、业绩评估；企业制度、企业文化</td><td>行政</td><td>宏观管理；行业管理、行政规章、地区封锁与区域合作状况、道路交通管理制度；地区物流产业发展差距</td></tr>
<tr><td>市场与运作分析</td><td colspan="5">物流市场供求、物流市场竞争、市场占有率；经营目标、经营战略、经营手段；物流运作业务流程；业绩评估指标；物流系统运作功能：运输、仓储、装卸、包装、流通加工、物流信息、物流增值服务</td><td>经济</td><td>银行、税务、工商、海关、商检、检疫、保险；经济政策；经济发展状况；对外开放状况；外国竞争者进入状况；支付方式</td></tr>
<tr><td>财务分析</td><td colspan="5">物流业务量、物流业务收入、物流价格、物流成本、税费、利率、汇率、固定资产、无形资产、现金流、银行存款、债务、内部收益率、财务净现值、投资回收期、投资利润率、借款偿还期、利息备付率、偿债备付率、敏感性和盈亏平衡点分析</td><td>法律</td><td>与物流相关的法律法规</td></tr>
<tr><td>固定资产分析</td><td colspan="5">物流基础设施配套状况、物流网点的选址、数量、结构与运作状况；运输工具数量及结构、仓库数量及结构、叉车数量及结构、物流中心占地面积、物流中心其他设施设备、其他物流设施设备</td><td>社会</td><td>社会稳定状况、公众对物流的认识、商业道德与信仰、人际关系</td></tr>
<tr><td>技术分析</td><td colspan="5">机械化、自动化、信息化、标准化水平；设施设备；具体技术</td><td>地理</td><td>物流基础设施地区分布；各地区气候对物流的影响</td></tr>
<tr><td>管理分析</td><td colspan="5">管理层次与幅度、管理人员、管理组织、管理制度、管理方法、管理手段、管理现状</td><td>文化</td><td>风俗习惯、文化传统、商业惯例</td></tr>
<tr><td>渠道分析</td><td colspan="5">商流渠道、物流渠道、信息流渠道、资金流渠道；渠道之间的合作；渠道运作现状；渠道长度、渠道宽度、渠道结构、渠道效率</td><td>环保</td><td>环保规定；包装和废弃物产生量；噪声和空气污染程度；包装材料要求</td></tr>
<tr><td>信息系统分析</td><td colspan="5">信息系统的规模、信息系统的功能、信息系统的运行状况、信息系统的设备、信息系统的运行环境、信息系统与外界的互联、公共信息可用量</td><td></td><td></td></tr>
<tr><td>供应链关系分析</td><td colspan="5">供应链集成状况、建立供应链关系的协议、与供应链伙伴的关系、在供应链中的位置、与供应链伙伴合作的态度、与供应链伙伴合作的深度和广度</td><td></td><td></td></tr>
<tr><td>物流七要素分析</td><td colspan="5">流体、载体、流向、流量、流程、流速、流效；七要素相互关系</td><td></td><td></td></tr>
<tr><td>风险分析</td><td colspan="5">战略风险、管理风险、市场风险、财务风险、运作风险、人员风险、行业风险</td><td></td><td></td></tr>
<tr><td>服务分析</td><td colspan="5">服务项目、服务成本、服务水平、顾客满意度、服务创新、服务的竞争力</td><td></td><td></td></tr>
</table>

2.3.1.4　系统分析方法的程序

根据系统分析的要素和范围，对物流系统进行分析的方法，总体上可以遵循系统分析的一般性程序，如图 2-2 所示。

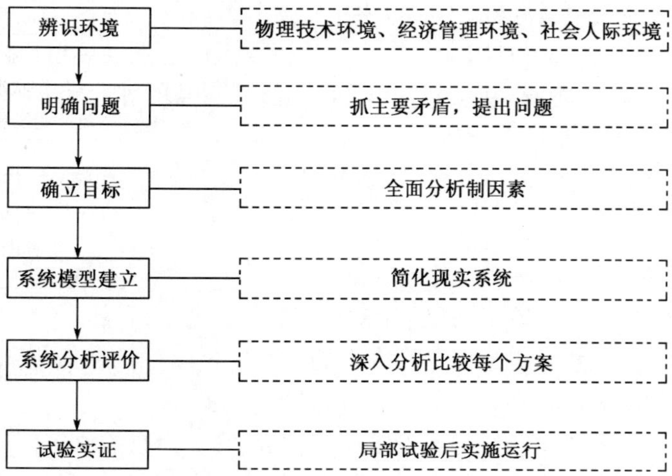

图 2-2　系统分析方法的程序

但从物流的基本特征和物流产业的发展特性考虑，物流系统因成本体现的多环节性和价值实现的多途径性，以及物流系统参与方的多元性，物流系统具有开放性和内部性双重特征，应用系统分析方法的程序需要得到一些辅助手段的支持，机械地进行这种系统分析，往往很难取得预期效果。如区域性的物流系统包括物流基础设施系统、物流企业系统、企业物流系统，这些系统的目标具有宏观、微观上的较大差异性，有的甚至利益是冲突的，要求在确立区域物流系统的发展目标过程中，仅仅全面分析制约因素是不够的，需要对这些子系统再进行分析，以便构建具有较强系统性的物流系统，避免出现人为决定物流产业发展定位和政策的现象出现。

2.3.2　综合分析法

2.3.2.1　方法特点

传统综合方法是与系统分析相反的逆向思维方法。它是在系统分析的基础上不断将系统分析结果加以综合，以便形成整体认识的一种科学方法。这种方法的特点是，始终在系统思想的统帅下完成综合过程，故亦可称为系统综合方法。它是按照系统整体化的要求，把各个要素综合成相应的小系统，再将各个小系统综合成一个大系统。这种方法的另一个特点是创造性。它不是将已经分解了的要素再按照原来的联系机械地重新拼接起来恢复到原来的系统，而是根据系统分析的结果，把各个要素按照要素与要素、要素与系统、系统与外界环境之间的新联系，形成整体优化的新结构，创造出更符合总体目标要求的新系统。

2.3.2.2 方法适用性

在系统分析方法的程序中，针对物流的特点，为提高系统分析的适用性，实际上已经涉及了综合分析的问题，只是分析的方法仍侧重于系统分析，对于综合分析法，由于是按照系统原理进行的归纳分析，更适合物流这种较为复杂的系统，从目前的物流产业发展规划方法分析，综合法较系统分析法应用更具成效。但是，由于物流系统较为复杂，物流系统目标具有总体统一性和各个子系统目标的非同一性，应用综合法进行物流产业发展规划，对分析者的物流系统认识能力、物流利益分析与协调经验的要求较高，而物流自身的理论和方法在这些方面还在不断发展中，取得理想规划结果的困难较大。

2.3.3 比较分析法

2.3.3.1 特点及步骤

比较法是规划学进行方案论证、择优方案的基本方法之一，它的一般工作步骤是：

①选择比较对象。比较的对象应具有内在的联系性，具有可比性。必须注意不同时代、不同国家、不同地区、不同时期客观条件的差异，切忌生搬硬套。

②确定比较标准。针对比较对象和设定比较内容，确定相应的比较标准，以便使比较的结论有据可依。比较标准一般应从社会效益、经济效益、环境效益进行综合。有时政治因素也会成为比较标准的首选条件。

③分析评价。即目标和方案的优选。规划工作中通常要对所选的方案或目标在一定的时间尺度内进行纵向的比较，并在一定的空间尺度上进行横向的比较。

2.3.3.2 方法适用性

比较法在进行方案论证时具有很好的系统性，从物流产业发展规划的内涵和形式的角度，无论是区域性的物流产业发展规划，还是企业层次的物流产业发展规划，实际上就是制订各种物流产业发展和运作方案，对区域或企业物流系统，按照选择比较对象、确定比较标准和进行分析评价三步骤进行不同系统之间的比较分析，将有利于形成更具有指导作用和相对完善的物流系统。

2.3.4 数学模拟法

数学模拟法能通过建立相应的分析模型，比较有效地对掌握的多方面的大量信息进行有效整理和分析，是解决多目标、多方案、多种结构的复杂问题分析的可靠方法。对于规划研究中涉及的相关问题，也具有定性描述、定性分析的补充和验证作用，使分析更加准确，论证更加充分，结论更加确切。建立模型是数学模拟法的关键，通过模型的建立，使分析和研究的结论具有推广应用价值。物流产业具有复合性特征，不同物流系统和同一物流系统的不同子系统，具有明显的多目标性和复杂结构，数学模拟法是较为有效的分析方法和手段。按照功能和应用范畴的不同，物流产业发展规划模型大致可分为如下几类：

2.3.4.1 系统结构功能分析模型

着重对物流系统组成要素的作用、功能进行结构分析，以分析物流系统发展变化的内因，并通过对物流系统的规划，组建起未来合理的结构，如物流系统、配送系统、运输系统、物流设施网络等的投入产出模型、判别分析模型、神经网络模型等。

2.3.4.2　预测模型

根据经济发展的历史轨迹预测未来，或者根据经济发展过程中各要素变化的相互关系预测总体的变化。这类模型如时间序列模型、回归预测模型等。物流产业发展中需要预测的指标等具有多样性特征，既包括物流效率和效益指标，也包括物流所影响的相关系统的指标，还包括物流基础设施的规模、物流网络的规模等，这些指标数据的相互关系和内在联系虽然较强，但预测的方法却存在较大的差异性，因此，建立不同的模型进行预测分析是非常必要的。

2.3.4.3　决策分析模型

经过详尽的预测分析，虽然能够为规划提供决策方案，但预测的结果不一定符合发展目标。另外，预测不等于决策。决策过程是拟订方案和对方案可能产生的效果进行评价的过程。所以，决策与评价是不可分割的，并且是交错进行的。这类的模型又可分为两类：单目标决策分析模型，如线性规划、非线性规划模型、求极值的模型等；多目标决策分析模型，如线性加权模型、成本效益分析模型、模糊分析模型等。

规划方法的选用与规划目的、规划任务、规划工作的时限和经费均有关系。在实际物流产业发展规划工作中，应根据规划对象的特性选择适当的规划方法。此外，上述方法之间也是互有交叉、相互关联的，编制物流产业发展规划时也可将其结合起来共同使用，以使规划结果具有更高的客观性与可靠性。在物流产业发展规划过程中，预测环节分析得出的相关指标往往具有背反关系，需要建立决策分析模型，以便使规划所提出的物流产业发展决策更科学和符合物流产业发展特征。

2.4　规划的主要类型与内容

2.4.1　规划类型的划分

2.4.1.1　规划分类方法

物流产业发展规划的内涵与形式具有多样性，决定了体现内涵与形式的规划的类型具有多种形式。如以物流活动所在区域为范围进行的规划、以物流系统内部组成部分为基础的规划、以改善物流系统的相关部分质量为目标的规划等。从不同的角度，物流产业发展规划有不同的分类方法。

2.4.1.1.1　按规划的行政层次分类

按照规划制定主体的行政层次，物流产业发展规划可分为国家级规划、省（自治区、直辖市）级规划和市县级规划等类型。国家级规划是由中央政府部门制定的规划，规定了国家在一定时期内物流业发展的主要目标、任务和政策等，关系到国家物流业发展的全局和长远利益，需要各级地方政府相互配合，共同实现规划目标与任务。省（自治区、直辖市）级规划是指各省

(自治区、直辖市)地方人民政府相关部门根据国家级物流产业发展规划确定的目标、任务等,针对所辖行政区物流业发展制定的规划,具有承上启下的功能,既要符合国家战略意图,又要符合地方实际和突出地方特色,并要与相邻省(自治区、直辖市)的规划相协调。市县级规划是指市县级人民政府相关部门根据国家和省(自治区、直辖市)级物流产业发展规划确定的目标、任务等,针对所辖行政区物流业发展制定的规划,属于物流产业发展规划体系中的末端规划。现代经济的跨区域性发展特征,决定了物流活动范围的不断扩大和物流系统建设具有跨区域性,分行政层次的物流产业发展规划往往容易割裂物流的系统性,需要很好解决规划的衔接和与物流系统建设的适应性等问题。

2.4.1.1.2　按规划的内容分类

按照规划的具体内容,物流产业发展规划可分为总体规划、专项规划和区域规划。总体规划是物流业发展的战略性、纲领性、综合性规划,覆盖物流业发展的主要领域,既要照顾全局,又要突出重点,是编制本级和下级专项规划的重要依据。专项规划是以物流业的特定领域为对象和范围编制的规划,是物流总体规划在特定领域的细化和落实,也是政府指导该领域发展以及审批、核准重大项目,安排政府投资和财政支出预算,制定该领域相关政策的依据,如制造业物流产业发展规划、商贸业物流产业发展规划等均属于专项物流产业发展规划。区域规划是针对跨行政区的特定区域物流业发展制定的规划,是总体规划在特定区域的细化和落实,也是编制区域内省(自治区、直辖市)级物流总体和专项规划的依据,如长江三角洲地区物流产业发展规划、京津冀城市群物流产业发展规划等均属于区域物流产业发展规划。不同内容的物流产业发展规划中面临的最大问题是设施、服务等资源共享问题,如何跨领域及逆向能够整合,需要在政府管理机制和市场政策上进行较为科学的设计。

2.4.1.1.3　按规划的对象分类

由于物流产业发展规划是以一定区域或一定范围内的物流产业发展与管理系统的建设为规划对象的,规划对象的差异主要体现在物流系统所处的层次与覆盖的范围等方面,因此,按照规划的对象,物流产业发展规划通常划分为全国物流产业发展规划、区域物流产业发展规划、城市物流产业发展规划、物流企业发展规划、企业物流发展规划和物流基础设施规划等。

2.4.1.1.4　按规划的功能分类

物流具有多种功能,针对不同功能,可以制定不同的类型的物流产业发展规划,难以尽述,常见的规划类型有物流战略规划、物流系统空间布局规划、物流信息平台规划、物流运营管理系统规划等。物流战略规划主要是确认系统的社会和历史使命,明确系统的目标,制定系统的发展战略和系统的总体方案,着眼系统发展的长期的、总体的、全面的规划。物流系统空间布局规划是在一定层次和一定范围内确定物流网络合理的空间布局方案,包括物流节点规划和物流通道规划。物流信息平台规划主要是为物流商品信息化、物流信息采集标准化和自动化而进行的规划,包括了企业的物流信息系统规划、物流园区(物流中心)信息平台规划和公共物流信息平台规划等。物流运营管理系统规划是为了落实和实现战略规划要求,对各自独立但有某种联系的物流相关活动进行集成化、一体化的管理规划,包括了营销系统规划、物流运营网络规划、物流运营人力资源规划、物流运营绩效评价系统规划等。

2.4.1.1.5　按规划的期限分类

按照规划目标年和规划时间跨度的不同，物流产业发展规划可以分为远期规划、中期规划和近期规划等。

2.4.1.2　主要规划类型

上述规划分类方法并不是完全独立的，而是相互交叉、彼此融合的。如国家级物流产业发展规划既可以是总体规划，也可以是专项规划，既可以是远期规划，也可以是近期规划。由于研究和编制规划的目的是为了通过实施推进其发展，因此，从物流产业发展和产业管理与控制的角度，按照制定物流产业发展规划的主体对物流管理的需要，依据规划对象进行物流产业发展规划的分类，更能反映物流产业发展规划的特性。因此，全国物流产业发展规划、区域物流产业发展规划、城市物流产业发展规划、物流企业发展规划、企业物流发展规划和物流基础设施规划等是最为主要和常见的物流产业发展规划类型。本书在体例上采取了这种分类方法进行后续内容的展开分析。

2.4.2　物流规划的要求

2.4.2.1　全国物流发展规划

以全国物流产业的总体发展为规划对象的综合性物流产业发展规划，在物流产业发展规划中处于最高层次，对区域性及物流产业相关领域的规划编制和政策方向具有指导作用。鉴于物流产业由多个行业构成，需要进行综合协调和实现资源的整合利用，全国物流产业发展规划通常应由中央政府的综合经济管理部门编制。

按照物流产业的基本特性，全国物流产业发展规划编制的目的在于引导和促进全国物流产业发展水平的提升和质量的改善，即以整个国家可以利用的物流资源为规划基础，以全国物流设施、管理与信息网络为依托，以满足国民经济和社会发展的基本要求、支持经济增长和社会进步为总体目标，对全国物流产业发展、重要物流系统建设和物流市场构建提出规划思路、发展任务、规划方案和实施建议。

2.4.2.2　区域物流发展规划

区域物流产业发展规划是在产业布局及产业组织关系较为密切，物流的服务组织、基础设施网络等存在较大互补性、共用性的地区范围内，以其物流产业的发展为对象而编制的物流产业发展规划。由于是按照产业关系和为产业提供服务的物流产业的关系为基础进行的规划，因此，物流产业发展规划的区域范围可以是行政性的区域，但更多的应是跨越行政区域的物流服务系统规划。所谓行政性的区域物流产业发展规划，即物流产业发展规划的对象是一个独立行政区划的内部物流系统，如省、市、县等；跨区域的物流产业发展规划是经济上联系较为紧密的几个城市、地区共同构建的物流系统，如京津冀、长江三角洲、珠江三角洲等，以及经济与产业开发区、综合交通运输枢纽所在区域等。

区域物流产业发展规划是在国家物流产业发展规划指导下，结合区域物流资源与物流需求特点编制的针对性较强的物流产业发展规划。由于区域物流产业发展通常要跨越地理上的自然分割、管理上的行政分割、服务上的资源整合，区域物流产业发展规划要特别强调区域内部的协调与合作。

2.4.2.3　城市物流发展规划

城市范围的物流产业发展规划在总体上可以归入到区域物流产业发展规划的范畴中，属于区域性物流产业发展规划的一种特例。但由于城市物流具有集中性、与城市经济和产业发展的适应性、不同城市之间的物流产业发展的竞争性，因此，城市物流产业发展规划具有特殊性，需要专门进行分析。

城市物流产业发展规划以城市和周边卫星城、乡镇组成的地区为规划对象，受国家与包括该城市的区域物流产业发展规划的指导。由于规划对象具有地域范围相对较小，但内部经济社会结构与发展水平差异较大的特点，城市不同区域的物流活动强度、物流类型等存在很大的差异，城市物流产业发展规划更加注重系统的完整性与层次性，既需要强调物流对经济中心的支持，又要保证物流对整个地方经济社会共同发展的促进与带动。

针对城市内部的生产和生活物流服务需求强度大、对城市交通影响显著等因素，城市物流发展中较为重要的领域是城市配送物流系统的建设。为节约资源、降低和减少污染、缓解城市交通拥堵，城市配送系统建设中必须以建立共同配送网络为核心目标。

2.4.2.4　企业物流发展规划

与上述三种类型的物流产业发展规划不同，企业虽然不是地理区域的概念，但企业物流活动的范围具有跨越区域的特点，具有在其经济活动范围内利用区域物流资源和组织物流服务的特征，因此，企业物流发展规划虽是内部物流问题，仍可以归入宏观的不同层次、对象的物流分类中。

在物流产业发展规划的类型上，区域范围的物流产业发展规划均属于宏观层面的规划，而企业物流发展规划属于微观层面的规划，它以生产、流通企业内部物流系统为规划对象，以企业总体发展战略为指导，是对企业生产经营活动产生的物流需求相对具体的计划与安排。生产、流通企业物流的合理化，对区域性物流的发展具有积极的资源利用和整合价值。

2.4.2.5　物流企业发展规划

企业物流发展规划主要是针对生产、流通企业制定的规划，这些企业属于制造业、流通业等不同行业。而物流企业规划是针对提供物流服务的企业制定的规划，既包括第三方物流企业的发展规划，也包括物流园区、物流中心、配送中心这些专门化的物流经营与运作场所的发展规划。物流企业是物流业的市场经营主体，物流企业规划应根据物流业发展面临的总体环境与形势，确定物流企业的发展战略、市场定位、网络布局、营销策略、客户管理等，用于指导企业充分整合和利用内部与外部资源，积极参与市场竞争与合作，以获取更多市场份额和企业利润，进而推动整个物流产业的发展。

2.4.2.6　物流基础设施规划

与企业物流作为规划的一种类型类似，物流基础设施规划也可以作为一种物流产业发展规划的理论基础在于：物流的网络化、规模化运作特征，以及物流的实质决定了处于物流组织节点位置的物流基础设施的合理规模、功能和空间布局，对提高区域物流服务水平、能力，降低物流成本等，具有重要的作用，需要在宏观层面上进行科学的规划。

2.5 规划的研究领域与要求

2.5.1 物流规划领域的确定

制定各种类型物流产业发展规划，其目的在于从不同角度推进物流产业的发展，而推进物流产业的发展，除需要从不同的产业发展角度进行外，还需要从物流产业的相关领域入手，使物流产业发展规划更具有可实施性和相关行业发展的配套与支持性。

由于物流活动渗透于生产活动和流通与消费领域的方方面面，物流产业发展规划也需要贯穿生产、流通与消费中的各个领域，物流产业发展规划的领域实际上就是物流管理技术在产业不同角度和管理方面的应用，具体包括：物流管理流程的再造、物流资源的整合、物流服务的外包、专业化物流服务的发展等，以及相关物流管理与服务功能的培育与发展。

2.5.2 各领域物流规划要求

2.5.2.1 生产领域

生产领域物流是以制造业发展领域和行业领域的物流技术应用而体现的，物流产业发展规划涉及生产领域，就是要解决生产领域的物流管理技术应用问题，以便实现生产流程再造和通过服务外包培育物流产业发展所需要的物流需求环境，发挥物流管理与服务对于提升生产效率、转变生产方式的作用。生产领域的物流发展规划，既包括某个行业或某类产品的物流发展规划，即从供应链管理角度的整体物流技术应用与物流服务系统建设规划，如制造业物流发展规划、农业物流发展规划、钢铁物流发展规划、粮食物流发展规划等，也包括以生产企业为主体所制定的生产环节为主的物流管理技术应用规划，涉及物流管理模式选择、物流流程再造与资源整合等。

2.5.2.2 流通领域

流通领域物流是以流通产业发展领域和行业领域的物流技术应用而体现的，物流产业发展规划涉及流通领域，就是要解决流通领域的物流管理技术应用、流通模式创新和流通发展的环境问题，以便实现流通产业的更新、服务创新和流通产业的规模化、网络化、便利化发展。流通领域的物流发展规划，主要涉及与流通网络建设相关的规划，如配送中心、配送网络等的规划，以及与流通模式创新相关的物流产业发展规划，包括流通企业的物流发展规划，制造企业的采购与产品销售环节物流发展规划，生产与生活资料交易市场的物流发展规划等。

2.5.2.3 物流产业

物流产业发展规划还需要解决物流自身发展领域的相关问题，从物流体系构成的角度而言，物流产业发展领域的规划主要涉及物流基础设施建设与运营、物流装备与技术、物流组织与运行网络、物流信息系统、物流市场、物流企业、物流管理与政策、物流教育与人才培训等领域。

2.5.2.4 物流功能

物流产业的发展需要产业相关领域的企业的发展，而企业发展除战略层次的问题外，就是相关运作和经营的发展问题。因此，从物流产业发展的角度，需要解决物流功能领域的建立和完善问题。从物流功能的角度而言，物流产业发展规划涵盖了运输、仓储、装卸、搬运、包装、配送、流通加工、信息处理等各个功能领域的发展，涉及功能的类型和功能的实现方式与途径等问题。

2.6 规划分析的角度与方法

2.6.1 规划分析的角度

综合性规划的分析角度都是多维的，涉及经济、社会、环境等多方面、多领域，以展现规划对象的全貌，保证规划的客观与严密。物流产业发展规划是综合性规划的一种，一般从经济、社会、行政管理、自然地理、生态环境等多角度展开分析。

2.6.1.1 经济发展角度

分析资源在物流系统中的配置问题，以较小的投入获取较大的收益，主要是对产业政策、土地制度、财政税收、金融制度等的设计与构建。

2.6.1.2 社会发展角度

分析人的生产生活活动与物流系统的关系，深入分析物流需求的规模、分布、结构与层次，使物流产业发展规划对社会的共同发展与进步起到推动促进作用。

2.6.1.3 行政管理角度

分析权利责任在物流系统中的分配问题，通过相关法律法规的建立健全以及政府的有效引导与控制，保障物流系统的正常、高效运行。

2.6.1.4 自然地理角度

分析相关物流要素在空间上的分布规律，通过改进物流体系布局和内部结构，提高系统的综合效益。

2.6.1.5 生态环境角度

分析研究物流对环境的影响，加强环境保护与污染防治，设法解决资源利用与保护之间的矛盾。

2.6.2 规划分析的内容

2.6.2.1 物流规划分析的特点

无论何种类型和领域的物流产业发展规划，在遵照物流产业发展规划的一般理论、方法等进行研究分析的同时，需要针对物流产业发展的特点和需要，应用科学合理的方法，对相关研究内容进行分析。从一般意义上分析，物流产业发展规划属于规划的一种，具有规划的一般范式，其内容包括规划背景、依据、原则、指导思想、期限与范围、目标、方案和措施保障等，这些内容是需要进行系统、全面分析研究的。但物流产业发展规划在内容上也应充分体现现代物流自身的特点，特别是物流业的复合产业特性，它要求规划内容一是要全面，涵盖物流产业的各个方面的问题；二是要突出重点，关注影响物流产业发展的相关因素和物流的实质问题；三是要体现融合和资源整合的要求，使多部门、多领域的问题能够协调解决。

2.6.2.2 物流规划分析的内容

根据上述特点和进行物流产业发展规划分析时需要关注的问题，无论是宏观层次还是微观层次的物流产业发展规划，规划分析的内容均应包括：物流产业发展战略、物流产业发展目标体系、物流产业发展环境、物流需求、物流体系、物流产业发展政策与保障措施等六大领域的分析。

2.6.3 规划分析的方法

2.6.3.1 物流发展战略分析

战略一词的本义是作战的谋略，后被其他领域借用，意指筹划和指导全局的方略。物流产业发展战略是对一定区域或一定范围内物流产业或物流活动如何发展的指导性方略，用于指导具体物流产业发展策略和物流产业发展规划实施方案，主要包括战略思想、战略目标、战略重点、战略步骤、战略实施保障等。

物流产业发展战略分析的关键是对形势的把握，应从物流系统的外部需求与内部矛盾来统筹考虑物流产业发展所面临的形势。对我国而言，经济社会发展对物流的需求不仅表现出量的快速增长，而且表现出多样化、个性化、高品质的总体变化趋势，对物流产业发展战略提出了新的要求。未来物流产业发展的矛盾核心，从短期看是消除体制障碍，长期则是应对资源环境约束和交通可持续发展问题。

交通运输是物流产业发展的核心问题，我国交通运输发展长期战略目标是以市场经济为导向，可持续发展为前提，建立客运快速化、货运物流化的智能型综合交通运输体系。这一长期目标的实施途径是以最短的时间完善交通基础网络，以较低的成本提供安全、高效、便捷的运输服务，以最佳的途径缩短与发达国家管理和技术上的差距[10]。上述我国交通运输发展战略对于不同层次物流产业发展规划基本战略的制定均具有重要的指导和借鉴意义。

2.6.3.2 物流发展目标分析

物流产业发展目标不是单一的，而是由战略目标统领的一组目标体系。物流产业发展的目标体系分多个层次，最高层次的战略目标确定了规划物流系统的发展方向与奋斗目标；战略目标之下一般有多层实施层面的目标，是物流系统各个领域所要实现的目标；在目标体系的最底层为具体指标，是实现规划方案的具体操作目标和考核指标。另外，物流产业发展的目标体系按照规划的实施进度分为远期目标、中期目标、近期目标，构成目标体系的纵向序列。

物流产业发展规划的目标是为某一系统内部物流的发展指明方向、设定目标和设计实现目标的路径。规划从整体和长远利益出发，对规划系统内有限的物流资源进行科学配置，使其布局合理、结构协调，形成一个运行成本低、效率高、服务优质的物流运作体系，使物流子系统在自身发展完善的同时对其所处的大系统提供支持和发展动力。

2.6.3.3 物流发展环境分析

物流系统是一个大系统中的子系统，一方面要对整个系统的运行发展提供支持，另一方面也受到其他子系统的影响，因此，编制物流产业发展规划，必须对物流系统的外部环境进行分析。环境分析包括自然环境、政策环境、市场环境、设施环境、科技环境等，通过环境分析，明确规划对象自身的优势与劣势、面临的机遇与挑战，为物流产业发展规划的制定提供客观、科学的依据。

2.6.3.4 *物流发展需求分析*

物流需求分析主要是对规划系统物流需求规模、结构、分布、层次等进行分析。需求分析不仅要对历史数据和现状进行分析，还要在此基础上，采用科学的预测方法，对未来物流系统产生的物流需求进行预测。编制企业物流发展规划时，可以根据企业各类报表数据，结合不同产业的特点以及企业的生产、经营状况进行需求分析和预测。编制国家、区域、城市等宏观物流产业发展规划和物流园区、物流中心等专门设施物流产业发展规划时，由于缺少以物流量为统计口径的相关数据，确定物流量是物流需求分析的难点，可以采用下面的统计数据与经验估值相结合的计算方法。

2.6.3.4.1 物流总量计算

按照物流管理与服务发展的基本理论与特征，物流总量是物流活动各个环节产生的作业量的加总量，各种物流活动量及总量之间不具有固定的、严密的内在线性关系。不仅不同物流类型活动的物流量存在差异，而且同一物流活动在不同区域、时间阶段、运作模式下也存在差异。但规划的基本内容就是确定物流基础设施规模和资源占用量，以及需要确定一定区域范围内的物流产业规模，这些均与物流总量之间具有密切的关联性，因此，需要在一定前提条件下确定物流总量。

鉴于上述分析和目前进行物流规划的经验积累，物流总量是指物流的实际发生量或操作量，包括运量、库存量、配送量、装卸量、搬运量、加工量等，但在物流产业发展规划的需求分析中，一般只计算对物流设施规模和功能形成实质需求的相关量，主要是运量、库存量、配送量，计算方法如下：

物流总量(发生量)＝总运量＋总库存量＋总配送量

在目前已经编制的各种物流产业发展规划中，最常见的是用运量替代物流量。在缺乏必要统计数据支持的情况下，这种方法对于近似表达物流量有其一定的合理性，但不利于较为清晰和明确地确定物流功能设施的规模，因此，也是不科学的。

2.6.3.4.2 总运量计算

总运量是规划系统内所有交通设施承载的全部运输量，这与我国统计资料中各种方式的统计运量有所区别，因此，在进行物流需求分析时，不应直接采用交通运输统计中的运量数据，而是要根据不同运输方式的特点进行相应的调整。一般铁路运量采用发送量与到达量之和，公路运量为长途运量与城市内部运量之和，水运量和空运量采用吞吐量。采取这种方式进行计算的基本原因是要合理确立在特定区域进行运作的物流活动的真实规模，以便合理确定区域市场容量和对设施的功能需求。总运量计算公式如下：

总运量＝铁路总运量＋公路总运量＋港口总吞吐量＋机场总吞吐量

式中：铁路总运量＝铁路总发送量＋铁路总到达量；

公路总运量＝公路长途运量＋城市内部运量(城市内部公路运量比例按实际统计或经验值，一般为公路总运量的10％～15％)。

2.6.3.4.3 总库存量计算

总库存量一般没有统计数据，需要根据各种运输方式的运输量进行推算，方法如下：

总库存量＝铁路总库存量＋公路总库存量＋港口总库存量＋机场总库存量

式中：铁路总库存量＝铁路总运量－铁路总中转量－铁路直取直送量＝铁路总发送量＋铁路总到达量－铁路总中转量－铁路直取直送量(铁路直取直送比例按实际统计或经验值，一般为铁路总运量的10%～20%)；

公路总库存量＝公路总运量－门到门运量－铁路进库量－港口进库量－民航进库量(公路门到门运量比例按实际统计或经验值，一般为公路总运量的6%～10%)；

港口总库存量＝港口总吞吐量－水上中转量－港口直取直送量(港口直取直送比例按实际统计或经验值，一般为港口总吞吐量的10%～15%)；

民航总库存量＝民航总吞吐量－民航中转量。

2.6.3.4.4 总配送量计算

总配送量＝总库存量×A。A为配送系数，根据实际统计或经验取值。鉴于不同配送模式的配送系数存在很大的差异，配送系数在取值时，既要考虑现状的配送模式，又要前瞻性地考虑未来配送的创新。

2.6.3.4.5 设施总量计算

上述物流量即为全社会物流需求总量，由于一些货物品类特性并不适于采用现代物流的操作方式，而且，不同地区物流服务活动对公共物流服务设施的需求程度并不相同，因此，不能将上述计算所得需求总量数据直接作为对公用物流设施需求量，直接用于公用物流设施规模测算，而应在上述数据基础上，针对对物流组织化服务的需求规模来进行设施需求规模推算。社会物流总量与公用设施物流服务需求之间存在一定的比例关系，这种比例关系在交通运输服务领域通常被称为“适站量”。鉴于物流运作的内容和环节与运输存在很大差异，在此，暂且称为“物流设施需求比例”。按实际统计或经验值，物流设施需求比例一般可取为5%～30%，常用值为10%左右。但物流总量无疑为一定区域的物流基础设施总量规模控制和资源整合提供了依据，同时，也可以作为其他与物流需求相关的数据计算提供支持。

2.6.3.5 物流产业体系分析

物流产业发展规划应对物流产业发展方向进行准确定位，在此基础上对物流体系进行总体功能设计与框架构建，并进一步制订出完整的物流产业发展规划方案。物流体系的功能是指其所具备的能力和应发挥的作用，即物流体系对哪些部门或领域提供何种服务与支持。物流体系的功能设计既要完整，又要分清主次，各种功能要有效组合、顺畅衔接。为了实现物流体系的整体与局部功能，必须构建一个完善的物流体系框架，为各个功能的实现提供一个平台。物流体系框架应包括管理与运行两部分，二者相辅相成，共同支持物流系统的运作与发展。在总体框架之内，对物流的政府管理、市场运行、设施建设、企业发展、技术应用等制订具体的规划方案。

2.6.3.6 物流政策措施分析

为使物流系统能够按照规划路径实现规划目标，物流产业发展规划应提出相应的政策建议与保障措施。无论是宏观物流产业发展规划还是微观物流产业发展规划，都需要从产业层面推进现代物流的发展，从物流管理运营和技术应用的角度加快物流系统的建设和发展，因此，需要制定或调整相应的政策，对物流业的发展予以扶持和推动，为物流产业发展规划的顺利实施扫除障碍并创造良好的发展环境。

2.7 物流产业统计核算方法[11]

2.7.1 我国物流业统计核算现状

2.7.1.1 社会物流统计核算和报表制度

2.7.1.1.1 社会物流统计核算和报表制度的形成过程

2003 年 8 月底，国家发展和改革委员会、国家统计局委托中国物流与采购联合会组织力量，着手设计我国社会物流统计指标体系与方法。到 2004 年初，联合会提出了一套能基本反映我国社会物流产业发展的统计指标体系和核算方法。该指标遵循国际上发达国家的普遍观念，以物流费用指标为核心指标，同时以物流费用指标的构成指标为纵向，以物流需求、供给、市场规模、最终产出、可持续发展能力、物流业务活动量等物流费用构成因子指标为横向的梯形结构型指标体系，来反映我国社会物流的整体规模、水平、发展趋势，以及分行业、分地区、分企业、分指标的物流运行状况、特征、规律。

2004 年 10 月，国家发展和改革委员会、国家统计局联合印发了《关于组织实施〈社会物流统计制度及核算表式（试行）〉的通知》（发改运行〔2004〕2409 号），标志着我国社会物流统计和核算制度正式建立。按照制度要求，中国物流与采购联合会和中国物流信息中心随即开展了两方面的工作：一是根据社会物流统计核算制度，正式系统地核算了我国 1991 年以来各年度的物流统计数据，并形成了按季度统计的制度，并在此基础上，于 2005 年 4 月第一次由国家发展和改革委员会、国家统计局和中国物流与采购联合会联合发布了 2004 年全国物流运行基本情况通报；二是正式着手组织开展了我国生产、流通和物流企业统计调查工作。2006 年，国家相关主管部门确定将社会物流统计核算试行制度转为正式制度，定期开展社会物流统计核算工作，并正式颁布了我国第一部《社会物流统计核算和报表制度》（以下简称《制度》）。2010 年，国家发展和改革委对《制度》进行了修订并经国家统计局批准继续执行，成为当前指导我国物流统计核算工作的权威文件。随着现代物流的发展，许多地方政府也开始在《制度》的指导下积极推动本地物流统计工作，截至 2011 年底，全国已有 23 个省区市、11 个副省级城市建立了物流统计核算制度。

社会物流统计核算和报表制度填补了国民经济统计的一项空白，物流产业发展的基础性工作得以加强。该制度自发布以来，不断发展完善，2010 版的《制度》与 2004 版相比，主要做了以下几方面的修订：

（1）进一步明确了物流行业范围。2004 版《制度》对企业基本情况与经营情况的调查范围为物流相关行业企业，而 2010 版《制度》则将企业基本情况的调查范围明确为物流企业、工业、批发和零售业企业，而企业经营情况则只调查物流企业。对于企业物流状况，2004 版《制度》调查范围为农业、工业、建筑业、批发贸易业等企业，2010 版《制度》则对此进行了进一步的梳理，确定调查对象为工业、批发和零售业企业。相比较而言，修订后的《制度》对物流行业划出了更加明确的界限，获取数据资料的范围在行业跨度上有所收缩，但对于物流企业这一调查对象，则将年物流业务营业收入的门槛由亿元降为5 000万元，使更多中小型物流企业进入行业统计调查范围。

(2)拓宽了数据来源渠道。2004版《制度》的基层调查表要求由企业填写并报送行业主管部门和统计部门，而2010版《制度》则在企业填报的同时，要求各省区市现代物流工作牵头部门也要报送部分数据，一方面丰富了数据来源，另一方面也充分发挥了基层行业管理部门的优势和作用，从地区和行业全局角度甄别和汇总相关资料。

(3)缩短了数据报送周期。在2004版《制度》中，企业基本情况、企业经营情况、企业物流状况和物流基础设施情况的调查数据为年报数据，社会物流总费用、社会物流业务收入、社会物流业固定资产投资则为季报数据。2010版《制度》将物流企业经营情况的调查数据修改为月报，这一改变便于相关物流行业数据与PMI(Purchase Management Index，采购经理指数)等按月度发布的经济监测指标之间的对比，并为其提供数据支撑，从而更及时、准确地把握宏观经济总体态势和物流行业发展动态。

2.7.1.1.2　社会物流统计核算和报表制度的内容

为了解我国物流活动的规模、结构和发展水平，及时反映我国物流运行状况，为各级政府部门制定有关物流产业发展政策和发展规划，加强宏观管理和决策提供依据，指导企业生产经营活动，国家发展和改革委员会、国家统计局、中国物流与采购联合会根据《中华人民共和国统计法》，联合制定了社会物流统计核算和报表制度，并发布了物流相关核算表式，作为国家统计核算与调查制度，并要求各省区市现代物流工作牵头部门按照该制度的办法，开展所辖区域的物流统计工作。该制度分为基层调查表和核算表两部分，各部分内容如表2-2和表2-3所示。

社会物流统计核算和报表制度的基层调查表内容　　表2-2

表　名	报告期别	调 查 范 围	报 送 单 位
法人单位基本情况	年报	物流企业、工业、批发和零售业企业	本制度选定的物流企业、工业、批发和零售业企业
			各省区市现代物流工作牵头部门
物流企业经营情况	月报	物流企业	本制度选定的物流企业
			各省区市现代物流工作牵头部门
企业物流状况	年报	工业、批发和零售业企业	本制度选定的工业、批发和零售业企业
			各省区市现代物流工作牵头部门

(1)基层调查表。基层调查表采用抽样调查方式，由被调查单位(企业)报送，2010年国家发展和改革委员会对《制度》进行修订时，将各省区市现代物流工作牵头部门也追加为报送单位。基层调查表分物流相关行业企业调查表和企业物流状况调查表两种类型。其中，物流相关行业企业调查表主要调查物流企业、工业、批发和零售业企业的基本情况及物流经营活动情况。具体包括：反映企业基本情况和基础设施的指标；反映企业运营状况的指标；反映企业主要经济指标完成情况的指标。企业物流状况表主要调查工业、批发和零售业(以下同)企业采购、销售、回收、废弃的物流与成本情况。

社会物流统计核算和报表制度的核算表内容　　表 2-3

表　　名	编制期别	综 合 范 围	数 据 来 源
社会物流总费用	季报	农业、工业、交通运输仓储邮电业、批发和零售业、进出口等方面	用于核算的各产品物流总额资料从现行农业、工业、交通运输仓储邮电通信、批发零售、海关统计等统计年报或年鉴中加工取得，各项费用的平均费用率资料根据企业调查资料加工取得
社会物流业务收入	季报	物流相关行业	核算中涉及的铁路、公路、水上、港口、民航、管道运输及邮电业务部门的物流业务收入、货运量、货物周转量等数据，由各有关部门提供
社会物流业固定资产投资完成情况	季报	物流相关行业	
物流基础设施情况	年报	物流相关行业	

(2)核算表。核算表为总量指标核算表。表中各指标采取依据现有相关指标统计分离提取与企业统计调查推算相结合的方法加工核算。核算表中涉及的铁路、公路、水上、港口、民航、管道运输及邮电业务部门的物流业务数据，由各有关职能部门提供，中国物流与采购联合会具体收集。核算表主要包括社会物流总费用表、社会物流业务收入表、社会物流业固定资产投资完成情况表和社会物流基础设施情况表。

2.7.1.2　物流统计指标体系与核算结果

2.7.1.2.1　定期发布全国物流运行情况通报

自 2005 年 4 月起，国家发展和改革委员会、国家统计局和中国物流与采购联合会开始定期向社会公布全国物流运行基本情况，成为我国物流行业统计核算数据对外发布的一个最权威、最及时的正式渠道。首次公布的 2004 年全国物流运行基本情况主要通报了两项指标，社会物流总费用和社会物流总额。其中，对于全国社会物流总费用不仅通报了费用总额及其占 GDP 的比重，而且详细公布了费用结构，包括运输费用、保管费用和管理费用的绝对值与增长率。2005 年上半年我国首次发布全国物流运行情况的半年报，与 2004 年年报相比，通报的主要指标增加了三项，分别是物流业务收入、物流业增加值和物流业固定资产投资，其中物流业固定资产投资等情况在传统的国民经济统计中也有涉及，此次通报细化了相关指标，增加了配送、流通加工、包装业等物流用固定资产投资数据。自 2006 年起，全国物流运行情况通报改为季报，指标体系未作明显调整。2011 年第二季度起，开始发布物流运行情况月报，通报内容以五项指标为主，分别是社会物流总费用、物流业增加值、社会物流总额、物流相关行业固定资产投资和运输量(包括港口吞吐量)等。

2.7.1.2.2　建立全国物流统计核算指标体系

我国 2002 年正式出版第一部《中国物流年鉴》，其中统计数据汇总了当年国民经济统计体系中的交通运输业、批发零售业、对外贸易业、制造业等部分指标数据，物流业专门的指标体系尚未建立。2005 年以后，我国才开始在中国物流与采购联合会编制的《中国物流产业发展报告》和《中国物流年鉴》上自成体系地发布物流业统计数据，基本确定了我国物流统计核算指标体系的总体框架，如图 2-3 所示。

2.7.1.2.3　核算各年度物流统计数据

我国在建立了物流统计核算指标体系之后，正式系统地核算了 1991 年以来各年度的物流统计数据，主要核算结果如表 2-4～表 2-7 所示。

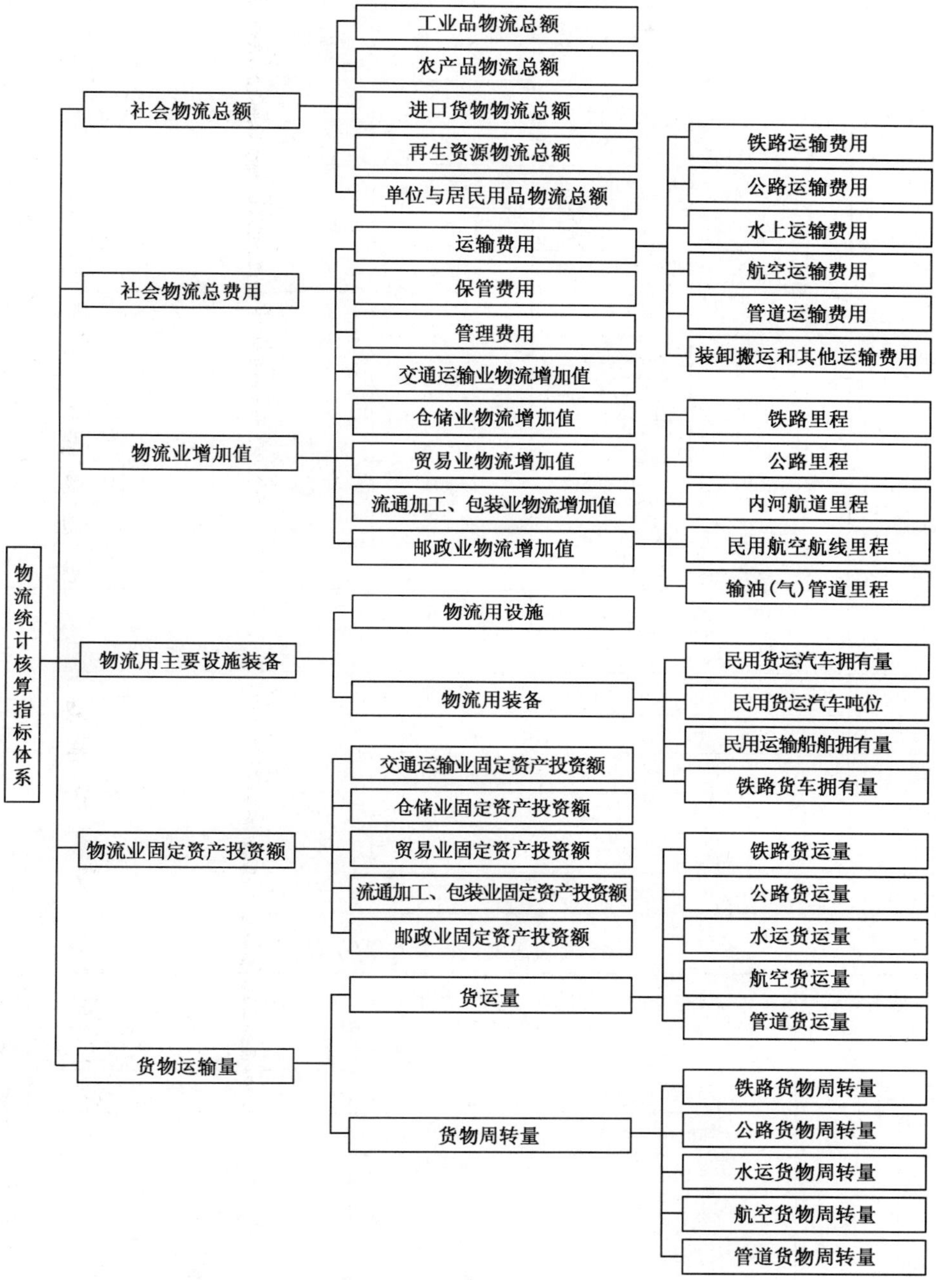

图 2-3　我国现行物流统计核算指标体系

社会物流总额核算结果(亿元)　　　　表 2-4

年　份	工业品	农产品	进口货物	再生资源	单位与居民物品	社会物流总额
1991	23 418	3 252	3 395	198	27	30 290
1992	31 121	3 335	4 444	255	33	39 188

续上表

年　份	工业品	农产品	进口货物	再生资源	单位与居民物品	社会物流总额
1993	43 780	4 281	5 990	382	42	54 475
1994	62 571	6 104	9 964	548	50	79 237
1995	82 584	7 951	11 029	607	59	102 230
1996	89 730	8 618	11 523	673	69	110 613
1997	102 501	8 996	11 817	746	78	124 138
1998	107 688	9 160	11 626	827	86	129 387
1999	115 827	9 138	13 736	917	98	139 716
2000	142 000	9 634	18 660	1 017	116	171 427
2001	163 739	10 291	20 159	1 127	126	195 442
2002	196 799	10 986	24 431	1 249	132	233 597
2003	249 570	11 261	34 193	1 385	187	296 596
2004	324 876	11 970	46 467	1 535	190	385 038
2005	413 161	12 748	54 093	1 776	205	481 983
2006	516 864	13 546	63 267	2 059	240	595 976
2007	660 878	15 849	72 627	2 436	493	752 283
2008	798 622	18 638	78 603	2 529	562	898 954
2009	874 100	19 439	68 600	2 840	654	966 500
2010	1 131 031	22 355	94 305	4 464	1 975	1 254 130
2011	1 436 409	26 312	112 430	5 928	2 463	1 583 542
2012	1 620 269	28 891	115 209	6 751	2 037	1 773 156

社会物流总费用核算结果(亿元)　　表 2-5

年　份	运输费用	保管费用	管理费用	社会物流总费用
1991	2 879	1 612	691	5 182
1992	3 379	1 922	836	6 137
1993	4 507	2 317	1 074	7 898
1994	5 579	3 276	1 483	10 338
1995	6 455	4 459	1 970	12 884
1996	7 633	5 109	2 250	14 992
1997	8 218	5 820	2 629	16 667
1998	8 668	5 625	2 728	17 021
1999	9 533	5 344	2 937	17 814
2000	10 070	5 975	3 185	19 230
2001	10 813	6 458	3 348	20 619
2002	12 000	7 281	3 460	22 741

续上表

年　份	运输费用	保管费用	管理费用	社会物流总费用
2003	14 068	8 057	3 570	25 695
2004	16 932	8 981	4 089	30 002
2005	18 639	10 632	4 590	33 861
2006	21 018	12 331	5 066	38 415
2007	24 708	14 943	5 755	45 406
2008	28 669	18 928	6 945	54 542
2009	33 628	19 955	7 244	60 826
2010	38 321	24 044	8 619	70 984
2011	44 397	29 475	10 230	84 102
2012	49 184	32 949	11 569	93 702

物流业增加值核算结果(亿元)　　表 2-6

年　份	交通运输业	仓储业	贸易业	流通加工、包装业	邮政业	物流业增加值
1991	1 526	59	193	53	20	1 851
1992	1 778	73	232	68	22	2 173
1993	2 371	98	315	94	27	2 905
1994	2 935	138	399	147	35	3 654
1995	3 396	175	459	195	40	4 265
1996	4 013	187	533	217	45	4 995
1997	4 324	205	571	251	47	5 398
1998	4 732	211	602	269	44	5 858
1999	5 205	226	665	279	42	6 417
2000	5 498	274	714	335	66	6 887
2001	5 903	308	772	377	68	7 428
2002	6 195	363	861	442	65	7 926
2003	7 122	409	1 001	516	64	9 112
2004	8 466	458	1 168	596	87	10 775
2005	9 475	539	1 435	728	93	12 270
2006	10 665	648	1 749	948	109	14 119
2007	12 543	808	3 406	1 253	224	16 981
2008	14 308	984	2 602	1 633	437	19 965
2009						23 078
2010	19 746	2 048	4 897	37	582	27 310
2011	22 820	2 421	5 951		703	31 895
2012	25 257	2 694	6 632		901	35 483

物流业固定资产投资额核算结果(亿元)　　表 2-7

年　份	交通运输业	仓储业*	贸易业	流通加工、包装业	邮政业	物流业固定资产投资
1991	300	10	43	1	4	358
1992	497	11	123	3	16	650
1993	891	19	129	6	32	1 076
1994	1 285	24	163	9	46	1 527
1995	1 470	29	170	10	46	1 724
1996	1 776	40	150	8	47	2 021
1997	2 113	52	149	7	46	2 367
1998	3 082	70	185	7	58	3 402
1999	3 165	131	186	6	46	3 534
2000	3 195	95	195	8	63	3 555
2001	3 589	91	202	9	65	3 956
2002	4 155	116	232	12	39	4 554
2003	4 861	162	510	24	38	5 594
2004	6 320	341	839	34	37	7 571
2005	7 750	356	1 104	46	38	9 293
2006	9 775	470	1 827	58	40	12 169
2007	10 972	748	2 444	75	42	14 281
2008	13 122	1 122	3 166	97		17 508
2009	19 000	1 766	4 451			26 000
2010	23 221	2 238	5 216			30 675
2011	22 001	2 995	7 322			32 318
2012	26 439	3 857	9 816			40 113

注*:自 2008 年起仓储业与邮政业合并统计。

2.7.2　典型国家和地区物流统计

2.7.2.1　典型国家和地区物流业统计核算情况

2.7.2.1.1　美国物流业统计核算情况

美国物流业统计核算主要通过美国物流年度报告和其他物流相关统计来组合体现。

(1)美国物流年度报告。物流成本为核心的指标是美国年度物流统计的主要指标,围绕物流成本指标形成了较为完善的测算方法。

①美国物流年度报告以物流成本为核心指标。美国物流业统计结果由美国供应链管理专业协会(Council of Supply Chain Management Professionals,简称 CSCMP)定期发布,相关数据的统计核算由美国的一家信息系统公司完成。该公司从 1973 年就着手开展这项工作,大约在 20 世纪 90 年代初开始根据物流业统计核算数据撰写《美国物流年度报告》(*Annual State of Logistics Report*,以下简称年度报告),并在 CSCMP 的网站上发布,至今已正式发布 23 份

报告。年度报告公布的统计数据主要包括物流成本(Logistics Costs)、存货(Inventories)、商业票据贴现率(Commercial Paper Rates)、相关从业人员数量、货物运输量(包括港口吞吐量)、运输工具载重量等。其中,物流成本为核心指标,对应一套完整的指标体系,主要由三部分构成,持货成本、运输成本和管理成本,如图 2-4 所示;其他指标也与物流成本密切相关,如按月度统计的存货量(货值)是计算持货成本的重要参数。

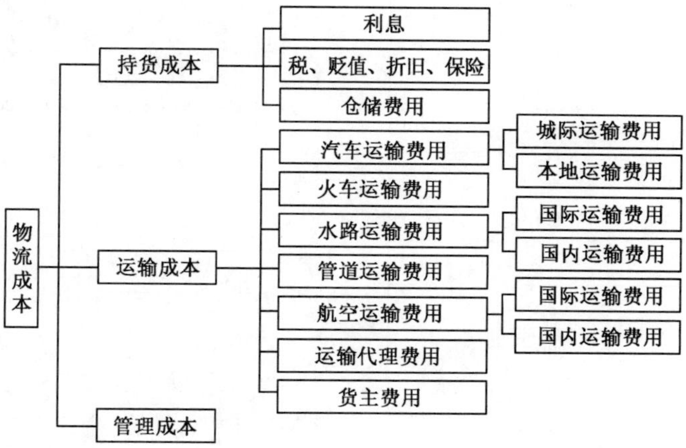

图 2-4　美国物流成本核算指标体系

②美国物流成本的测算方法。年度报告公布的物流成本是美国全国宏观物流成本,根据官方机构或非官方组织的统计数据测算得出,其所包含的三个部分核算内容十分清楚,计算方法也比较成熟和便于操作。第一部分持货成本是指花费在保存货物上的费用,除了包括仓储费用、货物残损贬值和折旧费用、保险和税收费用以外,还包括库存占压资金的利息。其中利息是当年美国商业利率乘以全国商业库存总金额得到的。第二部分运输成本是基于伊诺运输基金会出版的年度运输丛书得到的货运数据。运输成本包括公路运输、其他运输方式与货主费用。公路运输包括城市内运送费用与城际卡车运输费用;其他运输方式费用包括铁路运输费用、国际国内航空和水路运输费用、油气管道运输费用、货代费用等;货主方面的费用包括运输部门运作及装卸费用。第三部分物流管理成本,是按照美国的历史情况由专家确定一个固定比例,乘以持货成本和运输成本的总和得出的,主要包含订单处理及 IT 成本、市场预测、计划制订及相关财务人员发生的管理费用等。

③美国物流成本的测算结果。按照上述测算方法,美国公布的 2011 年全国物流成本为 1.28 万亿美元,其中持货成本为 4 180 亿美元,运输成本为 8 060 亿美元,管理成本为 490 亿美元(表 2-8)。根据历年来的年度报告公布数据,美国物流成本基本呈逐年上升态势,但是占 GDP 的比重 20 年来有明显下降,进入 21 世纪以来,这一比例已比 20 世纪 90 年代下降了近 1 个百分点,基本维持在 10%以内,2011 年更是降至 8.5%(图 2-5、图 2-6)。运输成本在 GDP 中比例大体保持在 5%～6%,说明运输费用与经济的增长是基本同步的;而从统计数据来看,库存成本比重降低是导致美国物流总成本比例下降的最主要的原因,1991～2011 年,这一比例由 4.3%下降至2.8%,同期美国物流总成本占 GDP 的比重则由 10.6%下降至 8.5%,由此可见,降低库存成本、加快周转速度是美国现代物流产业发展的突出效益;物流管理成本在美国物流总成本中的比例大体为 4%。

2011 年美国的物流成本统计　　表 2-8

项　　目	金额（亿美元）	比上年增长（%）
持货成本	4 180	7.6
利息费用	30	—
税收、贬值、折旧、保险	2 940	—
库存费用	1 200	—
运输成本	8 060	6.2
汽车运输	6 290	—
卡车城际运输	4 310	—
卡车本地运输	1 980	—
火车	680	—
水运	320	—
管道	100	—
航空	320	—
货代	350	—
托运人相关成本	100	—
管理费用	490	—
合计	1 282	6.6

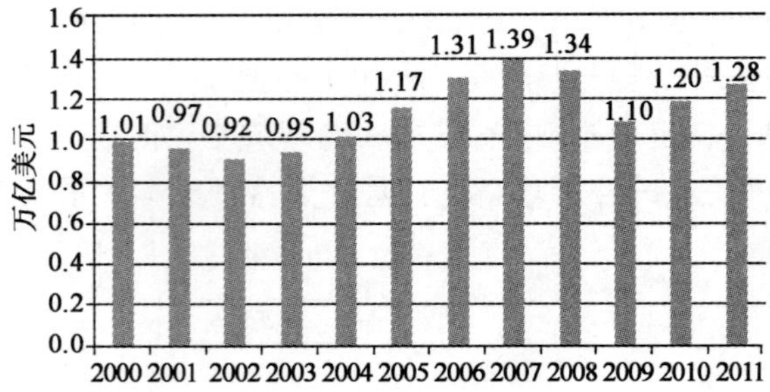

图 2-5　2000～2011 年美国物流成本

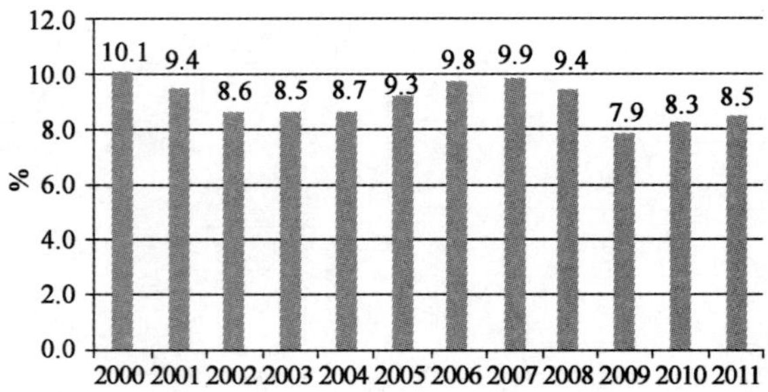

图 2-6　2000～2011 年美国物流成本占 GDP 比重

（2）美国其他物流相关统计。除了年度报告，美国物流产业发展情况相关统计数据还可以从其他渠道获取，如美国统计局发布的美国统计摘要就包括物流相关行业增加值、制造业存货、交通运输等统计指标和数据，见表 2-9～表 2-11。

美国物流相关行业增加值统计（10 亿美元）　　表 2-9

相关行业	2000	2005	2009	2010
交通运输业	301	370	390	407
航空运输业	53	56	62	—
铁路运输业	23	27	31	—
水路运输业	8	9	14	—
卡车运输业	97	119	113	—
中转运输业	18	21	23	—
管道运输业	9	10	12	—
其他运输及辅助行业	68	92	95	—
仓储业	26	35	39	—

美国制造业出货量、库存量与订单量统计（10 亿美元）　　表 2-10

年　份	出货量	库存量	新订单量	未完成订单量
2005	4 742	461	4 756	626
2006	5 016	509	5 078	759

续上表

年 份	出货量	库存量	新订单量	未完成订单量
2007	5 319	547	5 390	902
2008	5 468	536	5 438	942
2009	4 436	499	4 234	799
2010	4 820	542	4 779	829

美国分运输方式业务量统计 表 2-11

运输方式	货值(亿美元)		运量(万吨)		周转量(亿吨英里)		平均运距(英里)	
	2002	2007	2002	2007	2002	2007	2002	2007
合计	83 972	116 849	1 166 792	1 254 342	31 379	33 447	546	619
单一方式	70 494	95 390	1 108 666	1 169 813	28 679	28 943	240	234
卡车运输	62 350	83 358	784 284	877 871	12 559	13 421	173	206
雇佣卡车	37 571	49 557	365 733	407 514	9 596	10 556	523	599
私人卡车	24 453	33 801	414 966	470 358	2 911	2 865	64	57
铁路运输	3 109	4 364	187 388	186 131	12 616	13 440	807	728
水路运输	893	1 149	68 123	40 364	2 827	1 573	568	520
浅水	575	910	45 858	34 331	2 115	1 175	450	144
大湖	8	—	3 804	1 779	138	69	339	657
深水	310	231	18 461	4 254	574	330	664	923
航空运输(含公空联运)	2 650	2 523	376	361	58	45	1 919	1 304
管道运输	1 492	3 996	68 495	65 086	—	—	—	—
多式联运	10 792	18 667	21 669	57 373	2 257	4 166	5 215	6 521
包裹、邮政服务和快递	9 877	15 619	2 551	3 390	190	280	895	975
公铁联运	699	1 872	4 298	22 559	455	1 968	1 413	1 007
公水联运	144	584	2 330	14 552	324	984	1 950	1 429
铁水联运	33	139	10 511	5 488	1 150	471	957	1 928
其他联运	38	453	1 978	11 384	138	464	—	1 182
其他运输方式	2 686	2 791	36 457	27 157	442	338	130	116

资料来源:U. S. Census Bureau, Statistical Abstract of the United States, 2012。

2.7.2.1.2 欧洲物流业统计核算情况

(1)欧洲物流业统计核算方式。物流产业在欧洲已经步入了成熟发展阶段,物流统计核算工作业已开展多年,在统计过程中大量借助现代化信息技术,收集物流统计信息。多数欧洲国家的物流统计工作依托行业协会，欧洲的物流行业协会多样，这些物流协会已成为政府与企业的信息沟通桥梁，他们在帮助政府收集和统计物流信息的同时，更重要的是通过物流信息的研究分析，开展咨询服务，不但辅助国家制定宏观物流产业发展规划与政策，而且帮助企业针对物流实际运营中存在的问题进行指导培训。欧洲的物流信息化发展程度很高，电子信息技术、网络技术和各种物流软件技术被广泛地应用于各类企业中，让物流数据迅速地在各个企业及行业内流动和传递，保证了物流信息收集的准确性和可靠性。同时，欧洲物流产业的标准体系非常完善，严格完善的物流标准化保证物流信息在数据统计收集中的有效衔接，同时物流标准的确定也让欧洲物流统计信息收集更加便捷，数据更易于汇总和用于比较分析。

(2)欧洲物流业统计信息的利用。在欧洲，政府与企业都非常重视物流统计信息的开发与利用。许多欧洲国家的重点物流基础设施建设和物流投资项目规划都由政府主持、地方辅助、企业经营，因此，对物流信息的宏观利用主要就是在政府充分分析信息的基础上，制定物流产业发展目标和确定物流投资项目。除了基础设施的建设和规划外，政府也就物流统计信息反映出的结果，制定一些引导性政策和规范，以促进物流业朝着既定的方向发展。欧洲各国企业把物流统计信息作为物流运行的绩效评价依据，通过掌握和分析物流统计信息，了解企业内部物流的运转情况，监控物流成本的变动情况以及物流与其他企业内部经济活动之间的联系。根据物流绩效评价的结果，各个部门紧密配合，共同协作，寻找降低物流成本的途径，做出有针对性的调整和改进。

(3)欧洲物流成本统计核算。欧洲物流统计核算数据比较全面，其中最核心的指标也是宏观物流成本，即包括运输、仓储、包装以及基础设施投资等费用在内的全社会物流总成本。欧洲物流成本也由三个主要部分构成，但具体划分方式与美国不尽相同。欧洲物流成本主要按物流运作环节进行统计，包括运输成本、仓储成本和包装费用及仓储、搬运等方面的基础设施投资。

①运输成本。运输成本包括公路运输、铁路运输、轮船运输、航空运输、货主运输等形式，将这些不同形式的运输方式所支出的费用累加，就得出了运输成本的核算数据。

②仓储成本。仓储成本包括人工费用(工资)、占压资金成本和利息、货物损毁、保险费用等。对仓储成本的统计核算既包括公用仓库，也包括私人仓库。

③包装费用和基础设施投资。这部分成本统计包括了用于包装的成本费用支出以及仓储、搬运等方面的基础设施投资的费用，其中基础设施投资的费用既包括资金方面的投资，也包括设备方面的投资。

从现有的资料分析比较，欧洲的宏观物流成本核算并没有把管理费用单列，但总成本中包括这部分费用，其分散在仓储和包装、搬运等各个方面，欧洲将部分物流相关基础设施装备的投资计入宏观物流成本，这一点与美国、日本等国家有所不同。

(4)欧洲物流业统计核算的其他内容。除了物流成本，欧洲国家也针对物流业的其他方面开展信息收集、统计核算和数据发布，一些非官方的组织机构在其中发挥了重要作用，如EVO(荷兰船东协会)每年出版的物流年鉴(Logistics Yearbook)就收集了许多物流行业数据，其中既有官方公布的统计数据，也有协会和其他咨询公司的调查数据。图2-7和图2-8是EVO物流年鉴中发表的2009年荷兰排名前10位供应链管理项目的调查数据。

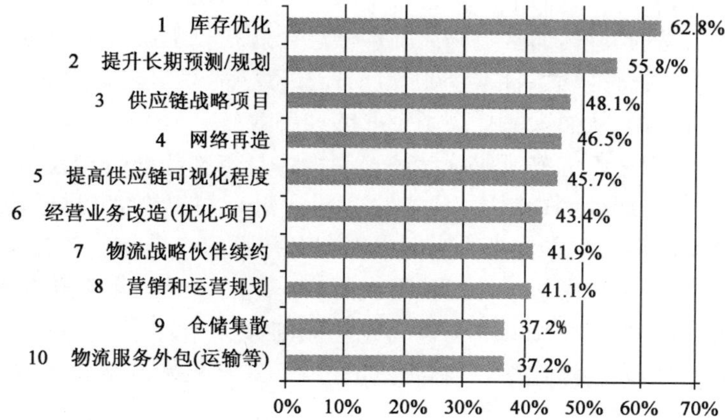

图 2-7　2009 年荷兰排名前 10 位的供应链管理项目

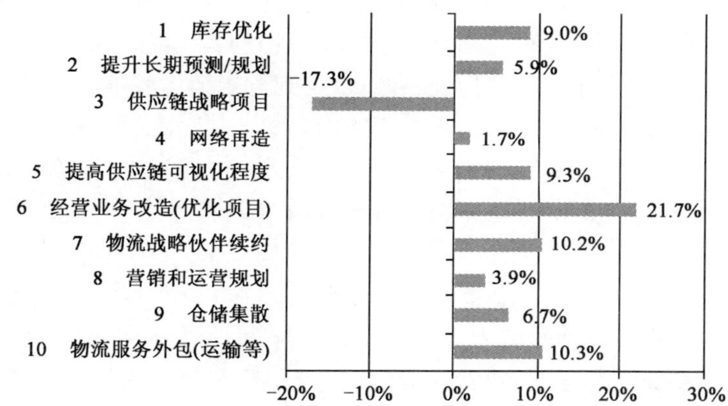

图 2-8　2009 年荷兰排名前 10 位的供应链管理项目变动情况

2.7.2.1.3　日本物流业统计核算情况

(1)日本政府主导物流业统计核算并推动统计信息的利用。日本政府十分重视物流产业的发展,把发展物流作为日本经济可持续发展的一个重要举措,因此,扶持物流产业发展的政策取向十分明显。1997 年 4 月,日本首次通过了《综合物流政策大纲》(以下简称《物流大纲》),明确了在物流领域进行经济结构改革的一系列措施,并提出在 2005 年要建立适合日本经济社会发展要求的物流体系。此后,日本经济产业省和国土交通省每四年就共同制定一次《物流大纲》,截至目前已出台四份。在《物流大纲》中,不仅明确提出日本物流业之后四年的发展规划及目标,而且还对上一次确定的目标进行全面评价,并检验其实施效果。

日本政府致力于推动物流业的发展,对物流统计核算工作也显示出非同一般的重视程度,设立了专门的行政管理部门,负责物流统计信息的收集和制定物流政策和法令。日本的物流协会在物流统计核算中也发挥着重要作用,物流协会每年都要对全国物流产业发展情况进行调查统计,判断物流产业发展水平和分析物流产业发展的阶段性特征,从而为国家制定政策和企业进行决策提供数据支持。相比于其他国家,日本除了利用物流统计信息来制定宏观物流产业发展规划和发展战略外,更重视如何利用物流统计信息来进行微观层面企业的物流活动管理，进而推动整个国家的物流向前发展。日本政府不但制定相关企业内部物流成本核算制度来推动物流统计信息的利用，而且将物流统计信息完好地与企业物流管理活动结合到一起。物流统计信息的准确掌握，推动了日本企业"准时制生产"(JIT)、零库存等先进的物流管理策略的顺利展开和有效应用，从而大大提高了企业的经济效益。

(2)日本建立了较为完善的物流业统计调查制度。日本物流统计信息收集工作十分规范和精确，基于相对完善的统计调查制度，日本发布了很多连续性的物流调查报告。

①日本物流成本调查。日本物流协会每年都会对几百家企业的物流成本进行调查，整理出版《日本物流成本调查报告书》，至今已连续出版 20 多年。《日本物流成本调查报告书》公布了日本各行业物流成本占销售额的比率，按物流功能划分、按支付形式划分、按物流范围划分的物流成本构成比率，逆向物流比率，日本物流成本占 GDP 比率的变化等数据。这些数据的调查和收集，从不同的角度反映了日本物流成本的变化趋势。

②日本货物流动调查。从 1970 年开始，日本国土交通省每五年编制一部日本《全国货物纯流动调查报告书》。货物纯流动调查是在掌握货物总运输量的基础上，以货物本身的位置转移为中心，以矿业、制造业、批发业、仓储业发生货物运输的具体地点为对象进行统计，从货物发送地到目的地作为一个整体区间进行统一调查，得到货物纯运输量。在日本《全国货物纯流动调查报告书》中，以各产业生产出厂的所有货物为对象，对货物品种、重量、收货地、收货人所属行业、运输方式、物流时间等内容的调查，可查明货物运输的到达地及流动量、各产业及行业之间的联系、货物运输发生的原单位、主要的运输手段与运输路径、每件出厂货物的重量和批次、货物的实际重量等。

③日本货物 OD 调查。日本定期推出地区间货物交流表，即 OD 调查表(Origin-Destination Table)。在日本，从一级行政区域单位的 47 个都—道—府—县之间，到二级行政区域单位的市—区—镇—村之间，都有地区间、各种运输方式、各种商品流动的 OD 表。根据 OD 表中数据反映的货物在地区或城市之间的流向和流量状况，日本开展运输空间经济分析，并通过流向和流量的相互联系，建立平衡关系。

(3)日本物流业统计核算围绕绩效测评展开。日本物流统计核算的核心问题是对企业物流成本的测算与物流绩效的测评，日本学者对此开展了大量研究工作。早稻田大学的西泽修教授早在 20 世纪 70 年代就对日本企业的物流成本核算进行了研究，相关研究成果被纳入日本运输省 1977 年公布的《物流成本计算统一基准》，成为日本企业物流成本核算最早的规范性文件。1992 年，日本通商产业省公布《物流成本计算活用指南》；1996 年，中小企业厅发布了《简单易懂的物流成本计算指南》；2000 年，中小企业厅再次发布《物流成本计算指南——不同行业》，把 1996 年的内容按计算步骤再次明晰，并公布了批发业、制造业和零售业等相关行业的物流成本的计算模式；2003 年，日本中小企业厅颁布了《物流作业成本法物流成本计算——效率化指南》。

日本的物流成本就是依据上述文件进行统计核算，与美国相似，日本的宏观物流成本统计指标包含运输、保管和管理三方面的内容。

①运送费。日本的运送费分为营业运送费和企业内部运送费，前者又包括卡车货运费、铁路货运费、内河航运货运费、国内航空货运费及货运站收入等项开支，各项累计之和为运送费总额。

②保管费。保管费是将经济企划厅编制的《国民经济计算年报》中的国民资产、负债余额

中原材料库存余额、产品库存余额及流通库存余额的合计数乘以日本资材管理学会调查所得的库存费用比例而得，用公式表示为：

保管费=(原材料库存余额+产品库存余额+流通库存余额)×原价率×库存费用比例

式中：库存费用比例=利率除外的库存费用比例+利率。

③物流管理费。由于物流管理费无法用总体估计的方法求得，所以日本依据《国民经济计划年报》中的《国内各项经济活动生产要素所得分类统计》，将制造业和批发、零售业的产出总额，乘以日本物流协会(JILS)根据行业分类调查出来的各行业物流管理费用比例0.5%计算得出。

2.7.2.1.4　部分发展中国家物流业统计核算情况

(1)印度物流业统计核算情况。印度并没有专门针对物流业进行统计核算，对物流产业也没有明确界定，从目前能够搜集到的资料来看，其国内的物流业态主要包括货运业(铁路货运业、汽车货运业、航运业、民航运输业)、仓储加工业、储配运输物流业、报关与货物承揽代理等物流辅助业、有组织的第三方物流业、快递服务业等等。对国内物流业的发展状况，除了印度官方对交通运输等相关行业进行的统计以外，一些行业协会、研究机构和企业也开展了一些调查分析，如印度工业联合会(Confederation of India Industry，简称CII)及其下属物流研究所(CII Institute of Logistics)出版的《物流时讯》(Logistics Newsletter)就收集了一些物流行业的统计数据，印度经济监测中心有限公司(Centre for Monitoring Indian Economy Pvt. Ltd.)编写的《印度产业分析年报》(India Industry Analysis：Annual Report)也定期发布物流业统计数据。目前从公开渠道能够获取的印度物流业统计数据主要有物流业成本、物流业营业收入、货物运输量与货值、从业人员、基础设施规模及投资等。值得一提的是，印度对物流业的运营效率方面也有公布的调查统计数据，如港口的周转时间等等。

(2)南非物流业统计核算情况。南非交通运输部在2005年颁布了《全国货运物流战略》(The National Freight Logistics Strategy)，但战略的推进一直较为缓慢，其中一个重要原因就是缺乏行业的统计数据，一些项目启动后，各利益相关方难以获得详细信息和共享资源，严重影响了项目的进展。为此，近年来，南非也开始重视物流业的统计核算，但相关工作也只是刚刚起步，目前实质性的进展是对全国物流成本进行了调查统计，并根据调查反映的问题制订了一些应对措施。

(3)越南的物流业统计核算情况。越南对物流业的定义也不十分清楚，根据《越南物流业经营规定》，其所指的物流业主要包括物流运输业(海运运输业、内陆水道运输业、空运运输业、铁路运输业、陆路运输业、管道运输业)、货物装卸业、仓库厂房业、运输代理业、物流辅助业、技术检测和分析服务业、邮件快递业、商品批发零售业等。物流业的统计数据较少，并且很难查找，在其政府机构英文网站上公布的统计数据相对齐全的主要有货物运输量、港口吞吐量、进出口额、交通基础设施规模、商品零售额等，而物流业成本、收益等方面的统计数据则比较少。

2.7.2.1.5　台湾物流业统计核算情况

(1)台湾物流行业分类。台湾物流业主要涉及运输、仓储、邮政等行业，具体分类在不同资料中有不同形式，目前主要有“行政院主计处”对国民经济第八次产业分类中涉及的物流业三级分类、“行政院经建会”2004年对物流业的分类和成功大学对物流业的分类，但各种分类并无太大差别，如表2-12所示。

台湾物流行业分类 表2-12

<table>
<tr><th colspan="3">“行政院主计处”分类</th><th rowspan="2">“行政院经建会”分类</th><th rowspan="2">成功大学分类</th></tr>
<tr><th>中 类</th><th>小 类</th><th>细 类</th></tr>
<tr><td rowspan="4">49 陆上运输业</td><td>491 铁路运输业</td><td>4910 铁路运输业</td><td>1 铁路运输业</td><td>1 铁路运输业</td></tr>
<tr><td rowspan="3">494 汽车货运业</td><td rowspan="3">4940 汽车货运业（汽车货运、汽车货柜货运、汽车路线货运）</td><td>2 汽车货运业</td><td>2 汽车货运业</td></tr>
<tr><td>3 汽车货柜货运业</td><td>3 汽车货柜货运业</td></tr>
<tr><td>4 汽车路线货运业</td><td>4 汽车路线货运业</td></tr>
<tr><td rowspan="2">54 邮政及快递业</td><td>541 邮政业</td><td>5410 邮政业</td><td rowspan="2">5 快递业</td><td>5 邮政业</td></tr>
<tr><td>542 快递服务业</td><td>5420 快递服务业（宅配服务、航空快递、陆运快递）</td><td>6 快递服务业</td></tr>
<tr><td>50 水上运输业</td><td>501 海洋水运业</td><td>5010 海洋水运业</td><td>6 海洋水运服务业</td><td>7 海洋水运服务业</td></tr>
<tr><td>51 航空运输业</td><td>510 航空运输业</td><td>5101 民用航空运输业</td><td>7 民用航空运输业</td><td>8 民用航空运输业</td></tr>
<tr><td rowspan="7">52 运输辅助业</td><td>521 报关业</td><td>5210 报关业</td><td>8 报关业</td><td>9 报关业</td></tr>
<tr><td>522 船务代理业</td><td>5220 船务代理业</td><td>9 船务代理业</td><td>10 船务代理业</td></tr>
<tr><td rowspan="3">523 货运承揽业</td><td>5231 陆上货运承揽业</td><td rowspan="2">10 海洋货运承揽业</td><td>11 陆上货运承揽业</td></tr>
<tr><td>5232 海洋货运承揽业</td><td>12 海洋货运承揽业</td></tr>
<tr><td>5233 航空货运承揽业</td><td>11 航空货运承揽业</td><td>13 航空货运承揽业</td></tr>
<tr><td rowspan="2">529 其他运输辅助业</td><td rowspan="2">5290 其他运输辅助业（货物集散站经营、货柜集散站经营）</td><td>12 航空货物集散站</td><td>14 航空货物集散站</td></tr>
<tr><td>13 货柜集散站经营业</td><td>15 货柜集散站经营业</td></tr>
<tr><td rowspan="4">53 仓储业</td><td rowspan="4">530 仓储业</td><td>5301 普通仓储业</td><td>14 保税仓库</td><td>16 仓储业</td></tr>
<tr><td rowspan="3">5302 冷冻冷藏仓储业</td><td>15 物流中心</td><td>17 保税仓库</td></tr>
<tr><td rowspan="2">16 进出口货栈</td><td>18 物流中心</td></tr>
<tr><td>19 进出口货栈</td></tr>
</table>

（2）台湾物流业统计核算内容。台湾每年由“经济部商业司”编印《台湾物流年鉴》，对台湾物流业发展情况进行统计核算和数据发布。《台湾物流年鉴》收录的物流相关统计资料既包括行业发展情况的指标，如运输仓储及通信业产值、物流业经营者数量、营业收入、从业人数等，也包括市场需求方面的指标，如进出口货值、货物运输量等。台湾的物流统计资料基于行业分类进行分门别类的统计核算，能够提供较为翔实的数据信息。表2-13和表2-14是台湾关于物流经营者数量和营业收入的统计资料。

2007与2008年台湾物流行业经营者数量 表2-13

物流行业分类	2007年	2008年
1 铁路运输业	1	1
2 汽车货运业	4 988	4 933
3 汽车货柜货运业	821	817
4 汽车路线货运业	24	23
5 邮政业	1	1
6 快递服务业	422	422
7 海洋水运服务业	148	150
8 民用航空运输业	40	35
9 报关业	1 711	1 716
10 船务代理业	392	391
11 陆上货运承揽业	64	72
12 海洋货运承揽业	683	708
13 航空货运承揽业	1 084	1 152
14 航空货物集散站	4	4
15 货柜集散站经营业	67	70
16 仓储业	279	270
17 保税仓库	229	224
18 物流中心	15	16
19 进出口货栈	69	69
合计	11 042	11 074

2.7.2.2 上述国家和地区物流业统计核算的特点

2.7.2.2.1 物流业相对发达国家物流业的统计核算也较为先进

美国、欧洲、日本等国家和地区是世界上物流业起步较早、发展较为成熟的地区，这些国家对物流业的统计核算无论是制度、方法还是统计结果都明显好于物流业相对落后的发展中国家。发达国家一般都建立了较为完善的统计制度，政府、行业协会、社会团体、企业等机构分工明确、合作紧密，对包括物流业在内的各个行业都开展了长期、规范、连续的统计调查，统计指标分类详细，统计方法较为科学，统计数据不仅具有较高的可信度，而且在行业之间和不同时间节点上都具有较强的可比性。另外，发达国家也建立了通畅的信息发布渠道，政府、企业等社会各方也在积极利用统计信息进行行业分析，指导相关决策。

2.7.2.2.2 物流业没有明确的产业范围界定

在包括美国、欧洲在内的大多数国家和地区，对物流业的产业范围都没有明确界定，对于物流业的统计核算范围一般涵盖货运业、仓储业、快递业等。实际上，从许多国家（地区）发布的物流年鉴、物流年度报告等统计资料来看，除了在进行物流成本核算时，涉及农业、采掘业、制造业、贸易业等多个行业以外，其他统计数据基本都围绕着货物运输业，主要是对货运量、吞吐量、货运收入等的统计，对于仓储业、配送业、加工业等并没有系统的统计数据，有些国家只是在个别年份采集了调查数据。

2007 与 2008 年台湾物流行业营业收入(亿元新台币)　　表 2-14

<table>
<tr><th>物流行业分类</th><th>2007 年</th><th>2008 年</th><th>与上年相比(%)</th></tr>
<tr><td>1　铁路运输业</td><td>10</td><td>10.6</td><td>5</td></tr>
<tr><td>2　汽车货运业</td><td rowspan="3">1 116.1</td><td rowspan="3">1 101</td><td rowspan="3">−1.4</td></tr>
<tr><td>3　汽车货柜货运业</td></tr>
<tr><td>4　汽车路线货运业</td></tr>
<tr><td>5　邮政业</td><td>24 293</td><td>247.47</td><td>1.9</td></tr>
<tr><td>6　快递服务业</td><td>278</td><td>281</td><td>1.1</td></tr>
<tr><td>7　海洋水运服务业</td><td>2 801.04</td><td>2 975.78</td><td>6.2</td></tr>
<tr><td>8　民用航空运输业</td><td>486.53</td><td>445.7</td><td>−8.4</td></tr>
<tr><td>9　报关业</td><td>194</td><td>198</td><td>2.1</td></tr>
<tr><td>10　船务代理业</td><td>103</td><td>73</td><td>−29.1</td></tr>
<tr><td>11　陆上货运承揽业</td><td>85</td><td>115</td><td>35.3</td></tr>
<tr><td>12　海洋货运承揽业</td><td>465</td><td>527</td><td>13.3</td></tr>
<tr><td>13　航空货运承揽业</td><td>755</td><td>667</td><td>−11.7</td></tr>
<tr><td>14　航空货物集散站</td><td>44.8</td><td>39.75</td><td>−11.3</td></tr>
<tr><td>15　货柜集散站经营业</td><td>54</td><td>45</td><td>−16.7</td></tr>
<tr><td>16　仓储业</td><td rowspan="4">298</td><td rowspan="4">337</td><td rowspan="4">13.1</td></tr>
<tr><td>17　保税仓库</td></tr>
<tr><td>18　物流中心</td></tr>
<tr><td>19　进出口货栈</td></tr>
<tr><td>合计</td><td>6 635.5</td><td>7 063.3</td><td>1.4</td></tr>
</table>

2.7.2.2.3　各国少有专门针对物流业建立统计指标体系

由于大多数国家和地区对物流产业边界并没有明确界定,因此,也无法针对这个产业构建一套成系列的统计核算指标体系,上述许多国家和地区物流业的统计数据均分布在不同行业的统计指标体系当中。相比较而言,发达国家国民经济产业分类全面详细,经济社会统计制度较为完善,与物流生产活动相关的统计指标也因此较为丰富,在进行物流业统计核算时,能够直接采用相关数据,或者以相关数据为基数进行加工处理和测算,获取所需的指标数据,这才是这些国家和地区能够对物流业科学进行统计核算的根本所在。

2.7.2.2.4　成本核算是物流业统计核算工作的核心

无论在发达国家还是发展中国家,物流成本都是物流业统计核算的核心指标,但各国为物流成本构建的指标体系千差万别,计算方法也不尽相同,如欧洲在测算物流成本时将部分物流设施设备的投资费用包括在内,而美国、日本和我国的物流成本中都不包括这部分费用,再如美国测算物流管理成本以运输成本和持货成本之和为基数,而日本测算物流成本则以制造业和批发、零售业的产出总额为基数。因此，从这个意义上说，不同国家之间物流成本及其在GDP中的占比并不具有完全的可比性，但如果各国均保证统计核算指标明晰、方法科学，其依然可以作为比较不同国家和地区物流业发展水平的一个重要参考依据。

2.7.3　我国物流业统计核算问题

2.7.3.1　物流业统计核算国内外对比与借鉴

2.7.3.1.1　发达国家物流业统计指标更为全面和详细

我国的社会物流统计核算和报表制度充分借鉴了国际经验与做法，主要是指标体系设计、调查和核算方法选择等方面，如物流成本包含的内容和计算方法就与美国相类似；与此同时，我国在一些方面也有创新和发展，如对社会物流总额的统计就是其他国家没有的。但是，相比较而言，发达国家的统计指标更为全面，分类也更加详细。比如，发达国家统计的运输成本不仅包括运输部门的营运费用，也包括企业自营运输的费用；库存成本，不仅计算了公共仓库的费用，也包括了企业自有仓库的成本；涉及领域不仅包括制造业，也包括批发业和零售业的数据，还包括了服务业、农业、采矿业、建筑业的数据。再如，美国对运输量的统计，不仅有公路、铁路、水路、航空、管道五种运输方式的运量统计，还有公铁联运、铁水联运等不同联运方式的运量统计。又如，美国对运输费用的统计具体划分了本地运输费用、城际运输费用、国内运输费用、国际运输费用等。而我国的统计指标体系总体上较为粗略，还有一些指标虽然进行了详细划分，但并无统计数据，如运输费用虽然分列了不同运输方式，但实际上只有总量的统计数据。

2.7.3.1.2　发达国家物流业统计数据更加可靠实用

发达国家公布的物流业统计数据均注明了数据来源，各项指标的核算都有确定的方法，如日本为物流成本统计核算制定了统一标准，提高了数据结果的科学性和不同行业之间数据的可比性；对于估算数据，也有相关研究或模型支撑，其中的参数设定多建立在连续多年调查分析的基础之上，如美国对物流管理费用比例的确定。而我国虽然也对一些物流统计指标给出了明确解释和核算方法，但由于一些基础数据并无相关统计，而计算公式中的参数也主要依靠估算，因此核算结果的可信度不高。还有一些数据由于统计方法先天不足，使得统计结果缺乏实际意义，如对一个地区货运量的统计数据是根据在该地区注册的运输企业抽样调查数据推算得出，而很多运输企业是本地注册、异地经营，因此该数据很难体现一个地区的实际物流业发展规模。

2.7.3.1.3　发达国家对物流业统计数据的开发利用更加充分

发达国家政府、行业协会、企业都十分重视物流业统计核算工作，各方积极参与保证了统计调查工作的顺利推进，相互之间也建立了有效的信息共享渠道，统计数据的采集、分析、利用相对便捷顺畅。这些国家还有许多咨询服务公司，根据公布的统计数据和自己的调查数据开展行业咨询服务，它们撰写的调查报告对于政府行业管理和企业市场决策都具有较高的参考价值。而我国总体上对物流统计核算工作重要性的认识不足，数据采集较为困难，影响了数据的完整性与准确性，从而降低了数据的利用价值。在数据的共享与使用方面，发达国家充分利用了互联网这一平台，而我国相关网站建设滞后，数据不完整且缺乏时效性，不便于开发利用。

2.7.3.1.4　发达国家物流业统计核算重点不同于我国

对于物流业统计核算的重点,发达国家偏重于价值统计,我国则偏重于数量统计,发达国家偏重于效率指标,而我国则偏重于规模指标。从统计口径而言,美国、欧洲、日本等国家和地区对物流业相关指标不仅从数量口径,也从价值口径进行统计核算,而且更偏重于价值统计,如美国对仓储业的统计是对库存货物总价值的统计,而不是储存量的统计,对货物运输的统计既包括运输量,也包括货值;而我国在统计中更加关注数量指标,如运输量、仓储量、配送量、加工量等。从指标类型而言,发达国家把物流成本、周转时间这些反映物流产业效率水平的指标作为统计核算的核心指标,而我国则对社会物流总额、物流业增加值、投资额、基础设施这些反映产业发展规模的指标给予了较高重视。上述两个方面可能都与物流业发展阶段的不同有关。发达国家物流业发展已较为成熟,各方关注的焦点是行业的运行效率、市场环境等;而我国物流业发展时间较短,大规模建设尚未完成,需要依据数量方面的统计指标确定基础设施投资与建设规模等。随着我国物流业的发展成熟,其发展思路和战略重点会发生改变,借鉴发达国家的经验,我国物流业统计核算的内容和重点也应随之调整,以便更好地为产业发展提供支撑。

2.7.3.1.5　发达国家对持货成本的统计值得我国借鉴

持货成本是体现物流效益的重要指标。从发达国家的统计数据来看,持货成本的变动已经成为宏观物流成本变动的最主要因素,控制持货成本也成为各国降低物流成本的有效途径。发达国家对持货成本的统计包括了保管货物所涉及的全部费用,不仅涵盖了我国保管费用中的各项主要指标,即利息费用、仓储费用、保险费用、货物损耗费用、信息及相关服务费用等,还包括了库存货物的折旧贬值等费用,而这些费用的计算是建立在对全国各个行业出货量、库存量和订单量详细监测统计数据的基础之上,而我国在这方面的统计还很不完善。

2.7.3.2　我国物流业统计核算存在的具体问题及改进方向

2.7.3.2.1　统计口径不可比

由于对物流业没有明确的范围界定,统计口径很难确定。其实这一问题在世界各国普遍存在,许多发达国家也不例外,但是发达国家产业分类较为详细,相关统计数据也较为全面,在此基础上整合和测算物流业数据相对容易,相互之间也具有可比性。而我国在这方面存在较大差距,由于行业基础统计数据不健全,物流业统计口径在不同年份、不同地区经常发生变化。如对物流业固定资产投资的统计,2006 年以前流通加工与包装业为一个行业分类,而 2007 年以后在这个统计数据中又包括了配送业;2007 年以前仓储业与邮政业分开统计,而 2008 年以后合并统计。统计口径的频繁变化使得数据不具备可比性,而这一问题的解决需要从经济社会统计体系总体设计着手,科学划分产业门类,建立科学的统计指标体系,完善基础性统计。

2.7.3.2.2　统计数据不连续

我国从 2005 年开始推进物流业统计工作,并系统核算了 1991 年以来各年度的物流统计数据,但是截至目前,数据并不完整,部分年份的统计数据缺失,如 2009 年只公布了物流业增加值总量指标,而不是如以往年度对交通运输业、仓储业、贸易业、流通加工和包装业、邮政业的物流增加值进行分类统计和数据发布。为此,我国应完善物流业统计调查制度,建立稳定、可靠的基础数据来源渠道,同时改进核算方法,以提高核算的可操作性和增加数据的可得性。

2.7.3.2.3 统计数据不准确

上文已从数据来源、统计方法等角度对我国物流业统计数据的可靠性与发达国家之间进行了对比分析，显示出我国物流业统计数据不准确的问题，而仅就发布的统计数据本身而言，其准确性也让人质疑。如2007年我国物流业分行业的增加值统计数据相加远大于合计数；再如不同年份之间的数据绝对量变化与公布的增长率指标相互矛盾等。这些问题的产生可能源于统计口径、核算方法等不完善，也可能源于其他错误。因此，我国在完善相关制度方法的同时，应该严格数据核对，规范发布程序，及时修正相关数据，最大限度地保证物流统计数据的准确性。

第3章　物流规划基本要件

物流产业发展规划编制的目的在于形成规划角度对物流产业发展内容、方式的界定。与产业概念所表达的产业发展内容不同，按照物流产业发展规划的理论与方法，规划层面对物流产业的发展问题有其特定的表述方式，需要遵循规划的相关原则和思路，应当形成符合规划要求的物流产业发展层次与相应系统。虽然不同层次和范围的规划在具体内容上有所不同，但较为核心的部分应具有相近性，这些核心问题是各种规划过程中必须涉及的，由此形成了物流产业规划的基本要件。

3.1　物流发展规划基本宗旨

3.1.1　发展关系

3.1.1.1　关系基础

3.1.1.1.1　促进经济发展方式和运行模式的转变

推进物流业发展的核心目的在于通过物流管理技术在工业、流通、交通运输服务等产业领域的应用，使这些行业的企业管理流程得到再造和提升，实现物流成本的有效控制和不断降低物流成本，并使企业运行效率得到实质性的提升，实现经济发展方式转变与增长质量的提升，通过物流技术的应用，贯彻和落实科学发展观。

3.1.1.1.2　需要从技术和服务层面推进发展

在相关行业和企业应用物流技术的过程中，将因专业化管理能力的要求和社会化服务、核心竞争力的培养需要，促进企业物流的外包，从而培育物流服务需求，扩大物流需求规模，对物流专业化服务的发展形成有效支持，对将物流业培育成新的服务产业，不仅对提高服务业的发展水平、质量和效率具有重要作用和意义，而且还可以扩大就业。因此，物流业与国民经济和社会发展关系密切，需要从物流与经济社会发展关系层面，即从物流技术应用和服务发展两个方面，积极引导和推进物流的发展。

3.1.1.1.3　需要从产业系统建设层面推进发展

鉴于物流与经济社会发展的关系，考虑到物流业的基本特征，为引导物流基础设施的空间布局与服务组织，推进物流管理技术在相关行业的应用，提升物流服务的质量和水平，需要在深入分析经济社会发展状况、趋势和产生的物流需求的基础上，按照物流业的发展特点和与经济社会的发展关系，对物流产业发展问题进行系统研究。我国正处于经济结构调整和向市场经济转型的关键时期，尽快提升生产企业的市场竞争能力，培育新的产业形态及产业组织形式，促进产业化水平的快速提高；加快发展商贸流通等服务产业，积极营造大流通的良好环境，寻求加快发展第三产业和调整经济结构的突破口，已经成为经济发展领域的重要任务。因此，应通过制定科学的现代物流产业发展规划，加快推进我国现代物流的发展，充分发挥现代物流在推动我国经济发展中的重要作用。

3.1.1.2 基本关系

现代物流是西方经济发达国家广泛应用于工农业生产和流通、运输、仓储、信息等服务领域的一种先进的系统化管理技术，既是对原材料、产成品从起点至终点伴随相关信息有效流动的全过程管理，也是将运输、仓储、装卸、加工、整理、配送与信息等服务有机结合，形成完整的供应链，为用户提供多功能、一体化综合性服务的过程。从综观现代物流的发展历程可以看出，现代物流对提升企业经营管理素质和水平，对帮助企业按照市场需求组织生产，对加快商品流通速度和有效控制并减少库存，进而对提高国民经济整体运行质量和企业市场竞争力，均具有极其重要的战略价值。现代物流的特征和发展趋势，对处于经济转型，需要提高各次产业的产业化水平，积极培育新的经济增长点，以适应和应对加入 WTO 后的国际经济竞争等，均会起到非常重要的作用，因此，加快我国的现代物流产业发展，将具有积极的战略意义。

3.1.1.2.1 推动产业升级

由于物流对现代工农业生产及商贸流通发展所具有的基础性的推动作用，发展现代物流就成为推动我国产业升级和提升竞争力的重要途径。特别是目前我国制造业、农产品加工和零售业均处于加强整合和尽快做强、做大的关键时期，加快现代物流的发展，提高物流服务的畅通性、准确性和稳定性，提高物流服务效率，将为我国制造业、农产品加工和零售业发展新兴业态提供更大的市场空间，提高产品对市场的快速反应能力，从而为企业抢占目标市场并拓展市场空间，并为提高企业竞争力与市场占有率提供强有力的基础和支撑。此外，加快现代物流服务业发展本身，也将培育新的经济增长点和新兴的服务产业，对加快我国服务业的发展具有十分重要的意义。

3.1.1.2.2 加快推进体制改革

我国经济体制改革正处于攻坚阶段，加快发展我国现代物流，将因现代物流在政府管理方式、行业管理体制与协调机制、地区经济合作与产业布局、企业管理方式、企业信用及相互间的经济关系等方面积极的改革与推动作用的发挥，从而通过消除影响现代物流产业发展的管理体制、管理制度等因素，将加快体制改革的进程，有力地推进我国经济发展的市场化进程。

3.1.1.2.3 应对经济全球化挑战

经济全球化与跨国公司全球供应链的不断扩张，使得经济发展和市场竞争的规模和范围不断扩大，从而影响到全球资源配置和竞争格局的改变。加快发展我国现代物流，完善物流基础设施和专业化物流服务，改善我国投资环境，将使我国尽快拥有良好的物流服务网络体系，帮助本国企业进入国际市场，在吸引跨国公司投资中提高我国竞争力和提升我国的国际分工地位，从而对我国努力应对经济全球化挑战具有重要意义。

3.1.2 基本原则

鉴于物流产业的复合性特征，以及物流产业发展规划对物流产业发展的宏观指导性，在编制物流产业发展规划时，首先必须明确其基本原则。为发挥物流产业发展规划的编制者、执行者(不同层级的政府部门及企业)在推进物流产业发展中的宏观引导、行业管理、物流运作等方面的作用，物流产业发展规划应遵循“整合资源、发挥优势，广泛参与、全面推进，培养能力、提高动力，改善质量、提升地位”的基本原则。上述原则是对目前既有物流产业发展规划的总结，并非具有普遍的适用性，特别是不同类型物流产业发展规划的侧重角度存在差异，以及规划主体或执行者的层次不同，物流产业发展规划应遵循的基本原则应有所不同。

3.1.2.1 整合资源、发挥优势

充分整合规划区域、生产、流通和运输、仓储等企业角度的物流资源，合理整合与科学配置现有的资源，提高物流资源单体及整体的利用效率；努力发挥规划区域、企业的产业、交通和地理区位等方面的优势，积极挖掘区域及企业发展物流的潜在能力。通常可以将区域或企业的物流基础设施系统建设作为整合资源、发挥优势的切入点，通过对现有设施和未来规划设施进行空间布局、功能等方面的优化，建设具有综合功能的物流园区、物流中心、配送中心，以及具有物流服务功能的综合运输枢纽、场站系统，协调、控制、组织和引导物流服务的供给与需求市场的快速形成，提高物流产业发展与服务水平。

3.1.2.2 广泛参与、全面推进

物流技术的应用和服务的开展是建立在区域或企业物流系统之上的，由于物流管理和运作的基础是企业，包括工业制造、流通和运输、仓储等服务企业，需要企业之间及内部对既有物流相关管理与运作模式进行创新。因此，无论是区域还是企业，为体现物流的发展实质和特性，在推进物流的发展中，均需要充分调动区域内物流产业相关各方面的积极性，使政府部门、工业企业、流通企业、物流服务企业在物流基础设施建设、服务运营、市场培育和综合管理等方面，全方位参与物流体系的建设，全面推进物流产业发展进程，形成在物流业政策环境、管理环境、市场环境和运行环境等各个领域发展上的和谐统一和相互支持。

3.1.2.3 培养能力、提高动力

为发挥规划对物流产业发展的指导作用，也使规划在内容和具体运作上落到实处，要通过扶持和引导规划区域内的重点物流服务企业、物流技术应用企业，培养区域物流产业发展能力，并通过上述企业的带动作用，提高规划区域或企业在积聚物流服务市场和服务运作方面的发展动力，使物流成为支持优势产业和企业在壮大经济实力、巩固经济地位、提高效率、降低成本等方面的核心竞争能力，全面支持区域、企业的结构调整、产业升级与产业辐射力的扩展，提高经济发展的总体质量和水平。

3.1.2.4 改善质量、提升地位

物流作为改善区域产业布局的环境条件和企业运作管理的技术手段，决定了物流业发展中必须首先解决规划范围内的物流产业发展问题，构建区域或企业物流产业发展所需要的物流系统，满足物流为规划范围内自身的经济社会发展服务的需要；同时，物流作为产业存在的价值是能够不断扩大和提高其在区域经济发展中的地位，而这个过程是不可能在自身的区域范围内实现的，主要原因是物流的增加值来自于服务对象产业的成本消耗，区域物流增加值不断增加和物流产业发展地位不断提升，意味着区域物流成本的上升和竞争力的下降，与物流产业发展目标相违背，因此，提升物流产业地位的途径必然是区域物流产业的发展竞争性，为此，需要全面增强规划区域的物流产业发展能量，培育区域物流集中发展的凝聚力与扩散力，提升区域物流产业发展地位，做大做强物流产业，实现物流业发展战略目标。

3.1.3 指导思想

在物流产业发展规划的基本原则下，为推进物流的发展，在满足物流产业通过自身产业发展和服务对象领域的物流管理与运作模式创新，实现产业的综合发展的前提下，其发展思路与传统产业具有很大区别，除进行产业的投资建设发展外，必须在管理创新与服务创新上下工夫。因此，需要确立在规划过程中能很好指导物流产业发展的基本思想，根据目前国内外物流产业发展规划的现状，指导思想大致可以归纳为："主体引导、市场导向、营造环境、培育产业、流程再造"。

3.1.3.1 主体引导

编制物流产业发展规划的目的主体是政府和企业，在制定物流产业发展规划后，引导主要体现在三个方面：一是对物流基础设施规划、布局和建设的引导，促进物流服务功能的配套和完善，防止重复建设和盲目竞争；二是对规划区域需要的第三方物流企业的引进，高起点推进物流业的发展；三是对物流信息平台建设、人才引进等关键的物流产业发展领域的工作的引导。

3.1.3.2 市场导向

积极发挥市场机制配置资源的作用，使市场手段成为规划区域物流基础设施建设、企业物流技术应用和专业化物流服务企业发展的重要力量。

3.1.3.3 营造环境

政府通过制定适合物流业发展的土地、税收、市政设施配套、交通运输网络衔接等的政策，营造物流基础设施建设和第三方物流企业引进与培育的良好政策环境与条件，加快物流业的快速发展。

3.1.3.4 培育产业

要把工业企业物流技术的应用和专业化物流服务的发展放到同等重要的地位，通过需求与供给的共同发育与匹配，以及物流基础设施系统、专业化物流企业的发展，培育规划区域现代物流产业，使物流业成为规划区域新的经济增长点。

3.1.3.5 流程再造

物流业的发展最终反映到工业企业的物流管理和专业化物流企业的服务上，物流基础设施的建设和运营也需要得到企业的参与。因此，规划区域在物流产业发展的指导思想上，应充分调动企业的积极性，推进各类企业物流管理、物流服务与运作等流程的再造，使规划区域物流业的发展得到企业运营机制转变的有力支撑。

3.1.4 发展理念

3.1.4.1 供应链理念

按照对区域现代物流业发展战略的定位，发展现代物流业不是就物流论物流的问题，而是需要相关产业的发展模式改造跟进与物流创新两个方面同时推动，即实现物流与制造业、流通业、运输仓储等服务业的联动发展。从现代经济发展环境下的企业发展关系出发，发展物流产业需要建立在供应链的理念基础上，以便在微观上形成企业供应链管理系统，在宏观上形成供应链为主导的产业组织。

3.1.4.1.1 供应链物流管理

要提升供应链管理与服务能力，采用信息化管理技术与手段，形成区域或企业物流基础设施系统、物流企业系统、工业企业物流系统、流通企业物流系统之间的紧密衔接和物流运作上的一体化。

3.1.4.1.2 供应链物流服务

要积极培育具备与区域物流系统、工业与流通企业系统发展特点和运作模式所产生的物流需求相适应的供应链物流服务系统，特别是具备原材料的统一采购、产品的生产和销售组织，以及相关的物流配送服务能力相匹配的供应链物流服务企业的培育和发展。

3.1.4.2 系统化理念

在信息技术和供应链管理的支撑下，现代物流业的重要特征是运作的网络化、服务的精细化和管理的扁平化，加之物流实质是成本控制、效率提升和服务创新，这些重要的特征决定了规划的制定中需要综合考虑各个方面的因素，并通过规划实现物流系统的总体最优和系统化发展。

3.1.4.2.1 物流产业发展的系统化

要从系统工程的角度，综合考虑物流产业发展和物流管理与运作中的诸多因素，既要突出重点，又要形成整体，通过较为完整的物流产业体系的规划，实现物流业发展的系统化。

3.1.4.2.2 物流基础设施的系统化

在物流产业发展的系统化前提下，为发挥区域或企业在物流产业发展中的运作、管理、服务功能，要制定系统性的物流基础设施建设与发展方案，以利于区域或企业物流资源的充分合理利用，形成空间布局合理和功能齐全、相互配套、运作顺畅的物流基础设施系统。

3.1.4.2.3 物流服务企业的系统化

从提供完整、高效、低成本的物流服务的角度，推进物流服务企业的系统化发展。既要培育和发展供应链管理与经营的“高端”物流企业，更要努力促进既有传统的运输、仓储企业、运输代理企业的经营管理升级，提高服务效能与降低运作成本，形成各类物流服务企业的配套发展。

3.1.4.3 多式联运理念

物流的基本活动之一是运输管理和运作服务，而网络化的物流运作与管理特征决定了在实现物流管理和运作的过程中，需要多种运输方式的参与和多个运输环节的衔接，而多式联运技术是解决上述问题的重要技术和服务基础，为实现物流业的高效率、低成本发展，必须树立多式联运的发展理念。

3.1.4.3.1 基础设施布局建设

在对物流园区、物流中心、配送中心、运输枢纽等物流基础设施的布局和建设规划中，要树立多式联运的理念，应选择便于多种运输方式衔接的区域，或在设施内实现多种运输方式的有机衔接，既为物流的组织和服务提供运输环境的支持，也使物流的运作具有不同运输成本、能力和效率的运输服务的选择。

3.1.4.3.2　物流运作服务

要从不同运输方式的技术经济特征出发，进行物流运作服务上的多式联运组织，使物流的运输服务环节更具有效率和成本优势。特别是要依托港口、铁路、公路、航空运输网络和枢纽，以及物流园区、物流中心、配送中心等物流基础设施，实现多种运输方式的有机和无缝衔接，并利用多式联运技术和装备，建立利于物流一体化服务和全程高效率运作的多式联运系统，满足物流运作特别是供应链管理与服务对运输服务的需求。

3.1.4.4　区域合作理念

物流产业发展中的供应链、系统化和多式联运理念决定了物流系统的开放性，以及实施物流产业发展的跨地区特征，为此，必须建立区域性的合作关系，以便形成全面、系统推进物流产业发展的基本环境。

3.1.4.4.1　区域分工

不同区域和同一区域的不同城市、物流枢纽，其物流组织与服务的区位优势和功能往往存在差异，这种差异决定了在进行一定范围的物流产业发展规划时，要从发挥区域优势和实现资源的合理配置的角度，加强区域之间的分工，积极协调区域与区域之间的发展关系。

3.1.4.4.2　区域合作

从物流的网络化和系统化发展特征出发，为实现区域之间的分工，需要突破行政区划界线，进行物流产业发展上的充分合作，以便建设满足区域之间物流服务需要的物流系统，形成区域物流协同发展的局面，加快区域物流市场的培育。

3.1.5　发展方针

按照物流业发展规划的基本原则、指导思想和发展理念，在制定物流产业发展规划中，必须在涉及物流业发展的相关领域遵循与物流的发展特征和实质相匹配的发展方针。

3.1.5.1　引导物流基础设施建设

3.1.5.1.1　运输设施建设

运输设施主要是指为单一或组合各种运输方式提供货物运输服务的场所和配套的相关设施，一般包括运输枢纽、运输场站等。

(1)运输枢纽。利用好既有交通运输设施和资源，加强包括铁路、公路、水运、航空、管道等在内的运输方式之间的有机衔接和合理布局，规划建设综合性运输枢纽，形成大能力、多方式、高效率的运输组织系统，提高运输的组织化和集约化水平，形成支持规划区域物流运作与发展的运输枢纽设施环境。

(2)运输场站。为发挥运输枢纽的组织与服务功能，围绕运输枢纽，应协调各种运输方式的设施规划与布局关系，积极整合运输场站设施资源，合理布局具有单一或多种运输功能的多层次运输场站，使规划区域的物流运作得到运输组织与服务的有效支持，提高规划范围内的运输服务水平和能力。

3.1.5.1.2　专业物流设施建设

专业物流设施是指为物流组织服务提供相应的作业、配套服务等的基础设施，包括物流园区、物流中心、配送中心等。

(1)物流园区。从区域物流组织与服务的规模化和集约化的角度,引导物流园区的规划和建设,使物流园区在空间布局上适应并引导物流及相关产业的合理、高效率布局。为避免运输枢纽设施和物流园区的重复建设,在物流园区的发展上,应采取功能整合与布局整合相结合的方式,使运输枢纽与物流园区的建设与运营之间建立有机衔接,保证物流相关重要基础设施的公共服务功能和与整体效能的发挥。要加强不同区域之间的物流园区的联系与衔接,便于跨区域物流网络的建设与发展,为物流的网络化建设与运作提供支撑。

(2)物流中心。在物流基础设施系统中,从支持和服务于城市和产业布局发展的角度,要围绕产业基地和重要制造和流通企业,并在功能上与物流园区进行配套,建设布局合理和能力匹配的物流中心,满足和适应工业、商业等产业的发展需要。物流产业发展规划中应制定物流中心的空间布局和功能规划,并与运输场站、仓储中心等进行规划协调和资源整合,以便指导物流中心的科学发展。

(3)配送中心。从满足城市生活和企业经营运作需要,以及在空间布局上形成对物流园区、物流中心的功能配套和运作支持的角度,在城市范围内对配送中心的布局进行规划,引导配送中心的发展。包括配送中心的总体规模、空间布局和与相关领域发展配送的关系等,以便形成高效率的城市配送设施体系。

3.1.5.2 积极培育物流市场

3.1.5.2.1 培育组织化物流服务

在目前我国物流业组织化程度不高、物流需求分散的情况下,要积极依托规划建设的物流基础设施,使物流活动向基础设施聚集,提高在物流设施组织下完成的物流服务量的比重,形成规模化的物流运作环境,发挥基础设施在物流管理与运作上的规模化、运输服务的通道化优势,有效降低物流成本,并通过物流设施系统整体效能的发挥,提高物流效率,培育物流服务市场,使专业化物流企业得到快速成长,为物流体系的建设提供运作服务主体快速成长的保障条件。

3.1.5.2.2 建设区域物流服务能力

引进和培育具有区域或企业供应链物流服务能力的第三方物流服务企业,并通过专业化的第三方物流企业的运作,提高区域及企业物流系统的物流效率和降低成本,加快区域和企业物流服务能力的培养,为扩大物流业的影响范围,提升物流业的发展规模与水平,创造基本的物流服务能力条件。

3.1.5.2.3 营造市场政策环境

要为培育和引进具备开展区域及供应链管理与服务的第三方物流企业,营造良好的综合政策氛围,要通过政策体系环境的建设和不断完善各项政策,要通过符合物流业发展特点的政府管理体制与机制的建设,维护物流服务市场的稳定发展和有序竞争,为区域物流市场的形成和社会化服务体系的建立创造积极的政策环境。

3.1.5.3 促进物流业技术进步

3.1.5.3.1 产、学、研一体化

加强物流企业、研究机构、大专院校等之间的合作,推进物流业发展中的产学研一体化,提高企业物流管理水平和专业化物流企业的服务能力,提高物流科研的能力与水平,高起点发展

现代物流。

3.1.5.3.2　信息化与装备、服务的提升

加大对物流信息化、物流装备的技术升级和服务运行的技术进步的支持，积极引进、开发和推广各类高效、环保、节能的运输、搬运装卸、仓储、包装、流通加工、信息管理等的技术装备，并使其具有产业化发展能力，提高物流效率。要积极鼓励企业应用对物流业的发展具有关键作用的技术，如信息管理技术、信息平台技术、物流基础设施的经营与组织管理技术等。

3.1.5.3.3　培育与引进人才

积极开展物流专业人才的培养和培训，建立物流经营、管理人员和从业人员的上岗培训与职业资格认证机制，使人才成为促进区域现代物流业发展的重要推动力量。特别是鉴于区域性物流人才市场的培育环境和容量较为有限，要通过政府引导和扶持，积极引进对物流技术应用和基础设施建设与运营具有关键性作用的人才，解决区域性人才缺乏的问题。

3.1.6　发展意义

3.1.6.1　物流系统内部的整合与协调

物流业是一个复合产业，物流产业发展涉及的部门多、领域多、行业多，因此，物流体系的建设和运营是一个庞大而复杂的系统工程，必须有一个着眼于全局利益的、高层次的、综合性的物流产业发展规划来整合系统内部资源，沟通和协调各方面的关系，保障系统内的物流业健康、有序、快速发展。

3.1.6.2　物流对经济社会发展的支持

物流业是国民经济的产业部门，通过经营服务创造价值，为经济增长和社会发展作出贡献，但是，物流业的收益同时又构成其他国民经济部门和人们社会生活的成本，即物流领域与其他领域存在“效益背反”现象。物流产业发展规划一方面要促进物流产业自身的发展，另一方面通过降低成本、提高效率、改善服务为社会生产生活提供更好的支持与保障，通过科学规划在二者之间找到一个结合点与平衡点，使物流融入并支持整个经济社会的发展与进步。

3.1.6.3　产业布局与结构的优化

世界经济正向着全球一体化的方向不断迈进，单个企业间的竞争已经演变为供应链之间的竞争。物流作为联系和服务于供应链上下游产业的纽带，在相当程度上影响着其他产业的发展模式与发展路径。物流产业发展规划从提供服务支持、促进产业总体布局与结构优化的角度规划物流业规模、布局与结构，引导其他产业走上集约化、有序化的发展道路。

3.1.6.4　物流基础设施高效率的建设与运营

物流基础设施的建设与运营分属多个部门管理，多部门的参与和协调使得物流基础设施的发展存在不少问题，如在建设中对土地资源的需求协调不够会造成低水平的重复建设，在运营中相互争夺市场资源，造成恶性竞争等。另外，在地方利益、部门利益的驱使下，不同地区、各种设施之间缺乏协调、衔接不畅等问题也较为突出。物流产业发展规划经法定程序批准后即具备了法律效力，具有极高的权威性，对于物流基础设施的建设方案和运营模式具备约束力，能够得到切实的贯彻执行，使设施的建设和运营更加科学、合理、规范，从而大大提高系统总体效率。

3.1.6.5　物流技术与信息技术的推广

现代物流的快速兴起与发展得益于科学技术的进步，特别是物流技术与信息技术的迅猛发展，因此，技术的升级、应用与推广是物流领域的重大问题，也是物流业持续与快速发展的不竭动力。物流产业发展规划从战略高度确定了技术与装备在物流产业发展中的地位，并通过制定相应的政策为其创造了更加优越的发展环境，将有力推动物流技术与信息技术的不断发展进步。

3.2　物流产业发展环境分析

3.2.1　政策环境分析

3.2.1.1　国家推进物流产业发展的政策环境

3.2.1.1.1　政策分析的目的

在国家确立物流产业地位的总体政策环境下，分析国家政策对物流产业发展的影响，特别是国家为物流健康发展所营造的良好政策环境对物流产业发展的影响，是政策分析的重要内容。进行国家物流产业发展政策环境分析的目的是使编制的物流产业发展规划符合国家政策方向，或者使规划的对象、主体在发展中能得到国家政策的大力支持。

3.2.1.1.2　国家物流产业发展政策环境情况

近年来，由于国家重视物流的发展，我国的物流政策环境有了较大的改善。首先是2006年3月，全国人大四次会议通过的《国民经济和社会发展第十一个五年规划纲要》中提出了要“大力发展现代物流业”，明确了“十一五”时期我国现代物流业发展的战略目标和重点任务，即“推广现代物流管理技术，促进企业内部物流社会化，实现企业物资采购、生产组织、产品销售和再生资源回收的系列化运作。培育专业化物流企业，积极发展第三方物流。建立物流标准化体系，加强物流新技术开发利用，推进物流信息化。加强物流基础设施整合，建设大型物流枢纽，发展区域性物流中心”。我国现代物流的产业地位在国家规划层面得以确立，为各地加快物流业的发展营造了良好的宏观政策环境。其次，物流行业发展的基础性工作取得进展。目前，国家标准化管理委员会相继批准成立了跨部门、跨行业的全国物流标准化技术委员会和全国物流信息管理标准化技术委员会，《全国物流标准2005～2010年发展规划》已经正式颁布并正在组织实施；国家发展和改革委员会和国家统计局联合制定了我国社会物流统计核算制度，并向社会发布物流统计数据；国家劳动部和中国物流与采购联合会等部门和机构在物流人才的培育等方面也开展了卓有成效的工作。物流行业的基础性工作取得重要进展，为物流产业发展营造了基础保障环境。其三是物流管理体制和政策有了较大改善。2004年8月，经国务院批准，国家发展和改革委员会等九部委联合印发了《关于促进我国现代物流业发展的意见》。由国家发展和改革委员会牵头，商务部等13个政府部门和中国物流与采购联合会等两家行业协会组成的全国现代物流工作部际联席会议于2005年建立，已经召开了多次联席会议和首次全国现代物流工作会议。联席会议各成员单位从自身职能出发做了大量工作，推进现代物流产业发展的合力正在形成。各省、市、自治区明确了现代物流工作的牵头部门，不少地方制定规划，出台政策，物流产业发展的体制和政策环境有了很大改善。

3.2.1.1.3　政策分析的主要内容

从物流产业发展规划的角度进行政策分析，其内容主要涉及两大方面：一是物流产业发展的综合性政策环境分析，分析的目的在于形成对物流产业发展宏观环境的判断，以便确立规划区域或对象的物流产业发展方向；二是行业性物流产业发展政策，主要是对涉及的各种运输服务方式的行业政策，以及仓储、流通、制造业等政策进行分析。

3.2.1.2　地方发展物流的政策环境

3.2.1.2.1　地方物流政策的基本情况

在国家对发展物流产业的政策环境下，地方政府对物流产业发展给予了很大支持，出台了许多相关政策，主要分为三类：一是税费政策，给予物流企业和物流基础设施建设、经营等方面的优惠和减免；二是土地政策，主要是对物流基础设施建设方面的土地出让优惠；三是对物流园区、物流配送中心的用电、用水等价格优惠政策。由于地方政府将物流产业作为第三产业的一个重要组成部分，制定和发布政策规定予以大力发展，对培育物流产业的发展具有积极作用和意义。

3.2.1.2.2　地方物流政策分析的主要内容

从物流产业发展规划的角度对地方政府制定的政策进行分析，其内容主要涉及两大方面：一是对物流企业和物流基础设施给予扶持和优惠，分析的目的在于判断规划项目的基本发展环境，以便充分利用发展政策推进发展；二是对可能通过政策渠道获得的政策支持进行分析，以便使资源的整合效应得到充分发挥。

3.2.1.3　国际物流政策环境

随着经济全球化和我国国际贸易提升发展对物流服务的需要，在构建国际物流服务网络过程中，需要对物流系统建设和物流企业服务网络建设所涉及的相关国家的物流产业发展政策进行分析，以便寻求发展国际物流的途径，提高国际物流的竞争力。

3.2.2　产业政策环境

3.2.2.1　国家产业政策环境分析

物流产业的服务对象是制造业、商贸流通业，从加快物流产业发展和提升物流产业发展水平，以及充分利用物流在企业流程再造和资源整合上的特性提升服务对象产业发展质量的角度，物流产业发展规划应对国家的产业政策导向进行系统和深入的分析，特别是根据国家实施“节能降耗”战略对相关产业在新建、改扩建等过程中所涉及的工艺装备、能耗、环保等准入条件要求，以及不断推动产业升级和多元化发展对产业布局、产业规模的影响进行分析，以便对物流基础设施规模、物流服务类型等进行针对性的规划。特别是要通过规划，使物流产业服务于国家发展循环经济和提高产业发展规模与产业链联系的政策导向，发挥物流在产业链构建中的降低成本、提高效率的作用，并在相关产业发展过程中营造物流业的发展环境。

3.2.2.2 地方产业发展环境分析

在国家整体产业政策导向下，要对地方资源禀赋和产业布局特征进行具体分析，特别是要充分分析地方发挥资源和区位优势，以信息化带动工业化，发展大产业，培育大集团，建设大基地，形成大集群等对产业布局和产业规模、产业联系的影响，从提高资源综合利用效率，发展循环经济，延伸产业链条，促进产业升级的高度，分析物流服务的发展空间和方向，从而对物流供应链管理技术的应用和专业化物流服务的发展进行规划。

3.2.3 经济发展环境

3.2.3.1 经济总体发展水平分析

物流产业的发展规模和水平与规划区域范围内的经济总体发展水平具有较强的相关性，而且，一定区域范围的物流产业发展水平通常用社会物流费用与GDP的比率来衡量，因此，在编制物流产业发展规划时需要对区域的经济总体发展水平进行分析。分析经济发展水平包括GDP的发展水平，以及构成GDP的产业结构，主要是第一、第二、第三产业的比例及关系，以及区域范围内的支柱产业发展水平等。

3.2.3.2 农业发展水平分析

农业发展水平分析的主要内容包括：主要农产品的产量、分布及流量、流向，农产品加工与流通企业的布局及规模，具有区域比较优势的农产品的发展现状等，以便为服务于农业的物流产业发展提供服务对象、运作模式和企业发展等方面的规划支持。

3.2.3.3 工业发展水平分析

3.2.3.3.1 工业体系分析

对规划区域的工业产业类型、结构和布局等进行分析，以便分析工业物流的规模、组织和布局特征，为物流基础设施的规模与布局奠定基础，也为工业物流的空间组织和服务模式确定创造条件。

3.2.3.3.2 工业企业分析

对区域范围的主要工业企业进行分析，包括现有各类生产型企业数量与分布，企业之间的产业联系，以及企业的生产和经营规模；对原料来源和产成品销售渠道与方向进行分析，为工业企业的物流组织以及为工业企业提供物流服务的类型和组织形式提供规划支持。

3.2.3.4 流通业发展状况分析

对规划区域范围内的批发、零售、餐饮、住宿、休闲娱乐等流通产业进行规模、布局等的分析，并对这些企业在开展电子商务、连锁经营、工业超市等现代流通方式的状况进行分析，为物流产业服务于流通业提供服务模式、规模等的规划依据。

3.2.4 经济发展趋势

3.2.4.1 总体发展思路分析

根据区域资源优势、产业优势和经济发展规划，对未来区域经济总体发展思路进行分析，包括主导产业、特色产业、支柱产业的规模与布局，以及相关的产业结构等。此外，对区域的产业集聚、产业的转型与升级以及城市功能等进行分析，明确物流产业发展的区域宏观经济环境的演变和发展趋势。

3.2.4.2　产业空间布局与组织

对未来区域性的产业空间布局与组织形式进行系统分析，并分析可能的产业规模变化与组织关系的演进，以便为物流空间布局和物流服务企业的高效率服务组织创造空间布局依据。

3.2.4.3　主要产业发展规划

对物流产业发展规划涉及区域的主要产业发展规划进行分析，分析主要产业的发展规模、产业组织形式和主要原材料的来源和产成品的流量和流向，为物流产业发展规划提供具有针对性的产业分析基础，以便提高物流产业发展规划的水平，并通过物流产业的发展，提升主要产业的发展质量与水平。

3.3　物流产业发展条件分析

3.3.1　经济区位条件

3.3.1.1　区域经济条件

3.3.1.1.1　产业发展的区位优势条件

对物流产业发展规划所涉及的区域内具有比较优势或支柱性产业进行分析，分析其规模扩张和产业提升的基本条件，按照物流对产业发展和提升的作用，寻求物流产业发展的空间和方向。

3.3.1.1.2　对内、对外经济联系条件

对物流产业发展规划区域内、外部经济联系进行系统分析，判断其联系所需要的基本条件，按照经济联系所产生的物流流量和流向，分析物流网络和服务的发展基础。

3.3.1.2　区域竞争条件

3.3.1.2.1　区域产业竞争

对于拥有相同或相近产业类型和产业发展条件的区域，客观上存在产业发展竞争，分析这种区域之间的产业发展竞争条件，对于编制具有针对区域产业发展能力提升的物流产业发展规划，发挥物流通过降低成本、提高效率和改善服务作用的发挥而提升产业竞争力具有重要意义。

3.3.1.2.2　区域经济竞争

区域产业发展的竞争必然导致经济竞争，区域经济竞争的主要体现形式是产业组织与产业服务的竞争，物流是产业组织与服务的重要支撑条件，以区域物流服务为背景，物流自身也是区域产业发展和经济竞争的重要内容。因此，分析区域经济竞争环境和条件，对通过物流产业发展规划明确物流产业发展目标、重点及方向具有重要价值。

3.3.2 资源禀赋条件

3.3.2.1 矿产及原材料资源

矿产资源的开发对物流服务具有较大的依赖性，分析规划区域的矿产资源分布和产业组织，对构建区域物流基础设施网络和物流服务组织具有重要作用。同时，由于矿产资源往往具有对外输出性质，分析其对外输出的流量及流向，对运输通道的布局和运输枢纽、物流服务设施的规模也将产生重要的影响。对于加工工业较为发达的地区，还涉及外部资源的利用问题，需要分析外部资源获得的途径及方式，以便为物流设施的布局和物流服务的组织规划提供依据。

3.3.2.2 土地资源

规划和布局物流基础设施，需要占用大量的土地资源，需要分析规划区域的土地资源分布及可利用量等基本条件，以便为物流基础设施的建设规划，以及既有物流基础设施的资源整合提供基本依据和进行科学布局。

3.3.2.3 资源优势条件

不同区域的资源禀赋存在客观上的差异，这种差异虽并非直接导致区域之间的经济发展水平差距，但发挥规划区域的资源优势，对提升区域的经济发展竞争力往往具有极其重要的作用，物流服务在其中扮演的角色就是提升区域发挥优势资源的能力，因此，分析区域的资源优势条件，对提高物流产业发展规划的针对性具有重要作用。

3.3.3 交通运输条件

3.3.3.1 基础设施条件分析

交通运输基础设施包括线路和场站设施，是物流活动的重要载体和实现手段，在空间布局和功能合理匹配的情况下，也将具有良好的物流组织能力，因此，对交通运输基础设施的规模、布局和能力等因素进行分析，有利于合理和科学进行物流基础设施的空间布局，以及优化和整合既有交通运输及规划的基础设施资源。

3.3.3.2 运输发展条件分析

运输服务是物流活动与服务的重要组成部分，对物流网络的建设和物流服务的高效率开展具有重要的基础支撑作用。分析运输服务的总量与结构(包括不同运输方式和不同运输货物类别)，以及运输的流量和流向，是进行物流活动与服务规划的重要基础，也是进行物流需求预测的基本数据，还是区域物流网络的规划和布局的重要依据。

3.3.3.3 交通运输区位条件分析

区域性物流组织服务的重要特征之一是可以通过服务竞争而为其他区域提供物流服务，从而可以在既有经济和产业规模的情况下，提高物流服务产业发展规模和水平，使物流产业成为新的经济增长点。而交通运输在物流这种特性的发挥中所起的作用就是利用区位优势，为物流的集聚与扩散创造空间组织与服务条件。因此，需要对区域交通运输的区位条件，包括交通区位优势和运输网络的结构、区域运输服务组织地位等进行系统分析。

3.3.4　物流运作条件

3.3.4.1　基础运作条件

3.3.4.1.1　铁路运输条件

对物流运作和服务所需要的铁路运输组织、服务环境与条件进行分析，特别是对进行跨区域的物流组织所需要的大容量、低成本的铁路运输的能力与条件进行分析，为物流产业发展规划布局中规划建设物流园区、运输枢纽等过程中充分利用铁路运输创造条件。

3.3.4.1.2　公路运输条件

对公路运输的组织方式、企业发展水平和能力等进行分析，为物流产业发展规划中构建物流服务网络，以及开展物流配送服务过程中利用公路运输创造条件。

3.3.4.1.3　仓储设施条件

对规划区域的既有仓储设施的布局、规模和运作方式等进行系统分析，以便在进行物流产业发展规划过程中，在物流园区、物流中心和配送中心，以及企业物流组织服务中充分合理利用既有仓储资源和合理布局新的仓储设施提供依据。

3.3.4.1.4　信息化条件

对区域物流及相关企业、制造业企业、流通企业的物流管理和运作的信息化程度、水平和内容等进行分析，为物流产业发展规划过程中进行信息化方面的规划目标与任务的确定提供基本支撑。

3.3.4.1.5　物流基础设施条件

为服务于物流组织和运作，除交通运输的基础设施外，近些年各地建设了大批物流园区、物流中心和配送中心，而物流基础设施的建设是物流产业发展规划的重要内容，因此，在进行物流产业发展规划过程中，需要对既有物流基础设施的布局、规模和功能，以及建设和运营模式等进行分析。

3.3.4.2　企业物流社会化水平条件

3.3.4.2.1　企业内部物流管理

物流作为管理技术在企业的应用，直接的效应是使企业内部物流管理方式和流程发生改变，这种改变的效应是企业的物流水平得到提升，从而对专业化的物流服务水平提出要求。同时，专业化的物流服务的发展，特别是具备物流解决方案的服务能力的企业的发展，也将有利于帮助企业提高内部物流管理水平。因此，在进行物流产业发展规划过程中，需要对企业内部的物流管理运作模式、流程和水平等进行分析。

3.3.4.2.2　企业物流外包

物流业的市场需求来源于制造业和流通业企业对专业化服务的需要，这种需求多是在企业内部物流管理水平提升基础上，出于对核心竞争力的追求，将自己不擅长的物流运作业务以外包的方式交给第三方物流企业承担。因此，作为物流产业发展和运作的基本条件，需要对企业物流外包的水平、内容和方式等进行分析。

3.3.4.3　第三方物流企业发展条件

物流企业的发展是物流业发展的基本支撑，第三方物流企业的发展更是这种基本支撑的核心所在,往往在一定区域范围内的第三方物流企业所完成的物流服务量在物流总服务量中的比重,成为衡量物流产业发展水平和社会化程度的重要指标。因此,在物流产业发展规划过程中对物流运作条件的分析中,需要对第三方物流企业的类型、服务能力、服务水平等进行系统分析,为物流产业发展规划中对第三方物流企业的规划提供依据。

3.3.5 市场环境条件

3.3.5.1 市场竞争

物流业的发展是物流企业在市场竞争中实现的,是通过服务创新、管理创新等竞争手段实现的,而这种竞争需要良好的物流市场环境。因此,为使物流产业发展规划符合市场规律,以及通过规划能规范物流市场秩序,需要对物流市场的企业关系、经营秩序和相关政策等市场环境进行系统分析。

3.3.5.2 市场管理

良好的市场秩序是通过适应市场规律与需求的政府管理与行业自律实现的,为此,在规划的编制过程中,需要分析政府管理的方式和相关的制度安排,以及相关行业协会的发展等。特别是物流业作为复合产业,需要政府在基础设施布局、资源整合和土地利用等方面的管理协调,需要各种用运输方式及制造业、流通业等行业管理部门之间的协调,因此,也需要分析不同政府部门在物流管理上的政策方式、手段及效果。

3.4 物流规划的任务与内容

在对物流产业发展的基本宗旨、物流产业发展环境、物流产业发展条件等规划的基本问题分析的基础上,需要根据物流产业发展规划的目标区域发展物流的基本背景和环境条件,确定物流产业发展的主要任务,对这些任务的描述,也是物流产业发展规划的主要内容。

物流业的发展特征决定了不同的物流产业发展规划所要达到的物流产业发展目的是不同的,而且,由于不同区域的物流产业发展环境条件存在差异,特别是在一定区域范围内,物流业的发展首先是满足自身制造业、流通业和相关服务产业降低成本、提高效率和改善服务的发展需要,其次才是在此基础上的、利用良好的物流服务环境为区域内及区域外提供物流组织服务,通过竞争实现物流产业规模的不断扩大和成为支柱性产业。因此,不同区域的物流产业发展规划的任务和主要内容,应当存在一定甚至是较大的差别,不应雷同。

3.4.1 物流发展战略与目标

3.4.1.1 发展战略

在物流产业发展规划中,发展战略主要是解决希望通过物流产业发展规划达到的目的,以及物流产业发展中涉及的重大问题的发展方向。特别是要在规划区域的物流业服务内容和发展定位上进行明确的战略方向界定,以便为规划区域的物流产业发展任务和内容的确定创造条件,正确把握物流业的发展方向。

3.4.1.2　发展目标

针对物流业的产业特征和物流产业发展的实质，物流产业发展规划中的物流产业发展目标主要是对发展战略中涉及的物流产业发展重大问题，以及规划区域的物流业发展水平进行指标体系设计和指标值的确定。鉴于物流理论和规划方法研究的现状，目前关于发展目标的指标体系和指标值的确定尚无明确的标准，而且，从物流的发展特征角度，由于各个区域发展物流的基本条件和发展战略不同，也很难有统一的标准。通过归纳和总结既有物流产业发展规划，物流业的发展目标主要体现在物流业规模、发展水平和发展环境等三个方面。

3.4.1.2.1　物流业规模

包括物流总额、物流业增加值、物流总费用(其中包括运输、保管、管理费用)、物流业相关投资。

3.4.1.2.2　物流业发展水平

包括物流总费用与GDP比率、物流增加值占服务业总增加值的比例、第三方物流服务占总物流服务的比重。

3.4.1.2.3　物流产业发展环境

包括政策环境、市场环境、基础设施环境、物流企业发展状况、制造业与流通业物流技术应用等。

3.4.2　物流系统架构及建设

根据物流产业发展战略及对规划区域物流业发展定位，按照实现物流业发展目标的总体要求，对规划范围内支撑物流业发展的物流系统进行规划。目前，关于物流系统的研究成果较多，这些成果对物流系统的结构、功能和建设途径等进行了研究。但从物流产业发展规划的角度，如何构建便于实际操作性的系统规划，目前的研究尚不成熟，仍需要不断探索。根据目前物流产业发展规划研究现状，无论是从规划区域自身物流产业发展需要，还是从为辐射区域物流服务的、具有竞争性物流产业发展需要的角度，从制定具有可操作性发展规划的目的出发，物流系统应包括以下部分。

3.4.2.1　物流基础设施系统

涉及物流基础设施系统空间布局、组织结构、基本功能、发展关系等，主要涉及物流园区、物流中心、配送中心等的规划，以及为物流产业发展提供基础支撑的各种运输方式的布局、仓储设施、城市市政设施等的布局等。

3.4.2.2　物流服务系统

一是各类物流服务企业的发展问题，如企业结构、服务类型、服务创新等，以及规划区域的重要企业的发展等；二是信息平台的建设问题，主要涉及信息平台的结构、功能、建设内容与运作模式等。

3.4.2.3　物流保障系统

主要包括物流产业发展的管理体制与政策，物流产业发展所需要的技术与装备系统的建设，物流相关的标准、人才的引进及培训、技术推广等。

3.4.3 物流组织与服务网络

物流系统规划仅仅解决了规划区域物流产业发展的基本框架和发展的主要内容，从物流业的服务特性角度考虑，为使规划具有指导性和可操作性，需要根据区域自身及为辐射区域服务的要求，针对物流的流量、流向、流时、流速及这些因素的组织与服务要求，以物流基础设施网络为依托，以物流服务系统和保障系统为发展环境，对规划区域的物流组织模式和服务网络进行规划。

3.4.3.1 物流组织模式

明确物流组织系统建设的内容和创新的方向，特别是物流与制造业、流通业之间的组织关系，发挥物流业在低成本、高效率和创新服务模式下营造良好的产业布局与组织的条件，提升规划区域的经济发展水平与产业发展竞争力。同时，对物流业本身的发展，也应从提升组织化水平的角度，对物流基础设施的建设、物流企业的发展，以及对它们之间的发展关系进行规划。

3.4.3.2 物流服务网络

构建对物流业发展具有引导和支持作用的物流服务网络系统，推进物流业的网络化、集约化、信息化和规模化发展，提高物流业的发展质量和水平。服务网络建设的重点是网络化企业的发展、网络服务模式和依托物流基础设施的网络系统的建设等。

3.4.4 物流市场的培育

对于处于初级发展阶段的我国物流业，规划中需要解决的重要问题或规划内容之一是物流市场的培育问题。

3.4.4.1 需求市场

物流需求市场的培育包括制造业、流通业企业的物流管理与运作流程的再造，以及在此基础上的基于社会分工与专业化运作的物流服务外包，培育物流需求市场，为物流企业的培育创造需求环境。

3.4.4.2 供给市场

物流供给市场培育包括提升物流企业的服务能力、水平与质量，培育物流服务的供给，为物流需求的培育提供外包服务的运作支持。

3.4.4.3 市场秩序

物流市场培育的基本条件是环境的营造和良好的市场秩序的建立，特别是物流管理与服务市场的诚信体系建设，使物流的发展纳入良好的市场氛围，促进物流市场的健康、理性发展，培养相互依存、分工协作、实现双赢的市场价值观，提高规划区域总体市场运行质量。

3.4.5 物流规划实施与协调

3.4.5.1 物流产业发展规划的实施

传统规划权威性差的主要原因之一是缺乏实施手段。物流作为复合型产业，实施的难度更大，因此，需要专门设计规划的实施系统，除制定相应的政策外，还要针对物流产业发展规划实施中可能出现的问题，进行一定的体制、机制安排。

3.4.5.2 物流产业发展规划的协调

物流产业发展规划的制定和实施涉及的领域多，而各个领域一般都有专项规划，物流产业发展规划在内容上与这些专项规划必然有交叉；同时，物流系统是经济社会系统的子系统，物流产业发展规划是经济社会各种综合性规划的有机组成部分，它们之间也存在密切的关系。

无论从管理角度还是运行角度，物流产业发展规划都应位于相关产业的专项规划之上，对这些专项规划的编制与实施起指导、协调和约束作用。但由于现代物流业处于起步发展阶段，相关行业对物流的发展缺乏认识，缺乏提升物流产业发展的手段，加之我国现行物流管理体制与运行机制的制约，物流产业发展规划的编制往往处于适应相关产业领域发展和专项规划的状态。因此，物流产业发展规划一方面要符合物流本身的发展特性和需要，以保证规划的科学性；另一方面也要避免与其他专项规划产生矛盾冲突，并尽量与之衔接，以保证规划的权威性和可实施性。但随着物流理念的普及和物流业发展的进步，应建立物流产业发展规划为主导的相关产业规划机制，以便在物流组织、服务合理化的基础上，促进产业的合理布局、组织与发展。

3.5 物流规划应解决的问题

经过多年的发展，物流业作为一个产业的观念已经被接受。在“十五”规划中，物流是否作为一个行业还没有得到国家正式认可，在“发展主要面向生产的服务业”一节中的表述是：“积极引进新型业态和技术，推行连锁经营、物流配送、代理制、多式联运，改造提升传统流通业、运输业和邮政服务业”；而在“十一五”规划建议中的表述则是“大力发展金融、保险、物流、信息和法律服务等现代服务业”。虽然在“十一五”规划中解决了物流作为一个产业的问题，而且国家发展和改革委员会和各地政府相关部门也正在编制相关的规划。然而，纵观近些年各地出台的规划和政策存在较大的差异，以及规划编制的主体的多部门交叉和重叠的现象，各类、各级物流产业发展规划在概念基础、规划思想、规划方法、规划内容等方面，仍有很多局限，与国际公认的物流概念和物流思想仍有一定的距离。因此，需要着手解决物流行业发展和物流产业发展规划中存在的问题，以便使物流产业发展规划更能引导和适应物流产业发展的现实需要。

3.5.1 物流的概念和价值问题

3.5.1.1 对概念内涵与外延的片面扩展

虽然第1章对该问题进行了较为系统的分析，但从对目前的各类物流产业发展规划进行分析发现，对物流的概念和价值的认识，仍然是个必须解决的问题。由于对现代物流概念与传统的仓储、运输、流通等的区别和界限，并未达成高度共识，导致地方政府和企业对所谓“第三利润”的期望值过高，体现在物流产业发展规划中就是对改善自身物流环境与水平关注不够，而对争夺区域物流利益和随意进行超出自身能力的发展目标和定位却较为普遍和热衷，地方政府或企业往往根据自己利益的需要，在并无理念、服务创新的情况下，随意扩大物流概念的内涵和外延，片面理解或解释物流业的发展范围和内容。

3.5.1.2　对概念和价值的过高追求

国际普遍认可美国供应链管理专业协会(原美国物流管理协会)对物流的定义:物流是以满足客户需求为目的,对产品、信息和相关服务从起始点到消费点的正向和逆向的流动和储存进行有效率和有效果的计划、执行和控制的供应链过程。由此可见,物流不仅仅是运输和仓储,它还属于管理范畴。2005 年 1 月 1 日,美国物流管理协会更名为供应链管理专业协会,标志着美国已经跨入供应链时代。从物流到供应链管理是国际物流产业发展的必然过程,供应链是跨企业的商业物流活动的集成。从物流到供应链的发展,体现了物流对社会经济总体效率提升、对生产和流通企业竞争力提升、对区域经济竞争力提升等方面的作用。所以,物流到供应链的发展过程,也是物流融入综合经济体系、成为社会经济不可分割的一部分的过程。物流概念的变化和价值获取方式的改变,是经济社会发展的提升过程,对于仍处于初级阶段的我国物流,需要根据物流产业发展的现实水平进行规划和定位,而目前既有规划存在明显的过于追求先进理念和物流价值的所谓高水平发展的现象,超越了既有的物流产业发展水平、环境和条件,使物流产业发展规划存在实施障碍。

3.5.1.3　对概念和价值的融合较差

从目前国内一些地方已经出台的物流产业发展规划分析,虽然在概念和价值的理解比以前有了明显的进步,但仍然没有摆脱传统的规划思想和规划体系。对物流产业的复合性认识不够,或者缺乏从产业融合角度的规划,使物流业被部门或地区行政区划分割;对综合物流产业发展规划的思想认识不够,使物流产业发展规划落后于经济社会发展的现实需求;物流概念和价值之间因缺乏融合和衔接,使通过规划的实施实现物流概念内涵所表述的产业发展内容与希望获得的物流价值之间存在困难。

3.5.2　物流规划的同质化问题

3.5.2.1　规划目标定位的同质化

物流作为一项管理技术的应用和针对物流技术应用环境的专业化物流服务,在不同的区域和企业是存在明显的差异的,而且,物流的产业特征也决定了一定区域范围的物流产业并非规模越大越好,相反,还要不断降低社会物流成本与 GDP 的比率。而目前许多地区出台的物流产业发展规划,在对物流产业发展目标的确定上,同质现象比较严重,尤其是地理位置临近的城市或区域,均将区域物流中心作为自己的发展定位,并把物流产业作为支柱产业进行定位。这种目标定位不仅不利于不同区域的物流产业分工体系的形成,并可能导致基础设施建设的重复和资源浪费,而且还缺乏对自身物流产业发展环境与条件的针对性,从而既造成跨区域的物流行业规划协调的困难,也很难通过规划真正引导区域内的物流产业发展。因此,在编制物流产业发展规划时,不能盲目地追求高定位,必须分析物流产业发展规划区域的战略发展环境,分析本地区的优势和劣势,与相邻地区错位发展、互补发展,形成区域物流的协调发展。

3.5.2.2　规划任务的同质化

物流产业发展规划中明确物流产业发展任务,是物流产业发展规划研究的重要内容,也是推进物流产业发展的重点所在。由于对物流业发展内涵和外延的认识不足,目前,各类物流产业发展规划存在的具有共性的问题是在物流业发展目标下，对规划设定的物流产业发展任务的雷同，缺乏针对规划区域的物流基础设施建设、管理技术应用、服务企业发展、技术装备更新、信息化的完整和准确的任务设定，也使物流体系建设与发展任务不能得到系统体现；同时，脱离区域物流产业发展特征和针对性的物流任务设定，也使得规划的物流业发展任务不能很好得到贯彻，无法引导物流业健康、稳定和持续发展。

3.5.3 社会物流成本分析问题

3.5.3.1 统计制度不健全

我国虽然已经于2005年建立了国家物流统计体系，而且也开始连续发布统计信息，初步形成了包括社会物流总值、增加值及相应的物流成本总数与分类数据，这些数据对制定物流产业发展规划过程中对物流成本、需求规模进行判断具有重要的价值。但是，由于规划区域的产业结构、物流组织地位和方式等的不同，并不能直接应用这些数据，必须拥有规划区域范围内的相应数据作为支撑，而目前基层的物流统计指标体系和工作系统并未完全建立，既有统计中也缺乏对物流的统计数据生成支撑，造成物流成本与需求分析的大量重复性劳动和物流数据缺乏系统性和全面性，不仅不能支持物流产业发展规划的科学进行，而且由于研究上的延续性不够，只能根据抽样调查数据来估算物流成本和物流市场的规模，在行业与行业之间存在差别、不同地区之间的产业水平和产业结构也不尽相同的情况下，从宏观上难以对物流需求的规模做出准确的判断，难以对规划涉及地区的物流行业进行定位。

3.5.3.2 企业物流管理落后

物流成本与需求分析的最基本数据来源于制造业、流通业和物流服务相关企业，但目前企业物流管理水平整体不高，管理方式较为落后，相当数量的企业不能准确计算出自己的物流成本，或者企业大多只考虑运输和仓储的成本及需求，没有关于存货成本的认识和计算，而美国存货持有的成本则占总成本的1/3左右，这样一个主要的成本被忽略或不能准确计算，不能完整反映企业物流成本的真实水平，物流需求也无法进行准确的判断。因此，需要建立科学的企业物流成本统计指标体系和提高企业的物流成本意识。

3.5.4 政策针对性和推动问题

3.5.4.1 政策的针对性缺乏

从目前的物流业发展政策实践分析，由于物流产业的复合性，单纯靠制定所谓综合性物流政策的方式，由于缺乏物流业涉及的相关部门的贯彻和落实支持，或者相关部门也制定物流产业发展政策，由于部门之间缺乏协调，政策在适应物流产业发展特点上的针对性不够，很难发挥应有的效应。此外，物流政策的针对性的缺乏，也使得各地出台的物流产业发展规划和政策过分看重物流园区、物流中心、配送中心等公共信息平台等基础设施的建设，导致了“物流热”导向的“物流园区热”，“物流园区热”又转变成了“商业地产热”，再加上中国企业物流运作与服务模式并未根本改变，物流功能“外包”的比例并不高，政府制定的缺乏针对性政策引导的物流产业发展存在较为严重的重复建设和低水平的发展问题。

3.5.4.2 政策的推动力不足

正是由于政策的针对性的缺乏，在我国物流整体发展水平不高，需要通过政府制定的科学规划和政策引导加快发展和实现高质量发展的背景下，政策的推动力显得明显不足。如针对制造业、流通业企业物流管理水平较低和物流外包需求较小的情况，如何通过政策的调整，推动企业的物流管理水平和模式的创新，既有政策的推动基本停留在宣传与鼓动状态；对物流服务企业发展不适应物流产业发展需要的情况下，如何协调好各种运输方式服务企业的发展，以及仓储、信息、咨询等服务的发展，现有政策显得缺乏体系性和合力，导致政策对物流产业发展的推动力的缺乏。

3.5.5 物流园区规划建设问题

3.5.5.1 规划建设的理由

3.5.5.1.1 物流业的发展特征决定了需要规划建设物流园区

从欧美国家物流园区的发展历程分析，物流园区是在物流业发展到一定规模和水平后，出于适应物流的规模化运作和网络化服务的更高层次的需求而产生的，即通过物流园区实现物流企业的集中和物流运作与服务资源的集中，从而产生物流产业的聚集效应，物流园区往往成为物流及相关产业的聚集区。由于现代物流的网络化和规模化特征越来越明显，物流园区也为这种网络化和规模化提供了空间布局和设施功能上的支持，从而使拥有物流园区的城市或地区成为区域性物流组织与服务的集中地，使物流业逐渐发展成为城市和区域的具有成长性的产业。因此，无论是从物流业自身的发展，还是区域物流组织与服务的需要出发，均使物流园区的规划和建设成为物流产业发展中的重要问题。也正因为如此，目前国内各地在制定物流业的发展规划中，甚至在没有规划的情况下，物流园区的规划和建设已经成为热点和重点项目。

3.5.5.1.2 区域物流的发展需要物流园区相关的组织与服务功能的支撑

与欧美国家不同的是，我国规划物流园区是在物流业发展处于相对较低水平，并未产生在城市或区域范围内对物流园区的网络化、规模化服务功能产生需求的背景下进行规划和建设的，建设的主要理由是希望通过物流园区培育物流需求和提升物流业的规模化发展水平，这种还未经过实践检验的物流业发展理论和方法能否获得成功，尚需要实践的检验。但从目前我国经济规模不断扩大和区域经济量级的提升，区域之间的物流组织服务量不断增长，加上港口、车站、机场等货运枢纽在承载这种不断增长的物流组织与服务量中的布局规模与服务规模的扩张，从提升、增加和延伸交通运输设施物流服务功能的角度，或者通过整合交通运输设施资源，规划和建设物流园区，以便在更高的水平上满足区域之间的物流组织与服务需求，均需要得到物流园区在集约化、规模化和网络化方面的支撑。

3.5.5.1.3 依托物流园区将有利于发展“枢纽经济”

正是由于我国物流业的发展水平较低，以及需要加快现代服务业的发展，如果从发挥物流园区在物流业空间布局和组织上的功能，通过物流产业发展规划对承担区域内部以及区域之间的物流组织与服务功能的物流园区进行合理定位和规模确定，将使物流园区成为其所在城市和地区的物流业发展的重要引导力量和载体，城市和地区将可能在区域物流规模扩张和增量不断集中的过程中，发育新的经济增长点，使所在城市和地区成为区域性的物流枢纽，并在这种物流枢纽和物流业积聚增长的基础上，依靠物流在不断降低成本、提高效率和创新服务的支持下所形成的区域物流服务业发展竞争力，以及所营造的引导制造业、流通业布局的环境与条件，使枢纽的经济效应得到放大，从而有利于相关城市和地区发展“枢纽经济”。

3.5.5.2　物流园区的规模

物流园区的建设理由较为充分，并非就解决了其规划和建设问题。特别是由于区域内和区域之间相关城市和地区在依托物流园区发展“枢纽经济”上的竞争的存在，为避免重复建设和在区域物流组织最合理的空间位置上规划和建设物流园区，首先必须确定物流园区的合理规模，包括物流园区的数量和单个物流园区的面积。

由于我国物流园区的规划建设总体上是在市场需求并不强和发展理论的研究不深入的背景下进行的，使得目前相当数量的物流园区要么单个面积过大，要么数量过多，而物流园区是需要消耗大量土地的基础设施项目，不能科学和合理确定其规模，既会造成演变成单纯的商业地产项目，也会因为规模不合理而不能适应物流规模扩大后的组织与服务需求，因此，需要以区域物流需求为基础，通过科学分析预测区域内部及区域之间的物流服务需求，按照未来一定时间内的物流需求量确定物流园区的数量和占地规模。为便于政府的调控和管理，使物流园区的规模与物流需求规模相适应，防止盲目求大，需要制定相应的国家标准，对物流园区进行分级，以便引导物流园区的健康发展。

3.5.5.3　物流园区的定位

物流园区是服务于区域物流和物流运作的规模化、网络化、集约化的基础设施，涉及的服务内容较多和影响范围较大，需要在确定规模的基础上，进行物流园区的明确的定位，按照区域物流的组织与服务特征，按照在区域中处于发展物流的重要空间位置和交通区位条件，对物流园区划分层次和重点。此外，也需要制定物流园区的功能分类和发展水平相关的标准，以便为物流园区自身，以及不同类型和区域物流园区之间在组织网络化和规模化物流服务，实现物流企业依托物流园区发展，形成区域性的物流网络系统创造空间布局与功能分工条件。

3.5.6　第三方物流的发展问题

3.5.6.1　专业化物流服务企业的发展

物流业的发展主体是专业化的第三方物流企业，目前，在相关物流产业发展规划中均较为重视第三方物流企业的发展，特别是在中国加入WTO的开放时间表中，物流业属于基本没有保护期的行业，我国专业化物流服务企业无论是规模和网络覆盖范围、服务能力和水平，以及管理技术和信息化含量，与跨国物流企业的差距都十分明显，因此，专业化物流服务企业较早感受到来自跨国企业的竞争压力，培育第三方物流企业的发展，成为政府和企业都很关注的问题。但是，由于受到物流产业发展水平和阶段的限制，专业化物流服务企业的发展环境与经验、知识积累、信息能力、人才培养和引进等，均存在较大的不足，需要加快发展，而如何通过规划来引导专业化物流企业的发展，成为目前我国物流产业发展规划需要很好解决的问题。

3.5.6.2　传统物流服务企业的提升和服务转型

第三方物流企业主要是通过为制造业、流通业企业提供物流解决方案，再整合社会运输、仓储等服务资源而开展服务和运作的，因此，第三方物流企业的发展，需要得到符合专业化物流服务与运作质量、模式要求的运输、仓储等物流活动环节的企业的支撑。目前，我国从事物流经营活动的各类服务企业，在发展水平和管理、运作能力上，均不能适应或满足这种需求，作为物流服务企业的有机组成部分，需要通过物流产业发展规划，为传统的运输、仓储等企业的服务提升提供发展环境。同时，更需要具备较好发展条件的传统服务企业在功能、管理、服务和能力上实现向专业化物流企业的转型，以便尽快壮大我国及区域物流服务企业队伍，形成适应物流业发展的分工合作的企业体系。

第4章 物流规划比较研究

物流规划是对未来物流产业发展进行的系统性设计，是一种战略性的全局部署方案，需要在准确把握当前实际、科学判断未来发展趋势的基础上，战略性、前瞻性、全局性地予以谋划。由于物流系统较为复杂，涉及多种要素，涵盖多个领域，因此，实践中的物流产业发展规划又是门类众多，层级繁杂，不同物流产业发展规划的指导侧重各不相同，具体的规划目的、框架、目标、任务等也存在明显差异。本章主要围绕物流产业发展规划的不同门类，从多个角度比较分析不同类别的物流产业发展规划，特别是不同层级的物流产业发展规划、不同区域范围的物流产业发展规划等。

4.1 物流规划的主要类别

物流规划划分的视角众多，不同的角度，物流规划的类别划分不尽相同。概括而言，目前业界对于物流规划划分的视角选择重点有以下几类，即按照规划层级划分、按照规划范围划分、按照规划内容划分等。

4.1.1 按照层级划分

按照规划的层级，物流规划主要分为国家物流规划、行业物流规划、企业物流规划。国家物流规划是统筹全国物流业全局发展的战略性纲领，是制定行业物流规划、企业物流规划等的上位指导，而行业物流规划又是行业内相关企业规划制定的上位指导。一般而言，很多物流企业都涉及多个经营领域和业务范围，其上位的行业物流规划可能不止一个。

国家层级、行业层级的物流规划属于社会物流范畴，企业层级的物流规划属于企业物流范畴。从规划的目标、服务对象等来看，社会物流与企业物流存在一定的区别。比如，社会物流规划的主要目标是为了满足整个经济社会发展的需要，追求的是社会经济的综合效益最大化和可持续发展；而企业物流规划的主要目标则更多的是服从企业自身的发展需要，首先追求的是企业的经济效益和利润最大化。社会物流规划与企业物流规划的主要区别如表4-1所示。虽然社会物流规划与企业物流规划存在一定的区别，但二者之间更多是一种相互影响、相互补充、相互联系的关系，企业物流是社会物流具体的服务实体，社会物流又为企业物流提供了基础的支撑与保障。具体到不同层级的规划而言，国家层级的物流规划指导行业层级、企业层级的物流规划，行业层级的物流规划是国家层级物流规划的具体细化，也是企业层级物流规划的重要指导。

4.1.2 按照范围划分

按照规划覆盖的空间范围，物流规划可以分为国际范围的物流规划和国内范围的物流规划，其中国内范围的物流规划主要包括全国物流规划、区域物流规划、地区物流规划等。具体而言，全国物流规划范围最广，是指覆盖我国所有国土范围的专项物流规划；区域物流规划范围次之，是指在我国范围内覆盖多个省（自治区、直辖市）空间范围的跨省（自治区、直辖市）间的物流规划，如东北地区物流规划等；而地区物流规划具体又分为省域物流规划、市域物流规划、县域物流规划等。

不同层级物流规划的主要区别　　表 4-1

项目	国家级规划	行业级规划	企业级规划
类别	社会物流	社会物流	企业物流
属性	公益性质	公益性质	经营性质
目的	满足经济社会需要，追求社会效益最大化	满足经济社会需要，追求社会效益最大化	满足企业需要，首先追求企业效益最大化
服务对象	经济社会所有主体，包括各类企业、各个主管部门、行业中介以及消费者	经济社会主要经济实体，包括制造业、商业、物流业等	企业自身及客户
可配置的资源	全社会物流资源	行业性物流资源	企业物流资源

4.1.3 按照内容划分

按照规划的内容，物流规划主要可以分为物流设施规划、物流技术规划、物流服务规划等。物流设施规划主要包括物流园区规划、物流中心规划等；物流技术规划主要包括物流信息技术以及物流技术标准化、自动化规划等；物流服务规划主要是有关物流服务、运营管理方面的相关规划，如物流服务营销规划、物流服务运营规划、物流人力资源规划等。

不同类别物流规划逻辑关系如图 4-1 所示

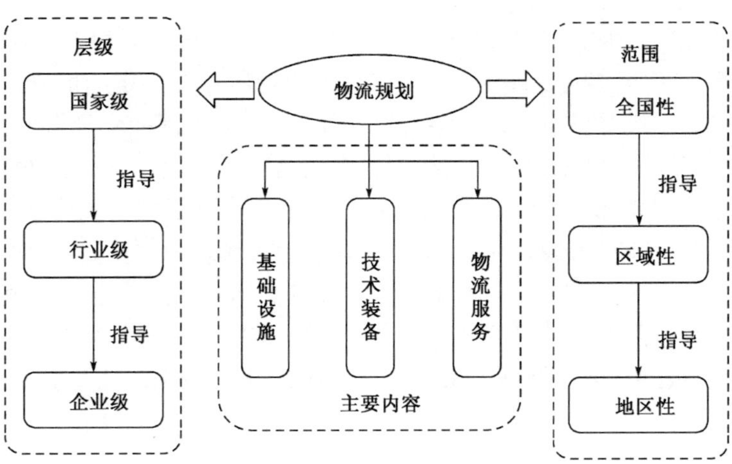

图 4-1　不同类别物流规划逻辑关系图

4.2　不同层级规划的比较

4.2.1　国家层级物流规划

我国历来十分重视计划或规划的重要作用，注重通过制定计划与规划具体指导经济社会发展、重大项目建设以及生产力布局等。国民经济和社会发展“五年”计划（“十一五”时期改为规划）是我国国家层级计划和规划体系的顶层设计，对指导经济社会各行业发展具有纲领性作用。随着我国经济社会的快速发展，我国的产业分工也进一步深化和细化，重要产业、行业也开始在国家国民经济和社会发展“五年”规划的基础上，编制各自产业、行业“五年”发展的专项规划，以更好地指导各自产业、行业的持续健康发展。这些专项规划作为国民经济和社会发展“五年”规划在特定产业和行业的深化和细化，是指导具体产业和行业发展的纲领性文件，在具体的产业和行业政策体系中也属于顶层设计。

就物流产业而言，到目前为止，在国家层级，物流业还尚未出台有专门的、覆盖全行业的“五年”专项规划。尽管近年来，国务院和相关部委也出台了一些指导物流发展的相关规划，如2009年由国务院颁发的《物流业调整和振兴规划》、2010年由国家发展和改革委颁发的《农产品冷链物流发展规划》等，但这些规划还并不能称之为真正指导我国物流业系统、长远发展的“顶层设计”。比如，《物流业调整和振兴规划》属于短期指导性规划，目标年限仅到2011年；《农产品冷链物流发展规划》则仅局限于农产品冷链物流方面，涉及面较窄。

追溯我国物流产业系统的“顶层指导”，则更多体现在国民经济和社会发展“五年”规划之中。确切而言，自“十五”时期起，物流才正式进入国家的“五年”规划（“十五”时期还称为计划）之中。随着经济社会的快速发展，物流业在整个国民经济和社会发展中的重要性也日益显现，国家对于物流业及物流服务的重视程度也与日俱增。在这一方面，一个重要的表现就是自“十五”之后国民经济和社会发展的“十一五”、“十二五”规划中涉及物流发展的内容不断增加，而且随着时代要求的变化，对物流发展的要求和任务也随之发生相应的变化。

在国家层级的物流规划方面，本节重点介绍一下国民经济和社会发展“五年”规划中的物流内容以及国务院颁布的《物流业调整和振兴规划》对于物流业发展的具体要求。

4.2.1.1　经济社会“五年”规划中的物流内容

4.2.1.1.1　“十五”计划

2001年国家颁布的《中华人民共和国国民经济和社会发展第十个五年计划纲要》，首次将物流列入国家层级的发展计划之中，并明确提出“积极引进新型业态和技术，推行连锁经营、物流配送……改造提升传统流通业……”。这是我国第一次在国家战略层面明确了物流产业的发展任务。“十五”时期物流业的发展任务见专栏4-1。

专栏4-1

国民经济和社会发展第十个五年计划纲要关于物流的主要任务要求

“第五章　发展服务业，提高供给能力和水平；第二节　发展主要面向生产的服务业”

积极引进新型业态和技术，推行连锁经营、物流配送、代理制、多式联运，改造提升传统流通业、运输业和邮政服务业。

4.2.1.1.2 “十一五”规划

与过去的十个“五年”明显不同，第十一个“五年”由“计划”变成了“规划”，这意味着我国经济体制更加坚定地告别“计划时代”，切实向社会主义市场经济体制转型迈进，因此，“十一五”规划在我国国家层级的规划体系中具有重要的划时代意义。2006 年国家颁布的《中华人民共和国国民经济和社会发展第十一个五年规划纲要》，在多个章节中多次提到与物流业相关的发展任务，并在“第十六章　拓展生产性服务业”一章中，独立一节，即“第二节　大力发展现代物流业”，明确提出了“十一五”时期我国物流业的发展任务，包括物流的社会化、专业化、标准化、信息化等发展重点。“十一五”时期物流业的发展任务见专栏 4-2。

专栏 4-2

国民经济和社会发展第十一个五年规划纲要关于物流的主要任务要求

一、“第十六章　拓展生产性服务业；第二节　大力发展现代物流业”

推广现代物流管理技术，促进企业内部物流社会化，实现企业物资采购、生产组织、产品销售和再生资源回收的系列化运作。培育专业化物流企业，积极发展第三方物流。建立物流标准化体系，加强物流新技术开发利用，推进物流信息化。加强物流基础设施整合，建设大型物流枢纽，发展区域性物流中心。

二、“第十七章　丰富消费性服务业；第一节　提升商贸服务业”

鼓励发展所有制形式和经营业态多样化、诚信便民的零售、餐饮等商贸服务。积极发展连锁经营、特许经营、物流配送等现代流通方式和组织形式。

三、“第十五章　积极推进信息化”

以信息化改造制造业，推进生产设备数字化、生产过程智能化和企业管理信息化，促进制造业研发设计、生产制造、物流库存和市场营销变革。

四、“第三十五章　加快转变对外贸易增长方式”

鼓励外资参与软件开发、跨境外包、物流服务等。

4.2.1.1.3 “十二五”规划

“十二五”规划，是我国站在新的历史起点，面临新的历史机遇，处于新的发展时期所做出的战略性、全局性发展规划。2011 年国家颁布的《中华人民共和国国民经济和社会发展第十二个五年规划纲要》，明确提出“‘十二五’时期，以科学发展为主题，以加快转变经济发展方式为主线，深化改革开放，保障和改善民生，巩固和扩大应对国际金融危机冲击成果，促进经济长期平稳较快发展和社会和谐稳定，为全面建成小康社会打下具有决定性意义的基础”。

顺应经济社会发展形势变化，特别是经济发展方式转变要求，《中华人民共和国国民经济和社会发展第十二个五年规划纲要》也对“十二五”时期我国物流业的发展，提出了新的要求和新的任务。“十二五”规划纲要，除了在“第十五章　加快发展生产性服务业”中单列一节（“即第二节　大力发展现代物流业”）明确物流业的发展重点之外，还在多处提到了与物流业相关的发展任务。“十二五”时期物流业的发展任务见专栏 4-3。

专栏 4-3

国民经济和社会发展第十二个五年规划纲要关于物流的主要任务要求

一、"第十五章 加快发展生产性服务业;第二节 大力发展现代物流业"

加快建立社会化、专业化、信息化的现代物流服务体系,大力发展第三方物流,优先整合和利用现有物流资源,加强物流基础设施的建设和衔接,提高物流效率,降低物流成本。推动农产品、大宗矿产品、重要工业品等重点领域物流发展。优化物流业发展的区域布局,支持物流园区等物流功能集聚区有序发展。推广现代物流管理,提高物流智能化和标准化水平。

二、"第十六章 大力发展生活性服务业;第一节 优化发展商贸服务业"

优化城市综合超市、购物中心、批发市场等商业网点结构和布局,支持便利店、中小超市、社区菜店等社区商业发展。鼓励和支持连锁经营、物流配送、电子商务等现代流通方式向农村延伸,完善农村服务网点,支持大型超市与农村合作组织对接,改造升级农产品批发市场和农贸市场。

三、"第五章 加快发展现代农业"

加强粮食物流、储备和应急保障能力建设。

四、"第十三章 全面提高信息化水平"

推动经济社会各领域信息化。积极发展电子商务,完善面向中小企业的电子商务服务,推动面向全社会的信用服务、网上支付、物流配送等支撑体系建设。

五、"第五十一章 优化对外贸易结构"

完善政策措施,促进加工贸易从组装加工向研发、设计、核心元器件制造、物流等环节拓展,延长国内增值链条。扩大金融、物流等服务业对外开放。

六、"第六十章 推进军民融合式发展"

建立军民结合的军事物流体系。

4.2.1.2 物流业调整和振兴规划主要内容

为更好应对国际金融危机的影响,促进我国物流业自身平稳较快发展和产业调整升级,服务和支撑其他产业的调整与发展、扩大消费和吸收就业的需要,促进产业结构调整、转变经济发展方式和增强国民经济竞争力,2009 年 3 月 10 日,国务院颁布了《物流业调整和振兴规划》。该规划可以算作是我国正式出台的第一个指导物流全行业发展的国家级专项规划,对于指导我国物流业发展具有重要意义。

国务院明确要求各地区、各部门要把思想和行动统一到党中央、国务院的决策部署上来,以邓小平理论和"三个代表"重要思想为指导,深入贯彻落实科学发展观,进一步增强大局意识、责任意识,加强领导,密切配合,切实按照《物流业调整和振兴规划》要求,做好统筹协调、改革体制、完善政策、企业重组、优化布局、工程建设等各项工作,确保《物流业调整和振兴规划》目标的实现,促进物流业健康发展。并要求各地区要按照《物流业调整和振兴规划》确定的目标、任务和政策措施,结合当地实际抓紧制订具体工作方案,切实抓好组织实施,确保取得实效。国务院各有关部门要根据《物流业调整和振兴规划》明确的任务分工和工作要求,做到责任到位、措施到位,加强调查研究,尽快制定和完善各项配套政策措施,切实加强对《物流业调整和振兴规划》实施的指导和支持。

4.2.1.2.1 规划定位及期限

《物流业调整和振兴规划》是国际金融危机的影响大背景下，落实党中央、国务院保增长、扩内需、调结构的总体要求，促进物流业平稳较快发展，培育新的经济增长点的物流产业综合性应对措施的行动方案。《物流业调整和振兴规划》的规划期为2009—2011年。

4.2.1.2.2 指导思想

以邓小平理论和“三个代表”重要思想为指导，深入贯彻落实科学发展观，按照保增长、扩内需、调结构的总体部署，以应对国际金融危机对我国经济的影响为切入点，以改革开放为动力，以先进技术为支撑，以物流一体化和信息化为主线，积极营造有利于物流业发展的政策环境，加快发展现代物流业，建立现代物流服务体系，以物流服务促进其他产业发展，为全面建设小康社会提供坚实的物流体系保障。

4.2.1.2.3 基本原则

(1)立足应对危机，着眼长远发展。既要应对国际金融危机，解决当前物流业发展面临的突出问题，保先进生产力，保重点骨干企业，促进企业平稳发展；又要从产业长远发展的角度出发，解决制约物流产业振兴的体制、政策和设施瓶颈，促进产业升级，提高产业竞争力。

(2)市场配置资源，政府营造环境。充分发挥市场配置资源的作用，调动企业的积极性，从满足物流需求的实际出发，注重投资的经济效益。政府要为物流业的发展营造良好的政策环境，扶持重要的物流基础设施项目建设。

(3)加强规划指导，注重协调联动。统筹国内与国际、全国与区域、城市与农村物流协调发展，做好地区之间、行业之间和部门之间物流基础设施建设与发展的协调和衔接，走市场化、专业化、社会化的发展道路，合理布局重大项目。各地区要从本地区经济发展的实际出发，因地制宜，统筹规划，科学引导物流业的发展，防止盲目攀比和重复建设。

(4)打破分割封锁，整合现有资源。改革现行物流业相关行业管理体制，打破部门间和地区间的分割和封锁，创造公平的竞争环境，促进物流服务的社会化和资源利用的市场化，优先整合和利用现有物流资源，提高物流设施的利用率。

(5)建立技术标准，推进一体化运作。按照现代物流理念，加快技术标准体系建设，综合集成仓储、运输、货代、包装、装卸、搬运、流通加工、配送、信息处理等多种功能，推进物流一体化运作，提高物流效率。

(6)创新服务方式，坚持科学发展。以满足生产者和消费者不断增长的物流需求为出发点，不断创新物流服务方式，提升服务水平。积极推进物流服务的信息化、现代化、合理化和企业社会责任建设，坚持最严格的节约用地制度，注重节约能源，保护环境，减少废气污染和交通拥堵，保证交通安全，实现经济和社会可持续协调发展。

4.2.1.2.4 规划目标

力争在2009年改善物流企业经营困难的状况，保持产业的稳定发展。到2011年，培育一批具有国际竞争力的大型综合物流企业集团，初步建立起布局合理、技术先进、节能环保、便捷高效、安全有序并具有一定国际竞争力的现代物流服务体系，物流服务能力进一步增强；物流的社会化、专业化水平明显提高，第三方物流的比重有所增加，物流业规模进一步扩大，物流业增加值年均递增10%以上；物流整体运行效率显著提高，全社会物流总费用与GDP的比率比目前的水平有所下降。

4.2.1.2.5　主要任务

《物流业调整和振兴规划》提出十大主要任务：一是要积极扩大物流市场需求；二是要大力推进物流服务的社会化和专业化；三是要加快物流企业兼并重组；四是要推动重点领域物流发展，包括石油、煤炭、重要矿产品及相关产品领域；五是要加快国际物流和保税物流发展；六是要优化物流业发展的区域布局，包括重点发展九大物流区域，建设十大物流通道和一批物流节点城市（见专栏4-4）；七是要加强物流基础设施建设的衔接与协调；八是要提高物流信息化水平；九是要完善物流标准化体系；十是要加强物流新技术的开发和应用。

专栏4-4

《物流业调整和振兴规划》关于区域布局的任务和要求

根据市场需求、产业布局、商品流向、资源环境、交通条件、区域规划等因素，重点发展九大物流区域，建设十大物流通道和一批物流节点城市，优化物流业的区域布局。

九大物流区域

以北京、天津为中心的华北物流区域，以沈阳、大连为中心的东北物流区域，以青岛为中心的山东半岛物流区域，以上海、南京、宁波为中心的长江三角洲物流区域，以厦门为中心的东南沿海物流区域，以广州、深圳为中心的珠江三角洲物流区域，以武汉、郑州为中心的中部物流区域，以西安、兰州、乌鲁木齐为中心的西北物流区域，以重庆、成都、南宁为中心的西南物流区域。

十大物流通道

东北地区与关内地区物流通道，东部地区南北物流通道，中部地区南北物流通道，东部沿海与西北地区物流通道，东部沿海与西南地区物流通道，西北与西南地区物流通道，西南地区出海物流通道，长江与运河物流通道，煤炭物流通道，进出口物流通道。

一批物流节点城市

物流节点城市分为全国性物流节点城市、区域性物流节点城市和地区性物流节点城市。全国性和区域性物流节点城市由国家确定，地区性物流节点城市由地方确定。全国性物流节点城市包括：北京、天津、沈阳、大连、青岛、济南、上海、南京、宁波、杭州、厦门、广州、深圳、郑州、武汉、重庆、成都、南宁、西安、兰州、乌鲁木齐共21个城市。区域性物流节点城市包括：哈尔滨、长春、包头、呼和浩特、石家庄、唐山、太原、合肥、福州、南昌、长沙、昆明、贵阳、海口、西宁、银川、拉萨共17个城市。

4.2.1.2.6　重点工程

《物流业调整和振兴规划》提出九大重点工程：一是多式联运、转运设施工程；二是物流园区工程；三是城市配送工程；四是大宗商品和农村物流工程；五是制造业与物流业联动发展工程；六是物流标准和技术推广工程；七是物流公共信息平台工程；八是物流科技攻关工程；九是应急物流工程。

4.2.1.2.7　政策措施

《物流业调整和振兴规划》提出九项政策措施：一是加强组织和协调；二是改革物流管理体

制；三是完善物流政策法规体系；四是制定落实专项规划；五是多渠道增加对物流业的投入；六是完善物流统计指标体系；七是继续推进物流业对外开放和国际合作；八是加快物流人才培养；九是发挥行业社团组织的作用。

4.2.2 行业层级物流规划

我国行业层级的对物流业发展的规划与指导主要分为两大类：一类是特定领域范围内的物流专项规划；另一类则是其他关联产业行业的行业性规划。由于物流业是融合运输业、仓储业、货代业和信息业等的复合型服务产业，是国民经济的重要组成部分，也是国民经济其他产业部类发展运行的重要支撑和保障。因此，很多其他行业性规划中都会涉及物流业的发展内容和发展要求。比如，服务业发展“十二五”规划、“十二五”综合交通运输体系规划、钢铁工业“十二五”发展规划等，这些行业层级的物流规划对于指导我国物流业的发展也具有十分重要的作用。本节着重从两个角度分析我国行业层级的物流规划：一是特定领域的物流专项规划；二是相关行业专项规划中涉及物流的内容以及对物流发展的要求和重点。

4.2.2.1 特定领域的物流专项规划

如前所述，目前我国专门指导物流业全面发展的专项规划还十分有限，在特定领域范围内也仅有少数的物流专项规划，其中以《农产品冷链物流发展规划》较具典型性。本章以《农产品冷链物流发展规划》(以下简称《规划》)为重点，简述其主要思路和重点任务。

4.2.2.1.1 指导思想

按照全面贯彻落实科学发展观、推进社会主义新农村建设和构建和谐社会的要求，紧紧围绕构建农业增产增效和农民持续增收的长效机制，适应城乡居民生活水平提高和保障居民食品安全的需要，以市场为导向，以企业为主体，加快冷链物流技术、规范、标准体系建设，完善冷链物流基础设施，培育冷链物流企业，建设一体化的冷链物流服务体系，以降低农产品产后损失和流通成本，促进农民增收，确保农产品品质和消费安全。

4.2.2.1.2 基本原则

《规划》提出了“十二五”时期农产品冷链发展四大基本原则：一是科学规划，合理布局；二是因地制宜，分类指导；三是市场运作，政府扶持；四是重点突破，扶优扶强。

4.2.2.1.3 发展目标

到2015年，建成一批效率高、规模大、技术新的跨区域冷链物流配送中心，冷链物流核心技术得到广泛推广，形成一批具有较强资源整合能力和国际竞争力的核心冷链物流企业，初步建成布局合理、设施先进、上下游衔接、功能完善、管理规范、标准健全的农产品冷链物流服务体系。肉类和水产品冷链物流水平显著提高，食品安全保障能力显著增强；果蔬冷链物流进一步加快发展。果蔬、肉类、水产品冷链流通率分别提高到20%、30%、36%以上，冷藏运输率分别提高到30%、50%、65%左右，流通环节产品腐损率分别降至15%、8%、10%以下。

4.2.2.1.4 主要任务

《规划》提出了“十二五”时期农产品冷链发展的七大主要任务：一是推广现代冷链物流理念与技术；二是完善冷链物流标准体系；三是建立主要品种和重点地区农产品冷链物流体系；

四是加快培育第三方冷链物流企业；五是加强冷链物流基础设施建设；六是加快冷链物流装备与技术升级；七是推动冷链物流信息化。

4.2.2.1.5　重点工程

《规划》提出了"十二五"时期农产品冷链发展的八大重点工程：一是冷库建设工程；二是低温配送处理中心建设工程；三是冷链运输车辆及制冷设备工程；四是冷链物流企业培育工程；五是冷链物流全程监控与追溯系统工程；六是肉类和水产品冷链物流工程；七是果蔬冷链物流工程；八是冷链物流监管与查验体系工程。

4.2.2.2　相关行业规划中的物流内容

4.2.2.2.1　服务业发展"十二五"规划

2012年12月，国务院颁布了《服务业发展"十二五"规划》，该规划是落实《中华人民共和国国民经济和社会发展第十二个五年规划纲要》要求、指导我国服务业发展的总体部署，是编制服务业各领域专项规划（指导意见）和地方服务业发展规划的重要依据。该规划所指的服务业是指服务产业和可以市场化发展的服务领域。

《服务业发展"十二五"规划》明确提出了未来我国物流业发展的方向和重点，指出要大力发展第三方物流，优先整合利用现有物流资源，拓展服务功能，完善服务网络。加快综合交通运输网络配套物流设施建设，促进各种运输方式的无缝衔接和高效联运，建设覆盖全国的物流通道网络。加快推进城市配送体系建设，提高统一配送水平。鼓励物流业与制造业联动发展，提高一体化运作水平和规模化程度。加快农业生产资料、农产品、大宗矿产品、重要工业品、生活必需品、药品等领域物流发展。拓展邮政物流，支持快递能力建设，推动快递与电子商务、制造业协同发展。强化核心技术开发，加快物联网等新技术在物流领域的应用和推广，鼓励物流信息化和智能化技术的研发和应用，健全各类物流信息共享平台，推广条码等自动识别技术。提高物流行业标准化设施、设备和器具应用水平，推进标准化托盘等物流包装的循环共用，推广货运车辆标准化车型。鼓励生产资料流通企业强化物流服务功能，向仓储、交易、加工、配送等多功能、多业态拓展，形成一批集多功能于一体的专业化、综合性生产资料物流配送中心，引导生产资料流通集聚式发展。支持物流企业做强做大，培育一批具有国际竞争力的现代物流企业。完善物流基础设施和网络，统筹规划仓储设施发展，促进传统仓储企业向现代配送中心转变。支持物流园区等物流功能集聚区有序发展，规划建设一批重点物流园区。加强进出口口岸、国际商品交易中心物流基础设施和国际通道建设，增强进出口货物集散能力，重点布局建设一批口岸商贸物流中心，促进货运枢纽向物流园区转型，促进保税物流中心向分拨中心、配送中心和采购中心发展。"十二五"时期，物流业信息化、智能化和标准化水平明显提高，重点行业物流服务能力显著增强，初步建立社会化、专业化、信息化的现代物流体系。

4.2.2.2.2　"十二五"综合交通运输体系规划

2012年7月国务院颁布的《"十二五"综合交通运输体系规划》，重点从运输服务的角度对我国物流服务发展提出了明确要求。要求"十二五"时期按照建立综合、高效交通运输服务系统要求，实现运输服务能力与质量的同步提升。加快运输市场建设，完善政府运输监管和公共服务职能，着力提高运输服务水平和物流效率，提升运输服务对国民经济和社会发展的支撑作用。并提出"加强各种运输服务之间的无缝衔接与合作，提高客货运输服务效率，降低社会物流成本。鼓励运输企业开展一体化运输服务，加强运输服务中的线路、能力、运营时间、票制、管理的衔接。优化运输组织，创新服务方式，推进客票一体联程、货物多式联运，大力发展现代物流服务、快递等先进一体化运输服务方式以及汽车租赁等交通服务业，有效延伸运输服务链”。

4.2.2.2.3　国内贸易发展“十二五”规划

2012 年 9 月，国务院颁布的《国内贸易发展“十二五”规划》，从国内贸易发展的角度对物流服务提出了要求及发展任务，包括“支持生产资料批发市场加快改造升级，提升物流配送、流通加工、价格发布、金融服务、信息引导等综合服务功能，形成一批全国性或区域性生产资料交易中心”、“加强电子商务物流配送体系建设，大力发展电子商务服务业”、“加快发展物流配送。大力发展面向国内贸易的第三方物流，支持一批传统物流企业改造升级，提高商贸物流专业化、社会化、信息化水平。积极发展多式联运。支持大型连锁企业的配送中心面向社会提供配送服务。完善城市共同配送网络。合理规划和建设商贸物流集聚区，支持建设跨区域物流信息服务平台”。

4.2.2.2.4　工业转型升级规划

2011 年 12 月，国务院颁布了《工业转型升级规划(2011—2015)》，指出要按照“市场化、专业化、社会化、国际化”的发展方向，大力发展面向工业生产的现代服务业，加快推进服务型制造，不断提升对工业转型升级的服务支撑能力。其中，也对作为面向工业生产的现代服务业重要组成部分的物流业提出了具体的发展要求和发展任务。指出“要发展制造业物流服务。引导工业企业加快物流业务整合、分离和外包，释放物流需求。推进重点行业电子商务平台与物流信息化集成发展。加强危险品流向跟踪、状态监控和来源追溯的信息化管理，提高食品、农产品等冷链物流信息管理水平。支持第三代移动通信(3G)、3S(全球卫星导航系统 GNSS、地理信息系统 GIS、遥感 RS)、机器到机器(M2M)、射频识别(RFID)等现代信息通信技术在制造业物流领域的创新与应用。加快信用、认证、标准、支付和物流平台建设，鼓励服务创新和商业模式创新，完善企业间电子商务(B2B)发展的支撑环境”。

4.2.2.2.5　钢铁工业“十二五”发展规划

2011 年 10 月，工业和信息化部颁布了《钢铁工业“十二五”发展规划》，明确提出了“十二五”时期我国钢铁工业发展的思路和重点，也对作为重要支撑的物流服务提出了相应的发展要求。包括“根据资源能源条件、市场需求、环境容量、产业基础和物流配套能力，统筹沿海沿边与内陆、上下游产业及区域经济发展，优化产业布局，满足各地区经济社会发展需求”、“整合兼并重组和淘汰落后，在不增加生产能力的前提下，围绕提高产品质量和降低物流成本，统筹考虑市场需求、交通运输、环境容量和铁矿、煤炭、供水、电力等资源能源保障条件，有保有压，优化产业布局”、“转变服务理念、增强服务意识，建立钢铁企业与下游用户战略合作机制，发展钢材深加工，完善物流配送体系，提升产品价值和企业服务功能，促进由钢铁生产商向服务商转变”、“积极开展维修、仓储、物流等服务外包，以及制氧、石灰、渣处理、废钢分类加工等辅助工序外包”。

4.2.3　企业层级物流规划

企业是经济活动的主要参与者。当前随着经济的快速发展以及企业间竞争日益激烈，越来越多的企业开始关注规划在企业生产运行中的重要作用，大部分企业都会制定指导未来一定时期企业运营发展的方向性规划，以明确企业的发展方向和阶段性任务，更好地提高企业的核心竞争力。

所谓企业战略规划是指依据企业外部环境和自身条件的状况及其变化来制定和实施战略，并根据对实施过程与结果的评价和反馈予以及时调整，制定新的战略。一个好的战略规划，首要要求就是该规划必须是可执行的。而该规划可执行与否，一方面取决于其基本内容是否可行，另一方面则取决于对于企业发展战略核心的把握是否准确合理。概括而言，企业的战略规划包括两项基本内容：一是企业的发展方向；二是企业的资源配置策略。而无论是企业发展方向的确定，还是企业资源配置策略的制定，都首先要明确企业的战略核心。对现代社会中的企业而言，企业的战略核心是要培养和打造企业的核心竞争力。核心竞争力是企业永续经营、持续成长的关键。所谓核心竞争力，是指群体或团队中根深蒂固、相互弥补的一系列技能和知识的组合，是组织内部集体学习的能力。

由于企业的战略规划属于微观层面企业自身的行动纲领，不同企业的战略规划内容框和策略重点等也不尽相同，并没有固定的模式或模板。但大体而言，企业的战略规划都会涉及以下几个方面内容，包括企业自身的发展状况、企业面临的环境和形势（特别是市场环境、市场竞争状况等）、企业发展条件分析（FITA 分析）、企业自身优劣势分析（SWOT 分析）、企业未来的发展定位和目标、具体的行动方案以及相应的措施保障等。

一个行之有效的企业战略规划的制定，首先，必须明确企业自身的竞争地位，不同的竞争地位需要不同的竞争战略，市场追随者与市场领导者的竞争战略截然不同，而且，在不同的发展阶段企业的竞争战略也是不同的。其次，要准确界定竞争对手。战略规划的目的不是一味模仿市场领先者，而是根据自身特点建立企业自己的竞争优势，而其前提是必须要准确界定竞争对手。再次，则要根据企业所处的竞争位势，选择适宜自身发展的规划目标，制订详细的实施方案、发展途径和保障措施。

具体到物流企业的战略规划也同样如此。现实中，企业层面的物流又涉及两大类别：一类是专门从事物流活动的物流企业，主要包括运输型物流企业、仓储型物流企业、第三方物流企业、综合服务型物流企业等，在这类企业中物流是企业的主营业务；另一类则是在其他企业中以企业经营为核心的物流活动，在这类企业中物流活动并非其主营业务。因此，从企业层面的战略规划来看，也可以大致分为两类：一类是物流企业的战略规划；另一类则是其他企业战略规划中涉及物流的具体要求和任务。

4.2.3.1　专业物流企业的战略规划

物流企业（Logistics enterprise）指从事物流活动的经济组织，至少从事运输含运输代理、货物快递或仓储一种经营业务，并能够按照客户物流需求对运输、储存、装卸、包装、流通加工、配送等基本功能进行组织和管理，具有与自身业务相适应的信息管理系统，实行独立核算、独立承担民事责任的经济组织。

物流企业的战略规划，重点围绕自身的物流主营业务制定，核心目标是提升物流企业的核心竞争力和可持续发展能力。在当今经济全球化日益紧密、市场竞争日益激烈的大背景下，物流企业，无论是国际型物流巨头，如 UPS（联合包裹）、FedEx（联邦快递）、DPWN（德国邮政）等，还是普通物流企业，都高度重视企业战略规划的重要作用。我国物流企业同样如此，特别是大型物流企业，如中远物流、中海物流、中邮物流等，都制定有较为系统的企业战略规划，以更好地指导企业未来的发展。

目前，由于多方面因素影响，我国物流企业的战略规划还存在一定的问题，比如过分强调多元化发展，企业资源被过度分散；企业发展方向感不强，长远战略目标并不明确；企业战略规划注重形式，缺乏切实可行的阶段指导；战略决策随意性较大，科学的决策系统尚未建立；对市场和竞争环境的认识和分析还不深入，缺乏严谨的科学分析；部门之间的信息不对称，内部协调不一致等，种种这些也影响着企业物流规划的作用及其具体实施。但客观而言，企业层面的战略规划对于指导物流企业的发展还是发挥了重要的作用，特别是随着近年来企业对于战略规划重视程度不断提升，规划本身编制过程不断科学，内容进一步完备，战略规划对于企业发展的现实指导作用显著增强。

专栏 4-5

中远物流发展规划的战略目标

中远物流定位于“整合的物流服务供应商”，以“做最强的物流服务商，做最好的船务代理人”为目标，秉承“服务客户最优，回报股东最大”的经营理念，重点在家电和电子物流、航空物流、化工物流、会展物流、电力物流、供应链等业务领域为国内外客户提供全程物流解决方案，提升供应链管理品质，为客户创造更大价值。

资料来源：中远物流官方网站

专栏 4-6

中海物流发展规划的战略目标与重点举措

一、战略目标

成为以构筑集装箱供应链为特色的物流企业；成为提供多种服务方式的综合性物流企业；逐步地发展成为全球物流服务商；成为境内以化工品物流、纸品物流、汽车物流、产品制造业物流和家电产品物流为主体，具有行业核心竞争力的第三方物流企业，经营规模名列国内物流行业中的前三名。

二、重点举措

依托航运主业，服务航运主业，发展物流产业。

依托航运主业，是充分利用中国海运的集装箱、散货、油运等专业化船队已经形成的强大实力和客户资源，积极拓展与航运相关的货运代理、陆上运输、仓储配送等服务。

服务航运主业，是利用业已形成的陆上运输和仓储配送等资源，作为航运主业的陆岸配套，为客户提供一体化物流服务，为主业提供稳定的支持和保障功能。

发展物流产业，是以客户供应链管理为核心，通过自有资源投入和社会资源整合有机结合，帮助客户不断优化和提高供应链管理水平，降低供应链管理成本，与客户建立长期稳定的供应链伙伴关系，获取稳定的物流服务收益。

资料来源：中海物流官方网站

专栏 4-7

中邮物流发展规划的战略目标与发展重点

一、战略目标

运用第三方物流的经营理念、管理模式和技术方法，发挥中国邮政品牌与资源优势，整合邮政物流资源及必要的社会物流资源，以市场为导向，以科技为支撑，建立与国际物流网络对接、覆盖全国的物流网络和先进、高效的物流信息平台，形成一体化物流服务体系，实现物流、信息流与资金流的融合，为客户提供供应链解决方案和综合物流服务，并将邮政物流发展成为中国规模最大、具有国际竞争力的第三方物流企业。

二、市场定位

围绕国民经济和社会发展需要，以多批次、高时效、高附加值、小批量、小体积、小重量的物品为主，重点为IT(电子、电信)、医药、出版、汽车配件、高档消费品、烟草、电子商务等行业的国内外大中型制造企业、品牌流通企业和电子商务企业提供定制化的、高层次精益物流服务。

资料来源：中邮物流官方网站

4.2.3.2 其他企业战略规划的物流内容

如前所述，这里谈到的其他企业是指物流并非企业主营业务的市场经济主体。该类企业的物流可以理解为以企业经营为核心的物流活动，即物流是企业自身生产运行的重要支撑和保障。

就生产性企业而言，其生产运行的基本流程是投入—转换(生产)—产出。一般而言，投入的要素包括原材料、燃料、人力、资本等，经过生产性制造、加工等，转换为最终产品(或半成品)从企业流出。所有的生产性企业的生产运行都会涉及具体的物流活动，比如，钢铁企业的原材料、产成品物流，汽车生产企业的原材料、产成品物流等。而且，在企业生产运行基本流程中的各个环节，也都会涉及物流活动，比如，在投入环节为企业材料外供应或外输入物流，生产转换环节则是企业内生产物流或内转换物流，产出环节则是企业外销售物流。

目前，我国大型生产性企业为了更好地解决企业生产过程中的物流供应与保障问题，大都成立有专门的物流公司或部门，负责本企业原材料、半成品以及产品的物流运作，部分生产性企业的物流公司在承担本企业生产性物流的同时，也在积极推进转型发展，不断拓展经营范围，参与一定的社会性物流生产服务。这在一定程度上丰富了我国物流市场的供给，提升了物流生产服务能力，对于促进我国物流业的发展具有积极作用。

专栏 4-8

武汉钢铁(集团)物流公司规划目标

一、企业概况

武钢物流管理公司是中国特大型钢铁联合企业——武汉钢铁(集团)公司旗下，专业负责武钢青山本部钢材产品销售物流组织管理工作的分公司。公司前身为武钢储运公司，成立于1998年，是国内最早引进现代物流理念、应用现代物流信息技术的专业化钢铁物流企业之一。公司以铁路、水路运输为主，以公路运输为辅，形成了辐射全国的物流运输网络。

二、主要职能

公司下设大型、轧板、热轧、冷轧、硅钢和 CSP 六大行政库区，主要负责武钢的产品物流。

大型成品库分为高线库、型线库和重轨库三部分，主要存储和外发武钢的线材产品、型材产品和重轨产品。

轧板成品库分为轧板库和高坡地库两部分，主要存储和外发武钢的中厚板产品，同时负责武钢部分钢材产品的中转外发工作。

热轧成品库由一热、二热和三热三个分库组成，主要存储和外发武钢的热轧板材、卷材和带材产品。

冷轧成品库由一冷、二冷和三冷三个分库组成，主要存储和外发武钢的普板、卷、带材，镀锌板卷，彩涂卷，电工钢卷，镀锡板卷五大系列产品。

硅钢成品库由一硅、二硅和三硅三个分库组成，主要存储和外发武钢的取向硅钢和无取向硅钢产品。

CSP 成品库，主要存储和外发武钢的热轧卷材产品。

三、规划目标

做武钢集团销售物流解决方案和服务的提供商，立足武钢集团，面向全国，以实体网络为基础，以电子商务技术为手段，实现信息和资源共享，致力于为客户提供高效优质的钢材配送服务，以最大限度满足客户的各种需要，成为武钢集团销售物流解决方案和服务的提供商，完成从传统的储运企业向现代物流企业的转变。

资料来源：武钢物流官方网站

4.3 不同范围规划的比较

如前所述，按照覆盖区域空间范围等的不同，物流规划可以分为国际范围的物流规划和国内范围的物流规划，其中，国内范围的物流规划又包括全国物流规划、区域物流规划、省域物流规划、市域物流规划、县域物流规划等。涵盖我国国土范围的全国物流规划在上一节中已有介绍。本节重点分析比较区域、省域两个层级物流规划。

4.3.1 区域物流规划

所谓区域物流规划是指在我国范围内覆盖多个省（自治区、直辖市）空间范围的跨省（自治区、直辖市）间的物流规划。目前，我国区域物流规划主要分为两大类，一类是囊括在区域综合性规划中的物流规划内容，另一类则是区域物流专项规划。

4.3.1.1 区域性综合规划的物流内容

近年来，特别是“十一五”以来，国家高度重视区域性规划在指导和促进区域良性互动发展协调发展中的重要作用，国务院先后批复了《长江三角洲地区区域规划》、《成渝经济区区域规划》等一系列区域性规划，这些规划中都涉及区域性物流产业发展的总体思路，尽管不同区域规划中物流业发展的任务和重点有所差别，但物流发展的战略定位基本一致，即均将物流业作为重要的基础性、先导性、服务性产业，以更好地支撑和引导区域经济协调、健康、快速发展。

这里重点以《长江三角洲地区区域规划》、《成渝经济区区域规划》为例，列举一下两个规划中的物流发展思路与重点。

4.3.1.1.1　长江三角洲地区区域规划

2010 年 5 月，国务院批复了由国家发展和改革委员会组织编制的《长江三角洲地区区域规划》。该规划涵盖上海市、江苏省和浙江省“两省一市”，区域面积 21.1 万平方公里。规划以上海市和江苏省的南京、苏州、无锡、常州、镇江、扬州、泰州、南通，浙江省的杭州、宁波、湖州、嘉兴、绍兴、舟山、台州 16 个城市为核心区，统筹两省一市发展，辐射泛长三角地区。规划期为 2009—2015 年，未来展望到 2020 年。

《长江三角洲地区区域规划》明确提出要将长江三角洲地区打造成为亚太地区重要的国际门户、全球重要的现代服务业和先进制造业中心、具有较强国际竞争力的世界级城市群，并将物流业作为实现上述战略目标的重要支撑和保障。

具体而言，要围绕上海国际经济、金融、贸易和航运中心建设，打造在亚太乃至全球有重要影响力的国际金融服务体系、国际商务服务体系、国际物流网络体系，提高开放型经济水平，在我国参与全球合作与对外交流中发挥主体作用。要围绕培育区域性综合服务功能，加快发展金融、物流、信息、研发等面向生产的服务业，努力形成以服务业为主的产业结构，建设一批主体功能突出、辐射带动能力强的现代服务业集聚区。

并对不同城市的物流发展侧重予以明确规划，即“上海重点发展金融、航运等服务业，成为服务全国、面向国际的现代服务业中心。南京重点发展现代物流、科技、文化旅游等服务业，成为长三角地区北翼的现代服务业中心。杭州重点发展文化创意、旅游休闲、电子商务等服务业，成为长三角地区南翼的现代服务业中心。苏州重点发展现代物流、科技服务、商务会展、旅游休闲等服务业，无锡重点发展创意设计、服务外包等服务业，宁波重点发展现代物流、商务会展等服务业。苏北和浙西南地区主要城市在改造提升传统服务业的基础上，加快建设各具特色的现代服务业集聚区”。

4.3.1.1.2　成渝经济区区域规划

2011 年 5 月，国务院批复了由国家发展和改革委员会组织编制的《成渝经济区区域规划》。该规划范围包括重庆市的万州、涪陵、渝中、大渡口、江北、沙坪坝、九龙坡、南岸、北碚、万盛、渝北、巴南、长寿、江津、合川、永川、南川、双桥、綦江、潼南、铜梁、大足、荣昌、璧山、梁平、丰都、垫江、忠县、开县、云阳、石柱 31 个区县，四川省的成都、德阳、绵阳、眉山、资阳、遂宁、乐山、雅安、自贡、泸州、内江、南充、宜宾、达州、广安 15 个市，区域面积 20.6 万平方公里。规划期为 2011—2015 年，远期展望到 2020 年。

《成渝经济区区域规划》明确提出要将成渝经济区打造成为“西部地区重要的经济中心、全国重要的现代产业基地、深化内陆开放的试验区、统筹城乡发展的示范区、长江上游生态安全的保障区”。

围绕这一战略定位，成渝地区物流业也被赋予新的战略使命。具体而言，要依托交通和通信基础设施网络，建立以重庆、成都为枢纽，区域性中心城市为节点，物流园区为载体，第三方物流企业为支撑的现代物流体系。加强物流园区建设，重点建设重庆、成都物流中心，在区域性中心城市和重要货物集散地，规划建设一批各具特色的物流园区。加快物流企业重组兼并，支持第三方物流企业发展，培育一批服务水平高、国际竞争力强的大型现代物流企业。建立区域性物流公共信息系统，推广物流管理技术和服务标准。加强应急物流体系建设，提高应对自然灾害、重大疫情等突发事件的能力。

4.3.1.2 区域性物流专项规划

目前，我国真正意义上的区域性物流专项规划数量较少，特别是由国家相关部委编制并颁布的区域性物流专项规划数量更是有限，其中，最具代表性的是2011年11月由国家发展和改革委员会印发的《东北地区物流业发展规划》。

4.3.1.2.1 规划范围及时限

该规划的空间范围包括辽宁省、吉林省、黑龙江省和内蒙古自治区东部的呼伦贝尔市、兴安盟、通辽市、赤峰市和锡林郭勒盟。规划期限为2011—2015年。

4.3.1.2.2 指导思想

深入贯彻落实科学发展观，立足东北地区经济结构战略性调整的现实需求，优化物流业发展布局，统筹物流基础设施建设，创新物流服务模式，提高物流科技水平，完善物流业发展的体制机制，扩大物流业对外开放，推进区域物流发展一体化，促进物流业与相关产业协同发展，培育形成现代物流产业体系，为老工业基地全面振兴提供有力保障。

4.3.1.2.3 基本原则

(1)市场导向。充分发挥市场配置资源的基础性作用，调动企业的积极性，优化整合现有物流基础设施，科学布局新建设施。

(2)协调发展。协调东北地区各省区、东北地区与国内其他地区、东北地区与东北亚区域的物流业发展，推动其他产业与物流业的联动发展。

(3)创新发展。把创新作为提升东北地区物流业发展水平的有力支撑，创新服务模式，借鉴国内外新理念新经验，积极采用新技术新装备，注重对接国内外技术标准，提高企业物流技术和供应链管理水平。

(4)外向发展。把开放作为增强东北地区物流产业发展活力的重要途径，利用东北地区沿海沿边和处于东北亚中心地带的区位优势，加强对外合作，改善港口、边境口岸和国际通道设施条件，提高通关效率，大力发展国际物流，提高国际化水平。

4.3.1.2.4 发展目标

到2015年，初步建立起布局合理、技术先进、便捷高效的现代物流服务体系，有力支撑东北老工业基地全面振兴。物流社会化、专业化水平显著提高，物流服务能力进一步增强，全社会物流总费用与地区生产总值比率比2010年下降1.5个百分点，培育形成30个以上具有区域辐射能力和规模效益的物流产业园区、若干个大型物流企业集团、一批具有经营特色的中小物流企业和服务品牌。

4.3.1.2.5 主要任务

《东北地区物流业发展规划》明确提出未来东北地区物流发展的10大主要任务，即加强物流基础设施建设，加快第三方物流发展，推进企业内部物流服务社会化，推动重点领域物流业发展，统筹城乡物流发展，提高物流信息化水平，促进物流技术和服务创新，大力发展国际物流，促进区域物流一体化，积极发展绿色物流。

东北地区重点领域物流发展见表4-2。

东北地区重点领域物流发展　　表4-2

重点领域	发展重点
粮食物流	围绕三江、松嫩、辽河平原和蒙东地区等商品粮基地，构建东北地区主产区连接主销区，集合内外贸、生产加工、采购交易等功能的粮食物流体系。大力推广散粮运输方式，积极推动发展铁海联运，构建以北良港为龙头，锦州港、营口港、大连港、丹东港为支撑的"北粮南运"港口物流体系；结合散粮装卸设施情况以及铁路粮食大型装车点建设，建设粮食物流中心，适时开通从东北地区到关内华北、华东、华中地区的散粮铁路运输定点定向班列；开展东北地区半成品粮"入关"集装化运输试点；鼓励大型粮食生产、流通企业与主销区大型粮食物流节点战略合作，提高主销区散粮接卸和仓储能力。发展粮食网上交易，建立全国性的粮食物流信息服务平台。鼓励大型粮食经营和加工企业通过兼并、重组和股份制改造，培育一批跨行业、跨地区，集粮食收购、储存、中转、加工、贸易等业务于一体的粮食物流企业集团
煤炭物流	结合铁路煤炭战略装车点的建设，加强煤炭物流基础设施和通道建设，提升蒙东煤炭物流集散能力，重点建设和畅通赤大白—锦州港、锡赤绥—绥中港、巴新铁路、巴珠铁路以及扩能改造通霍线、绥满线等煤炭物流通道。加强营口港、锦州港等港口煤炭物流基础设施建设，大力发展煤炭分销物流。构建服务俄罗斯和蒙古国的煤炭国际物流服务体系。支持煤炭物流企业整合采购、物流、配煤、销售、资金、信息等功能，实施创新和集约的煤炭物流供应链服务
石油化工物流	依托大连、抚顺、锦州、葫芦岛、盘锦、吉林、大庆等石油化工产业基地，建设集信息、交易、存储、运输等功能于一体的危险化学品物流中心；发展专业化的危险品物流服务，加强对危险化学品物流全过程的跟踪、监控、管理。提升完善管道运输
钢铁物流	提升大连港、营口港矿石码头的吞吐能力，新建丹东港矿石码头。建设同江铁路大桥，畅通俄罗斯矿石物流通道。建设以大连港、营口港、丹东港等为主的铁矿石供应物流系统。在大连、沈阳、长春、哈尔滨、鞍山、齐齐哈尔等地建设以加工配送、网上交易、物流金融等增值服务为主要特征的现代钢铁物流中心
汽车物流	依托长春、沈阳、大连、哈尔滨等汽车及零部件生产和商贸流通集聚区，整合汽车及零部件制造业物流资源，规范商品车运输市场，开发标准运输装备，建立以汽车生产基地为核心的汽车物流服务体系。重点培育在全国具备龙头作用汽车专业物流服务商。
装备物流	在沈阳、大连、长春、哈尔滨、齐齐哈尔等地建设装备制造物流中心，鼓励专业物流企业为装备制造产业提供包括采购、生产、销售、备品备件供应等供应链物流服务
冷链物流	围绕区域内主要畜牧、水产、农产品生产基地建设，以中心城市的鲜活农产品批发市场和加工配送基地为中心，应用现代物流技术，建设鲜活农产品冷链物流设施，构建冷链物流服务体系。培育一批在国内具有一定竞争能力的冷链物流企业，促进传统冷藏运输企业向集仓储、运输、加工、配送等功能于一体的冷链物流企业转变。创新农产品采购流通模式，缩短流通环节，提高冷链货物流通效率
集装箱物流	加强港口、边境口岸、内陆港、集装箱中心站等基础设施建设，发展以海铁联运为主的多式联运体系，建立港口、边境口岸与腹地一体化的集装箱物流网络；结合散货集装箱化的趋势，提高适箱货物的装箱率，推广集装箱运输，完善哈大集装箱铁路运输通道

4.3.2　省域物流规划

我国的省、自治区、直辖市层面，也十分重视物流规划的指导作用。特别是进入"十二五"时期，各省对物流产业的认识进一步深化，我国很多省(自治区、直辖市)，如北京市、上海市、天津市、浙江省、江苏省、湖北省、湖南省、山东省、甘肃省、内蒙古自治区、宁夏回族自治区等，都编制并颁发了辖区范围内的物流业发展专项规划，确定了“十二五”时期各自物流业发展的思路、原则、目标和重点任务，旨在更好地指导自身物流业的发展壮大，更好地支撑和引导省（自治区、直辖市）域经济社会健康持续发展。这里重点选择北京、上海、浙江、山东、湖北、湖南、甘肃、内蒙古等东、中、西部地区的省（自治区、直辖市），对其“十二五”物流业专项规划的原则、目标和重点进行介绍。

4.3.2.1 北京市

2011年11月，北京市发布了《北京市“十二五”时期物流业发展规划》，确定了“十二五”发展的目标和任务。

4.3.2.1.1 发展目标

进一步完善物流基础设施，引导产业集聚发展，构建以特大型都市运行保障为基础，以物流总部经济和国际物流为特色，以社会化、集约化、专业化物流为骨干的城市现代物流服务体系。全面提升物流服务的能力和水平，为建设中国特色世界城市、打造国际商贸中心提供坚实的物流服务保障。2015年北京市物流业发展预期性指标见表4-3。

2015年北京市物流业发展预期性指标 表4-3

序　号	指标名称	2015年预期目标
1	社会物流总额年均增长	20%左右
2	物流业增加值年均增长	8%左右
3	全社会物流总费用/全市生产总值	15%以下
4	社会物流总费用与GDP的比率	12%左右
5	规模以上连锁超市主要商品统一配送率	90%以上
6	乡镇连锁商业系统商品统一配送率	60%以上
7	果蔬、肉类、水产品冷链流通率	分别提高15%左右
8	物流基地和天竺综合保税区物流业务总收入	超过1 000亿元

4.3.2.1.2 主要任务

规划确定了六大发展任务，包括优化空间布局，完善物流基础设施；提升城市物流配送水平，提高服务保障能力；大力发展专业化物流，打造物流总部经济；强化区域物流合作，拓展首都经济圈物流服务功能；发挥政策功能区优势，加快发展国际物流；加快物流业发展方式转变，实现可持续发展。

4.3.2.2 上海市

2012年5月，上海市发布了《上海市现代物流业发展“十二五”规划》，确定了“十二五”发展的目标和任务。

4.3.2.2.1 发展目标

以高端物流服务为核心，加快物流业向“高效率、高增值、低消耗”转变，到2015年，使物流业成为上海推进“四个率先”、建设“四个中心”的重要产业载体，使上海成为全国现代物流业发展的引领示范高地，形成与国际经济、金融、贸易、航运中心核心功能相匹配，初步具有全球物流资源配置功能的国际物流枢纽城市和全球供应链管理中心之一。2015 年上海市物流业发展预期性指标见表 4-4。

2015 年上海市物流业发展预期性指标　　表 4-4

序　号	指标名称	2015 年预期目标
1	物流业增加值年均增速	10%左右
2	物流业增加值/全市生产总值	13%左右
3	全社会物流总费用/全市生产总值	15%以下
4	航空货邮吞吐量	500 万～550 万吨
5	港口货物吞吐量	保持在 6.5 亿吨左右
6	集装箱吞吐量	3 300 万 TEU 左右
7	集装箱水水中转比例	45%
8	铁路集疏运比重	进一步提高
9	铁路货运比重	5%以上
10	江海联运、水铁联运、公铁联运比例	进一步提高
11	物流信息化和标准化水平	有较大提升
12	口岸物流通关单证电子化率	80%以上
13	国内外优势物流企业总部、本市大型综合物流企业以及专业化物流服务企业数量	进一步提高

4.3.2.2.2　发展重点

规划提出未来发展的四大重点，包括口岸物流、制造业物流、城市配送物流和电子商务物流。

4.3.2.2.3　主要任务

规划提出十大主要任务，包括着力推动转型，培育符合“四个中心”的高端物流功能；适应产业升级需要，加快提高供应链管理服务能力；落实扩大内需战略，大力建设现代商贸物流体系；提高技术研发应用水平，积极建设“智慧物流”城市；更加注重物流安全，推进“绿色物流”体系建设；发挥大市场、大流通作用，推动农产品物流加快发展；优化货物运输结构，加快形成多式联运物流体系；高度重视物流标准化，不断提升物流业服务水平；加快制度改革突破，大力营造现代物流业发展环境；建设开放的市场体系，进一步推动区域物流联动发展。

4.3.2.3　浙江省

2011 年 6 月，浙江省发布了《浙江省“十二五”物流业发展规划》，确定了“十二五”发展的目标和任务。

4.3.2.3.1　发展目标

到 2015 年，全省物流业取得快速发展，空间布局明显优化，以港口物流、专业市场和产业集群物流、城乡配送和快递物流等为重点的现代物流产业体系基本形成，在服务业中的支柱地位和国民经济中的基础性作用进一步凸显；物流业增加值年均递增 12%左右，达到 4 500 亿元左右(按 2010 年价格计算)，占全省服务业增加值的比重达到 23%左右，占生产总值比重达到

10%左右;全社会物流总费用相对于 GDP 的比率明显下降。

4.3.2.3.2 主要任务

规划提出十大主要任务,包括:以物流枢纽和物流节点建设为重点,优化物流业发展空间布局;以港口物流、专业市场和产业集群物流、城乡配送和快递物流发展为重点,构建现代物流产业体系;以分离发展、引进移植和整合提升为重点,加强物流市场主体建设;以物流标准化、信息化和高新技术开发应用为重点,加快推进物流现代化进程;以深化改革开放为重点,着力改善物流业发展环境。

4.3.2.4 山东省

2011 年 4 月,山东省发布了《山东省现代物流业"十二五"发展规划》,确定了"十二五"发展的目标和任务。

4.3.2.4.1 发展目标

建成全国九大物流区域之一,发挥在全国七大物流通道作用,建设一批物流节点城市和物流基地,培育一批物流名牌企业,为建设经济文化强省提供坚实物流体系保障。到 2015 年,社会物流总额完成 18 万亿元,年均递增 12%;物流业增加值完成 4 800 亿元,年均递增 11%,占 GDP 的比重达到 8.5%以上,占第三产业的比重达到 22%以上;全社会物流总费用占 GDP 的比重下降到 17%左右;培育 100 家具有国际、国内竞争力的大型综合物流企业,扶持 150 家制造业与物流业联动发展示范企业。基本形成城市与农村相结合、物流业与农业、工业、商贸业联动发展,布局合理、信息畅通、技术先进、管理规范、节能环保、安全有序的现代物流服务体系。

4.3.2.4.2 主要任务

规划提出九大发展任务,包括推进物流服务专业化和社会化,培育壮大龙头物流企业,完善城乡一体化配送体系,加强多式联运工程建设,大力推动物流业与其他产业联动发展,积极推广物流标准化,提升物流信息化水平,加快研发和推广物流新技术、新装备,加快物流人才培养。

4.3.2.5 湖北省

2012 年,湖北省发布了《湖北省现代物流业发展"十二五"规划》,确定了"十二五"发展的目标和任务。

4.3.2.5.1 发展目标

到 2015 年,充分依托湖北的区位优势、交通条件、产业基础和物流需求,逐步构建物流圈(带)—物流节点城市—物流园区—专业化物流中心为骨干的现代物流服务网络体系,发展辐射全国的中部物资集散中心、商贸流通中心和物流信息中心,建设南北物流通道中心枢纽和长江物流通道中心枢纽,力争建成以"一主两副"中心城市为核心,立足湖北、面向全国、连接国际的中部物流核心区域,确立现代物流业作为全省支柱产业之一的重要地位。

具体而言:物流业规模平稳较快增长,全省社会物流总额年均增长 12%;到 2015 年,物流业增加值超过 2 000 亿元,年均增长 13%以上。物流整体运行效率显著提高,社会物流总费用占 GDP 的比重下降 1 个百分点以上。物流市场主体进一步壮大,培育 5~6 个国家级物流示范园区,发展 5 家以上 5A 级物流企业、10 家以上 4A 级物流企业和 25 家以上 3A 级物流企业。物流网络布局进一步完善，重点发展武汉物流圈、鄂西物流圈、长江物流带等三大物流圈（带），建设长江、汉江物流通道和一批地区性物流节点城市。物流科技应用水平进一步提高。

4.3.2.5.2　发展重点

规划提出三大重点行业，包括工业物流、农业物流、商贸物流；四大重点领域，包括保税物流、中转物流、快递物流、应急物流。

4.3.2.6　湖南省

2011 年 11 月，湖南省发布了《湖南省“十二五”物流业发展规划》，确定了“十二五”发展的目标和任务。

4.3.2.6.1　发展目标

基本建成基础设施完备、资源整合有效、空间布局合理、行业发展集聚、产业联动顺畅、运作技术先进、创新能力突出，符合“四化两型”建设要求，立足湖南、面向全国、联通国际的现代物流体系。大力发展第三方物流和物流金融服务，努力实现物流产业规模不断扩大，物流服务能力逐步增强，物流运作效率显著提高，物流社会化、专业化、标准化、信息化、智能化水平明显提升，为湖南经济社会发展提供服务保障。

到 2015 年末，全省社会物流总额实现 5 500 亿元，物流业增加值达到 1900 亿元，全社会物流总费用占 GDP 的比重下降 1.5%～2%。建成物流收入过 50 亿元物流园区 2～3 个，国家 A 级物流企业 150 家以上，其中年物流收入过 20 亿元的物流企业 2～3 家，过 10 亿元 15 家，过亿元的 100 家以上。

4.3.2.6.2　主要任务

规划提出了八大发展任务，包括优化物流发展总体布局，创新物流业发展模式，着力发展第三方物流，加强物流基础设施建设，积极推动实施物流标准化，大力发展国际物流和保税物流，不断提高信息化水平，优化物流发展环境。

4.3.2.7　甘肃省

2011 年 12 月，甘肃省发布了《甘肃省“十二五”物流业发展规划》，确定了“十二五”发展的目标和任务。

4.3.2.7.1　发展目标

经过 5～10 年的努力，打造一个物流核心圈、四大物流通道、六大物流枢纽、六大物流集聚区，构建物流基础设施、物流技术信息、物流政策三大平台，实施九大物流工程，形成与经济发展相适应、贯通东西、连接南北、服务西部、辐射中亚的社会化、专业化的现代物流体系。

全省物流业增加值年均增长 15%以上，全社会物流增加值由 2010 年的 286.47 亿元增加到 2015 年的 600 亿元。大幅度降低物流成本，使全社会物流总费用占地区生产总值的比重从 2010 年的 18.5%下降到 2015 年的 15%以下。经营规模 10 亿元以上物流企业集团达到 5 家左右，1 亿元以上物流企业超过 10 家，5 000 万元以上物流企业超过 30 家；达到国家 3A 级标准的物流企业不少于 30 家，4A 级物流企业不少于 20 家，5A 级物流企业达到 10 家；建成 15 个大型物流园区，创建国家两业联动试点单位 10 家，国家物流营业税差额纳税试点企业 30

家。公共物流区处理的货物量占全社会货物处理量的比例提高到20%左右，物流业对全省经济增长的贡献率达到8%。甘肃省物流核心圈布局如图4-2所示。

图4-2 甘肃省物流核心圈布局图

4.3.2.7.2 主要任务

规划提出了六大发展任务，包括积极推进交通基础设施建设，大力促进物流信息化建设，发展培育物流市场，积极转变物流增长方式，加快完善现代物流体系，实施九大物流工程。

4.3.2.8 内蒙古自治区

2012年，内蒙古颁布了《内蒙古自治区"十二五"物流业发展规划》，确定了"十二五"发展的目标和任务。

4.3.2.8.1 发展目标

到2015年，全区"两区一带"物流发展格局基本形成，物流运输网络便捷高效，物流技术和信息化程度达到全国平均水平，基本建成与经济发展相适应的现代物流体系，物流业成为国民经济重要的增长点。

物流业规模进一步扩大，货物运输量达到32亿吨，货物周转量达到11 950亿吨公里，"十二五"期间分别年均增长16%和20%；交通运输、仓储和邮政业增加值达到1 800亿元，"十二五"期间年均增长15%。物流整体运行效率显著提高，全社会物流总费用与GDP的比率达到全国平均水平。物流的社会化、专业化水平明显提高，第三方物流的比重明显增加。

4.3.2.8.2 主要任务

规划明确提出"十二五"时期发展的任务和重点：一是根据自治区经济结构、产业布局、交通条件、区位特点等因素，构建西部物流区域、东部物流区域和口岸物流带"两区一带"的现代物流业发展格局；二是围绕新型工业化、城镇化、农牧业现代化和新农村新牧区建设，发挥陆路口岸优势，构建工业物流、农牧业物流、城乡物流和国际物流四大物流体系；三是加强物流基础设施建设，包括物流通道建设、综合交通枢纽和站场建设、物流园区建设、物流公共信息平台建设等。

4.4　物流规划的总体评价

通过上述两节的分析，可以看出不同层级、不同区域物流规划在规划的目的、目标、范围、内容等方面存在着明显的区别，彼此之间也存在着上位指导与下位支撑的关系，很多规划在内容以及范围等方面相互交织、相互影响，规划的总体框架形式较为相似。

4.4.1　不同层级规划指导性和目的性不同

按层次类别划分，我国的物流规划可以简单划分为国家层级、行业层级、区域层级、企业层级等，不同层次类别规划的针对性、目的性、指导性各不相同。

国家层级的物流规划是指导全国物流行业发展的纲领性指导，属于宏观层次规划类别，是国家意志的体现，具有战略性、全局性，是制定行业物流规划、区域物流规划、企业物流规划等的上位指导。

行业层级的物流规划是针对特定行业或特定货种货类的物流发展的具体指导，比如，农产品物流、钢铁物流、工业物流等，属于中观层次的规划类别，是行业内相关企业制定物流规划的上位指导。一般而言，很多物流企业涉及多个经营领域和业务范围，因此，其上位的行业物流规划可能不止一个。

区域层级的物流规划是针对特定区域范围内物流行业整体发展的具体指导，比如，××地区(东北、长三角等)、××省、××市、××县等。区域层级的物流规划同样属于中观层次的规划类别，是指导区域内相关企业制定企业发展战略及规划的上位指导。不同省、自治区、直辖市“十二五”物流规划主要内容比较见表4-5。

企业层级的物流规划是针对企业未来一定时期生产经营活动的具体指导，属于微观层次的规划类别。不同企业自身情况不一样，其规划的方向、目标、内容等也会有很大的差别，在规划的框架和表现形式方面也没有统一规范。

4.4.2　物流发展规划体系整体尚不够完善

尽管我国已经基本形成由国家、行业、区域、企业四大层级共同构成的物流发展规划体系，但目前我国物流规划体系仍不完善，规划的指导性、规范性还不尽理想。

4.4.2.1　缺乏顶层设计

目前，我国物流发展的顶层设计相对比较薄弱，还没有真正意义上的国家层级的物流规划，物流专项规划的宏观指导性、战略性以及延续性不强。

4.4.2.2　行业层级的物流规划不完善

一方面，很多重要行业尚没有关于物流方面的前瞻性、方向性的发展指导；另一方面，即便一些行业制定了一定时期内的行业物流规划，但既有规划的系统性、逻辑性、针对性、科学性还不强，规划的指导性以及实践操作性还不尽理想。

不同省、自治区、直辖市“十二五”物流规划主要内容比较

表 4-5

省份	规划名称	基本原则	主要目标	重点方向	政策措施
北京	物流业发展规划	四大原则：统筹规划，促进协调发展；科技引领，实现创新发展；结构调整，带动高端发展；功能提升，增强保障能力	物流增加值年均增长 8%左右；全社会物流总费用与 GDP 比率降至 12%左右	以物流总部经济和国际物流为特色，以社会化、集约化、专业化物流为骨干	三大举措：加大对物流业投入力度；保障重要物流设施用地；减轻物流企业税收负担，促进物流车辆便利通行
上海	现代物流业发展规划	四大原则：高端带动，创新发展；产业互动，融合发展；低碳推动，绿色发展；区域联动，改革发展	物流业增加值年均增速 10%左右；全社会物流总费用与 GDP 比率达到 15%以下	口岸物流；制造业物流；城市配送物流；电子商务物流	十大举措：完善工作推进机制；改进行政管理方式；支持企业主体创新做强；加快符合现代物流发展的税制改革；优化物流口岸环境；改善物流车辆交通管理；多渠道加大物流业资金投入力度；加强物流专业人才引进培养；建立健全物流统计调查制度；发挥行业中介组织作用
浙江	物流业发展规划	四大原则：强化基础产业定位；突出重点发展领域；壮大物流市场主体；拓展增值服务空间	物流业增加值年均递增 12%左右；全社会物流总费用相对于 GDP 的比率明显下降	以港口物流、专业市场和产业集群物流、城乡配送和快递物流发展为重点	五大举措：规划建设一批重点物流园区；推进实施一批重点物流项目；选择培育一批重点物流企业；培养引进一批高素质物流人才；修订完善一批物流业促进政策
山东	现代物流业发展规划	六大原则：政府规划引导，市场配置资源，营造发展环境；深化改革开放，理顺管理体制，打破条块分割；推进标准化和商标战略，采用先进信息化技术，提高物流效能；加强基础设施建设，发展综合运输体系，实现物流畅通高效；整合存量，优化增量，创新服务；推进行业协调，促进产业联动，发展特色物流	物流业增加值完成 4 800 亿元，年均递增 11%；全社会物流总费用占 GDP 的比重下降到 17%左右	专业物流（包括制造业物流、农业物流、商贸物流、石化物流、煤炭物流、建材物流、医药物流、邮政物流）；特种物流（冷链物流、危险品物流、应急物流）	八大举措：建立和完善现代物流业发展的环境；完善财政税收政策；完善投资金融政策；完善土地、通关、城市通行政策；推动制造业与物流业联动发展政策；加快行业协会组织建设；建立和完善物流业统计制度；建立规划落实考核机制

续上表

省份	规划名称	基本原则	主要目标	重点方向	政策措施
湖北	现代物流业发展规划	五大原则：市场配置资源，政府营造环境；加强统筹规划，注重协调发展；突出科技引领，促进转型升级；整合物流资源，提高物流效率；突出发展重点，坚持分步实施	物流业增加值超过2 000亿元，年均增长13%以上；全社会物流总费用占GDP的比重下降1个百分点以上	工业物流、农业物流、商贸物流、保税物流、中转物流、快递物流、应急物流	八大举措：加强组织领导和协调；完善物流政策法规体系；制订落实物流专项规划；增加对物流业发展的投入；推进全省物流业对外开放与合作；加快物流人才培养和引进；加强物流统计核算工作；发挥物流行业组织的作用
湖南	物流业发展规划	五大原则：加快发展与突出两型相结合；整合存量与优化增量相结合；统筹协调与突出重点相结合；改革开放与自主发展相结合；改造提升与服务创新相结合	物流业增加值达到1 900亿元；全社会物流总费用占GDP比重下降1.5%～2%	第三方物流、国际物流、保税物流、商贸流通、冷链物流、粮食物流、农产品物流、物流配送、应急物流	七大举措：加强组织协调；注重规划引导；完善物流业发展支持政策；拓宽物流发展投融资渠道；积极培养和引进现代物流专业人才；完善物流业统计制度；发挥物流行业中介组织作用
甘肃	物流业发展规划	五大原则：坚持政府引导与企业主导相结合；坚持开发开放与整合资源相结合；坚持全面推进与重点突破相结合；坚持总量扩张与结构优化相结合；坚持服务发展与壮大自身相结合	物流业增加值年均增长15%以上，全社会物流增加值达到2015年的600亿元；全社会物流总费用占地区生产总值的比重下降到15%以下	大力发展产业物流，积极推进区域物流，建设公共物流应急体系	七大举措：加强领导协调；加大政策支持力度；改善经营环境；拓宽投融资渠道；扩大开放与合作；积极培育和引进物流人才；发挥行业社团组织的作用
内蒙古	物流业发展规划	五大原则：市场配置资源，政府营造环境；统筹规划，协调发展；整合存量，扩大总量；整体推进，重点突破；技术创新，科学发展	交通运输、仓储和邮政业增加值达到1 800亿元，年均增长15%；全社会物流总费用与GDP比率达到全国平均水平	工业物流（煤炭物流、化工物流、冶金建材物流）、农牧业物流、城乡物流、国际物流	八大举措：加强宏观指导和组织协调；大力培育物流业市场主体和服务品牌；推进物流服务的专业化和社会化；推动物流标准制定推广和新技术、新装备应用开发；多渠道增加对物流业的投入；加大对物流业政策支持力度；加强物流人才的培养；推进物流业对外开放和区域协作

4.4.2.3 区域层级的物流规划指导尚不理想

尽管近年来我国很多地区都先后制定和出台了区域性物流规划，比如，北京市、上海市、浙江省、湖北省等，但客观而言，区域层级的物流规划指导不尽理想，特别是区域规划的针对性不强，与区域自身的资源禀赋条件、产业特点、经济社会发展情况等结合不够，致使规划在具体操作上难度较大，最终的实施效果不尽理想。

4.4.3 不同类别物流规划之间的衔接不够

目前，我国不同层级、不同类别物流规划之间的相互衔接不够，特别是不同区域规划之间的衔接欠缺，很多区域层级的物流规划在目标、内容、任务重点方面，十分雷同，同质性规划布局、建设发展等较为严重。

从省级"十二五"物流发展规划来看，很多省、自治区、直辖市都将大幅提高物流业增加值作为未来发展的核心目标，而且制定的增加值增速目标都达到8%以上；都确定了高端化发展、融合化推进的物流业发展思路，都希望打造成为区域性物流中心；都将专业物流、第三方物流等作为发展重点，将加大物流基础设施建设力度，特别是将建设大规模的物流园区、物流基地等作为发展的主要任务和主要抓手，而且规划的物流园区、物流基地等规模都很大，在功能定位、业务领域等方面也十分相近，存在明显的同质化。这会在一定时期内，特别是在发展初期，对不同省、自治区、直辖市的物流发展带来一定的负面影响，造成市场的过度竞争，区域资源要素的重复、低效配置。因此，未来各省、自治区、直辖市在制定物流发展规划时，应加强彼此之间的沟通协调，强化规划方向、内容、重点等方面的深度衔接，促进各省、自治区、直辖市物流业的分工合作、协同共进，实现资源在不同区域的优化配置，从整体生提升国家以及区域物流服务的能级、效率与水平，降低全社会物流成本。

第5章　区域物流发展规划

5.1　区域经济条件分析

5.1.1　区域因素分析

5.1.1.1　区域范围

区域物流发展规划中所指的区域，一般是在自然区域的基础上，按照一定层次的经济区域的范围进行界定。在我国目前经济发展的背景下，区域物流产业发展规划一般是对一个省、自治区、直辖市或地理位置相邻、经济相关性较强的几个省、自治区、直辖市等进行的物流产业发展统一部署和安排。对于全国物流，总体上属于区域物流产业发展规划的特例，是涵盖所有区域的物流产业发展规划。

5.1.1.2　区域形态

经济区域是按人类经济活动的空间分布规律划分的具有均质性和集聚性、经济结构基本完整、在国民经济体系中发挥特定作用的地域单元。由于发展的历史背景不同，形成了不同的区域形态，主要包括三大类：一是经济背景下产生的区域形态，主要是由于地域分工不断深化，地区间经济联系与合作不断加强形成的区域；二是政治背景下产生的区域形态，主要是由于政府通过资源配置形成的区域；三是文化背景下产生的区域形态，是由特定宗教、文化等传承与融合形成的区域。近年来，我国区域形态不断创新发展，在原有东部沿海、中部内陆、西部边远三大经济带和东北、西北、华北、华东、华中、华南、西南七大经济区的基础上，又衍生出许多新的区域形态。区域物流产业发展规划落实在不同形态的区域空间范围之上，规划的目标、重点均有所不同。

5.1.1.2.1　主体功能区

《主体功能区规划》将我国国土空间分为以下主体功能区（图5-1）：按开发方式，分为优化开发区域、重点开发区域、限制开发区域和禁止开发区域；按开发内容，分为城市化地区、农产品主产区和重点生态功能区；按层级，分为国家和省级两个层面。优化开发区域、重点开发区域、限制开发区域和禁止开发区域，是基于不同区域的资源环境承载能力、现有开发强度和未来发展潜力，以是否适宜或如何进行大规模高强度工业化城镇化开发为基准划分的。城市化地区、农产品主产区和重点生态功能区，是以提供主体产品的类型为基准划分的。各类主体功能区，在全国经济社会发展中具有同等重要的地位，只是主体功能不同，开发方式不同，保护内容不同，发展首要任务不同，国家支持重点不同。

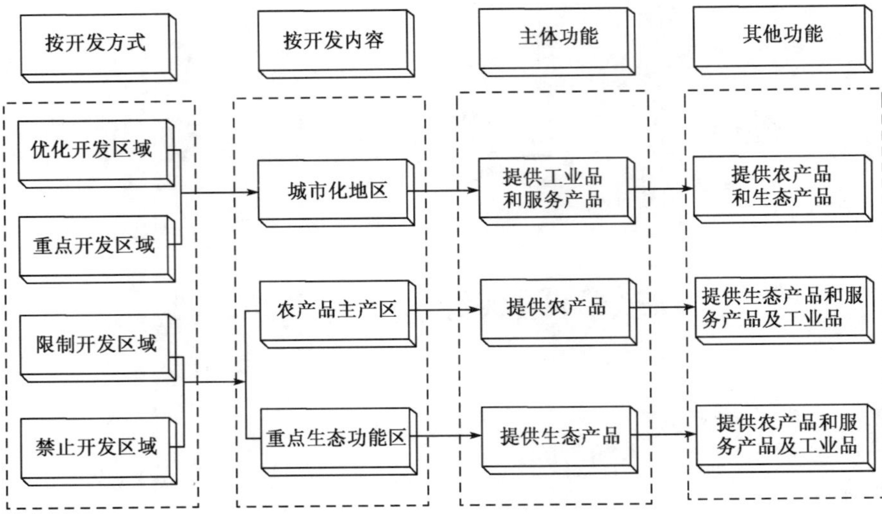

图 5-1　主体功能区分类及功能

5.1.1.2.2　城市群

《城镇化发展规划》中提出在东部地区逐步打造更具国际竞争力的城市群，在中西部有条件的地区培育壮大若干城市群，未来将形成 20 个主要的城市群。目前，京津冀、长江三角洲、珠江三角洲三大城市群已基本形成，长江中游、成渝、海峡西岸、山东半岛、哈长、辽中南、中原、江淮、关中一天水、广西北部湾等城市群也在形成之中，太原、滇中、黔中、呼包鄂榆、乌昌石、宁夏沿黄、兰州一西宁等城市群尚处于形成初期，还需进一步培育和发展。

5.1.1.2.3　国家级新区

国家级新区是指新区的成立乃至于开发建设上升为国家战略，总体发展目标、发展定位等由国务院统一进行规划和审批，相关特殊优惠政策和权限由国务院直接批复，在辖区内实行更加开放和优惠的特殊政策，鼓励新区进行各项制度改革与创新的探索工作。目前，我国共设立了 7 个国家级新区，分别是上海浦东新区、天津滨海新区、重庆两江新区、浙江舟山群岛新区、甘肃兰州新区、广州南沙新区、郑州郑东新区。

5.1.1.3　*区域物流产业发展的影响因素*

区域内不同地区的比较优势决定了各地区在区域经济发展中的地位与发展空间，基于比较优势的地区间分工和经济往来构成了区域经济体系。区域经济体系的发展状况是区域物流产业发展的外部宏观环境，对区域物流供给与需求有直接影响和带动作用。影响区域物流产业发展的经济因素主要包括：区域区位条件、区域经济发展规模及结构、产业结构及变动方向、区域经济一体化水平等。上述因素是区域物流产业发展规划中区域经济发展条件分析的主要内容。

5.1.2　区位条件分析

区位具有双重含义，它可以解释为空间中的位置，在这一重含义中，它与地理位置是相关联的，表明了地球表层中某一事物与其他事物的空间关系。区位的概念还有布置和为特定目的而联系的地区这一含义，在这一重含义中，它与区域是密切相关的。区域的区位条件分析是对规划区域的位置及相关自然与经济、社会现象进行全面分析，除了说明该区域在地球上的空间几何位置，即该区域所在的国家或地区、与周边其他区域的相对位置关系等外，还应分析规划区域特有的各种地理要素和人类经济社会活动之间的相互联系外，以及相互作用在空间位置上的反映。通过区位条件分析，明确区域物流活动的空间分布，以便在规划中进行空间区位选择、空间布局安排和空间结构优化等。

5.1.2.1 自然区位条件分析

5.1.2.1.1 地理位置

地理位置包括数理地理位置和自然地理位置。数理地理位置，又称天文位置和绝对位置，在平面上以地球表面的经纬网来确定，在高度坐标上则以海平面为基点。它既表示一个地点的绝对位置，也可以表示一地与其他地点之间的方向和空间距离。自然地理位置是指一地同周围自然地理事物的空间关系。这些自然地理事物可以是陆地、海洋、山脉、河流等自然实体，也可以是气候带、气候区、土壤和植被带、区等自然类型。

5.1.2.1.2 自然条件与资源

不同的地理位置一般对应于不同的气候气象条件、地质水文特征、作物生长条件、矿产资源储藏等，对产业布局、生产组织等具有重要影响，从而也影响到物流的流量和流向，需要对资源状况进行分析阐述。自然区位条件是通过自然界的力量形成的，很难通过人为因素加以改变，同时，自然区位条件对于地区经济发展水平、产业布局、产品结构、市场规模、交通状况等有直接或间接的影响，从而影响地区物流的发展。因此，在开展物流产业发展规划工作时，自然区位条件分析是进行地区经济发展条件分析的基础。

相对于城市物流产业发展规划，区域物流产业发展规划的规划范围在地域上更加广阔，不同区域自然区位的差异性也因此相对较大。在城市物流产业发展规划中，邻近城市间的自然区位优劣势趋同，而在区域物流产业发展规划中，邻近区域间的自然区位优劣势对比则比较鲜明。因此，在区域物流产业发展规划中，对自然区位的分析十分重要。

5.1.2.2 经济区位条件分析

区域的经济区位是该区域与具有经济意义的相关要素的空间关系。这些空间关系一般是以自然区位为基础的，但与人类的经济活动和社会活动结合更加紧密。比如珠江三角洲地区，位于我国大陆南端，南海北岸，毗邻东盟10国，这是它的自然区位，而正是由于它处于这样一个自然地理位置，使它成为我国的沿海开放门户、经济发展前沿地带，这是它的经济区位，与我国的经济发展总体战略、世界经济格局是密切相关的。

经济区位条件分析是物流产业发展规划中区位条件分析的重点内容。经济区位由诸多与经济相关的因素构成，包括能源、原料、产业、市场、贸易等。这些因素共同作用，决定了一个区域经济发展的总体环境，进而影响到区域物流供给与需求。

对于一个区域的经济区位条件分析不同于经济现状描述，前者更侧重于该区域和其他区域，特别是邻近区域经济发展状况与条件的对比分析，在优劣势比较的基础上，对其相互之间的分工协作关系进行阐述，除此之外，还要分析规划区域在一个更大范围区域内的经济地位，如在产业链中的位置、市场地位、贸易地位等。

物流产业发展规划中对规划区域的经济区位条件应从发展现代物流业的条件角度加以分

析，着重强调其经济区位在经济发展中的纽带、通道、窗口等作用。比如分析辽宁省的经济区位应指出它在东北亚地区的位置，在联系东北经济区和环渤海经济区中的作用，在东北和内蒙古东部地区与日韩等国开展对外贸易中的作用等。

5.1.2.3　交通区位条件分析

在很多产业发展规划中都将交通区位条件分析作为经济区位条件分析中的一项内容。由于现代物流与交通运输的密切关系，以及交通运输作为物流活动的核心环节和基本保障条件，再加上自身发展、运作的规律性，在物流产业发展规划中，通常把交通区位条件分析单独列出，作为一项重要内容进行专门分析。

区域交通区位条件与其自然区位密切相关，比如沿海地区通常位于海运通道上，而内陆地区一般与陆路运输通道相关联；再比如具备良好通航条件的江河成为水路运输动脉，其流域范围内的区域因此占据了水运通道的交通区位。

从物流产业发展规划角度而言，交通区位受经济区位的影响更加深刻，比如珠江三角洲位于我国东部沿海开放地带，是我国经济最发达地区之一，是全球加工制造业中心，以全球金融中心、贸易中心——香港为前哨，以资源丰富、市场广阔的中西部地区为腹地，得益于这样的经济区位，珠江三角洲成为我国乃至全球的航运中心，具有发展物流业得天独厚的交通区位。

区域交通区位还与人类的生产建设活动有直接关系。运河的开凿、铁路的修建、公路的通达、机场的建设、港口的开辟都会改变一个区域的交通区位条件。

5.1.2.4　其他区位条件分析

区域物流产业发展规划除了分析上述三个区位条件外，对其他一些对物流产业发展产生影响的区位因素也要加以分析，这些因素包括政治、文化、科技等。

政治区位主要是指一个区域与周边地区的政治关系，包括地缘政治、全球战略、安全局势等。在我国边疆地区、海峡西岸等区域，政治区位分析具有较为重要的意义。

文化区位既有历史因素，也有现实因素，它影响到区域范围内的要素价格、劳动力供给、劳动者素质、市场需求等诸多方面，在物流产业发展规划中都应给予适当的考虑和分析。

科技区位条件与经济、文化都有千丝万缕的关联，一个区域的科技发展环境、技术进步速度都可以归结为科技区位条件。科技对现代物流的影响已毋庸置疑，目前，世界上许多“临海产业区”、“临空产业区”的崛起往往都借助于优越的科技区位条件，对区域物流产业发展的推动作用是显而易见的。

5.1.3　区域国民经济现状与发展趋势分析

对于区域国民经济发展状况的分析主要涉及两个方面：一是要评价区域经济发展总体水平；二是要研究区域内由于地区间的差异而形成的特定经济结构。对于经济发展趋势的判断一般借助于科学的方法进行预测分析，包括定量预测和定性预测。对社会发展状况的分析也包括在这一部分内容当中。

5.1.3.1　区域经济发展总体水平分析

区域经济发展总体水平决定了区域物流的物流需求规模、层次和供给能力、服务水平，从需求与供给两方面影响着物流业的发展。区域经济发展总体水平主要是通过一些国民经济和社会发展总量与速度指标体现，这些指标涉及产值、投资、财政、贸易、收入、就业等诸多方面。表 5-1 中所列的是区域物流产业发展规划中经济发展水平分析的常用指标。在实际规划中并非所有指标都会用到，一些表中未列出的指标有时也会出现在具体规划中，这要根据不同区域、不同规划重点等实际情况进行取舍。

区域经济发展水平分析常用指标 表 5-1

指标类别		具体指标
经济发展指标	经济总量	国内生产总值及增长速度
		三次产业结构及变动方向
	投资	全社会固定资产投资总额及增长速度
	财政	财政收入及增长速度
	贸易	社会消费品零售总额及增长速度
		进出口总额及增长速度
	利用外资	实际利用外资额及增长速度
社会发展指标	人口与就业	年底总人口
		就业人口数
	居民生活	城镇居民人均可支配收入
		农村居民人均纯收入
		居民消费价格指数

注：上述指标中的总量指标为规划基年规划区域内各地方相应指标之和；速度指标一般是根据规划年限长短，选取规划基年之前的一个时段，计算得出的总量指标年均增长速度。

5.1.3.2 区域经济结构分析

在一个规划区域内，不同地区的经济发展水平、产业结构等往往具有差异，而同时地缘因素造成各地区间的经济相关性又很强，分工协作关系密切，从而形成了区域特有的经济结构。

区域经济系统中，以国民经济发展综合实力和科技发展水平作为评价指标，经济发展梯度最高的地区一般是区域经济发展的中心城市，这样的城市也称为经济增长极。我国区域经济结构还表现为大城市和小城镇之间的差异、城乡间的差异等，形成产业基础和消费市场分布不均衡的特征，加之自然资源禀赋的差异，使地区分工贯穿能源、原材料供给、生产、消费等整个产业链。

区域内不同地区间的差异与分工形成原材料与产品产地、市场特定的分布格局，从而影响物流的总量与方向。因此，区域经济结构分析，是区域物流产业发展规划的重要依据之一。

5.1.3.3 区域国民经济发展趋势分析

对于区域国民经济发展趋势的分析，要以经济预测为基础。经济预测是依据经济学原理，应用数理统计学以及数量经济与技术经济的方法对客观经济过程及其要素的变动趋势作出描述，从而达到预测未来的目的。目前，应用比较广泛的经济预测方法主要有如下几类：专家评估法、回归分析预测法、时间序列平滑预测法、模型法、马尔柯夫预测法等。这些方法中既有定量预测方法，也有定性预测方法，各种方法都有各自的优势和不足，在实际应用中一般采取多种方法，对结果进行比对、取舍和综合。

上述预测方法得出的结果并不能直接用于国民经济发展趋势的判断，在具体规划中，应结合宏观经济整体形势、区域发展战略、国家政策导向等对预测结果进行修正，使国民经济发展趋势分析更加具有前瞻性和指导性，以便为区域物流产业发展提供更加科学的需求与供给分析依据，使物流产业发展规划更具有服务于经济的特征。

5.1.3.4 物流在推进区域经济发展中的地位与作用

物流技术从出现到现在仅有50余年的历史，现代物流更是在近些年经济发展全球化和信息化、经济竞争集团化和区域化基础上发展起来的，特别是在区域经济发展和合作中，因产生巨大的物流服务需求，使物流与区域经济关系日益紧密。也正是由于物流管理与区域经济的紧密结合和充分合理地使用现代信息技术，才使其融入到区域经济活动中而具有了适应区域经济发展，并与区域经济紧密结合的趋势与特征。

5.1.3.4.1 促进流通业的发展

现代生产及流通新兴业态与现代物流形成了互动发展、相互促进和互为依托的良性机制。由于现代物流对全球及区域贸易、商业、制造业以及运输业具有基于内在利益驱动的基础性的整合强化作用，现代物流已在相当大的程度上成为推进区域工业和农业生产以及商业流通产业升级发展的重要因素，相关产业新兴业态在现代物流的推动下得以产生；与此同时，无论是传统业态还是新兴业态，因不断发展的需要又形成了对现代物流的强大需求。这一良性互动、互促、互依机制，是现代物流最重要的功能所在，也成为重要的发展趋势与特征。

5.1.3.4.2 促进产业组织的集约化

全球及区域、产业与企业供应链生产营销体系的兴起，正在主导现代物流的发展方向。近年来，在贸易自由化和经济全球化的迅速推动下，全球及区域市场逐步形成并完善；同时，产品的相对过剩迫使企业纷纷寻求规模化、网络化和国际化生产与销售途径。在此背景下，为了追求竞争优势，企业以实现全球化、区域化和产业化发展为战略，以降低成本和提高效益为目标，使全球及区域、产业及企业等多种形式的供应链生产营销体系逐步兴起并得到普及，逐渐成为主流的生产营销新兴业态，并以对高效率、低成本和优质的物流服务的需求，主导着现代物流的发展方向。

5.1.3.4.3 适应市场竞争的变化

产品的市场反应速度加快和竞争力度加强，迫使企业竞争方式发生转变，并对现代物流服务提出了更高要求。现代经济的显著特征是产品生命周期越来越短，企业竞争方式已不再是仅仅按照既定计划进行产品生产和销售的简单竞争，而是在提高市场所需求产品的生产响应速度，降低产品库存，压缩生产与流通成本，降低或消除企业系统性市场风险，获取市场竞争优势的全方位竞争。这种基于市场向深度拓展发育，要求信用体系不断完善，并能有效降低全社会交易成本的产品市场特征，对现代物流的专业化服务水平提出了很高的要求，使得“第三方物流”服务不断发展和壮大。

5.1.3.4.4 物流业自身的发展

物流服务在空间上的畅通性、时间上的准确性和质量上的稳定性，成为现代物流的主要特征。在保证区域经济发展及企业竞争方式转变需要，以及适应现代条件下的产品市场快速反应和竞争需要的同时，物流服务也逐步形成了在空间上的畅通性、时间上的准确性和质量上的稳定性特征，促进了物流自身的发展水平的不断提高，物流的现代特征得以充分体现。作为区域经济发展和企业竞争的手段和服务支持环境，现代物流又因使企业得以通过在更大范围内获取规模经济与竞争优势，而受到广泛重视并积极推进其发展。

5.1.4　区域产业规模、结构与布局分析

区域产业发展状况决定了物流需求的规模、层次与分布，因此，物流产业发展规划必须从适应产业发展要求的角度进行相应的能力建设；另一方面，物流的发展状况也会反馈区域产业结构与布局中存在的问题，科学的物流产业发展规划可以起到引导产业布局合理化的作用。对于区域产业状况的分析，在国民经济发展状况分析中会有所涉及，主要是产业总体情况的阐述，包括产值规模、三次产业的结构比例等。

5.1.4.1　规模分析

无论是生产制造业还是流通服务产业，都会产生物流需求，但具体需求是千差万别的。一些产业产生的物流量较大或需求层次较高，构成区域主要物流需求，还有一些产业因为对区域经济发展具有先导、基础、支撑、主导等作用，而成为区域物流服务的主要对象，因此，对区域产业发展状况的分析应该在掌握总体情况的基础上突出重点、有所侧重。表5-2中所列产业因物流需求旺盛和在国民经济中占据重要地位，通常是物流产业发展规划中区域产业发展状况分析的重点。区域产业规模对区域物流需求量的大小有直接影响，对于它的分析可以借助于一些具体指标来进行，如能源生产与消费量、主要农产品产量、主要工业品产量等，这些指标将成为物流需求量预测的主要依据。

区域产业发展状况分析的重点产业　　表5-2

产业门类	主要产业	重点分析原因
农业	种植业、林业、畜牧业、水产业等	基础性产业，物流需求量大，要求较高
原材料与能源工业	冶金工业、化学工业、建材工业、煤炭工业、石油工业等	关系国家战略与经济安全的产业，物流需求量大
装备工业	工业设备制造业、农业机械制造业、起重运输机械制造业等	支撑性产业，一些地区的主导产业，物流需求量大
轻工业	纺织工业、食品工业、家电工业等	满足社会生活基本需求的产业，一些地区的主导产业，物流需求量大，需求层次较高
高新技术产业	电子信息产业、新材料产业、生物医药产业、航空航天技术产业等	新兴产业，一些地区新的经济增长点，引领经济增长与社会进步，物流需求层次较高

5.1.4.2　结构与布局分析

区域产业结构和布局既影响到物流需求量，又影响到物流量的结构与分布。我国许多区域内部都存在产业结构雷同、产业布局重复的问题，这与同一区域内部区位条件、资源禀赋等相近有一定关系，这会增强区域内部的竞争性，降低合作性，影响区域物流组织的合理性和市场的活力，区域物流产业发展规划中应给予充分考虑，并通过合理规划，为改善这一状况提供支持。但同时也应该看到，一些区域内部的产业趋同状况仅限于大的产业门类，对于细分产业门类则具有互补性，由此派生出的物流需求也是物流产业发展规划中应体现的。

5.1.5 区域合作传统与形式

5.1.5.1 合作传统的影响

区域合作的目标是实现区域经济一体化,区域经济的一体化也要求加强区域之间的经济合作和分工。一个区域具有多个经济主体,它们之间的合作是为了实现区域内经济要素的自由流动、产业的相互支持与互补、信息与市场的共享,从而创造更多的共同发展机会,实现区域经济的共同增长。

区域内是否具有合作传统、合作的深度与广度对区域物流产业发展具有重要影响:一是区域合作将促进区域内各种要素的跨地区流动,从而诱发区域物流需求;二是地区间的分工协作将优化区域产业结构,引导产业集中布局,从而形成集中的物流活动,使物流资源得到更加均衡和充分的利用,降低物流成本,提高物流效率;三是区域统一布局规划,加强衔接和沟通,使物流活动更为顺畅,物流信息更为及时和透明,物流服务水平将因此大幅提高。

5.1.5.2 合作方式的影响

区域合作形式多种多样,并随着宏观环境的变化和技术理念的更新不断产生出新的形式。目前,较为常见的区域合作形式主要有以下几种:

5.1.5.2.1 中心扩散式的合作

以一个经济中心城市为经济增长极,中心城市为周边地区提供就业机会、劳动收入、财政转移支付、初级产品消费市场等,并进而通过投资和产业转移拉动周边地区经济增长,形成辐射整个区域的扩散效应。这种合作形式将使区域物流具有较为明显的中心集散性,向心方向与离心方向的物流在总量、品种上都有较大差异。

5.1.5.2.2 点轴辐射式的合作

几个经济发达的大城市是区域经济增长的主要动力,多个具有一定经济规模的中等城市相连,与大城市共同构成城市群和区域经济发展带,共同带动整个区域的经济发展。这种合作形式将由于产业布局的集中形成较为集中的物流,由于产业结构的层次分明形成多层次的物流需求,对物流网络化运作要求较高。

5.1.5.2.3 梯度推移式的合作

具有较好资源条件和地理区位的地区先行发展起来之后,通过投资和产业转移带动其他地区的经济发展,实现区域经济共同增长。这种合作形式下的区域物流需求一般在地域分布、方向、结构上均呈现不均衡的特征,而且这种合作形式需要完善物流环境来引导产业的优化布局。

除了上述几种合作形式外,当前区域合作也有一些新的动向,从双边合作到多边合作,从递推式的合作到跨越式的合作,从局部地区的、单一领域的合作到整个区域的、全方位的合作,从经贸交流的合作到突破体制、制度的合作等。从总体趋势而言,区域合作正在朝着程度更深、范围更广的方向发展,必将对区域物流的发展产生更加深远的影响。

5.1.6 区域物流产业发展规划的意义与作用

5.1.6.1 整合区域物流产业,推动区域物流的发展

现代物流业是覆盖运输、仓储、装卸、加工、信息等多个产业的复合产业,而区域是由行政

隶属关系不同的多个经济主体组成，因此，区域物流的发展极易形成各自为政的状态。区域物流产业发展规划是在考虑整个区域的资源分布、产业基础、经济结构、市场需求等多种因素的基础上，在战略层面对区域物流业的发展进行统一部署和安排。此外，通过打破"条块分割"，保障区域物流活动的畅通，通过统一建设规划和产业布局，避免物流资源浪费，通过加强分工协作提高物流效率和物流服务水平，从而实现区域物流产业的升级和发展。

5.1.6.2 促进区域内要素与产品的流动，实现资源整合

区域内不同地区的资源禀赋迥异，产业结构各异，市场需求与容量也相差甚远，因此，无论从经济建设还是社会发展的角度，都需要地区间互通有无，加强往来。对区域物流产业发展进行统一规划，为区域内要素和产品的自由流动打造了平台，为实现区域资源整合创造了条件，对区域经济合作和经济的一体化具有积极的作用和意义。

5.1.6.3 优化区域产业结构和布局，推动区域经济健康快速增长

地区间产业结构雷同、布局分散是当前许多区域发展中的现实问题，造成经济发展中的资源浪费和效率低下。区域物流产业发展的科学合理规划，对引导区域内产业的统一布局和结构调整起到重要作用，特别是通过统一的物流产业发展规划，为产业的优化布局创造物流组织、运作和服务条件，在发挥各地区的优势，实现产业集中布局，保持经济快速增长的同时，对提高经济增长的效率和质量具有重要意义和作用。

5.1.6.4 改善区域整体投资环境，增强招商引资的吸引力

目前，国内外的战略投资者在选择投资区域时都把物流环境作为一个重要的考察指标。区域物流产业发展规划致力于区域整体物流环境的改善，规划的实施将降低区域物流总成本，提高区域物流整体效率，改善区域物流综合服务水平，从而提高投资者的预期收益，增强区域招商引资的吸引力。

5.1.6.5 指导跨区域物流基础设施的建设和衔接

跨区域的物流基础设施建设常常因为涉及多方利益而遭遇困境。区域物流产业发展规划是在权衡各方利弊、发挥各自优势基础上的统一部署，是考虑全局利益的系统性的规划，具有较高的科学性，同时又由于它是超越地区的更高层次的规划而具有权威性和指导性，对于促进跨区域物流基础设施建设和衔接起到重要作用。

5.1.6.6 促进物流企业发展，提高企业竞争力

区域物流产业发展规划为物流企业的发展提供了更广阔的平台，通过改善设施、市场、政策环境，为企业发展创造了更加公平有序的竞争环境。在统一的区域物流大市场上，物流业将通过内部整合、引进竞争、服务创新，实现优胜劣汰，对提高物流企业的整体竞争实力和建立完善的企业服务系统，将具有积极的作用。

5.2 区域物流需求分析

5.2.1 区域物流需求的类型

区域物流需求是指区域边界范围内所有的物流需求，它包括起点与终点均在规划区域范

围内的内部物流需求，也包括一端在规划区域内，另一段在规划区域外的对外物流，还包括起讫点均在规划区域外，但中间经过规划区域的过境物流。区域物流需求分析必须涵盖上述三种类型的物流需求，以便真实反映规划区域承载的全部物流量，使物流需求分析和预测对规划更具有指导意义，使规划更加科学和适用，特别是为区域网络的构建提供不同需求类型的规模，以及流量、流向、流速等数据支持。

5.2.2　区域物流需求的特点

区域物流是界定在一定地域范围内的物流，它介于宏观的国家物流和微观的企业物流之间，是中观层面的物流。区域物流是国家物流系统的重要组成部分，同时也是一定范围内企业物流的有机综合，因此，区域物流具有承上启下、沟通衔接的作用，呈现出自身的需求特点。

5.2.2.1　地域性特点

在区域范围内，地区间自然条件、资源禀赋、经济发展水平、产业构成、文化背景与生活方式等具有一定的相似性或差异性，产生的物流需求也会因此呈现出有别于其他区域的地域性特征，包括货物的品类、货流的方向、需求的时间分布、对物流服务水平的要求等。一般而言，区域物流需求会以一种或几种货物的物流需求为主，并在几个主要通道上和枢纽内形成大的物流量。

5.2.2.2　多元化特点

区域经济与社会的多元化，决定了区域物流需求的多元化。区域物流需求中既包含城市物流需求，也包含农村物流需求；包含生产物流需求，也包含生活物流需求；包含部门、企业的物流需求，也包含个人的物流需求。因此，区域物流需求具有多重结构，是一个复杂的需求体系。

5.2.2.3　中观性特点

区域物流需求不仅仅是由本区域经济发展派生出来的，它还与周边区域乃至整个国家、国际宏观经济环境密切相关。国家、国际物流需要在区域内分拨、集散、配送，诱发区域物流需求，同时，区域物流也需要下一层次的城市物流的支撑和服务，区域物流是衔接国家、国际物流与城市物流的介质，区域物流需求具有中观性特点。

5.2.3　区域物流需求的发展趋势

5.2.3.1　集聚化趋势

物流需求是一种派生需求，随着经济规模的扩大，物流需求总量也会不断提高，这是物流需求发展的基本趋势。区域物流需求除了具有上述规模化趋势之外，还具有集聚化发展趋势。区域内资源的整合利用、产业的集中布局，以及城市化进程的推进，使物流需求逐渐向点、线、带上集聚，形成区域性物流中心城市、物流大通道和物流枢纽等。

5.2.3.2　层次化趋势

区域物流具有多元化的需求特征，随着区域内和区域间产业分工的细化，区域物流需求也在垂直体系中形成多个层级，并由此产生了对物流基础设施和物流运营组织层次更加明确、细化的要求，包括各级物流园区、物流中心、配送中心分层次布局与功能的规划，不同规模和市场定位的物流企业体系建设的规划等，都应适应区域物流层次化发展趋势的要求。

5.2.3.3　一体化趋势

区域合作的深化、区域经济一体化水平的提高，使区域物流市场更加活跃，物流活动更加频繁，同时，也使区域物流需求不断向一体化方向发展，它表现在跨越地区的一体化、跨越行业的一体化、集合多种物流服务功能的一体化等多个方面。

除了上述发展趋势外，不同的区域由于自然、经济、社会状况的差异，物流需求的发展趋势也不尽相同，制定区域物流产业发展规划时，应结合规划区域的具体情况进行分析，不仅要对未来的区域物流需求规模作出较为准确的预测，还要对需求结构、需求分布和需求层次进行分析和判断。

5.2.4　区域物流供给与需求关系

5.2.4.1　物流的供给方与需求方

对区域物流供需关系的分析，首先要确定物流的供需双方。物流作为一种产业，与其他产业在运行机制与结构上具有相似性，由供给和需求两个方面构成，而且，社会的供给与需求关系将会促进物流相应市场的形成。

从产业特性角度出发，区域物流体系涉及物流产业发展的方方面面，由物流服务需求方、物流服务供给方和由此确定的物流市场关系构成。生产制造企业、商贸流通企业、社会团体、军队、政府和居民等构成物流服务的需求方；专业化的物流企业、运输企业、仓储企业、包装加工企业等构成物流服务的供给方。对于区域物流体系而言，物流服务的供需双方并非界定在区域范围内，区域以外的物流供给方与需求方也会对本区域提供物流服务供给和产生物流服务需求。物流服务的需求方和物流服务的供给方通过物流市场达成符合自己成本、效率和服务要求的交易，即需求方要求物流速度快、服务好、收费低，供给方利用自身和社会资源满足需求方要求，并获得收益。物流市场是供需双方联系的纽带。

5.2.4.2　物流市场与供需平衡

当前，我国区域物流供需不平衡的问题较为突出，不仅表现在供给与需求规模上的不对等，即物流供给量与需求量存在差异，而且，由于区域覆盖地域范围较为辽阔，地区间经济发展水平差距较大，这种不平衡更多地表现在供需双方在结构、分布、层次等方面的不匹配。这其中既有需求方“大而全”、“小而全”思维和运作模式，不愿意分离和外包物流服务的问题，也有供给方不能够满足需求方要求的问题，还有物流市场机制不完善、信息沟通不顺畅的问题，从而导致物流体系运作效率和效益不高。因此，必须通过区域物流产业发展规划来推动区域物流体系的建立和完善，促进区域物流产业发展环境的改善，进而逐步调整和理顺物流供求关系。

5.2.5　区域物流需求规模、结构、分布与层次

对区域物流需求规模、结构、分布与层次的分析是在区域经济发展条件分析的基础上进行的，不同的区位条件、经济发展水平、产业发展状况、区域经济一体化水平，会使区域物流需求具有不同的规模、结构、分布与层次。

5.2.5.1　物流需求的规模

5.2.5.1.1　区域物流需求的规模与区域区位条件密切相关

如果一个区域具有优越的自然区位，拥有丰富的资源，则一般会产生较大规模的能源、原材料输出物流需求或内部物流需求；如果一个区域资源匮乏，但占据了重要的经济区位，产业发达，市场活跃，贸易活动频繁，也会产生大量的物流需求；如果区域处在重要的交通区位上，同样会形成非常旺盛的物流需求。若几个方面的因素进行叠加，将具有更大规模的物流需求。

5.2.5.1.2　区域物流需求的规模与区域经济发展水平也存在紧密关系

就总体情况而言，经济发达的区域能够聚集大量的人流、物流、资金流，它一方面需要大量的资源支撑经济的快速发展，另一方面也需要广阔的市场消化各种产品，由此引发频繁的物流活动，派生出大规模的物流需求。

5.2.5.1.3　区域物流需求的规模与区域产业发展密切相关

物流业是一个基础性服务产业部门，它为国民经济所有产业部门提供基本生产条件，因此，区域物流的需求主要是由区域产业发展派生出来的。产业基础好、规模大，一般物流需求旺盛，地区间产业结构差异较大，产业分布不均衡也需要通过流通环节进行调剂，从而产生大量物流需求。

5.2.5.1.4　区域物流需求的规模与区域内部的合作水平直接关系

一方面，区域经济一体化程度高，地区间物资往来频繁必然诱发大量物流需求；另一方面，区域合作关系密切，相互沟通衔接顺畅，也会使物流活动更加顺畅，刺激物流需求增长。

5.2.5.2　物流需求的结构

5.2.5.2.1　需求结构分类

区域物流需求的结构是指物流需求的类型和各种类型的比例关系等，主要需要分析三个方面：一是物流对象的类型，即货物品类；二是物流活动的空间范围，可以分为内部物流、对外物流和过境物流等，也可分为国际物流、区际物流、市际物流等；三是物流业务的类别，如运输量、仓储量、配送量等。上述三者应相互结合进行分析，如不同空间范围内的物流一般对应于不同的货物品类。

5.2.5.2.2　区域物流需求结构决定于区域经济发展的各项条件

一般而言，物流的货类结构与区域的资源分布、产业结构等关系十分密切，物流活动空间范围的结构与产业布局、区域内部联系、区域间合作情况等关系更加密切，而物流业务量的结构差异相对较小，主要受区域产业类型、经济运行效率和物流管理水平等的影响。

5.2.5.2.3　结构分析的角度

对于区域物流需求结构的分析，应该具有供应链视角，规划区域在相关产业供应链中的位置、区域内各地区在供应链中的分工对于物流需求结构会产生非常重要的影响。

5.2.5.3　物流需求的分布

区域物流需求的分布应从两方面加以分析，即物流需求的时间分布和空间分布。在市场经济条件下，物流需求的时空分布一般是不均衡的，时间上的不均衡表现为需求的旺季与淡季，空间上的不均衡表现为方向上的不平衡和不同地域物流市场活跃程度的差异性。

物流需求的时间分布受很多因素影响，如作物生长周期、工厂生产周期、产品销售周期等，这其中有些是可以进行较为准确的预测的，使物流需求虽然在时间分布上不均衡，但是是可控的，有些则难以准确预测，会使物流需求短期内产生难以预期的大幅波动。因此，区域物流产业发展规划除了有预见性外，还要有适应性，通过系统自我调节来适应物流需求时间分布不均衡的特征。

物流需求空间分布不均衡与物流需求结构有直接关系，比如物流需求结构中资源性产品比重大，物流需求方向上的不平衡一般较为显著，内部物流、对外物流和过境物流不同的比例结构也会使物流需求在方向与地域上的分布呈现不同特征。

5.2.5.4 物流需求的层次

物流需求层次主要指对物流服务类型和水平的要求，包括物流的安全、可靠、便捷、低成本、高效率等。区域物流需求的层次受多种因素影响，其中较为重要的因素是区域经济发展水平和产业结构，以及由此形成的特定的物流需求结构。比如，以重化工业为主的区域，物流需求结构以大宗物资为主，物流需求层次则主要是低成本、大批量的物流；以畜牧业为主的区域，物流需求结构以生鲜食品为主，物流需求相对集中于对安全、环保有较高要求的绿色物流层次；以高新技术产业为主的区域，物流需求结构以单位价值高、时效性强的科技产品为主，物流需求层次相对较高，对高质高价的物流服务消费能力较强。

一个区域产业结构的复杂性决定其物流需求往往具有多个层次，不同层次上的物流需求规模也不尽相同。不同层次的物流需求对物流设施设备的要求具有很大差异，特别是物流园区、物流中心、配送中心等专门化的物流设施并非适应区域内所有地区的物流需求层次，在具体规划时，应根据实际物流需求层次做出科学合理的安排。区域物流需求的层次在一定程度上反映出该区域物流业发展水平和物流市场的成熟度。一般而言，区域物流业发展到一定水平，物流市场逐步走向成熟以后，物流需求的层次也会变得更加多样化，高层次的物流需求所占比重会有所上升。

5.3 区域物流条件分析

5.3.1 区域物流体系发展分析

5.3.1.1 物流管理体制

物流管理权限分散在若干个部门，而区域物流不仅需要多个部门的协调，还要不同地区（城市）之间的沟通，只有部门、地区间加强衔接配合，才能保证区域物流管理体制的高效运转。因此，对区域物流管理体制的分析主要有两个方面：一是区域内交通、商贸、通关等物流各管理部门对于相关管理职能的权责分配；二是区域物流管理合作平台与合作机制。高效的区域物流管理体制与协调机制能够实现物流资源在区域内的科学有效配置，促进区域物流统一市场的形成和高效运行。

5.3.1.2 物流产业的组织形式

区域物流产业的组织形式多种多样，在我国一般是以区域物流中心城市（物流枢纽）为龙头，以几个重点城市为节点。对整个区域的物流产业进行网络化布局、市场化运作，特别是通过规划和建设各级区域物流中心，形成具有规模效应的、层次分明的、高效率的区域物流产业体系，对区域物流产业的组织形式现状进行分析，目的在于通过规划为构建区域物流体系提供组织支撑。

5.3.1.3 物流基础设施

对区域物流基础设施现状进行分析，主要任务是对服务于整个区域或者承担区域内不同地区间物流组织和衔接的各类专业设施和专门设施建设和运营情况的分析，包括干线公路、铁路、主要港口、机场、仓库、场站、物流园区、物流中心等，为构建区域物流体系提供基础设施系统支撑。

5.3.1.4 物流企业

企业是物流体系的主体，是评价物流体系发展水平的重要指标之一。物流企业按照服务范围分为跨国物流企业、区域物流企业、本地物流企业等；按照服务功能分为运输企业、仓储企业、配送企业、综合物流企业等；按照所有制分为国有物流企业、集体物流企业、私营物流企业等。除此以外，还有许多划分方法，如国内物流企业、国外物流企业等。对区域内物流企业现状的分析要对不同类型物流企业的经营状况、市场份额、服务对象等进行分别论述，以便寻求支持区域物流体系建设所需要的企业系统，为对物流企业发展规模、发展关系和发展结构提供支持。

5.3.1.5 物流信息系统

区域物流的运作具有跨部门、跨行业、跨地域的大范围和网络化特点，服务需求千差万别，运营组织与服务方式也多种多样。为了实现复杂多样的物流需求信息与供给信息的对接，必须建立一个完善的区域物流信息系统，包括公共物流信息平台、物流企业信息平台、物流节点信息平台和相关信息支持子系统等，为区域物流体系的建设提供基础保障环境和条件。

5.3.1.6 物流政策与法规

物流政策与法规现状分析的内容涉及物流基础设施建设、物流市场运营、物流企业发展、物流服务标准，以及有关产品的生产加工与流通等诸多方面。区域物流政策与法规体系是在国家宏观经济政策法规的框架内建立起来的，并对各地方性政策法规具有指导性。区域物流政策与法规对于建立区域统一、互通、有序的物流市场具有重要作用，这也是现状分析中关于区域物流产业发展环境的重点。

5.3.2 区域综合运输体系建设与发展现状

5.3.2.1 交通运输管理体制

我国地方交通运输行业管理部门是中央相关管理部门的基层组织，各种运输方式分属不同部门管理，权力分割，不易协调，而区域交通运输不仅涉及多个部门，还涉及多个地区，各地区、各部门的交通运输系统往往自成体系，使跨地区运营管理更加复杂和难以协调。为了改善这一状况，一些区域已经进行了一些探索，包括制定区域性的交通发展合作规划作为指导，统一规划、合作建设干线运输网络，建立区域交通运输服务合作机制，推动区域一体化交通运输市场的形成，统一关税及人流出入境管理制度等，完善了区域交通运输管理体制，为区域综合运输体系的建设和发展提供了保障。

5.3.2.2　交通基础设施

区域交通运输具有明显的网络化运营特征，必须以覆盖区域范围的网络化的交通基础设施为载体，因此，交通基础设施是区域综合运输体系的重要组成部分，也是区域物流组织运作的重要基础。区域物流产业发展规划应该对交通基础设施的投资、建设、运营情况进行全面、准确的分析，对交通基础设施能力能否适应区域物流、产业布局和经济发展的要求进行分析和判断，以便通过物流产业发展规划对相关功能设施进行系统、有效的整合，提高交通基础设施的空间布局合理性与利用水平。

5.3.2.3　运输服务企业

传统运输服务企业一般以单一运输为主业，运输方式内部和之间的联运较少，增值服务也较为薄弱。为适应现代物流的发展，许多运输企业扩展了经营范围，从运输主业向外拓展包括多式联运、快递、城市及区域配送等具有高附加值的业务，提升了服务档次，也提高了企业收益。单一方式运输企业、多式联运企业、快递企业、配送企业等共同构成区域运输服务的供给主体，其中，区域内能够提供运输增值服务的企业数量、规模、市场份额等是综合运输体系发展水平的重要指标之一。

5.3.2.4　交通运输政策与法规

区域交通运输政策与法规体系中既有不同运输方式的专门政策和法规，也有不同地区地方性的政策法规，相互之间难免有矛盾和冲突，为构建区域综合运输体系增加了难度。对交通运输政策与法规的分析应该寻找这些矛盾和冲突点，结合具体执行情况，客观评价区域交通运输政策法规环境和综合运输体系的发展水平。

5.3.3　区域之间的合作发展分析

不同经济区域之间在物流领域的合作，为各区域之间物流的协调、分工与衔接提出了需求，也搭建了平台，有利于区域物流运作与服务条件的改善。经济区域间的物流合作现状主要包括物流产业发展规划的衔接、资源的整合和市场培育等方面。

5.3.3.1　物流产业发展规划衔接

不同经济区域之间物流产业发展规划的衔接包括铁路、公路等在内的物流干线网络的衔接，不同区域各级物流节点布局与分工的协调，以及物流信息平台的对接。除此之外，还包括物流产业发展政策的统一和规划实施步骤的协调。

5.3.3.2　物流资源整合

从各区域的资源禀赋和比较优势出发，整合其物流基础设施资源、客户资源、人才资源、信息资源等，发挥规模化、集约化和专业化作用。

5.3.3.3　物流标准统一

所有区域物流参与方以及各物流环节从适应物流产业发展需要出发，统一设备规格、技术标准、信息标准、操作流程、服务指标等，并强化应用的协调和组织工作。

5.3.3.4　物流企业培育

对传统物流企业进行改组改造，以建立现代企业制度为契机，引导企业通过兼并、重组、联营、撤销等多种形式，鼓励实行区域间的“强强联合”，打造区域物流体系的强势微观主体。

5.3.3.5　物流人才与技术交流

跨区域建立多层次、多样化的物流人才教育与培训体系，合作培养现代物流技术与管理人才，为人才交流提供平台，共同开展物流技术的研究与开发，鼓励成果的推广应用。

5.3.4　区域物流技术、管理与服务发展水平分析

现代物流是先进管理理念与技术手段高度结合的产物，其目标是以最快捷的方式、最恰当的成本、最高效的物流运作形式，为需求者提供最优质的服务。因此，物流产业发展水平的高低集中体现在物流产业技术、管理与服务发展水平上，为制定区域物流产业发展规划，需要对这些问题进行系统分析。

5.3.4.1　物流过程的可控性

区域物流空间跨度大，中间环节较多，物流过程的可控性显得尤为重要。物流过程的可控性是以周密的计划安排为基础，以先进的技术手段为支持，保证从起点至终点的各个物流环节均处于可以监管、控制和调节的范围内。如通过物流实时跟踪技术，实现车辆及货物的追踪管理，提高物流运营的透明度，及时发现问题，并根据所发现的问题及时采取措施；通过仓储管理与库存控制技术，提供当前库存的实时信息，使管理者能够通过获取的信息来控制和管理库存等。

5.3.4.2　物流运作的连贯性

区域物流包括宏观的管理，也包括具体的操作，包含城市物流、农村物流等多个层次，涉及多种运输方式的衔接，多种物流功能的配套，必须保证不同地区、不同层次物流运作的衔接和物流服务的贯通。

5.3.4.3　物流供给的弹性

区域物流面对一个相对广阔的市场，需求结构复杂，市场波动起伏较大，因此，物流供给必须根据市场的变化及时做出调整，表现出一定的供给弹性。区域物流的供给弹性应体现在四个方面：一是根据物流的流向变化进行物流服务空间分布的调整；二是根据物流需求的淡季、旺季进行物流供给的峰谷调节；三是根据物流的流量变化及时调整既定计划与安排；四是根据货物种类的变化灵活地改变服务方式。

5.3.4.4　物流运营的高效率

对于物流服务需求者而言，物流的高效率主要体现在低廉的物流成本、快速的资金周转和及时准确的物流功能实现；对于物流服务提供者而言，物流的高效率主要体现在企业的经济效益；而对于区域物流这个大系统而言，物流的高效率集中体现在整体资源的优化配置和物流对社会经济发展的综合贡献。

5.3.4.5　物流服务的个性化

区域物流需求的多样性要求物流服务的个性化。为了顺应市场经济发展趋势，物流企业必须打破自身固定的运行模式，专门为不同的客户设计并提供一整套运行流程和操作方案，以完全适应客户的实际需求，真正实现量体裁衣、度身定制。

5.3.5 区域人才技术条件及资源分析

物流人才是稀缺资源，更是战略资源，对未来高素质物流人才的要求主要表现为具备专业知识和技能，具有系统性组织及管理能力和从战略高度考虑问题的素养。不同区域物流人才资源储备的较大差异，成为影响区域物流产业发展水平的重要因素。比如，一个区域对于物流的认识，对物流产业的重视程度除了与国家宏观战略有关外，还与该区域物流学术发展水平有关，与领域内的专家、学者对区域物流产业发展的研究、关注和宣传力度有关；又如，区域物流产业的竞争力与主管部门的规划水平、指导与管理水平直接相关，与物流企业管理层的管理能力、员工的执行能力与操作水平都有十分密切的关系。物流技术是通过运输、仓储、信息、流通、加工等各类专业技术的优化组合，充分体现物流管理的技术创新，实现诸如零库存、及时供货、协同配送、流程再造等物流技术目标。物流人才队伍建设和物流技术推进涉及诸多方面，对区域物流人才技术条件的分析也应该涵盖各个领域，从多个角度加以分析，以便为人才的充分利用和人力资源的优势互补提供规划依据。

5.3.5.1 物流教育培训体系

物流学科跨越了多个研究领域，不仅涉及学术理论研究，还涉及规划管理方法和实际操作指导，是一门技术与经济相结合的新兴综合学科和边缘学科。区域物流教育水平由多方因素决定，主要包括物流学科体系设置、各层次物流教育所采用的教材、物流师资队伍建设、物流教育培训方法与内容等，这些因素共同形成了一个区域自我培育和造就物流人才的机制，成为区域物流人才技术条件的要件之一。

5.3.5.2 物流人才储备状况

物流人才有多种类型，包括物流管理人才、物流执行型和操作型人才，还包括物流学术专家、物流研究人员、物流专业教师、物流岗位培训人员等，正是各个领域物流人才的共同努力推动着物流理论与实践的创新与发展。区域地域范围相对较广，区域内不同地区间社会经济结构与发展水平存在差异，同时相互间联系又很紧密，因此，区域范围内的人才储备状况一般较为复杂多样，人才流动性也很强，对区域物流人才储备状况的分析是对上述各种类型物流人才的数量、结构和能力水平等从总体上进行分析，同时，还要分析人才的实际使用状况，是否各得其所，是否人尽其才等。

5.3.5.3 物流人才引进机制

对于一个区域来说，无论是否已经建立起完善的物流教育培训体系，是否已经培育出大量的物流人才，都需要构建并不断创新物流人才引进机制。引进物流人才的目的：一是为了提高本区域物流从业者的整体素质；二是树立区域重科技、重人才的形象，提高区域知名度；三是为了加强交流，为区域物流产业的发展输入新鲜血液；四是为了鼓励竞争，形成优胜劣汰的竞争机制。成功地引进物流人才需要政府和民间的合作与互动，对区域物流人才引进机制的分析也因此包含两个方面：一是政府层面的工作，主要包括搭建人才交流平台、配套人才引进相关政策、建立健全人才分类管理制度以及创建“鼓励创新、宽容失败”的人才发展环境等；二是企业层面的工作，包括人才吸纳和使用的思路及具体办法，对于人才的绩效考核和奖惩办法等。

5.3.5.4　物流从业资格认证体系

物流从业资格认证是物流人才战略的重要组成部分，它为物流人才的培养、选拔和任用提供了依据，有利于物流人才培训和上岗就业的规范化。目前，我国已经制定并批准公布实施了“物流师国家职业标准”，并根据该标准推出了“物流师国家资格认证”，共设三个层次：助理物流师、物流师与高级物流师。除了国家标准与认证体系外，许多区域也已经建立起各自的物流专业人员培训和认证体系，以培养和建设高素质物流专业人才队伍，推动本区域物流产业的快速发展。区域物流从业资格认证体系包括国家认证体系在本区域的架构和区域自身的认证体系两个层面，应该从职业等级、培训教材、师资力量、考试认证、证书发放管理等各个方面进行全面的分析和评价。

5.3.5.5　物流技术研发与应用水平

物流技术包括设施设备的设计制造、物流操作方法、物流管理方法等。区域物流技术研发和应用水平与本区域对该行业的投入和重视程度密切相关。近年来，我国的一些区域加大了对物流技术的研发投入，建设了各种物流技术试验基地，构建了物流产学研联盟，鼓励物流技术创新和成果应用，大大推动了本区域物流技术发展水平，为区域物流产业发展提供了强有力的支持。

5.4　区域物流规划内容

5.4.1　区域物流产业发展的基本战略

区域物流产业发展的基本战略是有关规划区域范围内物流产业的定位、长期和总体发展方向，以及实施思路的重大方针与谋略，它是区域物流产业发展的指导思想和行动纲领，对于整个区域物流产业发展规划的制定和实施具有指导性意义。区域物流产业发展战略包括战略思想、战略目标、战略重点、战略步骤与战略实施的保障措施等。

5.4.1.1　战略思想

区域物流产业发展战略思想体现了区域发展物流业的总体思路与基本原则，它应与区域经济与社会发展战略思想保持一致，必须具有全局性和前瞻性，能够正确指导物流产业发展过程中内部与外部、整体与局部、远期与近期、规模与结构、速度与效益、政府与市场等各方面重大关系问题的处理。

5.4.1.2　战略目标

区域物流产业发展战略目标是一个宏观层面的奋斗方向，而非微观层面的具体指标，它应服从区域经济社会发展总体战略并支持总体战略目标的实现。制定区域物流产业发展战略目标，应客观分析区域发展物流业的竞争优势与劣势、面临的机遇与挑战，以确保战略目标的科学性和可行性。

5.4.1.3　战略重点

区域物流产业发展战略重点通常集中在以下几方面：一是与周边区域物流业竞争的优势

领域；二是对本区域物流产业发展具有基础性或者先导性作用的行业或部门；三是可能对区域物流产业发展形成制约的薄弱环节或基础较差的领域；四是对区域物流产业发展路径或速度能够起到决定性作用的关键领域。

需要特别强调的是，区域物流产业发展战略应该体现对区域经济发展战略重点的支持。制定区域经济发展战略时，应根据本区域的自然资源、地理区位、人文特点、历史基础等确定各自的战略重点，包括重点产业、重点部门、重点地区、重点领域等。这些战略重点或者对区域经济贡献较大，或者对区域乃至更大范围内的经济发展方向、路径、速度等能够产生重大影响，对于总体战略目标的实现通常会起到决定性作用，必须得到各个方面，包括物流方面的大力支持和重点保障。此外，区域经济发展一般会吸引大量资本，有较高的投入和产出，具有规模性特点，会诱发较大物流需求。因此，在制定区域物流产业发展战略时，应该有针对性地支持区域经济发展战略重点。

5.4.1.4　战略步骤

区域物流产业发展战略的贯彻实施是一个长期的过程，需要分阶段、分步骤有序推进。在具体实施过程中，应将总体战略目标分解，对每一阶段的目标制定相应的实施方案，特别要明确每一阶段的战略重点并给予有效支持。

必须明确的是，区域物流产业发展战略应该与经济发展战略的推进步伐相适应。物流对经济的支持保障作用要求其发展应适度超前，确保经济发展所产生的物流需求得到较好的满足，但物流供给能力形成后不能储存，不能转换，物流过度超前的发展会形成资源的浪费和物流运营的低效率，因此，对物流产业发展战略实施步骤的安排应充分考虑经济发展战略的推进速度。

5.4.1.5　战略实施保障措施

区域物流产业发展战略保障措施是为了贯彻战略思想、实现战略目标、支持战略重点、实践战略步骤而采取的具体方法与手段。制订保障措施通常应考虑以下几方面：一是营造良好的物流产业发展外部环境；二是构建规则与秩序；三是做好各方面配套措施；四是制订应对突发事件的应急补救措施；五是建立一套完整机制，以便实时反馈战略实施情况、考核各阶段战略目标、及时调整战略重点与战略步骤等。

5.4.2　区域物流产业发展的目标体系

区域物流产业发展的目标体系是由战略目标和具体指标共同构成的一组目标，它既要从宏观角度描绘一个区域物流业的奋斗方向，又要从微观角度落实具体的工作要求，既勾画了区域物流产业发展的远景蓝图，又确定了近期各项任务完成情况的考核标准，因此，它是一个复杂的体系，在空间上是分层次的，在时间上是分阶段的。区域物流产业发展的目标体系以总体战略目标为统领，其构成一般如图5-2所示。

5.4.2.1　目标体系的层次

从大的框架结构而言，区域物流产业发展的目标体系主要分三个层次，分别为战略目标层、规划目标层和具体指标层。

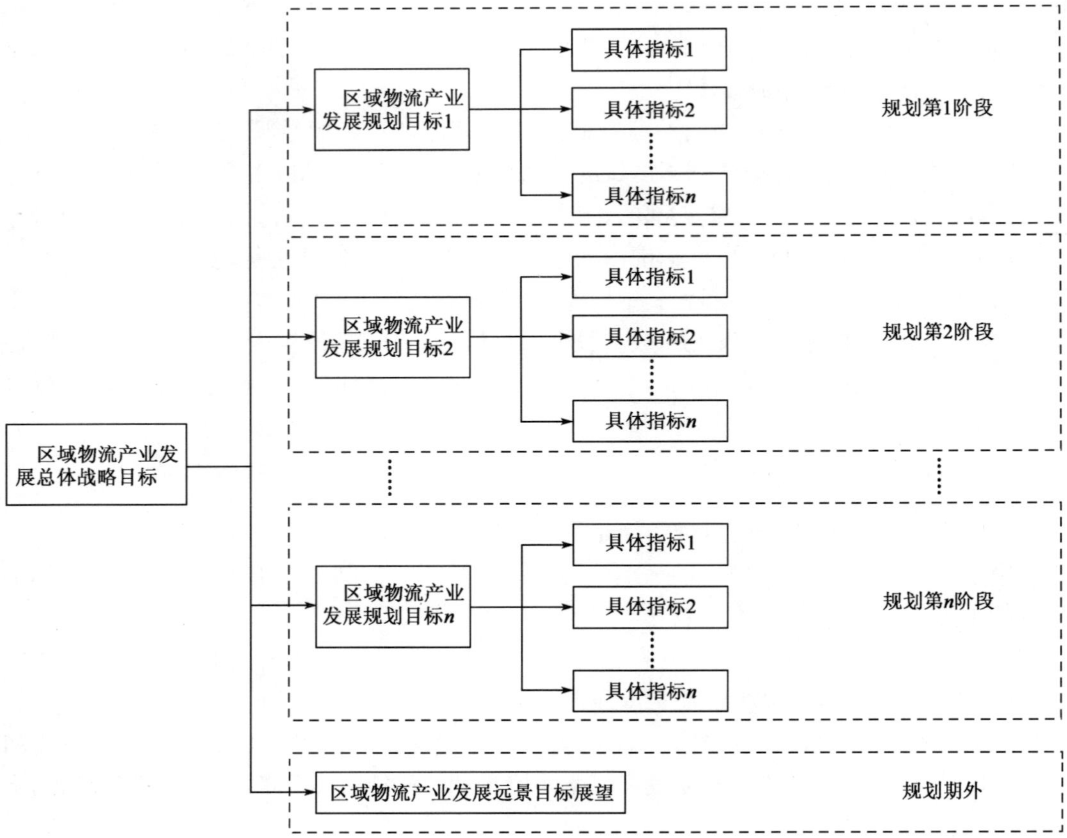

图 5-2　区域物流产业发展的目标体系

5.4.2.1.1　战略目标

区域物流产业发展总体战略目标是区域物流产业发展目标体系的最高层次，是方向性、指导性的目标，一般通过定性描述的方式展现区域物流产业发展的蓝图。战略目标所传达的信息是概念性的，所包含的内容没有规定范式，不同区域可根据自身情况制定，但在目标体系这一层次必须明确未来物流产业发展对本区域经济社会发展所要达到的适应程度和支持程度，如在区域经济增长、产业结构改善、社会服务功能完善、社会全面进步、引导投资、促进就业、区域合作等方面要实现的战略目标。

5.4.2.1.2　规划目标

区域物流产业发展规划目标是区域物流产业发展目标体系中介于战略目标与具体指标之间的层面，比战略目标更加具体，具有一定的可操作性，但相比于具体指标又是抽象的、概括的，是用于指导具体指标的。规划目标一般需要确定区域物流体系的功能和性质、物流系统建设所要达到的水平、物流市场所要达到的规模等，如物流基础设施系统、物流网络、信息系统、物流企业、物流服务对本区域物流需求的满足程度等。

5.4.2.1.3　具体指标

区域物流产业发展具体指标是实施层面的目标，必须具有完全的可操作性，主要为定量指标，也可以有一部分定性指标，但所有指标都应能够进行后期考核和评价。具体指标一般需要落实到具体领域，如物流业增加值、物流业务量、物流业投资规模、物流基础设施规模、物流装备水平、物流企业数量与结构、物流从业人员数量与素质等。

5.4.2.2　目标体系的时序

区域物流产业发展的目标体系是按照规划阶段分别制定、分步实施的。区域物流产业发展总体战略目标是对整个规划期工作方向的指引，对于超出规划期的远景目标展望也有一定的指导意义。各个阶段的规划目标与具体指标是逐步推进的，前后应具有良好的承接性，并与各区域实际情况紧密结合，不能过度超前，也不宜过于保守。

一般而言，近期目标制定后需要很快付诸实施，因此要求较为详细和精确；远期目标由于实施时间较长，期间不确定因素较多，可以相对粗略，并且具有一定的弹性，既能够应对规划期内情况发生变化的要求，又能够保证规划的权威性。

5.4.3　区域物流需求的规模、结构、布局与层次

在前面对区域物流需求进行较为全面分析的基础上，应通过科学的预测方法，定量确定规划期内区域物流需求的规模、结构、布局与层次。通常以规划基年数据和资料为基础，预测各规划目标年份的物流需求。这是物流产业发展规划中的一项重要工作内容，是区域物流体系功能设计、产业布局、设施规划等其他规划工作的基础。

5.4.3.1　物流需求的规模

物流需求规模是分析需求结构、布局与层次的基础。为确定物流需求总体规模即物流需求总量，首先要划定区域物流市场的范围，判断哪些物流需求会对本区域物流业发展产生影响，是区域物流产业发展规划应该考虑的。从科学规划的角度而言，区域物流需求总量中应该包括区域内部物流，本区域与其他区域之间的物流和发生在其他区域之间但途经本区域并占用本区域物流资源的需求。但是，在实际工作中，由于数据统计口径、可获得性、方法等原因，很难直接得到上述全部数据，需要对统计数据进行推算和调整，然后再应用各种预测方法进行需求预测。这里需要强调的是，由于国家区域发展战略的调整和区域合作的加强，区域物流需求总量的增长变化情况可能与以往所呈现出的规律有所不同，在进行区域物流需求预测时，除了应选择科学的预测方法外，还应对预测结果进行分析并做出适当调整，使预测结果能够正确反映这种趋势上的变化。

5.4.3.2　物流需求的结构

区域物流需求结构是将物流需求总量按照不同物流类型进行划分的结果。如前所述，划分的方法主要有三种：按照货种划分、按照活动空间范围划分和按照业务类型划分。

确定物流需求货类结构，可以从区域的资源与产业结构入手，分析本区域能源、原材料、产品等的产量、消费量与产销平衡关系等，以及产业的物流组织流程和规律。特别是要与区域的产业规划紧密结合，关注规划期内产业结构调整方向与调整目标，以便通过合理规划使各种物流需求得到更好的满足。

物流活动空间范围结构可以通过分析区域的内外贸易量、各种运输方式的运量等基础数据获得并进行预测，它是确定区域物流体系功能与定位的重要因素之一，对物流基础设施规划也会产生重要影响。

部分物流业务有直接的统计数据，如各种运输方式的运输量、港口吞吐量等，也有一些数据需要通过抽样调查、推算等方式获得，如配送量、流通加工量等。物流业务类型结构是区域物流设施规划的主要依据之一。

5.4.3.3 物流需求的布局

分析区域物流需求布局是为了说明物流需求在区域内不同地区间总量与结构的差异，以便在制定物流产业发展规划方案时能够因地制宜，使物流服务供给与各个地区的物流需求相匹配。区域物流需求布局一般以分地区的物流量统计数据为基础，结合区域产业布局和地区间经济社会发展水平的差异进行分析和预测。

5.4.3.4 物流需求的层次

确定区域物流需求层次是对区域内物流企业与物流市场制定相关规划的基础。总的来说，物流需求的层次越多、越复杂，物流企业的类型就要越齐全，物流企业之间的分工与合作的要求越高，物流市场的划分就要越细化。在进行物流产业发展规划时，将区域内所有层次的物流需求都细分、量化显然是不现实的，也没有必要。根据以往物流业的经验，一般层次的物流需求比较容易得到满足，因此，要重点分析特殊层次的物流需求，比如大宗物流、应急物流、精益物流等，特别是当这些物流服务需求关系到区域国民经济的基础性或先导性产业，或者事关人民的基本生存条件与生活保障时，必须在充分研究论证的基础上，在规划中予以重点保障。

5.4.4 区域物流体系的功能与框架

5.4.4.1 物流体系的定位与功能设计

5.4.4.1.1 物流体系的定位

为合理设计区域物流体系的功能，首先应该明确区域物流业的定位，包括两个方面：一个是纵向的定位，即区域物流体系在国家宏观物流体系中的定位；另一个是横向的定位，即区域物流体系在区域国民经济与社会发展中的定位。只有进行合理的定位，才能对区域物流体系进行科学的功能设计。区域物流体系在国家宏观物流体系中的定位，包括该区域在国家级物流基础设施规划中的地位、功能，区域物流业在全国物流业总体规划中的定位，区域物流市场在国家重要产业供应链中的位置、作用等。区域物流体系在区域国民经济与社会发展中的定位，是指物流业在支持区域经济社会发展中的作用，即把物流业作为国民经济中的一个产业部门，设定它对区域经济增长的贡献率，确定对拉动投资、促进就业、培育新的经济增长点的作用，明确它和其他产业之间的关系，以及它在维持社会生产生活正常运转中发挥的作用等。

5.4.4.1.2 物流体系的功能设计

区域物流体系的功能设计是一项系统工程，一般将系统分解，对各个子系统分别进行功能设计，然后再用系统综合法进行子系统的功能整合与衔接集成。

(1)物流层次划分。区域物流体系按照物流层次划分为国家物流功能子系统、区域物流功能子系统、城市物流功能子系统、企业物流功能子系统等。国家物流功能子系统指区域物流体系对国家宏观物流系统发挥支持作用的功能子系统，在设施功能上主要体现在通道、枢纽、节点功能等，在经营运作功能上主要体现在中转、集散等；区域物流功能子系统是支持区域内和本区域与相邻区域间的物流活动，其功能实现除了依托公路、铁路、机场、港口等运输设施外，还要依托物流园区、物流中心等专门物流基础设施；城市物流功能子系统是区域物流功能向下延伸的子系统，主要实现区域物流与区域内城市物流的衔接功能等；企业物流功能子系统是延伸到最微观层面的功能子系统，在区域物流产业发展规划中主要是通过政策引导和市场规范来建立和完善其功能。

(2)基本功能划分。区域物流体系按照物流基本功能划分为运输功能子系统、仓储功能子系统、配送功能子系统、装卸功能子系统、包装功能子系统、流通加工功能子系统、信息功能子系统等，这些功能的实现要依托物流基础设施、设备，借助于管理技术与信息技术的协调配合。

(3)服务产业划分。区域物流体系按照服务产业划分为农业物流功能子系统、工业物流功能子系统、商贸物流功能子系统等。上述各个子系统的功能设计应结合各产业规划，充分考虑不同产业产品、原料、生产工艺或经营方式等。

在对各个子系统进行功能设计时应结合区域物流体系的定位，并且做好不同子系统之间的接口，使其能够顺畅衔接，形成一个完整、贯通的大系统。

5.4.4.2　物流体系的框架

区域物流体系的框架大体上可以分为两部分：一是区域物流管理政策平台；二是区域物流组织运作平台。其架构如图 5-3 所示。

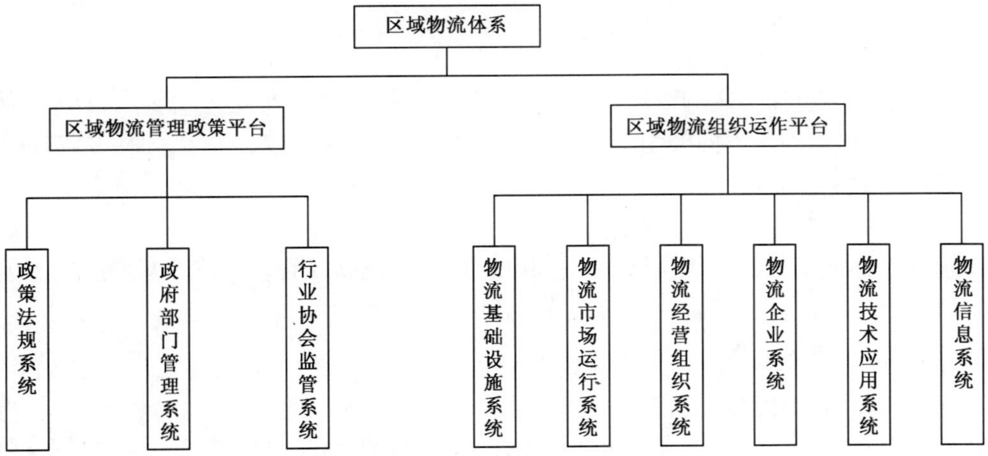

图 5-3　区域物流体系框架

从建设实施的角度而言，二者是需要同步推进的并列关系；但从物流产业组织的角度而言，物流组织运作平台是在政策框架下的物流产业发展实施系统的总和，既包括了物流活动的运作，又包括政策及管理部门的运作。

5.4.5　区域物流产业发展规模与布局

5.4.5.1　物流产业发展规模

对区域物流产业发展规模的规划内容主要包括物流业产值规模、投资规模、基础设施规模、市场规模、企业规模、从业规模等。

5.4.5.1.1　物流业产值规模

物流业产值规模是区域物流业的生产总值，也称为物流业增加值。通常情况下，它占区域生产总值的比重不宜过大，也不宜过小。比重过大说明物流成本过高，社会经济运行成本过大；比重过小说明物流业成长不足，很难满足区域社会经济发展的需求。但是，对于具有两头在外的物流需求，其物流业生产总值的规模又成为区域经济发展中的目标追求，希望获取更大的增加值。因此，区域物流业生产总值的目标，具有物流产业发展与结构的双重性，需要区别对待。

5.4.5.1.2　物流业投资规模

物流业投资规模是对产业的总体投资，包括对设施的投资、企业的投资等，各方面应保持适当比例。此外，还应确定物流业总体投资回报率以及企业的经营收入、利润等相关指标。

5.4.5.1.3　物流基础设施规模

物流基础设施规模是区域物流服务的硬件供给能力，即区域范围内所有物流设施所能承载和运作的物流量。设施规模一方面和建设规模有关，另一方面还与设施运营效率密切相关，因此设施规模应结合本区域物流管理水平、技术水平等来确定。

5.4.5.1.4　物流市场规模

物流市场规模是指区域内物流服务的市场供给量与需求量。虽然第一方和第二方物流服务一般不发生在物流市场范围内，但仍是社会物流总量的有机组成部分。此外，需要重点研究和确定第三方物流市场规模。

5.4.5.1.5　物流企业规模

物流企业规模包括传统的运输、仓储等企业，也包括综合物流企业。除了要确定物流企业的总体规模外，还要确定不同类型企业各自的规模，结合本区域实际情况，使区域内的物流企业保持合理的数量、结构。

5.4.5.1.6　物流从业人员规模

其规模的确定应与物流人才培养工作相结合，从物流高级管理人才到基层操作人员，形成一个规模适当、结构合理、素质较高的人才队伍。

5.4.5.2　*物流产业布局*

5.4.5.2.1　布局内容

区域物流产业布局的内容主要包括两方面：一是在区域物流总体框架下，按照不同层次对物流基础设施、物流市场、物流企业的空间分布进行安排；二是对区域物流产业进行结构分解后，再在空间上进行布置。

5.4.5.2.2　布局形式

区位理论、产业布局理论等为物流产业布局提供了多种思路，在区域物流产业发展规划中较为常用的主要有两种：一种是围绕物流中心城市（物流枢纽）进行布局；另一种是沿物流通道进行布局。

（1）枢纽经济。围绕物流中心城市（物流枢纽）进行布局是区域内一个或几个城市（物流枢纽），由于经济地理区位、产业基础等原因，物流量较大，需求较为旺盛，并且已经聚集起一批有竞争力、创新能力的物流企业，形成了一定规模的物流市场，从而形成物流资本和技术的高度集中、增长迅速，并且产生了显著的经济效益，成为区域物流业乃至经济的增长极，它对邻近区域物流与经济发展发挥着强大的辐射作用。这种布局形式也可通过政府规划和重点吸引投资的形式，有选择地在一个或几个城市形成区域物流中心(物流枢纽)，然后借助市场机制的引导，使物流中心城市的辐射作用得以充分发挥，使物流业成为中心城市经济发展新的增长点，并逐步开始带动物流中心城市以外地区物流业的共同发展，从而通过为区域内、外的物流服务而形成更大规模的物流积聚，使物流业在中心城市不断发展和壮大，可能通过物流业的发展而在中心城市形成“枢纽经济”发展格局。

(2)通道经济。沿物流通道布局与区域物流活动的空间过程有关。区域内少数几个点之间经济联系密切，导致物资资源的流通频繁，在政府与市场机制的共同作用下形成物流通道。通道形成后对人口和产业就具有极大的吸引力，两侧迅速聚集形成产业带和城市群，并产生新的物流增长点，从而由点到轴，以轴带面，最终完成整个区域物流产业的布局，形成物流的“通道经济”发展局面。

(3)网络经济。区域物流枢纽与物流通道的布局，将导致区域性物流网络系统的形成和发育，不仅支撑物流的网络化发展和服务运作，而且，也是物流网络化发展的结果，在此基础上形成物流“网络经济”发展现象，不断提升物流的集约化、网络化和规模化水平，提高区域物流整体的发展质量与能力，形成区域经济合作发展的重要条件，也为区域经济布局的改善创造了服务环境。

5.4.5.2.3　布局的影响因素

区域物流产业布局受多种因素影响，主要包括区域内不同地区的自然条件、各地区的经济地理区位条件、区域内物流需求分布、各地区物流产业基础等。此外，政府主动营造物流业发展氛围的布局意志，也会对区域物流产业布局产生较为重要的影响，这与产业布局的机制(计划机制，市场机制，政府引导、市场主导机制等)关系密切。

5.4.6　区域重要基础设施建设规划

基础设施规划在前面物流产业布局的内容中已经涉及，但只是概括性地描述物流设施在空间上如何分布，在不同地区形成何种规模与结构等问题。由于一些重要的基础设施是整个物流产业发展规划实施的基础，因此，通常需要指定具体发展规划。从满足物流组织需求的角度，物流基础设施可以分为两类：一类称作专业化设施，如运输枢纽、场站、仓储设施等；另一类称作专门化设施，包括物流园区、物流中心、配送中心等[12]。

5.4.6.1　专业化物流设施建设规划

专业化物流设施不仅是物流业运作经营需要依托的硬件，而且为社会生产生活提供基本支持。这些设施的建设、运营一般都有专业规划，制定物流产业发展规划时，应将其作为重要的参考和依据，并且根据物流产业发展的需要，对规划修编提出建议。

5.4.6.1.1　公路

公路建设以国家和区域内各省市的公路网建设规划为基础，为满足区域物流业发展需要，应保证路网结构的完善，公路的技术水平和通达深度都要满足相应的要求。一般来说，以高速公路为主体的区域干线公路网为建设的重点，支线路网和农村公路网要对干线路网形成支持，保证干线之间的连通和整个路网的通达。

5.4.6.1.2 铁路

目前,我国铁路网以国家铁路为主,区域物流产业发展规划按照国家铁路网规划安排重点建设项目,主要为跨区域和区域内长距离物流运营提供支持。

5.4.6.1.3 航空

近年来,我国航空物流业发展较快,但目前国内很多机场的客运功能较为完善,货运功能则显得不足,物流产业发展规划应加强区域内主要机场的货运功能。可以考虑充分利用现有基础设施,合理规划建设航空物流园区及其他配套货运设施,借此扩展区域物流业发展空间,提升物流服务功能和层次。

5.4.6.1.4 港口

在沿海区域和具备内河航运条件的内陆区域,区域物流产业发展规划中需要涉及港口的建设规划,而且在这些区域,物流的发展往往是以港口或港口群为中心的。港口规划要处理好国家规划与地方规划之间的关系,合理利用岸线及后方陆域资源,避免重复建设和低水平开发,通过科学规划与管理,使港口之间形成合作与互补的关系。

5.4.6.1.5 管道

管道建设一般与石油、天然气等开发、合作项目相结合,管道网要与区域内石油化工产业和加油站的布局相一致,与国家战略储油库的规划相协调。另外,需加强管道运行系统的自动控制、自动检测,以及对运行状态及时进行监控、调整。

5.4.6.1.6 货运场站

货运场站有多种类型,如各种运输方式的运输枢纽、货运站点,公铁联运场站、公水联运场站、公铁水联运场站等,它们在物流运作中起到货物的组织、分拨、集散、换装等多种作用,涉及多个物流管理与操作环节,是重要的物流基础设施。区域物流产业发展规划应加强对货运场站的资金与技术投入,加快信息系统的综合开发和推广应用,加强各种运输方式线路与货运场站的衔接,按照物流管理和服务运作要求扩充其服务功能,整合不同货运场站资源,尽快形成货运配套网络及仓储配送设施系统,并以此为平台大力发展区域多式联运,支持区域物流业的发展。

5.4.6.2 专门化物流设施建设规划

专门化物流设施是专门为物流的组织和运作提供服务的设施,它通常位于企业供应链管理过程中物流活动相对集中的地区,并且这些地区周边的专业化物流设施一般较为齐全,并与专门化物流设施形成良好衔接。

5.4.6.2.1 物流园区

物流园区是大型综合物流基础设施,其服务面向全社会,具备综合运输、仓储、流通加工、信息传递与数据处理等综合物流服务功能,是一级物流节点。具有区域性物流组织与服务功能的物流园区,一般以城市群为服务范围,选址在兼具地理与经济区位优势的地区,并与国家和区域的交通网络规划相匹配。物流园区的主体功能设计要适应于所服务的城市群主体产业的物流服务需求,并且要按照产业运行的要求对园区进行功能区划分。特别是要充分发挥货运设施的相关功能,在空间布局和功能上对货运设施进行整合,减少不同物流设施的功能重叠和重复建设。

5.4.6.2.2 物流中心

物流中心是具备一定综合性的物流基础设施,其服务对象一般为国民经济与社会系统中的局部领域,它也集合了多种物流服务功能,但通常以一两种功能为核心,是二级物流节点。区域物流中心的规划建设应该与物流园区、综合运输枢纽相协调,根据实际情况,可在经济中心城市和其他重要城市多处选址,服务范围主要为所在城市及周边地区。区域物流中心一般都具备货物分拨处理功能,并且其他服务功能常常围绕分拨功能展开。

5.4.6.2.3　配送中心

配送中心是相对专业化、具有专门功能的物流基础设施,规模相对较小,其服务主要面向特定用户和市场,围绕货物配送功能开展各项业务,是三级物流节点。由于服务对象较为明确,区域配送中心的布局应该与区域内主要市场的布局相结合,主要吸引第三方物流企业进驻,根据服务对象的物流需求特点,进行较为专业化的功能规划与物流流程设计。

5.4.6.2.4　区域物流信息平台

物流信息平台是现代物流产业发展的重要支持系统和区域物流体系的重要组成部分,也是加快物流产业发展的重要手段。因此,必须对其建设和发展进行规划,明确信息平台的功能和结构,以及信息平台的建设运营模式,为现代物流的发展营造良好的环境条件。区域物流信息平台因为行政管理分割等原因,建设与运行难度相对较大,但同时其对于区域物流产业发展的意义也更为重大,因此,必须进行重点规划。从功能设计而言,区域物流信息平台应具备物流公共信息服务和企业物流信息管理两大功能,在结构上必须充分满足企业对物流管理的需要和物流信息管理技术进步的要求,保持服务的适应性和技术的先进性,以及维护的低成本和方便性。

5.4.7　区域间物流业的协调发展与合作

物流业具有一体化、网络化运行特征,因此,制定区域物流产业发展规划要特别注意与相邻经济区域物流产业发展规划的衔接,以及与周边区域物流资源的整合。区域物流产业发展规划应促进物流要素跨区域自由流动,鼓励物流业在区域之间能够协调发展与合作运行,这其中主要涉及物流基础设施整合与衔接、共同市场的建设、物流运营组织的一体化和物流行业管理的协调和政策的统一等几方面的问题。

5.4.7.1　物流基础设施整合与衔接

物流基础设施大多是投入高、占地多、回收期长、具有一定公益性的项目,在制定区域物流产业发展规划时应慎重行事,与其他区域统筹规划、协调发展,不可互相攀比,盲目建设。一些规划项目如果与周边区域已经建成或在建的项目具有共同需求基础和客户群体,目标市场定位也相近,则应考虑通过协商,采取适当的形式,进行跨区域合作共用,避免重复建设,以便提高设施的利用效率;对于同时规划中的项目,则应通过市场调研,摸清需求,采取跨区域共建或集中布局等方式,对设施进行整合;此外,为保证跨区域物流设施网络的畅通,各方应协商解决跨区域路网的具体线位走向、线路对接、物流节点布局等实际问题。

5.4.7.2　共同市场的建设

区域物流产业发展规划对于跨区域共同市场的建设问题可以从以下几个层面考虑:从政府层面来说,主要是克服不同区域间的政策差异和体制落差,建立共同市场规划,并在行政审批、税收政策、通关程序、交通管理等方面采取具体措施,为物流业跨区域合作扫除制度与政策障碍;从产业层面来说,主要是实现物流业的跨区域分布和经营,以及物流相关要素的自由流动;从企业层面来说,主要是物流服务需求企业开展基于供应链的跨区域合作,物流服务供给企业积极拓宽市场,发展跨区域业务;从法律环境层面来说,主要是通过完善的法律法规破除地方保护主义,促进竞争机制的产生和发展。

5.4.7.3 物流运营组织的一体化

在相邻区域物流基础设施整合与衔接的基础上,实现跨区域物流运营组织的一体化。物流产业发展规划中应做好三个方面的工作:一是要推进物流技术标准化,包括统一不同地区、不同物流环节、不同运输方式之间的装备标准、物流操作方法及流程、计量方法和统计口径等;二是加强跨区域物流信息系统建设,采用先进的信息化技术、信息平台技术和设备,提高物流业信息化程度;三是为网络化服务的物流企业的跨区域经营,以及服务网络的建设提供管理、市场准入等的支持。

5.4.7.4 物流行业管理的协调和政策的统一

物流行业管理的协调和政策的统一,是物流运营组织一体化的重要保障,也是形成统一的物流市场,提高物流服务资源在区域之间高效率配置的基本条件,应采取的措施包括理顺区域之间的物流业管理体制,建立跨区域物流合作机制和协调性组织,统一各项税收与收费标准,明确各管理部门的职能和岗位的职责范围、权利义务、工作方法、检查监督责任等。

5.5 区域物流规划问题

5.5.1 区域主导产业发展与物流产业发展关系问题

主导产业是区域产业体系的骨架,也是物流业最主要的服务对象。一方面,物流应该满足主导产业运行过程中产生的服务需求,并且能够适应主导产业发展过程中需求的不断调整变化;另一方面,物流业应通过规划布局和产业自身的进步,利用物流业所营造的降低成本、提高效率和改善服务的良好环境,合理有序引导主导产业的发展壮大和结构与布局调整。制定区域物流产业发展规划可以从区域主导产业规模、结构、布局等方面处理产业发展与物流的关系问题。

5.5.1.1 主导产业规模扩大

规模扩大是大多数产业发展过程中必然经历的发展阶段,主导产业作为区域经济体系的构成主体,本身已形成一定规模,物流需求基数大,伴随经济与社会发展,主导产业规模进一步扩大,产业发展所必需的能源、材料消耗上升,产量增加,物流需求在原有基础上快速增长,对物流产业总体服务供给规模提出了新的要求。然而,区域物流基于主导产业规模扩大产生的需求增加只是表现在总量上,对于主导产业集群中的某一单个产业,产业增加值与物流需求量的比例一般是下降的。这一方面是由于物流管理技术的提高优化了物流过程,压缩了物流实际操作量;另一方面是由于主导产业结构也在持续调整,高附加值产品比例提高,单位产值的物流需求因此不断降低。

5.5.1.2　主导产业结构升级

不同的产业类型对物流需求的规模、结构、层次、分布具有较大差异，因此区域主导产业结构的变化必然伴随着物流需求的改变。一般产业结构的演变趋势为劳动密集型→资本密集型→技术知识密集型。我国区域间经济发展水平差异显著，不同区域主导产业结构升级所处的阶段不尽相同，在制定区域物流产业发展规划时应根据具体情况区别对待。

主导产业结构由劳动密集型向资本密集型转变的区域，以采掘业、建筑业、制造业为代表的第二产业发展较快，物流需求规模迅速扩张，特别是能源、原材料、工业品物流需求显著增长，并且由于区域间产业分工、产业转移等原因，跨区域物流、国际物流增长较快。随着现代工业生产过程向标准化、自动化的方向发展，生产流程愈加严格，要求物流服务更加及时、准确、专业，而现代工业集中布局的特点使物流需求在空间分布上也趋于集中，特别对服务专业、批量物流处理能力强的物流园区等基础设施产生了较高需求。

主导产业结构由资本密集型向技术知识密集型转变的区域，第三产业和第二产业中的高新技术产业成长迅速，高附加值产品产量大幅增加，高端的、个性化的物流服务需求旺盛。当区域主导产业结构处于这一调整阶段时，城市化进程一般也会随之加快，随着城市商业网点的密布，批发零售业的快速发展，小批量、多批次的物流服务需求比例不断提高，对配送中心等物流基础设施的需求会明显上升。

5.5.1.3　主导产业布局集约化

区域主导产业是由多个产业构成的产业群或产业体系，随着产业的发展和调整，同一产业或联系密切的上下游产业会趋于集中布局，以发挥规模化效应和便于开展供应链合作。制定区域物流产业发展规划一方面要关注主导产业布局的这一变化趋势，通过设施的科学规划和物流过程的合理组织满足其需求；另一方面也要按照物流产业发展规划引导主导产业发展的原则，促进区域内形成数量合理、组合有序、功能明确的主导产业带或产业集群。

5.5.2　经济中心城市与区域经济发展关系问题

5.5.2.1　发挥中心城市的带动作用

区域的地域范围相对广袤，社会经济体系相对庞杂，如果对整个区域社会经济同步推进、均衡发展，一是不现实，二是缺乏效率。通常由于地理经济区位、资源禀赋、产业基础等原因，有些地区在区域经济发展壮大的过程中，经济增长呈现出较快的增长速度与较高的增长质量，成为区域经济增长极。这些地区除了自身经济总量庞大，增长迅速，对区域经济增长贡献率大之外，还是带动区域内其他地区经济增长的领头羊，因此，占据了区域经济中心城市的地位。从物流服务于社会经济发展的角度而言，物流产业发展规划布局与产业发展应该有利于区域经济在空间上的集约化发展，有利于不同地区的合理分工与合作，有利于区域经济增长极的形成和作用的发挥。因此，在区域物流产业发展规划中应该处理好经济中心城市与区域经济发展的问题。

5.5.2.2　依托中心城市促进区域经济发展

由于经济中心城市是本区域经济最活跃、产业最密集、贸易最频繁的地区，能够集聚大量的人流、物流、资金流，因此，一般也是区域物流中心。制定区域物流产业发展规划应突出经济中心城市的地位，明确其区域物流中心的功能，通过设施规划、物流组织形成对中心城市经济发展的支持，并借助中心城市与其他地区间物资的顺畅、高效流动，放大和强化其辐射带动作用，通过物流在中心城市的积聚所形成的"枢纽经济"，促进整个区域的共同发展。

5.5.3 技术进步与信息化问题

5.5.3.1 研究的必要性

产业的可持续发展离不开科学技术的推动与促进，现代物流业更是依赖于科技进步发展起来的新兴产业，它与传统的运输、仓储等行业最显著的不同之处就在于，它是依靠现代的高科技和现代的科学管理理念来提升、整合原有的行业，并依赖于先进技术的应用与推广来实现行业的持续快速发展，特别是现代信息技术的日新月异，加快了物流产业的信息化步伐，从而从真正意义上提高了现代物流技术与管理水平。所以，推动物流技术进步，加速产业的信息化进程，对促进物流业的发展有相当积极而重要的作用，在区域物流产业发展规划中应给予高度重视。

5.5.3.2 应考虑的主要问题

区域物流产业发展过程中都会遭遇物流技术与信息技术瓶颈，主要在于两个方面：一是技术的创新与发展问题；二是技术的推广和应用问题。制定区域物流产业发展规划时应针对上述问题提出科学、可行的政策建议与规划方案，具体可从以下几方面考虑：

第一，在物流产业发展总体规划框架下制定专项规划，明确区域物流技术与信息技术的发展战略、目标与实施方案等，主要落实在物流技术的研发、应用到产业化和区域物流信息系统建设和运转等方面；

第二，政府加大对物流设备与技术研发的投入力度，各地开展合作，共同开发新技术和研制新设备，破除地区间的技术壁垒，使研究成果能够在区域内得到迅速推广与应用；

第三，开展跨国和跨区域合作，引进、消化、吸收、转化国内外先进物流技术研究成果，缩小与发达国家和发达区域间的差距；

第四，通过税费调节和补贴政策等，鼓励物流企业开展技术研发和采用先进的技术设备，促进企业物流信息系统的建设；

第五，推行物流技术与装备标准化，为新技术的推广使用扫除障碍。

5.5.4 物流需求管理与服务市场建设问题

5.5.4.1 需求管理与市场建设的必要性

物流需求是一种引致需求，社会经济活动是产生物流需求的原因，社会经济的发展必然刺激物流需求的增长。物流需求既有产生于生产环节的，也有产生于消费环节的，近年来，随着循环经济的发展，在消费之后的回收环节也产生了大量物流需求。因此，物流业拥有庞大而多元化的市场，如何对市场进行建设和监管，如何引导和有效满足市场需求是物流产业发展规划必须回答的问题。区域物流产业发展所面对的市场由于地理分割和行政分割而显得更加复杂，管理难度更大，必须在发展规划中提出合理、有效的物流需求管理与服务市场建设方案。

5.5.4.2 需求管理与市场建设存在的问题

我国长期计划经济体制下形成了普遍的重生产轻流通的思想，全国很多区域物流市场建设起步晚，基础差，且计划经济时期僵化管理体制造成的分散经营模式在今天依然留有痕迹，物流企业总体竞争力不强，服务意识与服务水平均有待提高；同时，工商企业在“大而全、小而全”传统经营管理理念束缚与资产盘活、就业安置等历史包袱的重压下，将物流活动从企业日常生产经营活动中剥离受到现实条件制约，企业间封闭的物流运作模式难以形成基于社会分工的专业化的物流服务需求。

5.5.4.3　需求管理与市场建设应解决的问题

针对上述问题，我国区域物流需求管理的方向应该是引导生产、消费与回收各个领域的物流服务需求向社会化方向转变，并且尽快建立健全物流服务市场，将生产领域与流通领域紧密联系起来。需要强调的是，区域物流服务市场的形成途径不能再延续计划经济时期的道路，而应该以市场为导向，以企业为主体。比如可以通过资产联合重组和专业化改造，充分利用和整合区域内工商企业的自有物流资源，结合批发企业和储运企业的改组、改造，有计划、有步骤地完善和发展提供社会化、专业化物流服务的第三方物流企业，同时激活工商企业物流外包需求，促进区域物流市场的发育。也可以鼓励有条件的大型工业企业和商贸企业利用自有物流资产，投资发展专业物流公司，或与第三方物流企业合资发展物流配送业务，面向社会提供物流服务。

5.5.5　管理体制与运行机制问题

5.5.5.1　现行管理体制割裂了物流运行系统

我国实行的是从中央到地方对应的部门管理体制，而物流具有复合产业特性，涉及多个管理部门，部门的自我封闭、自成体系造成了物流多头管理、各自为政的局面，使物流本应具有的系统、整体功能被切割和削弱。同时，隶属于不同部门的物流资源不能被自由地选择和平等地使用，且难以整合和社会化，造成效率低下，浪费严重。

5.5.5.2　地方利益阻碍了区域物流共同市场的形成

现行财税体制形成的地方利益格局成为建立区域物流大市场的主要瓶颈之一，在地方保护主义盛行的情况下，物流资源的自由流动、物流企业的业务拓展均受到严重制约。地方利益的制约对区域具有统一运作和服务能力的物流网络建设也构成大的障碍，从地方利益出发的封闭的物流市场培育模式，如强调培育自己的企业，市场开放程度不高，也不利于在企业整合和配置资源的市场机制的作用下推进统一市场的形成和发展。

5.5.5.3　个别物流领域市场化程度低

物流的运行特征决定了其运行过程贯穿多个领域，需要利用不同领域的资源，踏入不同领域的市场。虽然我国大部分物流活动涉及的领域已经市场化，然而，个别领域的封闭与垄断使现代物流的组织模式与运行过程受到难以突破的阻碍。

5.5.5.4　政府部门服务意识与办事效率有待提高

目前，我国正处于经济体制转型阶段，一些政府主管部门的职能尚未完全转变，服务意识不强，加之物流运作涉及的环节多、部门多，造成了物流服务及管理体系缺乏效率。在一些地区，部分行业政企不分，政府直接或间接参与物流经营运作的现象依然存在，妨碍了区域统一公平的物流市场环境的建立，也影响着政府公正地行使管理职能、办事效率和企业市场竞争能力的提高。

5.5.5.5　区域物流产业发展缺乏系统规划

多数区域尚未制定综合性的物流业发展规划，不同行业在各专项规划的指导下独立、无序、盲目地发展，难以形成物流体系，区域内部物流合作和资源整合程度较低，区域之间的物流产业发展合作不够，不能或很少从真正发挥区域资源优势的角度考虑物流的发展领域和方向，极易造成资源浪费、重复建设和恶性竞争。

5.5.5.6　物流经营分散，产业运行组织化程度低

一些区域由于政府缺乏对物流企业发展的规划、引导和培育，造成物流经营过于分散，缺乏有实力的大型物流企业担当产业龙头，带领产业整合与发展，难以按照一体化、网络化的模式对物流过程进行运行组织。

5.5.5.7　物流管理与技术滞后

我国区域之间与区域内部发展不平衡，在不同地区与行业间，物流管理理念、物流技术应用、物流信息化程度均存在较大差异，物流管理与技术标准化得不到普遍推广，造成物流过程的阻塞或脱节，成为区域物流运行机制不畅的重要原因之一。上述物流管理体制与运行机制问题是我区域物流产业发展道路上的巨大障碍，制定区域物流产业发展规划时应根据本区域实际情况，针对具体问题，结合各地区经济管理体制和运行机制的改革，突破物流管理体制与运行机制瓶颈，通过加强协调、加快改革、合理规划、有效实施、科学引导、积极扶持来推进区域物流体系的建设和发展。

5.5.6　区域物流产业发展政策问题

我国目前的物流政策主要以两种形式出现：一是有关物流的法律、法规；二是有关物流的各种意见、通知等行政类政策。我国区域物流政策一般是在沿用国家政策的同时，采用一些地方性的政策法规，因此区域物流产业发展政策在构成上分为法规性政策、行政性政策两大体系和国家政策、地方政策两个层次。当前的区域物流政策体系从内容上来说是较为丰富的，为规范和推进区域物流产业发展发挥了积极作用，但同时也暴露出一些问题。

5.5.6.1　部门间在政策制定与执行上缺乏协调

从国家层面，原六部委联合下发的《关于加快我国现代物流产业发展的若干意见》和九部委联合制定的《关于促进我国现代物流业发展的意见》是迄今为止我国物流领域仅有的综合性政策，而对物流产业发展具有直接指导作用的仍是以各部门自行制定的政策为主。由于上述情况是由当前的物流管理体制和运行机制决定的，区域物流产业发展也面临同样问题。各部门制定的政策不是着眼于整个物流系统，而是以各自利益为重，加之政策制定与执行主体众多，权力和责任交叉，执行客体不明确，使得政策在实施过程中难以协调、出现脱节甚至于矛盾冲突。

5.5.6.2　地方性政策缺乏兼容性

大多数区域尚未建立起物流产业发展的联动机制，区域性的物流产业发展政策缺失或政策的针对性、系统性不强，且地方性政策又受制于地方利益而难以兼容，一个统一、开放、适应

性强的区域物流政策体系亟待建立。

5.5.6.3　专门政策效力不强

从国家到地方，专门针对物流领域的政策多是以“意见”、“通知”的形式颁发，缺乏法律效力，并且其内容较为抽象，对于具体操作缺乏直接指导性，这些均影响到政策的贯彻实施力度。

5.5.6.4　部分领域政策缺失

物流的发展需要政策的推动，但很多区域在物流标准化、物流信息化、物流协作化等领域的相关政策几乎处于空白状态。这些缺乏政策依据而缺少发展动力的领域形成了物流系统的薄弱环节，阻碍了区域物流的快速发展。

5.5.6.5　政策更新速度较慢

物流作为一个新兴行业，发展速度十分迅猛，然而许多区域物流政策不能适应物流的发展需要做出及时调整，或者不能对出现的新行业、新技术、新领域、新情况等适时颁布新的政策予以规范和指导，在一定程度上制约了物流管理与运行方式的创新、技术的更新、新领域的开辟、物流产业国际化等。

政策平台是区域物流产业发展的宏观软环境，对于维持区域物流市场秩序，支持和推动产业高效运作和不断向前发展具有非常重要的意义。上述政策问题在我国大多数区域物流产业发展过程中普遍存在的，但问题的根源则不尽相同。区域物流产业发展规划应实事求是地找出问题症结所在，据以提出措施建议来解决相关问题，为区域物流产业发展创造一个更加优良、宽松的发展环境。

第6章　城市物流发展规划

6.1　规划的必要性

6.1.1　城市物流的定义和内涵

6.1.1.1　城市物流的概念

6.1.1.1.1　城市物流的地位与作用

城市是物流活动的重要载体，也是物流活动较为集中的区域，城市的物流产业发展水平与质量，不仅关乎城市自身的生产、生活的运行效率，而且对城市所在区域的经济发展、产业布局等也具有重要影响。近些年来，在国家、地方加快推进物流业发展的背景下，我国物流业发展格局正发生变化，物流企业在运作上逐渐呈现出网络化、集约化、规模化和信息化发展特征。由于城市是物流活动最为集中的区域，城市在承载物流企业发展过程中，出现了一些新的变化：一是从过去摸索阶段物流业相对盲目的发展，转向物流业发展的战略性、目标性和针对性更强，城市在有意识地适应物流企业运作特征，以成为物流企业的运作节点方式承载物流业的发展；二是从单纯注重物流基础设施建设，向明确战略目标下的物流基础设施建设、物流企业培育、产业物流提升、物流信息化、物流政策制定等系统化发展转变，更加注重将城市物流业作为一个有机整体，并形成围绕节点的物流产业组织系统；三是从强调物流业的独立发展，并做大做强物流业，向适应城市经济社会发展、产业布局与融合发展转变，同时积极营造物流环境和培育具有竞争力的新的物流业增长点。

6.1.1.1.2　城市物流发展要求

鉴于城市物流的地位与作用，城市物流发展的基本要求是按照城市物流业的发展特征，按照物流业发展的基本规律，从城市在区域中的经济发展地位与作用出发，培育为区域服务的物流业，建设区域物流服务系统；同时，按照物流业对城市经济和产业布局发展环境改善的要求，充分发挥物流业的基本服务功能，推进城市物流系统建设。

6.1.1.1.3　城市物流的基本概念[13]

基于上述认识，城市物流的基本概念是：城市物流是以城市为物流业发展与服务载体，在确立城市承载一定区域范围内的物流服务功能，以及适应城市内生产、生活物流服务需求的战略基础上，以整合、聚集城市物流资源为手段，通过建设对外、对内两大物流服务系统而形成的物流体系。

6.1.1.2　城市物流的功能

按照城市物流的基本概念，城市物流应当具有区域物流服务、城市内物流服务、城市物流资源整合等主要功能。

6.1.1.2.1　区域物流服务功能

对于不同城市，其物流服务的区域范围存在很大差异，区域物流服务功能与范围直接相关，范围决定物流产业规模和内容。由于交通运输环境条件的不断改善，以城市为中心的运输服务能力和效率发生了较大改变，不仅运输服务的选择性增强，而且，物流企业的区域分拨、配送服务半径，在运输服务的支持下，往往达到200公里左右，从而决定了城市在建设区域物流服务系统时，存在较强的竞争。城市的区域物流功能具有竞争性，在发展城市物流时，区域辐射范围成为重要的战略性决策问题。这种范围通常又不是城市一厢情愿决定的，需要考虑城市的制造业、商贸服务业产业能力、资源聚集能力等，是与特定的产业物流服务紧密相关的，城市需要审视自己的区域辐射资源。城市在战略上确定辐射的范围，其发展的目标就是为了获得更大的物流增加值，以及延伸产业链和提高产业竞争力。

6.1.1.2.2　城市内物流服务功能

城市内物流服务功能是城市最为直接和重要的功能，是保障城市生产、生活质量与效率的基本环境条件，也是形成城市区域物流功能的基本保障。城市内物流服务的基本功能是覆盖城市域的配送服务，是各种产品、各种特性的配送系统的集合体。由于城市的生产、生活往往与区域具有较为紧密的联系，特别是城市的生产布局、生产规模、商贸服务等往往以区域辐射作为其发展目标，从而决定了城市内的物流服务必须与区域物流服务功能建立有机的联系，以便保持整个经济活动的物流服务效率和效能。因此，城市的区域、内部物流系统的建设并非分别进行的，需要进行整体的系统规划。

6.1.1.2.3　城市物流资源整合、聚集

按照城市的区域、市内物流系统建设要求，为实现两大系统之间的紧密联系，以及降低城市物流综合成本、提高物流运作效率、承载物流企业的网络化运作等，需要对城市既有及新增的物流基础设施等资源进行整合，以便使物流资源在空间布局上与城市发展相匹配，并提高资源的利用效率，为物流企业的发展创造环境条件。同时，城市为获得增量物流产业发展效应，必须在网络化企业的聚集、物流服务需求资源的聚集，尤其是区域物流服务的要素聚集等方面取得发展，实质上是引导资源聚集，并通过区域物流组织与服务创新，加快物流产业的聚集发展进程。

6.1.2　城市物流的竞争与定位

基于上述城市物流的定义和功能分析，城市的区域（对外）物流服务存在城市间的服务范畴问题，并衍生出城市间的物流服务竞争问题，这些问题又与城市的物流定位密不可分，因此，城市物流的发展，首先需要理解城市物流间的竞争与定位问题。

6.1.2.1　城市物流产业发展的竞争

6.1.2.1.1　城市物流竞争的内涵

城市物流产业发展的竞争主要体现在两个方面：一方面，物流是一种服务，城市的物流需求都有服务覆盖的范围，这种范围的交集就必然导致城市物流的竞争，并体现在物流服务市场份额的竞争；另一方面，城市物流在区域物流内都存在一定的定位，一般说来区域内几个重要城市之间存在着个别物流中心城市，以及其他物流支点城市，在稳定的城市定位体系下，城市

间的物流竞争与合作存在一定的平衡，而当城市物流定位存在冲突的时候，城市之间容易产生物流主导权的争夺竞争。

6.1.2.1.2 城市物流竞争力的体现

城市物流竞争力是城市物流竞争的基础，对于城市竞争力的描述主要从供给、需求两个角度进行：物流供给，是从物流服务水平的角度进行分析，城市物流硬件设施、物流运营管理水平等因素决定了物流供给的水平；物流需求，主要从物流需求市场水平角度分析，城市经济发展水平和产业基础是物流需求水平的内在因素。城市物流竞争力的提升，应当从供给和需求两方面共同提升，相比较而言，物流需求是以城市经济实力为基础的因素，无法在短期内发生根本性改变，而物流供给水平的提升显得比较容易，尤其是其中物流硬件水平的提升是作为物流产业发展推动方的政府比较容易通过政策和资金投入而推动的，在物流竞争力的提升中，不能只从某一方面集中发展，而忽略其他方面对物流竞争力的提升。

6.1.2.1.3 城市物流竞争的意义

首先，城市物流竞争属于市场机制的体现，市场竞争促使物流竞争能力的提高，最终导致物流服务水平不断提升；其次城市物流竞争有利于城市的科学定位，通过市场的竞争实现城市的定位是非常重要的。需要说明的是，城市物流竞争必须在合理的手段下进行才有意义，如果出现了不合理的竞争，将阻碍物流产业发展水平的提高。如城市通过政府干预手段，从政策、财税等方面保护本地物流企业的发展，造成地区物流壁垒，不仅不能真实反映本城市物流产业发展的水平，还将对区域物流产业整体发展水平产生影响。

6.1.2.2 城市物流产业发展的定位

城市物流产业发展定位是城市物流产业发展战略的集中体现，属于物流产业发展中的重要因素，对物流的功能、规模、布局、结构等具有决定性影响作用。城市物流产业发展的定位必须有科学的依据，合理科学的定位将促进城市物流的快速发展，而不合理的定位不仅不能促进物流的发展，相反会阻碍物流的发展。

6.1.2.2.1 总体定位

城市物流定位的焦点在于，城市作为区域性的物流中心(枢纽)在区域物流网络中的地位，还是作为一般性物流城市，在区域物流网络的一般节点定位。物流中心城市由于对区域内物流具有较强的服务组织能力和发展的主导性，容易使城市在物流产业发展中占据主动的地位，很多重要城市希望成为物流中心城市，以便为城市经济的发展提供新的增长点。然而城市物流产业发展定位有一定的科学依据，主要包括：城市经济发展状况、趋势以及与周边城市的产业关系，城市区位条件和交通条件，城市物流开展现状以及周边重要城市物流开展状况，因此，城市物流的总体定位必须建立在对上述因素分析的基础上，综合确定。

6.1.2.2.2 经济角度定位因素

从经济角度分析，当城市经济在区域经济中比重较大，而其产业是区域内产业链的核心产业所在，具有较强的支配地位时，其城市物流具有较强的集散性，可以从物流需求层面支撑城市物流作为区域物流中心发展的要求。反之，城市缺乏经济支撑则缺少物流需求的支撑，一般难以作为区域物流中心城市发展。

6.1.2.2.3 区位和交通角度定位因素

从区位和交通条件分析，城市在区域中的地理位置较为优越与周边城市有便捷的交通联系，有利于物流的集散，从物流成本和效率角度支撑其作为物流中心城市的定位。反之，城市物流运作环节中成本和效率不利于物流中心的形成。

6.1.2.2.4　物流自身发展水平角度定位因素

从城市物流现状角度，城市当前在区域物流产业发展中的基础和地位，也是决定城市物流定位的重要基础。物流的发展具有一定的马太效应，即城市在区域中的物流地位越高，物流产业发展水平越高，其对物流需求的吸引也就越强，会形成一定的良性循环。

需要说明的是，城市物流的定位具有综合性，即城市物流产业发展定位应当在充分综合各方面的条件进行确定；城市物流定位具有一定的时间范畴，即城市物流定位应当有一个时间上的过程，城市经济以及地缘经济、交通状况、城市及周边城市物流产业发展状况都是随时间而变化的，物流定位也不是一成不变的，随着各项条件的变化需要做出调整。

6.1.3　城市物流规划的必要性

城市是物流业发展的重要载体，依托城市推进物流业的发展，因物流需求的规模较大，以及物流服务企业系统相对较为完整，可以培育具有规模效应的物流产业。同时，物流业在低成本、高效率和创新服务的环境下，既可以通过自身发展而提升城市服务业发展水平和质量，还可以创造良好的城市产业布局条件，提高城市产业布局能力和质量。此外，对于经济地理区位较好，具备为区域提供物流组织与服务功能的城市，因物流业在区域竞争中获得发展和壮大，还可以使城市成为区域物流枢纽，产生“枢纽经济”发展效应，培育城市新的支柱产业。因此，制定城市物流产业发展规划，引导城市物流的健康和快速发展，对于城市经济和城市物流，均具有积极意义和重要作用。

6.1.3.1　*物流产业发展*

我国城市经济的快速发展和功能的不断完善，将产生大量的物流需求，特别是城市化进程的加快，城市规模不断扩大，为物流的发展提供了巨大空间。由于物流需求推动的城市物流产业发展前景，以及相邻的不同城市在区域物流组织上地位与作用发挥所导致的物流业发展竞争，必然存在基础设施建设的统筹发展和服务网络的构建问题，也必然存在从区域和城市物流业发展角度的合理定位问题。因此，对城市物流产业发展问题进行规划，可以使物流的发展更具有空间布局上与城市的匹配性、在服务需求上的适应性和物流组织上与城市物流定位之间的合理性。特别是目前城市内部与城市满足区域需求的物流基础设施空间布局和建设存在一定的盲目性，科学的城市物流产业发展规划结合了城市经济发展和功能需求，以及产业发展和区域经济协调发展的需要，通过规划避免这种盲目性和使物流产业发展的方向性更为明确，对城市物流的健康快速发展将起到更积极的推进作用。

6.1.3.2　*城市经济发展*

从城市经济发展的角度考虑，物流产业发展规划的必要性主要体现在两个大的方面：一是物流产业发展与相关产业关系的角度，通过规划可以使物流业获得健康发展而为城市经济的发展提供新的服务产业门类和支撑，并通过物流业的规模、模式、功能发展更好地与城市产业发展对制造业、流通业提升的需要与趋势相结合，为这些产业的发展效率提升提供支持，也为这些产业合理布局和区域竞争力提升提供支持，使城市经济发展素质获得全面提高；二是从区域物流产业发展的角度，通过城市的区域物流服务功能的合理定位和竞争，将在区域物流组织与服务的发展基础上，为城市培育新的经济增长点，使城市物流业规模得到不断扩大。

6.1.3.3 区域经济发展

从区域经济发展的角度，科学的规划将使物流的发展与城市在区域经济中的地位有机结合，体现在两个方面：一方面将更好地使城市经济融入区域发展的大环境，发挥城市在区域经济中的作用，并在此基础上提升城市在区域经济发展中的战略地位；另一方面将使城市物流的发展融入区域物流资源整合的大系统，从而使城市物流产业发展具有更强的资源配置功能。

6.2 发展条件分析

城市经济发展条件是物流产业发展的重要条件，既是物流需求的基础，也是物流产业发展的动力和作用所在，因此，为科学合理制定城市物流产业发展规划，需要对城市经济发展等决定物流产业发展的相关条件进行分析。经济分析主要体现在城市的功能组成、产业发展规模、结构、布局，以及由此决定的城市在区域经济中的地位等一系列方面。物流作为复合型产业，既是城市产业构成中的组成部分，同时也是城市功能构成和经济发展素质的体现之一，还是城市在区域竞争中将物流产业培育成具有竞争力新产业的重要途径。城市物流产业发展的规模、布局、技术、组织形式等，都与所在城市经济发展定位、方向和发展水平密切相关，因此，城市物流产业发展规划过程中需要对城市经济发展条件进行分析。

6.2.1 城市功能与区位条件分析

6.2.1.1 城市功能分析

城市功能是指城市在一个国家或一个地区所承担的政治、经济、文化等方面的任务和所起的作用。城市功能对城市经济发展具有重要的支撑作用，在经济发展条件分析中，需要首先加以考虑。

6.2.1.1.1 城市功能划分

城市功能有不同的划分方法，一般采用分方向和分内涵两种方法进行分析。从城市功能的方向区分，城市功能有外部和内部之分。外部功能指城市主要为本市以外的区域提供服务的功能；内部功能则指城市主要为本市提供服务的功能，目的是保证城市的正常运转。从城市功能的内涵区分，城市功能主要包括经济功能、政治功能、文化功能等。

6.2.1.1.2 城市功能之间的关系

城市的各种功能存在主次关系，城市功能的发挥是一个整体的系统概念，各种功能之间存在紧密的联系，相辅相成，很难从其方向或是内涵角度将各项功能割裂开。从城市功能的方向角度，由于城市的外部功能决定了城市的地位和特征，是城市的基本功能，内部功能相对而言处于辅助地位，但内部功能在一定条件下也会支持和影响外部功能。从城市功能的内涵角度，自从人类进入工业社会以来，经济功能成为城市的主要功能，政治和文化功能居于辅助性地位，但它们在经济功能定位、辐射能力等方面也影响着城市经济功能的发挥。

6.2.1.1.3 城市的物流功能

从城市物流产业发展规划的角度，城市功能中，经济功能是产生物流需求的根源，而经济功能的内外部功能区分决定了城市物流需求的特点，以及城市物流在区域物流系统内的定位。同时，城市物流的发展，在很大程度上又为城市经济功能的产生和发展发挥着重要作用；物流管理技术在制造业、流通业领域的应用，可以提升其产业运行质量，提高城市经济效益；物流服务业的发展不仅增加了是城市经济新的增长点，还可以创造更好的城市经济发展环境，以及提升城市在区域经济发展中的产业布局、产业组织与服务业发展的竞争能力。因此，城市的物流功能分析重点是在其经济功能的角度进行物流功能与发展方向的分析。

6.2.1.2 城市的区位条件分析

在城市物流产业发展规划中，分析城市的区位条件，其目的在于明确城市所处的区域地理位置，从自然条件、资源环境、周边经济发展环境等角度，阐述城市区位条件为城市经济发展带来的发展特征和优劣势。区位条件分析是城市经济条件分析的重要基础。城市的区位条件应该从地理意义和经济意义两方面进行理解。

6.2.1.2.1 地理区位条件

从地理角度，城市区位条件分析的重点是把握城市所处区位的自然地理条件，分析过程中一般需要指出城市所处具体地理位置、城市以及周边地区的地质地貌特征、城市的气候条件、城市的资源环境条件等状况，其主要目的在于说明城市的资源禀赋特征。在城市经济发展条件分析中，掌握城市地理区位条件，对于把握城市的产业发展方向、潜力、结构布局有基础性的意义。

6.2.1.2.2 经济区位条件

从经济角度分析，城市的区位条件主要是指城市在某个特定区域内的经济环境条件，这就需要将城市放在某个区域的概念范围内进行分析，这个区域的选择随城市的不同可大可小，其选择的角度通常是基于自然或行政区划的地理概念，结合城市经济连接性特征，将城市放在一个或多个经济体系中进行区位经济条件的分析。比如合肥市的区位条件，可以从安徽省这一行政地理概念的角度进行分析，也可以从国家中部地区这一特定经济体系角度进行分析。从经济角度进行城市区位条件分析，需要在城市所处区域本身经济发展环境的基础上，结合城市在区域内的地理位置以及经济地位，阐述城市区位条件、为城市的发展带来的优劣势以及发展特征。

6.2.1.2.3 交通区位条件

城市的区位条件分析还应该考虑城市与周边区域的交通环境。区位交通条件与城市的地理区位条件有时具有一定的关联，如邻近河流海洋的城市，通常具有一定的水运条件，邻近山区的内陆城市，对外大宗货运通道往往需要依托铁路运输。同时，交通区位环境的分析还要结合经济区位条件共同分析，当交通环境适应经济区位条件时，其区位经济优势能得到更好的发挥，反之则可能出现消极影响。

6.2.1.2.4 区位分析的重点

从制定城市物流产业发展规划的角度，城市区位条件中经济区位条件和交通区位条件与物流产业发展的布局、定位等方面有着密切的联系，需要重点把握。特别是交通运输区位条件对城市物流组织的地位具有重要影响，也在很大程度上决定了城市物流运作的质量与效率，因此，需要进行系统分析。

6.2.2 城市经济发展现状与趋势

城市经济发展现状与趋势是制定城市物流产业发展规划的基础。在城市物流产业发展规划中，物流产业发展地位的确立、物流业规模的确定，物流组织、运作模式的选择，都是基于对城市经济发展状况与趋势的准确判断基础上，并结合城市物流本身的发展规律进行选择。

6.2.2.1 发展现状分析

城市经济发展现状分析主要从城市的经济总量水平、经济结构水平两方面进行，分析往往采用定量指标说明结合定性阐述的方式。一般说来，体现城市经济发展现状的定量指标主要包括：体现城市经济总量发展各方面水平的城市生产总值、财政收入、固定资产投资总额、社会消费品零售总额、居民人均可支配收入、外贸总额等，以及体现城市经济结构的三次产业规模和比重指标。除了以上定量指标以外，还需要说明的是一些城市的经济特性，比如城市的支柱产业、主导产业、特色产业的种类、布局以及发展现状。城市经济现状分析通常应结合城市所在区域进行城市间的横向比较，从而对体现城市经济现状的各项数据及城市在区域经济发展中的地位具有更深入的认识。

6.2.2.2 发展趋势分析

城市经济发展趋势分析主要包括对城市未来经济发展方向进行定性判断，对未来城市经济规模进行定量预测。

6.2.2.2.1 趋势判断与分析

对城市经济发展方向与趋势的定性判断是一个比较宽泛的概念，从制定物流产业发展规划的角度，主要包括城市经济结构的发展方向和产业发展方向等方面。分析通常是基于国家、地区和城市的宏观、微观经济发展政策、规划等内容，结合城市本身的经济现状基础，判断城市未来重点需要发展的产业、城市经济总体特征的变化趋势，从而有的放矢地构建与之相适应的物流系统，支撑经济的发展。例如，在国家致力发展高新技术产业的大背景下，某城市的经济规划中提出以高新技术产业为支柱产业，构建高新技术工业园区，并且城市自身也具备发展高新技术产业的技术、人才等基础，则可以定性地判断城市未来产业结构中第二产业比重将可能得到提升，而第二产业中高新技术产业比重上升，传统工业比重将相对下降，由于高新技术产业的特征决定了相关的服务产业比重也将提升等，在物流产业发展规划中，需要提升高质量物流在物流服务中的比重。

6.2.2.2.2 定量预测

在对城市经济发展趋势进行判断与分析的作用是，以此为基础，根据城市既有经济发展的现状，对城市经济未来发展规模进行定量预测。通常是在收集大量历史数据的基础上，构建数学模型，计算得出未来某个时点上城市经济规模的数据，再根据发展趋势进行必要的修正。目前，应用比较广泛的方法主要有：时间序列预测、相关回归预测，以及组合预测等。但定量的预测往往受到数据的准确性、收集基础数据的样本总量、数学模型的拟合准确性等问题的影响，预测结果往往存在偏差，在实际的规划中定量的预测结果仅能作为参考，还需要研究者结合国家宏观经济整体发展趋势、城市所在区域的经济发展趋势，以及城市的各项既有的政策、规划，对预测结果进行相应的调整。

6.2.3 城市产业规模结构与布局

6.2.3.1 产业规模、结构与布局分析的意义

城市的产业规模、结构与布局是决定物流需求规模、布局、模式、方向的主要因素，也是决定城市物流功能与地位的重要依据。城市物流的开展与城市产业相关特征相适应，是物流业健康发展的核心推动力；同时，基于产业发展特征需求的物流产业发展，利用物流服务所创造的低成本、高效率、创新服务的特征与环境，也将反过来促进城市产业的又好又快发展。

6.2.3.2 产业规模、结构、布局分析

6.2.3.2.1 规模分析

在对城市经济发展现状分析的基础上，从制定物流产业发展规划的角度，需要对城市的经济规模、结构、布局等相关特征进一步深入分析。城市产业的规模直接影响到城市物流的需求总量，而结构则影响分类的物流需求规模与组织。城市产业总体规模一般以地区国民生产总值直观地反映，具体分析一般需要细分到各个具体的产业进行阐述，如第一产业通常以年农产品产值、产量来说明，第二产业通常以工业总产值、主要工业产品产量、能源消耗量等数据说明，这些数据是对城市总体物流需求和分类需求预测的基础。

6.2.3.2.2 结构分析

城市产业结构关系到物流需求的总量、分类量和质量特征，需要对产业结构进行更为细致的分类。如第一产业发达的城市，物流需求总量较大，对物流需求质量主要体现出农产品物流的快速保质服务，由于不同的农业结构对物流的需求质量不同，分析过程中还需要说明城市农业产业的结构特征是以简单生产为主还是粗加工或是精细加工为主。对第二产业进行具体结构分析时，需要区分不同产业领域，重工业发达的城市对物流需求主要体现在总量规模较大，能源、基础性资源物流需求旺盛；高新技术产业发达的城市，对物流需求主要体现在总量规模一般，高质量、一体化物流需求旺盛。

6.2.3.2.3 布局分析

城市的产业布局影响到城市物流的布局和流量、流向与流速，现代物流注重追求高效率、低成本和高质量的服务，结合城市的产业布局进行物流设施和节点的建设是节约物流成本提升效率的重要方面。城市的产业布局除了对城市内部空间布局进行分析外，一般还需要将城市的产业布局与区域经济中的产业布局结合考虑，从而得出物流发生的方向与组织要求，便于物流节点设施的选点和功能的匹配。

6.3 物流需求分析

促进城市物流的发展与城市自身及区域经济发展对其产生的需求相适应，是城市物流产业发展规划的重要目的之一。因此，对城市物流需求进行分析，是城市物流产业发展规划的基础性工作之一，对明确城市物流的发展内容与方向具有重要作用。

6.3.1 城市物流产业发展需求影响因素

物流是社会经济发展的产物。城市经济功能是产生物流需求的主要根源，其对物流产业发展的需求影响涵盖了城市物流产业发展的方方面面，具体包括：对物流需求总量的影响、对物流需求质量的影响、对物流需求布局的影响和对物流服务需求模式的影响。

6.3.1.1 内部经济功能对物流产业发展需求影响

城市的经济功能从方向性角度分为对外和对内经济功能，其中对内经济功能主要是指提供各种基础设施、生活必需经济活动运营。内部经济功能是城市物流需求的基础部分，其产生的物流需求主要是满足城市居民的生活要求，在城市的物流产业发展规划应首先加以考虑，城市的人口规模、分布以及收入状况等因素决定了这一部分物流需求的总量、需求布局以及需求质量。

6.3.1.2 外部经济功能对物流产业发展需求影响

对外经济功能主要是指输出生产资料、资金、技术、信息、消费品，满足其他地区生产消费和生活消费的需要，组织城市同周边地区的经济联合、经济协作，带动周边地区的经济发展等。对外经济功能主要包括：集散功能，即城市吸收聚合各种资源和生产要素以及对外输出城市经济能量带动周边发展的能力；生产功能，即城市生产各类物质商品的能力；服务功能，即城市为完成经济活动和各类生产要素流动提供相应服务的功能。

城市的对外经济功能往往是城市尤其是经济中心城市物流需求的主体，其所产生的物流需求主要是针对城市产业与外部的经济联系需要，并关系到城市在区域内的经济地位。城市外部经济功能的强弱决定了这一部分物流需求的总量规模、布局、质量和模式。城市的对外经济功能强，则城市往往是区域性的经济中心，城市的物流服务体系也将成为区域物流系统中心，由此产生的物流需求总量规模需要适应更广泛的地区需求，物流的需求布局范围相应也比较广泛且集散效应较为明显，区域间的经济联系和产业关联性使城市物流需求向更高的供应链管理要求发展。

6.3.1.3 城市内外部功能与物流需求的关系

在进行城市经济功能对物流需求影响的分析中应该两方面同时加以考虑，既要满足内部经济功能的需求，也要适应城市外部经济功能的要求，不能偏废，要与城市的实际经济地位相适应。忽略城市外部经济功能的需求，往往使城市物流规模不能适应城市在区域经济中的地位，影响到城市经济地位的提升；过于夸大对外经济功能的需求，往往导致城市物流产业发展规模过分超前，结构与需求不适应，运作模式缺乏效率等不良后果。

需要指出的是，城市物流产业发展与对外经济功能相适应或适当超前，可以促进城市对外功能的发挥，提升城市地位，但一定要掌握好其中的度。目前在我国部分城市物流产业发展规划中，由于过分强调城市的外部经济功能，以及由此派生的物流需求，出现了物流产业发展规划中的规模和结构与需求相脱节，反而影响了物流的健康发展。

6.3.2 城市物流需求的特点与发展趋势

城市物流需求是国家物流、区域物流需求体系的一部分，具有市域经济的特征，具体分析城市物流需求特点和趋势需要在把握其普遍特征的基础上进行分析。市域经济以市级行政区划为地理空间，以市级政权为调控主体，以市场为导向进行市域范围内的资源配置优化与产业布局调整，是一种具有地域特色和功能完备的区域经济，具有区域性、综合性、开放性等特点。

6.3.2.1 城市物流需求特点

6.3.2.1.1 城市物流需求具有较强的综合性特征

市域经济包含的经济类型较广泛，涉及生产、流通、消费、分配各环节和一、二、三产业各部门，既包含城镇经济，又包含农村经济；既有国有经济，又有集体经济，还有个体、私有和混合经济。经济类型的广泛性决定了城市物流需求的种类复杂，从生产物流、消费物流到社会物流、企业物流等，几乎无所不有。

6.3.2.1.2 城市物流需求具有地域个性化特征

城市经济体现出区域性特征，具体表现为受特定地理位置、历史人文背景以及资源总量的影响。市域经济具有鲜明的地方特色和相对的区域独立性，除了少部分特大型城市外，大部分的城市都是根据自身经济和资源基础，依托主要的产业或产业链为主导进行发展，而不同的产业对物流的需求规模、质量、层次、模式等方面的要求也不同，因此城市物流需求随其主导产业的不同，具有较强的个性化特点。

6.3.2.1.3 城市物流需求具有开放性特征

市域经济仅仅是行政区划对经济造成的名义上的划分，不是地区封闭经济和人为分割市场，因此城市经济与所在区域经济体系之间的联系是密不可分的。物流正是这种密切联系中的重要组成部分，因此城市物流需求同样具有开放性的特征。

6.3.2.2 城市物流需求发展趋势

6.3.2.2.1 物流需求的快速化趋势

随着城市居民生活水平的提升，城市生活物流需求总量日益增加，需求质量不断提高，客观上要求城市生活物资的及时到位，对城市物流配送提出了更高的要求，物流需求的快速化成为一种趋势。

6.3.2.2.2 物流需求的规模化趋势

城市产业布局的合理化，以及物流节点设施的建设，使原本分散的城市物流需求，从空间上逐步集中，城市产业的专业化分工和集约化发展，使物流需求的总量逐步提升，从而使城市物流需求出现了规模化的趋势。

6.3.2.2.3 物流需求种类的复杂化趋势

城市产业关联度的提升和产业链的高度化发展，使物流服务需求的种类从最初简单的储、运作业向物流综合管理、附属加工、信息服务和代理服务方向发展，需求结构与需求内容日趋专业化和复杂化。

6.3.3 城市物流供给与需求的关系分析

6.3.3.1 物流的供需主、客体

城市物流的需求主体主要由城市内的生产制造企业、商贸流通企业、社会团体、军队、政府和居民等构成；城市物流的供给主体主要由城市内的专业化物流企业、运输企业、仓储企业、加工包装企业等。物流供需关系的客体是物流服务。

6.3.3.2　物流供需关系的连接纽带

物流服务的需求方和物流服务的供应方通过物流市场达成符合自己成本、效率和服务要求的交易，即需求方要求物流速度快、服务好、收费低，供应方利用自身和社会资源满足需求方要求，并获得自身利益。物流市场是供需双方联系的纽带。

6.3.3.3　物流供需关系的分析

我国物流供需关系普遍存在的问题是物流供需不平衡，既有需方(主要是企业)“大而全”、“小而全”思维和运作模式，不愿意分离和外包物流服务的问题，也有供方不能够满足需方要求的问题，从而最终导致物流体系运作效率和效益不高。城市物流供需关系分析的目的是通过规范有序的物流市场，建立满足供需双方需要的物流管理与经营系统，达成物流市场的供需平衡，形成物流与经济良性发展的局面。城市物流供需关系协调的主要手段是：一方面充分利用市场规律，通过市场自动调节的手段，促使供给与需求的匹配发展；另一方面充分发挥政府和行业协会的引导作用，根据市场的需求特点和趋势，引导物流供给的规模、布局、模式与供给相适应，同时建立相应的市场规范，营造有序的市场环境。

6.3.4　城市物流的规模结构与布局分析

对城市物流需求的规模、结构、布局以及表现形式进行分析，是制定物流产业发展规划中，物流设施总量、布局，物流组织运营模式的选择依据。

6.3.4.1　物流需求规模

城市物流需求的规模与城市经济发展水平密切相关，具体包括城市经济总量水平、城市经济结构水平、城市在区域经济中的地位等方面。

6.3.4.1.1　物流需求规模与经济总量一般呈现正相关关系

在现代经济发展条件下，城市经济总量越大，经济发展软硬环境基础越完善，则城市的资源、资金、信息、人才、技术的集中度就越高，由此将派生出大量的物流需求。

6.3.4.1.2　不同的经济结构对物流需求规模影响不同

一、二、三次产业由于发展的特点不同，对物流需求的规模的影响也不同。如第二、三次产业占经济总量比重较高的城市，其物流产业发展往往需要更多的资源支撑和良好的市场环境，由此产生的物流需求总量也比较大。

6.3.4.1.3　物流需求规模与城市在区域经济中的地位有关

城市的经济地位与经济辐射能力具有密切的相关性，影响城市物流需求的范围。城市如果在区域经济中较为边缘化，则物流需求往往局限于满足市域范围之内的各种内部经济功能需求，外部需求总量则较低；城市如果作为区域经济中心城市，则除了一般市域范围内的物流需求以外，由于城市产业的对外辐射和资源的集聚效应，城市物流需求往往还包括产业延伸向外涵盖周边城市的各项经济需求。

6.3.4.1.4　物流需求与区位条件有关

城市物流需求规模还与城市所处区域位置以及在综合交通网中的位置具有一定的相关性，在具体进行城市物流需求规模分析时，也需要加以考虑。

以上定性分析了影响城市物流需求规模的几个主要因素，在物流产业发展规划中，还常常需要对物流需求的规模总量进行定量预测。一般情况下，以较为方便定量统计的运输总量、库存总量，以及配送总量作为物流总量，并根据历年的物流发生量结合经济发展趋势，进行需求量的趋势递推预测。

6.3.4.2　物流需求结构

物流需求的结构通常是指物流的货种结构和需求规模结构，其结构特征与城市产业结构密切相关。首先，物流需求的货种结构是指物流需求中货物种类结构，与城市三次产业比例密切相关，如第一产业比重较大，则农产品货物物流需求在需求总量中比重相应较高；其次，物流需求的规模结构是指物流需求批量和批次结构，与产业结构和产业集约化程度相关，一般说来第一产业比重高易产生大批量的粮食物流，重化工比重高易产生大批量的原材料物流，商业发达易产生多批次物流，而产业集约化程度高，易产生较大规模的物流需求结构。

6.3.4.3　物流需求的布局

城市物流需求的布局，主要是指物流需求发生的空间分布和流量、流向，布局特征主要与城市产业布局以及产业链布局相关。物流需求发生往往集中在产业聚集区域，城市的产业布局较为集中，则物流需求也相应集中，如一些城市的工业园区往往集中了大量的物流需求，同时也成为城市物流园区。而城市物流发生的方向主要集中在产品和中间产品的流向上，主要与产业链的方向有关，例如产业链的上下游产业分布方向往往也是物流流向的主要方向。

6.3.4.4　物流需求的表现形式

城市物流需求的表现形式主要是指物流需求的服务类型，物流需求表现形式主要与地区产业发展水平相关。同样的产业，如果城市产业水平高，则产品往往以高附加值的最终产品出现，物流需求则偏重于服务水平的高质量、高速度，物流需求表现形式广泛，追求服务中的专业化、一体化以及服务加工；如产业水平低，则产品以低附加值的初级产品形式出现，物流需求偏重于低成本，物流需求表现形式往往较为单一。

6.4　运作服务分析

6.4.1　城市物流体系发展现状

从现代物流的基本概念和体系的一般定义出发，物流体系是由物流服务需求方和物流服务供应方在物流活动中形成的物流运作与管理关系的有机整体。由此定义，物流体系的内涵和外延应包括物流需求与供给关系、物流的运作功能、物流运作载体、物流执行主体，以及物流的管理体制、政策法规环境等。物流体系发展现状分析需要对以上物流体系的众多要素进行系统分析。

6.4.1.1　城市物流的需求与供给关系

由物流体系的定义，物流体系是由需求方和供给方在物流活动中形成的运作与管理关系的有机组合，因此供求关系是物流体系的核心内涵。在以上章节中，已对供需关系有了阐述，这里不再详述。

6.4.1.2 物流的运作功能

城市物流体系建设的最终目的是为工业、商贸流通企业的物流管理与运作,以及专业化的物流服务企业开展经营,提供运作环境条件。这种环境的社会表现形态就是物流系统中的各种功能,包括运输、储存、装卸、搬运、包装、流通加工、配送、信息处理等,实际也是各种物流活动在城市范围内的集中体现。

6.4.1.3 物流运作载体

6.4.1.3.1 物流基础设施

城市物流基础设施主要包括城市运输网络设施和物流运作节点设施两方面。城市运输网络由铁路、公路、水路、航线、管道等构成。在对城市运输网络设施进行分析过程中,重点要把握现有的运输网络对物流管理和经营的支持和制约,为今后进行设施布局与功能调整打下基础。城市物流组织运营节点主要包括机场、车站、码头、场站、物流园区(基地、中心)、配送中心、仓库等。在对城市物流组织运营节点进行分析的过程中,要点在于把握现有节点设施布局与能力能否适应物流运作的需要,为今后规划中整合相关节点设施打下基础。

6.4.1.3.2 技术装备

物流技术装备是随着物品流动的载体,包括火车、汽车、飞机、轮船、叉车、传送与堆码装置等运载设备,以及集装箱、货架、托盘、包装物等承载装备,还有信息系统、条码生成与扫描等管理技术装备。

在城市物流技术装备分析过程中,重点在于分析城市物流装备是否先进,以及与现有的城市物流服务的管理、结构、效率要求是否匹配。物流技术装备必须服务或服从于物流活动整体降低成本、提高效率的需要。对技术装备进行分析,一方面将有助于改进、更换落后的设备,另一方面将使城市物流技术装备最高效率和最低成本匹配于城市物流系统。

6.4.1.4 物流执行主体

城市物流体系的运转是由人格化执行主体来操控的。从城市社会物流运作和管理的主体类型划分,物流体系执行主体由物流企业、政府相关部门和行业协会构成。

6.4.1.4.1 服务企业

城市内的工商企业和物流服务企业是物流管理与经营运作的主体。工商企业是物流的需求方,在现状分析中重点要把握工商企业的物流流程状况和管理技术水平,以便分析城市物流产业发展的基本氛围;专业化的物流服务企业是物流服务的供给方,在分析过程中重点要把握城市物流服务企业的规模、一体化和专业化水平;要将供需两方面结合考虑,分析企业物流和物流企业是否相互匹配以及存在的问题。

6.4.1.4.2 政府部门

政府作为城市物流体系的执行主体,其作用主要是通过制定相应的发展规划和政策,营造物流产业发展环境和引导物流产业发展的方向。在城市物流体系发展现状分析中,对政府主体的分析重点在于:基于其当前的管理体制,政府在城市物流产业发展中扮演的角色,是否存在越位或缺失的问题。

6.4.1.4.3 行业协会

行业协会的作用在于充当企业与政府之间的联络人角色,推进企业与企业之间的合作和资源整合，具有维护市场竞争、加强行业自律、参与行业管理等功能。在现状分析中，重点在于分析协会主体是否存在，以及它对规范和引导市场的影响力和掌控能力。

6.4.1.5 物流管理体制

管理体制是物流系统的上层建筑，是物流管理中决策权限、隶属关系、机构设置、调控机制、监督方法等方面的结构体系和组织制度。在对城市物流管理体制的分析过程中，重点要把握管理体制的框架关系，以及管理运行中对城市物流产业发展的促进和制约因素。

6.4.1.6 政策法规环境

物流系统的运行需要政策法规的保障和规范。城市物流是国家、区域物流的一部分，对城市物流政策法规环境的分析首先要分析宏观物流运行环境，如国家对物流业的总体政策和各项技术管理标准。在此基础上，城市物流开展还面临其特定的地区政策环境，分析的重点在于城市区域政策特征下的物流市场环境和企业经营环境。

6.4.2 城市综合运输体系建设

运输是物流各项功能中的核心功能，城市综合运输体系是城市物流开展的基础。在对城市物流运作与服务条件的分析中，有必要对综合运输体系进行分析。

6.4.2.1 基础设施体系

城市交通基础设施体系是城市运输体系的载体，主要包括两部分：城市交通基础设施，即城市内部的交通网络，以及城市间的交通基础设施，即与之有所区别的大交通。具体的交通基础设施包括铁路、公路、水路、航线、管道，以及各运输方式之间、城市交通与城际交通之间的对接枢纽设施。城市基础设施体系的分析重点是：分别从城市交通和城间交通的规模、结构、布局等角度分析交通基础设施是否适应城市物流的需求。

6.4.2.2 运输企业主体

运输企业是城市综合运输体系中服务供给的主体，运输服务功能的最终发挥依托于运输企业的运作。对运输企业分析重点集中在企业的运输能力规模、运输企业的集约化程度、运输企业的技术管理水平等方面。

6.4.2.3 政府管理部门

运输业除了具有商业意义之外还具有一定的公益性质，尤其是交通基础设施的公益性尤为明显，其建设很大程度上依赖政府的投入或者是政策性引导。因此，政府作为综合运输体系中的管理主体具有重要的主导意义，在分析中需要重点把握政府在基础设施建设中的投入和引导性政策，在运输市场培育及供需引导中的作用。

6.4.2.4 运输市场

运输市场是运输需求和供给相结合的载体，其核心功能在于通过政府的相关政策引导和监管，规范运输的需求和供给，最终达到繁荣供需市场的目的。对城市运输市场的分析重点在于把握城市运输市场促进供需结合的内在机制。

6.4.3 中心城市与区域的关系

经济中心城市相对应的范围可大可小，大至世界经济中心城市，中有国家经济中心城市，小有区域性经济中心城市。城市物流产业发展规划的基础是区域性的经济中心城市。城市作为区域经济中心的定位有一定的客观条件，对城市资源集聚和配置的能力要求较高，其形成的外在条件是在中心城市周围要有一批具有一定产业基础的城市群；内在基础是城市必须具有较强的经济总量基础，有较完整的、辐射能力较强的产业链，以形成较强的资源集聚和发散能力；最后，还需要资源集聚、发散过程中必备的支持条件，包括资源流动中所需的成熟的区域间物流系统支持，以及区域间体制与政策的无缝对接等支持。

6.4.3.1　经济中心城市是区域产业链的核心

区域经济发展的驱动力在于区域产业发展所形成的产业集群，而区域经济中心城市是区域产业集群的核心。从技术角度，产业核心技术是产业竞争力的关键，经济中心城市往往是产业链或产业集群的核心技术所在，一般占据产业链中技术含量较高的关键环节，其技术进步是区域产业链总体水平提升的驱动力，并通过产业链向周边区域辐射。从资源配置的角度，经济中心城市有较大的经济总量和较强的经济基础，占据着产业链中的核心环节，对资源、资金、人才、技术的吸引力较周边城市和地区更强，随着产业链向周边城市地区发展和延伸，资源集中的同时向周边区域辐射，最终形成区域性的资源配置中心。

6.4.3.2　经济中心城市是区域一体化的核心

区域一体化的发展与产业链的拓展和延伸密切相关。经济中心城市是产业链的核心，其所引导的产业链往往以经济中心城市为核心，上下游产业向周边城市延伸，而产业链上的各个产业所具有的关联性和一致性使得区域内各个城市之间的联系更为紧密。这种紧密的关系通过产业链上各环节之间产生的资金、技术、人才、产品的频繁流动，在低成本、高效率的要求下，促使区域内各城市的体制、政策、法规以及标准日趋一致，从而最终带动区域一体化。

6.4.3.3　经济中心城市与周边城市的竞争合作关系

随着产业之间的竞争越来越向产业链之间的竞争方向发展，在这一趋势下，只有经济中心城市与周边城市之间互相合作才能有效降低产业链的总体成本，提升产业链竞争力，达到共赢的目的，因此经济中心城市与周边城市之间存在着密切的合作关系。同时，经济的发展必须依托资源（包括资金、人才、技术等方面）的集中，经济中心城市的定位不是人为规划的，而是当城市具有了在区域内资源配置的能力才成为区域经济中心城市，如果对资源的配置能力降低，则其定位就会发生变化，因此，无论是经济中心城市还是周边城市，都在通过提升自身软硬实力的途径增强对资源的吸引力。从这一角度分析，城市之间存在着竞争关系。

城市物流产业发展规划的制定，首先需要把握城市的定位，以及与周边城市和区域的关系。在不同的城市定位下，物流的需求总量、模式侧重点都不同，经济中心城市其物流需求除了考虑自身需求之外还要考虑作为区域资源配置中心产生的大量集疏运物流，物流需求中的进出规模较大，往往需要建设较大规模的物流场站、配送中心与之配套。

6.4.4　城市物流发展水平分析

现代物流是集先进的运输技术、仓储技术、包装技术、信息技术、高技术人才等于一体的高新技术复合产业。城市物流产业技术、管理以及服务水平关系到物流运营过程中的成本控制与效率提升，是城市物流产业发展水平的具体体现。对于城市物流而言，物流产业的技术装备是城市物流技术水平的最直观表现,物流现代经营模式的引进是提升物流技术水平的基础。其中,最为核心和紧迫的是现代物流管理技术的应用,而无论是物流装备水平还是现代物流管理技术,信息技术在其中发挥着越来越重要的作用。在进行城市物流产业技术、管理与服务发展水平分析中需要重点把握这三个方面的问题。

6.4.4.1　城市物流装备水平

城市物流装备水平是指现代物流先进技术装备在城市中的应用状况。现代物流装备在物流流程的每个环节都有体现,包括运输装备、仓储装备、装卸设备等。在现代物流产业发展趋势下,技术装备的进步主要体现在装备应用带来的效率提升和成本节约。在城市物流装备水平分析过程中,重点要把握城市物流装备在信息化、标准化、车辆的大型化等方向的发展情况。需要说明的是,现代物流装备发展水平必须与物流需求结构与总量以及管理模式和技术水平相配套,脱离了需求和管理基础,装备水平往往难以发挥效率,容易造成资源的浪费。

6.4.4.2　城市物流管理模式和管理技术的应用

先进的管理模式与管理技术是物流技术水平的核心和基础,装备水平的提升会直接体现到物流某一个流程中的效率提升和成本降低,而管理模式与管理技术水平的提高会从更宏观的角度提升物流整体效率。物流管理技术集中体现在管理的理念、手段、程序等方面,对城市物流管理模式的分析主要是把握城市物流管理的总体模式与传统模式间的区别和现代物流各项管理技术在城市物流管理中的应用程度。

6.4.4.3　物流信息技术的应用

现代物流管理活动与传统的物流管理,其重要的区别在于对计算机和网络等信息技术的应用,正是基于物流信息技术的应用,先进的物流设备以及物流管理模式和管理技术才能发挥其作用,在对城市物流信息技术应用的分析中,重点需要把握物流信息技术在城市物流中的应用程度和物流信息技术的平台搭建状况。

6.4.5　城市物流人才技术条件

现代物流不仅是一个新兴的产业,同时还是一种管理技术和管理思想。在现代物流的发展中,掌握现代物流管理技术的人才是现代物流健康、快速发展的基础。因此,在城市物流产业发展规划中应该就城市的人才技术条件进行分析,以便将物流人才发展战略纳入到整体物流产业发展规划中,从而系统地提升城市物流产业发展水平。城市人才技术条件分析主要从以下几个方面进行。

6.4.5.1　对物流人才总量和结构进行分析

城市的物流人才包括所有参与物流产业发展过程的各种拥有专业技术以及拥有相关学历的人才,其总量水平是反映城市物流人才技术条件的一个重要方面。按照物流人才的教育背景,物流人才包括各种拥有不同学历的人才;按照从业背景,物流人才包括在各类院校和研究机构从事相关研究的物流人才、在政府机关从事相关物流决策管理的人才、在物流企业从事物流具体操作和管理的人才。不同的人才对于城市物流的发展都是必不可少的,对物流人才的结构进行分析有助于促进物流人才结构的合理化。

6.4.5.2　对物流人才的供需状况进行分析

为了有针对性的制定相关物流人才引进、培养战略，应当对城市物流人才的供需状况进行分析。城市物流的供给一方面包括人才的存量，即以上所分析的城市目前人才总量规模和结构；另一方面，还包括每年城市高校物流专业毕业生和引进人才的数量和结构等变量。城市的物流人才需求的主体主要包括各类传统物流企业、商业企业、制造企业、物流园区、物流中心、配送中心、物流技术企业、设备制造企业、咨询公司、研究机构、高校、政府物流主管部门等，对各类企业物流人才的需求进行分析，可以汇总出城市物流需求的总量和结构。将城市物流需求和供给的总量和结构进行对比分析，将为物流产业发展人才的引进和培养提供有力的依据。

6.4.5.3　对物流人才吸引和培养机制进行分析

我国现代物流产业发展的起步较晚，物流专业人才匮乏是目前城市物流人才条件的普遍状况。在此背景下，要改善这一不利局面，城市的物流人才吸引和培养机制极为重要。城市的人才培养机制分析主要包括政策层面对培训机构的扶持，对企业自身培养人才的鼓励等方面；城市的物流人才吸引机制主要包括户籍制度的保障、经济手段的调节，以及适合物流人才发挥才能环境的营造等方面。需要再次重点指出的是，城市物流人才培养和引进机制必须与城市物流人才的供需总量和结构状况相结合，才能使物流人才不短缺、不过剩，做到人尽其才。

6.5　主要规划内容

6.5.1　城市物流产业目标体系

鉴于城市物流产业发展规划的必要性，按照城市物流的竞争与定位，根据城市物流产业发展条件、物流需求、物流运作与服务条件，为提高物流产业发展规划对城市物流业发展的引导性，作为城市物流产业发展规划的重要构成要件，应提出物流产业发展的目标。考虑到物流业作为复合产业，其发展目标是一个针对不同阶段、不同层面提出的较为复杂的目标系统。

6.5.1.1　总体发展目标

总体目标是对整个物流产业在城市中的发展水平、发展地位、产业作用、发展状态、发展性质等提出的总体定性要求。总体目标的提出往往较为宏观和原则，侧重于从物流产业整体性描述，以及对城市经济结构调整、增长方式转变、产业布局与组织，以及经营管理的改革所起到的作用。

6.5.1.2　具体发展目标

具体发展目标是定量地从城市物流产业规模和效率两个角度制定的量化指标。根据目前物流业发展和城市物流产业发展规划的现状，物流产业规模的主要衡量指标分别包括：物流产业增加值指标、物流产业对经济增长的贡献率指标、物流产业对城市生产总值的贡献指标；物流产业的效率指标主要是：全社会物流成本下降百分比（一般采用社会物流总成本与城市生产总值的比率）、全社会物流服务组织化率（通过物流服务设施组织完成的物流量与城市总物流量的比率）、物流业毛利率上升水平。

6.5.1.3　建设发展目标

物流产业发展目标体系还包括从物流系统建设角度提出的建设目标，具体包括以下几个方面：建设物流组织管理系统的目标、建设物流基础设施系统的目标、建设物流技术应用系统目标等。

6.5.1.4　目标的阶段性

由于不同时期的城市物流产业发展环境不同，物流业发展状态也存在差异，物流业发展目标具有阶段性特征。不同阶段提出的目标不同，需要物流产业发展规划分别从短期、中期、长期不同角度提出适合城市物流产业发展规律和特征的阶段性目标。

6.5.1.5　目标的层次性

由于城市物流产业发展规划发挥作用的层次不同，物流产业发展目标也存在不同的层次。从目标的层面角度分析，物流产业发展的目标体系包括：宏观层面发展目标，指针对物流作为经济体系中的一部分而提出的适应经济增长的总体发展目标；微观层面发展目标，主要是针对物流本身作为一种产业，以及一种管理技术而提出的具体发展目标。

6.5.2　城市物流产业发展战略

6.5.2.1　战略的内涵与类型

城市物流产业发展战略是城市物流产业发展规划的重要内容，对于涉及区域竞争的城市物流产业，更是需要从战略的角度确立发展的基本方向。通常城市物流产业发展战略是指为谋求发展而做出的长远性、全局性、关键性的构想或方案，具有相对较高的宏观指导性。由于战略所具有的全局性特点，战略通常不是独立的，有其上下层级和相同水平的相关战略，如城市发展战略、周边相关城市的发展战略，以及在此基础上作为城市发展战略内涵具体细化的城市产业发展战略等。城市物流产业发展战略是城市总体发展战略的子战略，同时也受国家物流行业发展战略的指导，与其水平方向的战略可能还存在城市工业发展战略、商业发展战略等，而诸如物流市场战略、人才战略、经营战略等则是物流产业发展战略的子战略。

6.5.2.2　物流定位战略

制定城市物流产业发展战略，必须在城市发展的总体战略和行业发展战略的指导下进行。城市物流产业发展战略的制定是为了实现城市物流产业发展目标。城市物流产业发展战略所要实现的目标是由城市总体发展战略决定的，不同的城市其总体发展战略不同，相应的物流产业发展战略也不同。如经济中心城市总体发展战略可能是依托某几个产业链的核心产业，需要发挥物流在产业联动中的作用，以及在资源配置中的功能与作用，增强城市经济的集散能力，进一步巩固中心城市地位，在这个总体战略下，物流战略地位就相应比较高，其战略目标是构建相应的区域物流中心，增强经济中心城市的资源集散能力；如果城市在区域经济中居于从属位置，其经济发展略往往侧重于依托产业链，融入以经济中心城市为核心的区域经济体系，在这个过程中，物流战略目标则侧重于完善城市与区域中心城市的物流对接平台，物流战略地位相对较低。

6.5.2.3　物流服务战略

城市物流产业发展战略的制定，还要考虑城市其他产业发展战略。例如城市工业发展战略以高新技术为战略核心，则相应的物流产业发展战略应侧重于物流的高速、高效、高质量特征要求；如果城市商贸战略以外向型为主，则城市物流产业发展战略应侧重构建国际物流服务平台。

6.5.2.4　物流系统战略

除了上述因素以外，在城市物流总体战略制定过程中，还需要考虑一些子战略的支撑，具体包括物流基础设施发展战略、物流市场战略、人才战略、经营战略等不同方面，各子系统战略的制定围绕的目标是更好实现物流产业发展总体战略。

6.5.2.5　城市物流战略内容

对应于城市物流业战略地位，城市物流战略主要包括两个层面的基本内容：一是立足于区域经济层面的资源战略性聚集；二是立足于城市经济层面的产业战略性融合。

区域经济层面的资源战略性聚集，重点是指城市对内、对外物流要素资源的聚集，涉及物流基础设施布局、整合与建设，以及物流企业的培育与发展等多个方面。目前，这几乎是所有城市物流业发展的政策重点所在，而且城市政府在投资、土地、税收、企业引进与培育等方面也制定了较为具体的政策，并取得了一定成效。但客观而言，目前围绕城市内外区域物流要素聚集方面，特别是从物流服务整体性、系统性建设方面的政策支持方面，还存在诸多问题，针对性还不够，与城市物流战略匹配的物流要素配置方向尚不明确，与城市物流战略匹配的物流服务具体内容不够清晰，进而导致政策的作用效果大打折扣。

从战略层面审视，立足区域经济层面的物流资源要素的战略性聚集，首先是以城市物流资源禀赋为基础，以参与区域物流服务竞争为手段，完善城市对周边制造业、商贸流通业的物流服务系统建设，涉及系统功能、系统结构、建设重点等内容，重点突出城市内外资源的高效聚集和优化配置；其次是重点围绕城市生产生活为服务对象，但又在一定程度上辐射城市外围区域的城市配送系统规划与建设，其核心是城市配送创新模式的培育，实现多模式配送的发育与发展，适合城市乃至对外联系需要的配送模式的成熟，以及创新模式的扩张发展，形成创新力强、分工合理、资源整合、运作高效的城市配送发展环境，实现企业成长模式的转变，形成依托模式创新、技术创新和管理创新的物流企业和物流产业发展的格局。

城市经济层面的产业战略性融合，重点是指制造业、商贸服务业、其他新兴服务业（包括金融、电商）等与物流业的联动融合发展，包括制造业、商贸服务业企业内部的物流管理技术应用、物流管理流程再造，以及依托物流能力提升企业的市场运作效率和竞争力问题，也包括在此基础上的物流服务外包问题，是推进制造业、商贸服务业企业与物流企业发展中的对接问题。在市场经济条件下，政府不宜直接干预企业的生产经营管理和决策，因此导致联动融合等政策往往缺乏执行力，许多城市对此并不重视或无从做起。

对于城市经济层面的产业战略性融合，城市政府可以从两个方面的政策扶持着手：对于存量企业，可以通过示范项目的选择确定，扶持有积极性、有基础的企业进行企业物流管理与第三方物流企业对接，培育物流服务需求，加快提升物流企业的发展水平；对于增量企业，可以将物流基础设施布局、产业布局、企业引进与发展等作为一个有机系统进行发展政策设计，提高物流业与相关产业联动基础上的产业发展的起点与水平。

6.5.3　城市物流产业体系建设

6.5.3.1　物流体系规划的内容

城市物流体系建设是城市物流产业发展规划的核心内容之一，应根据城市物流产业发展战略、城市物流业发展定位，以及实现城市物流产业发展目标的总体要求，从物流产业发展和物流运行组织需要等多种角度，构建城市物流体系。

城市物流体系规划的内容总的来说应包括，物流基础设施系统、物流服务运作系统、物流支撑系统等几个方面。在具体的城市物流产业发展规划中，上述物流系统又包括各种子系统，可结合城市交通、经济等特点科学、灵活设置，使各个系统充分整合与协调，实现城市物流的系统功能。

6.5.3.2　物流体系的框架结构

城市物流体系是由物流服务需求方和物流服务供应方在物流活动中形成的物流运作与管理关系的有机整体，其框架结构应是以其内涵为基础的一种具有内在逻辑联系的有机系统，具有较为鲜明的框架结构，是以产业发展的总体环境为背景，物流执行主体在物流载体的支持下，执行物流运作的各项功能的动态系统。以城市为背景的物流体系框架可以用相关关系和结构框图表述，如图6-1所示。

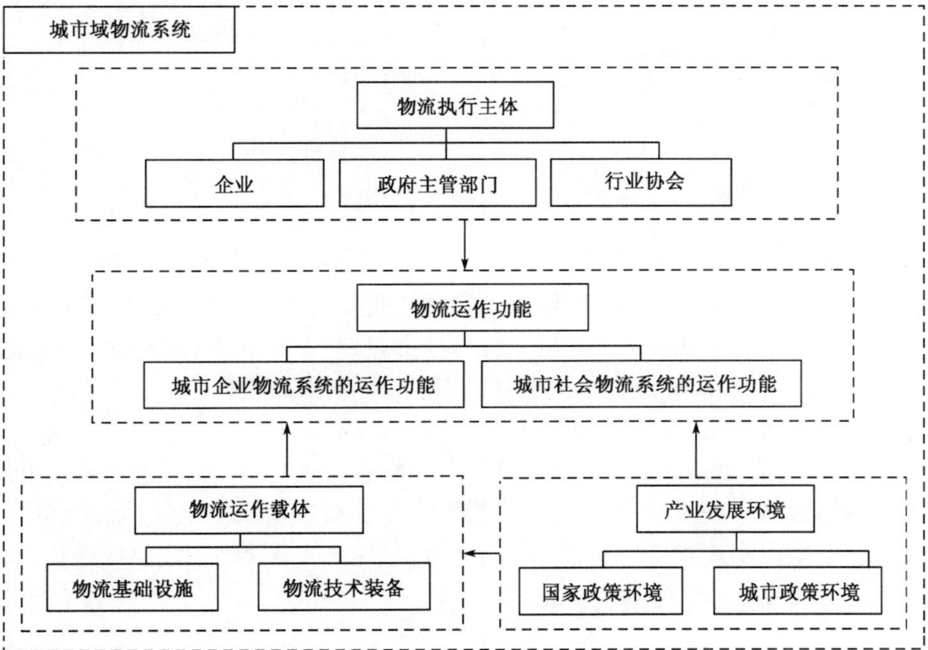

图6-1　城市物流体系框架

6.5.3.3　物流基础设施系统

物流基础设施系统是城市物流开展的基础载体，由物流园区、物流中心、配送中心、货运服务站点等专业基础设施，以及城市的港口、机场、公路、铁路场站等交通枢纽设施构成，其系统结构应按照满足城市物流各种运作要求,发挥物流基础设施功能的最大效用进行构建。

6.5.3.4 物流运作系统

6.5.3.4.1 产业物流联动子系统

产业物流联动子系统是城市培育物流需求、以物流业为纽带构建供应链和延伸相关产业链的平台。产业物流联动系统以工业企业、商贸流通企业和社会物流资源的整合为前提,通过工商企业与物流企业合作机制与战略联盟关系的建立,促进物流服务社会化,形成系统运行机制和动力。依托产业物流联动系统,在物流供应链的有力支撑下构建强大的产业链,是培育企业核心竞争力和增强产业综合实力、提升城市物流服务水平和建设区域物流大市场的有效举措。考虑城市的区位优势、产业基础、发展条件等,城市产业物流联动系统主要包括制造联动系统和商贸联动系统等。

6.5.3.4.2 专业物流服务子系统

专业物流服务系统是物流服务产品的生产系统,它依托核心物流节点系统构建的物流网络,围绕产业联动系统产生的物流需求,通过提供专业化的物流服务推动系统的高效运行。通常根据城市经济社会与产业发展对物流服务的需求特点,专业物流服务系统主要包括区域分拨系统、城市配送系统、多式联运系统等。

6.5.3.5 物流运作支撑系统

物流运作支撑系统是现代物流体系建设和发展的基础与保障,它为产业物流联动系统、专业物流服务系统等的运行创造基础条件和提供发展环境。运作支撑系统的建设通常建立在对城市物流需求的规模和结构特征分析的基础上,一般包括物流交易系统、物流企业系统和物流信息系统等。

6.5.4 城市物流重点工程建设

6.5.4.1 城市物流重点工程定义

作为具有较强关联性的复合型产业,城市物流产业发展的各项系统建设,有的可以专项推进,但多表现为难以通过单独开展工作的系统性任务,从政府宏观推动物流产业发展的角度,需要具有可操作性的项目载体进行串接和有机支撑,以直接或间接地有序实现上述任务。为此,近年来在一些城市物流产业发展中,提出了开展物流重点工程。

城市物流重点工程是指根据城市的经济社会及物流产业发展基础条件和未来可见时期内的发展趋势,从服务城市经济发展、支持城市物流产业发展各项系统建设推进的角度,选择性重点提出的、具有阶段实施可行性和必要性的、有目标导向的系统性集成项目组合。

6.5.4.2 城市物流重点工程的特征

重点工程核心特征是有目标的导向性,是在城市物流产业发展所需实现的基本任务框架基础上,按照城市物流产业发展的一般规律,以实现特定的物流服务功能为目标导向进行具体工作的开展。实现特定目标所必需的各类发展项目集合,则有机地构成了重点工程。

目标导向性的特征是物流重点工程区别于一般意义上的物流项目的本质所在,体现了当前城市物流产业发展的思路由通常的就物流论物流,转变为从城市发展角度谈物流的特点,也是实现在政府层面进一步明确整体发展任务和理顺各部门在发展中具体任务,最终实现物流产业发展可操作性的根本。

6.5.4.3　重点工程的几个关系辨析

6.5.4.3.1　重点工程与物流产业发展任务的关系

重点工程是实现各项物流产业发展任务的重要抓手，如将物流产业发展任务间视为横向关系，则重点工程可视为纵向的串接关系，两者之间存在一对多的关系(特定情况下也可能是一对一的关系)。即特定重点工程通常可支持物流产业发展中的多个任务的实现，而特定的任务通常需要多个重点工程中的具体项目或行动进行支撑。

6.5.4.3.2　重点工程间的关系

从工程实施的功能角度出发，重点工程具有清晰的边界，而物流产业发展的系统性决定，作为串接和支持物流体系功能的各个物流重点工程之间不是完全独立的系统，而是在设施上存在共享关系，管理上存在衔接关系，功能上存在互为支撑关系的密切联系的系统。

6.5.4.3.3　重点工程与传统物流基础设施项目的关系

重点工程推进的目的是为实现一个特定的物流服务功能，而物流基础设施项目是为实现特定或多个物流服务提供支持的具体设施，因此重点工程的推进往往包含或基于一个或多个物流基础设施，且重点工程的推进需要在基础设施项目的基础上，同时推进其他类型的项目。如物流管理类项目，同时可能还需要其他产业发展政策及项目的具体支持。

6.5.4.4　重点工程的选择原则

6.5.4.4.1　重要性和必要性原则

重点工程提出和开展的目的是，通过选择特定的物流产业发展目标，纵向串接物流产业发展的各项任务，逐步、系统地推进任务体系的实现，因此重点工程的选择应体现出对物流体系建设和服务经济发展的重要性、紧迫性及必要性。

6.5.4.4.2　可操作性和系统性原则

重点工程是通过一个特定的目标将各类项目进行系统集成的项目组合，从操作角度，是为了便于理清物流产业发展中的核心脉络，以利于推进主体的具体实施，因此工程必须具备较好的可操作性。同时，重点工程是为了系统实现任务体系的发展要求，区别于一般的单一项目，重点工程应具备系统性。

6.5.4.4.3　阶段可行性原则

重点工程的提出必须立足实际发展条件，应综合考虑产业发展、交通设施、物流开展的基础环境以及发展趋势等因素，选择当前阶段具备发展条件的工程进行推进。

6.5.5　城市物流基础设施建设

城市物流基础设施建设与发展规模，是空间布局规划目标的重要体现，是物流业政府主管部门保障物流业发展与经济发展相适应的重要工作内容和途径。物流基础设施发展规模与布局，是从供给的角度对物流业的发展进行规划，以便使城市能够提供合理的物流服务功能与组织。与需求相匹配的城市物流基础设施发展规模，既能合理整合资源避免重复建设和过度的市场竞争，又能有效地满足经济发展中的物流需求，对降低城市物流运行成本和提升物流组织与服务效率具有积极意义。

6.5.5.1 基础设施规模及布局影响因素

6.5.5.1.1 基础设施总规模

以满足城市经济发展和城市区域物流组织需要所产生的物流组织与服务需求为基础，以交通运输、仓储、制造业、流通业等相关产业的物流运作与服务设施布局规划和设施整合为基本原则，综合确定城市物流基础设施的总量规模水平，以便实现对物流基础设施的总量控制与合理空间组织和布局，在设施布局、功能等基础上构建城市物流基础设施体系。

6.5.5.1.2 影响基础设施总规模的相关因素

城市的经济总量、产业结构、产业布局与发展、区域经济功能等决定了城市最基本的物流基础设施规模，物流基础设施的布局发展及规模必须与之相匹配。特别是需要针对不同行业和部门在物流及相关基础设施基础上进行整合，通过功能互补和服务组织的协调，控制不同行业和部门的物流基础设施总量规模，避免重复建设。

6.5.5.1.3 影响基础设施布局的相关因素

一是城市物流基础设施布局应当与城市自身的产业布局相适应。在既有的产业布局下，通过物流基础设施的合理布局，能使经济发展中的物流成本和效率达到最优，从而促进供需双方产业竞争力的提升。城市物流基础设施往往选择产业聚集区域，或者交通运输枢纽位置进行布局。二是城市物流基础设施布局应当与城市交通网络状况相适应。交通运输在物流基础设施布局中具有重要地位，决定了物流基础设施的发展必须依托良好的交通环境，因此，城市物流基础设施通常选择城市交通中重要的枢纽或节点进行布局。三是城市物流产业布局还应当与区域产业链的方向相适应，城市对外经济联系的核心因素是产业的关联性，产业链的方向往往是大量物流发生的方向，城市物流产业的布局应当兼顾这一方向要求。

6.5.5.2 物流基础设施体系的层次

城市物流基础设施对物流产业发展具有保障与支持作用，需要在物流产业发展战略和目标的基础上，从基础设施体系建设的角度，制定包括物流园区、物流中心、配送中心等专业物流设施和运输枢纽及场站、物流通道等功能性、支撑性设施在内的城市物流基础设施体系建设规划。

6.5.5.2.1 物流园区

相对于物流配送中心和物流中心，物流园区属于较高层的、具有综合功能与区域性物流组织服务需求相适应的物流节点，是对物流组织管理节点进行相对集中建设与发展的，具有经济开发、产业培育性质的城市物流功能区域；同时，物流园区也是依托相关物流服务设施（如运输枢纽等）降低物流成本、提高物流运作效率，改善企业服务有关的流通加工、原材料采购，便于与消费地直接联系的生产等活动，具有产业发展性质的城市经济功能区。物流园区中往往包括物流中心群和物流配送中心群，其概念侧重于多项物流服务节点的集合，具有物流组织管理功能和依托物流服务的产业培育两大功能。物流园区在城市物流产业发展规划中具有较强的综合性，加上规模较大和需要占用大量土地，因此，需要进行独立规划，以便实现空间上的合理布局和功能上的统筹安排。

6.5.5.2.2 物流中心

物流中心是重要的城市产业物流组织与服务基础组织节点。相对于配送中心的较单一的物流组织过程，物流中心具有较大规模、多功能的特点，以大批量或重要产业物流组织和服务功能为主体。在城市物流基础设施体系规划中，物流中心具有相对的多产业、多部门的分散性，进行统一规划非常必要，但难度也很大，需要从设施整体整合的角度，对不同产业部门对物流中心设施的需求和相关规划进行系统整合，包括空间布局和功能综合利用的整合，形成城市较为完整的物流中心系统。

6.5.5.2.3 配送中心

配送中心是处于最下游的专业化物流组织节点，也是城市物流基础设施中主要为城市自身物流需求服务的设施，从事到最终用户的产品终端配送服务，主要对上游供应方(供应链各个环节的企业、物流园区、物流中心)的大批量货物进行集中储存、转运、简单加工等作业，并根据下游用户的订货信息或上游供应方的发货信息，向下游用户(商家、最终用户)按要求的批量、批次、品种、时间进行配送服务。配送中心在功能和属性特征上与物流中心具有相似性，需要进行空间布局、规模等方面的系统整合，以便提高设施及所占用相关资源的利用效率。

6.5.5.2.4 运输枢纽及场站

在现代物流产业发展和经济运行、运输服务模式转型的基本背景下，运输枢纽及各种运输方式的货运场站既是物流运作与发展的功能性和支撑性设施，也可以通过功能增加和服务提升而成为物流组织与服务设施，这些设施向物流组织与服务的转型，也是其总体发展方向和趋势。由于运输枢纽及场站设施的规划是在交通运输行业相对独立进行的，而且又具有物流组织与服务功能，因此，从城市物流规模需求和物流基础设施总供给的角度，必须与专业化的物流基础设施进行总体规模、功能、空间布局上的协调，以便共同构成资源更为集约利用的城市物流基础设施体系。

6.5.5.2.5 货运服务站点

随着城市的发展，近年来，在我国的一些大型和特大型城市中，城市交通日益拥堵，为提高物流配送效率和水平，出现了货运服务站点设施。其主要形态包括两种：一是配送企业的末梢服务站点，为配送中心集中和分散小件货物，包括快递、包裹、运输等受理、分发服务；二是装卸作业站点，是在商业活动集中场所，为销售补货和回收物流的装卸作业点，往往不需要固定设施，仅仅需要具备少数车辆停车作业的场所或便道。

6.5.5.2.6 物流通道

物流通道是指依托交通网络形成的物流节点之间通畅联系与运作服务的运输主要通道，是保证物流节点设施发挥功能的重要基础设施，在相关交通运输方式和城市交通网络布局规划的基础上，需要进行物流组织合理化与运输、交通组织合理化基础上的合理规划。

6.5.5.3 物流基础设施规划方法

城市物流基础设施规划实际就是对各个层次的物流基础设施建设与否、建设时序、建设地点、建设规模等进行科学和合理安排，根据目前对物流基础设施系统中的相关设施的规划布局与建设情况，需要遵循相应的方法。

6.5.5.3.1 规划布局总体原则

(1)需求导向布局原则。需求导向布局原则是从物流与经济系统的关系角度提出的布局原则。物流设施是物流服务的载体，其布局方位决定了城市内物流服务供给的聚集区域和服务的空间方向。作为生产性服务业，物流设施的建设应尽量以城市物流服务需求的布局、方向、规模等特征为导向进行空间布局，这是物流设施布局建设的根本原则。

(2)提升物流服务原则。提升物流服务原则是从物流业自身的发展角度提出的布局原则。物流基础设施具有引导物流资源聚集的功能，在物流服务体系中具有重要的作用。物流基础设施的建设应从支持各类物流系统完善、各项发展任务的实现和重点工程的开展等方面进行布局考虑，在城市物流资源整合上发挥功能，达到引导物流资源的合理聚集，提升物流服务水平的目的。

(3)系统布局原则。系统布局原则是基于物流需求以及物流基础设施功能的复杂性，从优化组合角度提出的布局原则，包括两部分内涵：一是各类物流需求的具体方向、来源、种类均不相同，物流设施在以需求为导向进行布局时，不应盲目、呆板地就需求谈布局，而应系统性考虑需求的功能、方向整合进行设施布局；二是物流基础设施包括物流园区、物流中心、配送设施等，各类物流设施的功能和作用存在差异，既需要根据不同地区、方向上物流需求的特征，按照不同物流设施在资源整合规模、功能特点上的不同，有针对性地系统布局，又应通过合理进行设施布局，形成设施在空间上的衔接，功能上的互补，从设施系统整体上更为有效地支持物流服务的开展。

6.5.5.3.2　物流园区规划

当城市的某一区域聚集了大量的产业，由此派生出大量的物流需求，物流中心、配送中心在这一区域相对较为密集，为了便于发挥物流的整体功能，提升效率，并将物流与产业发展进一步密切结合、联动发展，需要对该区域进行物流园区的专项规划。同时，由于物流园区的特性和功能因素，并不是所有的城市都需要建设物流园区，脱离规模化的物流需求、系统化组织服务或产业集群的支撑，物流园区建设只会导致城市物流组织的不合理和物流投资与运行成本上升，物流园区的建设也就缺乏实际的意义。

(1)物流园区规模确定。城市物流园区规模的确定，主要依据对城市物流需求的定量预测。首先确定城市物流总体需求量，以此作为基础数据，依据统计数据中第三方物流服务量约占其物流服务总量的百分比(第三方物流服务比重)，以及社会物流服务量对公用设施的需求程度百分比(社会物流组织化率)，确定物流园区的需求规模，然后根据物流服务功能要求和物流运作与组织关系，确定物流园区的占地总面积。

(2)物流园区总体布局。一般说来，物流园区的总体布局应兼顾物流园区所依托的产业集群的物流需求、城市日常的物流需求两方面，同时，要从资源整合和相关行业规划整合的角度，充分利用城市主要对外运输网络、运输通道和运输枢纽设施，可以进行一体化的布局和规划，在此基础上进行物流园区的总体空间布局和园区内外相关设施的空间组织规划。

(3)物流园区功能布局。在总体布局规划的基础上，根据不同物流园区的基本功能和内部各个功能性物流节点的物流组织与物流需求，进行物流园区的功能布局规划，确定相关功能和设施的平面布置。

6.5.5.3.3　物流中心规划

物流中心具有现代化、大规模、多功能的特点，其功能与物流园区有类似之处，但其物流活动集中化程度和规模低于物流园区，或仅具有单品种物流综合服务功能。城市物流中心与产业布局和组织关系较为密切，需要根据产业发展需要，尽可能进行资源的整合，包括空间布局的整合和功能共用整合。

(1)物流中心的建设规模。物流中心的建设规模主要包括物流处理能力、占地规模等方面，通常根据物流中心所针对的产业聚集区或企业的物流需求量来确定。如城市经济开发区的产业发展规模和发展目标将决定对物流中心的物流组织与服务需求，由此对相应的物流中心进行规模确定。需要指出的是，物流中心的建设应最大限度地在项目所在区域的既有仓储、运输等设施的基础上进行建设，以整合既有物流设施资源、降低城市发展现代物流的总成本，提高城市物流产业发展的效益。

(2)物流中心与物流园区的布局关系。在已规划或建设物流园区的城市，由于物流产业分布的多方向性，以及物流服务的多层次性，常常导致物流园区的服务范围和运作效率不足，因此，在物流园区的层次之下，还需要建设相应的物流中心，以便构成由物流园区、物流中心共同构成的城市物流枢纽节点网络系统。

(3)物流中心的总体布局。城市物流中心的布局通常按照与物流园区配套、与城市产业布局相适应的专业化物流服务要求，以及以城市作为物流分拨地的企业物流组织需求进行布局。由于服务对象在空间上的分散性和城市物流基础设施网络系统建设的需要，物流中心在空间布局上具有分散和多点性。同时，由于物流中心与服务对象、物流组织上的匹配与适应性，各物流中心功能虽然接近，但运作内容、运作模式存在差异，使物流中心内部的总体布局也将具有多样性的特征。

(4)物流中心的功能布局。按照总体布局的需要，物流中心内部的功能布局主要由物流相关组织与管理需求决定。由于是否建设物流中心，很大程度上依赖于产业的支撑，与物流园区建设不同，当产业密集程度相对较低，但有一定量的物流需求存在时，往往需要建设物流中心，使需求的功能操作相对集中，达到高效率、低成本处理物流需求的目的。除此之外，还存在依托交通枢纽为基础进行物流中心建设的情况，如公铁联运、铁水联运等的物流中心，与依托产业型物流中心相同，其建设的根源都在于大量的物流需求。因此，物流中心的具体功能具有多样性，需要根据实际需要和相关功能的能力要求，以及物流中心内、外部物流组织的合理化进行流程设计和功能布局设计。

6.5.5.3.4 配送中心规划

配送中心的物流服务功能相对单一，其服务的对象也比较单一，服务范围具有明确的指向性和与配送运作的适应性。在城市物流产业发展规划中，一般从既有配送活动组织和资源的布局现状考虑，也从产业组织与服务空间范围变化的趋势角度进行规划，但依托商业流通企业、产品面向消费者的物流服务、资源整合进行规划，是配送中心建设与布局规划的基本方法和思路。

城市配送中心类型通常都包括商业配送、农产品配送、制造业企业的配送三大类。由于这三大类配送中的服务对象一般分布在城市主城区内或城市制造业的积聚区，在区域布局原则上应寻求将该功能区置于与城市主城区及现有商业区域联系最为便捷的位置，以及与制造业紧密衔接配套的区域，同时兼顾与物流园区、物流中心等物流节点设施的联系。其能力规模和占地规模根据其所针对的物流需求相应灵活地确定。

由于配送中心具有的服务指向性和功能的单一性，以及服务对象的需求规模较小等特征，在城市特别是经济中心城市，配送中心具有门类齐全、数量较多、分布较广、规模多样等特征，在城市的空间布局上具有一定的灵活性，内部功能布局和设施建设标准也较为多样。

6.5.5.3.5 服务站点规划

服务站点是在部分大型和特大型城市出现的，以提升市域中心区域的配送物流组织效率为目的的小型物流服务设施，是物流基础设施网络的四级节点和配送服务的实施支撑，按照类型分为终端服务站点和装卸作业点。

(1)终端服务站点。按照解决大型城市“最后一公里”终端配送服务的目的，终端服务站点具有承接和投递两大基本功能：承接是指可以接受客户就近的小件快递、包裹等的委托服务，然后按照相应的协议服务模式，交给配送企业；投递是指完成配送企业无法在指定时间送达客户，或应约临时存放后可以自取，或由站点代送的投递服务。

为体现就近和方便服务的原则，终端服务站点在布局上可以相对灵活进行。一是按照欧美经济发达国家的经验，通常允许社区连锁店、便利店、餐饮店等代为承担终端功能，此类站点无须规划和建设，只要依托现成设施即可；二是选择在人口、商业较为密集的社区、商务区等商业设施内进行专门的布局规划和建设；三是选择方便区域的小型空地，予以规划和建设。

配送企业终端服务站点采取统一规划、统一标准、统一标识要求，采取企业自建、自营、功能扩展等多种方式进行建设，政府补贴一定比例的建设或初期开办费用模式进行建设。统一规划并非指对所有终端服务站的具体选点布局、规模等进行硬性规定，而是对布局中涉及的站点类型，在标准、标识统一的原则下，参考企业积极性、市民便利性(如步行距离不超过500m)等具体情况进行相对灵活的设置。具体形式包括街边邮筒，连锁店、便利店、餐饮店、社区服务站的收发点、小型空地的自建设施等。

服务站点的运行主体可以是配送企业自身，也可以是配送企业与其他连锁商业主体签订协议的方式，由其他连锁商业主体代为运行。由于此种设置服务站点在经营管理上打破了现行的行业管理与经营模式，需要得到行业管理部门的管理方式与相关政策的配套支持；同时，要形成与这种运作模式相匹配的市场监管系统。

(2)物流装卸作业点。在城市交通网络中，在物流服务需求集中的区域，设置专门的停车装卸点，进行标识，允许物流服务车辆在区域内、规定的时间内停车装卸，这样就形成了全市物流配送服务车辆可能的集中调度下的装卸，通过有效的组织和管理，既可以降低对交通资源的占用，又可以更好满足物流服务的需求。为提高配送车辆使用效率，鼓励企业开展网络化配送和共同配送。

在我国的一些大型城市，目前采用的对城市配送车辆运行颁发通行证，分路段、时段管控等限制性手段进行管理的模式，虽然一定程度上减缓了物流配送服务对城市交通资源的占用，以及对城市交通带来的拥堵等问题，但也对正常的物流服务需求带来了影响。物流装卸作业点的提出，是采用以“疏堵结合，以疏为主”的思路解决城市交通环境下的物流服务占用交通资源的重要途径，也是解决“最后一公里配送”问题的重要手段。通过物流装卸作业点的设置，以及对装卸作业时间、效率等方面的科学控制，将在允许符合外形尺寸、排放标准的货运车辆日间进城的基础上，形成鼓励高效率城市配送服务发展的市场机制，有效促进城市末端配送运行组织的集约化、配送车辆的标准化，营造共同配送等具有低成本、高效率特征的配送模式形成的环境，提高城市配送的总体水平。

按照目前城市配送服务的需求特征，物流装卸作业点通常是物流企业服务运作需要的设施，同时被服务企业也有积极性但缺乏条件进行建设，双方(多方)在建设投资的承担上不易协调。因此，在建设的实施上，可采取需求企业提出建设申请，政府负责进行相关协调，补贴对地面和标志等设施投资的方式进行建设，或者依据企业申请，由政府直接投资完成建设；在布局上主要依据企业需求和道路条件允许的原则进行综合平衡和协调。

6.5.5.3.6 运输枢纽及场站规划

各种运输方式的运输枢纽和货运场站是在运输组织与服务的过程中形成的，是对网络化、集约化和规模化的运输服务提供支撑的基础设施。由于运输是物流组织与服务活动的核心环节，同时，在物流产业发展背景下运输管理和运作模式不断进行着提升和转型，导致运输枢纽和场站从过去单纯的运输方式之间的换装、运输方式内部的集散等运输组织功能，向提供仓储、信息、配送等功能转变，也具有了物流服务能力。由于运输枢纽和场站设施是在各种运输方式内部进行规划的，如我国原交通部制定的《国家公路运输枢纽布局规划》、原铁道部制定的《全国铁路集装箱运输系统规划》等，因此，在城市物流产业发展规划中，为使物流基础设施在空间布局上具有合理性，在物流组织与服务上具有匹配性，在资源利用上具有高效性，需要对运输枢纽、场站在物流基础设施的规划背景下进行有机整合，以便实现城市物流基础设施系统的科学发展。

6.5.5.3.7 物流通道规划

城市物流通道是指综合运输网络中，支撑物流流动的主要通道，包括城市对外联系的主要通道和城市内各物流节点之间的联系通道。通道规划的目的在于将城市物流基础设施节点体系紧密联系，有利于发挥物流基础设施体系的整体功能，并有利于城市物流体系功能向周边地区的扩散。城市物流通道规划需要明确通道的方向、通道的主要运输货物、通道的能力需求、现有的交通网络能否支撑物流通道的需求、还需要建设的交通基础设施。

6.5.6 城市物流协调发展问题

物流活动对于经济的核心价值在于通过提升物流技术管理水平，使城市经济资源在区域之间、产业之间的流动更为高效、成本更低，从而更好地支撑经济的整体运行和提高经济运行的质量与效率。有鉴于此，城市物流活动与相邻城市及区域的协调发展与合作运行是城市物流产业发展的必然选择。物流活动与相邻城市及区域的协调发展与合作运行关键在于不同城市和区域之间的物流体系要有良好的接口，并通过整合使物流活动发挥整体效应和功能。

6.5.6.1 城市间物流基础设施和装备的衔接

城市间物流基础设施的衔接与协调主要包括以下几个方面的内容：第一，基础设施连接的畅通性。城市基础设施的规划在考虑自身产业需求的基础上，还要考虑区域内相邻城市之间物流的协调发展，从交通网络角度要充分考虑区域内交通网络的可达性要求。第二，基础设施能力的匹配性。城市基础设施规划的能力设计除了与城市自身物流需求相适应以外，还要充分考虑相邻城市之间和区域内各设施规模的匹配，避免造成设施能力的过剩或不足。第三，基础设施的区域合作建设和使用。在物流运作过程中，各种功能的整合非常重要，把相关功能集中处理往往带来规模效应，减少物流总体环节，降低物流运行的总成本，城市物流产业发展规划应置于区域总体物流产业发展规划的基础之上进行考虑，一些核心功能设施可以区域内多个城市共同合作建设和使用。

6.5.6.2 城市间物流管理体制和模式的衔接

由于区域内城市经济发展水平的不同,常常带来城市之间物流管理模式的不同,增加了地区间物流活动过程的环节,造成效率的降低和成本的上升。城市物流产业发展规划过程中应充分考虑周边城市的物流管理模式,选择与周边物流主流管理模式相似,或有便捷对接的管理模式。需要具体考虑以下几个方面:从政府管理层面,应该在区域内各个城市之间统一物流管理的归口,以便于地区间横向的联系;从市场层面,应从便于不同城市物流市场间的交流角度,开放市场,并统一对市场的监管模式和标准,为地区内物流业发展创造公平竞争与发展的运作环境,促进市场的繁荣;从企业层面,应规范区域内各类企业的经营行为,消除不同城市间企业业务交流在管理、财务等方面的障碍,为现代物流企业通过联合、兼并拓展经营空间创造基础,促进地区内企业的经营合作。

6.5.6.3 城市间物流政策法规和标准的衔接

城市间物流政策法规的不统一和管理方式上的差异,往往从成本、效率等方面限制城市物流经营活动的范围。在制定城市物流产业发展规划过程中,应在政策法规和标准的制定上与周边城市协调,具体应该包括物流市场准入、市场监管、行业优惠、行业标准等物流产业发展的方方面面。

6.6 主要规划问题

根据目前物流产业发展规划研究的实践,不同城市在物流产业发展规划方面虽然已经取得了一定的经验,但从方法论的角度,城市物流的规划方法仍未成熟,规划中仍然面临一些需要解决的问题,只有不断在解决这些问题中取得进展,才能使城市物流产业发展规划对城市物流的发展具有更好的指导性。

6.6.1 城市经济与物流产业发展关系

6.6.1.1 经济与物流产业发展的基本关系

物流业是城市经济体系的有机组成部分,对于这一点,目前基本不存在争议。但关于城市经济与物流的发展关系,特别是城市是将物流业作为提升城市经济发展质量的重要手段,还是单纯的城市产业,目前存在一定的争议。

通过对国内目前已经制定的城市物流产业发展规划进行比较分析可以发现,城市物流产业发展规划基本是以物流业为支柱产业,或者将物流作为城市经济新的增长点来进行规划的。就物流自身的发展而言,这种处理城市经济与物流之间的关系是正确的。但是,物流业的发展特征决定了,城市物流业发展的确存在将其作为手段和目的等两个方面的定位问题,需要城市在物流业发展规划中认真考量。

对于物流业处于初期发展阶段的我国城市,发展物流的重要任务之一是使物流管理技术在制造业、流通业企业中得到广泛应用,通过这些企业的流程再造和服务外包,充分发挥物流在降低成本、提高效率和改善服务上的作用。物流与城市经济发展的关系是:积极发展现代物流的同时,通过物流技术的应用,提升城市经济发展的总体质量和水平。

6.6.1.2　处理经济与物流产业发展关系需要解决的问题

6.6.1.2.1　物流产业发展定位和产业地位与经济发展的关系

城市经济功能和城市规模的变化和调整，对城市在区域经济中的地位具有重要的影响，这种影响需要进行一定的研究和评估，不能单凭主观愿望进行城市的区域经济定位。鉴于经济与物流产业发展的关系，城市定位必然影响到城市物流产业发展的定位。城市规模在区域中较为突出，城市的经济功能以对外功能为主，则城市往往是区域经济中心城市，与城市的区域经济中心城市定位相匹配，城市的物流产业发展定位也会倾向于构建面向经济腹地的区域物流中心体系。同时，由于经济集散功能对经济中心城市的重要性，作为集散功能的重要支撑，物流产业在经济发展中的地位也较高。因此，必须从城市经济的定位的角度，处理城市物流产业发展定位、物流产业地位与城市经济的关系，以便使物流业的发展具有正确的定位指导。

6.6.1.2.2　物流产业发展规模、结构、运行模式与经济发展的关系

物流定位与产业地位仅仅解决了物流业的发展性质问题，至于发展规模、结构和运行模式，则需要对城市经济功能和规模的变化、城市物流需求量等进行系统分析。城市经济功能中对外功能越强，城市规模越大，城市的物流需求越旺盛，发展规模也就越大，包括物流基础设施规模和市场规模都要随之调整。城市的外部功能是为本市以外的区域提供服务，其产生的物流需求主要针对区域内其他城市和地区，这部分物流往往表现为集散的形态；城市内部功能是为本市提供服务的功能，其产生的物流需求主要针对城市内部生活生产需要，这部分物流往往表现出对内的配送形态。当城市的经济结构中外部和内部功能发生调整时，城市物流的结构也会相应发生变化。城市的外部和内部功能对物流的需求不同，影响到物流运行的模式。外部经济功能强调城市物流系统在区域物流体系网络中运行的紧密性，外部功能越强，城市作为区域经济中心城市的地位越明显，对城市在区域物流网络中的支配地位要求越高，反映到物流运行模式上，加强区域性的物流中心规划建设是常见模式。内部功能强调城市物流系统内部的网络完整性，反映到物流运行模式上，城市内部物流配送中心的规划和建设则是常见的模式。但上述问题的解决均需要进行科学的分析，以便使城市物流产业发展规划能指导城市物流业与经济之间建立紧密的关系和健康发展。

6.6.2　城市产业与物流产业发展关系

6.6.2.1　产业与物流的发展关系

解决了物流与经济发展之间的关系，在城市范围内，目前面临的需要解决的问题是物流业的发展需要与城市相关产业之间建立良好的发展关系，以便使物流业得到快速发展的同时，也通过物流服务的开展，为产业的发展营造良好的发展环境。

按照物流业的特征和城市经济发展的要求，产业发展与物流产业发展之间的关系是：物流业要为产业的高质量发展提出的物流服务需求提供服务支撑；同时，通过物流服务体系的建设，引导城市产业的合理布局和城市在区域中的产业发展竞争力。

6.6.2.2　处理产业与物流产业发展关系需要解决的问题

6.6.2.2.1　物流业为城市产业发展提供支撑

城市作为物流活动密集的区域，要积极培育物流产业的发展，通过物流体系的建设，使物流服务企业和基础设施服务功能在空间布局、网络组织与服务能力上形成与城市产业发展的配套，为城市产业的运行提供高质量、高效率的物流服务支撑，提高城市产业的发展水平与质量。

6.6.2.2.2　物流业要引导城市产业发展

按照降低城市整体物流成本、提高城市物流效率、改善城市物流服务的总体要求，城市需要建设较为系统和完善的物流服务体系。而城市物流服务体系逐步完善后，又为相关产业的发展营造了良好的发展氛围。但传统的产业发展模式需要在良好的物流产业发展氛围下进行必要的改变，按照合理的物流组织要求进行布局，因此，涉及需要通过物流业引导产业的发展，包括引导产业在最利于发挥物流服务功能和降低成本的区域进行布局，以及利用物流服务优势提升城市在区域产业发展中的竞争能力。

6.6.2.2.3　推动物流业与城市产业一体化发展

物流业为城市产业发展提供服务支撑和引导产业布局发展，最终形成的是宏观与微观的物流供应链。由于在现代经济发展条件下，城市经济的发展和城市之间的竞争，除在产业布局与发展上进行竞争外，更重要的是在产业组织与服务业上的竞争，城市物流供应链的形成，通过供应链技术实现物流资源整合和物流流程的再造，对提升产业链整体竞争力，推进产业发展具有积极的意义。因此，城市应积极培育供应链发展环境，通过实现物流业与城市产业的一体化发展，提升在区域经济发展中的竞争能力。由于一体化的发展不单纯是城市物流产业发展的定位问题，需要解决产业发展模式的创新和物流体系的扩展问题，在城市物流产业发展规划中需要系统研究。

6.6.3　城市物流业技术进步与信息化

物流业的技术进步和信息化是提高城市物流产业发展质量和水平的重要因素，但限于物流产业发展规划的方法和规划的实施，往往因缺乏执行途径和手段而被忽视，或者以较为原则的规划意见带过，不能成为物流产业发展规划的实施内容，需要在城市物流产业发展规划中逐步解决。

6.6.3.1　*物流技术进步和信息化的任务*

现代物流是集先进的运输技术、仓储技术、包装技术、信息技术、高技术人才等于一体的高新技术产业，因此，在推进物流业的发展中，技术进步与信息化也是城市物流产业发展规划中的重要任务。物流技术主要包括物流设备技术以及物流管理技术，信息技术虽是物流技术的重要组成部分，但在技术原理和使用范畴上具有自己的特性，往往需要进行专门规划。物流技术进步与信息化是提升城市物流产业发展水平的重要手段，如何在城市物流产业发展规划中，提升城市技术水平与信息化水平是规划的重要问题之一，特别是物流信息技术本身是物流技术进步的一个重要方面。现代物流与传统物流在产业特征上的重要区别在于信息技术手段的应用。这种信息化水平较高的服务产业，在为工业、流通业等产业提供服务时将因供应链管理技术的支持，从生产及流通企业经营管理方式与运作流程改变的角度，有效促进服务对象的信息化进程。

6.6.3.2 物流技术进步与信息化的内容

6.6.3.2.1 城市物流技术水平提升

城市物流产业发展规划一般要从以下三个方面进行物流技术水平提升方面的规划：首先，从企业角度，物流产业发展规划应构建相应的城市物流运行机制，以充分发挥研究咨询机构在理论研究及应用技术研究方面的优势，使其与物流企业紧密结合，提高物流企业的技术开发与经营管理能力；其次，从技术装备角度，规划应提出相应的措施，促使相关部门从推进企业技术进步的角度，对物流管理新技术装备的研发提供资金和政策导向支持；第三，从组织管理技术角度，物流产业发展规划应促使相关部门重视并积极推进企业的组织技术创新，积极营造适合物流组织创新发展的政策环境条件，在可能的情况下，对具有组织创新能力的企业在市场准入、设施建设等方面给予一定的政策倾斜。

6.6.3.2.2 促进城市信息化发展宏观环境的改善

产业或企业的信息化不可能脱离良好的宏观信息环境而存在，城市物流产业发展规划应在既有的信息产业发展条件与水平基础上，推进电子政务发展水平，尤其是工商管理、金融、税务等公共服务部门的信息化发展进程，为现代物流业的发展营造良好的信息基础环境和氛围，使物流业的信息化建立在高效的公共信息平台基础上。

6.6.3.2.3 物流企业的信息化

城市物流产业发展规划应注重通过政策扶持和引导，推进物流企业的信息化进程。物流企业的信息化建立在企业信息管理、利用能力提高的基础上，而非简单的信息设备和网络技术的引进。因此，物流企业特别是传统的运输企业要从信息的收集、传递、整理、分析、反馈等信息管理，以及货物的跟踪、仓储管理、运输调度等信息应用能力等入手，在改善服务、提高效率、降低成本等多个层面上开展其能力建设并使其符合使用企业的运作实际，不可贪大求全、求洋。

6.6.3.2.4 物流信息平台和标准化

城市物流产业发展规划应促成城市物流信息平台的建设和信息标准化的规范管理。要在政府部门的支持下，积极着手建立对企业物流信息管理具有支持作用、能够及时提供公共物流信息服务，并能为中小型物流企业、工业及商业企业提供物流管理系统技术支持的物流产业发展的信息平台。同时积极遵照国家相关标准，鼓励引导城市物流企业、工业及商业企业在发展物流时主动与物流技术标准国际接轨，为提高城市全系统物流效率创造技术条件。

6.6.4 物流需求培育与服务市场建设

物流业的发展需要得到物流需求的支持，近些年城市物流产业发展中培育物流需求成为物流产业发展的主要任务，但需求的培育需要进行系统的规划，不能单纯依靠物流服务的培育。根据国内现代物流业的发展经验，仅仅在服务的供给能力与水平的提升方面开展工作，往往会造成需求和供给相脱节，难以达到现代物流业发展的预期目标，必须从政府、企业和市场等多个侧面进行共同努力，加强物流需求的管理和服务市场的建设，促进需求、市场、供给三方面协调发展。

6.6.4.1 物流需求培育

物流业作为一个产业发展领域，需要在供、需两个方面不断地相互适应、相互满足。在城市经济发展中物流需求的层次、需求与物流企业及物流设施的匹配程度，都将影响到物流产业发展的水平。因此，在城市物流产业发展中，必须尽快促进既有物流需求向高水平供应链物流需求转化，为现代物流业的发展培育良好的需求市场。

6.6.4.1.1 积极促进内在物流服务需求转化

内在物流服务需求的转化是指，通过改进物流服务对象的传统经营模式，创造专业化物流服务发挥其能力的服务空间，转化现有潜在的物流需求。在城市物流产业发展过程中，要通过改变传统商业企业以自我为中心的经营模式，通过联合规划与作业，形成高度整合的供应链体系，提升整体绩效；改变传统生产企业“大而全”、“小而全”的生产、经营、组织模式，通过对非经营性资产剥离，对经营性资产整合，按照供应链渠道要求进行生产供应、产品销售；改变政府部门、事业单位管理模式，进行有效的成本控制管理，发挥政府部门、事业单位集中采购的作用；充分重视建立在供应链管理基础上的跨企业、跨行业的联合，并需要处于供应链渠道上的企业在推行各自的技术标准、管理标准、工作标准时建立共同的物流标准。

6.6.4.1.2 积极推进物流服务需求的吸引转化

物流服务需求的吸引转化是指，通过提高物流服务的供给能力方面的服务水平，吸引潜在的物流需求。要加强各种运输方式的功能衔接，加强物流服务系统与服务对象的衔接，重视物流新技术的应用和提高原有物流基础设施及其技术装备的水平，新建与改造不可偏废；要不断改进物流服务水平，改善既有及未来物流服务系统的服务能力，全面满足快速、及时的物流服务要求，提高物流组织化程度，疏通信息渠道与运作渠道，使服务对象的物流成本得到较大压缩；要不断提高物流经营管理组织水平，提供更多的物流服务功能，获取较大的物流服务增加值，并从系统角度在物流各环节形成对接以满足客户需要。

6.6.4.2 *物流服务市场建设*

物流服务市场的建设，是建立物流业的市场发展机制的重要方面，只有完善的市场机制推进下的物流业发展，才能实现物流业的秩序和稳定发展。物流服务市场的建设主要应从市场的开放、准入、监督保障等方面入手。

6.6.4.2.1 提升市场开放度

物流活动具有网络化的特点，需要网络上各个节点之间相互开放，便于企业在较大的市场范围内通过兼并、重组等资本运作手段进行企业经营网络建设，并为开展网络化物流经营活动提供与商流相适应的高效物流服务。

6.6.4.2.2 建立市场准入和淘汰机制

市场准入和淘汰机制包括企业的资质标准的制定和评定、经营范围的确认、企业的融资和外资进入，以及企业、资金的退出淘汰标准等方面。市场准入和淘汰机制的建立，将进一步形成对物流服务企业活动的规范和引导，对建立良好的市场秩序起到促进作用。

6.6.4.2.3 建立市场保障机制

物流服务活动存在着一系列委托与被委托、代理与被代理的关系。服务的无形化特点、各种复杂的费率协商、服务的标准和衔接、物权转移控制和结算的主体等，往往涉及多个方面，需要强有力的制度保障和执行机制。

6.6.4.2.4 建立健全商业信用机制

在当前普遍缺乏商业信用或商业信用不健全的情况下，货主对物流服务的需求必然采取审慎的态度，其结果就是自营物流倾向较大，进而表现为物流服务的市场需求不足；另一方面，信用体系的欠缺直接导致物流交易成本增加和物流服务效率的降低。因此，必须尽快建立和健全商业信用机制。

6.6.5　物流管理体制与运行机制建设

管理体制与运行机制属于物流产业发展中的上层建筑，适合的管理体制和有效的运行机制会从根本上促进物流产业发展的水平，反之则会对物流产业的发展起到制约的作用。城市物流管理体制是指物流管理中决策权限、隶属关系、机构设置、调控机制、监督方法等方面的结构体系和组织制度。城市物流运行机制是指物流运行中各要素之间的联系和制约关系，以及由此决定的运行调节方式。物流管理体制与物流运行机制是密不可分的，管理体制是运行机制的基础和依托，良好的运行机制可以使管理体制的运行更为高效。

6.6.5.1　物流管理体制基本框架

管理体制实质就是管理过程中各主体之间的关系。物流管理过程中的主体主要包括政府、企业以及相关行业协会。从城市整体物流管理框架来看，政府属于其中的决策层，企业属于其中的执行层，而行业协会属于决策层与执行层之间的衔接层。

6.6.5.1.1　决策层

在城市物流产业发展规划中，物流管理体制中的决策层职能一般由市政府履行。基于物流建设和发展的主要内容，在政府机构中主要履行决策职能的机构包括计划部门、经济管理部门、交通管理部门、商贸管理部门。

6.6.5.1.2　执行层

执行层是城市物流的主要操作者，由涉及物流产业发展各方面的企业构成，是物流管理框架中的基础部分。

6.6.5.1.3　衔接层

市场经济条件下，政府对经济的管理方式及机制发生了转变，对现代物流这种复杂的经济发展项目，更不可能通过直接干预、组织的方式实现其健康发展。因此，在政府与企业之间需要存在协会组织，以更好地贯彻政府对物流产业发展的规划，服务物流企业。衔接层主要是由政府授权的机构与既有各行业协会、企业协会构成。

6.6.5.2　物流管理运行机制

所谓运行机制是在管理体制框架下，具体运行中的各主体权责关系。在当前我国的经济发展状况背景下，以及物流管理体制框架下，现行物流管理体制各主体的职责关系如下。

6.6.5.2.1　决策层

政府作为决策层，其职能主要包括，制定物流产业发展规划及相关政策，以政策引导为主要手段，指导城市物流建设和发展项目的实施组织及管理。

6.6.5.2.2　执行层

以企业形态，在市场关系直接作用下，执行层具体完成物流过程的各项活动，并在此过程中通过提高管理水平和技术水平，达到自身的盈利与发展。

6.6.5.2.3　衔接层

衔接层为政府授权的机构或者各行业协会、企业协会。其职能主要是，负责物流建设和发展项目涉及的各相关部门之间、各相关企业之间组织衔接；负责物流产业发展中相关问题的协调和向管理部门进行信息反馈；负责协调物流运作企业之间在价格、股份组织方面的协调和向相关政府部门反馈决策所需的信息或代表企业提出相关意见和建议。

6.6.5.3 管理体制与运行机制的确定原则

制定城市物流管理体制的基本原则是：加强现代物流产业发展中政府部门的领导，发挥政府部门在推动、扶持现代物流快速发展中的作用；完善行业协会和协调组织，加强物流业发展中的行业协调和行业自律；在政府引导和行业协会协调各种关系的基础上，充分发挥市场作用，使物流企业在市场主导的竞争与合作关系下，提升自身竞争力，从执行层面上提升物流产业发展水平。

6.6.6 城市物流产业发展的政策问题

物流作为新兴产业，在我国发展起步较晚，相对于发达国家而言具有后发优势。要发挥这一优势就需要打破常规的发展过程，通过一定的政策手段促进和推动物流的发展。物流产业发展政策是根据物流产业发展的现状结合物流产业发展的趋势目标制定的，旨在保障、促进和推动物流快速发展。物流产业发展政策在物流产业发展规划中极为重要。物流体系是由物流服务需求方和物流服务供应方在物流活动中形成的物流运作与管理关系的有机整体。物流业作为复合产业，物流产业发展政策涉及城市经济发展的方方面面，因此，物流的发展政策也是一个复杂的政策体系。从物流体系的内部构成角度，物流政策体系应当涵盖物流的需求方、供给方，以及物流市场关系等方面；同时，物流作为经济发展中的一个重要环节，其发展离不开外部的经济领域众多相关环节，物流政策体系还应包括经济领域众多发展、引导、支撑政策。

6.6.6.1 物流产业发展政策

6.6.6.1.1 物流基础设施政策

物流基础设施政策内容包括物流基础设施规划、建设选址、功能与规模设定、投融资渠道、与区域综合交通网络与通道建设的关系界定及相关土地、税收优惠政策等。

6.6.6.1.2 物流技术政策

物流技术政策内容包括物流技术标准、物流服务质量标准、物流服务质量监控，以及物流技术的引进、开发与推广政策等。

6.6.6.1.3 物流组织政策

物流组织政策内容包括物流企业的集约化发展、专业化分工、供应链的一体化组织等。

6.6.6.1.4 相关行业管理政策

相关行业管理政策内容包括相关行业发展政策、协调政策以及产业技术政策等。

6.6.6.1.5 市场准入政策

市场准入政策内容包括企业资质标准制定、企业资质评定、经营范围确认、企业组建方式、企业融资与外资进入等方面。

6.6.6.1.6 市场培育政策

物流服务市场培育政策内容包括市场建设政策、市场环境政策、市场监控政策、专业人才培训政策等。

6.6.6.1.7 生产企业物流组织管理技术应用政策

生产企业物流组织管理技术应用政策内容包括技术进步政策、技术引进政策、推广应用政策、效益评价政策与企业发展政策等。

6.6.6.2 物流外部环境政策

6.6.6.2.1 政府投资政策

政府投资政策内容包括物流基础设施建设、公共信息平台的政府投资、补贴政策。

6.6.6.2.2 土地政策

土地政策内容包括对物流园区、物流中心等物流节点建设的土地政策，以及与城市整体土地政策的关系。

6.6.6.2.3 税费政策

税费政策内容包括对物流业税费政策以及与城市整体税费的关系，对不同物流业务形态的区分税费政策。

在以上对物流政策的内涵和外延分析的基础上，可以看出，物流与众多经济部门存在交叉联系，同时本身又具有多种业态形态，无法制定一套通用的政策。在物流产业发展过程中，需要政府在经济发展的方方面面制定相关的政策，才能从整体上促进城市物流业的发展。

第 7 章　物流企业发展规划

7.1　物流企业分类及规划内容

7.1.1　物流企业的概念

7.1.1.1　界定物流企业的必要性

对物流企业的发展问题进行规划研究，除解决规划研究的方法，明确规划的对象外，首先必须明确从规划角度界定物流企业的必要性。物流产业作为复合产业，其另一层含义就是从事物流服务的企业类型非常多，既包括通常所说的第三方物流服务企业，也包括从事不同物流活动的服务企业，以及物流基础设施的建设与经营企业。由于不同企业的服务内容、服务方式和服务手段、发展环境要求等存在很大差异，因此，需要对物流企业本身进行明确的分类和界定，以便使物流企业发展规划具有针对性和可实施性，使各种物流企业在竞争中不断发展，并成为推动物流产业发展的重要力量。

7.1.1.2　物流企业的基本概念

7.1.1.2.1　关于物流企业的概念及界定

从目前的理论研究和政策现状分析，虽然国家制定了相关标准对物流企业进行界定，但从科学和系统的角度，由于物流服务具有多样化和不断创新的特征，物流企业仍是一个并不完全清晰且内涵不断演进的概念。在《物流术语》(GB/T 18354—2006)中，物流企业是指"专门从事物流活动的经济组织"。在《物流企业分类与评估指标》(GB/T 19680—2005)中，物流企业则是指"至少从事运输(含运输代理、货物快递)和仓储一种经营服务，并能够按照客户物流需求对运输、仓储、装卸、包装、流通加工、配送等基本功能进行组织和管理，具有与自身业务相适应的信息管理系统，实行独立核算、自负盈亏、独立承担民事责任的经济组织"。而按照 2004 年 8 月 5 日国家发展和改革委员会、商务部、公安部、铁道部、交通部、海关总署、国家税务总局、中国民用航空总局和国家工商行政管理总局九部委联合发布的《关于促进我国现代物流业发展的意见》中的定义，所谓物流企业则是指"具备或租用必要的运输工具和仓储设施，至少具有从事运输(或运输代理)和仓储两种以上经营范围，能够提供运输、代理、仓储、装卸、加工、整理、配送等一体化服务，并具有与自身业务相适应的信息管理系统，经工商行政管理部门登记注册，实行独立核算、自负盈亏、独立承担民事责任的经济组织"。

7.1.1.2.2　对物流企业的概念界定

从上述不同定义可以看出，虽然从不同角度对物流企业概念的界定较为接近，但无论是从政府行业管理角度，还是物流企业自身发展的角度，物流企业都是一个非常宽泛的概念，无法进行明确的分类和服务领域、组织管理和支持手段等方面的界定，因此，理论界对物流企业概念存在较大的分歧。如就物流服务内容而言，各类物流企业（包括纯粹的运输、仓储和代理企业）均从事物流活动的单个或多个环节或整个服务过程，广义上与物流活动相关的企业均可视为物流企业，或者根据企业服务中涉及物流活动内容的多少无法进行物流企业的界定，这也是国家出台物流企业认证标准后，理论界存在不同看法的主要原因。从服务方式的角度分析，如果考虑物流的管理控制特性和服务的综合特性，仅仅对能够按照客户需要制订完整的物流解决方案，并具有对物流服务进行管理、控制和运行操作能力的企业才被视为物流企业，在物流服务日益多样化的今天，显然也不能包括确实提供相应物流服务的企业。因此，本书倾向于《物流术语》(GB/T 18354—2006)中对物流企业是"专门从事物流活动的经济组织"的界定，以及在实际工作中对物流企业的分类可以按照《物流企业分类与评估指标》(GB/T 19680—2005)进行，这样有利于根据具有相同或相近特性的物流企业分类，制定具有针对性的规划。

7.1.2 物流企业的分类

按照上述对物流企业概念的界定，为便于对物流企业进行规划，需要对物流企业进行分类，以便使物流产业发展规划具有指导企业发展的针对性和规划方法与内容的适应性。在对物流概念的界定过程中，从企业服务方式的角度对企业进行分类，更容易把握住企业的业务特点和运作特征，因此，可以把从事单个物流活动的物流企业如运输、仓储等归于一类，称为传统物流企业，它们具有较为单一的物流服务特性；把从事多个环节或整体物流服务的企业划分为一类，称为现代物流企业，它们具有从事供应链物流服务的基本特性，差异仅仅在供应链的范围和长度的不同。随着现代物流的理念被越来越多的企业所接受，上述两类企业在业务领域、服务对象、技术装备和需求市场等方面开始出现较大的重合，虽然在业务服务功能、运行组织管理和企业组织形式等上存在差异，但欧美物流业较为发达的国家，实际上传统物流企业与现代物流企业已经很难完全区分。

7.1.2.1 传统物流企业

传统物流企业主要指提供运输、储存、配送、包装、装卸搬运、流通加工等专业化服务的企业，其特点是利用单一或多项技能、技术和服务，在行业界限内为工商企业提供相关的传统服务，其服务特点是根据企业自身条件确定服务内容，服务内容与形式受到自身资源的严格制约，增值服务只作为在特定条件下的辅助服务形式，或者作为提升业务规模的手段而主要不是服务业务发展目的。

我国传统物流企业的发展已有相当长的历史，并已形成多领域、多行业的企业形式与多元化经营的格局，但整体而言，行业传统、地方割据和自我封闭仍然是现阶段我国物流企业发展的一大障碍，传统物流企业尚未形成专业化、集约化、网络化经营优势，机制不活、管理方式落后、运作效率不高，服务水平与资源利用能力低，无法保证高效物流服务的需求，缺乏持久和独特的竞争能力。因此，需要根据物流业发达国家传统企业不断增加物流服务内涵，提升为物流企业运作提供支撑的服务能力等的发展趋势，通过规划的制定，加快其发展步伐。

7.1.2.2 现代物流企业

此类企业主要是指掌握和利用现代物流管理技术，利用信息网络、电子商务等手段向工商企业提供全过程或分阶段、分区域物流一体化经营、管理服务，以及为企业提供物流解决方案服务的物流企业，其特点是通过协议、联合、联盟等各种手段，整合控制服务需要的各种物流资源，根据客户要求，制订、管理和运行跨行业界限的全过程物流服务方案。

目前，我国现代物流企业数量虽不多，但发展起点较高，拥有专业化、富有经营管理经验的物流人才，企业具有较大的起点规模，具有网络化经营特征和能力，具备全国、区域范围的物流服务与物流运作能力和高效物流服务能力，同时信息管理水平较高。20 世纪 80 年代以来，欧美发达国家制造、商贸流通企业越来越重视集中自己的主要资源与主业，物流服务外协和外购已成为大趋势。而为其提供物流服务的外部专业物流企业，由于其处于生产和贸易活动的买卖交易方之外，其服务限于交易商品在买卖双方间的空间位移而不涉及商品所有权的转移和交易形式，因此，被称之为买卖之外的第三方服务供应商。从服务模式与服务特点而言，所有涉及全部或部分物流服务过程的物流企业均应被视为第三方，这其中既包括传统物流企业，也包括现代物流企业，但更多的时候主要专指现代物流企业，因此，现代物流企业也被称之为第三方物流企业。第三方物流企业的发展，有其特定的原因。首先，物流服务的需求方出于提高资产收益率、提高物流管理水平，以及调整企业经营管理方式的目的，对降低物流成本、改善服务品质及提升运作效率提出了更高的要求，推动了专业化服务需求的范围扩展和品质提升。同时，专业化的服务品质和根据客户需求而定制的服务模式，大大提高了第三方物流企业所提供服务的标准与作业效率，物流服务供给方的专业化和高效化也拉动了第三方物流服务的发展。

专业化的第三方物流服务，通常以合同的形式在一定期限内提供企业所需的全部或部分物流服务。这种专业化服务利于物流服务的需求企业实现资源优化配置和核心业务集中，进而提升企业核心竞争力，同时为需求企业有效节省费用，减少资本积压，减少库存，并以第三方物流提供的高效率服务和形成的供应链而提升企业形象。由于目前第三方物流企业根据提供供应链物流服务的形式不同，以及参与资源整合的程度和手段不同，派生出第四、第五等不同的类型，但就制定物流企业发展规划而言，它们具有较为相似的特性，均可以归于现代物流服务企业范畴进行规划。

7.1.3 规划的基本方法

7.1.3.1 物流企业规划的必要性

物流企业规划的必要性主要体现为明确企业未来发展战略、提升企业组织管理水平和强化企业核心竞争力等三个方面。

7.1.3.1.1 明确企业未来发展战略

战略管理已经成为现代企业管理的重要手段，企业的战略能力在很大程度上决定了其发展方向和水平，因此，制定物流企业规划是明确企业的发展战略的要求。面对经济发展所引发的物流服务需求规模与水平的不断提升，物流企业必须首先明确自身的发展定位和经营定位，以此支持企业的市场定位与服务定位，才能在与众多的竞争对手的市场竞争中占得发展先机，避免陷入盲目跟风发展、业务领域与运作模式的雷同竞争，以便通过差异化提升企业的市场竞争能力。因此，物流企业发展规划的任务，就是要通过建立发展战略和目标体系，引导和带领企业在未来发展过程中建立和形成合乎发展要求的服务运行体系与相关功能，并根据市场需求的变化对其进行不断的调整，以此构建物流企业发展的重要导向和运行基础，并对企业服务功能和布局进行设计，实现物流企业的现实与长远发展要求。同时，由于企业是在一定的政策环境中寻求发展的，物流企业规划必须注意符合国家对物流产业的相关发展要求与管理要求，支持企业利用和建立有效而健康的物流产业发展环境，同时注重为企业业务发展开发新的发展领域。

7.1.3.1.2　提升企业组织管理水平

物流企业的服务组织、运作管理与经营活动包括货物运输、分拣包装、储存保管、集疏中转、市场信息、货物配载、业务受理等多项内容，既有前台的服务业务操作，也有后台的运行管理操作，只有在一个综合性管理系统的组织、协调和监控下，上述各项工作才能实现一体化运行，从而形成完整的全过程服务链条，保证服务质量的稳定和为服务对象企业提供优质的服务。因此，物流企业的组织与物流管理水平就成为了提升物流企业服务运作效率与质量的基本保证条件，同时也是物流企业的最根本特质，是物流企业生存与发展的关键。在各类物流企业发展规划中，对于提升企业物流组织管理水平均作为中心任务对待，力图通过网络布局、服务流程、市场营销、运行组织、操作监控和信息流转等领域的规划，强化和完善企业面对各类物流服务业务的操作管理与组织水平，提高企业的服务效率，改善企业的服务质量，从而使企业在市场竞争中处于有利的态势，并通过良好的服务支持物流企业服务领域与业务规模的扩展。

7.1.3.1.3　构建良好的发展环境

物流企业的发展环境主要包括区位环境、市场环境、政策环境和技术环境。物流产业发展环境是现代物流企业发展的重要基础条件，也是物流企业管理与服务的专业化、服务社会化的基本导向。具体而言，发展环境由企业发展的外部条件和内部条件构成。所谓外部条件，是指制定物流企业规划的依据和需要适应和满足的外部环境要求，包括企业面临的市场状况、需求态势、政策（法律）体系和经济发展要求；而内部条件则是指物流企业的基本状态和希望通过规划解决的经营与管理问题，包括企业的管理体制、经营模式、服务内容、技术结构和企业发展要求。在实际工作中，物流企业对发展环境的外部条件一般处于被动的适应地位，单个企业对外部环境的变化难以构成足够的影响力（当然，当物流企业群体的发展已形成整体行业力量时，必然会对外部环境条件产生较为强烈的影响力，但这个问题已超出物流企业规划的范畴），企业的主要任务是了解、分析、判断和把握外部条件的现状和发展要求。因此，作为物流企业规划的核心任务和必要性体现，就是如何在准确把握外部条件的基础上，通过对企业内部环境条件的调整和改善，使之适应外部环境条件的现实与发展要求，从而实现物流企业自身的长远发展。

物流企业规划的必要性主要体现在构建企业发展环境中，担负调整企业结构、完善服务模式和确定企业发展方向的任务，通过规划对企业能力在空间与功能布局、服务区域、产业服务需求等的协调互动，促进和实现企业专业化、规模化的发展要求，建立企业健康稳定的发展战略与路径。

7.1.3.2　物流企业规划方法

7.1.3.2.1　从物流需求的角度进行物流企业研究

现代物流的发展特点和趋势表明，物流活动已变得具有很强的系统性和复杂性，物流经营和管理的技术含量越来越高，物流资源整合的范围也越来越宽，从提高企业物流管理水平、运行效率和提升核心竞争能力的角度，企业物流服务倾向于外包，从而为社会分工和专业化协作创造了条件，使各类物流服务企业不断发育和成长。鉴于工业、商贸流通业等领域的企业对物流技术的应用逐渐普及，企业生产组织与经营模式决定了企业对物流服务需求的多样性和复杂性，物流服务企业需要更好地适应物流服务需求企业的物流管理、服务等要求，特别是从供应链的角度，研究物流服务企业与需求企业之间的关系，以及供应链上不同物流企业之间的关系，成为当前物流产业发展中较为重要的研究领域。特别是物流企业如何在发展中不断适应物流不同阶段和不同模式的物流需求，使企业的发展具有整体性、系统性，需要对物流企业发展进行规划研究，规划的内容涉及物流企业的经营内容、发展模式、市场拓展、技术装备、信息化等。

7.1.3.2.2　从战略的角度对物流企业进行研究

现代企业越来越重视战略问题研究和战略管理方法的应用，以便企业制定发展战略目标，实现业务拓展，明确运行机制，为企业的持续快速发展创造条件。由于是从物流产业发展规划研究领域拓展的角度对物流企业的发展规划问题进行研究，而企业的发展问题又多站在战略的角度进行，目前，关于物流企业的发展规划理论和方法较区域性的物流产业发展规划更为缺乏，因此，物流企业的发展规划实际上主要借鉴了企业战略研究的相关理论和方法，这无疑是物流企业研究现状下的一种遗憾。

7.1.4　规划的主要内容

从物流企业规划的战略特性以及需要在战略层次上解决物流企业的发展问题角度出发，与一般企业发展规划相比，物流企业规划的基本内容在外在形式上并无太大不同，其具体形式也是根据企业自身需要而各具特点。一般而言，一个完整的物流企业规划大致应包括以下四个方面。

7.1.4.1　外部形势判断分析

系统分析物流企业面临的包括政策环境、市场竞争、需求规模、区域及城市物流网络结构、物流服务资源等外部环境，并对外部对物流企业发展的影响进行分析和判断，以帮助企业明确其面临的机遇及挑战。

7.1.4.2　内部情况分析

主要分析物流企业的基本现状，包括经营管理、可利用资源状况和参与市场竞争的优势与劣势，以及企业自身存在问题与困难，以便为企业根据外部环境调整自身的发展方向、经营管理方式、运作模式等提供规划依据。

7.1.4.3　发展规划方案

在企业对上述外部、内部环境分析的基础上，利用企业战略研究的基本方法，区分传统物流企业和现代物流企业的不同类型特征，在发展目标、经营模式、资源整合、市场及业务开发等方面进行战略匹配与战略定位分析，提出符合物流企业实际、类型和适应发展要求的总体发展战略构想及发展思路。并在上述战略指导下，从企业组织机构、职能分工、资源整合、系统开发、市场竞争和运作管理等企业日常经营管理的角度提出物流企业发展规划方案，使企业明确发展方向和运作方法与思路。

7.1.4.4 规划实施建议

从落实企业发展规划,发挥物流企业规划作用的角度,按照物流企业运行操作需要,提出分阶段的规划实施建议,同时,对物流企业在实施规划进程中的内外部环境条件的建设与完善等提出相关建议。

7.2 物流企业的外部环境分析

7.2.1 经济社会发展环境分析

7.2.1.1 宏观形势分析

随着现代经济发展逐渐呈现出注重长期效益、规模效益和区域及全球战略,加之现代信息产业发展和信息技术的支撑,导致了现代物流的新理念与相关技术的不断发展和创新。现代物流因对提高企业的核心竞争能力具有重要作用而在经济发达国家受到空前重视,并获得快速发展。现代物流已与现代经济发展、交通运输及信息技术进步紧密结合,在企业及国民经济中的地位不断提高;现代物流活动的领域及方式,随着经济和产业的发展变化仍在不断拓宽和发展之中;物流创造价值的表现形式也不断丰富。目前,我国现代物流业也受到各级政府和各类企业的高度重视,国内现代物流产业发展的外部环境总体上良好,国家综合运输网络建设与交通运输的技术进步与管理进步,也为物流产业发展提供了较为良好的基础设施条件与实务运作条件。

上述环境的变化对于物流企业的发展无疑是有利的积极因素,但就具体情况分析,当前物流产业发展环境仍处于逐步改善之中,政策体系、市场体系、技术装备体系与基础设施网络体系在不同程度上均存在着发展滞后问题。尤其是物流服务市场供需关系的发育尚处于初期阶段,物流服务的供需双方对于各自的需求内容与供给条件的要求,在很大程度上处于认识改善阶段,即有效的、现代特点的物流需求并不充分。这种状况对于物流企业开展物流服务的市场运作,是一个较为困难而又必须解决的问题。因此,处于不同区域与不同行业中的物流企业,在制定其发展规划时,均应注意物流业发展的宏观形势因素,使自身的发展融入良好的发展背景与发展时机之中。

7.2.1.2 国内物流环境分析

2005 年 10 月,《中共中央关于制定国民经济和社会发展第十一个五年规划的建议》中,提出作为现代服务业的物流业,必须坚持市场化、产业化和社会化的发展方向。2006 年 3 月,《中华人民共和国国民经济和社会发展第十一个五年规划纲要》中,明确提出了要“大力发展现代物流业”,现代物流产业在我国国民经济运行中的重要地位因此得到了明确的定位。由于《中华人民共和国国民经济和社会发展第十一个五年规划纲要》进一步明确了“十一五”期间我国现代物流业发展的四项主要任务,即“推广现代物流管理技术,促进企业内部物流社会化”“培育专业化物流企业,积极发展第三方物流”“建立物流标准化体系,加强物流新技术开发利用,推进物流信息化”和“加强物流基础设施整合,建设大型物流枢纽,发展区域性物流中心”,

发展专业化物流企业成为其中重要的任务之一。2011 年 3 月,《中华人民共和国国民经济和社会发展第十二个五年规划纲要》再次明确提出要大力发展现代物流业,改造提升传统物流业,提高物流管理水平,尽快改变物流落后状况,以适应经济持续、快速发展需要的战略目标。从这个意义上说,我国现代物流服务业的发展,正在面对着一个前所未有的、由政府和企业在不同层次共同建设和推进的良好的发展环境。

7.2.1.3 国际物流环境分析

从国际影响因素分析,随着世界经济一体化、贸易全球化以及跨国公司的迅速发展和壮大,服务于跨国公司的国际上一些著名的物流服务企业逐渐把业务的触角深入到我国,并以其符合现代物流服务理念的全新的经营思想和运作方式,给自身带来多方面的竞争优势。受此影响,国内一些大型企业已经开始注重将其传统业务向新型经营模式与服务模式的拓展,而新兴的具有国际背景的跨国物流企业,也从开始起步阶段的单一服务型向服务管理型以及资本与管理集中的综合服务型转变,规模化、网络化扩张发展步伐在加快。这种局面在对国内传统物流服务行业构成竞争压力的同时,也为现代物流服务企业改变经营理念、提升服务水平起到了积极的推进作用,因此,物流企业规划必须面对国际竞争加剧的形势。

7.2.1.4 物流产业发展政策环境分析

我国现代物流的发展问题一直是政府相关部门高度重视的重要问题。早在 2001 年 3 月,国家经贸委、铁道部、交通部、信息产业部、外经贸部、民航总局联合下发了《关于加快我国现代物流产业发展的若干意见》,是我国政府部门出台的第一份有关现代物流业发展的政策性文件,提出了我国现阶段发展现代物流的总体目标,即把积极培育现代物流服务市场放到重要位置,鼓励工商企业积极创造条件,逐步将物流业务进行有效分离,按照现代物流管理模式进行调整和重组,积极发展第三方物流,推进我国工商领域由企业物流向社会专业物流的转变,以提高我国物流企业的市场竞争力。2004 年 8 月 5 日,国家发展和改革委员会会同商务部、公安部、铁道部、交通部、海关总署、国家税务总局、中国民用航空总局和国家工商行政管理总局等九部委又联合发布了《关于促进我国现代物流业发展的意见》,在完善发展环境、鼓励服务发展、提升技术含量和加强组织协调等四个方面,为进一步推进我国现代物流业的发展,在全国范围内尽快形成物畅其流、快捷准时、经济合理、用户满意的社会化、专业化的现代物流服务体系,构建现代物流企业群体,提出了具体的发展意见。上述两个文件也被业内称为是我国现代物流产业发展进程中的两大纲领性文件。

为进一步促进我国现代物流业快速、协调、健康发展,积极应对全球经济危机对我国经济造成的影响,2009 年 3 月,国务院发布《物流业调整与振兴规划》,确定了振兴物流业的十大任务和九大工程。2011 年 3 月,国家"十二五"规划纲要明确提出要大力发展现代物流业,国务院常务会议决定从税收、土地政策、降低过路过桥收费和加大物流业投入等方面着手,进一步促进物流业健康发展。同年,国务院相继出台了《关于促进物流业健康发展的政策的意见》(业内称为"国九条")和《关于印发贯彻落实促进物流业健康发展政策措施意见部门分工方案的通知》,将"国九条"细化为 47 项具体工作,落实到 31 个部门和单位。各级行业主管部门和各省、市地方政府也相继出台了一大批相关的扶植与发展政策,包括营业税改征增值税试点工作,对我国现代物流的发展产生了良好的引导和有力的推动。目前,中央和地方各级政府均已逐步认识到物流业在现代经济中的重要地位和作用，并加大了发展现代物流的工作力度，在现有管理体制和各自职能范围内，努力营造现代物流产业发展的宽松环境，积极抓紧制定相关政策措施，以期逐步建立起与国际接轨的物流服务及管理体系。

7.2.1.5　行业市场与服务环境分析

从行业结构角度分析，我国物流企业分属于不同的行业。由于物流企业所依托的行业背景各不相同，因此，在实际营运中其所面对的市场领域也有所区别。通常情况下，各类物流企业的服务与经营活动大致遵从其自身的行业背景在其传统业务领域进行。因此，对于一个物流业内企业而言，其发展所需要的直接牵引就是其所在的行业市场的实际需求状态与变化趋势。因此，在物流企业规划工作中，企业所在的行业市场（仅就物流服务而言）的现状与发展趋势也就势必成为规划工作中应当予以重视和研究的重要内容。

7.2.2　物流服务市场环境分析

7.2.2.1　物流市场基本态势

目前，我国物流市场的发展仍然基本保持了健康、稳定的发展态势，但总体增速相比2008年国际经济危机前有所放缓。根据国家发展和改革委员会、国家统计局和中国物流与采购联合会、中国物流信息中心的相关统计，2011年我国全社会物流总额保持12.3%的增速，其中，工业品物流总额增长13.1%，进口物流总额增长4.3%，在各领域中位居前列。物流总费用与GDP的比率为17.8%，与2010年基本持平，物流业占服务业全部增加值的比例为15.7%，总体水平基本保持平稳，部分指标略有下降，物流业在服务业中仍然保持其重要地位。

当前，我国经济社会发展正面临新的挑战和机遇。世界经济复苏艰难曲折，全球大宗商品和金融市场动荡加剧，各类风险因素进一步增多。我国国民经济在保持良好发展态势的同时，也面临不少困难。进出口贸易增速回调，投资拉动受到制约，内需增长难度加大，部分企业出现经营困难。

根据国家相关规划，未来一个时期“西部开发、振兴东北、中部崛起”仍将构成我国国民经济与社会发展的主体战略，国内物流服务市场的布局也将从原有的珠三角、长三角和环渤海地区向更大区域的泛长三角、泛珠三角和泛北部湾经济区扩展。同时，随着中国经济的健康发展和结构完善，处于工业化中期的现实要求使得高新技术与规模化产业在国内将面临较大发展。

因此，区域物流、产业集群物流仍将是物流产业发展的新热点，工业产品物流服务需求和伴随而来的商贸物流服务需求将成为“十二五”及今后一段时期物流服务市场需求重点与布局态势的重要导向，这一点对于物流企业在制定其发展规划时的发展定位与思路具有直接的参考价值和操作意义。

7.2.2.2　国内物流行业发展的趋势

7.2.2.2.1　企业物流的发展

根据《中国物流年鉴2012》的数据，2011年全国工商企业参与物流外包的比例已达到63.3%，其中，超过40%的企业其外包比例占其物流总业务量的80%，接近70%的企业其外包比例超过其物流总业务量的50%。未来国内企业物流市场具有较好的发展空间，但由于区域经济间规模与结构的发展差异，物流服务企业在制定企业发展规划时应在了解和掌握宏观趋势的同时重点分析企业所在地区的服务需求发展与变化趋势，在宏观整体形势和微观操作环境两个层面上实现企业发展目标的重合与衔接。

7.2.2.2.2 物流企业的发展

目前，国内第三方物流企业完成的实际营业额年增速已高于国际上20%的平均水平，但上述营业额在物流市场中的比重尚低于国外10%～15%的水平。从实际营运效果分析，2011年，统计口径内全国重点物流企业主营业务收入同比增长16.9%，而主营业务成本同比增长29%，其中，全国50强物流企业主营业务收入共达7 274亿元，同比增长17.5%；排名第50位的达到18.8亿元，同比增长22.1%。2012年1～11月份，统计口径内全国重点物流企业主营业务收入同比增长26.5%，而主营业务成本同比增长31.6%。2012年全国物流产业发展基本情况见表7-1。

2012年全国物流业发展基本情况 表7-1

项目		2012年实际完成	相比2011年增加(%)
物流总额(万亿元)		177.3	9.8
物流总费用(万亿元)		9.4	11.4
其中	运输	4.9	10.7
	保管	3.3	11.8
	管理	1.2	13.1
物流总费用与GDP比率(%)		18	大体相当
物流业相关投资(亿元)		40 000	23.9
物流业增加值(万亿元)		3.5	9.1
物流业增加值占服务业增加值比例(%)		15.3	基本持平

上述情况表明，尽管受到整体经济下行压力的影响，国内物流企业的整体发展态势仍较为良好，但发展速度与发展规模受到一定限制；同时，受自身技术与营运特点的影响，分处于不同领域的物流企业的发展差异较为明显，真正具有综合性物流服务特征的第三方物流企业虽已经显现其发展优势，但整体仍处于发展初期。因此，在制定企业物流发展规划的过程中，对于企业自身的行业背景、行业地位以及市场定位应予以较为详细的分析，并对规划设定的发展空间与发展模式进行校正和引导。

7.2.2.2.3 物流行业的结构调整

从国际发展经验分析，物流企业既有综合物流服务商，也有专业物流服务商，而中小物流企业一般以专业物流服务为主。经过10余年的起步与发展，国内物流市场目前已经开始相关行业与产业资产的整合与重组，企业规模不断扩大，2011年中国物流企业50强中已有37家资产超过10亿。同时，专业化分工加快带动了产业细分，国内企业结构趋向合理，物流公司的服务领域和服务内容进一步明确和固化，针对连锁商业、日用产品、汽车制造、能源原材料、危险品、医药产品等领域开展服务的专业化物流企业日渐增多，专业化物流市场逐渐成型。

因此，在制定物流企业发展规划的工作中，应对自身所处行业及业务特点进行相关分析和判断，从企业发展要求与行业发展特点出发，对自身发展规划的目标与思路进行清晰和合理的定位，并针对企业自身与服务对象的行业特点以及相关服务要求，对于未来企业在服务市场的进入方向与领域进行梳理，确定具有企业运作与服务特点并适应未来特定市场与服务目标的模式。

7.2.2.3　外资进入对国内物流市场的影响

在改革开放30多年后，我国开始成为世界的制造业中心和贸易中心，加入WTO后，我国传统的制造业与商贸业开始进一步与世界先进的生产方式趋于同步，同时也促进和支持了生产方式、贸易方式和相应的技术水平与服务水平对先进的物流组织与服务方式的广泛需求，因此加入WTO对我国现代物流业的发展进程起到了积极的加速和导向作用。

同时，进入中国服务业贸易市场始终是国外资本的重要目标。据世界银行统计，20世纪70年代服务部门的外国投资占世界外国投资的25％，90年代增至50％，2002年已达到60％。而在中国的服务业中，现代物流业是一个重点。随着WTO相关承诺的逐步落实，我国物流业服务市场已基本实现全面开放，国际货邮及快递业、港口物流与集装箱运输以及物流地产业等领域已成为外商直接投资增长势头最为强劲的领域。加入WTO意味着更深层次的开放和更为激烈的竞争，加入WTO后服务贸易的自由化将使欧美发达国家已相当成熟的现代服务业对刚刚起步的中国服务业提出严峻的挑战，在现代物流这个最能体现当今社会生产专业化分工和高效运作特点的服务领域中，上述情况表现得尤为明显。

作为服务贸易行业，物流业面临着服务市场开放后国外先进的服务业品种与新型管理方法的引进所带来的竞争压力。从目前情况分析，由于中国物流业整体水平仍然较低，企业素质差异较大，在市场开放后将面对国外同业的直接竞争。随着市场竞争的进一步加剧，部分企业被淘汰出局几乎不可避免。同时，由于现代物流服务的发展为实现以“客户满意”为中心的服务创新提供了一个良好的机遇，因此，依托现代物流理念调整企业发展计划，实现和完善传统服务向现代物流服务的转型，是物流企业未来健康发展和维持有利竞争地位的重要保证之一。因此，改变经营理念、创新服务产品、提升服务质量已经成为国内物流企业在其发展规划中必须解决的关键问题。

7.2.3　物流企业服务需求分析

7.2.3.1　经济发展对物流需求的影响

随着我国经济结构的不断调整和经济总量的不断扩大，预计未来20年中，我国经济将仍然保持健康、快速的发展势头，国民经济与社会发展对于物流服务的需求态势将出现新的更高的要求。物流需求的产生是经济与社会发展的必然结果，而不同地区间产业结构、产业规模和产业布局所形成的总体经济发展与运行态势，对于直接或间接从事物流服务的具体的物流企业而言，则具有截然不同的需求表现形式与表现力度。

从物流服务供给角度分析，目前我国的现代物流服务企业正处于发展的起步阶段，物流企业的服务正处于由传统业务向新业务转型的过程之中，经营模式、服务内容等方面将面临外部环境带来的较大压力，这就要求物流企业在今后发展中必须做好充分的组织准备、物质准备和心理准备。

位于不同地区不同行业的物流企业，在制定其发展规划的过程中，应对上述需求的发展态势与发展差异进行分析，从中萃取出有可能成为本企业未来发展支撑的需求，明晰上述趋势及其在本企业服务领域与操作区域内所产生的影响，并对其结构、分布和特征进行具体分析和准确、清晰的基本判断，在结合自身发展意图和发展实力的基础上，为企业自身未来发展的行业定位、区域定位和功能定位建立规划，提供决策和执行的基本支持。

7.2.3.2　物流服务需求类型分析

物流服务的需求类型主要表现为国内外两个方向和服务规模与服务质量两个层面，其内涵主要反映为物流服务的范围、效率、功能和具体服务领域，总体上趋于具体化、市场化和人性化。因此，物流企业规划过程中应针对上述要求在所提供服务的规模、方式、范围和质量等方面建立对应的服务关系与服务定位，以求得企业在特定市场领域的规模发展和效益提升，扩展自身发展空间。

在物流企业规划工作中，对于物流需求类型的分析目的主要是帮助企业寻找、掌握和控制合理与适宜的需求来源。目前相当数量的工商企业虽然已开始意识到现代物流对于企业发展的重要性，但囿于历史原因的影响以及现行企业管理体制、经营模式与商业运作模式、利益分配等传统与现实的阻力，企业经营活动对于物流服务要求处于潜在状态，企业对于物流服务需求的认识存在一定局限，无力或不愿将物流业务分离和外包解决。同时，也有相当数量的工商企业对于物流服务的需求流于表面化和概念化，仅将物流服务作为直接转嫁现有物流成本的手段，奢望以最低的直接成本换取最高效的物流服务，其结果是物流企业被强行剥夺几乎全部赢利空间。

上述情况已被当前许多物流企业的经营实践所证实。因此，在进行物流企业规划的过程中，应建立规划企业对于市场潜在服务对象的状态与需求类型进行针对性了解和具体分析，在此基础上结合企业服务取向，为规划企业制定相应的服务对策和服务模式奠定基础。

7.2.3.3　物流服务需求分布与规模分析

从企业运行角度分析，服务需求的分布与规模在需求分析中具有最为重要和最直接的影响地位。服务需求的分布与规模是决定企业未来发展规模和发展方向的重要依据，也是企业运行与管理目标的主要影响因素。而企业市场营销经验与手段的效率水平，则在很大程度上直接制约了企业对于服务需求分布与规模的控制效果。因此，在进行企业规划时，应从两个层次分析服务需求的分布与规模。

在宏观层面上，规划应分析和判断国内相关行业与地区的物流服务市场需求发展的趋势、方向与特点，由此引出宏观局面与趋势对于规划企业的运行所在行业与地区的物流服务需求的影响和作用形式，对于物流需求在整体上的规模水平与布局特点进行评估。上述分析与判断的依据是国家相关领域的发展形势与发展政策，同时利用现有的各类数学方法进行推算。相关方法可参照“物流基础设施规划”中的相关内容，在此不再赘述。

在微观层面上，规划需要结合所在地区与行业的发展要求和企业自身服务特性与核心竞争力的状态，将服务市场与服务需求进行有针对性的细分，以进一步分离和析出对于本企业发展和运行相关联的需求分布与规模情况，对于规划企业在需求规模和布局在共享、控制和竞争不同层次上的状况进行规划和指导，并以此确定规划企业运行、发展与竞争的方向、时序和领域，同时也勾勒出本企业在市场整体需求中所希冀和能够占有的不同的市场份额。而在确定需求的具体方法上，物流企业规划应依据对目前和未来的市场机会的判断，通过市场营销手段参与市场竞争，以取得服务协议或合同的数额和类别体现其竞争成果。

7.2.4　物流企业服务供给分析

总体而言，物流服务企业发展规划属于供给规划的范畴。在物流企业规划中，物流服务供给分析的主要内容包括企业所在地区的设施与企业状况及相关市场的竞争分析。

7.2.4.1　设施条件状况

7.2.4.1.1　交通设施条件

实际工作中，运输网络条件是物流企业开展物流服务最为基础的依托，交通运输网络主要包括国家及规划企业运行区域的铁、公、水、航的线路密度、能力和交联状态。目前，我国已经形成了具有相当规模的由铁路、公路、水运、航空和管道运输构成的综合交通体系。截至2011年年底，我国交通运输设施网络里程超过440万公里，其中，公路里程410万公里(高速公路8.49万公里)，铁路里程9.3万公里，内河航道里程12.5万公里，长输油气管道里程8.33万公里。

对于规划企业而言，上述条件只是其服务运行过程中应了解和掌握的一般性情况。而企业所在区域的地方交通网络状况才是其服务运行过程最为直接和重要的支撑。因此，规划企业应对其所在地区的各类交通线路分布、能力和变化情况进行全面和认真的梳理和分析，为其自身服务的运行组织和线路及方式选择建立基础，避免因网络瓶颈造成运行障碍。

7.2.4.1.2　场站设施条件

场站设施通常是交通网络的节点，也是运输组织和运行衔接的重要设施依托。对于物流企业而言，场站设施通常包括各类运输站场、港口、机场和各类物流专用设施(物流园区、物流中心、配送中心等)，此外，各类专用的仓储设施也是其服务运行过程中的重要场站。目前，国内各类场站设施发展迅速，到2011年底，我国港口生产用泊位3.2万个(其中万吨级以上1 762个)，民用机场182个，铁路和公路运输场站数以万计。全国通用仓库面积达6.8亿平方米，冷库容量超过900万吨，此外，全国各大中城市还拥有超过3 000个的以物流园区和物流中心命名的各类设施。

出于相同的理由，物流企业规划的工作重点同样落在企业所在区域的地方交通设施节点的分析与判断上。此类节点设施不仅是规划企业服务运行过程中的直接运作点和业务处理点，同时也是衔接其他网络、寻求企业合作和实现跨区域运行的基本途径与作业空间。因此，规划企业应对其所在地区的各类节点设施的类型、功能、分布、能力和变化情况进行全面和认真的梳理和分析，为其自身服务的运行组织和运行控制中心的建设与实际业务运作建立基础，并为运作网络的区域性框架建设提供基础条件。

7.2.4.1.3　信息通信条件

随着我国经济与产业的健康成长，我国的电信和计算机行业实现了跨越性发展。2011年，全国电信网络干线光缆铺装长度已达到85.6万公里，以光缆为主、以数字微波和卫星通信为辅的大容量数字干线传输系统已初步成型，邮电和通信网已覆盖全国所有城镇，网络规模居世界第二；互联网(China NET)和公用中继网在内的四大骨干网络已联通世界主要国际信息网，为EDI、ERP、GPS等围绕物流信息交换与管理的技术提供技术平台。

上述发展为物流企业建立其经营与管理信息系统提供了基础支持。在物流企业规划过程中，企业所在地区信息通信条件的发展状况将成为企业信息系统建设的基础条件，其能力、便捷性和稳定性将在很大程度上决定企业信息系统建立的技术成本，也是此类系统今后进行维护与升级的影响因素，在一定程度上影响企业信息网络建设的模式与范围。因此，物流企业规划工作应将其作为外围条件加以分析。

7.2.4.2 供给市场与企业状况

7.2.4.2.1 基本状况及趋势

"十一五"期间，我国制造和流通企业开始改变营销模式，一体化物流需求增长很快，对第三方物流服务的数量和质量要求越来越高，范围越来越广泛，物流服务外包的趋势增强。客户除了运输、仓储等基础服务以外，还要求加工、配送、集拼、联运、货代、代收货款等。同时，随着跨国采购在中国迅猛发展，采购、集货、分装等前端物流工作迅速增长。物流外包的整体增长对第三方物流服务市场的培育创造了需求环境和条件，促进了国内第三方物流市场与企业的发展，也对物流服务提出了新的更高要求。

同时，"十一五"期间，国内第三方物流市场已经逐渐按照大行业被划分成汽车物流、家电物流、医药物流、IT 信息化物流、会展物流、化工物流等服务市场，开始呈现按照行业、地域、产品的逐渐细分。此外，第三方物流企业开始关注市场拓展的发展，企业开始根据自身业务专长，以高质量的专业化服务作为企业发展的基础。一些企业已经能够根据自身的资源优势和客户需求特点，将优化的物流解决方案提炼成服务产品，实现物流服务的规范化和差别化。新的物流运作模式，例如 VMI（供应商管理库存）、JIT（准时制）、零库存等得到广泛应用。

由于市场空间的扩展和市场需求的丰富，我国专业化物流企业的发展十分迅猛，企业数量与规模均有较快的增长，企业群体中既包括中外运、中远等国有大型企业，APL 及马士基等具有网络化经营的外资企业，也包括大量的中小型物流企业。此外，运输、代理和仓储等传统物流企业也在积极介入新兴的物流服务市场。铁路运输部门加快改革步伐，提高服务质量和效益，为利用铁路运输的客户提供了保障；公路运输企业作为运输领域市场化的最先进入者，利用其方便、灵活和"门—门"的特点，不仅在城市配送领域发挥主力作用，同时也积极介入中长途货运市场；民航运输是我国发展最快的运输方式，为薄、轻、小、精、高附加值货物提供了便捷的运输方式，并逐渐成为关注的焦点运输市场。国际货代企业则因中国对外贸易的迅猛发展获得了广阔的空间。

7.2.4.2.2 存在的主要问题

从发展态势分析，目前国内物流市场的发展总体上尚处于发育和培植阶段，市场建设与市场竞争多元化虽已见雏形，但还存在一些亟待解决的问题，如监管滞后形成的市场安全隐患与不规范操作，体制改革不完善形成的地区、部门和行业垄断，经营传统造成的合作意识薄弱和合作手段贫乏，信用体系缺失造成的供需关系松散。

目前，国内物流企业的发展也存在发展空间、层次与阶段的不平衡。总体上看，海上运输由于受到外贸发展的引领，服务运行相对规范，服务质量也较有保证。而内河与公路运输组织方式较为落后，运输效率较低、运力规模过剩和运力结构失衡并存；货代市场的监管存在一定的漏洞；航空货运服务自身高技术性、高附加值性的服务特征与设施群组建设的布局特征，形成代理企业与操作企业间的实力级差与规模级差，对服务系统运行的效率形成一定的影响。此外，专业业务人员的培养与队伍建设也是一个较为重要的问题。

7.2.4.2.3　研究的目的及意义

上述问题所造成的直接结果是物流服务客户的正当权益和业务安全受到影响，市场竞争的公平性受到挑战，服务业务范围局限性较大，业务网络建设受到制约，在一定程度上加剧了物流服务企业市场竞争的风险程度与运作困难。

由于形成上述问题的原因来源于体制、发展阶段和管理水平与制度建设各个层面，其解决方向更多地来源于相关制度的整体建设，难以从企业规划角度完全得到解决。因此，在物流企业规划工作中，对于上述问题的了解、分析和把握，其主要目的是分析企业自身所处的发展环境，确立企业发展方向与模式，并建立现行环境条件下的解决方案。

7.2.5　物流产业政策环境分析

随着社会各界特别是企业对于现代物流支持国民经济发展作用的逐步认识，我国现代物流的发展问题已经引起了政府相关部门的高度重视。由于现代物流理念引入我国的时间较短，在实际操作中不可避免地要遇到一些与现行管理体制和管理模式的协调与融合问题，必须在政策层面上对现代物流产业发展给予积极的导向与扶持。

7.2.5.1　*物流产业发展政策环境*

由于政策环境的变化对于物流企业的发展与运作均将产生直接的影响，因此，在制定物流企业发展规划中，认真关注政策环境的变化与走向，全面了解、正确把握和有效执行上述政策，适应其发展的基本走向，对于物流企业强化对国家各类物流产业发展政策的理解、保证企业发展的健康和高效以及规划的制定工作具有直接和重要的指导意义与扶持作用。

对于物流企业发展而言，政策环境包括宏观和中微观两个层次。宏观层次的政策主要是国家发布的物流产业发展政策，包括技术政策、标准政策、市场政策、金融政策等具有普遍意义的政策体系。中微观层次则主要是行业政策和地方政策，主要针对特定行业和特定地区物流产业发展的政策体系。对于物流企业而言，此类政策更具有直接的指导作用和影响力。

目前，中央和地方各级政府均已逐步认识到物流业在现代经济中的重要地位和作用，并加大了发展现代物流的工作力度，在现有管理体制和各自职能范围内，努力营造现代物流产业发展的宽松环境，积极抓紧制定相关政策措施，以期逐步建立起与国际接轨的物流服务及管理体系。同时，中央行业主管部门和各级地方政府在其发展规划中，均对现代物流的发展给予了高度重视，许多行业、省份和城市均专门制定了本领域的现代物流产业发展规划和相关发展意见，并将相关发展政策作为规划的重要组成部分。上述政策的出台对于特定地区与行业的相关物流企业的发展在发展任务、发展方向、发展模式和发展环境等方面均做出了较为具体的规定，同时对于发展现代物流过程中各类资源的配置方式、协调模式、合作通道和监管体制提出较具针对性的要求。因此，物流企业规划工作中对上述政策的内涵与具体要求应有足够的理解，并通过建立对应性的措施使自身规划符合所在地区的运行要求和布局要求，平顺地融入上述规划和意见所构建的整体发展框架。

7.2.5.2 物流政策趋势

从政策环境发展角度分析，目前和今后政策环境建设的主要方向仍将是建立和完善物流企业发展环境、完善和规范物流服务市场和建立健全物流产业发展与运作的相关技术保障。对物流企业规划工作而言，上述政策特别是地方与行业的相关政策的具体规定和作用导向将对规划企业的发展与运行具有直接的保障、支持、引导和规范的作用。从具体的政策层面看，开放市场、加强监管、疏通渠道、强化协调、鼓励合作、保护竞争将成为未来政策走向的基本趋势。同时，依照建立和谐社会和可持续发展的原则，对于物流业发展过程中的资源配置、行业协调、人才培养、运行安全和环境保护，也将成为未来政策构建中的重要部分。

由于物流政策环境对于物流企业发展的强大影响力，在制定物流企业规划的工作中，必须注重国家和规划企业所在区域的政策导向与具体内容，分析具体政策对于特定企业、特定行业与特定区域市场的实际影响，准确把握政策导向，使企业发展建立在国家与地区经济发展与产业发展基本方针与趋势的基础上，保证企业未来运行与发展的健康和稳定。

7.2.6 物流企业外部环境评价

7.2.6.1 基本评价

对外部环境条件的基本评价主要服务于规划企业对宏观形势的把握和对其业务开展地区总的条件评价，是为其后续的规划内容与目标战略的构建建立外围基础和宏观依据。评价的基本内容和标准主要包括以下几个方面：一是中央与地方政府政策的落实情况；二是市场建设的基本进程与政策环境的发展；三是相关部门执行政策的水平；四是国家综合运输网络建设与地方交通运输的发展；五是物流服务市场供需关系与相关企业的竞争力类型与分布。

7.2.6.2 服务需求环境评价

服务需求环境评价主要针对规划企业业务开展地区的需求态势与发展趋势，包括当地生产力水平，产业类型、规模和布局分析，服务目标企业类型、管理水平及现行企业管理体制、经营模式与商业运作模式。通过上述领域的分析，力图解析服务目标企业经营活动本身对于现代物流服务要求的类型、规模和表现形式，以及对现代物流产生的成本承受能力，避免规划企业在规划工作和未来服务运行中出现盲目认识，产生以自身物流服务直接转嫁现有物流成本，盲目追求以最低的成本提供最高效的物流服务的不现实做法，防止服务需求对自身业务发展构成错误导向，避免规划企业出现被强行剥夺赢利空间的被动形势。

7.2.6.3 服务供给环境评价

服务供给环境的评价主要针对规划企业业务开展地区的市场竞争态势，主要包括竞争对手的企业规模与数量、空间分布、业务特点、竞争手段与核心竞争力。通过上述分析和评价，力求明晰规划企业在外部环境与供给市场中的现有地位和未来可能的竞争态势，为规划与实际工作中寻找合适的切入点和切入方式奠定基础，同时，也为未来所面临的竞争做好必要的心理准备、组织准备和物质准备。

7.3　物流企业的内部条件分析

7.3.1　内部条件分析的内容与意义

7.3.1.1　企业内部条件分析的内容

企业内部环境条件分析的内容主要针对规划企业的企业性质、行业类型、市场位置、能力规模、经营模式和服务特点展开，其基本形式包括优势分析、问题分析和总体评价。对于一般企业而言，上述内容应是其企业发展的基本依托，同时也是企业管理层最为熟悉的情况，甚至在企业年终总结中都可见到公开的版本，因此，对于其具体内容在此不再赘述。

上述分析的内容与企业总结并无太大差异，某种程度上已经成为老生常谈。之所以在企业规划工作中再次将其提出，其主要目的在于物流企业规划是一项面向未来发展的前期工作，主要着眼于解决和预测企业未来发展中遇到的问题，并从企业未来长期发展的视角提出建设性意见。因此，"向前看"的规划分析与"回头看"的年终总结其区别即在于前者主要围绕企业发展的宏观层面进行分析，而后者则更多地从具体操作层面积累经验。

7.3.1.2　企业内部条件分析的意义

随着我国经济发展的日趋繁荣，物流服务市场的规模将不断扩大，物流市场的需求内容呈多样性与个性化，客户对服务内容与服务质量的要求超过了市场容量的扩展速度，需求领域与需求标准不断提高。物流市场需求的迅速发展，要求物流服务企业的业务触角必须涉及社会与经济活动中的各个领域。

从目前掌握的情况分析，现阶段国内物流市场的基本需求主要集中于围绕货物运输环节的前期预备性服务、中期运作服务以及后期接续性服务，三者越来越呈现出联合运行的态势。由于真正意义上的物流服务业在中国的发展不过10年时间，物流服务企业对于市场需求的适应性大多来自于自身的原始行业背景，因此，如何在传统的服务需求与供给格局产生重大变化的客观现实条件下，将自身条件融入新型服务形式与服务内容之中进行主动的调整和适应，是物流企业规划中必须回答的问题。

为使企业在未来激烈的物流服务市场竞争中处于不败之地，企业必须通过规划其今后的发展进行战略性调整。而实现上述目标的重要基础就是对于企业内部发展环境进行详细和客观的分析，寻找未来建立核心竞争力的方法和途径，使规划企业的发展得到科学规划的直接支持与战略引导，从而为企业在物流服务领域的发展提供具有现实意义的发展空间。

7.3.2　发展优势与存在问题分析

通常情况下，物流企业的发展优势主要体现为在特定领域的丰富运作经验、较高的运作服务效率、较为广泛的业务网络和高素质的专业队伍，上述领域一般意义上是构成企业发展的基本支撑，也是企业面临未来发展和市场竞争的基础依托与竞争手段。

研究自身发展优势和存在问题，通常情况下需要对于公司现有的管理体制、组织架构、业务领域、经营模式和运行体系进行全方位的剖析和梳理，规划者应针对规划企业的实际情况，对于上述工作领域的运行、管理与绩效进行客观、冷静和实事求是的分析和解读，在此基础上对企业发展的现实状况做出评判。根据现有的工作经验，对于企业自身优势与问题的分析大致集中在以下几个方面。

7.3.2.1 运作经验与业务网络

作为长期从事物流相关服务的企业，无论是以单一运输、仓储和代理服务为代表的传统物流企业，还是具备制订和完成全过程物流解决方案能力的现代物流企业，均会在特定的运行区域和服务领域具有一定的运作经验和运作技巧，并与各地各级政府以及相关管理部门间产生较为密切的联系，并在一定区域内以此形成规模不等、能力不同、效率各异的企业业务网络，构成企业经营与服务操作的基础支持。

这种先天的行业背景与运作经历，是物流企业在特定领域的经营与服务活动的长期积淀，既是企业可能的优势所在，同时也有可能是存在问题的重要来源，并因此成为企业制定发展规划时的基础依托。因此，应将其作为在制定物流企业规划工作中企业内部条件分析的重要部分进行细致和真实的研究与评估。

7.3.2.2 经营模式与管理模式

物流企业的经营模式包括服务模式和商业赢利模式，而管理模式主要描述企业各级机构和部门在运行过程中的管理关系与渠道。

目前，由于大多数企业具有相同或相似的行业背景，国内物流企业的服务模式普遍存在着雷同的问题，其服务范围基本局限于提供单纯的运输、仓储和代理服务，赢利模式单一，缺乏增值服务能力，为客户提供专业性和专用性增值服务的能力普遍较弱，在市场拓展和市场竞争中对客户的吸引力较为有限，抵抗风险和扩展市场的能力较弱。在当前物流服务市场日趋开放、竞争日趋激烈的总体形势下，因服务模式陈旧产生的竞争压力已经经常出现于大量企业的日常的经营活动中。因此，选择、引进和消化个性化、差异化和贴近式的服务模式，并相机调整赢利模式扩展服务领域，是物流企业规划工作中的一项重要任务。

目前，国内物流企业的管理模式大多按照其自身业务特点和行业传统进行构建。专业化的物流企业由于依托网络化特征开展业务，因此，企业内部管理系统较为复杂，分工较为明确，通常按照业务开展地域或业务内容的不同划分业务经营范围，并以总部及下属企业所在地形成其主要业务活动的地域范围，各个下属企业的经营形式因企业属性不同(子公司或分公司)，既有属地化自主经营，也有依照总部下达的指令统一经营。相比较而言，传统物流企业因业务内容较为单一导致管理模式亦较为近似，管理手段相对简明，指令下达较为直接。因此，在物流企业规划工作过程中，对于管理模式的设定应与目前和未来业务发展的定位相匹配，对于现有管理模式中适应企业特点、符合发展要求的优势，应融入发展规划。

7.3.2.3 技术水平与服务水平

从现实状况分析，目前各类物流服务企业大多拥有在相关领域从事传统服务的行业背景。长期的业务经营使这些企业具有较为鲜明的服务技术特点和层次不同的技术水平与服务水平，具有在现有业务及相关业务上进行独立运作的能力，并拥有一批规模不等、水平各异的基础设施与设备。同时，这些企业的业务承揽与开展中既有公司的行业背景和业务传统的支持，又在一定程度上依赖于企业高层和骨干员工的特殊业务关系。这些企业高层与骨干员工具有较深的行业背景与业内人脉关系，具备相当的业务关系网络以及对网络的控制能力，对服务市场中的各类目标企业具有良好的工作联系传统和一定程度的影响力。同时也存在因企业内部业务领域分工交叉和利益交叉出现的非理性竞争与人为化的协调失衡。

在目前市场和行业发展的大背景下，上述因素将继续成为企业运行与发展的重要影响因素。因此，在物流企业规划工作中，应重视正确把握和充分发挥上述因素的积极部分，同时以制度建设对其进行规范，优化业务经营模式与服务模式，加强相关业务人员的操作水平、敬业精神和职业道德，实现企业服务能力的全面加强和系统提升，使企业形成广泛与深入的系统性运作经验，帮助企业对于未来市场服务需求态势进行准确的了解与合理的适应，并以此建立企业在市场竞争中的资源优势与网络优势。

7.3.2.4　核心竞争能力构建

核心竞争力的概念是由美国著名的企业战略管理专家普拉哈拉德(C. K. Prahalad)和哈默(Gary. Hamel)在《企业的核心竞争力》一文中提出来的。其定义为："核心竞争力是企业组织中的集合性知识，特别是关于如何协调多样化生产经营技术和有机结合多种技术流的知识，并以此获得超越其他竞争对手的能力"。

从通俗角度理解，核心竞争力实际上是企业在经营和管理两个层面上独到和高效的技能和技术，这种技能和技术与企业的经营模式与管理模式密切相连，具有系统性和动态性特征，是企业获取竞争优势的根本保证，也是企业开辟新领域、建立新的主导产业、实现战略重心转移、在未来激烈的市场竞争中赢得优势的重要手段。

对于物流企业而言，核心竞争力的缺乏正是目前国内许多物流企业所面临的众多问题中最为重要和紧迫的。构建核心竞争力的工作主要是通过选择合理的业务发展方向，建立业务运行网络，培植专业服务能力，扩展增值服务能力，提升操作监控能力，强化业务关系和人才的积累，开拓新的业务领域，构筑自身的核心业务优势和竞争优势。但在规划工作中，对于不同的企业个体应根据其不同的服务领域、服务内容和服务能力选择其构建方向和构建模式，为实现不同的发展目标提供支持。

历经近30年的改革开放，我国企业走向市场化的趋势已不可逆转。但长期计划经济的影响，使得国内各类物流企业在体制、管理、运作上尚存在一些痼疾，这一点在具有较长经营历史的国有企业身上可能更为明显。这些问题的存在将在一定程度上对规划企业的整体竞争能力产生一定的负面影响，但同时也为规划企业未来发展中的努力方向从培植企业竞争力角度进行了较为清晰的标定。

7.3.2.5　专业队伍建设

目前，除少数外资或合资背景的专业化物流企业外，大多数物流企业的前身均是原运输、仓储或货代企业改制、合并和转型而成，其下属的业务人员在技术操作层面上普遍具有较强的专业素质。由于物流企业的相当部分服务内容仍然围绕运输、仓储和代理等基础业务展开，因此通常情况下企业专业人才与队伍建设面临的主要问题是缺少专业的中高级管理人才而不是一般性操作人员。换言之，目前大部分物流企业在熟练技工和基层业务人员层面拥有较好的人才储备。员工队伍较高的人员素质与专业素质将成为企业构成未来市场竞争能力的重要的内在基础，也使得物流企业在业务渠道与市场拓展上拥有更为广泛的资源，可能降低相关业务所需的边际成本与协调成本，在一定程度上使企业在竞争中占据了相对有利的地位。

由于物流企业的业务传统与背景各不相同，因此上述优势在业务领域的表现程度与方式也存在很大差异。各类企业应根据其各自不同服务特点与需求的变化情况，寻找发挥企业自有专业队伍的优势的不同路径与方法，提升企业在面对物流服务市场的竞争中获取业务与完成服务的能力。因此，在物流企业规划工作中，在强化中高层管理队伍和相关制度建设的同时，充分和有效发挥现有专业技术人才的业务操作优势，是物流企业开展市场竞争和业务服务过程中重要的支持因素。

7.3.3 物流企业发展能力评价分析

7.3.3.1 评价的影响因素

根据以上分析和对企业各方面情况的了解和分析，可以逐步厘清规划企业在特定领域与特定区域所具备的业务竞争优势以及相应的存在问题，并对规划企业在物流服务能力的规模、结构和布局情况做出判断，进而对规划企业发展现代物流的内部环境进行评判。这种评判的意义在于为规划企业未来发展战略与规划设想的建立提供基本依据。通常在进行规划企业内部环境条件评价与发展前瞻的分析中，应注意以下几个方面因素的影响。

7.3.3.1.1 内部发展环境建设与企业未来发展的关系

规划企业在开展现代物流服务方面已经具备了一定的内部环境支持条件，如何在此基础上通过有效、可行的手段支持企业不间断的内部建设使这一环境得到不断改善，并为下一步开展现代物流服务的要求形成系统支持，是内部环境评价需要考虑的问题。

7.3.3.1.2 内部环境建设的力度与难度

规划企业要实现现有业务向现代物流服务的转型和提升，在管理体制、经营模式、系统建设和操作手段等内部环境建设方面，可能会遇到许多需要克服的困难和需要解决的问题，具有一定的工作难度和较长的工作周期。因此，应在评价中进行系统的解释和说明，为下一步规划方案的制订提供方向。

7.3.3.1.3 企业今后发展中重要的关键任务

物流企业需要通过规划确定的关键任务主要集中于两个领域：一是建设布局合理、规模适当和业务交接与联系较为稳定的服务体系；二是依托整合现有业务构建企业核心竞争力。在实际规划工作中，应根据规划企业的业务现状与特点，按照现代物流服务理念和市场需求的实际状况，围绕重点服务内容与重点服务客户，对其进行业务资源与业务环节的合理整合，依托现有业务的市场影响力与运作能力，结合现有设施与其他相关资源的跟进建设，形成具有鲜明特点的企业核心竞争能力，并以此作为规划企业未来在特定业务领域中开展新型物流服务的基础。

7.3.3.2 发展能力评价的基本内容

7.3.3.2.1 内部环境建设的状况评估

内部环境建设的评估主要针对规划企业管理体制、经营模式、系统建设和操作手段等内部环境建设方面的建立方式与健全程度进行，主要分析判断企业现有经营管理架构能否满足实现现有业务和向现代物流服务的转型要求，明确需要克服的困难和需要解决的问题，并对工作难度和工作周期做出评估。

7.3.3.2.2　现有的内部环境对开展物流服务的适应程度

此间主要分析规划企业的内部环境支持条件在开展现代物流服务方面的合理性、效率水平和支持力度，主要涉及现行内部制度建设、管理流程建设和服务运行流程的效率与规范分析，同时通过对市场要求与用户反馈的分析研究，查找影响目前和未来发展的内部环境影响因素，对现有环境对于物流服务开展的适应性和支持力度做出评价。

7.3.3.2.3　未来发展中的关键任务与工作重点

通过上述分析研究得出的结论，规划企业应在其发展规划中确定自身在未来发展中的关键任务和工作重点，通过不间断的建设不断改善内部环境，根据现代物流服务理念对其进行业务资源与业务环节的合理整合，依托现有业务的市场影响力与运作能力，结合现有设施与其他相关资源的跟进建设，共同构筑具有鲜明特点的企业核心竞争能力，并以此作为未来在特定业务领域中开展物流服务的基础。

7.3.3.3　应对策略选择

7.3.3.3.1　应对策略选择的基本前提

由于目前国内物流市场的市场细分正在进行过程中，市场竞争较为激烈，具有较强竞争实力的企业逐渐对市场形成控制的能力，经营利润开始向平均利润甚至是成本水平接近，物流企业的业务范围和主要竞争领域仍然相对集中于运输、仓储和代理等传统业务领域。因此，规划企业通过上述分析和自身业务特点的比较，应较为容易区分和判定未来企业经营和竞争的业务领域与可能的竞争对手。

7.3.3.3.2　竞争形势

从目前的业务环境与运作对象分析，物流企业的服务范围较为宽泛，除少数较为成熟的大型企业、新兴企业和外资企业外，大多数传统物流企业的服务领域较为狭窄，其特点、优势，服务能力、经营范围与经营内容较为相似，尚不具备真正意义上专业化物流服务的竞争能力，也难以与成熟企业进行全面竞争，其主要竞争对手首先即为与己相似、业务相关的传统企业。因此，此类企业在未来发展中，还将面临来自专业化企业业务扩展和国外物流企业进入国内市场的竞争压力，这种压力甚至有可能危及企业的生存和发展。

7.3.3.3.3　企业的应对策略

规划企业在其发展规划的制定过程中，应从战略层面对竞争环境的要求提出基本的应对策略。目前，面对日益竞争激烈的市场，许多物流企业已经开始积极调整企业发展战略，其采取的基本策略和主要手段是：根据自身的资源与经营特点，以市场客户需求为导向，进行市场适应性调整；加强客户市场的开发力度，针对需求增加投入，强化技术手段，开展延伸服务；围绕货源市场、口岸、城市加强经营网点布局、设施建设，开展网络化经营；加强针对企业发展战略的管理，进行资源整合、发展合作伙伴；建设与企业发展战略和经营管理相适应的信息系统和企业内部管理机制等。

上述做法，在一定程度上代表着现代物流的发展理念和物流服务企业的发展趋向，使物流企业由提供相对单一的传统服务向能够提供综合物流服务发展。实践表明，能够提供综合物流服务的企业具有较强的市场竞争力。而如何实现上述目标则是企业规划在战略层面上必须回答的问题。

7.4 物流企业发展的总体规划

7.4.1 发展规划的主要任务

物流企业规划的主要任务是勾勒企业未来发展的基本意图和基本策略，其规划重点主要通过在基础依托、发展方向、运行主体、发展策略、发展规模、发展结构、发展目标和发展环境等方面的企业建设，支持企业以有效管理和高效服务实现在市场竞争中获取优势地位。由于规划企业所具有的不同行业传统和业务领域，在其自身发展过程中将会因规划战略的调整而出现系统内部的矛盾，因此，重视潜在的环境影响因素与变化的资源配置关系并在工作中予以明确是非常必要的。

7.4.1.1 企业发展定位

通常情况下，规划企业应在规划中针对其业务特征和发展走向建立明确的发展定位。鉴于不同类型物流企业所面临的主要经营和管理任务因服务范围、服务对象与服务内容存在较大差异，因此，在物流企业规划中的一项重要工作就是明确企业的发展定位和产业主体，并以此作为企业完成正常运行和未来发展任务的重要依托和手段。

主要包含以下几个方面的工作：首先，分析确定现有条件下业务主体、运行模式与主要运行空间，以此作为提高企业运营效率的基本支柱；其次，鉴于物流服务业务内容的共生性和关联性，改善、优化企业业务的功能结构，按照不同区域、不同时间、不同要求和不同对象，建立和明确规划企业主业和相关衍生业务的相互关系，正确处理各类业务共同构成的产业链体系，在战略高度实现规划企业在功能定位和发展方向上的协调和统一。

7.4.1.2 企业发展方向

目前，各类交通运输与物流企业基本已建立具备自身特点的服务业务体系，相当一部分企业在明确自身运营主业的同时，已经通过不同方式在不同程度上介入相邻服务领域与服务内容，从而形成了依托主业、多项并举的多元化发展格局。但是，由于服务市场的不断细分和服务内容的不断扩展，企业现有的主业与辅业关系可能因外部环境与自身条件的发展而出现新的变化，现有业务结构与框架也有可能出现调整。因此，在企业规划工作中，应根据未来市场需求规模、类型和结构的变化，对于规划企业在业务发展方向、运作模式、管理要求和具体步骤等方面提出可能的应对策略和发展方案，在战略选择层面确立未来企业经营的主体战略及其实现基础，处理好企业主业与辅业发展关系，实现规划对于企业发展的预判和指导。这也是企业规划的主要任务。

7.4.1.3 企业治理结构与管理体制关系

作为新兴的服务行业，现代物流企业在企业服务领域、服务内容与服务模式上具有不同于传统物流服务企业的系统性、网络性和人性化特征，规划企业因环境条件、自身特点与发展取向的差异形成不同的业务结构关系，使得企业的经营管理跨度较大，企业发展存在明显的发展阶段性差异和业务结构性差异。因此，应在企业规划中对于完善企业治理结构与管理体制、制度等工作做出相应部署，包括完善企业的组织架构及与企业组织相关的制度体系的建立，建立与完善正常的经营管理制度体系，完善处理负责各类不同业务的下属企业、部门之间以及与外部合作企业的关系，建立企业的人才培养与激励机制以及企业的可持续发展和企业的文化建设等方面的工作。

7.4.2 物流企业的发展战略

7.4.2.1 指导思想

规划的指导思想是指研究、制定和实现规划的基本目标和基本路径。指导思想在制定过程中，应遵循国家对于企业发展的政策导向与相关规范，按照相关法律、法规和管理规定的有关要求，考虑外部发展环境条件与自身发展特点，在明确企业性质、职责的基础上，研究确定适合规划企业发展要求的总体发展思路。指导思想的确定应遵循科学合理、公正客观、实事求是的基本原则，兼顾主业与辅业的适应与协调，满足运行与管理的系统性要求，为实现企业的短期利益与长远发展的结合提供操作导向和路径支持。

7.4.2.2 基本原则

规划的基本原则是规划工作中应遵循的基本条件和综合性要求。对于物流产业发展规划企业而言，通常需要注意的原则包括以下几个方面。

7.4.2.2.1 全面性原则

物流企业的业务领域通常较为广泛，涉及的业务领域、地域空间和服务对象范围较大，且因市场与业务要求的变化可能发生周期性或非周期性变化。因此，物流企业规划必须全面分析各种因素，综合协调和考虑各个经营领域的实际情况。

7.4.2.2.2 适度性原则

作为新兴的服务市场，物流服务需求在具有良好的发展前景的同时，必然会出现一些新的服务要求和服务领域，并同时带来许多新的问题。因此，物流企业规划对于战略目标制定应注重适度与合理，既不能太超前，以致目标无法完成，又不能太低，以致目标轻松完成，失去引导和推进企业发展的意义。

7.4.2.2.3 可操作性原则

规划最终的意义在于其实现过程，不能实现或无法实现的规划是没有意义的。因此，在物流企业规划中，应重视规划目标的制定，要结合规划企业的实际状况，充分利用各种有利资源，激发企业的发展潜力，使目标能在积极的主观努力基础上顺利实现，并便于对完成的程度进行评价、考核。

7.4.2.2.4 定量与定性相结合原则

在物流企业规划中，通常会制定较为明确定量的目标指标，以便于执行、评价和考核。定量指标是规划企业运行过程与管理过程的直接体现和客观反映，但不能反映企业目标的全部，也不能完全体现目标体系的相关关系。过分依赖定量目标有可能导致企业运行管理上的僵化和呆板，容易形成不同类指标间的相互悖反，反而限制了企业运行的活力和创造力。因此，必须适当引入定性目标，使定量指标得到合理的补充和诠释。

7.4.2.2.5 合理性与特殊性相结合的原则

企业规划的重要任务就是指导实践，因此，在规划目标体系构建、实施方案设立和发展方向选择等重大问题上必须坚持整体合理化的原则,保证规划的各个体系实现发展层面上的整体协调。同时,在实际工作中,也应注意来自于企业决策层的声音。从某种意义上说,企业规划实际是企业高层甚至是企业主管个人意志的体现,因此,在规划中应对于决策层在特殊情况下采取特殊策略和非常规手段(当然是在法律和法规允许的范围之内)留出操作空间。

7.4.2.3 战略定位

所谓战略定位,是指规划企业在特定领域中和特定区域上所承担的责任和扮演的角色,通常包括服务定位和市场定位两部分内容。战略定位是物流企业规划中的一项重要内容,它是决定企业未来发展方向和发展目标的基本依据和重要基础,同时也是对企业性质与职能的宏观导向和实施确认。因此,规划企业应根据行业和自身面临的市场机会和竞争挑战,在分析和明确自身所具有的优势和劣势的基础上,通过建立明确的企业战略定位完成企业在发展战略上的综合考量和设计,以便使规划企业的发展按照企业发展机制和市场经济原理进入可持续的轨道,为企业发展战略的设计、建立和实施奠定发展基础和实施背景,保证企业战略构思的顺利展开和相关战略目标体系的协调、衔接和配合。

7.4.2.4 战略目标

战略目标是指根据规划企业的企业使命,在发展原则、发展思路和战略定位的规范与导向下,明确企业未来发展在功能、规模、效益等方面的目的和效果。战略目标既是企业发展的使命,也是企业发展的推动力,同时也是评价企业发展的指标。

7.4.2.4.1 企业战略目标的具体内容

(1)资源整合。通过整合企业可利用的内外部物流资源,积极构建物流网络,构建企业物流网络系统,搭建支持企业物流运作需要、提升企业整体发展能力的物流运作平台。

(2)改善服务。通过物流信息技术和客户服务手段,强化原有主营业务和相关服务能力,使企业成为该领域的强势服务企业。

(3)强化合作。积极依托企业的物流网络、客户关系和信誉基础,拓展合作方式与合作对象,提高传统业务服务的经营能力,扩展服务市场,培育新型物流服务能力。

(4)调整模式。在企业具有潜在竞争能力的服务领域内,确立新的物流服务模式,实现企业服务内容与服务模式的衔接,建设规划企业规模化专业化的经营能力。

7.4.2.4.2 总体战略目标的基本内涵

鉴于企业发展外部环境和内部条件的差异,以及企业面对的市场竞争的复杂性,物流企业发展的总体战略目标具有多方面内涵。

(1)追求企业综合效益。以满足企业整体发展利益和综合效益最大化为目标,支持企业对物流产业的培育和提高整体物流运作效率,在此前提下寻求企业做大、做强的发展道路。

(2)塑造核心能力。在日益激烈的市场竞争环境中,企业必须尽快塑造企业的物流资源整合、客户发展和网络化物流服务等核心竞争能力,实现现代物流服务能力的提升。核心能力将主要体现为发挥企业在相关物流领域服务上的产业优势和拥有相关物流资源的资本运营优势,开拓服务市场。

(3)掌握关键功能。物流企业的发展优势来自于适合企业的运作模式和对物流信息的管理能力、较强的市场营销能力。因此,企业要尽快掌握物流产业发展的这些关键功能,通过管理机构的优化和精简、职能的合并与调整、资源的集中和整合、对社会资源的“虚拟化”运作和与相关企业结成战略联盟，确保物流服务关键功能的掌握和熟练运用。

(4)突出创新意识。作为一个专业化的物流服务企业，其获得成功并无固定的模式，但有一点是可以肯定的，即必须是在服务方式、营销理念、企业管理等方面具有创新意识和创新能力。因此，企业发展成为物流企业也必须祭起创新的旗帜，如明确以人为本的战略思想，树立全体员工不断创新的信念，进行制度创新、管理创新和业务创新。

(5)以竞争求发展。我国现代物流产业发展处于起步阶段，从市场发展潜力的角度，物流企业的发展前途较为光明。但是，物流服务是在传统运输、仓储等企业的基础上发展起来的，在传统企业寻求发展出路和向现代物流转型的背景下，物流服务的市场竞争也将是异常激烈的，因此，企业应树立以竞争求发展的思维。

(6)适应需求、开拓市场。现代物流处于发展初期，市场需求将存在相对较长的培育期，因此，制定向现代物流服务转型的战略并非解决了企业的发展问题，企业必须立足于适应市场需求特征，积极开拓市场，而不只是被动地适应市场，否则，物流企业将面临很大的市场风险。

7.4.3　企业物流的服务网络

7.4.3.1　物流网络布局的基本原则

规划企业物流网络的发展战略，应根据其所在服务领域和地域的物流市场需求分析以及现有仓储设施的分布分析的基础上确定，同时应考虑到未来的发展，对不同规划时段物流网络的结构、承担物流工作所需的各类设施的数量、地点及能力、规模进行预留规划。

由于物流企业经营网络的构建受到各种内外部因素的影响和制约，因此，在实际工作中没有一定之规。通过对国内外物流企业实践的总结，以下几个方面的做法具有一定的指导意义，可作为物流网络构建工作的基本原则：一是充分利用企业既有仓储设施，做到少投资、见效快，建立适合企业物流产业发展的物流网络体系；二是根据货物流量与流向，以及货物在服务区域的需求分布，合理确定各物流设施的位置与服务范围；三是在确定各物流设施合理服务范围的同时，充分考虑企业的物流服务在服务区域的覆盖程度，以及各种设施分布与服务的有效性和均衡性；四是做到近、远期结合，逐步深化企业的物流产业发展，实现企业物流网络能力的适应性和发展的可持续性。

7.4.3.2　物流网络的结构及功能定位

7.4.3.2.1　网络结构

根据规划企业物流产业发展的指导思想、目标、方向及功能定位，其物流网络建设的内容主要是确定服务主体区域，依托国家、区域和城市的交通线路与综合性设施，整合和新增布局建设各类仓储设施与运输装备，形成协调发展的多功能物流网络体系。上述网络体系按照不同规模和要求，可分为城市区域网络、城间区域网络、跨区域网络乃至跨国网络。

城市区域网络建设应充分利用现有的仓储设施，以配送网点为主要支撑点，城市主干道和次干道为连接，主要服务于城市商贸和部分生产企业，运输方式主要采用公路运输，初步形成在市区以配送和信息管理为主要功能的物流网络。

城市周边地区和相邻城市之间网络建设，一般以物流中心为网络建设的核心，并使之与城市的配送网点相衔接,以高速路(物流中心之间)、城市主次干道(物流中心与配送网点之间)为连接,主要采用公路运输为主、联运为辅的运输形式。

跨区域与跨国的网络建设,通常依托企业服务的核心城市,通过国家交通网络和海外网络衔接国内和海外各个主要业务发生地建设的物流中心,以铁路、高速公路、海上运输与航空运输连接各个主要业务发生城市的港站设施与物流中心,主要采用多式联运的运输形式,形成系统化、多层次、多功能的物流网络体系。

应当注意的一点是,由于各类物流企业的业务规模、业务范围与业务能力并不相同,发展策略与发展方向也存在较大差异,因此,上述结构通常不会同时发生在特定规划企业的发展规划之中(大型企业例外),换言之,上述结构并非所有物流企业规划的统一模式。在实际工作中,各类物流企业通常会根据自身特点,在上述网络方案中选择适合自身发展要求的模式形成组合式网络。

7.4.3.2.2　网络节点的功能定位

鉴于各类物流企业在服务内容与模式等方面的差异,应根据物流运作的实际要求,对物流基础设施进行科学定位。

(1)信息管理中心。物流企业信息管理中心功能就是指利用综合性较强的物流信息平台,为企业各种物流配送活动,以及各环节,提供相对集中的信息网络支持,并实现信息共享,为高效率的物流组织与管理提供保障。物流管理信息中心的建立和不断完善将为物流企业的物流组织与管理、预测决策提供更加先进和科学的手段。信息管理中心的作用主要是支持企业内部各部门之间和物流运作各环节之间的沟通与信息共享,并根据物流需求方的工作进展及意向,调整物流计划,提供最优的物流方案,保证作为服务实施方的企业物流运作网点的高质量工作,促进整个物流作业的高度集成,使物流网络真正实现增值网的功能。

(2)物流中心。物流企业物流中心是一种现代化、规模较大、物流组织活动较为集中的综合性物流组织设施和运作执行机构,其发展一般应纳入城市总体发展规划,并与物流企业的发展规划相协调,在物流基础设施体系中处于较高层次,应进入与规划的网络相适应的选址和规划建设的实施中。物流中心可以是公共物流设施,面向社会提供服务,也可以是企业自用为主兼有公共服务功能的物流基础设施。

①集约功能。物流中心的集约功能是现代物流的不同环节在物流组织过程中进行整合而体现的物流综合功能,主要表现为:将许多个不同的货运站、场集约在一处,实现规模集约;将多处分散的货物处理集中在一处,实现运行组织的集约,采用类似生产流程式的流程和大规模处理设备,实现物流技术的集约;利用现代化手段进行有效的组织与管理,实现物流服务运行管理的集约。

②衔接功能。物流中心是公共物流重要的基础设施,可提供不同运输方式的有效衔接,实现公路、铁路、水运等不同方式的有效连接,同时为不同运输方式的联运提供良好的组织管理条件和扩展空间,使得物流服务的范围进一步延伸。

③适应城市总体发展的功能。物流中心的建设减少了设施用地,其高效服务降低了企业的生产成本与物流成本,减少了车辆出行次数,对于减少对城市环境的影响,缓解城市交通紧张状况、改善城市环境与城市用地紧张状况具有积极意义,促进了城市经济的发展。

(3)配送网点。物流企业配送网点的功能根据其服务对象的战略要求和组织模式的不同,具有直接运输、转运和储存等多种功能，并提供相应的信息服务和流通增值服务。配送网点处于企业物流基础设施体系的基层，主要对上游供应方（供应链各环节企业、物流中心）的需要在相关区域配送的零星货物进行集中储存、转运、简单加工等作业，并根据下游用户的订货信息或上游供应方的发货信息，向下游用户（商家、最终用户）按要求的批量、批次、品种、时间进行配送服务。

7.4.3.3 核心设施与装备建设规划

物流网络规划建设规模较大，周期较长，涵盖城市总体发展规划、投资来源、运营组织、既有基础设施的利用、建成后经营效率和效益等诸多因素，直接涉及规划企业的发展定位与全系统的运作效率与效益。因此，对规划企业及相关物流基础设施体系的建设，应在建设组织上进行综合考虑。

7.4.3.3.1 信息管理中心

在实际物流组织上，物流信息管理中心的功能是以现代科学管理方法为软件，以计算机为硬件，加工处理由数据通信传输网收集到的物流企业组织与管理过程中产生的各种原始信息，并通过处理得到的结果使物流企业有目的地进一步控制物流运作和管理活动。信息管理中心在建设地点和规模上主要考虑物流企业目前的生产经营状况及特点、现有设施的分布和服务范围，并为企业的物流中心建设创造条件，其布局与规模建设没有特别限制，完全取决于自身发展的需求。

7.4.3.3.2 物流中心

物流中心的设置目的主要是对服务发生地产业布局、物流企业的配送组织等提供更有力的支持，其主要功能包括集散、分拨、流通加工、区域配送、城间快运、市内配送、运输和信息管理中心功能等七大物流服务和物流组织功能。在具体功能设置上物流中心的规划主要取决于以下因素：配送中心布局、企业服务范围、交通条件、专业化与传统服务需求和物流组织需求。总体上，物流中心的建设将依托企业的物流运营需要进行，其布局形式与建设规模将主要依照企业经营范围及对仓储设施规模与效率的要求，特别是应依照企业运行区域内物流服务的需求规模与需求形式（前文中已有说明）确定其规模与布局。同时，应注意依托城市及其周边地区的各种运输方式既有或规划枢纽、企业物流集中地与产业物流集中地设置。

7.4.3.3.3 配送网点

在物流实际的组织上，配送网点的功能是对城市生产和生活需求实施配送服务，因此，从运营组织上，配送网点将分两类：一是大规模、低频率的区域配送中心；二是实施具体小规模、高频率配送服务的配送点。配送中心主要设立在城市配送服务需求规模较大的生产、消费、经营等功能区或周边地区，且数量和规模取决于物流合理化的要求，并根据自身经营、生产特点确定配送网点功能和组织管理方式。配送网点在建设地点和规模上主要考虑配送货物的品种、数量、特性，企业现有设施的分布和服务范围及时效性要求，没有具体的限制，完全取决于市场需求、效率和效益，同时要符合城市总体发展规划的要求。配送网点的建设应根据配送服务对象生产经营状况，结合物流中心及其他服务设施在区域内的布局进行综合性规划。在实际工作中，配送网点通常建于或接近各运输方式的接点，便于各种运输方式的衔接配合与组织协调，其功能根据服务对象的类型大致分为以下几种类型。

(1)生产制造业为服务对象的配送中心。以生产制造业为服务对象的配送中心，主要服务范围为各类生产企业的运输、仓储业务，其主要功能为提高服务质量，增加企业在市场的竞争优势，开展以生产制造为重点的物流配送和仓储服务。

(2)以商贸业为服务对象的配送中心。以商贸业为服务对象的配送中心，其主要业务为运输、仓储和装卸，主要功能为配送货物的储存保管功能、市内商品配送功能，为中心城区提供商贸配送服务。

(3)以仓储运输业为主体的配送中心。以仓储运输业为主体的配送中心，其主要功能为依托现有服务对象，开展市内日用品、农资产品以及厂矿生产原料为重点的物流配送和仓储业务。主要业务为运输、储存和装卸。

上述各类配送中心的功能可以但不一定在一个设施中共存，客户服务需求与服务市场发展的共同作用仍然是规划与布局的主要依据。上述介绍与归纳仅作为实际工作中的引导和借鉴，需要与实际情况相结合进行针对性研究才能提出相关方案。

7.5　物流企业的服务运行规划

7.5.1　运行与管理架构构建

7.5.1.1　管理机构设置

物流产业发展规划工作中，规划企业应围绕企业物流产业发展的战略目标设置管理机构，实现管理机构对于物流资源的合理调配和内外合作的系统管理，并承担贯彻企业领导层决策、沟通纵向联系渠道的任务。企业管理机构的设置应按照企业发展的要求，本着机构设置和功能定位的总体原则，以企业现有管理机构的基本格局为基础进行构建。通常情况下，企业的管理机构以企业的决策层与职能管理部门共同组成，如图 7-1 所示。

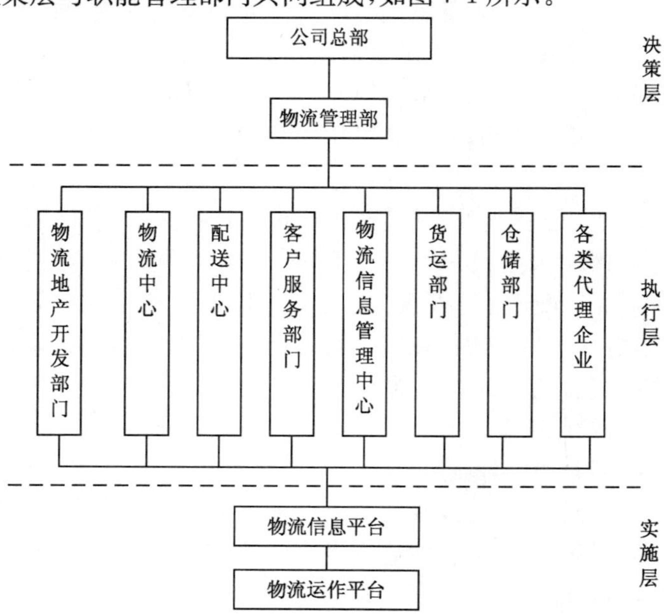

图 7-1　物流企业管理结构

7.5.1.1.1　决策层

根据目前我国企业的发展要求与相关法律规定，企业的决策层通常由公司董事会和经理层构成。一般情况下，企业会根据自身的现实状况和管理要求，实行董事会领导下的总经理负责制，由董事会任命的公司总经理和各部业务主管副总经理，形成企业的经营管理决策层。

7.5.1.1.2　管理职能部门

按照与管理高层的管理职能接轨、保持整体运作上的一致性、合理控制部门编制和便于企业自身运作的原则，企业通常根据发展物流的需要，对既有业务部门进行业务职能扩展和调整，设立企管、财务及人力资源等相关管理职能部门，视需要适时设立IT部门。

7.5.1.2　管理职能设置

作为企业的管理与运行中枢，企业决策层的职能主要是对企业的经营活动进行全面管理，对构建企业物流服务网络的重大项目进行资本运作和资源整合，对总部、下属企业在物流市场开发、运作等方面的经营活动及相互关系进行协调，对企业与集团及其所属企业在物流服务方面的关系进行协调。

其具体职能通常包括：一是制定、调整和完善企业的企业发展战略，并对企业战略的实施进行全过程、全方位的指导和监督；二是对企业的重大资产经营活动和业务拓展活动进行决策，并负责与各相关上下级单位间的协调沟通；三是对企业各个业务部门、职能管理部门以及下属子公司的日常工作进行必要的管理、控制和考核；四是协调处理企业与合作企业、相关管理部门间的各类关系；五是协调处理企业总部业务部门与下属子公司之间的关系协调；六是负责完成集团下达的各项指令与任务。

7.5.2　功能定位与服务定位

7.5.2.1　企业的服务定位

目前，物流服务的发展潜力已为许多传统物流企业看好，呈现出市场尚未发育完善而市场竞争已经形成的局面。物流企业公司面临着培育市场和应对竞争的双重压力，同时还要时时面对加入WTO后来自发达国家强势物流企业的竞争。因此，为降低企业的经营风险，提高企业实现发展战略的成功率，在物流企业规划中应根据企业的服务现状、资源及管理条件，对企业从事物流服务的服务内容进行基本定位，确定企业开展现代物流服务的经营理念和企业发展现代物流服务的基本服务内容。

7.5.2.2　服务模式定位

企业服务模式主要包括基础网络、运作平台和信息平台两大平台的功能框架与运作模式以及企业开展现代物流服务的主体形式。同时，应包括上述系统运行所需要的企业内部业务支持、机制支持和管理支持。

7.5.2.2.1　服务模式的支持条件

企业要按照设定的服务模式进行运作，必须具备相应的支持条件，很多情况下这些支持条件并非需要重新构建，而主要是通过资源整合和提高经营管理能力得以实现。企业的服务模式支持条件归结起来主要是建设基础网络及运作平台和高效信息平台。

(1)构建物流网络及运作平台。即通过整合完善企业现有物流基础设施及服务网络，以及在物流网络的关键节点上建设物流运作管理中心,构建企业经营领域拓展和业务发展的基础网络服务平台。

(2)建立健全运行机制。以定位的各项服务内容为基本服务单元,分步构建以企业总部为物流服务营销、组织、管理及协调中心,以企业下属的分、子公司和部门的原有传统服务能力、运作设施为支撑的企业的物流业务运作平台。

(3)构建高效物流信息平台。以企业现有信息技术为基础,从企业未来进行全网物流管理和运作的角度考虑,研究开发物流管理信息系统及其功能、技术结构和信息系统的使用与维护等问题,加快企业物流信息系统的开发和建设。

7.5.2.2.2 服务模式定位

企业服务模式定位的主要任务是充分发挥企业的物流资源及人力资源作用,根据企业的经营传统和核心竞争力,确定企业未来物流服务的服务内容与服务形式。在企业物流服务模式定位过程中,应特别重视对于传统物流服务业务与新型物流服务业务的衔接和协调。所谓传统物流服务系指企业依托现有物流网络和运作资源开展的运输、代理和仓储等单一性服务。而所谓新型服务则指对传统物流服务进行改造和增加附加服务内容后,依托信息手段将传统业务向全过程服务一体化管理和服务。

企业规划中对服务模式定位的目的是使两类服务在发展上形成互为依托又互为支持,在不同的时空领域和不同的服务要求下分别构成企业的业务重点,共同构成依托企业的物流服务网络、发挥企业运作优势和能力的社会化综合物流服务体系。

7.5.3 业务关系与商业模式

7.5.3.1 确定业务关系

由于国内物流市场发展阶段和物流企业发展过程的影响,在实际工作中大多数物流企业的业务内容中现代物流服务和传统物流服务是同时存在的,因此,物流企业在主营和辅营业务之间、传统业务和新业务之间以及各项业务内部之间,将是一种相互支持、互动发展的物流运作“供应链”关系,必须通过企业的统一组织和管理,才能实现在整体效率上支持企业物流服务的发展的目的。从这个意义上说,各类业务的关系大致可以从以下几个方面进行确定。

7.5.3.1.1 相互支持

如通过构建市内配送体系,有效支持第三方物流在市内运作部分及干线快运延伸方面的低成本、稳定性运作,也是城间快运所承诺的准时、限时送达的货物集散的保证;发展城间快运,为第三方物流运作提供特定区间的运作保障,也为市内配送提供业务支持;而发展第三方物流则可以为城间快运、市内配送提供相对稳定的货源保障。

7.5.3.1.2 互动发展

各项业务的发展可以有先后顺序,也可以在适合的条件下独立进行发展,并成为企业的经济增长点。但独立发展并不是孤立发展,而是按照主业体系进行构建,使主业的各项业务相互之间成为一种拉动发展的关系,如主业中市内配送优先发展后,可以带动城间快运和第三方物流的跟进,同样,其他业务的优先发展,也可以拉动另外的业务发展,这也是一种主业相关或主业细分发展战略,符合当前企业加强主业发展实力的通行做法。

7.5.3.1.3　构筑运作供应链

供应链管理是物流管理较为先进的方式。这种管理方式近几年发展很快，很重要的一个原因是可以通过形成一体化的供应链关系，提高物流管理的效率和合理控制、降低物流成本。物流企业自身服务的运作，也可以借鉴这一理论，在各项业务之间构筑供应链关系，即基于公司商业模式的运作供应链，从而实现公司运作成本的可控性和物流服务质量可靠性。

7.5.3.2　商业模式的运作

所谓商业模式，可以简单理解为物流企业的主要经营与赢利模式。通常情况下，商业模式的运作原则为：充分发挥物流管理信息系统的作用，从骨干运作网络入手，通过有选择地发展在骨干网络中有竞争力和前景较好的主、辅业务，在取得经验、准备好人才及发展资金的前提下，然后在较短的时期内迅速推广，在骨干网络覆盖的区域内实现连续运作。针对不同业务特点，商业模式的构建可参照以下基本思路。

7.5.3.2.1　市内配送

企业通常依托自有市内配送车辆，以统一调度结合所属企业自营的形式运作，通过建立高效的运输组织以降低单车、单次配送成本，控制配送车辆经营风险，稳定货源、拓展市场，并为城间快运与第三方物流服务集散货物。

7.5.3.2.2　干线分拨

企业通常通过合理整合各类资源（主要是合作企业），依托核心物流中心和主要综合交通枢纽，将与围绕上述节点跨区域乃至跨国的公路、铁路、民航和航运等资源的协调与合作纳入自身经营内容，以多式联运为主要手段，实现规划企业对各个网络枢纽节点间全过程服务的有效控制，扩展物流服务内容与空间。

7.5.3.2.3　第三方物流

第三方物流应是规划企业未来发展的核心业务，因此，在规划中应设计相应的企业管理、运作等制度及流程，为这一业务的开展奠定良好的基础。第三方物流服务的模式主要依托特定的服务对象，在自身服务系统和可控制资源的整体支持下，完成对服务对象服务要求的系统性解决方案的设计、运行和监管。

对于规划企业而言，上述模式仅仅是一种一般意义上的概述，其思路也只是其服务运行过程中应了解和掌握的一般性情况。在具体规划中，应根据企业自身特点、服务特性和规划定位选择合适的商业模式。因此，规划企业应对其自身情况和面临的市场情况（包括需求种类、结构与分布）进行全面和认真的梳理和分析，为其第三方物流服务模式的运行组织建立基础。

7.5.4　业务运作流程与管理

鉴于现代物流的系统性运作和管理的特点以及与客户的战略合作伙伴关系，规划企业必须实现一体化运作和管理。为此，在物流企业规划中应对现有管理、业务及运作流程进行再造，从统一管理和运作标准的高度，设立科学合理的管理及运作流程，为提高企业管理水平和效率创造条件。

7.5.4.1　企业组织管理流程

规划企业建立新的业务组织管理流程的目的是改善企业组织管理现状，逐步创造能充分调动和利用企业物流资源的条件，为进行全网络的物流服务运作创造条件。

为此，企业规划通常应从理顺产权关系、业务关系入手，以加大企业物流市场营销为基础，以物流业务部和客户服务部为主干，以物流信息系统的得力运作为有效支持，按照物流组织管理流程的设想，构建未来开展物流服务的企业业务组织管理体系。图 7-2 为物流企业组织管理流程。

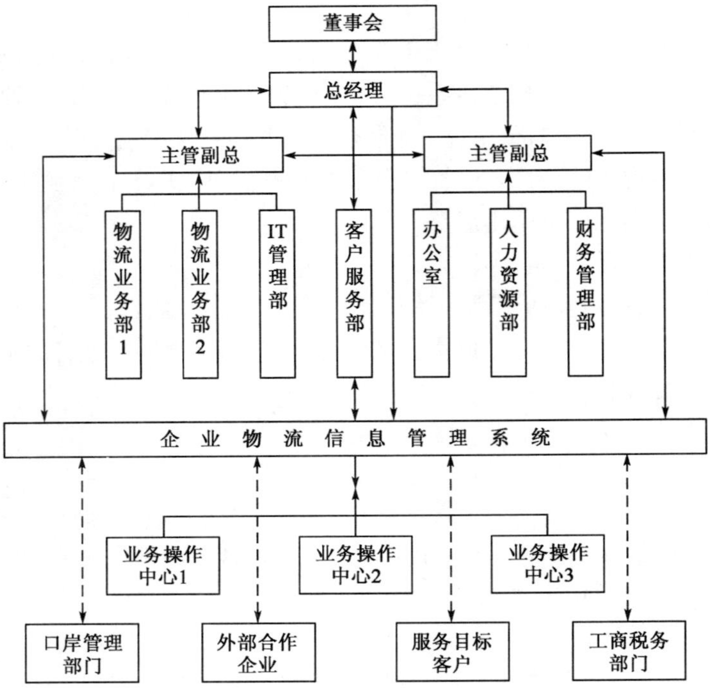

图 7-2　物流企业组织管理流程

7.5.4.2　物流业务管理流程

企业发展现代物流的战略目标就是逐步使现代物流服务成为规划企业的新的经济增长点，因此，建立物流业务管理流程将是企业业务流程再造的重点。根据规划企业发展需要和发展物流业务的战略意图，必须对物流业务进行科学和统一的流程管理，并从规划企业和下属操作部门两个渠道，充分发挥各自的主观能动性，积极承揽物流服务业务，而且在该流程的指导下，逐步理顺规划企业在物流业务运作上的关系，以便形成强大的物流服务能力和保证物流服务的效率与质量。图 7-3 为物流企业物流业务组织管理流程。

7.5.4.3　物流操作管理流程

从现代物流企业的发展经验分析，物流业务组织管理和业务管理是物流企业成功的重要保障，但是，由于规划产生的物流服务需求特别是第三方物流服务可能要求进行跨区域和跨企业的物流服务组织，在此过程中需要规划企业与本地及异地的多个部门和外部企业共同完成。为保证物流服务质量和运作的统一性，规划企业必须具有能在信息系统支持下的全企业系统共同执行的物流操作管理流程。图 7-4 为物流企业物流业务操作管理流程。

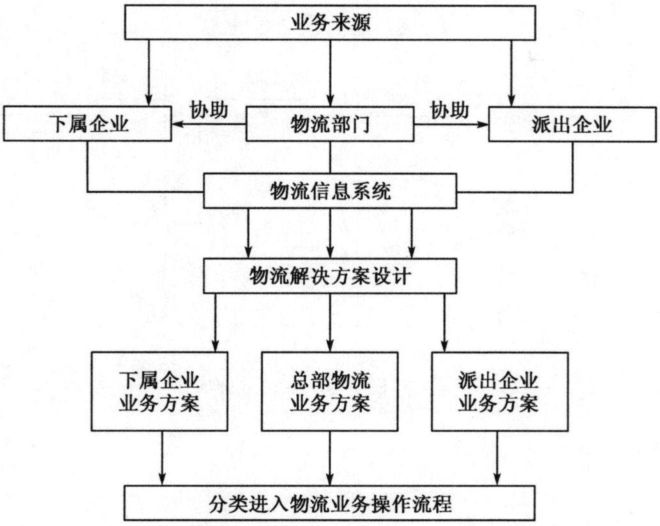

图 7-3　物流企业物流业务组织管理流程

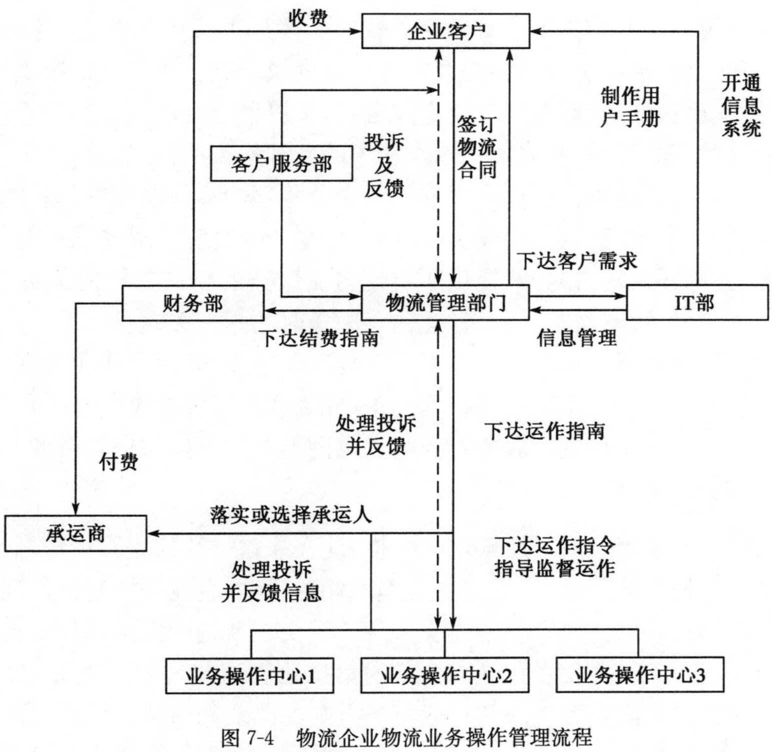

图 7-4　物流企业物流业务操作管理流程

7.5.4.4　物流业务运作流程

按照规划企业的物流操作管理流程，具体的物流运作流程就成为实现管理意图的重要手段，为此，必须设计便于规划各个服务环节统一掌握的业务运作流程。图 7-5 为物流企业物流业务运作流程。

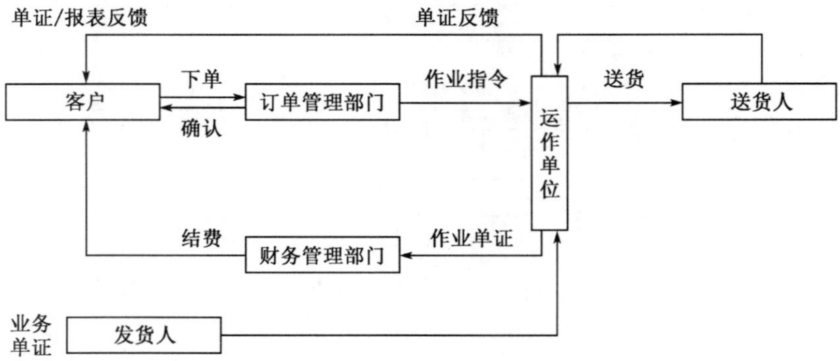

图 7-5 物流企业物流业务运作流程

7.5.5 企业信息系统的建设

7.5.5.1 信息系统的一般功能

根据企业的业务定位和经营模式，规划企业的物流信息管理系统必须具备基本的与物流运作相适应的信息系统功能。

(1)订单处理。规划企业物流服务对象企业及社会客户可直接在企业物流信息系统中进行订单登录、传递和管理，提高企业与客户间的工作效率及服务任务下达的准确性。

(2)货物跟踪。规划企业的服务客户及企业自身，可以沿着订单或企业为客户提供的信息路径，进行货物所处状态的跟踪，获取货物运作相关的各种授权的信息。

(3)仓储管理。为客户提供在企业仓库或委托企业管理的客户仓库中的货物的状态信息，包括库存量、库存时间、进出库信息、运输信息、加工信息、包装信息，以及毁损等信息。

(4)运输及配送。为服务对象企业提供所委托物流服务的相关货物的运输及配送组织方式、运输及配送完成质量、运输及配送价格、运输及配送时间等相关信息。

(5)综合查询与统计分析。提供企业与服务企业间及企业内部、合作企业间的各种授权的信息渠道并具备查询、统计分析报表及分析功能等，并为客户服务提供信息手段支持。

(6)数据交换。为企业内部及与服务对象间提供网上数据交换和信息资源共享服务。

7.5.5.2 信息系统的结构

目前，企业物流信息系统一般采用模块化结构，即在兼顾一般物流管理信息系统功能和企业物流服务、信息管理特点的基础上，区分企业不同业务活动，企业外贸运输代理、物流服务等组织管理活动不同环节和过程，设立基本模块。各个模块在系统中既保持相对独立，又因业务组织管理而存在有机联系，从而使企业既有业务的信息化管理与将要开发的物流业务管理在信息系统中实现对接，避免因业务发展和企业服务方式的改变而造成系统的二次开发，降低开发成本并提高系统的可维护性。企业信息系统与物流信息平台的结构与系统功能示例如图 7-6～图 7-8 所示。

7.5.6 物流服务质量的管理

物流业的性质和物流市场的特点决定了物流企业的组织与管理核心在于提供优质的服

务。物流服务质量是物流企业经营管理的关键所在。对于物流企业而言，提高服务质量的过程就是提高顾客让渡价值的过程。让渡价值实际上是整体顾客价值与整体顾客成本之间的差额。提高顾客让渡价值可以通过两种渠道实现，即提高整体顾客价值，包括提高产品价值、服务价值、人员价值和形象价值；减少整体顾客成本，包括顾客的货币成本、时间成本、体力成本和精神成本。

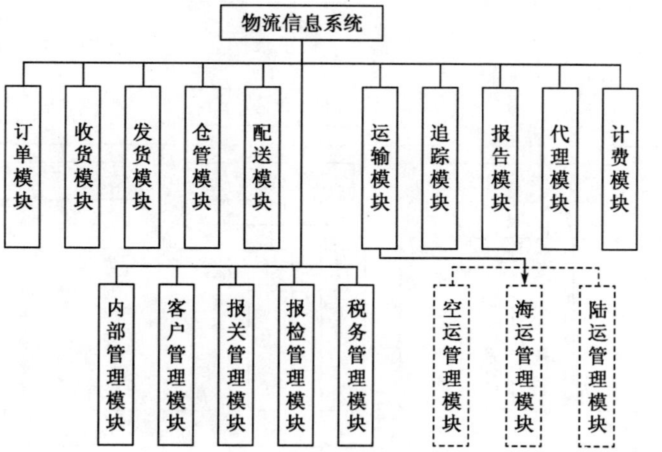

图 7-6　物流企业物流信息系统结构

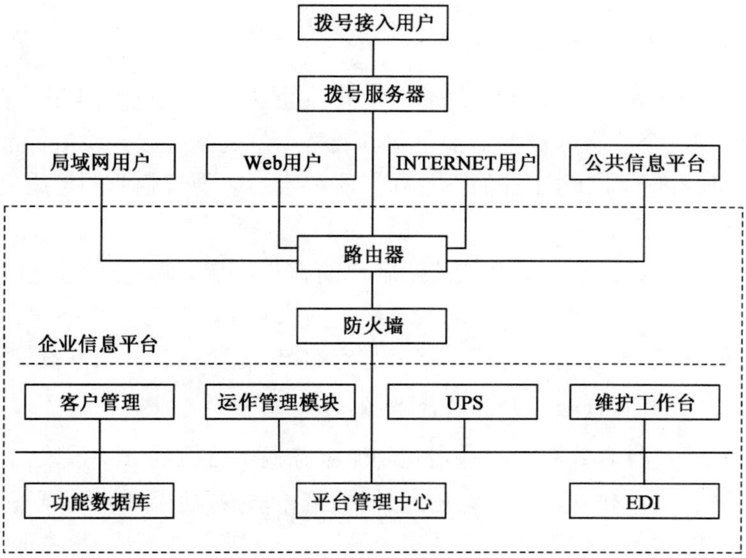

图 7-7　物流企业物流信息平台结构框架

7.5.6.1　改变服务观念

提高物流服务质量，首先要实现物流服务概念的变革，即实现由“推”到“拉”的服务观念的转变。物流企业应更多地考虑“客户要我提供哪些服务”，从这层意义讲，它是“拉”(Pull)服务，而不是仅仅考虑"我能为客户提供哪些服务"，即"推"(Push)的服务。这是影响物流服务质量的关键因素。规划企业需要以观念上的转变带动物流行为的更新。随着服务观念的转变，从初期单一的服务内容逐渐转向综合性全过程服务，同时根据用户需求，其服务工作可延伸到生产、流通等领域。

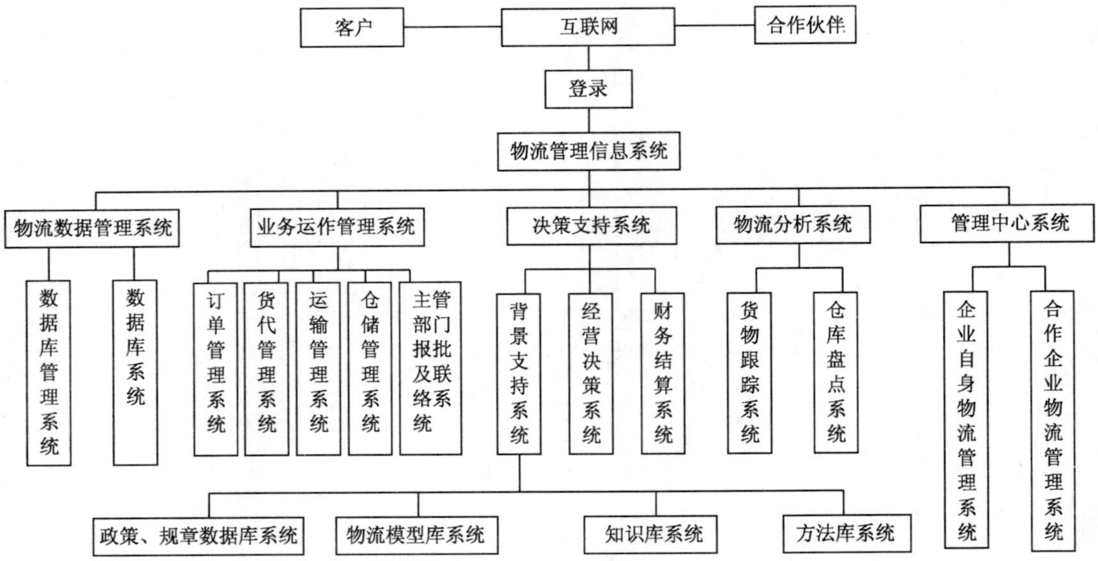

图 7-8　物流企业信息管理系统功能框架

7.5.6.2　确定适宜的客户服务标准

在市场上对物流服务的要求千差万别，一个物流企业不可能同时满足所有客户的所有要求。通常情况下，物流企业服务资源与企业竞争战略定位是制定服务质量标准的基础，客户服务需求是服务质量标准的制衡，服务的不足和过剩都会影响物流企业的健康发展。因此，必须确定适宜的物流服务标准。

确定适宜的客户服务标准首先必须清楚客户的核心需求，即在服务过程中客户认为最重要的东西。这一标准在不同的客户、不同的货物、不同的时期中均可能不同。因此，在确定客户服务标准的时候，必须根据确定的客户服务重点，合理配置现有的服务资源。

7.5.6.3　对物流服务过程进行有效的监测

对物流服务过程进行有效的监测是实现物流服务战略目标的唯一手段。监控的过程包括跟踪监测、绩效评价和做出响应，即收集信息、捕捉偏差、分析后果和协调管理。客户服务的绩效测定指标体系可以按照客户服务过程的三个阶段，即售前服务阶段、售中服务阶段和售后服务阶段来划分。在实际操作中，物流企业应根据客户服务标准选择某一阶段进行测定。不同企业由于其服务范围与服务内容的不同，通常会选择不同的阶段与不同的指标。准时交货率、订货满足率、订货周期及其可靠性、发票准确率、客户投诉率、发货运输成本和服务能力利用率等都是经常使用的测定指标。

目前，物流企业较为普遍采用的监测手段包括报告单监测、互联网监测、电子数据交换监测、成本核算监测、需求计划监测、仓库管理系统监测、运输管理系统监测和企业资源计划监测等。由于互联网使用的日益普及使得监测成本降低，所以越来越多的企业计划利用互联网来进行物流服务过程的绩效测评工作。

7.5.6.4　建立全方位的物流服务系统

如何满足客户的需要把货物送到客户手中，取决于物流服务企业的物流服务水平。物流企业要为用户提供优质、系统的服务，需要具备运输、仓储、进出口贸易等一系列知识，深入研究货主企业的生产经营发展流程设计，要求企业不仅与生产厂家保持紧密的伙伴关系，而且直接与客户联系，能及时了解客户的需求信息，并沟通厂商和客户双方，起着桥梁作用，同时建立全方位物流服务系统，对客户意见与需求反馈做出即时反应，提供优质和系统的物流服务。这一方面有助于货主企业的产品迅速进入市场，提高竞争力，另一方面则使规划企业占有稳定的资源。对规划企业而言，服务质量和服务水平是比价格更为重要的选择因素。

7.5.6.5　实施CS战略，增强企业在市场的竞争力

CS(Customer Satisfaction)战略的最大特点是使顾客满意。顾客满意是物流企业提高服务质量的重要内容，也是物流企业满足市场需求、创造新的市场需求最有力的措施之一。在市场竞争日趋激烈的情况下，物流企业要保持或增强企业在市场的竞争力，必须重视CS战略的理解和运用，把顾客需求和满意程度放在首位。因此，规划企业在物流产业发展过程中，应推动CS战略的实施，实行倒金字塔式的管理模式，即把顾客放在首位，其次是一线员工和管理者，最后是最高层管理者，通过CS战略及其管理模式的实施，最大限度地调动全体员工和管理者的积极性，为满足市场需求、达到顾客满意而努力。

7.5.7　企业内部环境的建设

7.5.7.1　企业机构运转保障

机构设置与功能定位，以及业务流程的再造，是企业发展的基本框架，其中，涉及的人员调配、资源整合、业务重组等工作，对未来各功能单位的正常运转和功能发挥具有重要影响。因此，需要在企业规划中进行一系列配套的制度、机制建设和相应的实施措施加以保障。

7.5.7.2　制度保障

完善的公司制度是企业组织机构正常运转和功能发挥的有效保障，因此，在企业规划中应对公司章程进行完善，建立健全和推行成本核算管理制度、内部预算管理制度、目标管理制度等各项职能管理制度，进行业务操作的标准化、规范化建设，逐步建立和完善服务质量监督控制制度。

7.5.7.3　机制保障

完善的制度需要良好的运行机制作为其发挥作用的保证。因此，企业规划在制度建设的同时，应注重包括协调机制、激励机制、监督机制与风险回避机制等各类保障机制的建设，使机构组织的运作与功能发挥建立在完善的协调运行的企业环境之中，顺利完成向现代物流服务转型的基本任务。

7.5.7.4　措施保障

上述方案的预期目的能否实现，还有赖于稳妥、合理的实施措施加以保障。从目前企业的

实际情况分析，保障措施大致包括以下三个方面。

7.5.7.4.1　培养、引进具有货运代理操作管理经验的业务人员

专业人才是企业发展最大的资产，也是有效形成公司核心竞争力的关键。因此，在机构设置和功能定位的实施过程中，应根据业务人员的自身特点和业务专长，进行优势互补的调整组合，发挥业务人员的最大潜能。

7.5.7.4.2　全面梳理资源状况

企业内外发展现代物流服务运作的进行，使公司确立的物流服务模式具备操作资源支持，同时抓紧开发具有核心支持能力的集团内部需求，以维系公司运作体系运转，并能尽快获得利润拓展空间。

7.5.7.4.3　梳理改善相关的业务关系与业务渠道

根据未来物流服务的对象和产品特点，对于相关的业务关系与业务渠道进行梳理，提高业务部门对客户物流服务需求与业务流程的把握程度，抓紧企业物流信息系统建设，畅通内外信息传递渠道和业务往来渠道，使未来物流服务的组织与管理能够快速响应客户对物流服务需求的变化。

7.5.7.5　企业投入及分析

根据不同企业的要求，物流企业规划有时也包括规划中设定的基础设施建设和相关装备（包括物流操作装备和信息装备）的相关分析研究，主要包括按照设施规划的规模、布局和操作流程，对货架、车辆、信息和库内等方面的装备配置做出分析，并对规划中建设投入的规模、来源、结构、步骤和相关经济与财务分析以及社会评价与环境评价做出相关研究并提出实施意见。

第8章　企业物流发展规划

8.1　企业物流的分类及规划内容

8.1.1　企业物流的概念

企业物流是指生产和流通企业内部的物质实体的物理性运动。在企业生产经营过程中，物质实体从原材料供应，经过生产加工，产成品销售，伴随着生产消费过程中所产生的废弃物的回收和再利用的完整的循环活动过程[14]。企业物流是以企业经营管理为核心的物流活动，是围绕企业经营管理的各环节进行的，具有具体的、微观的物流活动的典型特征。企业经营系统活动的基本结构是投入→转换→产出。生产型企业物流，是原材料、燃料、人力、资本等的投入，经过制造或加工使之转换为产品或服务；服务型企业物流，则是对设备、人力、管理和运营的投入，最终转换为对客户的服务。企业物流活动是伴随着企业的投入→转换→产出而发生的。与投入相对应的是企业外供应或企业外输入物流等供应物流，与转换相对应的是企业内生产物流或企业内转换物流，与产出相对应的是企业外销售物流或企业外服务物流。由此可见，在企业经营活动中，企业物流是渗透到各项经营环节中的物流活动，是物流产业活动的需求环节的物流存在形态。

8.1.2　企业物流的分类

企业物流按照性质可以分为生产企业物流和流通企业物流。生产企业物流是伴随生产企业全过程发生的物流活动。流通企业物流是伴随商品流通过程而发生的物流。本章主要研究的是生产企业的物流。

8.1.2.1　生产企业物流

生产企业物流是以购进生产所需要的原材料、设备为始点，经过劳动加工，形成新产品，最后供应给社会需要部门的全过程，需要经过原材料及设备采购供应阶段、生产阶段和销售阶段。

任何生产系统都是为了适应社会对某种产品的需求而形成的。产品的制造过程也就是加工过程，每经过一道工序，被加工的对象物的形状、尺寸或性质将发生一次变化。物流为生产的连续性提供了保障。原材料的供应、半成品在加工点之间的流转、成品的运出，只有依赖物流系统才能不断地前行，从而能使生产活动得以继续下去。物流能力对生产环境和生产秩序起着决定性的影响。在生产空间中，加工点处于固定的位置，只要加工设备能正常运转，就不会对系统产生干扰，而物流在生产空间中始终处于运动状态，物流线路纵横交错、上下升降，形成了遍布生产空间的立体动态网络。物流线路不合理，运行节奏不协调，都会造成生产秩序的混乱。物流活动不正常，物流系统中物料堆放不规则，也将对生产环境造成影响。因此，企业的物流状况最能体现其管理水平的高低。

8.1.2.2　流通企业物流

流通企业物流指的是流通企业专门从事实物流通的物流[15]。它包括两个部分，批发企业的物流以及零售企业的物流。

批发企业物流：商业批发是批量采购后批量销售给再销售者的商业活动。批发企业的物流是以批发据点为核心，由批发经营活动所派生的物流活动。在批发据点中的转换是包装形态和包装批量的转换。

零售企业物流：零售是将商品直接卖给消费者的商业活动。零售企业物流是以零售商店据点为核心，或者通过电子商务网络平台、网站，以实现商品零售销售为主体的物流活动。零售企业的类型有：一般多品种零售企业、连锁型零售企业、直销企业、电子商务企业、网络销售企业等。连锁型零售企业物流的特点是集中进行供货的物流，且大多数企业由本企业的共同配送中心完成，电子商务和网络销售企业通常由快递、快运和网络化物流企业完成。

8.1.3　企业物流的内容

企业物流按照企业活动的过程，可以分为供应物流、生产物流、销售物流、回收物流。

供应物流是企业物流输入系统即企业购入原材料、零部件或商品的物流过程。它是企业物流过程的起始阶段，是保证企业生产经营活动正常进行的前提条件，是为创造价值提供前提条件的过程。供应物流具体包括一切生产资料或商品的采购、运输、库存管理、用料管理和供应运输等。

企业生产物流指企业在生产工艺中的物流活动。这种物流活动伴随着整个生产工艺过程，实际上已构成了生产工艺过程的一部分。企业生产过程的物流大体为原料、零部件、燃料等辅助材料从企业仓库或企业的“门口”开始，进入到生产线，再进一步随生产加工过程一个一个环节地流动，在流动的过程中，原料等本身被加工，同时产生一些废料、余料，直到生产加工终结，再流至生产成品仓库，便结束了企业生产物流的过程。

企业销售物流是企业为保证本身的经营效益，不断进行销售活动，将产品的所用权转让给用户的物流活动。在现代社会中，在买方市场的条件下，企业销售物流活动带有极强的服务性，企业往往强调产品送达用户，经过售后服务，满足买方的需求，最终才能实现销售。因此，销售物流的空间范围很大。企业销售物流通过研究送货方式、包装水平、运输路线来实现包装、送货、配送等一系列销售物流的活动。企业物流业采取诸如少批量、多批次、定时、定量配送等特殊的方式达到目的。

企业在生产、供应、销售的活动中总会产生各种边角余料和废料，这些物品的回收就是企业的回收物流活动。如果企业的回收物品处理不当，往往会影响到产品的质量和整个生产环境，也会占用很大的空间，造成浪费。

8.1.4　企业物流规划的主要内容

企业物流规划是指在充分利用现有资源（包括企业内部物流资源以及企业外部物流资源）

的条件下，合理选择企业物流的模式，科学的布局企业物流设施规模，恰当选取企业适合的信息网络。在供应链日渐发展的背景下，企业物流规划能够综合考虑整个供应链上的企业的物流需求，制订最为合理的企业物流策略，达到链条最优的效果。合理的企业物流规划能最充分的利用现有城市、企业的潜力和规模，大量节约城市、企业的土地。还能进行有效的布局规划，运用设备、设施和工位器具，使物料搬运量减至最低，使整个企业的生产情况相互适应，增加生产能力，使整个生产系统实现高效运转，大量节约能源。企业物流规划做到了使企业生产过程流畅、按节奏组织管理生产、作业、增加产量、提高质量、降低消耗，使成本降到最低，提高企业的竞争能力。企业物流规划包括了如下六个部分的内容：

(1)企业外部环境分析。主要分析企业所在的区域的经济状况、企业上下游状况、区域物流产业发展状况，为企业物流规划提供背景资料。

(2)企业物流需求分析。企业物流需求分析主要分析企业物流的物流量、物流特征等方面的因素，是为企业物流规划需要满足的需求条件。

(3)企业物流发展总体思路。在综合考虑供应链上下游企业的物流需求、物流供给的条件下，考虑本企业物流需求的特征，而得出来的企业物流发展的方向，是企业物流规划的指导性方针。

(4)企业物流基础设施规划。企业物流基础设施是满足企业物流的载体，它包括车辆、仓库、装卸设备等各类设施设备，是满足企业物流需求的工具。

(5)企业物流运营管理规划。企业物流运营管理是指满足企业物流运营所需要的组织机构，以及物流组织流程，是企业物流规划的管理部分。

(6)企业物流信息化规划。信息化是现代企业物流与传统企业物流最重大的区别特征。企业物流信息规划是指针对合理的企业物流基础设施、企业物流运营管理模式，设置最为合理的信息系统。

8.2　企业物流的外部环境分析

8.2.1　区域经济环境分析

8.2.1.1　区域经济总体分析

主要通过分析经济总量、经济结构、产业发展状况等因素，对企业所处的宏观环境进行分析，也包括对企业原料市场的分析、需求市场的分析，区域经济分析见图8-1。

(1)经济总量分析。主要包括企业所在的行政区，以及上一级的行政区的经济总量分析，包括该区域的GDP、商品零售总额、公路、铁路、水路的运输总量等数据，是反映企业所在区域经济活跃程度的指标。

(2)经济结构分析。主要是对第一、第二、第三产业的产业结构的比例进行分析，并且通过对产业结构逐年变化的分析，得出当地产业发展的阶段。

(3)经济增长分析。主要是对当地经济近五年的增长率进行分析，包括当地产业的增长率进行分析，分析是否可能形成产业的聚集，是否能形成产业扩散。

(4)产业结构分析。主要分析整个产业链上下游的构成以及产业链上下游企业的相应的规模、发展的态势等方面，分析本企业在产业链中的地位，据此得出企业的市场竞争策略。

对于经济结构的分析，包含了对目标企业的上游原料供应的分析，以及对于下游销售的初步分析，对于企业物流规划，最重要的是得出企业进行扩能改造的冲动与预期，以及当地获得物流资源的可得性，为企业物流规划提供宏观方面的依据。

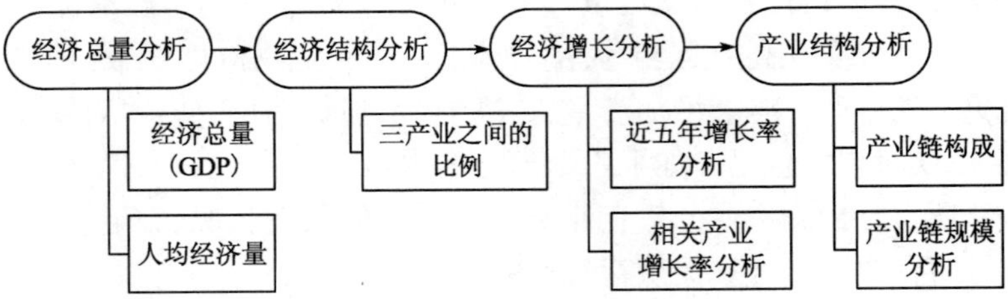

图 8-1　区域经济分析图

8.2.1.2　关联产业链分析

产业链的分析主要包括两个方面内容：一是产业链的细分，涉及整个产业链的构成以及产业链上下游企业的规模；二是产业链聚集度分析，实质是产业的聚集程度和规模化发展的能力。

(1)产业链细分。主要包括：本企业产业链的构成，产业链上下游相关企业的规模、人员以及产值。针对产业链的分析，能够比较清楚地看到本地域的企业是否能够提供丰富的原材料，或者是作为某一个企业的产品，是否有下游的企业进行利用，能够形成循环经济产业。最大限度的减少供应链企业之间的物流成本。

(2)产业聚集度分析。主要是分析类似企业的多寡，是否拥有大型企业。目的在于寻找供应链的链主，为物流资源的整合利用创造条件。

8.2.1.3　物流业发展现状分析

区域物流产业的发展情况，物流产业的规模，直接影响企业物流战略，区域物流业的发展状况主要从以下四个方面进行分析：物流产业的产值，货物运输总量，区域的物流、商贸企业的总量，主要货物的流向。

从宏观的角度进行物流产业的分析，主要反映区域物流的活跃程度，侧重于宏观层面的分析，而对于外部物流供给的分析，侧重于与本企业相关的企业分析。

8.2.1.4　产业政策分析

产业政策直接影响企业的发展，也影响相关物流企业的发展。良好的产业政策环境，有利于产业发展和企业产能扩张。对于产业政策的分析，主要包括工商政策、规划与土地政策、财税政策、融资政策和进出口政策等。

8.2.2　外部基础设施网络分析

外部物流基础设施网络指的是非企业自身所拥有的交通线路和设施节点组成的网络。企业物流规划需要充分考虑所处区域的基础设施网络的现状，其中，交通线路主要包括铁路、公路、港口、机场等交通设施，而物流节点主要包括物流中心、配送中心、仓库等。所有的物流活动都是在运输线路和物流节点上运行，物流网络环境条件与能力，直接影响企业的物流成本与物流作业效率。

8.2.2.1 物流通道分析

(1)铁路网分析。铁路网(Railway Network)是在一定空间范围内(全国、地区或国家间),为满足一定有历史条件下客货运输需求而建设的相互联结的铁路干线、支线、联络线以及车站和枢纽所构成的网状结构的铁路系统。铁路网是铁路进行运输生产的主要物质基础,它是随着国民经济发展、生产力布局、产业结构以及交通运输网的合理分工而逐渐发展起来的。分析铁路的线路能力与站场能力对企业物流有着极为现实的作用,尤其是对于大进大出型的企业,铁路的作业能力尤其是站场的作业能力直接影响企业的物流作业效率。铁路线路通过能力不足,容易造成企业外发的成品在货运站集结,从而无法外发,铁路站场能力不足,则容易造成企业到达的货物无法在铁路货场进行存放,从而需要增大企业的卸车或者装车能力,否则会造成企业货运车辆的压车,造成超过局车停时限制而罚款等。

(2)公路网络分析。公路网是一定区域内相互联络、交织成网状分布的公路系统。它由不同道路功能和不同技术等级的公路组成,以适应该区域内城市和乡村之间,居民区、工业区、农业区和商业区之间,以及公路和其他运输方式(铁路、水运、航空、管道)之间,该区域与其他区域之间,其他区域经过本区域的过境交通等的公路交通运输的需要。企业所在地区的道路能力一般由路网密度来表述,区域路网密度指的是区域范围内由不同功能、等级、区位的道路,以一定的密度和适当的形式组成的网络体系结构。依道路网内的道路中心线计算其长度,依道路网所服务的用地范围计算其面积。城市道路网内的道路指主干路、次干路和支路,不包括居住区内的道路。

拥堵问题已经成为制约企业发展的重要问题,尤其是针对运输量较大的企业,位于交通枢纽附近,位于城市主干道、高速路口附近,能大大增加企业物流的可靠性。对于企业物流规划而言,需要重点关注企业周边的道路路网情况,主要包括企业周边道路的等级,道路状况良好的地段,可以作为企业天然的停车场。企业周边道路距离高速公路出口的距离,避免穿越城区,能够有效提高货运车辆的可达性,尤其是疏港车辆的可达性以及周边对于超载的治理状况,对于超载治理严格,一般需要在企业内考虑大型车辆的停车场,以便于客户晚间运输。

8.2.2.2 物流节点分析

物流节点是物流系统中货物运送至最终消费者或下一个节点过程中历史停靠的地方,如制造商、供应商、仓库、配送中心、零售商等。除运输外,基本所有的物流活动均是在物流节点中完成,如仓储、配货、包装、装卸、分货、集货等。

(1)物流园区。物流园区是在几种运输方式衔接地形成的物流节点活动的空间集散体,是在政府规划指导下多种现代物流设施和多种物流组织机构在空间上集中布局的大型场所,是具有一定规模和多种服务的新型物流业务载体。

(2)物流中心。物流中心是综合性、地域性、大批量的货物物理位移转换集散的新型设施设备的集合,它把物流、信息流融于一体成为产销企业之间的中介组织和现代物流活动的主要载体。是否自建物流节点,或者社会物流节点所能够提供的物流服务是否满足企业要求的物流服务,对企业的物流总体策略有着比较大的影响。这个主要体现在两个方面:现在物流节点的发展模式大多是物流与商贸综合发展,尤其是物流园区往往会是某几个专业市场的集合,因此物流节点不仅仅提供的是物流服务，它还能担负着一定的原料、成品中转站、集散站的功能，比如柳州钢铁厂自建的物流园区，它不仅仅是本厂区的综合成品库，还是柳钢面向区域的销售中心。因此，周边的物流园区的能力，将直接影响企业的物流策略。

(3)节点评价。评价物流园区或物流中心的能力主要包括以下几个方面的内容：

①专业市场功能。是否具有专业市场功能对于企业物流而言，它是企业物流的延伸，甚至于是企业厂区的延伸。大型的企业能够利用这些专业市场的仓储、销售设施，作为企业的仓储设施以及销售渠道的有效补充。

②货物集散能力。园区的货物的集散能力指的是在一个时间段(通常是一年)内，由各种运输方式进出物流节点范围，并经过装卸的货物重量总和。一般以吨作为评价指标。

③物流运输能力。指的是由该物流节点运送货物的总里程，它包含了两个方面的含义，一个是物流的距离，另一方面指的是物流方向。一般用某一个方向的吨公里作为评价指标。

④入驻企业数量。指的是长期在该物流节点内承揽业务的物流企业的数目。

⑤入驻企业规模。指的是入驻企业的注册资本、企业资质、营业额等指标。它是反应该物流节点内企业承揽货运业务能力的评价指标。一般以营业额作为评价指标。

⑥配套服务能力。是物流节点中所匹配的信息服务能力、金融服务能力等物流的支撑因素。主要评价某个物流节点是否具有完善的信息管理系统，是否有银行等机构提供贷款、担保等服务。

8.2.3 外部物流供给分析

外部物流供给是能够给企业提供物流服务的第三方物流企业，外部物流供给主要从物流企业数量、物流企业规模以及物流企业能力三个方面进行分析。

(1)物流企业数量。指的是区域内注册的物流企业的数目，或者是与企业相邻的物流节点的物流企业的数目，这个指标主要代表了寻求第三方企业的可选择型。

(2)物流企业规模。一般指的是物流企业的年运量、营业额等指标。

(3)物流企业能力。指的是物流企业能够提供物流服务的能力。对于第三方物流企业的评价标准，一般可以从功能指标、经营指标、稳定性指标等三个方面进行估算。其功能指标反映3PL企业各个增值环节的功能实现情况，经营指标反映3PL企业当前的经营状况，稳定性指标反映3PL企业的发展潜力，影响到3PL企业可长期经营，并且与企业长期合作的可能性。

8.2.3.1 功能指标

(1)客户服务水平。缺货频率、送货出错率、顾客满意度、平均交货期、订单处理时间、准时送货率、交货柔性、订单完成稳定性、顾客保持率、每个顾客服务成本、信息沟通水平、事后顾客满意率。

(2)配送功能。配送安全性、配送成功控制、产品可得性、检货准确率。

(3)运输功能。运输能力、正点运输率、运输经济性、运输车辆满载率、运力利用率、在途时间、运输准确率、商品损坏率。

(4)库存功能。库存能力、库存周转率、收发货物能力、库存结构合理性、库存准确率、预测准确率。

(5)采购功能。交付期、付款条件、订单处理、与供应商的关系。

(6)流通加工功能。工艺合理性、技术先进性、流通加工程度、对消费的促进作用。

8.2.3.2 经营指标

(1)客户服务水平。缺货频率、送货出错率、顾客满意度、平均交货期、订单处理时间、准时送货率、交货柔性、订单完成稳定性、顾客保持率、每个顾客服务成本、信息沟通、事后顾客满意率。

(2)管理水平。产品的残损率、物流系统纠错处理时间、供应计划实现率、设备时间利用率、业务流程规范化、管理人员比重。

(3)企业实力。财务投资能力、信息技术能力、设备先进水平、同行业影响力及业务范围、市场占有率、市场增长率、新用户开发成功率。

(4)信息化水平。硬件配备水平、软件先进程度、信息活动主体的水平、信息共享率、信息利用价值率、实时信息传输量、信息化投资、客户变动提前期、客户变动完成率、网络覆盖率、平均传输延迟、传输错误率。

(5)成本水平。单位产品的物流成本、物流成本占制造成本的比重、物流成本控制水平、每个顾客服务成本,订单反映成本、库存单位成本。

(6)盈利水平。净资产利润率、总资产利润率、资金周转率。

8.2.3.3 稳定性指标

(1)客户服务水平。缺货频率、送货出错率、顾客满意度、平均交货期、订单处理时间、准时送货率、交货柔性、订单完成稳定性、顾客保持率、每个顾客服务成本、信息沟通、事后顾客满意率。

(2)技术实力。技术人员比重、技术开发经费比重、开发创新能力、技术改造资产比重、专利拥有比例、设备技术领先程度、硬件设施稳定性。

(3)盈利能力。净资产利润率、总资产利润率、资金周转率。

(4)应变力。信息化系统水平、预测能力、集成度、外部沟通、流程再造与延迟物流。

(5)企业聚合力。领导层的团结进取力、职工的凝聚力、员工满意度。

(6)经验指标。行业服务时间、提供服务种类、成本节约比例、人才培养与培训、客户稳定性、供应商稳定性、历史合作情况、利益与风险共享性、核心能力、战略观念兼容性。

(7)企业形象。员工素质、经营理念、市场信誉、社会责任。

8.3 企业物流需求分析

不同类型企业的物流需求存在较大差异,在很大程度上影响企业物流的管理与运作。对企业物流需求进行分析,首先对企业类型及企业物流类型进行区分,以便进行针对性企业物流需求分析。

8.3.1 企业物流需求分类分析

对企业物流需求分类分析,主要通过分析企业物流需求的分类,并根据分类,归纳其物流需求的特点。生产企业从不同的视角有不同的分类标准,可以按照工艺过程特点、生产组织类型等进行分类。

(1)生产型企业按工艺过程的特点可以分为连续型生产企业与离散型企业。连续性生产是指物料均匀、连续地按一定工艺顺序运动,在运动中不断改变形态和性能,最后形成产品的生产。连续性生产又称作流程式生产,如化工(塑料、药品、肥皂、肥料等)、炼油、冶金、食品、造纸等的生产过程。对于连续型生产企业,由于其生产的不可中断性,或者生产中断将会带来较为严重的后果,因此,这类企业在需要拥有较大的安全库存,以保证生产的顺利进行,其次,由于其生产设备的启开之间成本大,这类企业大多属于大进大出的企业,物流需求量比较大,大多采用自营物流的方式。物流成本在整个生产成本中的占比也比较大。离散性生产是指物料离散地按定工艺顺序运动,在运动中不断改变形态和性能,最后形成产品的生产,如汽车制造。离散件生产又称作加工装配式生产。机床、汽车、柴油机、锅炉、船舶、家具、电子设备、计算机、服装等产品的制造,都属于加工装配式生产。在加工装配式生产过程中,产品是由离散的零部件装配而成的。这种特点使得构成产品的零部件可以在不同地区,甚至不同国家制造。加工装配式生产的组织以及与之配套的物流组织均十分复杂。尤其是离散型生产带来的成品的远距离运输以及大量的售后配件物流,都大大加大物流的复杂程度,相较于连续型企业需要保有大量的库存,离散型企业一般零部件的库存保有量较低,相较于连续型企业使用第三方物流的效率更高。

案例 8-1

钢铁企业的物流特征分析

一、物流量巨大。一般生产 1 吨钢铁产品,需要 4～6 吨各种原材料、辅料。目前我国钢铁生产量已达 5 亿吨,仅供应物流部分,就有 20 亿～30 亿吨的运输量,涉及海运、水运、铁路、公路等运输方式。据统计,2006 年,我国铁矿石总进口量已达到 10 亿吨,涉及海关 29 个,港口 22 个。另外,就销售物流而言,我国钢铁的产能主要分布在华北地区,消费地则主要在华东地区。此外,随着我国钢铁产品质量的提高,还有一部分要出口到海外市场。

二、生产物流自营。就集成钢铁生产企业而言,生产流程包括:原料准备、炼铁、炼钢、热轧、冷轧等生产工序。由于生产过程的紧密连接性和运输设备的专用性,生产物流一般自营。目前生产物流的形式主要有:厂内火车、厂内汽车、皮带运输、管道运输、辊道运输等。近几年,厂内汽车运输发展较快。

三、钢铁产品的原材料性。钢铁产品涉及的下游企业众多、分布广泛,成品钢材一般属于其他企业的原材料。因此,销售物流模式较多,包括:直销、中间商、流通加工等。值得注意的是,流通加工销售形式成为近几年钢铁行业物流发展的热点。

四、物流成本高。由于钢铁企业布局不合理,钢铁物流成本将长期处于高位。在供应物流方面,铁矿石是我国钢铁物流的主要对象,铁矿石的采购主要依赖进口,通过海运进入我国。内陆钢铁企业距离港口较远,钢铁企业地区分布与原料供给错位;在销售物流方面,钢铁行业的主要客户为汽车、造船、家电、交通、建筑及石化等行业。随着中国经济的发展,这些行业大部分建立在长三角、珠三角及环渤海湾等沿海经济发达地区,内陆钢铁企业距离最终用户较远,钢铁企业地区分布与市场需求错位。而生产物流方面,由于钢铁行业加快了工艺技术改造、设备更新,物流投入随之增加,物流水平已接近发达国家水平。

(2)按照企业组织生产的特点,分成备货型生产(Make-to-stock,MTS)与订货型生产(Make-to-order,MTO)两种。备货型生产也称存货型生产或按库存生产,是在对市场需求量进行预测的基础上,有计划地进行生产,产品有库存。需要针对市场的需求,针对不同需求的产品,开发出不同的产品,并提前生产。为防止库存积压和脱销,对于设计,主要是通过对客户需求的分析,能够分析总结,并设计出满足客户需求的产品,客户需求的多样也往往造成产品形式的多样。生产管理的重点是抓供、产、销之间的衔接,按"量"组织生产过程各环节之间的平衡,保证全面完成计划任务。这种生产方式的顾客定制程度很低,通常是标准化地、大批量地进行轮番生产,其生产效率比较高。备货型生产的物流特征主要体现在提前性上,物料需要提前到达,以保障生产的顺畅进行,因此,其原材料及生产成品的安全库存一般较订货型大。订货型生产是指按用户订单进行的生产。用户可能对产品提出各种各样的要求,经过协商和谈判,以协议或合同的形式确认对产品性能、质量、数量和交货期的要求,然后组织设计和制造。例如,锅炉、船舶等产品的生产,属于订货型生产。订货型生产的组织能够更为有计划。由于其生产的间断性,一般不保有自己的物流队伍,可以实现物流采购的零库存,但是同时对于物流的组织要求也更高,在各个时间节点,不同的零配件需要准时到达工位,一方面需要对第三方物流有较强的可控性,此外对于生产原料的组织也需要更有效率。

8.3.2　各环节企业物流需求特征分析

8.3.2.1　供应物流分析

供应物流是指包括原材料等一切生产物资的采购、进货运输、仓储、库存管理、用料管理和供应管理,也称为原材料采购物流。它是生产物流系统中相对独立性较强的子系统,和生产系统、财务系统等生产企业各部门以及企业外部的资源市场、运输部门有密切的联系,对企业生产的正常、高效率进行发挥着保障作用。对于供应物流的分析,可以从以下几个方面进行分析:

(1)物流品类、及物流量的分析。物流的品类及物流量主要由生产企业的工艺参数决定,不同的生产设施,将会有其对应的物流品类,以及与品类相匹配的物料的需求总量,生产规模确定,所需要的物流品类及物流量是为一个确定的指标,供应物流分析见图8-2。

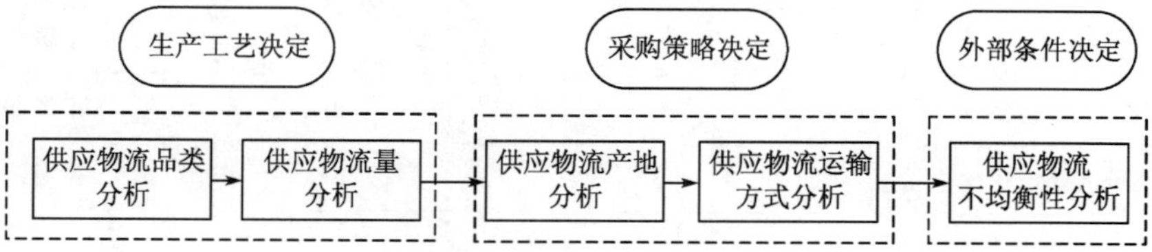

图8-2　供应物流分析示意图

(2)原材料的产地与运输方式分析。针对确定的物流品类以及所需要的物流量,可以选择不同的原材料产地,由于生产物料本身的多样性,加上采购的复杂性、原料及采购价格的波动性,使得采购的原料产地分布于全国各个地区。因此,在分析物流需求时,需要对主要原材料的来源地进行分析。不同的来源地,由于其距离不同,拥有的运输条件不一样,运输方式也各异,包括水运、铁运、公路运输等。需要对各个运输方式进行整合。总体来说,从物流的角度出发,对于原料的需求进行分析,主要目的是能将原料的产地尽可能集中,以便于集中化运输。同时,针对不同的需求的时效性,选择合理的成本更为低廉的运输方式。

案例 8-2

某造纸企业供应物流分析

主要原材料来源地分析见案例 8-2 表，具体分析如下。

主要原材料来源地分析表　　案例 8-2 表

序号	原辅材料、燃料名称	规格、质量	单位	年消耗量	来　源
一	原材料				原料基地提供 80% 市场购买 20%
1	桉原木（含水 50%）	已去外皮	立方米	444 500	
2	竹子（含水 50%）		吨	10 000	
3	杂木（含水 50%）	已去外皮	吨	10 000	
4	木材边角料（50%）		吨	31 200	
5	浆渣（含水 65%）		吨	8 400	现有生产线
6	烧碱		吨	3 000	市场购买
7	硫酸镁		吨	360	市场购买
8	液氯		吨	1 665	氯碱车间来
9	过氧化氢（100% H_2O_2 计）		吨	360	市场购买
10	硫酸（98%）		吨	600	市场购买
11	硫黄	95%	吨	240	市场购买
12	消泡剂		吨	360	市场购买
13	石灰		吨	42 720	景谷县内购买
14	芒硝		吨	10 560	市场购买
15	聚酯网		平方米	14 400	市场购买
16	毛毯		千克	18 000	市场购买
17	包装铁丝		吨	300	市场购买
18	污水处理用化学品			500	市场购买
二	燃料动力				
19	标煤		吨	54 921	市场购买
20	树皮、木屑		吨	6 919	备料车间
21	重油、柴油		吨	551	市场购买

1997—2008 年，公司累计种植原料林基地面积已达 89.9 万亩（1 亩≈666.7m^2）。其中，种思茅松 56.5 万亩，种植桉树 33.4 万亩。核心基地种植思茅松 46.8 万亩，种植桉树 8.7 万亩；“公司＋农户＋基地”种植思茅松 9.7 万亩，种植桉树 24.6 万亩。

普洱全市年木材消耗量为466.6万立方米，其中：截至2007年12月，景谷及周边的镇沅县、景东县、宁洱县、墨江县主要的林产加工企业已达209户，木材年消耗总量超过128.45万立方米，年消耗竹材41.8万株。

综合对景谷及周边县森林资源现状、可利用量、未来森林资源增量、其他可用于制浆的纤维原料量以及木材资源消耗的分析，2012年后云景公司每年可从市场采购制浆纤维原料15～20万立方米。

根据上述纤维原料的三种来源预测，2012—2021年十年内，纤维原料平均每年可供应量131万～136万立方米。现有生产线用原料50万～55万立方米/年，新生产线54万立方米，技改项目完成后新老生产线年共需纤维原料104万～109万立方米。十年的纤维原料的供应总量完全可满足生产需要。但是纤维原料的供应量是不平均的，需要合理调配才行。

考虑到公司原料的综合利用和林产业的政策，公司技术改造后，供材方式为现有思茅松间伐40%(12.7万立方米)＋桉树(48.9万立方米)，不足部分由市场采购(假设市场可供10万立方米思茅松，桉木和竹子、杂木4.5万立方米)和种植桉树原料林基地19万亩补充，最终原料供应为103.59万立方米/年，其结构为思茅松22.7万立方米，占22%，桉木和竹杂为80.82万立方米，占78%。从社会原料资源的充分利用角度看，市场供应压力不大，新增原料林地19万亩，按近年推进速度，三年就可完成，林地来源也可确保，如：林地来源主要有补足100万亩的林地和集体林及非林业用地等，通过“公司＋农户＋基地”的创新模式，利用林权改革的契机，基地建成后，将优质材用于开发附加值更高的产品。

由于造纸企业的特点，其原料主要考虑就近购买或者采伐，因此，主要的运输方式以汽车运输为主。

(3)不均衡性分析。原材料供应的不均衡性分析指的是，原料高峰时间段到达的量与到达的平均量的比值。对于不均衡性的分析，主要用于决定企业物流设施规模。尤其是仓储设施与装卸设施的规模，需要根据一次到达的最大量以及这种量出现的频率来确定，具有现实意义。

案例8-3

某钢铁企业原料采购的不均衡性分析

从抚顺新钢铁厂2009年总体库存量时间分布图上可以看出，月库存总量平均值为38.3万吨，标准差达到9.4万吨。总体库存的波动性很强，由于受到冬季储存矿石的重要影响，第四季度库存量较高，其中，最大的是12月份，库存量为59.1万吨，高出平均库存约20.8万吨，较平均水平需要增近一倍的库存空间。库存量较低的月份为五月份和三月份，其中，五月份的库存量只有28.02万吨，低于均值10万吨左右。综上，总体库存量在时间维度上波动较大，与之对应的存储空间必须在考虑该时间波动的基础上进行规划设计。

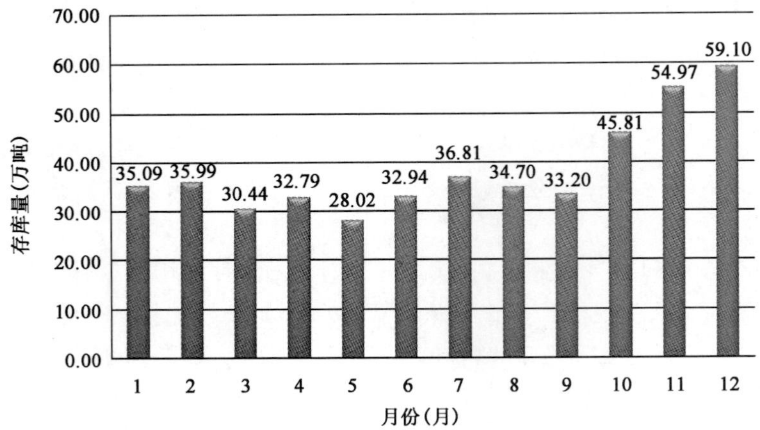

案例 8-3 图　2009 年总体库存量时间分布图

8.3.2.2　生产物流分析

8.3.2.2.1　生产物流分类

生产物流是指企业在生产工艺中的物流活动，即物料不断的离开上一供需，不断发生搬上搬下，向前运动，暂时停滞等活动，见图 8-3。这种物流活动是与整个生产工艺过程伴生的，实际上已构成了生产工艺过程的一个部分。其过程大体为：原材料、燃料、外购件等物料进入企业仓库或企业"门口"开始，进入到生产线的开始端，在进一步随生产加工过程并借助一定的运输装置，一个一个环节的"流"，在"流"的过程中，本身被加工，同时产生一些废料、余料。直到生产加工终结，再"流"至成品仓库。生产物流又可以更加细分为两大类：厂区物流与工序间物流。

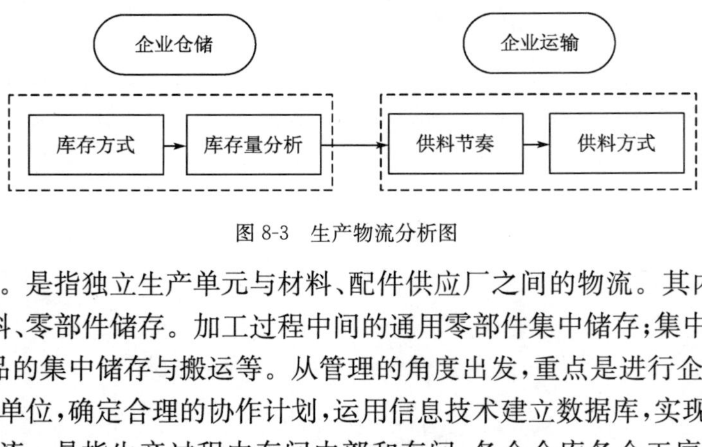

图 8-3　生产物流分析图

(1)厂区物流。是指独立生产单元与材料、配件供应厂之间的物流。其内容包括：各独立生产单元的原材料、零部件储存。加工过程中间的通用零部件集中储存；集中向生产工厂输送材料、燃料；产成品的集中储存与搬运等。从管理的角度出发，重点是进行企业内部供应链管理，合理布局生产单位，确定合理的协作计划，运用信息技术建立数据库，实现信息共享。

(2)工序间物流。是指生产过程中车间内部和车间、各个仓库各个工序、工位上的物流。其内容包括：接受原材料、零部件后的储存；加工过程中间的在制品储存；成品出厂前的储存；仓库向生产车间运送材料、零部件的搬运；各种物料在车间、工序之间的搬运。从管理的角度出发，重点是进行仓库、车间的合理布局；确定合理的库存量；确定各个工序之间的合理流向。

8.3.2.2.2　生产物流分析

对于企业生产物流，主要从三个方面来分析，第一个方面是物流品类分析，第二个方面是物料仓储分析，第三个方面是运输方式分析。这里主要分析的是倒运物料的品类，以及是否有必要进行倒运，是否可以通过其他的方式消除倒运。

（1）物流品类分析。在企业生产过程中，将带来诸多物料的倒运，倒运物料的品类随着生产工艺的特征以及车间的平面布局有着较大的变化，一般倒运的物流的品类包括：中间产品、中间废弃物、原燃料、产成品等，都计入了生产物流的范畴。生产物流包括两个部分，一部分是维持正常生产所带来的物料移动，这种是生产物流中的合理部分，需要匹配与之相适应的物流设施设备；另一部分是由于工艺流程、物流设施配备不合理，所造成的无序的、低效的物流，对于企业的倒运量是越小越好，因此，在对倒运的品类进行分析的时候，需要对倒运的必要性进行分析。对于倒运的必要性进行分析可以分为两个方面，一方面是能否通过工艺的改变，减少或者消除这种倒运，另一方面在于是否能够通过改变倒运的物流组织形式来降低企业的倒运费用，或者通过改变企业的运输方式来降低物流成本。对于两者之间的分析，对于运输方式的分析在下一步会做进一步的阐述，本节主要阐述工艺与物流的变更：一是由于工艺原因在生产过程中产生了中间产品或者是副产品，需要进入另一个工序或者进入销售的环节；二是由于仓储设施布局不合理，应该统一存放的产品无法得到集中化的仓储，因此，需要在各仓储设施之间进行倒运。仓储设施布局不合理的原因一般有两种，一种是因为物料的不均衡到达所造成，还有一种是由于基础设施布局过程中，仓储能力不足造成的。

（2）物料仓储分析。企业生产中还牵涉到诸多的仓储问题，主要包括原材料的仓储、半成品的仓储以及备件、辅料的仓储，对物料的仓储进行分析，确定合理的仓储方式以及仓储量。

①原材料仓储。主要是对原料、燃料等主要的生产资料的仓储进行分析，确定物料需求的总量，分析应该采用何种的仓储方式较为合理。原燃料的库存方式可以分为料场、料库等库存手段。库存方式而言，原材料的采购模式决定了其库存方式，对于大规模连续生产型企业而言，一般来说库存量比较大，与生产结合紧密，随时可能需要调用，大多数采用自有仓库的库存方式，但是应对某些集中到达，如：海运的煤或者矿，大多会采用租用少量堆场的方式来完成。对于离散型生产企业，原材料可能采用的是零库存的采购模式，或者是较少库存的模式，则只需要自己保有少量保证生产的中转库，则采用自营的库存方式，不同的模式对于原材料的仓储要求完全不同，需要对应进行分析。

②半成品仓储。主要是包括中间产品，或者工序间产品的仓储需求进行分析，详细分析所需要的库存总量，半成品的库存量波动较大，受上下游生产状况的影响，将会有不同的半成品仓储量，因此仓储规模较难确定，因为半成品仓储是中间产品，与生产的上下游衔接均比较紧密，半成品的库存方式大多采用自有仓储的模式。但是可以采用多种半成品共用仓库的模式，在工艺允许的情况下，建立联合库存。

③成品仓储。主要是产成品的仓储，仓储的总量由生产能力确定，但是其库存能力受企业的销售策略、营销能力影响较大。库存方式而言，有多种选择，有的企业是自己建设库存，有的将这部分及早推进流通环节，采用社会仓储的形式，或者针对不同的产品，采用不同物流模式。需要依据企业的具体情况进行分析。

（3）运输方式分析。一般厂内运输水运较少，一般水运作为联系厂内与厂外的运输方式，而厂区内的生产倒运主要以铁路、道路以及管道运输为主，在厂内运输中，不同的运输方式有着不同的特点。因此，在倒运的时候，尽可能以管道（皮带）运输为主，铁路运输次之，针对不同的物料特征，应选择不同的运输方式。尤其是针对运输量较大（≥20 万吨/年），考虑以皮带运输或者铁路运输为主，而对于小额较为灵活，不具备铁路与管道运输条件的倒运，则考虑以汽车运输为主，厂内运输对比见表 8-1。

厂内运输对比表 表 8-1

运输方式	运输特点	运输成本
铁路运输	运输稳定，运输量大。安全可靠，一次性投资较大，运输距离增大对成本影响较小	2 元/吨
公路运输	运输灵活，单次运输量较小，一次性投入小，但是后期运营费用较高	5～8 元/吨(3 千米以内)
管道(皮带)运输	运输稳定、运输量大。运输品类单一，安全可靠。一次性投资较大，是厂内运输的首选，但是受运输物料的限制(粉状物料为主)以及工艺要求较大	0.5 元/吨

8.3.2.3　销售物流分析

销售物流(Distribution logistics)又称为企业销售物流，是企业为保证本身的经营利益，不断伴随销售活动，将产品所有权转给用户的物流活动。在现代社会中，市场环境是一个完全的买方市场，因此，销售物流活动便带有极强的服务性，以满足买方的要求，最终实现销售。在这种市场前提销售物流营运模式下，销售往往以送达用户并经过售后服务才算终止，因此，销售物流的空间范围便很大，这便是销售物流的难度所在。在这种前提下，企业销售物流的特点，便是通过包装、送货、配送等一系列物流实现销售，这就需要研究送货方式、包装水平、运输路线等并采取各种诸如少批量、多批次，定时、定量配送等特殊的物流方式达到目的。

企业销售物流是企业在销售过程中，将产品的所有权转给用户的物流活动，是产品从生产地到用户的时间和空间的转移，是以实现企业销售利润为目的的，是包装、运输和储存等环节的统一。对于销售物流的分析，主要通过分析企业销售的品类、安全库存量、销售范围、销售的运输方式等方式来分析企业的销售物流，对企业规划提出支持。

(1)物流品类及物流量分析。销售物流的品类一般集中在企业的产品与副产品，不过针对不同的模式，物流总量与物流品类有可能发生一定的波动。一般来说，预约生产的物流品类与物流量较为固定，而订单生产的物流品类与物流量的波动较大，不易预测。对于销售的物流量分析，对销售库存量进行分析显得更有意义。但是影响销售库存的因素较多，尤其是销售库存受市场波动的影响较大，企业的控制能力比较低。此外，销售库存还受企业的销售策略、金融政策等营销较大，因此，它是一个综合性的指标，不仅仅反映的是企业的物流水平，也反映的是企业销售水平与综合水平。一般企业的安全库存天数设置在 5～7 天是比较合理的，但是依据产品的特性可能有所波动，尤其是某些针对特定用户，有特殊用途的产品，其销售的库存可以达到 20 天左右，若是超过了 20 天的销售标准，则将对企业的资金产生较大的压力。需要对企业的销售策略、销售渠道、销售方式进行诊断。销售物流分析见图 8-4。

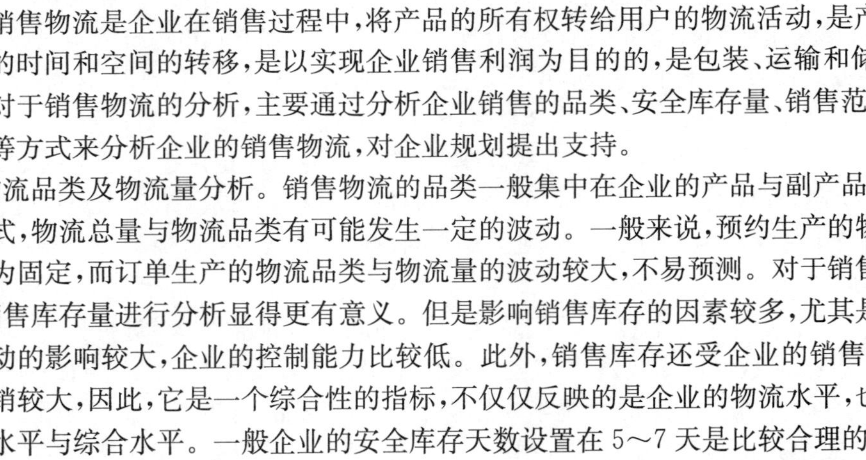

图 8-4　销售物流分析图

案例 8-4

菜鸟网络计划首期投资人民币 1 000 亿元，希望在 5～8 年的时间，努力打造遍布全国的开放式、社会化物流基础设施，建立一张能支撑日均 300 亿(年度约 10 万亿)网络零售额的智能骨干网络。菜鸟网络计划首期投资 1 000 亿元，在未来 5～8 年内打造一张遍布全国的超大规模物流基础设施网络，调动起现有机场、港口、公路的运输潜力，让全国任何一个地区做到 24 小时内送货必达。菜鸟网络主要利用先进的互联网技术，建立开放、透明、共享的数据应用平台，为电子商务企业、物流公司、仓储企业、第三方物流服务商、供应链服务商等各类企业提供优质服务，支持物流行业向高附加值领域发展和升级。最终促使建立社会化资源高效协同机制，提升中国社会化物流服务品质，打造中国未来商业基础设施。

目前，菜鸟已在国内十几个城市开建，拿下了多个地块，包括杭州、金华、海宁、广州、武汉、天津等，北京也在推进，但和上海的谈判进度较慢。“并不是说菜鸟网络要去做一家物流公司，我们要做的是整个基础设施，在物流网络上采取一部分自建、一部分合作的方式，由其他第三方仓储、快递、配送公司和我们的平台来对接。”阿里巴巴资深副总裁童文红说。

(2)销售范围分析。销售范围是销售物流能够延伸到的区域，对于销售范围的分析，主要是通过历年的销售数据，得出各个区域之间的销售量以及销售的发展趋势。对于销售范围的分析，主要影响是对于不同的销售区域的物流资源的配置，是否具备自建物流设施的必要性。

(3)运输分析。运输与销售范围有着密不可分的关系，针对不同的销售范围与销售距离，采用最为合理的运输方式，有利于降低企业的物流成本。不同的运输方式在不同的距离上的优势，在本文中就不在赘述。

随着社会物流节点的建设，物流园区等社会物流节点投入运营，物流干线运输的重要性得到了凸显，物流节点能够将趋于不同品类同一方向的进行集结，保证点对点之间的干线物流资源以一种较快的频率、较高的效率以及较低的成本进行组织，是未来销售物流组织的新的模式。

8.4 企业物流发展总体思路

8.4.1 企业物流发展战略分类

由于企业物流的定位、企业规模、物流规模不同，企业物流战略存在较大差异，针对物流执行主体的不同，可以分为自营物流战略第三方物流战略、物流产业化战略，以及供应链运作战略。

8.4.1.1 自营物流战略

自营物流战略是目前生产、流通或综合性企业(集团)所广泛采用的一种物流战略。企业(集团)通过独立组建物流中心，发展完善企业自我服务的物流系统(如天汽集团、海尔集团等大型企业)，实现对内部各部门、下属企业、连锁店，甚至零售终端的物流运作管理。这种模式在满足企业(集团)内部生产材料供应、产品外销、零售厂店供货和区域外市场拓展等企业自身需求方面发挥了重要作用。最为典型的企业(集团)自营型模式,就是通过组建自己的物流中心来完成对内部各企业、连锁店的统一采购、统一供应、统一配送和统一结算。

在自营型物流运作模式下,企业物流中心直接支配物流资产,控制物流职能,保证供货的准确和及时,保证顾客服务的质量,维护了企业和顾客之间的长期关系,有利于企业掌握对顾客的控制权,比较可靠。从长远看来,这种物流运作模式有利于企业(集团)控制全局,进一步降低生产运作成本,特别是物流运作过程的成本能得到更大程度上的降低,从而可以更好地为广大客户提供最大附加价值服务,这是提高企业核心竞争力的关键所在。但这种运作模式需要投入大量的资金购买设备、建设仓库和信息网络之类的专业物流设施。这对于规模不大的中小企业,尤其是缺乏资金的企业来说是一个沉重的负担。

8.4.1.2 3PL 物流战略

3PL 物流战略是指由物流劳务的供方、需方之外的第三方物流企业去完成物流服务的运作方式。也就是说,第三方物流服务企业以签订合同的方式在一定期间内为供方提供满足需方的物流服务,并依靠信息的集成产生增值,从而获得收益。第三方物流企业一般是具有一定规模的物流设施设备(仓库、站台、车辆等)及专业经验和技能的批发、储运或其他物流业务经营企业。它们利用专业设施和在物流运作方面的管理经验、技能,为顾客提供定制化的物流需求服务。第三方物流是物流专业化的重要形式,是否选择这种运作模式,将企业部分或全部物流服务功能从企业生产活动中剥离出去,要通过对企业物流功能剥离退出成本和物流经营费用进行科学的测算后进行决策。一般来讲,企业选择 3PL 往往出于以下原因:

(1)自营型物流运作模式并非合理选择。物流中心建设投资巨大,并有相当风险,若规模过小还会降低物流运作的效率。

(2)物流技术手段有限,无法承担诸如集装箱运输、铁路运输及国际运输等活动。

(3)对物流系统的高度化需求促使企业求助于具有专业物流运作经验和技能的专业物流代理企业。

8.4.1.3 物流产业化发展战略

物流产业化发展战略,是指将企业的物流部门,或者物流业务作为一个独立的向社会提供服务的公司进行运作,它是自营物流的延伸,也是自营物流的更为高级的阶段,具体来说,“社会化”发展是在为本企业提供“专业化”物流服务的基础上,将物资的采购、运输、仓储、配送、再制造等物流资源,通过规模化的第三方运作提高效益的管理职能从企业内部“剥离”,成立独立运营、独立核算的物流企业。依托现有物资管理系统的人员、设施、设备、物资和通过市场运作获得的物流资源,以母体企业的物资供应为基础,广泛吸纳和培育社会物流、行业物流、国际物流需求,发展为地区性、专业性的第三方物流企业,进而发展为大型国际物流贸易集团。物流的产业化发展在发展的高级阶段不仅仅提供物流服务,还可能延伸至为其他的类似企业提供供应链的服务,包括将同类的物资采购集中,以期获取采购的规模效应以及物流的规模效应。也可能发展成为贸易类的企业,在为其他企业采购的时候,开展某些稀缺的资源的贸易业务。物流产业化发展策略与供应链发展策略有部分相互重合的部分。

案例 8-5

煤炭企业物流产业化发展趋势

煤炭企业物流产业化发展趋势表 案例 8-5 表

公司	中煤平朔	开滦	神东	神华准格尔能源	冀中能源
运作模式	企业内部	独立企业化	企业内部	企业内部	独立企业化
需求、采购管理模式	一体化	分离	分离	分离	分离
寄售比例	30%	80%	15%	10%	60%
是否具备保税物流服务	是	否	是	否	否
库存管理模式	自主领料	集中配送	集中配送	自主领料	集中配送
回收利用管理情况	成立独立的物资回收管理部	各子公司独立负责	废旧物资管理站纳入物供中心	使用单位独立负责	各子公司独立负责

结合各公司的基础情况，对以上各项指标进行对比分析如下。

目前，中煤平朔、神东、神华准格尔还是作为企业内部的物资管理部门进行运作，通过部门间的考核来实现对物资储存供应环节的管理。

关于运作模式随着社会化物流的日益发展，目前开滦和冀中能源已经进入到了独立的社会化物流企业的运作阶段，以自身的物流业务为依托，同时开展其他煤矿企业的物流服务，甚至还拓展部分煤矿物资以外的社会化物流服务。而对于物资管理这一业务，作为独立的物资公司进行市场化的运作，物资公司与集团下属的煤炭生产单位间是市场结算关系。

除了这一运作模式外，还有专业化外包的服务模式，由于我们研究的主体都是大型煤炭企业，而从目前峰峰的业务发展来看，其所经营的面向外部企业的服务模式，其实就是源自于部分中小型煤炭生产企业物资管理服务外包的结果。

8.4.1.4 供应链运作战略

这是在第三方物流运作模式的基础上发展起来的，所谓物流供应链运作，就是以物流系统为核心的由生产企业、经由物流企业、销售企业，直至消费者的供应链的整体化和系统化。它是物流业发展的高级和成熟阶段，物流业成为社会生产链条的领导者和协调者，能够为社会提供全方位的物流服务。物流供应链的发展可进一步分为三个层次：物流自身一体化、微观物流一体化和宏观物流一体化。

物流供应链运作战略有两个层面，依据企业在供应链中的不同定位，分为供应链加盟商以及供应链链主。供应链加盟商是基于采用第三方物流的基础上，寻找能够整合供应链的第三方物流企业或者供应链服务商，通过采用专业的第三方物流乃至第四方物流服务商所提供的服务，加入整个产业链中，成为产业链的最为紧密衔接的一部分，通过信息系统、一体化运作，实现企业与上下游企业的紧密结合，达到供应链最优。供应链链主是指当企业规模达到一定水平，能够自己成为供应链物流服务的提供商，为整个供应链提供物流服务，整合整个供应链中的商流、信息流、资金流，将物流从成本中心向利润中心转型。

案例 8-6

某企业的供应链战略

H 企业，成立于 1994 年，注册资金 16 亿元，员工人数 5 500 人，是一家集研制、生产和销售数字视频、音频、信息产品整机及关键件于一体的综合性公司。它的供应链涉及原材料采购、物料供应、生产管理、仓储及物流管理、产品销售管理等多个领域，采购模式与结算方式多样，供应链环节较多，流程较长，供应商及料件体系庞大，统筹管理工作量大。物流并非其核心业务，公司的核心业务集中在与数字有关的技术，但是物流占用了企业大量的精力，并且物流成本居高不下。

公司通过将供应链业务外包给怡亚通这个专业的供应链服务商，将原有的多家供应商对企业、以及企业对多家下游客户的“多对一”“一对多”复杂模式转变为企业对怡亚通的“一对一”的运作模式见案例 8-6 图 1 和案例 8-6 图 2。

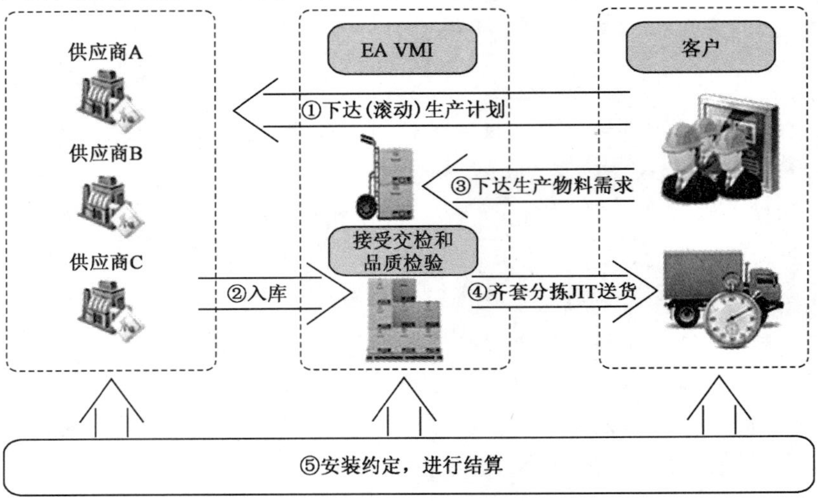

案例 8-6 图 1　怡亚通供应链服务方案

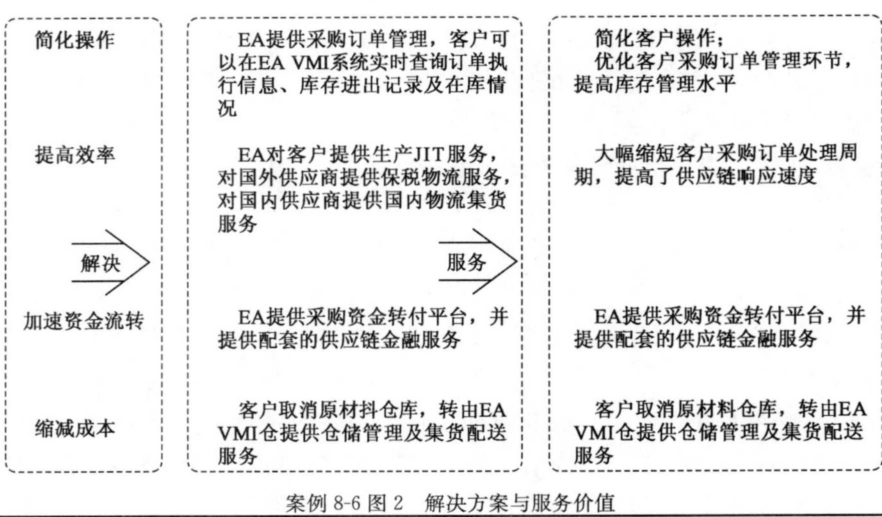

案例 8-6 图 2　解决方案与服务价值

8.4.2 企业物流发展战略选择

8.4.2.1 影响企业物流战略选择的因素分析

影响企业物流战略的因素比较多，但是总体来说能够分为如下几个类别，企业的发展战略、企业物流的重要度、企业物流所需要的资产规模以及使用频率以及社会物流的可得性四个方面的指标。

(1)企业战略。企业物流战略与企业战略是相辅相成的。物流是一种服务，是企业的“第三利润源泉”。企业建设现代物流系统的目的首先是为了实现企业的战略，因此，企业发展物流必须首先确定物流战略与规划对企业总体战略的协助作用。物流战略是企业为更好地开展物流活动而制订的更为具体、操作性更强的行动指南，它作为企业战略的组成部分，必须服从企业物流的战略要求，并与之协调一致。

(2)企业物流重要度分析。企业物流的重要度分析是指物流在企业中的重要度分析。虽然物流对企业均拥有举足轻重的作用，但是不同的重要度，对于企业制订有着不同的含义。关乎于企业对物流的重视程度以及对物流投入的意愿。企业的重要度分析主要从企业物流成本在整个生产成本中的占比以及物流保障(物流效果)对于企业的重要程度，比如连续型生产企业，某一种原料的缺货，将会导致全部生产设施的暂停，将为企业带来较为严重的后果。企业物流客户服务水平等因素确定。不同的阶段，企业物流重要度并不相同。企业物流的重要度不一样，则物流战略不一样。

(3)企业物流资产经营能力。企业物流资产经营能力是指企业运营物流的能力，它主要体现在企业经营物流的成本上，即单位物流投资所能够产生的效益。它取决于两个因素，第一个是企业物流的特质，包括企业物流的季节性不均衡性、企业资产需要投入的资产规模，企业物流特性等。第二个是企业物流的组织者的具体情况，包括企业物流的组织能力、企业物流的负担、企业性质等。它的最终表现是企业物流成本与社会物流成本的相互关系。

(4)社会物流可得性。社会物流的可得性主要体现的是企业在社会获取的物流资源的容易程度，对于地区的物流资源有的属于供给比较充分，如东部发达地区，物流资源的可得性较高，物流园区等社会物流资源比较丰富，有的地区物流资源获得较为困难，或者具有明显的时间或空间的不均衡性，比如，新疆地区的物流资源(大车)主要以陕、甘、川、滇的车辆为主，在冬季车辆均返回原籍，造成物流资源的匮乏，在这种情况下，则需要考虑保有一定量的自有车辆以应对社会物流资源的不均衡性。这就会要求企业，尤其是货运量较大的企业不得不保有一定量的大型货运汽车，以满足冬季的运输要求，或者建设大容量的仓储设施，以满足生产要求。这种条件下，企业的物流战略需要随之进行一定的调整。社会物流的可得性包含两个层次的内容，一个是是否有足够的物流供给(物流车辆、装卸设施)等，另一个是是否有具备具有运营能力的物流企业。

8.4.2.2 企业物流战略选择

企业物流战略因企业物流能力要求和目标的不同，分为不同层面的战略选择，有全局性战略、结构性战略、功能性战略等。

(1)全局性战略。全局性战略是发展战略的核心,是战略思想的集中反映,是一种长期的目标和总方向,为最高战略,统领全局。比如上文讲述的自营战略、3PL 战略、供应链战略等,指的就是这种全局性战略。

(2)结构性战略。物流系统结构性战略的目标是不断减少物流环节,消除供应链运作过程中不增值的活动,提高物流系统的效率。结构性战略包括通路设计、物流网络规划。通路设计包括重构物流系统、优化物流通路等,通过提高物流系统的敏捷性和响应性,使供应链成本最低。物流网络分析是物流管理中的意向重要的战略工作,它为物流系统的优化设计提供参考依据。

(3)功能性战略。功能性战略主要包括进出货管理、库存管理、订单管理和运输配送管理等方面,内容主要有运输工具的使用与调度、采购与供应、库存控制的方法和策略、仓储作业管理等。

8.4.2.3　全局性战略内容

全局性战略是整个企业物流战略的统领,结构性战略以及功能性战略是对于全局性进一步分解,在本文中,主要考虑如何制订最高层面的全局性战略,见图 8-5。并且考虑在全局性战略规划的基础上,如何对企业的运营、企业的基础设施进行规划。企业物流选择的因素较多,企业发展战略、企业物流重要度分析、企业物流资产规模以及社会物流可得性是企业物流选择的四个关键性因素,但是不同的因素之间的选择关系也有所区别,在选择的过程中,四个主要因素也需要进行进一步的细分,具体影响企业物流战略的因素,可以进一步细分为如下几个因素综合考虑各种影响因素,选择企业成本最低、物流运作效率最高的物流组织模式。

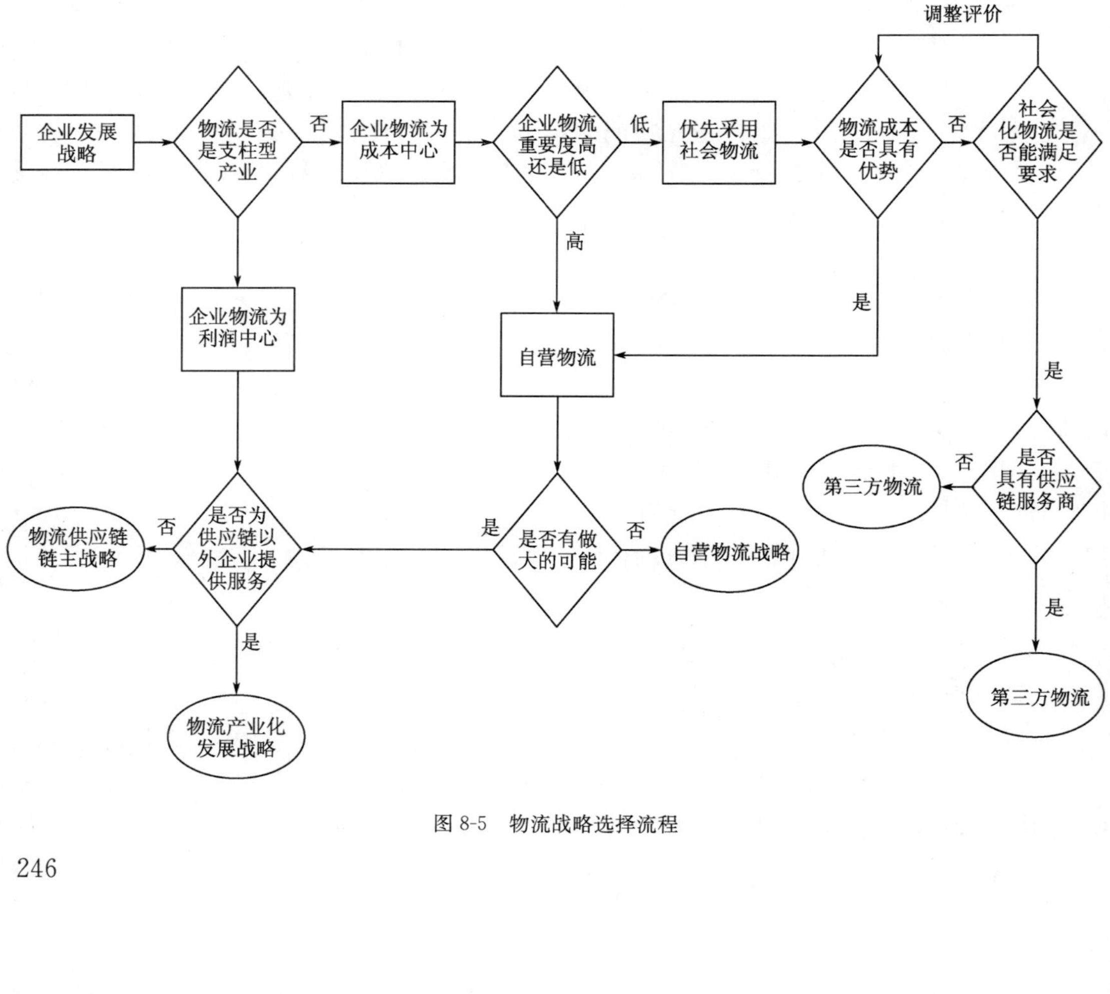

图 8-5　物流战略选择流程

(1)企业战略层面。包括:主业与物流产业之间的关系、轻资产的发展模式还是基础设施投入型的发展战略。

(2)物流重要度。主要是:企业物流子系统是否构成企业的核心能力、物流业务对于企业是否具有战略意义、物流产业是否具有做大的潜力。

(3)企业物流经营能力。涉及完成物流业务是否有相应的功能设施以及资金实力、企业成本是否有竞争力。

(4)社会物流可得性。分析企业是否具有社会化的条件、社会化物流的成本、社会物流的服务水平等。

当自营模式发展到一定阶段,企业自身的物流服务能力大幅提升,整合能力超强的基础上,可以将自营物流拓展,提供社会化的服务。自营模式往往针对某一个专业领域,能够提供其他企业所不具备的专业物流服务,同时自营物流的社会化,一般以本企业的集团为基础,在业务量得到一定保证的情况,进一步向外拓展,提高自身物流设施、设备的利用率,为企业创造价值,是自营物流发展的高级方向。尤其是对某些资源型企业而言,当资源采掘将近,留下了大量物流设施与物流服务人员,更可能采用此种方式,将物流作为支柱产业进行发展。自营物流的二次选择,主要考虑的因素包括:自营物流专业化水平、主业的盈利水平、所处地域的产业集中程度等。外包的物流模式进一步发展,尤其是随着供应链水平的提升,外部提供的物流能力更强,外包物流的模式能够进行第二次选择,是依然采用简单的外包,还是采用供应链集成的方式来管理物流。由专业的第三方供应链服务区机构,对企业的上下游企业进行整合,以信息技术为依托,以专业化的物流服务商为载体,打造完整的供应链体系。外包物流的供应链发展的二次选择,主要考虑的因素包括:物流供应链提供商的能力、企业上下游企业的物流模式、企业的信息水平等。

8.5 企业物流运营管理规划

企业物流运营管理规划主要是指在企业物流战略的指导下,构建相应的物流组织机构,划分企业物流运营管理的职能,使企业能够顺畅运营。

8.5.1 自营物流系统管理模式

自营物流管理模式是指传统的将物流工作全部由本企业完成,这种物流组织模式的主要任务是将生产任务进行分解,传达到物流各个环节,并组织各个环节的物流活动,满足生产要求,见图8-6。一般自营物流的管理模式是按照生产的环节进行组织,划分为不同的组织架构与组织形式(供应物流、生产物流、销售物流、废弃物流);基于自营物流主要与企业生产相挂钩,因此,一般考虑设置一个与生产衔接的部门,称为物流调度中心或者物流计划中心,统一协调物流各个环节之间的关系。还有一种物流的组织形式,是按照企业的物流环节来组织企业物流,这种组织形式一般采用如下构架。

(1)物流计划。自营物流管理体系的灵魂,它主要负责与生产计划进行衔接,将生产计划所需要的物流保障转化成为一个个物流任务,并将其下发给物流执行的各个部门。

(2)物流调度。针对生产计划的变化,或者由于物流作业出现的突发性事故、变故来调整物流作业，是对物流计划的补充，对物流作业进行实时的调整。

(3)物流执行。包括运输、仓储、装卸、包装等部门，负责物流的各个环节的具体操作，是物流最终落实的机构。

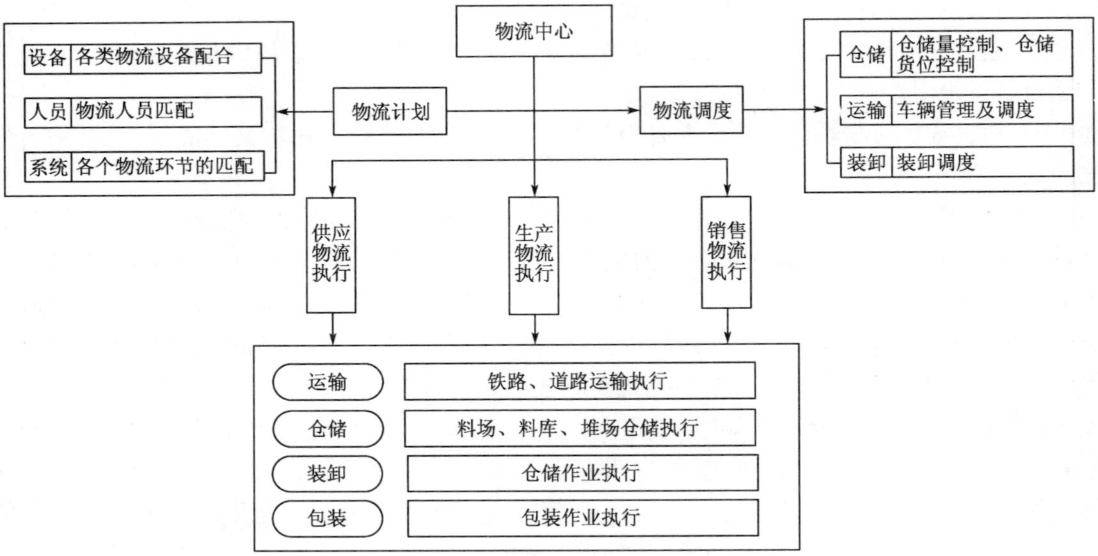

图 8-6 自营物流运营组织模式图

8.5.2 3PL 物流系统管理模式

3PL 物流管理模式，是指企业将自身的物流业务进行外包，由第三方物流公司来完成企业物流的组织工作，在这种物流组织模式下，企业的物流组织主要是将生产计划转变成为物流计划，并将其传达到第三方物流企业，第三方企业按照生产计划的要求，合理安排物流资源，完成物流活动，见图 8-7。并且对第三方物流企业进行考核，进行结算。并依照第三方物流企业的工作效益，对其进行准入、评级、奖惩等经营管理。在这种模式下，物流组织架构主要隶属于生产部，与生产部进行结合。

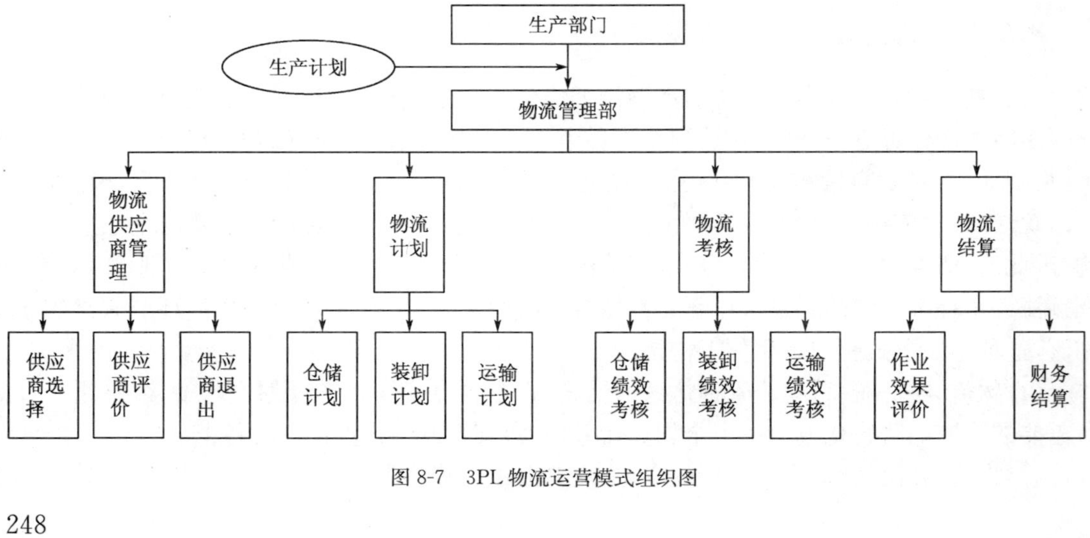

图 8-7 3PL 物流运营模式组织图

8.5.3　供应链一体化运作物流管模式

企业物流一体化战略，主要是在互联网经济发展的基础上，通过信息技术，将核心企业的上下游企业整合进入一个综合的平台，通过信息共享、物流共享等方式与手段，实现整个供应链物流的最高效组织。企业供应商能够看到核心企业的库存状况，以确定自身补货的时机以及补货量的大小，核心企业能够依托实施了解经销商数据，以安排自身的生产组织安排，确定合理的产品品类以及产品数量。并且通过对于经销数据的调整，来确定自身的产品结构以及新产品的研发方向。

供应链管理中心一般下设采购管理、销售管理、仓储物流、信息中心四个部门，采购管理主要给供应链企业提供原料采购以及辅料采购计划，通过信息手段，使得供应链成员能够接收到原料、辅料采购的需求，销售管理部主要与物流部进行结合，将形成好的销售计划交由仓储物流部，由仓储物流部组织供应链的物流服务商提供物流服务。仓储物流部主要负责对于三方物流企业的、仓库进行管理，能够提供合理的物流服务。信息中心主要负责整个供应链企业的信息维护及对供应链的信息进行分析，为采购管理部、仓储物流部对于供应链企业上的企业的选择提供技术的支持。供应链一体化运营组织模式图如图 8-8 所示。

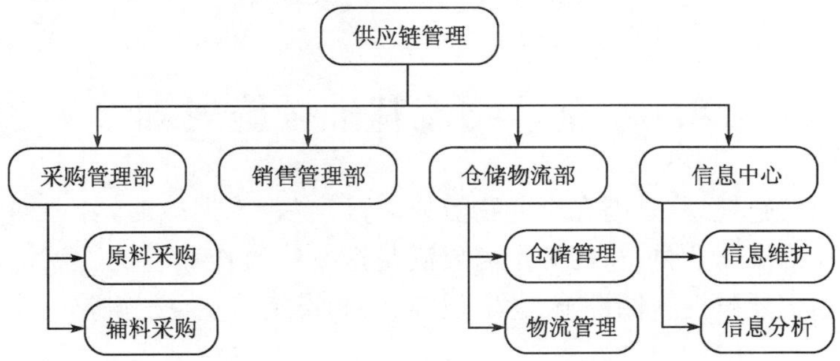

图 8-8　供应链一体化运营组织模式图

8.5.4　物流产业化物流运作管理模式

物流产业化是在自营基础上进行提升的产业化。一方面为企业内部物流进行服务，另一方面为以内部物流为基础，利用自身的物流网络优势，为社会提供物流服务。通过批量采购、集约化干线运输等商务、物流方式以期降低自身以及整个供应链体系的物流成本，见图 8-9。

这种组织模式，有两个泾渭分明的模块，一个是对内服务的模块，一个是对外提供服务盈利的模式。对内服务的模块，主要是接收母公司的采购部门、生产部门、销售部门所提报的采购计划、生产计划或者销售计划。其中，采购计划由采购部制定，实施采购活动。生产、销售部门所需要的物流服务，则由物流部接受相应的指令，完成物流过程。并且需要完成对于企业供应商的管理，寻找优秀的供应商，设立供应商管理部。并且完成与母公司的财务结算，设定财务结算部。

对外服务的模块的主要功能是对外提供服务，或者对外进行相关产品的贸易。因此，设置市场营销部，在社会上寻找需要提供物流服务以及贸易服务的企业。设立采购部，与物流部，分别进行货物的采购以及提供物流服务，这两个部门可以与对内服务的模块进行合并，统一采购、统一开展物流服务。贸易中心主要开展会展等贸易活动。财务结算部主要针对外部社会企业进行财务结算。

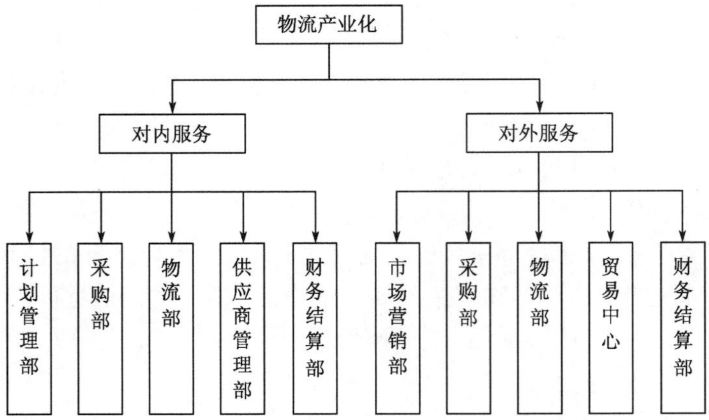

图 8-9　物流产业化运营组织模式图

8.6　企业物流基础设施规划

企业物流基础设施规划，是指在企业物流战略确定后，依据战略，合理划分不同模式下的物流作业品类以及物流作业量，从而确定需要满足这些物流作业量的物流设施的规模。企业物流基础设施规划主要包括仓储设施、运输设施、装卸设施、包装设施等，本节中重点介绍仓储设施、运输设施、装卸设施的规划方法。

8.6.1　仓储设施布局规划

库存是反映企业管理水平的一个重要指标，大多数企业管理问题都能够通过库存问题掩盖，仓储设施规划指在企业物流模式确定的基础上，依据仓储特性、仓储需求，合理布局自身的仓储设施、设备。综合利用社会资源与企业自身资源，达到效率与成本最优，主要包括仓储需求分析、仓储模式分析、仓储选址分析、仓储设施选择四个步骤，见图 8-10。

8.6.1.1　仓储需求分析

(1)仓储总量分析。主要通过工艺的需求，分析出某个企业所需要的运输总量，一般设计以年为单位。可以通过生产设施的能力进行估算。

(2)合理库存量分析。根据不同的企业，将会设定不同的合理库存标准，这个指标与企业的方方面面均有着复杂的关系，也是设定企业库存的难点。比如，销售的合理库存受销售策略、市场环境的影响较大。原料库存收到运输能力、原料企业供货能力、国家政策等营销较大。并且其中不可控的因素较多。一般需要企业物流管理人员通过多年经验积累，综合行业数据来综合确定。

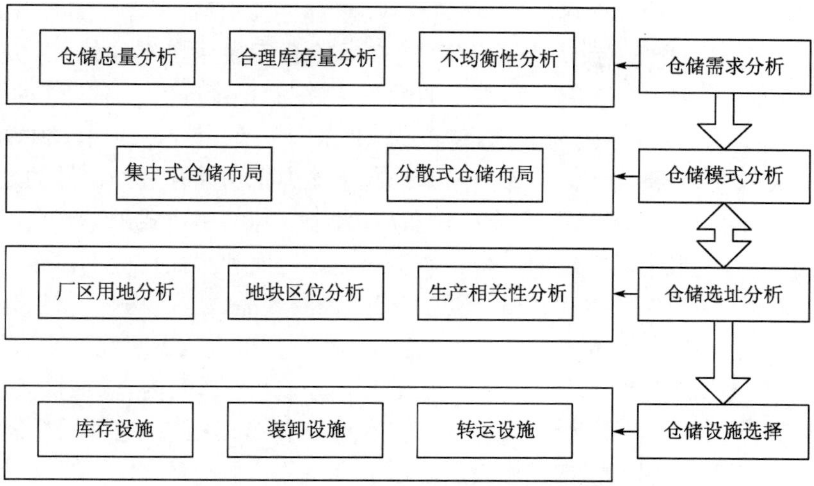

图 8-10 仓储设施规划流程图

8.6.1.2 仓储模式分析

仓储的模式往往是在企业物流战略的前提下，制订企业仓储模式，制订企业仓储模式首先是在企业物流战略的指引下，依据需要仓储的对象特征，来确定企业的仓储模式。主要解决以下几个问题：

(1)哪些物资自己仓储，哪些物资可以利用第三方的资源。

(2)自身仓储的设施主要考虑与生产进行配套，考虑周转库存与安全库存之间的关系。

(3)考虑自身仓储物资的比例。

(4)根据用地状况，确定集中仓储模式，或者是分散仓储的模式。

(5)根据仓储模式，确定是采用机械化仓储装卸手段还是采用传统仓储装卸手段。

8.6.1.3 仓储选址分析

企业物流规划中仓储选址相对简单，主要分为两个方面进行考虑，与生产紧密相关的，使用频率较高的仓库，必须紧邻生产设施布置，比如企业生产的料场、原料库等。

与生产相关度较小，使用频率相对较低的仓库，依据企业用地条件，选择仓库地址。若有集中的土地，尽量采用仓库集中布局的方式，提高仓库利用效率，同时减少库管人员。若用地条件受到限制，无集中仓储布局的土地，则可以考虑分散布局的方式。此外，企业的仓储设施选址还应遵循以下两个原则。

(1)企业的公用性资源的仓库尽量布置在厂区的中心位置，以便于企业物流配送。

(2)企业对外的仓库，包括外运进厂的原料仓库以及外发出厂的成品仓库，则考虑主要布置在厂区的边缘，与外界交通联系较为便利的区域。并考虑由于外来车辆排队等候所需要设置的停车等待区域。

8.6.1.4 仓储设施选择

仓储设施依据不同的结构可以分为单层仓库、多层仓库、圆形筒仓、立体仓库、露天仓库等。依据仓储对象不同、仓库使用性质、用地紧张程度、地块大小，选择不同的仓库形式，具体仓库形式及适用度如下。

(1)单层仓库。适于储存金属材料、建筑材料、矿石、机械产品、车辆、油类、化工原料、木材及其制品等。水运码头仓库、铁路运输仓库、航空运输仓库多用单层建筑,以加快装卸速度。单层仓库的总平面设计要求道路贯通,装运的汽车、铲车能直接进出仓库。这种仓库一般采用预制钢筋混凝土结构,柱网一般为 6 米,跨度为 12 米、15 米、18 米、24 米、30 米、36 米不等。地面堆货荷载大的仓库,跨度宜大。库内吊车的起重能力根据储存货物单件的最大重量确定。起重量在 5 吨以下的可用单梁式吊车或单轨葫芦,大于 5 吨的用桥式吊车。仓库要求防潮,如供储存易燃品之用,应采用柔性地面层防止产生火花。屋面和墙面均应不渗水、不漏水。

(2)多层仓库。一般储存百货、电子器材、食品、橡胶产品、药品、医疗器械、化学制品、文化用品、仪器仪表等。底层应有卸货装货场地,装卸车辆可直接进入。货物的垂直运输一般采用 1.5~5 吨的运货电梯。应考虑装运货手推车或铲车能开入电梯间内,以加快装卸速度。多层仓库常用滑梯卸货。滑梯多用钢筋混凝土结构,水磨石打蜡作面层;也可用金属骨架,钢板面层,但要防止钢板生锈或用不锈钢板作面层。多层仓库如单位荷载大于 500 千克,可用无梁楼盖。仓库内一般不粉刷,原浆勾缝刷白即可;储存百货、药品、食品、服装的仓库内要粉刷,以防缝中藏虫。多层仓库中的"立体仓库"的存储和提货应用电子计算机,实现机械化。这种仓库占地面积小,节省人力,但储存货物类别有一定范围。

(3)圆筒形仓库。一般储存散装水泥、干矿渣、粉煤灰、散装粮食、石油、煤气等气体。圆筒形仓库的建筑设计根据储存物品的种类和进卸料方式而确定。库顶、库壁和库底必须防水、防潮,库顶应设吸尘装置。为便于日常维修,要设置吊物孔、人孔(库壁设爬梯)、量仓孔和起重吊钩等。圆筒形仓库一般用现浇预应力钢筋混凝土结构,用滑模法施工。储油库和储气库则用金属结构。要注意仓库的通风,每层仓库的外墙上应设置百叶窗,百叶窗外加金属网,以防鸟雀。危险品库如储油(气)或储化工原料的仓库必须防热防潮,在屋面上加隔热层或按防爆屋面设计,出入口设置防火隔墙,地面用不产生火花的材料,一般可用沥青地面。储油库要设置集油坑,食品仓库要防蚁防蜂。

(4)立体仓库。货架自动化立体仓库简称立体仓库。一般是指采用几层、十几层乃至几十层高的货架储存单元货物,用相应的物料搬运设备进行货物入库和出库作业的仓库。由于这类仓库能充分利用空间储存货物,故常形象地将其称为"立体仓库"。自动化立体仓库,也叫自动化立体仓储,物流仓储中出现的新概念,利用立体仓库设备可实现仓库高层合理化,存取自动化,操作简便化:自动化立体仓库,是当前技术水平较高的形式。自动化立体仓库的主体由货架,巷道式堆垛起重机、入(出)库工作台和自动运进(出)及操作控制系统组成。货架是钢结构或钢筋混凝土结构的建筑物或结构体,货架内是标准尺寸的货位空间,巷道堆垛起重机穿行于货架之间的巷道中,完成存、取货的工作。管理上采用计算机及条形码技术

(5)露天仓库。露天仓库是指物资进行露天存放的场所。一般主要通过对于地面进行地平以及承载力的处理,在地面外围通过围墙等防护措施进行防护后,形成较为简单粗放的仓储场地。露天仓库是置放不怕风尘雨货物的仓库,其主要的代表为:露天料场、钢材库、木材库等,露天仓库一般面积较大,作业设施相对简单,以存放大宗原材料,或者大型备品备件等物资位置。

8.6.2 运输规划

对于运输设施网络的规划主要从运输需求分析入手,结合运输需求,将确定的运输量依据

工艺要求，分配到道路的路段上，见图 8-11。厂区道路的通行能力基本都能满足企业物流需求，而容易产生拥堵的点主要在于交通工具需要停留的点，因此，对于作业点的分析是解决企业道路拥堵的主要途径。在完成这些分析后，对运输路网进行调整，对运输设施进行重新布局，完成企业物流规划中运输规划的部分。

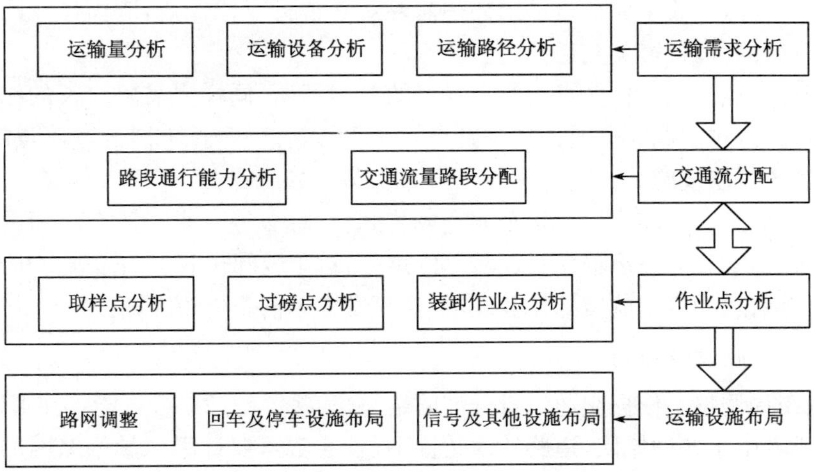

图 8-11 运输设施规划流程图

8.6.2.1 运输需求分析

具体来说，运输需求，主要是分析，厂区物流的物流量、物流特征等指标，是运输设施的作业对象。

(1)运输量分析。这个指标在生产型的企业一般由设施设备的生产能力来确定，不同的生产设施，需要将不同的物料进行加工，会产生运输量。运输进厂的运输量分析，企业内转(生产)的运输量，以及成品出厂的运输量。

(2)运输设备分析。不同的物流量、不同的物流需要不同的物流设备来满足，物流设备选型能将生产系统所需要的运输量转化成为每日的车数，每日车数是进行交通流分配的基础。

(3)运输路径分析。不同品类的物资其运输的起始点不一样，因此，其运输的路径不同，根据每种品类的物资的起始点，结合厂区内部物流通道的情况，将运输车数按照合理的结构分配到每一条通道上，为交通流分配提供基础。

8.6.2.2 交通流分配

(1)路段通行能力分析。每一条路段根据其道路宽度、道路坡度以及转弯半径、作业点的多少，其路段的通过能力有所不同，依据不同的道路特性，合理的测算道路通行能力，为道路交通流量的路径分配提供依据。

(2)交通流量路径分配。通过运输路径分析，能将不同的车数分配到各条路段上，通过路段通行能力分析，对比每一条路径上车流量，能够得出每条道路的拥堵程度，根据不同道路的拥堵程度，将拥堵道路的车流量进行合理的分流，完成交通流分配。

在厂区内往往存在物流车辆与人流车辆混行的状况，尤其是大宗物资的运输通常使用大型车辆，容易造成交通隐患，在对交通流进行分配时，需要考虑人流与物流的分道行驶，或者采用错峰的形式，对于人流集中的时间段，限制物流量，达到分流的目的。

8.6.2.3　作业点分析

(1)取样作业点。大宗原材料进出往往需要对其进行取样作业，取样作业的时间较长，需要考虑车辆等待的区域，避免交通拥堵。

(2)过磅作业点。过磅作业点为车辆计量的集中场所，同样也需要较长的作业时间，应该设置车辆等待的区域。同时需要计算过磅点的时间，以合理安排不同的过磅点的作业品类及作业总量。避免过磅设施的忙闲不均。

(3)装卸作业点。装卸作业点是企业完成装卸作业的场所，它一般在车间内部，或者在相对独立的区域，它实现的是运输向仓储转移的过程，对于装卸作业点的需要分析其作业时间及高峰作业量，针对较为集中的装卸作业区域，需要设置车辆等待的区域。

8.6.2.4　运输设施布局

(1)路网布局调整。依据交通流量分配的结果，某些关键性路段可能存在道路通过能力不足的现象。或者由于各种原因，道路的通达性不佳，通常需要计算区域内路网的可达性，确定需要拓宽的道路，或者需要打通的交通通道，实现道路资源的合理分配。

(2)回车及停车设施布局。回车设施是指车辆掉头的区域，而停车设施是指车辆暂时停放，等待作业的区域。回车设施主要依据车辆的作业路径进行分配或者依据车辆在车间内的作业特性进行设置。停车实施布局往往与交通作业点进行配合，或者在厂区内布局集中的停车设施，通过叫号管理等管理优化手段，使得有序行驶。

(3)交通信号及其他运输设施。针对交通流量较大的区域，可以采用交通信号、道路渠化等措施，缓解交通压力。将道路无序运输的状况改变成为道路有序运输的方式，能够从管理的角度提高道路的通过能力。

8.6.3　装卸设施规划

装卸是指随物品运输和保管而附带发生的作业，是物流作业中的一项职能，见图 8-12。具体来说，它是指在物流过程中对物品进行装卸货。搬运移送、堆垛拆垛、放置取出、分拣配货等作业装卸活动的基本动作包括装车(船)、卸车(船)、堆垛、入库、出库以及连接上述各项动作的短程输送，是随运输和保管等活动而产生的必要活动。装卸在企业中往往不被企业重视，但是装卸作业点却往往是企业作业的重要瓶颈之一，需要对其进行合理布局。

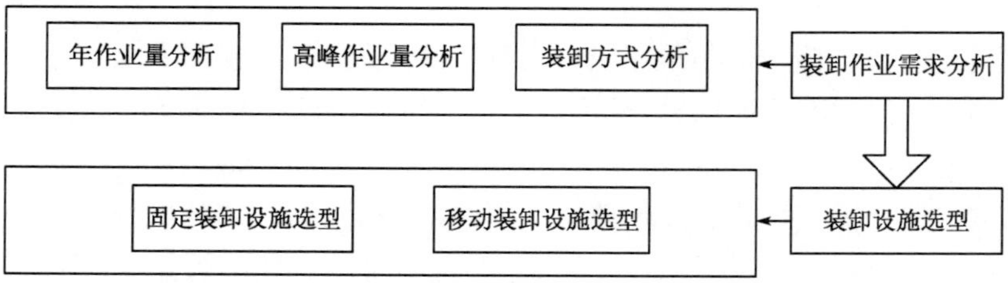

图 8-12　装卸设施规划流程图

8.6.3.1 装卸作业需求分析

装卸作业需求主要包括年作业量分析、高峰作业量分析和装卸方式选择三个部分。

(1)装卸年作业量。装卸年作业量是指企业某一类物资需要装卸的总量，该作业量往往由生产工艺确定。一般以年作业量作为衡量标准。

(2)高峰作业量。高峰作业量一般与运输的不均衡性产生，由于到达不均衡，因此需要在集中的时段内将车辆的物品卸下。高峰作业量一般由车辆集中达到的峰值量以及装卸时间要求两个部分确定，某些物资的装卸一般有时限要求，比如铁路车辆要求在24小时内卸下，否则将有局车停时对企业进行考核。高峰作业量以及高峰作业的频率是决定企业配置装卸设备的核心考虑因素。

(3)装卸方式分析。装卸方式的分析一般依据装卸的年作业量以及高峰作业量选择，其考虑的因素主要包括：装卸作业量的大小、装卸对象的最大质量、装卸的时间要求等。

依据不同的装卸对象，首先可以分为人工装卸与机械装卸两种方式。而机械装卸方式一般可以分为可移动装卸设施以及不可移动设施两类。

8.6.3.2 装卸设备选型

装卸设备选型是企业装卸设施规划中最为重要的环节，大量采用的是固定类的装卸设施，如天车、龙门吊等，一旦其装卸设施确定，则难以对其进行移动或者更换。装卸搬运设备是用于商品的出入库、库内堆码以及翻垛作业。这类设备对改进仓储管理，减轻劳动强度，提高收发货效率具有重要作用。装卸设备分为两大类，散装料装卸机械以及仓库用装卸设备。散装料装卸机械包括：装载机、装车机、卸车机、斗轮堆取料机、链斗卸车机、螺旋卸车机、气力卸车机等。仓库中所使用的装卸搬运设备通常用可以分成三类：

(1)装卸堆垛设备。包括：桥式起重机、轮胎式起重机、门式起重机、叉车、堆垛机、滑车、跳板以及滑板等。

(2)搬运传送设备。包括：电平搬运车、皮带输送机、电梯以及手推车等。

(3)成组搬运工具。包括：托盘、网络等。

第 9 章 物流基础设施规划

物流基础设施的建设问题是几乎所有物流规划中均涉及的内容，同时，随着现代物流基础设施的大型化和网络化，针对单个或多个物流基础设施的布局、建设、运营等问题，也需要进行专项规划。

9.1 设施规划作用

9.1.1 基础设施的特征

9.1.1.1 基本概念

9.1.1.1.1 对物流基础设施的认识

为科学开展物流基础设施规划，使规划能够分类指导物流基础设施的空间布局、建设和运营，并使各种物流基础设施在构建物流服务网络中能实现功能匹配，同时对既有物流基础设施进行有效整合，需要对物流基础设施的属性和类型进行正确的认识。对于物流基础设施，目前有广义与狭义之分，广义的物流基础设施指为物流的整个环节或部分活动提供组织服务的设施。狭义的仅仅指物流园区、物流中心和配送中心等专门为物流供应链管理提供节点支持的设施。按照物流的实质和对资源进行整合的特征，为发挥基础设施规划的作用，应按照广义概念认识物流基础设施。

9.1.1.1.2 物流基础设施的概念

物流基础设施是指在供应链的整体服务功能上或供应链、物流活动的某些环节上，满足企业物流或物流企业的物流组织与管理需要的、具有综合或单一功能的场所或设施系统的统称。通常意义上，物流基础设施包括物流园区、物流中心、配送中心、各类仓库、货场、各种运输方式的运输枢纽、集装箱站、中转站、货运站等货运功能为主的设施。

9.1.1.2 主要特征

9.1.1.2.1 物流基础设施的分类

从满足物流企业及企业物流对物流基础设施功能需求的角度，考虑到物流基础设施在空间分布上具有相对集中或分散的组织关系与分工关系，物流基础设施可以分为两大类：一类指位于物流、生产、流通企业或货流较为集中地区，提供物流的组织管理服务的专门化设施，包括物流园区、物流中心、配送中心；另一类指处在不同物流活动环节和不同空间位置上，具备满足单个或多个物流活动管理功能的专业化设施，包括各种运输方式的运输枢纽、场站、仓储设施等。

9.1.1.2.2 物流基础设施的特征

根据物流基础设施的分类，物流基础设施具有与分类相对应的基本特征。对于专门化设施，主要是具有供应链物流节点特征，为物流企业、生产、流通企业等提供供应链物流管理与服务网络建设支撑，具有功能多样化、服务个性化和设施共用性等特点；对于专业化设施，主要特征是通过加入物流服务系统，为相关物流活动提供基本功能、公共性服务组织功能等特征。

9.1.1.2.3 物流基础设施规划的侧重点

与特定区域范围内的物流基础设施规划主要解决整体布局与功能分工有所不同，对物流基础设施规划进行专门叙述，主要侧重解决单个物流基础设施的功能、平面布局、建设与运营模式等较为微观层次的规划问题，也是在区域性物流产业发展规划基础上，对基础设施规划问题的具体化，是区域物流业发展规划的下一层次的专项规划。

9.1.2 基础设施规划的作用

9.1.2.1 制定规划的必要性

9.1.2.1.1 区域物流产业发展规划对物流基础设施规划的要求

根据区域性物流产业发展规划，从区域物流组织与服务的角度、物流业发展和物流管理与服务运作，对物流基础设施具有系统性的需求，涉及物流基础设施的空间布局、组织结构、基本功能、发展关系等，以及为物流产业发展提供基础支撑的各种运输方式的布局、仓储设施、城市市政设施等的布局等。由于基础设施的建设和发展既涉及占用土地等稀缺资源，又涉及对既有空间布局、功能等不适应物流产业发展要求的设施的整合，为避免重复建设和提高基础设施的功能和使用效率，需要对区域物流基础设施建设与发展问题进行系统规划。

9.1.2.1.2 制定物流基础设施规划的必要性

区域物流系统由功能明确、布局位置合理和运作关系紧密的单个基础设施构成，根据区域范围内物流基础设施系统与单个物流基础设施的关系，考虑到通过完全的市场途径实现单个物流基础设施在布局与功能上与区域性物流基础设施系统发展吻合的难度和可能对资源造成的浪费，有必要对各种类型的物流基础设施进行专门规划，特别是规模较大、功能较为齐全、地理区位重要的物流基础设施进行规划，对完善单个物流基础设施功能与布局，对提高各个基础设施之间的服务衔接与功能匹配关系，具有非常重要的作用。

9.1.2.2 规划的意义与作用

鉴于对单个物流基础设施建设与发展进行规划的必要性，考虑到物流基础设施在物流组织管理、产业培育和产业提升发展方面的作用，以及内部功能完善的需要，物流基础设施建设与发展规划的意义与作用主要体现在以下四个方面。

9.1.2.2.1 提升物流组织化水平与管理能力

物流基础设施规划的作用首先是从物流组织与管理的角度进行规划，物流基础设施建设的主要依据就是一定区域范围内的物流组织化水平，目前比较多地通过物流基础设施完成的物流量与所在区域物流总量的百分比进行量化。但是，从不同区域物流活动的内容和结构差异角度分析，这种量化具有一定的区域性特征和不同物流活动的针对性，在理论上尚很难找到统一的指标，需要具体问题具体分析。但总体上分析，确定量化指标是目前可行的分析方法，物流基础设施规划方案的形成及规划的具体实施，将有利于提升物流服务的组织水平与物流运作管理的功能与能力。

9.1.2.2.2　强化物流基础设施的经济开发功能

在物流基础设施的规划过程中，其建设的外部环境、地理区位和功能，作为大型物流基础设施建设项目，物流基础设施因依托的产业聚集环境和产业规模，导致其具有经济开放功能。物流基础设施的经济开发功能首先表现为新建设施的开发功能和既有设施及资源的整合功能，这是物流基础设施规划的重要功能之一。物流基础设施多属大型基础设施，基建规模较大，占用资源较多，由此产生的大量投入必然带动所在地区的经济增长。同时，物流基础设施开发和建设将以其功能设计和布局牵引对相关物流体系给予适当调整，实现对既有设施与运输资源的合理整合。因此，对于物流基础设施进行合理规划，既符合国家对基础设施建设的相关管理要求，又利于对物流产业发展环境及基础条件产生积极的引导与调控，也有利于培育带动物流产业发展而产生新的经济增长点进而开发出新的经济发展领域。其次，物流基础设施规划将通过强化物流基础设施服务支持区域经济开发。实践证明，曾经在促进地区经济发展中扮演重要角色的经济开发区，面临着产业经济开发功能的单一性难以适应产业后续发展需要的问题，在开发政策、经济发展环境等传统的比较优势逐步消失后，开发区的发展必须寻求新的发展途径。物流基础设施规划将从结构与规模建设出发，从提升区域产业物流效率的角度，实现对区域产业经济的开发支持功能，并通过规划完善的基础设施和齐全的服务功能，确保区域经济发展所必需的物流运作效率和水平。因此，科学合理的物流基础设施规划将明确和扩展物流基础设施的功能定位，奠定物流对其服务的产业经济的支持与开发功能，以物流基础设施的高效物流组织功能，形成物流组织管理、依托的产业经济共同发展的格局。

9.1.2.2.3　发挥物流基础设施的产业发展功能

物流基础设施是发展现代物流的重要物理支撑，也是建设社会化开放型高效物流体系的具体体现。物流基础设施规划通过设施与企业在空间布局、功能整合和服务区域与产业的协调互动，促进和实现专业化、规模化的区域物流运作模式与服务方式的聚集，通过物流业的技术与服务升级，扩展物流服务的规模、内容、水平与服务空间，满足工商企业降低成本，提高效率和改善服务的需求。同时，物流基础设施规划将对物流技术和物流管理以及对物流企业的集约化管理提出相应设想，有利于规划区域改善物流资源利用状况，最大限度地发挥现有物流资源的效益，有效缓解交通压力、改善区域生态环境，为区域物流产业发展营造良好的发展环境与投资环境。此外，物流基础设施规划中，将促进和引导“第三方物流”在区域空间上的集中和融合，形成物流企业的集中区和示范区，有利于国内外物流企业的相互学习、相互借鉴、相互交流与相互合作，实现国际物流先进的理念、技术、管理和模式在国内企业中的应用、推广和完善，从而在推进我国现代物流企业健康、成熟发展方面起到积极的作用。

9.1.2.2.4　完善物流基础设施内部功能与布局

从基础设施自身发展的角度，通过在通盘考虑基础设施整体布局规划的基础上，对需要建设的物流基础设施进行规划，可以完善物流基础设施内部的功能与布局。首先是完善功能，即通过对单个具体物流基础设施进行规划，可以按照与其他物流基础设施在空间与功能上的配合，以及从基础设施自身经营运作的需要，进行整体及设施范围内的相关功能规划，使基础设施具有与其发展要求相适应的整体及具体功能，为物流基础设施的健康发展创造条件；其次是布局，可以按照物流基础设施的服务对象，在设施范围内经营的物流企业、服务对象企业的运作需要，以及物流基础设施内部流程合理化，对基础设施内的各种功能设施，包括仓储、配送、停车、辅助服务等进行合理布置，以便使物流基础设施发挥最佳功能。

9.2　物流园区规划

9.2.1　物流园区的基本内涵

9.2.1.1　物流园区的发展背景

9.2.1.1.1　物流园区的产生背景

随着经济的快速发展，日益激烈的市场竞争迫使各个企业在生产及销售环节尽力降低成本及费用支出，企业逐渐意识到配送转运中心分散建设、各自为战带来的资源浪费，尤其是在定购原材料到向客户分发最终产品的供应链环节，节约成本的强烈要求带来了发展物流产业的巨大机遇，物流产业随之兴起，原来相互分割、缺乏合作的仓储、运输等传统企业逐渐走向联合，这种联合导致了物流活动的集中以及在物流集中基础上为满足集约化运作需要的物流企业的集中，专业性的物流管理、服务、配送等活动的经营实体——园区应运而生。

9.2.1.1.2　物流园区的作用及发展趋势

作为物流业发展到一定阶段的必然产物，物流园区(Logistics Park)在日本、德国等物流业较为发达的国家和地区相继出现，此类设施在日本称为物流团地(Distribution Park)，在德国被称为货运村(Freight Village)。物流园区的发展和运行产生了巨大的经济和社会效益，减轻了物流对城市交通的压力，减小了物流对城市环境的不利影响，提高了物流经营的规模效益，并产生了仓库大型化建设发展趋势和货物联运发展的需求。物流园区的出现极大地促进了日本、德国等经济发达国家物流业的快速发展，根据国外权威机构的研究，全球物流园区在未来十年的建设仍将处于蓬勃发展时期。在我国，物流业的发展正处于起步阶段，物流业较为发达的经济中心城市已经开始了大量积极有益的理论探索和实践尝试，物流园区作为推动物流业发展的启动项目，也在积极发展中。

9.2.1.2　物流园区的内涵

9.2.1.2.1　明确物流园区内涵的必要性

物流园区作为大规模和相对集中的物流基础设施，其建设往往会涉及物流运作、交通运输组织、信息组织、产业整合、资源整合和城市功能开发与调整等综合性方面，此类发展项目与目前的工业园区、经济开发区、高新技术产业开发区等在综合发展上的内在含义较为接近，具有在发展物流等方面的综合意义，因此，有必要对物流园区的内涵进行界定。

9.2.1.2.2　国家标准中关于物流园区的内涵

在修订中的中华人民共和国国家标准《物流术语》(GB/T 18354—2006)中，对物流园区界定为：物流园区是为了实现物流设施集约化和物流运作共同化，或者出于城市物流设施空间布局合理化的目的而在城市周边等各区域集中建设的物流设施群与众多物流业者在地域上的物理集结地。

9.2.1.2.3　基础设施规划角度的物流园区内涵

根据近年来国内的相关研究成果与经验，从物流园区作为物流基础设施的规划的角度，对物流园区的内涵给予以下定义:物流园区是涵盖各类服务功能的综合性设施集合体,其功能由物流中心、配送中心等专门化综合设施以及运输场站、仓储等单一功能的专业化设施共同组成,具备集中提供各种形态和环节的综合物流组织服务功能与布局特征。

9.2.1.3 物流园区的基本特征

9.2.1.3.1 物流园区主要分布于特定地区

从现代物流产业发展的宏观角度,物流园区具备综合性、区域性的服务功能,其功能的发挥需要产业发展的基础依托和产业服务需求规模与结构的引导,因此,物流园区的分布不可能是随意而为,而应从区域经济关系及经济组织特点、物流的发展趋势和物流园区的总体功能考虑,主要在经济中心城市、交通枢纽和产业聚集地区规划物流园区的建设和发展。

9.2.1.3.2 物流园区是城市物流功能聚集区域

物流园区是对物流组织管理节点进行相对集中建设与发展,并具有物流服务产业及城市经济开发性质的城市物流功能聚集区域,是依托相关物流服务设施进行与降低物流成本、提高物流运作效率和改善企业服务有关的流通加工、原材料采购和便于与消费地直接联系的生产等活动的具有产业发展性质的经济功能区。

9.2.1.3.3 物流园区是连接生产与消费的服务基础设施

物流园区属于大型基础设施集群,其占地可从数千亩到数平方公里。作为城市物流功能区,物流园区内可以配置物流中心、配送中心、运输枢纽设施、运输组织及管理中心和物流信息管理中心等适应城市物流管理与运作需要的物流基础设施;作为经济功能区,其主要作用是开展满足城市居民消费、就近生产、区域生产组织所需要的企业生产、经营活动,服务产业发展的背景使之与产业布局紧密相连。两者共同构成连接生产与消费的基础设施。

9.2.1.3.4 物流园区是城市及区域产业发展物流需求的直接产物

作为综合性物流基础设施,物流园区的产生与区域与城市产业发展规模与结构具有紧密的内在联系,物流园区的功能首先应满足所在城市产业(制造业、商贸业)的发展在物流能力与结构方面的要求,在此基础上,视自身条件与发展要求,物流园区才有可能将其服务功能向周边区域与临近枢纽进行辐射和衔接,其作用方式既可能是直接的服务延伸,也可能是区域间的服务接力和相互代理。

由于物流园区所提供的综合性物流服务的直接目标是满足所在地与影响区域中的各类产业发展需求,产业服务目标在时间与空间上的发展变化将在物流园区发展的整个建设与运行进程中发生作用,因此,物流园区的规模、布局及结构均与其服务的目标产业发展具有紧密的内在联系和直接影响。

9.2.2 园区规划内容与方法

9.2.2.1 物流园区规划的基本内容

9.2.2.1.1 战略规划

战略规划是物流园区规划的核心内容,它是决定物流园区发展方向和发展能级的重要标志。战略规划是指根据城市及区域国民经济、社会及相关产业发展规划中提出的发展目标对大型综合性物流基础服务设施与服务功能、内容的要求,规划确定物流园区在发展定位、功能定位、作用程度、服务方式、运行效果和与产业发展的适应程度等方面应达到的目标以及为实现上述目标而采取的战略措施。战略规划是物流园区适应和满足未来区域经济分工、城市经济功能要求的重要保证，是依托物流园区调整城市与区域物流组织体系和综合运输体系、构筑的全新物流服务规模与结构的发展前提与指导，因此，必须与所在城市、区域的各项规划进行有效衔接和相互支持，并在发展定位上达成协调和平衡。

9.2.2.1.2　功能规划

功能规划是物流园区规划的主体，它包括能力规划、布局规划、建设规划和运行规划四项主要内容。作为物流组织活动相对集中的产业聚集区域，物流园区的组织功能因其地理位置、服务地区的经济和产业结构及企业的物流组织内容和形式、区位交通运输环境等条件的不同而存在较大差异，园区在外在形态上既有相似之处又各具特点，因此，组合式系统集成应成为物流园区功能规划中始终贯彻的基本理念。在物流园区的功能规划的各项主要内容中，能力规划的任务主要包括界定服务对象、确定服务需求与能力规模以及描述未来主要服务方式与结构；布局规划着重确定各种服务功能的空间分布、各类基础设施的空间与平面布局以及内外物流服务通道的网络布局；建设规划主要完成设施规模、设备规模、占地规模、投资规模的确定；而运行规划则主要负责确定园区未来管理体制与管理模式的建立与运行保障。

9.2.2.1.3　政策规划

作为发展现代物流的重要举措，物流园区建设涉及园区所在城市和区域的诸多产业和管理部门，是一个庞大而复杂的系统工程，协调与沟通工作繁杂。同时，由于物流园区的功能与作用在空间上的跨区域性，相邻城市与区域各方也会由于各自的经济利益与发展目标及发展阶段的差异，在物流产业发展空间与市场利益方面出现衔接、合作和协同的要求。因此，在物流园区规划中的一项重要任务，就是必须进行有针对性的政策规划以营造适宜的发展环境，并为今后园区运行过程中的企业物流服务操作在区域内及跨区域空间上实现系统协调与区域合作创造有利的运行条件。政策规划的内容主要包括政府支持、管理体制、行业协调、部门及区域协调、产业政策、市场培育、技术支持、土地管理、投融资和网络建设与运行衔接等诸方面的政策及具体措施。

9.2.2.2　物流园区规划的基本方法

9.2.2.2.1　明确规划的基本依托

按照通常的规划程序，物流园区规划制定的第一个步骤是寻求建立合理、科学的规划依托。由于物流园区所具有的对城市与区域经济及产业发展的支撑作用与推进功能，因此在园区规划的初期，应对园区所在城市与区域的经济、社会、国土、产业、服务规划进行系统总结与归纳，根据国家与规划区域的经济与社会发展规划与政策，确定经济与社会发展对物流产业与物流基础设施建设的基本需求，同时调查了解园区所在区域的各类资源的需求与供给情况，分析阐述所规划物流园区的建设必要性和可能性，并按照实际需要和自身条件平衡供需关系，完成所规划的物流园区的发展战略定位和发展目标定位。

9.2.2.2.2　确立规划的编制和实施主体

在建立科学、合理的规划依托基础上，物流园区规划的下一个步骤即是确定规划主体。通常情况下，作为综合性大型基础设施建设项目，物流园区的规划一般均会纳入园区所在城市与区域的政府主管部门的规划之中或直接由政府进行规划，此外也有政府委托企业或开发区进行规划，而各类研究单位接受政府部门委托进行规划研究，继而政府部门在研究成果基础上提出最终规划则是常见的另一种方式。在规划主体确认后，通常情况下应根据政府主管部门的意见或政府规划年度确定规划的水平年、建设阶段和最终目标年，同时尽快确定合适的规划实施部门(即规划实施管理者)开发商(即规划直接实施者)。在规划中可根据实际需要，对执行规划的责任方以及具体实施规划的部门进行明确认定。

9.2.2.2.3 建立规划目标体系

根据物流园区的基本特征，为实现物流活动和企业的合理集中，避免主管因素规划物流园区可能会造成物流不合理集中和多层次低效率运作的弊端，在进行物流园区规划的过程中，需要建立符合实际、切实可行又具有一定前瞻性的规划目标体系。由于物流园区的功能与目标群体通常具有多元性，而不同区域间的发展需求呈现共性与个性并存的情况，因此，为方便规划工作开展起见，规划目标体系通常可以大致分解为以下几方面内容。

(1)发展战略。包括简述发展需要、勾勒发展思路，清晰发展理念、确定发展作用等方面的内容，使物流园区具有较为明确的发展战略。

(2)指导方针。需要明确物流园区的发展条件和发展环境，提出发展路径、发展手段和发展依托。

(3)发展目标。主要涉及明确发展定位、确定发展阶段、简述发展规模、总体能力、辐射效果和经济社会影响等。

(4)具体指标。在宏观层面上定性(或定量)提出物流园区的规模能力、经济效益、增长贡献等指标体系；在微观层面定量(或定性)描述提出空间与平面布局、操作能力、装备设施、运行效率、服务质量、建设投资和运行管理等方面的具体发展目标。

在实现对物流园区发展目标的准确描述的前提下，上述内容可以根据不同地区的发展差异和管理部门的实际要求进行适当调整和增减。

9.2.2.2.4 设立规划方案

该项工作是物流园区规划的核心部分。在此项工作中，应将园区所在城市或区域的各个行业与部门的发展规划目标与对物流服务的需求，转化为专业物流语言和物流内容，根据各项规划的边界与发展要求，将物流园区所涉及的各项服务功能领域清晰化、具体化，将园区功能与园区发展类型进行有针对性的组合与协调，力求在规划中完整地说明此次规划方案的具体形态、功能、规模、结构与布局。

(1)确定需求种类与需求规模。了解、掌握、分析和理解园区所在城市与区域的各项相关发展规划以及相关资源的存在态势，根据城市及区域产业类型发展运输、仓储、装卸、中转、加工、配送等方面规划、统计和调研的需求资料，进行系统的需求规模与结构分析，从而最终确定物流园区的规划规模。

(2)确立园区功能。物流园区是物流组织活动相对集中的区域，其外在形态因其功能偏重的不同而有所差异，园区功能亦可通过其类型特征表现出来。通常情况下，各类园区因其物流组织功能、园区地理位置、服务目标指向、物流服务内容与形式、区位交通运输条件等因素差异而存在较大不同，因此，在物流园区的功能规划中应对此进行准确和清晰的界定。按照园区形态划分，物流园区可分为产业聚集型、城市服务型和交通枢纽型三种常见类型。上述三种功能也构成了物流园区在选址问题上的功能标准。同时，应结合园区所在城市或区域的产业布局、国土资源、建设成本和交通网络的布局开展物流园区的选址工作。

(3)规划服务能力。在服务功能与需求规模规划的基础上，按照资源配置条件和国土规划的限定，考虑到城市或区域其他基础设施能力及影响范围，规划确定园区的服务能力规模，同时根据对园区服务对象、服务方式的规划确定设施规模、设备规模、占地规模，将需求功能与资源具体化、数量化，完成园区总量规格与总体态势规划。

(4)确定设施布局。按照能力规划的设想，结合服务对象的空间布局现状与未来发展情况，规划园区设施布局与运行网络布局、相关辅助设施装备建设、配套市政建设，规划确定园区项目的总体建设进度、建设时序与建设投入规模，特别应兼顾园区与国家和区域综合运输网络系统设施的合理衔接与协调运作，包括园区内作业与交通通道、园区对外交通通道以及园区与外部通道连接线的建设。设施布局形式可采用“独立配置、集中管理”“分散配置、集中管理”和“综合配置、协调管理”等多种形式。

(5)规划园区运行。通常情况下，物流园区的直接效益主要表现为园区设施的使用率及其带来的收益，而园区物流企业服务效益则是园区效益的外延。作为大型基础设施项目，物流园区的发展过程中的建设、经营和管理通常是由园区发展商(或其代理人)承担的，物流园区能否达到发展预期、巨大的投入能否得到应有的回报，很大程度上取决于规划中园区管理方的管理体制与机制建设，保证园区各类设施的高完好率与高使用率，同时对于园区经营的策略、路径以及相关的措施手段也应在规划阶段给出倾向性意见和基本方略。

9.2.2.2.5 提出政策需求与保障条件

物流园区规划的最后一个要件是对未来园区发展具有重要保障作用的相关政策与保障条件规划。准确地说，此部分内容不应称为规划而应称为政策建议。因为政策与保障条件并不是园区规划的必要内容，也不是规划所能予以解决的一般性问题，其中牵扯到现行体制、地区与部门利益以及具体操作问题，如非常重要而又难以准确描述的建设投融资问题。因此，在此部分内容中，应对园区规划的实施过程中可能遇到的困难与风险进行分析，并根据需要和可能，从政府角度的政策层面，提出一些具有可操作性、又能解决实际问题的具有针对性的建议，对于现行政策、体制及机制对园区建设的支持力度得到最大限度的发挥。

9.2.3 园区规划的主要问题

从上述过程描述可以看出，物流园区规划在规划思路上与通常的大型基础设施建设的规划具有相当多的一致性，同时，由于其服务功能的多样性导致其规划的复杂性较为突出，在规划过程中可能遇到的问题也较传统规划为多，因此，有必要对园区规划中可能的问题进行一个简单的梳理。

9.2.3.1 一般性问题

投资、环保和土地问题，是物流园区规划中的常见问题，也是其他基础设施规划中经常遇到的问题。针对土地问题，在规划处理上一般采用依照现行的政策、规划与规范进行，重点在于处理好物流园区规划与其上级规划的系统衔接与框架规范。

9.2.3.2 特殊性问题

物流园区的产业引导与支撑功能和园区功能依托综合运输系统辐射的服务特征，决定了物流园区规划不可能脱离上述基础依托而独立进行，因此，在园区规划过程中，必须对园区所在城市及区域的产业和交通运输系统的区位、布局、能力、结构、走向和趋势进行系统的分析，并根据功能发挥的要求进行三者之间的协调与兼顾，形成园区规划的有效性和可操作性。

9.2.3.3 系统性问题

在物流园区规划中，系统性问题主要表现为设施布局、发展模式、发展政策和管理运行体制问题。上述问题贯穿物流园区规划的全过程，而且相互牵扯、相互制约。因此，在物流园区规划的研究制定过程中必须对上述问题进行系统性分析、论证和考量，使规划意见能够在上述几个方面达成相互支持的统一整体，保证物流园区规划的顺利实施和园区功能的顺畅发挥。

9.2.3.4 实施的问题

依托物流园区需要形成物流企业和物流服务运作的聚集，在规划过程中，虽然在功能等方面给予了较为充分的体现，但是，要实现物流企业和服务运作的聚集，对特定的物流园区而言，具有很强的策划性和组织性，通常需要制订专门的招商策划方案。在我国现代物流发展仍处于转型提升阶段的现实背景下，物流园区规划中应涉及专门的聚集实现方面的规划内容，以便在园区产业形态、企业结构和运营等方面形成与规划匹配、具有实施的可行性和可操作性的产业聚集方案。

9.3 物流中心规划

9.3.1 物流中心的基本内涵

9.3.1.1 物流中心的发展背景

9.3.1.1.1 物流中心的产生

作为独立的专业化物流服务设施，物流中心（RDC，Regional Distribution Center）在国外的最早形态类似于原有的以货物聚集、堆存、仓储、分运等传统功能为业务核心的货运站场，通常称为货运中心或货物集散中心。随着经济社会的快速发展，日益激烈的市场竞争迫使工商企业在生产及销售环节尽力降低成本及费用支出，为应对这种趋势对物流服务与运作管理要求的变化，传统的货运中心开始逐步配备加工、装配、包装、信息处理以及代理、清关等增值服务功能，并伴随专业化物流服务企业的发展逐渐演变成为专业化的物流管理与操作中心，并因此而成为物流运作环节上最为重要的基本节点。

9.3.1.1.2 物流中心的作用

在实际操作中，物流中心作为一级重要的服务网络节点，依托库场设施、运输网络和信息处理系统，在区域和城市交通运输系统支持下，以专业化物流服务组织与管理，担负着在城市或区域范围内满足物流服务需求的具体供应与操作任务，尤其是长途干线运输和多式联运组织的任务，是城市（区域）内部以及城市（区域）间货物转运的重要运作组织枢纽，同时，也是物流园区的最基本组成单位，物流中心建设也已成为物流基础设施建设的重要工作。

9.3.1.2 物流中心的内涵

9.3.1.2.1 物流中心的功能性内涵

从物流基本概念层面理解，物流中心是由现代化物流设施设备和专业化、规模化现代物流服务企业共同构建的物流运作系统，通过其对货物处理技术与过程的集约管理和对综合运输系统的有效衔接与支撑，实现综合、高效、低成本的第三方物流经营与组织以及相应的装备设施与运行网络的高效运行。而大规模仓储管理与长途干线大规模运输组织管理，则是物流中心最为核心的功能和基本业务。

9.3.1.2.2　国家标准对物流中心内涵的表述

根据2006年12月《物流术语》的修订稿，物流中心是指：从事物流活动的具有完善的信息网络的场所或组织。应基本符合下列要求：主要面向社会提供公共物流服务；物流功能健全；辐射范围大；存储、吞吐能力强，能为转运和多式联运提供物流支持；对下游配送中心提供物流服务。

9.3.1.3　物流中心的基本特征

从物流运作的特点分析，物流中心担负着满足城市与区域产业发展、生活消费及商务活动所产生的物流服务需求的任务，是开展专业化物流服务的基本单位和基础设施，物流中心既是构成物流园区的基本单位之一，又可独立成为服务于特定方向、特定对象或面向全社会的个性化或综合性服务设施，并构成物流网络的基本节点。

9.3.1.3.1　具有独立与合作两种服务运行方式

物流中心是通过其经营网络系统实现其城市及区域范围的物流服务运作的。由于受到市场供需关系与自身资源配置能力以及建设成本与系统运行成本之间的影响与制约，全部自建节点难以实现且存在较大风险。因此，物流中心通常采用依托自身网络建设与外部网络系统（如外部服务区域的物流中心网络和国家交通与信息网络等公共网络系统）相结合的方式开展服务运行，其服务运行方式也划分为自身系统独立运行和与其他系统合作运行两种形态。

9.3.1.3.2　具有专业性与综合性两种服务功能形式

作为专业化的物流组织管理节点，物流中心是专业化物流服务的核心设施和核心运行主体。但同时出于经营的考虑，很多时候物流中心也并不回避传统的物流服务要求，此时，物流中心将根据市场需求的结构与规模，选择以专业化物流服务为主、传统物流服务为辅的方式开展日常经营。因此，从形式上分析，物流中心具有单一功能的企业物流中心和综合功能的提供物流组织服务的社会化物流中心两种类型。专业化服务与综合性服务的相互支撑、相互衔接和相互转化，构成了物流中心在市场竞争中的服务升级与服务扩展手段，使其成为具有综合职能和高效率的物流基础设施。

9.3.1.3.3　物流中心的建设与运行具有集中与分离两种形式

作为核心性物流基础设施，物流中心既可独立布局，又可与其他物流设施集群布局（物流园区就是因此而形成），还可依托交通基础设施或产业设施布局，其布局方式与服务模式可谓多样化。通常情况下，物流中心的建设主体主要为物流服务企业、物流服务目标企业和工业地产商。因此，物流中心的建设与运行也具有集中和分离两种形式，物流中心设施产权与设施经营权可分别隶属于不同的建设主体与经营主体，物流中心的服务运行活动将通过依托自建设施、服务对象自有设施和物流地产商建设的外部设施得以开展。而在实际工作中，建设与运行一体化的综合模式是目前较为多见的形式。

9.3.2 规划主要思路与方法

9.3.2.1 物流中心规划的主要功能与作用

9.3.2.1.1 建立物流服务运行的设施体系

物流中心规划的首要功能是根据城市与区域物流服务需求的特点与结构，确定物流中心的空间布局、服务能力、服务内容和设施规模，将设施布局与结构与未来服务中具体的存储、运输、装卸、简单流通加工等功能进行有效对接，形成有利于物流中心发挥服务特点和扩展服务范围的设施结构与外部网络，在内外两个层次上形成服务于不同类型物流中心服务功能有机结合和集成的整体设施布局与规模，形成物流中心的系统服务能力。

9.3.2.1.2 建立物流服务运行的功能体系

从运行层面分析，物流中心是一个物流服务的操作实体，物流中心内物流服务的组织、管理与操作活动较为齐全，运输、分拣、包装、储存、中转、配载等业务，基本是通过物流中心内部和以其为组织管理核心的各类网络节点完成的，在核心节点和网络节点两个层次上形成物流中心服务功能的整体框架，因此，物流中心服务功能的系统性建设将是物流中心规划的重要功能之一。同时，为更好地发挥上述系统的功能，必须在物流中心建设的初期阶段，尽快确立适合市场需求、适应中心特点的良好的物流服务模式，也是物流中心规划中的重要功能。

9.3.2.1.3 在推进区域物流产业发展中的定位作用

物流中心是城市与区域发展现代物流的重要支撑点，对于城市和区域物流产业发展的空间布局与功能构成上具有结构和导向作用，对整个服务区域上各类物流相关产业的协调合作具有基础支撑，其运行网络建设与服务目标企业的市场走向也具有密切的内在联系。因此，物流中心规划的第三个重要功能就是建立物流中心在城市与区域物流产业发展层面上的功能定位，使其具有在行业汇聚和服务汇聚方面的领导地位和操作枢纽地位，引领和推动城市与区域物流服务企业的合作与物流服务水平的提升。

9.3.2.2 物流中心规划的基本内容

9.3.2.2.1 布局规划

对于物流中心而言，布局规划是物流中心适应和满足未来区域经济分工、城市经济功能要求的重要保证，是保证物流中心与城市及区域物流组织体系和综合运输体系形成全新物流服务体系的重要基础条件。由于物流中心所具有的直接服务于产业发展需求的特点，物流中心规划需要在布局阶段完成服务依托、运行依托和发展依托的合理选择，从内外两个层次上完成中心设施在城市及区域上的空间布局和中心内部设施的平面布局，确定物流中心的规模、结构以及与其他物流基础设施的连接关系与连接方式。

9.3.2.2.2 运行规划

运行规划是物流中心规划的重要组成部分，它包括运行组织规划和运行操作规划。作为物流组织活动集中的核心节点，物流中心运行组织规划的任务是建立完善和高效的组织管理系统，根据服务节点布局、服务对象分布、服务需求规模与结构、运行网络结构等要素的要求，构建适合服务区域经济和产业物流服务需求的商业模式、管理体制和运行组织形式，为物流中心的功能发挥创造系统发展条件。物流中心运行操作规划的主要任务，则是按照运行组织规划的框架制定和完善中心内外两个方向上的针对不同业务要求的相应操作流程和管理流程，并根据中心设施设备的能力特点与技术特点以及运行要求的管理特点，进行完整的系统性岗位责任确定。

9.3.2.2.3　政策规划

作为一项较具规模的基础设施项目，物流中心建设与运行必然涉及到中心所在城市和区域的诸多企业和管理部门，甚至有可能成为所在城市的重点发展项目，因此在土地使用、资金投入、部门衔接、环境保护和城市建设等方面均需要当地政府在各级规划与计划中给予相关的配套政策支持。同时，由于物流中心的功能与作用在城市内部与区域空间上的跨度较大，其运行与服务需要相邻各方给予相关的合作与接纳，因此对政府间协调工作与相关政策的需求力度自然也会较为强烈。

9.3.2.3　物流中心规划的基本方法

与物流园区规划相比较，物流中心规划的规划思路与规划程序基本相近，但在工作重点和工作深度上则有所区别。

9.3.2.3.1　确立规划制定与实施主体

按照通常的规划程序，物流中心规划也需要建立合理、科学的规划依托。作为大型基础设施建设项目，物流中心通常都会纳入所在城市的经济及产业发展规划，并由政府或相关管理部门进行规划前期研究和相关准备，总结与归纳中心所在城市经济社会发展目标及要求，确定基本需求规模与结构，完成所规划的物流中心的发展战略和目标。上述工作通常由政府直接或间接委托咨询机构和物流企业进行，并由所在城市政府相关管理部门确认后，最终纳入政府发展规划。在实际操作中，由于物流中心的建设与经营较多采用合一的模式，因此规划实施操作的主体往往与规划实现后的服务主体同为一家物流企业或由同一家物流企业主导。

9.3.2.3.2　明确规划目标

建立科学、现实和具有操作性的规划目标是物流中心规划的重要任务。由于物流中心的功能与目标群体通常呈现个性化与多元性两种态势，因此对不同性质的物流中心应针对其不同的服务取向与发展方向进行专向设定，但确认的内容与要求项目则大致相同或相近。同时，相比物流园区，物流中心的规划目标体系通常相对单一和具体，更具操作性和可衡量性。物流中心的规划目标通常也由发展战略、指导方针、总体目标和具体指标构成，但更多地侧重于在微观层面定量描述空间与平面布局、操作能力、装备设施、运行效率、服务质量、建设投资和运行管理等方面的具体发展目标。

9.3.2.3.3　设计规划方案

规划方案的设立是物流中心规划的核心部分。在此项工作中，涉及的主要工作包括确定物流服务需求和相应的物流服务能力，将物流中心所涉及的各项服务功能领域系统化、具体化，并完整地构架物流中心的具体形态、功能、规模、结构与布局。

(1)确定需求种类与需求规模。根据城市及区域产业类型发展运输、仓储、装卸、中转、加工、配送等方面规划、统计和调研的需求资料，按照实际需要和可能，结合国内外经验，进行系统的需求规模与结构分析，并由此最终确定物流中心的规划规模。

(2)确立中心功能。作为专业化物流组织活动的集中区域，物流中心的功能决定了其服务内容和服务模式。而在市场经济条件下物流中心的服务功能基本上是由需求形态与需求对象决定的。因此，物流中心的功能确定主要将包括服务目标指向、物流服务内容、物流服务特点与形式以及发展方向的界定。

(3)规划服务能力。在功能与需求规划的基础上，物流中心服务能力规划的主要内容包括确定能力规模、能力结构以及相应的设施规模、设备规模、占地规模，完成需求功能与资源的具体化与数量化，构架物流中心的服务能力总量规格与能力结构的总体态势。在规划服务能力时，应重点考虑物流中心的选址问题及其对服务能力的影响。目前，除应考虑在物流园区规划中已表明的各类影响因素外，物流中心常用的具体选址方法通常采用交通运输场站选址常用的几种方法，即系统解析法、线形最优法和综合评价法，此外，还有依托现代计算机仿真技术发展起来的仿真法和由线形最优规划发展而来的启发法。上述各类方法的具体做法在许多教材中已有介绍推荐，但从应用情况分析，上述方法在实践中各具优势，也均存在一些不足，因此，在实际应用中需要根据具体情况进行合理选定或相互印证。具体情况将在物流网络规划中加以表述。

(4)确定设施布局。按照能力规划的设想，结合服务对象的空间布局现状与未来发展情况，规划中心设施(包括中心内部操作通道和交通通道以及对外接口)规格、种类及平面布局、相关辅助设施、装备建设和配套市政建设，确定总体建设进度、建设时序与建设投入规模，为物流中心与其他基础设施以及下级网络节点群(即配送中心)在建设与运行上的合理衔接与协调运作提供必要空间。

(5)规划中心运行。通常情况下，物流中心作为一个独立的服务主体，其发展过程中建设领域呈现物流服务商和服务目标企业双向支撑的局面，而物流中心的经营和管理通常由物流服务商承担，物流中心能否达到发展预期基本取决于物流中心企业的商业模式与运行模式的科学性和有效性。

因此，物流中心的运行规划将主要负责完成物流中心企业管理体制与机制建设、商业模式构建、操作流程设计和网络运行管理等方面要件的构架以及相应的经营策略、路径与实施手段，使特定物流服务需求决定的物流中心设施设备与物流中心企业的主要服务对象和主要服务模式之间形成合理的匹配和针对性。

9.3.2.3.4　营造政策需求与保障条件

对于物流中心规划而言，相关政策与保障条件规划对未来中心发展具有重要作用。与物流园区规划中不同，此部分内容将着眼点放在具体的企业实施与服务操作层面，主要针对争取城市与区域政府部门的操作支持和协调支持提出具体的要求，争取将政府的相关支持政策转化为有针对性的操作细则，而企业面临的市场风险则主要由企业自身管理机制与经营机制的完善加以消化。

9.3.3　物流中心规划的问题

9.3.3.1　一般性问题

投资、环保和土地等常见问题也是物流中心规划中经常出现的问题，相关处理思路在物流园区规划中已有叙述。此外，物流中心规划中经常出现的问题主要是物流企业与物流服务目标企业之间的供需关系以及两者在物流中心建设与运行协调关系问题上的处理，这方面问题的解决主要着重于确定物流中心的建设目的与建设主体，并据此完成物流中心(企业)与物流服务目标企业之间的供需关系与物流中心资产管理使用关系的基本架构，在规划处理上一般采用依照现行的政策、规划与规范进行，重点在于处理好物流中心规划与其上级规划的系统衔接与框架规范。

9.3.3.2　特殊性问题

与物流园区规划有所不同，物流中心规划较为注重物流中心建成后的物流服务运行问题，因此，物流中心商业模式与经营模式规划是一个涉及企业市场核心竞争力培养和服务运行能力发挥的重要问题，特别是企业管理流程、服务操作流程和市场营销策略的研究和设计，对物流中心未来的发展具有极为重要的奠基和导向作用，这是物流中心规划中必须解决的核心问题，而在一般物流园区规划中不必过多涉及。解决上述问题，经验总结、案例分析和自身定位分析是三个最为基本的手段，同时应注重在运行实践过程中，根据市场与服务对象的变化进行适当的完善和调整。

9.3.3.3　系统性问题

在物流中心规划中，系统性问题主要表现为在物流中心服务空间范围上的各级网络节点的布局以及与其他服务系统网络的衔接与合作。在物流中心规划的研究制定过程中，上述问题的解决一方面借助自身运行服务系统建立时的合理性加以保证，另一方面，在服务操作流程和市场营销策略制定过程中应对此留有衔接借口和操作空间。

9.4　配送中心规划

9.4.1　配送中心的基本概念

9.4.1.1　配送中心的产生及作用

9.4.1.1.1　配送中心的产生

配送中心（DDC，District Distribution Center）或称城市配送中心（CDC，City Distribution Center），最早出现于战后的日本，是处于物流过程的末端，为满足城市商业和加工业对商品和零配件的持续稳定的供应需求以及相关企业集中采购、仓储和向末端输送管理而产生的专业化服务操作设施，通常情况下，配送中心是物流中心的下级网络节点，或者独立成为物流系统的支撑，也是“B-to-C”的直接操作平台。

9.4.1.1.2　配送中心的作用

与物流中心类似，配送中心也是以货物聚集、堆存、仓储、分送等功能为业务核心的，但其服务对象是物流服务的最终用户。因此，配送中心与企业物流的业务联系往往更加直接和紧密，并成为提升企业物流效率与质量的专业化物流管理依托和操作中心，“JIT”“零库存”等物流模式就是配送中心服务形式的集中体现，也是配送中心在物流管理与运作模式创新中作用发挥的结果。从物流网络化管理与操作层面分析，配送中心是受物流中心指挥的末端操作设施，也是下级节点或处于物流服务操作末端上的独立经营的基层物流中心，对实施物流管理、提升物流效率具有重要作用。

9.4.1.2　配送中心的概念

由于配送中心在物流服务系统中具有网络组织地位的重要性，而且由于服务模式的多样化特点，国内外对配送中心的概念描述也因此呈现多样化。根据 2006 年 12 月《物流术语》的修订稿，配送中心是指：从事配送业务具有完善的信息网络的场所或组织，应基本符合下列要求：主要为特定的用户服务；配送功能健全；辐射范围小；多品种、小批量、多批次、短周期；主要为末端客户提供配送服务。

9.4.1.3 配送中心的特征

配送中心是开展专业化物流服务的最基本物流基础设施接点，通常担负着满足企业生产运行与城市商业消费活动所产生的直接和具体物流服务需求的任务，是一种服务功能指向性较强、服务功能专业化程度较高的服务于特定方向、特定对象的个性化服务设施，其主要特点表现为以下几个方面。

9.4.1.3.1 具有较为强烈的指向性和专业化特征

由于受到服务目标与服务内容的约束，配送中心是物流服务系统在城市（有时也包括区域）范围上的最基层节点，具体表现为往往以隶属或合作的形式，作为一级基层节点从属于某一个物流中心的网络系统，因此，其服务能力往往因系统范围与功能的设定而较物流中心为小，而其服务内容则与服务对象及其最终服务要求紧密相连。配送中心的物流服务运作功能与辐射范围相对狭小，而其服务功能的强烈指向性和服务功能呈现高度专业化，主要表现为运输（城区配送）与仓储的组织与管理业务成为业务核心，而其他附加服务则需根据市场的需要和资源的可能进行权衡。

9.4.1.3.2 具有较为固定的服务功能形式

作为专业化的物流组织管理节点，配送中心业务形式与服务功能构成往往包括三种主要形式，一是为同一或同类企业提供特定内容与特定形式的配送服务，如在特定空间上提供某类企业对特定需求的全过程配送，此类服务多见于生产企业配送；二是为不同企业提供同一或同类内容与形式的配送服务，如针对各类企业在特定时间和空间上对某类特定产品的均衡配送要求，此类服务多见于商业企业；三是为不同企业提供不同形式和内容的配送服务，此类业务模式实际上是前两种模式的综合和扩展，其服务对象与服务范围均较前两者广泛，配送服务的难度也相对复杂，对配送中心（企业）服务能力与操作水平均提出了较高要求。

9.4.1.3.3 具有较为灵活的经营形式

作为基础性和前沿性物流基础设施，配送中心具有经营上的双重形式，首先配送中心（企业）作为物流中心运行网络的终极节点，需要完成其上级物流中心业务的终极入户服务，这是物流中心网络运行的具体体现；同时，配送中心还可以根据经营需要，独立开辟业务领域，成为独立的物流服务主体。配送中心的上述两类经营形式在运行过程中往往会出现一定的冲撞，甚至可能制约配送中心功能的发挥和自身的发展。因此，配送中心在拥有较为灵活的经营形式的同时，往往需要在管理层面对中心定位进行持续和及时的调整，使两种经营形式在服务效益与系统效率之间达到平衡和协调。

9.4.2 规划主要思路与方法

9.4.2.1 配送中心规划的主要内容

9.4.2.1.1 设施布局规划

对于配送中心而言，其设施布局规划包括选址和内部布局两个方面的工作。选址是配送中心适应和满足物流服务对象和服务范围要求的重要条件，也是保证配送中心自身以及与物流中心、仓储中心、货运枢纽(站)等上一级节点保持合理的网络运行关系的重要效率保证。由于配送中心所具有直接服务于最终用户发展的特点，布局阶段的配送中心需要针对不同用户的服务需求和可能的市场变化，在对上(上级物流节点)对下(各个最终用户)两个方向上完成其区域空间布局(即最佳节点选择)和中心内部设施的平面布局规划。

9.4.2.1.2　运行系统规划

对于配送中心而言，其服务运行系统规划主要包括运行组织和运行操作规划。作为物流组织活动最终环节的操作节点，配送中心规划的任务是建立符合服务需求强度和结构的组织与操作系统，根据客户分布、需求规模与强度、内外部网络运行能力以及运力采购状态等要素的要求，构建合理、适度和有效的服务运行组织与操作方案以及具体流程，并辅以与之相适应的管理流程与操作规范。由于配送中心处于物流服务链的终端位置，受服务需求波动变化的影响最为直接，也是承担解决和消化波动变化带来影响的直接责任者。因此，应急解决方案与备用方案的预先设定和快速反映处理能力完善也是配送中心规划需要考虑和解决的问题。

9.4.2.2　*配送中心规划的基本方法*

9.4.2.2.1　建立规划制定与实施主体

配送中心与物流中心在服务本质上的一致性，决定了两者的规划思路与程序上在很大程度上可以相互借鉴参考。通常情况下，网络节点性质的配送中心通常会以其上级物流中心的总体规划作为其规划依托，独立经营的配送中心以其服务的客户企业的服务需求规模与结构进行相关规划，同时具备上述两种特点的配送中心则须进行综合规划。上述工作通常由物流服务企业进行，通常会考虑直接利用现有设施或对其进行改造。其具体实施除涉及公共资源转换功能问题须由所在地政府的相关管理部门批准外，一般均为市场作用下的纯企业行为。

9.4.2.2.2　建立规划目标

配送中心的规划目标是指其未来达到或实现的服务技术与规模水平，因此，应与配送中心的功能范围与结构形成呼应和协同，对于接受指挥的末端节点、自主经营的专业设施以及同时具备上述两类不同功能的配送中心，应针对其不同的服务取向进行专向设定，规划目标体系通常由总体目标和具体指标构成，相对简单、明确和具体，具有较强的可操作性和可衡量性，更多地侧重于在微观层面定量描述内部空间与平面布局、操作内容与操作能力、操作程序与应急预案、运行效率与服务质量、建设投资和运行管理等方面的具体发展目标。

9.4.2.2.3　设立规划方案

主要涉及确定需求来源、种类与规模。根据城市及区域产业类型发展运输、仓储、装卸、中转、加工、配送等方面规划、统计和调研的需求资料，按照实际需要和可能，结合国内外经验，进行系统的需求规模与结构分析，并由此最终确定配送中心的规划规模。

(1)明确中心功能。配送中心的功能取决于其服务对象提出的服务需求形态，因此，配送中心的功能确定主要将包括服务对象确定、服务内容界定和服务发展方向的界定。根据不同经营主体与不同市场需求情况下，配送中心将具有执行上级指令的服务作业和独立经营的服务作业两种功能之一或兼而有之。

(2)服务能力规划。配送中心服务能力规划的主要内容包括确定能力规模、能力结构以及相应的设施与设备与占地规模，完成需求功能与服务能力资源的匹配和协调，构架配送中心的服务能力总量规模与总体态势。

(3)确定设施布局。配送中心的布局规划应结合服务对象的空间布局与城市交通网络能力的现状及未来发展情况，选择合理的节点位置，并对配送中心设施(包括中心内部操作通道和交通通道以及对外接口)平面布局、相关辅助设施、装备配置和市政建设配套提出规划意见或利用方案，确定总体建设(包括租用)进度、时序与投入规模。

(4)系统运行规划。通常情况下，配送中心具有依附性作业和独立经营两种运行模式，其经营和管理也有上级物流服务商和自身承担两种形式。因此，不同性质或具有双重性质的配送中心企业必须配备能够支撑上述单一或双重功能的运行方案，以科学、合理和有效的管理体制、商业模式、流程设计和网络运行等方面构建商业模式与运行模式以及相应的经营策略、路径与实施手段。

9.4.3 配送中心规划的问题

9.4.3.1 一般性问题

配送中心规划中经常出现的问题主要是配送中心的选址和经营企业的服务模式如何随时适应和满足服务目标企业的常规需求以及因市场变化而出现的波动需求。这方面问题的解决一方面取决于配送中心企业的建设成本承受能力(建设多点设施适应变化并承受投资风险)，另一方面则取决于配送中心经营方案与操作流程的可靠性、可塑性及转换效率。在规划阶段，主要采取企业发展战略的研判和经济评价的验证，以解决第一方面的问题(此类评价方法与一般基础设施建设经济评价方法基本相同，此间限于篇幅不在赘述，详见国家发展和改革委员会与建设部颁布的《基础设施建设经济评价方法与参数》)，而对经营阶段的具体方案与流程则不能在设施建设阶段解决而需要在企业经营层面解决。

9.4.3.2 特殊性问题

配送中心规划中较为注重的特殊性问题是在空间布局和设施建设角度，构建支持配送中心在执行指令任务和自行开拓市场两个经营领域上的不同经营与操作要求。由于配送中心往往在掌握有限资源的前提下在上述两个领域同时开展服务，因此，可能出现资源配置与经营方向的紧张和矛盾。显然，上述问题不可能依靠建设规划从根本上加以解决，建设规划的任务主要是为今后可能的经营方案与策略提供落地支持。

9.5 货运场站规划

9.5.1 货运设施的基本内涵

9.5.1.1 货运设施的系统分类

从广义上分析，货运设施是由货运线路设施、货运场站设施和货运辅助设施三个主要部分组成。通常情况下，线路和辅助设施均具有较为广泛的社会属性，而货运场站设施由于与其所服务的运输形式具有较为紧密的联系，一般具有较为明显的行业属性。

目前，我国的货运场站设施可分为行业型货运站场、专用型货运场站和综合性货运场站三大类，其中，行业型货运站场主要包括公路货运场站、铁路货运场站、水运货运场站和航空货运场站，专用型货运站场主要针对特定货物和特定管理模式，如集装箱站场和海关监管站场，而综合性货运场站主要是指各种运输方式汇集、处于重要交通节点上的各类大型枢纽站场，根据其服务与作用范围，又分为国家级、区域级和特定环节三种类型。

9.5.1.2 货运设施的基本功能

9.5.1.2.1 货运场站设施的功能具有多样化特征

从宏观层面分析，货运场站设施的功能主要是作为综合运输网络中的各级各类节点支撑网络的运行，实现运输网络上托运人、承运人与收货人的业务交接、运行交接和实物交接。在微观层面上，货运场站设施的功能主要包括传统的装卸、储存、配货及业务与货物的收发处理等内容，较高层次的货运场站还具有运输组织、信息管理、分拣包装、集疏中转等功能。

9.5.1.2.2 功能的演变趋势

从目前国内外发展趋势分析，未来的货运场站特别是大型货运场站，在依然保留上述功能的同时，运输组织、业务扩展和网络化服务将成为其重要的核心功能，一些处于网络核心节点和重要口岸的货运场站将实现功能升级，传统的运输节点功能将可能逐渐向区域或专业物流中心的综合性功能靠拢。其中，跨运输方式、跨服务区域的场站运输组织能力的强化，将是货运场站设施提升功能的重要基础，也是其业务扩展和网络化服务的重要保证条件。

9.5.1.3 货运设施规划的基本程序

作交通运输行业宏观管理的重要内容，我国大型交通基础设施的规划基本按照传统的行业管理和业务指导范围进行。因此，就货运设施而言，总体上由原铁道部、原交通部和民航总局分别依托其各自拥有专业的系统规划方法与规划部门，直接负责完成其各自运输方式的大型基础设施(包括各类大型专业化、综合性场站设施与国家级线路网络)的总体规划与建设计划，并最终由国家发改委进行综合平衡后形成国家交通发展总体规划。而交通线路网络中的支线和节点设施规划，则由所在地区政府的交通主管部门制订并同时上报所在区域政府和国家行业主管部门平衡协调，获批后最终纳入国家交通发展规划及其相关区域规划或子规划。

9.5.2 货运设施规划的条件

9.5.2.1 货运场站设施规划的作用与意义

在一般意义上，货运站场规划的作用主要是依据城市经济、城市产业和城市建设发展要求，通过规划确定各级各类货运场站的功能、布局与规模，并根据市场需求和实际条件，确定其目前和未来的主要功能定位，使规划场站的各类功能实现有机结合和集成，使设施成为一个高效货运服务支撑点，并形成运输组织中心(如集装箱运输枢纽、零担货物运输场站、货运配载场站等)，同时为未来发展留出功能与资源的发展空间。

有一点必须明确，从其基本属性分析，货运场站设施是运输环节的一个部分，随着市场与服务需求的变化，某些货运设施将可能具备综合性物流中心的功能，甚至成为真正的物流中心。但是，这并不意味着所有的货运场站都要变成物流中心，对于相当部分货运场站设施而言，开展围绕运输线路和运输方式的运输组织、场站操作及相关扩展服务，实现货物运输的安全、高效，仍然是其主要的功能。因此，在货运设施规划中，货运场站基础设施内各类服务功能应根据货运设施的基本定位进行设置和相关布局，货运场站自身就是运行主体，其相关服务的组织、管理与操作包括储存保管、货物配载、业务受理等，主要是通过货运场站企业自行完成的，各类货运企业与货运设施之间通常是运输服务操作者与场站服务操作者的分立关系，货运场站主要以物流基础设施的管理实体和设施提供者形式实现服务扩展。那些具备特殊需要和相关条件的货运场站，也可以发展和配备开展物流服务的功能和能力，通常它们将以物流服务的操作实体的角度开展真正意义上的系统性第三方物流服务活动。

9.5.2.2　交通运输规模、结构演变的趋势要求

9.5.2.2.1　演变趋势及机制

交通运输规模、结构的演变是与社会经济发展过程有机结合在一起的。运输业与社会经济之间存在着双向作用机制，既表现为社会经济因素对运输业发展的影响，又反映出运输业对社会经济的促进或制约。同时，由于上述双向作用机制因环境、时间不同所产生的差异，必然增加了运输业与社会经济之间相互关系的复杂性，也就直接影响着交通运输规模和结构的演变。演变机制如图 9-1 所示。

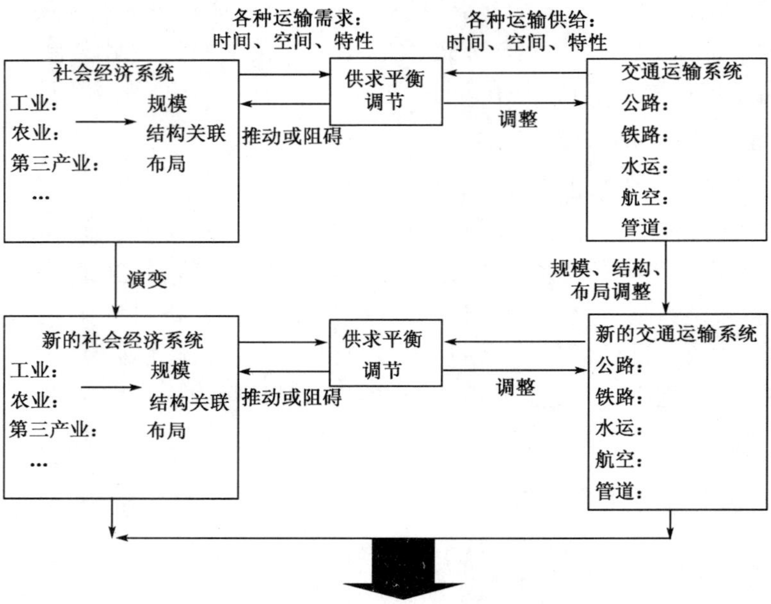

图 9-1　运输规模和结构演变机制

9.5.2.2.2　基本要求

交通运输系统的发展在于不断满足社会经济发展过程中的运输需求，一方面表现为运输规模的变化，另一方面表现为各种运输方式在满足运输需求时，由于各自的经济技术特性对各种需求不同程度的适应性，形成运输结构的变化。作为重要的发展依托和服务对象，货运场站设施所在区域未来的经济发展面临许多影响因素，包括来自国家经济总体发展的调整与改革影响，这其中既包括自身经济结构调整、产业结构与布局的调整、资源优化配置方向、相关基础设施的建设、潜在消费需求的拉动等，也包括全球经济一体化进程、外资流入规模与领域、外贸市场变化等来自国际经济发展的影响，因此，必须根据对形势的发展判断，分析确定上述区域未来经济面临的外部环境条件以及对于货运场站设施的需求规模、方式和时效性。因此，货运

设施规划特别是大型综合性场站设施必须重视所在区域经济发展的基本趋势以及与交通运输的相互关系，这对于货运场站设施建设与运行构成对所在区域经济及内外贸易发展的支持具有重要影响。

9.5.2.3 货运场站基础设施发展规划的原则

货运场站是交通基础设施建设与发展的重要基础条件，也是交通运输和经济社会发展的重要支撑。作为连接网络各个层次的主要节点，货运场站设施对于交通运输系统网络结构的均衡性、协调性及其效能的整体发挥具有重要的影响力，也是构成网络中各部分之间的合理连接与相互支持的重要桥梁。因此，货运场站设施应着眼于进一步完善综合交通系统、提高系统综合实力两个方面进行规划。在实际工作中，以下原则通常作为基本的工作依据。

9.5.2.3.1 统一布局、分层规划的原则

在货运场站规划特别是区域范围的场站群规划中，必须按照统一布局、分层规划的原则，从大交通的角度出发，对分别隶属和服务于不同运输方式的各类基础设施进行通盘考虑、统一布局，明确各自的功能、作用和影响范围，以及各部分之间的相互关系，注重场站设施内部及场站设施之间功能的分工和衔接，以期加强各类交通基础设施之间的联系和支持，保证全系统的完整性、协调性和系统效率。

9.5.2.3.2 突出重点、系统协调的原则

不同的运输方式、不同的服务对象以及不同的服务内容，使得场站设施形成不同的服务层次与服务范围。因此，在货运场站设施的规划中，应始终以国家及所在区域交通运输系统的总体规划为主线，围绕各个层次以及各种运输方式发展建设的具体要求，突出规划重点与核心项目，同时将重点规划与综合交通系统建设有机融合，使货运场站设施的建设服从和服务于国家与区域交通现代化的发展要求和发展方向，从而保证综合交通系统未来发展的先进性与实用性。

9.5.2.3.3 实事求是、循序渐进的原则

在货运系统发展进程中，因需求强度、自然条件、技术进步和投资等诸多方面客观因素的影响，使得建设不可能也不必要同时在各种运输方式和各类场站设施方面全面推进。为保证最大限度地合理利用各种资源，包括资金、土地、岸线等，并使其配置和利用效率达到最佳，在规划工作中根据需求迫切程度与客观条件的成熟程度，对各类场站设施建设进行合理的安排，以期在尽可能短的期限内，使有限的投入形成最佳投入效果，在效率更高、效益更好的前提下，满足未来经济社会发展对交通运输的需求。

9.5.3 货运设施规划的内容

9.5.3.1 规划区域的运输需求影响分析

经济社会的发展、产业结构的不断调整，将对交通运输业产生一系列高质量、高效率、高效益的服务需求，这种影响通常具体反映为以下几个方面。

9.5.3.1.1 运输多元化发展要求

随着产业结构调整和产业水平的提升，对于交通运输特别是货运服务的专业化技术要求将愈来愈强烈，如集装箱、冷藏、散装等多种专业化运输形式的发展将得到加强。

9.5.3.1.2　运输经营方式和领域转变要求

市场化水平的推进使得企业竞争与客户服务要求越来越细化，人性化服务与系统性服务要求将得到提升，以物流服务需求为代表的一系列新型服务需求的增长，要求货运场站及经营企业必须转变经营方式和扩展经营领域。

9.5.3.1.3　发展方式转变

国家可持续发展战略的实施，对于资源的合理利用和环境保护的要求上升到前所未有的程度，货运站场建设需要占用一定的土地资源，在资源使用和分配上与城市发展、产业布局与运输系统建设形成一定的交集，因此，必须在规划中加以协调。

9.5.3.2　货物运输规模结构发展演变规律及趋势分析

改革开放以来，我国经济与社会发展取得了重大成就，货运规模和结构也发生了很大变化，总体上分析，目前我国货物运输基本进入了稳定持续增长的阶段，未来随着产业结构的调整，货运量的总体增势将会趋缓。根据目前我国的经济发展水平，货运量的现有增长态势还将延续一段时间。五种运输方式中，铁路、水运货运量增速趋缓，公路货运量显著上升，民航货运量增速加大。在货运总量中，公路与民航货运比重逐年上升，铁路与水路货运比重总体呈下降趋势。

由于我国地域广大，经济发展在空间与时间上存在差异，宏观层面货运量的变化并不能完全反映某个区域或某个节点具体货运规模与货运结构的走势，因此，在货运场站规划中，必须根据规划所在区域的实际情况进行具体分析，根据所在地区经济社会发展对各种运输方式需求的发展规律，按照合理的货运场站发展定位，确定货物运输场站设施的需求形式、需求规模与建设时限。

9.5.3.3　货运场站的布局与规划内容

9.5.3.3.1　货运场站规划层次划分与功能确定

目前，由于发展阶段和发展水平的影响，在我国货物运输系统中存在一些现实的问题，如货运场站的建设相对落后于路网建设，场站经营水平效率不高(公路场站尤为明显)。同时，一些企业所有的具备货运站功能的仓储设施，又大多不对社会开放或开放程度不高。因此，整体上而言，需要通过规划解决和协调货运场站建设满足货运市场发展和企业运输需求。通常情况下，在货运场站的布局规划中，将根据所在地区综合交通发展规划的系统要求，对各站场功能、规模及布局作分层次定位，以求货运场站的发展与全市物流服务需求和运输通道的发展相适应。

(1)核心场站。作为区域内各种运输方式的连接点，核心场站是区域货运系统的中枢，其作用范围涉及区域乃至国家内外贸运输和各类型货运企业服务，是未来现代化货运系统中实现货运组织、衔接、调度、管理的中心枢纽，具有成为区域物流中心的发展前景和功能潜力，其主要功能是为各类物资在区内外、区内各城市间及区内各城市内部和各种运输方式之间提供运输组织、装卸存储、集散转运等货运服务以及区域配送、流通加工和信息服务等物流服务功能。其主要服务方式包括针对全社会仓储、运输、运输组织、货运代理和信息服务以及针对重点企业进行的原材料、零配件及产成品等物资的配送服务，具有较高的技术水平和较强的辐射能力。上述功能是根据所在区域经济发展和技术进步所产生的需求强度灵活配置的，在不同地区间及同一地区不同时期内，其功能的配置有所侧重且随时适当调整。

(2)地区性货运场站。地区性货运场站是未来现代化货运系统的支撑点和核心场站与物流中心服务的外部延伸，其服务范围较物流中心而言相对较小，以运输组织、货物集散、配送为主要服务内容，其主要服务对象是货运站所在城市或经济产业密集区内及周边地带所产生的物流服务需求。根据所在地需求特点的差异，地区性货运场站在服务方式的配置上也应突出重点功能，同时兼顾其他功能。

(3)一般货运站点。一般货运站点指那些沿城镇外围及交通通道沿线分布的小型货运站，主要功能是货物的集散和送达服务，作业能力较强，但服务范围较小，在货运系统中扮演取、送货点和大型站点延伸、集散的角色。

9.5.3.3.2　货运场站规模与能力预测分析

作为运输网络的节点和枢纽，货运场站设施担负着连接托运人、承运人和收货人三个方面业务衔接和实物流转的任务，对于货运场站设施的规模与能力规划，主要将根据上述各方之间的货运需求量的预测进行。因此，需求预测成为货运场站规划的重要任务。

通常情况下，对于区域运输需求预测，要分析设施所在区域经济发展和交通运输趋势。货运场站设施需求预测的内容则主要是指所在区域规划期内目标年度的货物运输量总水平预测，包括全社会货运量、各种运输方式货运量、各主要货种运输量、海(空)港口吞吐量以及规划设施所担负的作业量。目前，常用的预测方法主要有多元线性回归分析、弹性系数法、趋势外推法和综合分析等预测方法。

(1)多元线性回归预测分析。该方法理论上较为成熟，实际应用也较多。使用这种模型的关键在于选好自变量，要解决好两个方面的问题：一要选择那些与所预测指标相关度高的自变量，二要解决各自变量之间的多重共线性问题。货运需求量的多元回归基本模型为：$Y=aX_1+bX_2+c$。其中，Y 为货运需求量(万吨)；X_1 为国内生产总值(亿元)；X_2 为社会商品零售总额；a、b、c 为相关系数。

(2)弹性系数法。该方法主要是根据对设施所在社会经济发展的分析，结合以往的统计值及相关国家或地区类似情况，推算出未来货物运输弹性系数，再根据经济指标的预测值预测规划期设施所承担部分的作业量。货运弹性系数＝运输量增长速度/GDP 增长速度。

(3)趋势外推法。该方法是依据项目所在地区过去十几年客货运输量的发展趋势，以及社会经济诸因素对客货运输量的影响，并经过少量的数据修正，从而确定未来客货运输需求的增长率。趋势外推基本计算公式为：$Y=V(1+\beta)n$。其中，Y 为预测年运输需求量(万吨)；V 为基础年运输需求量(万吨)；β 为年增长率(%)；n 为预测年数。

(4)综合分析法。由于我国经济发展正处于上升阶段，存在发展时间与空间的差异，因此，运量预测很难准确把握，通常需要将几种预测方法交替使用，相互印证。综合分析即根据以上几种预测方法得出的预测结果，通过听取有关专家的建议，并参照有关预测结果，最终取得规划设施货作业量预测值。

9.5.3.3.3　货运设施的规划方案

规划方案主要涉及场站项目选址与规模确定，设施内部各功能部分的布局与相关技术装备的配置以及投资与经济评价。

(1)项目选址与规模确定。在完成以上工作的基础上，根据规划中的货运场站设施项目的功能定位、服务范围和服务内容，在区域与城市国土规划、产业规划和交通规划的框架下，选择、比较和确定规划项目的具体选址和占地规模，规划设计货运场站设施的技术能力规模，并根据不同规划要求，完成产业布局与规划项目之间、现有场站设施与规划项目之间以及各个规划项目之间的功能衔接与管理框架规划。

(2)设施布局方案与技术配备。根据交通部门颁发的各类相关设计规范和技术规范，按照规划项目不同层次的技术要求、功能定位和业务特点，完成规划货运场站的平面布局、设施配置、装备配备、人员配备以及作业流程等具体规划任务，同时完成设施内部业务管理与操作管理的框架设计。

(3)建设投入与相关评估。根据上述工作成果和相关管理部门的相关规范与要求，完成规划项目的投资来源与投资结构分析以及投资规模估算，并根据相关规范和要求完成规划项目的经济评价、社会评价和环境评价工作。

9.5.4 货运设施整合与协调

9.5.4.1 货运场站的服务扩展

货运场站是由不同运输方式所形成的网络构成。按照运输方式，货物运输系统结构可分为公路货运、铁路货运、水上货运和民航货运；按照运输组织形式可分为长途货运、短途货运和外贸货运。因此，货运场站的企业形态较为多元化，既可以是货运场站经营企业，又可以是依托场站设施的、货运经营企业和货运代理企业，同时也可能发展成为现代第三方物流企业。

对于原属运输设施的货运场站规划中，也应根据实际需要状况和环境条件水平，在保证场站设施原有货运功能的同时，适时、适度地开展服务扩展，使场站设施的功能得到有效提升和充分发挥。虽然货运场站设施并不能完全等同于物流设施，但并不排除处于特殊环节节点上的货运场站在自身能力和特长基础上开展相关的物流业务服务。

从一般意义上说，货运场站开展的服务扩展主要依托于场站自身的业务特点和网络地位，其业务范围主要包括围绕货运组织进行的信息、代理和配送服务，围绕仓储业务展开的理货、简易加工、包装等服务以及围绕上述服务展开的维修保障、办公食宿等相关辅助服务和会展交易等拓展服务。出于货运场站基础属性的要求以及所处区域及节点的业务与市场发展的差异，上述物流服务内容并不见得适用于所有的货运场站的服务扩展需要，各级各类不同货运场站在开展扩展服务时也需要通过研究和分析进行独到的选择。

根据目前我国相关货运场站运行的实际情况，在制定场站设施服务扩展的相关规划中，应在提升场站企业信息管理水平、市场营销能力和系统联动能力的基础上，将提升场站的干线运输组织化水平、区域内配送组织水平和区域货源组织能力作为其服务拓展的重要内容予以高度关注，并对其具体实施措施提出规划意见。

9.5.4.1.1 物流服务

货运场站开展相关物流服务的途径主要是依托场站设施及其上下级网络节点之间的业务关系，开展对区域物资交流和各类企业提供企业物流和流通信息服务，其服务内容包括为场站辐射范围内包括集装箱在内的各类物资在区内外、区内各城市间和区内各城市内部及各种运输方式间提供集散、配送、转运、存储和流通加工服务；同时兼备区域物流和企业物流服务功能以及货运代理、货运信息发布、传输等相关服务功能。上述服务的具体开展将取决于场站规模、能力配备、所处区位以及场站企业的发展目标与市场需求状况。

9.5.4.1.2　信息服务

为了支持货运系统正常的运营组织以及建立货运站间的有效联系，应开发建设货运信息系统。货运信息系统应由铁路、公路、水上、民航货运站子系统，货运站经营管理信息子系统，运输企业服务管理子系统和货运代理子系统与口岸子系统等构成。信息系统中心将设置在货运中心，并根据需要在各部门设置工作站系统，使管理部门、铁路、民航、港口、口岸以及相关企业实现联网。信息系统的开发建设的目的是使货运站和运输及运输代理企业形成一个分工合理、服务协调的有机整体，为各货运站和企业的经营管理和货运管理部门的管理工作特别是运输组织工作创造便利，同时最大限度地方便生产企业、流通企业、货物托运人。

9.5.4.1.3　联运服务

相当部分的货运场站位于多种运输方式的交叉点上，因此，开展多式联运是货运场站服务扩展的重要内容。货运场站在开展多式联运业务的主要内容是根据市场需求和服务特点，协调配置各种运输方式的运力与运行，合理布局货运场站的各功能区，安排和开通各类货运班线与连接班线，作好各种运输方式货物的换装和转载，依托自身业务与设施网络系统并通过各种运输方式的经营企业、货运代理企业签订协议或进驻场站，实现各种运输方式有机衔接、合理分工和高效运行。

9.5.4.2　货物场站的资源整合与功能协调

目前，货物运输中铁路、公路、水上、民航等不同运输方式的技术经济特征以及不同运输客户的服务需求具有较大差异，因此，不能指望某一个货运场站具备所有形式和所有方向上全方位的服务能力，必须通过对货运场站设施布局、功能布局与运行控制的系统性规划，实现区域范围内各级各类货运相关资源的整合与服务功能的协调。

9.5.4.2.1　货运场站的资源整合

货运场站基础设施的建设需要投入大量资金和土地，且具备一定的公益性，因此，货运场站的资源整合需要从三个方面加以考虑：第一，货运系统内部的各类相关资源的合理整合，主要通过合理调整和完善各级各类货运设施的功能与系统布局，完善货运场站系统的布局框架、功能结构与分工层次；第二，整合各类可用于货运服务的社会资源，充分利用闲置和低效运行的相关设施，有效衔接物流中心、配送中心等专用物流设施，扩大货运设施系统能力和服务的便利性；使有限的土地资源和政府部门资金投入得到最大的收益；第三，重视通过规划整合相关政策环境，通过对各级政府部门各类相关政策的结合与衔接，完善货运场站设施的建设机制、投融资体制，从实现服务模式规范化、经营模式多元化的角度，摸索建立既适应项目所在区域经济社会发展要求，又符合货运发展内在规律的货运站建设、经营组织与管理机制。

9.5.4.2.2　货运场站的功能协调

在货运站场的规划中，应当从货运场站经营组织与管理系统的宏观和微观等方面，考虑货运场站的服务功能协调。一是从综合货运系统建设角度出发，在规划层面完善铁路、公路、水上、民航货运场站的组织、管理与协调以及与物流园区、物流中心和配送中心的协调；二是从运输方式技术特征角度，提升运输方式内部各级货运场站之间货运服务组织、协调和管理的水平；三是在货运系统发展规划中，在保证各级各类货运站场布局合理、功能协调的同时，通过规划完成货运场站与专业物流设施的功能协调，实现区域货运系统在结构上的完整和服务上的全面。

9.5.4.2.3 货运企业资源的整合与协调

货运企业是货物运输的直接经营者，是运输活动的主体，是最终意义上的承运人，其自身的发展方向与模式及其生产活动的结构与模式即所谓营运组织活动，是决定运输企业市场生存能力和市场服务能力的重要因素。货运场站设施自身也是经营实体，其服务运行需要与其他货运企业进行不同层次上的运行协调与服务衔接。因此，货运企业资源的整合与协调，将主要体现为通过规划强化货运场站企业对区域货运市场需求的引导和掌控能力、自身的生存与发展能力，提升和完善货运场站对货源的控制能力和运力的调配引导能力，建设以运输企业为运输服务主体、以货运场站为业务营销与服务组织核心的高效货运系统，实现各个货运核心场站对货运组织工作的统一组织、网络联系和系统协调，依照专业分工、协作经营、优势互补、平等竞争的原则，由各货运企业分货类完成各类服务。特别是在制定各种层次的物流产业发展规划中，要使货运场站、物流园区、物流中心、配送中心在空间布局和功能上实现资源的有效整合与发展协调。

9.5.4.3 相关保障条件的规划与建议

9.5.4.3.1 完善货运场站建设机制

规划项目所在地区政府相关管理部门应加强协调，以当地经济社会发展规划为基本参照，以未来各种运输方式的有机衔接为基本要求，对于货运场站在本区域交通基础设施建设中的定位、规模、土地占用和投资水平进行统一协调和权衡，扩展投融资渠道，将货运站系统的融资、建设和建成后的经营管理统一纳入规划范畴。

9.5.4.3.2 建立健全相关保障措施

所在地的政府交通主管部门，是货运场站设施规划、建设和运行的宏观管理与行业管理机构，应根据政府经济社会发展规划的总纲，参照交通运输行业发展规划的要求，对于规划的货运场站设施项目予以相应的支持和保障，包括确保规划规定的土地使用，合理的资金投入，制定合理的土地开发政策，确保货运场站用地规划的落实，同时争取和协调其他相关政府部门的政策与管理支持。

9.5.4.3.3 重视行业协会建设

货运场站的经营行为决定了其运行与发展应符合市场规律的要求，而市场竞争的严酷性在保证优胜劣汰的同时，不可避免地会出现浪费资源的情况，同时也难以避免不平等竞争情况出现。因此，在政府相关部门完善管理的同时，应通过规划中的相关内容鼓励、支持和引导各级各类货运场站共同建立相关行业协会，通过加强行业自律保证经营与服务效果，形成多赢局面。

9.6 物流网络规划

9.6.1 物流网络规划的内涵

9.6.1.1 物流网络的概念

从物流网络在物流产业发展中的地位以及物流产业发展具有网络化特征角度，从物流网络的性质与作用分析，物流网络是指：物流管理和运作活动中所涉及的基础设施、服务组织、运行管理等在空间布局、管理功能上形成的具有较强的网络特性的物流运行系统。通常由两类基本形态构成，即由网络节点设施、通道和信息系统组成的物流运行载体的实体网络（也称为硬件网络）以及由管理系统、供需关系和企业协调联系构成的物流运行主体的虚拟网络（即所谓软件网络）。

9.6.1.2　物流网络运行载体与主体之间的关系

从物流运行层面考量，物流运行载体是物流运作的基础和物流实体运行的形态，决定了物流运作的空间、能量等问题；物流运行主体则是物流运作的灵魂和管理模式，决定了物流服务的质量、效率和发展问题。两者的重要性不言而喻，而建立在物流运行载体基础之上的物流运行主体网络，在某种程度上对物流的运行和发展具有更为重要的作用和意义，或者物流的实体网络建设依据是物流主体进行物流管理与运营的需要。由于是在基础设施建设的角度研究物流网络问题，因此，在以下的物流网络规划探讨中，主要针对物流的实体网络进行，而运行主体网络建设涉及的相关物流组织、管理与运营问题，主要分散在物流企业、企业物流、区域物流等规划中加以讨论。

9.6.1.3　物流网络规划的必要性

现代物流的网络化特征，决定了在物流产业发展规划的编制过程中，为适应物流产业发展和物流服务的运作与管理要求，需要充分考虑物流网络的建设问题。由于物流网络在微观上是企业物流管理、物流服务的重要支撑，在宏观上是区域性物流系统的重要载体，物流网络的发展内容较为丰富，因此，其功能和结构较为复杂，无论是微观层面，还是宏观层次的物流网络，均需要进行规划，以便使物流网络的建设和发展适应物流产业发展的需要。鉴于物流网络在物流服务上的基础支撑与物流产业发展上的提升效率、降低成本等功能，其规划已经得到物流企业的重视，成为企业在发展物流产业发展规划中需要重点考虑的内容，物流网络的建设与发展涉及的相关理论和方法，也成为物流研究的重要对象。因此，物流网络规划是物流产业发展规划的重要组成部分。

9.6.1.4　物流网络规划的内涵

9.6.1.4.1　物流网络规划的概念

根据区域经济发展要求与物流服务市场供需关系，对处在特定时空范围上构成物流运行载体的实体网络的各类交通运输与物流设施、通道和支撑系统进行科学、合理的空间布局规划，并根据物流管理与运营活动中上述各类设施对各自功能连接与运行协调的要求，从硬件设置角度进行功能定位与衔接的设计，以形成特定区域范围内的物流一体化运行基础。

9.6.1.4.2　规划的主要对象

主要包括各类交通运输枢纽（场站）、各类物流专用设施及其集群、连接各类节点设施的通道系统以及支持物流服务运行的物流信息系统。

9.6.1.4.3　规划的主要内容

涉及各类交通运输枢纽（场站）和各类物流专用设施及其集群的布局与建设规划、连接各类节点设施的通道系统建设规划以及支持物流服务运行的物流信息系统的结构、功能与配置规划。从物流的角度对交通运输设施进行的规划，主要是功能性和资源整合性的，不是交通运输设施的具体规划，是为了使交通运输设施在空间布局、组织结构与功能上适应物流运作与管理的需要，也是为了提高交通运输设施的使用效率，提升其发展水平。

9.6.2　物流网络节点的规划

9.6.2.1　网络节点规划的基本任务

9.6.2.1.1　网络节点规划的作用和意义

从物流网络建设的角度，各类物流节点的建设将为各种运输方式的合作和提高效率提供良好的组织化基础条件，从运输资源整合的角度为运输服务的发展和基于效率的开发创造基础条件。因此，物流网络节点规划主要是根据物流运作的网络特点和区域供需关系，对构成城市、区域乃至更大范围上的物流运作网络的关键节点的空间布局进行规划，规划的对象就是各类物流基础设施。与具体的物流基础设施规划不同的是，网络规划的重点是在区域或更大空间范围上，从系统的角度确定上述各类设施的整体空间布局与选址以及相互之间在物流运作与管理上的关系，以便使物流基础设施具有整体适应物流产业发展所需要的功能，也使物流基础设施资源得到更好的利用。特别是由于我国现行的与物流基础设施规划是由相关的主体与行业主管部门分别进行的，物流网络的规划重要功能是实现相关规划的相互借鉴，使不同规划角度的基础设施具有相互衔接与功能互补性。

9.6.2.1.2　网络节点规划的任务

鉴于物流网络节点规划的重要性，通常情况下，物流网络节点规划的重要基础是依托经济中心城市的物流园区或物流中心进行。从网络建设与服务运行的角度分析，各类物流中心(物流园区可视为物流中心集群)实际上构成了物流网络中的核心物流节点，所有其他层级的物流节点，均应围绕核心节点的结构与功能布局进行规划。因此，在实际应用中，物流网络节点规划的主要任务主要是：规划同一级别物流节点和不同级别物流节点在特定空间上的功能与结构布局，使之具备相互衔接、相互支持和系统运行的物流发展环境与运行条件。

9.6.2.2　网络节点规划的主要内容

9.6.2.2.1　调查、分析区域经济与物流产业发展现状

物流网络节点规划的首要任务是完成规划前期调研，在这个阶段的主要工作内容是根据历史统计、现状调查和重点走访，对规划区域的经济水平、产业结构、需求态势、交通网络、服务资源等方面的情况进行收集、整理、分析和总结，勾勒规划区域物流系统现状的框架与特点，确定服务对象及其需求以及区域资源供给能力在空间与强度上的分布态势，并初步确定网络节点建设的选址原则，为下一步后续工作以及定量化模型的设计奠定基础。

9.6.2.2.2　确定规划范围与对象

物流网络节点规划的第二阶段任务是在需求规模、方向以及结构分析的基础上，建立明确的服务目标体系和规划目标体系，确定此次规划的功能、范围、对象和预期效果，并对上一阶段对需求与供给各类要素在空间上的分布强度与分布结构进行具体分析解读和针对性研究，本着合理取舍、为本次规划设定工作深度、工作目标和工作程序。

9.6.2.2.3　建立网络节点选址方案

在进行网络节点位置选择时，首先应根据物流服务供需关系和资源配置可能进行定性分

析和系统评估，按照物流服务的客户分布与服务操作要求确定网络节点的区域空间布局和节点间关联关系与模式，根据市场、交通运输网络和其他外部条件等非经济性因素进行调整，整合具有相同或相近功能的节点设施，同时，借助各类选址理论和计算机技术，确定最终网络上各类节点的数量、等级和具体选址方案。

9.6.2.2.4 规划节点功能

在上述成果基础上，按照各个节点在网络中不同的位置与作用，对于各个节点的具体功能包括能力规模、业务类型、操作模式和建设时序进行系统规划，并根据物流网络运行要求对各个节点的功能设置留出变化空间和调整余地。

9.6.2.3 网络节点规划的常用方法

总体而言，物流网络节点的规划方法与基本思路大多借助于传统的运输规划中的站场规划和仓储规划方法，所不同的是需要按照物流管理与服务的需要对相关功能进行集成。目前，物流网络节点规划常用的基本方法大致可分为以下几类，即综合因素评价法、解析方法、启发式方法、最优化线性规划方法以及仿真方法。近年来，随着计算机技术的发展，又出现了一些新的规划方法，其特点是在现有规划思路基础上采用了一些新的技术路径，主要是上述方法的组合、完善和延伸。

9.6.2.3.1 综合因素评价法

综合因素评价法的基本思路是在现有经验与外来案例的综合分析基础上，结合本企业发展目标与方略，通过对现有各类影响因素的分析梳理，根据各影响因素重要程度进行综合权重分析，据此提出网络建设基本框架方案。该方法考虑各种影响因素较为周全，较为注重对各相关层面与部门的关系以及企业发展战略的结合，适用于存在大量外界条件因素难以具体量化时的方案确定，同时还具有较好的动态适应性，便于今后的调整、完善和修改，但主观因素影响较大，方案的框架规模与结构精确度的配合需要在下一步工作中进行不断地完善与补充。

9.6.2.3.2 解析方法

解析方法与通常在运输组织领域使用的地理重心方法基本相同。这种方法通常以运输需求量、距离以及时间的函数关系确定的最佳运输成本，作为决定配送中心选址的基本依据。此种方法考虑影响因素较少，模型简单，主要适用于单个配送中心选址问题，但其影响因素的考虑较为单一，对于复杂的网络化多点选址问题，通常需要借助其他更为综合的分析技术。

9.6.2.3.3 启发式方法

启发式方法是20世纪50～60年代出现的逐次逼近最优解法，其主要思路是首先定义计算总费用的方法，拟定判别准则，规定改进途径，然后给出初始方案，迭代求解。启发式方法计算相对简单，求解速度较快，获得的可行解与最优解较为接近，是实际应用中较为常用的选址方法。

9.6.2.3.4 最优化规划方法

最优化规划方法基本思路是根据现实环境中特定约束条件的确定，运用线性规划技术以及整数规划技术建立数学模型，从众多可能的方案中遴选其中的最佳方案。最优化规划方法是目前规划中较为通用的选址方法，其优点在于计算较为精确，不足之处主要在于对复杂情况建模工作较为困难，同时对于无法量化的影响因素适应度较低，以至可能出现计算结果与实际出入较大而无法实施的问题，在实际应用中也需要与其他方法相互印证和相互补充。

9.6.2.3.5 仿真方法

仿真方法是利用计算机技术建立初始模型的基本机能、行为方式与评价指标体系，通过反复改变和组合各种供给、需求以及环境支持条件的参数进行动态模拟，尝试寻找最佳的选址方案。仿真方法具有较强的实用价值，但要求规划者具有较好的物流专业背景知识，对物流与配送服务实际业务操作具有较为深刻的了解和掌握。

9.6.2.4 网络节点规划中应当注意的问题

上述方法是国内外学术研究与实际应用中较为常见的方法，虽均具有其各自独特的优势并均在实际应用中得到了较好的运用，但同时也都存在各自的局限。因此，评价上述方法孰为最佳没有意义。回顾近年来的国内外规划实践的成果与经验，在实际规划运用中大多是几种规划方法综合运用，任何方法的单独应用都难以获得理想的效果。在实际规划过程中，有一点有必要特别指出，建立、应用科学的模型是网络规划的重要基础，但建模是规划手段而不是规划目的，更不是规划本身。因此，对一个实际的选址问题，必须在物流运行要求的基础上根据实际供需关系、经营模式和环境条件的分析建立模型，用数学关系解析、说明和描述而不是代替市场规则与经营模式，切不可舍本逐末。

9.6.3 物流通道的布局规划

9.6.3.1 物流通道的含义

9.6.3.1.1 物流通道的基本概念

物流通道一般是指由连接各级物流节点和物流服务区域的一条或若干条跨区域、大容量的运输干线设施构成的运行系统。通常情况下，此类设施可能包含铁路、公路、水上、民航等各种运输方式的线(航)路设施，均为国家和地区综合运输网络的重要组成部分。虽然物流通道与运输通道在布局实际是重合的或者物流通道依赖于运输通道的建设和发展，但物流通道并不完全等同于传统的运输通道，其所担负的任务范围更加广泛，也具有更强的服务针对性与特定作用区域，在物流组织合理化的背景下，在很大程度上可以影响运输通道的结构、走向和规模。这也是在物流通道依托运输通道的情况下，需要对物流通道进行规划的基本理由。

9.6.3.1.2 物流通道的作用

物流通道的建立，使得具有较强经济联系或在地理布局上较为接近的城市、企业能共用相同运输通道，并能依托运输通道上具有效率和成本优势的物流组织化服务，即依托物流园区等物流组织设施提供的服务，在形成物流流量、流向集中的物流运作环境的同时，使运输通道效率得到提高和成本得以下降，使运输通道的布局与建设更加科学和合理，从而实现对各类产业、企业沿运输通道进行布局和生产组织的引导和发展支持。

9.6.3.1.3 物流通道的性质

物流通道通过物流服务组织、产业布局、企业供应链构建等相互支持和作用，实现密切企业及产业联系和城市间物流联系、能够影响产业布局的物流企业密集和生产企业会聚的效果，成为构建具有区域经济发展影响力的低成本、高效率和良好服务环境的物流运作系统的重要基础。

9.6.3.2 物流通道规划的基本任务

从上述分析可以看出，物流通道的基础是以贸易口岸、交通枢纽、产业基地、消费基地和贸易集散地为龙头向内陆延伸的运输通道与衔接系统，其规划和建设并不仅仅是简单意义上的基础设施建设，还包含着系统能力整合任务。同时，物流通道的规划任务与区域经济和城市经济的发展具有密切联系，其所担负的任务也因此连带扩展到直接支持和引导区域产业布局与发展。因此，物流通道的规划不仅需要与现有交通运输主管部门制定的交通运输行业规划以及其他相关产业管理部门制定的行业发展规划进行紧密结合，同时需要对于物流运作过程中各种运输方式在各类作业节点与供需关系界面上的衔接与合作协调，做出设施建设上的预先准备和先期建设，通过对上述资源和专门物流节点设施在运行网络与需求结构发展要求基础上进行的统一规划、系统定位、合理分工和协调运作，支持形成城市、区域乃至更大范围上的系统化、效率化和网络化物流服务运行，从而为所在城市与区域的经济发展与产业升级提供直接与间接的服务与引导支持。在具体规划实践中，物流通道规划的任务主要包括以下几个方面。

9.6.3.2.1 强化运输大通道建设

在目前的建设、运行和管理框架下，国家和区域的综合交通设施网络是构成物流通道的基础依托，而各种运输方式连接各个经济中心城市、各个主要经济发展区域以及各类原材料与产品的主要产地与市场的运输干线，则是构成物流通道的主要部分。因此，依照国家和地区交通主管部门辖下的综合交通干线规划，伴随国家与区域运输大通道的强化建设，选择、支持和推进重点线路与重点设施建设的规模、结构、布局与建设时序，将未来物流运作与服务网络的发展要求置于其中并与之形成和谐的系统能力，是物流通道规划的首项基本任务。

9.6.3.2.2 形成低成本运输走廊

根据目前国内各个地区物流网络建设与运行的现状分析，在物流通道规划中，应发挥政府管理部门的导向作用，在完善和健全综合交通网络建设的基础上，引导生产企业重视利用运输通道进行生产和产品销售组织，尽快在运输通道上形成运输规模以使运输成本得到有效降低，从而形成运输市场需求与供给在规模化、效率化和网络化运行基础上的良性互动，为增大通道货运运量提供低成本运输和通行便利支持。

9.6.3.2.3 构建产业与物流服务集中的物流大通道

在已有交通运输基础设施建设规划的基础上，结合区域的产业、社会、环境和国土开发等领域的相关规划，积极推进沿运输通道进行产业布局，是物流通道规划的又一个重要任务。应借助交通基础设施规划的实施，在铁路和高速公路等大能力干线建设取得重要进展和运输通道条件初步形成的同时，积极调整所在区域各类企业生产与销售组织布局，引导其向运输通道靠近，使得企业在地理位置上靠近运输组织中心，推进其积极利用共用物流组织设施的积极性，并在物流服务企业的良好服务支持下，共同构建高效率的物流通道，提高企业的物流组织能力和水平，降低全社会的物成本。

9.6.3.2.4 形成沿物流大通道的产业经济发展带

通过对物流通道的组织功能和布局的规划，对区域产业规划施加影响，营造以低成本运营通道为亮点的沿通道产业布局环境与条件，以低成本和高效率的物流服务设施与运作服务条件作为区域产业布局发展和招商引资的基本条件，为促进区域内各类产业的未来发展形成主干通道沿线的产业布局提出相关规划设想。

9.6.3.3　物流通道规划的基本内容

9.6.3.3.1　系统分析区域产业发展对物流通道的要求

从实际运行的角度分析，物流网络通道的功能首先是连接区域内物流服务企业设施与各类服务需求产业聚集点，其次是保证和加强规划区域与相邻区域以及经济联系区域之间的交通联系。鉴于现代物流的服务性功能特征，规划区域内各类产业的规模、结构与空间布局是物流通道规划、建设与运行的重要基础依据，同时物流产业发展规划也应担负起在一定的客观条件下对规划区域内各类产业的结构与空间布局的未来发展实施引导与推动的任务。这实际上是交通运输与物流作为产业形象出现在社会经济活动中的共同特征。因此，在进行区域物流通道规划工作中，应根据对规划区域经济社会的发展调研中对规划区域各类产业的发展水平、布局结构和需求态势(包括规模、结构和空间走向)进行系统的分析和梳理，明晰规划区域内各类产业对物流通道能力与走向的系统要求，确定区域物流通道供给能力在空间与强度上的分布奠定基础。

9.6.3.3.2　明确通道走向和组成结构

在完成上述对区域物流通道供给能力在空间与强度上分布态势的相关分析的基础上，下一步的工作重点就是根据现有和规划中的国家及区域交通通道网络的现状与发展态势，建立在市场需求基础上的连接区域内外各个物流核心节点与核心设施的物流通道网络框架，确定物流通道网络的能力、走向、布局以及结构水平，确定纳入本次规划通道的范围、对象和预期效果，并对现阶段本区域交通网络与通道规划根据实际服务需求与发展要求进行空间上的重新划分和功能重置，形成完整的物流通道系统规划方案。

9.6.3.3.3　确定通道建设与运行模式

第一，从结构上分析，物流网络通道除由特定功能通道作为其运行基础之外，在很大程度上其作用方式与现实形态是以国家及区域间交通通道为其基本构架和重要基础的，特别是在对外辐射的主通道基本是由国家及区域交通通道构成的，国家与区域间交通通道规划构成了物流通道规划的基础支持和宏观指导。因此，物流通道规划首先必须突破行政区划的自身限制，在完成规划区域内通道建设规划时，必须以系统连接和纳入国家及跨区域交通通道作为规划的重要原则，使规划区域的通道规划与国家规划融为一体，使各类基础设施资源得到充分的利用和高效的运行，建立起系统和平滑的联系。第二，在规划建设时序上，应对国家及区域交通通道规划的时间进度相互衔接，使特定功能的通道建设与国家及区域交通通道的建设步骤相互协调一致，使规划的交通通道尽快形成系统能力。第三，应注重协调物流通道与运输网络及相关枢纽节点的建设进度，通过强化枢纽的运营组织管理功能，充分发挥物流通道的整体能力。第四，应加强物流通道与各级枢纽的连接线建设，为物流主干通道建立下层的基础网络支撑和各个通道之间的协调能力。

9.6.4　物流网络衔接与协调

在实际工作中，物流通道规划中的规划范围包括已被纳入各级政府交通主管部门制定的交通基础设施规划中的交通干线、连接线和相关设施(如桥隧、场站等)以及新建物流中心、物流园区等大型基础设施的对外通道及其连接主干路网的线路与场站设施。其中，前者的规划主要依从各级政府交通主管部门已有的规划，后者则根据前者的基本框架在发展需要与实际条件的具体情况进行局部规划。因此，在物流设施规划中，如何使物流设施与综合运输网络在规划和建设层面上实现合理衔接和功能互补是保证物流设施未来高效运行的重要条件，同时也是节约资源、整合系统和改善服务的实际需求。

9.6.4.1　衔接与协调的意义

从目前国内外对物流理论的各种理论论述的分析中可以发现，现实经济活动与社会生活中物流服务的基本内涵仍是实现物质的空间位移，在这一点上，物流与传统意义上的运输并无异处，离开了运输和仓储两大基础服务，现代物流的服务运行便无从谈起。这也决定了物流服务运行中的具体技术手段、设施和装备与现代运输仓储行业的必然重合和基本统一。

交通运输基础设施是指满足交通运输运行、管理和组织功能需要的通道、场所和站点，如线路、库场、车站、港口、机场等。交通运输基础设施是构成交通运输系统运行的基础支持，也是促进区域经济沟通和经济能量辐射的载体，其方便程度决定经济能量辐射的强弱，决定地区之间经济互动力的大小，因此，交通运输基础设施建设及其协调发展在当代综合交通运输系统建设中一直占有重要位置。

从目前国内外的实践总结分析，物流基础设施大致可分为两大类，一类是提供公共性服务功能为主兼具个性化服务功能的综合性服务设施，如各种方式的运输枢纽和各类场站等；另一类则主要是为适应特定区域或领域的现代物流集中管理与组织需要而新建的专项服务设施，如物流园区、物流中心、配送中心。可以看出，从现代物流服务组织的基本需要考量，相当部分的交通运输基础设施与现代物流服务基础设施是共生一体的。

由于交通运输和现代物流两类基础设施的建设与运行均是建立在满足需求、提升效率和可持续发展原则基础之上的，因此，依托综合运输系统和交通基础设施网络开展现代物流服务设施的建设和运行应成为基本的原则。两类设施在其建设与运行过程中，应尽量进行综合规划与合理组织，力求布局包容，整体综合，个性独立，运作协调，充分发挥各种运输方式的组合优势，尽量减少对土地、能源等资源的消耗，以最大限度地发挥各种资源的效用和利用率。这既符合交通运输系统建设的可持续发展原则，同时也符合现代物流整合资源、系统协调和合作运行的基本理念。

9.6.4.2　物流网络规划中涉及的交通运输系统

根据我国国民经济与社会发展水平对交通运输的需求衡量，我国交通基础设施在能力供给与运行效率两个层次上仍存在着不足。因此，面对新世纪走新型工业化道路、建设小康社会的新发展观，适应新变革所产生的新的交通需求，交通基础设施发展整体上仍将持续很长一个时期。未来交通运输基础设施的布局和建设将以满足国民经济发展、国家安全和建设小康社会的需求为基本出发点，在正确处理效率与公平、需要与可能的关系的前提下，继续坚持交通基础设施在技术、时间、空间和能力上的超前建设，优化各类资源配置，优化综合运输网络布局，使交通基础设施的建设和布局适应产业布局和人口分布的需要，促进经济发展和产业布局合理调整及新产业的开发，有利于充分发挥现有基础设施作用和发挥各种运输方式的优势，支持交通基础设施建设的可持续发展。现代物流的基本功能很大程度上脱胎于传统的交通运输服务，现代物流的发展必须使物流的运作管理建立在组织化、规模化和网络化的基础之上，因此，从建设与运行的角度出发，分析未来交通运输基础设施系统对物流基础设施的影响和关联，应将其重点集中于枢纽节点和运行网络建设与运行的协调方面。

9.6.4.2.1　运输组织枢纽(场站)

现代物流服务的跨区域、网络化特点，使作为水运与陆运连接点的港口，陆运与陆运衔接的铁路、公路运输场站，地面运输与航空运输衔接的航空港等强度较大的物流组织中心的作用日益突出。因此，各种运输方式应按照综合运输的思想和国家及区域高效率物流通道的总体布局要求，加强衔接与配合，使符合提高物流效率、降低物流运作成本的运输组织设施向区域型、公用型和多式联运组织型运输组织枢纽转变，使运输组织枢纽成为物流服务基础设施的重要组成部分，为网络化和规模化组织运输服务、构建国家及区域物流服务体系创造运输条件。从某种意义上说，运输枢纽是提供非个性化、公共物流服务的物流基础设施。运输枢纽与前文提到的物流基础设施相比，更加侧重对各种运输方式在实际运作中通过枢纽进行的有效衔接和快速中转，并综合了交通、仓储、信息、包装以及流通加工、国际贸易通关条件等方面的综合性物流资源条件，是区域与城市物流中心整体物流服务能力的重要的基础设施支持条件。

这里谈及的枢纽(场站)功能还应注意另一传统行业——仓储业的发展。仓储业因对产品需求具有调节功能，适应生产和消费之间的时间差异，从而构成物流系统中另一支撑要素。仓储基础结构是由库场设施、仓储设备以及在此基础上形成的仓储功能和仓库管理者构成，并由此形成了物流系统中的物流据点，也是另一种物流枢纽的常见存在形式。物流据点的功能特点是在物流活动过程中表现出来的。

在物流基础设施规划建设的实际操作中，在规划建设专向服务设施的同时，应从物流运作的核心环节是运输、仓储等活动的角度，综合考虑利用国家综合运输网络系统中规划与建设的各类运输场站、仓储设施以及独立的仓储设施等，通过整合实现各类包括仓储设施在内的物流据点的合理布局、高水平的库存管理和仓库管理，形成具备单一功能和多功能组合的物流据点系统，适应物流服务的方便性要求。充分发挥其功能和作用，使这些设施的发展规划和建设发展符合物流产业发展的要求。同时，在交通运输基础设施的规划建设中，重视将各种运输方式的现有货运站点及运输企业仓储设施进行系统内的重新整合工作，在保证其公用性的同时发展个性化服务，以设施功能和新型运作模式保证其与其他各类物流设施之间建立起以经济关系为纽带的运作联系，以物流信息系统为技术连接，使满足物流服务与运输服务需求成为各类运输企业运输业务与物流设施运作业务联系的切入点。

9.6.4.2.2　运输网络

交通运输因使物流产生时间和位移的功效，从而成为物流系统中最为重要的构成要素。交通运输是由交通设施、运输工具、通行权以及在此基础上提供运输服务的承运人组织所构成，并在其自身形成和发展过程中，确定了各种运输方式的运输系统的经济特征、法律特征和运输组织的基本形式。现代物流系统要求交通运输具有良好的通达性，能够满足物流需求的可得性要求，保持合理的运输价格，各种运输方式构成的综合运输体系的布局、分工合理和配合协调。因此，要求交通基础网络设施满足物流系统的需要。在实际情况中，物流网络是依托于国家及区域交通运输干线网络实现其跨区域服务运行的基础条件。由于我国目前的行业管理体制的影响，国家及区域交通运输干线网络的规划任务是由国家相关行业管理部门承担和决定的，其最终规划方案还须经国务院批准才能生效，因此，物流设施建设所在地与建设企业对上述设施规划和建设并没有实际的影响力而更多的是遵从和执行上述规划。这意味着地方政府和物流企业对物流大通道的规划建设应集中于对国家和区域交通运输网络规划执行中的功能融合和外围联通，通过支线与联络线网络的后续规划与建设完成国家与区域交通运输干线网络对地方经济与物流产业发展的现实支持和引导。因此，物流节点所在地的城市和地区，应将网络建设的工作重点放在辖内交通运输线路与物流通道建设与干线网络的设施连接与运行联网，使自身物流服务运行要求得到自身网络以外的国家与区域交通运输干线网络的支持，真正实现物流服务的跨区域网络化运行。

9.6.4.2.3　总体协调

从上述分析可以看出，由于现代物流跨行业的复合产业特征和现行专业化行业管理体制的要求，物流基础设施与交通运输基础设施在规划和建设过程中既存在着密切的联系，又在其规划和实施层面存在着不同的管理权限和责任分配。因此，在物流基础设施与交通运输基础设施的具体开发和建设过程中，物流设施所在地政府及其相关行业管理部门必须承担起将上述两个层面的规划在功能、布局和实施的角度实现本地化和合理融合的任务，通过制度化的手段和相关政策保障，使物流设施与交通运输基础设施在功能设计与整体布局上产生互补和整合效应而并非简单的重复建设，使之能够有效地扩大本地物流与运输服务的组织规模和组织化水平的提高，实现对两类设施的合理整合。

目前，我国各地的既有物流设施相当部分处于城市的中心地带，对城市经济与环境的负面影响已超过其作用。加速该类设施淘汰或退出市场而转作其他用途后，其中心地区的土地使用价值的增值将带来较好的经济开发效应，这一点已得到部分城市的实践证实。因此，在物流与交通基础设施规划中重视与城市发展规划和国土规划的密切协调，使物流与交通基础设施的规划与建设服从和服务于城市功能与城市经济社会的发展要求，实现整体功能的扩展和整体运行效率的提升，促进物流和交通运输自身及共同的发展，是在物流产业发展规划中应时时注意的问题。

第10章 物流信息平台规划

10.1 物流信息化与物流信息平台

10.1.1 物流信息化

10.1.1.1 物流信息化的定义[16]

物流信息化是指使用现代信息技术来管理和集成物流信息，通过分析、控制物流信息来对物流、商流和资金流进行有效管控，提高物流系统的自动化程度和物流管理决策水平，达到合理配置物流资源、降低物流成本、提高物流服务水平的目的。物流信息化是现代物流区别于传统物流的关键，是建设现代物流体系的重要特征和精髓所在。

10.1.1.2 物流信息化的分类

物流信息化包括物流设备的信息化和物流管理的信息化两类。物流设备的信息化是指条码技术、射频技术、全球卫星定位系统(Global Positioning System，简称 GPS)、地理信息系统(Geographic Information System，简称 GIS)、自动导向车(Automated Guided Vehicle，简称 AGV)等信息技术和自动化设备在物流作业中的应用。物流管理信息化是指物流管理信息系统、物流决策支持系统等系统在物流中的应用。一般来说，物流设备信息化是物流信息化的初步应用，物流管理信息化则是物流信息化水平发展到一定阶段的产物。

10.1.1.3 物流信息化的发展阶段

物流信息化的发展，一方面是从信息技术在物流中的应用演变为依托信息技术的物流业运转的过程，另一方面是从物流企业的信息化应用到物流行业的信息平台运营的过程。物流信息化的发展可以分为四个阶段：单一功能应用、业务流程优化、综合管理优化和公共信息平台。

10.1.1.3.1 单一功能应用阶段

单一功能应用阶段中，物流企业根据自身的业务需要，引进某种特定的辅助物流运转和企业管理的信息化产品。这一层次中物流信息化在物流运转中的应用主要体现在全球卫星定位系统、地理信息系统和射频标签技术等的引进，在物流企业管理中的应用体现在办公套件、企业邮箱工具软件等的使用。这一阶段，物流企业利用信息化技术简化了人工操作的过程，提高了运营管理效率，但物流信息化功能发挥有限。

10.1.1.3.2 业务流程优化阶段

业务流程优化阶段，物流企业以物流业务中的某个流程为对象引进一整套的信息系统，该流程可以是物流的运输、仓储和配送等功能要素，也可以是物流企业不同业务项目。这一层次的物流信息系统包括运输管理信息系统、仓储管理信息系统、配送管理信息系统等，也包括某物流业务项目的信息管理系统、涉及海关的电子报关系统等。这一阶段，物流企业的运作流程是以信息系统为依托，物流企业对每个物流流程的管控能力、与客户之间的联系对接能力都得到了增强。

10.1.1.3.3　综合管理优化阶段

综合管理优化阶段是针对整个物流企业、物流园区的综合管理，实施企业、园区级的信息系统建设。该层次的物流信息化体现为物流企业和物流园区的综合管理信息系统的建设运营。该阶段可以由业务流程优化转化为整体物流运作的优化，避免了物流企业、物流园区内部的“二律背反”现象。

10.1.1.3.4　公共信息平台阶段

公共信息平台阶段是面向区域性或全国性的范围，针对某一行业物流或整体物流行业的信息化发展阶段。该层次提供的服务包括物流信息的发布与共享，物流行业与其他相关机构的信息交互等，服务由外部的或某家企业中独立出来的服务供应商或政府部门负责满足。这一层次的建设内容主要包括：物流公共信息交换平台、分行业物流信息平台等。物流公共信息交换平台系统的发展较为快速，国内知名的物流行业信息平台如锦程物流和中国物通网都属于这个范畴，各个省市也都在发展物流公共信息平台；分行业物流信息平台根据行业物流不同，包括粮食物流信息平台、钢材物流信息平台、建材物流信息平台等，该类平台可以提供物流供求信息发布、行业物流行情分析等服务。

10.1.2　物流信息平台

10.1.2.1　物流信息平台的定义[17]

物流信息平台是指采用计算机、网络和通信等现代信息技术构筑虚拟开放的物流网络平台，它是把物流活动中的各方有机联系起来的一个信息系统支撑体系，是信息和通信技术在跨组织物流运作中的一种应用形态，是物流企业以及相关部门之间进行信息交互的一种架构，目的是改进组织间协调机制，提高物流运作效率。

10.1.2.2　物流信息平台的分类

根据不同的分类标准，物流信息平台有两种分类方法。以服务区域而言，可以分为区域性的物流信息平台和全国性的物流信息平台，比如：长江物流网、宁波物流信息网属于区域性的物流信息平台，发啦网、中国物通网的用户遍布全国各地，是全国性的物流信息平台。以网站运营方的性质分，可以分为主体自身运营的物流信息平台和第三方物流信息平台，其中主体自身运营的物流信息平台往往以提高主体的工作效率为目标，而第三方物流信息平台则专业为物流供需方提供信息服务，其运营方一般不涉及物流服务的具体运作。

10.1.2.3　物流信息平台的作用

物流信息平台在未来会成为物流行业发展的中枢神经，物流信息平台的建设在发挥地区优势，促进物流资源良好整合，解决物流企业间错综复杂的矛盾，推动我国现代物流业的发展及经济持续发展等方面起到至关重要作用。

10.1.2.3.1　整合、共享社会物流信息资源

物流信息平台可以利用网络化、信息化的优势，整合社会物流信息资源，为社会物流系统提供共享交互的载体。通过物流信息平台，物流企业可以了解物流市场状况、交通状况以及货源信息，物流企业可以将物流业务进行外包，提高企业自身的运营能力和社会物流资源的利用率，实现社会物流资源的整合。

10.1.2.3.2　优化物流系统，提升物流服务水平

物流信息平台通过信息的共享，可以缩短物流信息传递流程、提高物流信息利用率，并减少物流系统中的冗余过程，优化物流系统。通过物流信息平台，客户提出的运输、仓储、配送等要求可以得到平台上物流企业的快速响应，也便于客户选择有相应物流运作经验的企业进行业务合作，提高客户的满意度和物流服务水平。

10.1.2.3.3　加速物流企业信息化发展，优化供应链的结构

物流信息平台可以影响物流企业信息化的发展，尤其是中小企业的物流信息化水平。企业可以通过应用物流信息平台来获得相关信息，并可以通过与物流信息平台的深度对接来得到更大的利益。物流信息平台可以加速物流企业信息化的发展，物流的信息化可延伸到供应链上的信息化，满足供应链上的物流需求，减少供应链各个节点上的中间库存，缩短供应链的长度，从而优化供应链的结构。

10.1.2.4　国家的支持和推动

随着新时期国家和行业对物流现代化、集约化发展，以及降低全社会物流成本的要求，物流信息化是物流业发展中的一项重要任务。当前，提高物流信息化水平和建设物流公共信息平台在国家、部委及省级政府层面受到空前重视。

10.1.2.4.1　国家层面

2009年，国家出台《物流业调整和振兴规划》，提出要“以先进技术为支撑，以物流一体化和信息化为主线”来加快发展现代物流业，“提高物流信息化水平”成为国家物流业调整和振兴的一项主要任务，“物流公共信息平台工程”也成为提升物流信息化水平的重点工程。2011年，《国务院办公厅关于促进物流业健康发展政策措施的意见》(国办发〔2011〕38号)在“推进物流技术创新和应用”中也提出了重点支持包括物流信息平台、移动物流信息服务、货物跟踪定位、物流管理软件等关键技术攻关的要求。

10.1.2.4.2　部委层面

2010年，工信部在出台《物流信息化规划(2010—2015)》基础上，开展了物流信息化典型发现和试点示范工作。规定了重点支持的八个方向，其中“物流信息平台建设工程”成为重中之重。明确要“重点支持有实际需求、具备可持续发展前景的物流信息平台建设；推动面向全国各经济区域、物流节点城市或交通枢纽的区域性物流信息服务平台建设；支持面向中小企业的社会化物流管理和信息服务平台建设”。

10.1.2.4.3　地方政府层面

各地方政府都将“加快信息化工程建设”作为“十二五”期间工作重点。要求“加快发展基于信息技术的现代物流体系，积极扶持邮政、运输、仓储等传统物流企业的信息化改造，建立和完善信息化物流园区。

10.2 物流信息平台需求

10.2.1 平台用户需求

对象主要包括提供物流相关服务的企业、有物流需求的企业和个人、政府管理部门，以及平台运营机构。

10.2.1.1 提供物流相关服务的企业

提供物流相关服务的企业即物流服务的供给方，主要包括货代公司、货运站场、物流中心、配送中心、储运公司、专业运输公司、仓储企业、港口企业、物流服务企业、铁路站场、航空港等货运与物流服务经营者。在这些企业的经营活动中，方方面面的需求应运而生。

10.2.1.2 有物流需求的生产企业、工商企业和个人

有物流需求的生产企业、工商企业和个人，即物流服务的需求方。这部分用户为了更好地进行自身的生产经营活动，需要一个获取物流信息服务的渠道，以提高整体效率。例如需要方便快捷地找到与所要运输的货物规格相适应的的物流企业信息、车源信息；需要了解物流企业基本信息和信用记录、从业人员和营运车辆的资质认证信息，以便选择信誉好、服务质量高、有安全保障的物流企业进行物流交易活动，降低交易风险；需要实时获取货物所在运输车辆位置、运输状态信息，以便提前安排接货计划等。

10.2.1.3 政府管理部门

政府作为市场的引导和监管者，有义务发布相关政策、法规、办事流程等，提高政府管理市场透明度，增加政府法规政策宣传渠道，降低企业、个人的审批办事成本。同时政府管理部门需要一个渠道将所掌握的信息资源提供给市场并获得市场反馈信息或数据，以提高对物流市场的监管和决策能力。

10.2.1.4 平台管理运营机构

作为信息平台的运营机构，除了管理的日常需求外，还可以通过对历史数据和信息的挖掘加工，一方面可以为政府决策和物流平台管理提供支持，另一方面为特殊需求的用户提供物流咨询增值服务，同时还能为信息系统的运营服务水平提供客观的分析评价，使运营机构能够不断完善系统。

10.2.2 业务服务功能需求

10.2.2.1 信息交换与共享需求

虽然现阶段政府部门、生产制造企业、运输企业、商业外贸企业、金融保险机构等基本都具有了各自的信息系统，但从信息化基础角度来看还缺乏一个它们之间的信息交换渠道，特别是尚未建立数据交换与共享机制，无形中提高了物流的时间成本和费用成本，也不利于政府管理活动和企业经营活动水平的进一步提高。因此，应依托该系统的建设尽快建立统一的数据交换平台，不断完善数据交换与共享机制，打破部门、企业、机构、地域间的信息壁垒，实现上下游合作伙伴之

间低成本的数据交换，为物流业又好又快发展奠定基础，也为开展物流信息化服务创造条件。

10.2.2.2　技术应用需求

物流信息化水平高低的一项重要衡量指标就是各种先进物流技术的应用情况。通过该系统建设可以促进现代物流信息技术的建设与应用，如GIS(地理信息系统)、GPS(全球卫星定位系统)、移动LBS、EDI(电子数据交换)、ITS(智能交通系统)等。先进技术的应用是实现数据共享与交换，提供方便快捷的业务服务，现代信息技术及网络是不可或缺的条件。这样才能切实推动现代物流业的发展、提供高品质的物流信息服务，推动信息化在物流行业中的应用深度和广度，物流各作业流程的信息化、网络化、自动化的目标才有可能实现。

10.2.2.3　业务信息化服务需求

物流活动贯穿于制造、运输、装卸、包装、仓储、加工、分拣、配送等各个环节中。因此提高物流效率、提高物流信息化水平必然需要从各个环节中的具体业务入手，充分运用先进的信息化技术和手段，全程通过物流信息系统快速准确传递信息到所有相关的企业 、物流公司、政府部门及客户，提高物流业务标准化水平和服务水平。

10.2.3　业务性能需求

10.2.3.1　系统可用性

10.2.3.1.1　系统有效性

物流信息主要为物流企业和物流园区提供实时的物流业务服务，所以要求该系统具有高有效性，保证信息的正确性和准确性。

10.2.3.1.2　系统效率

物流信息平台信息量大，数据复杂，各系统的运行效率直接影响到枢纽内部及周边应用系统的运转效率，因此，系统响应事件应不超过2～5秒，系统发布信息的刷新周期应不超过30秒。查询服务网站每天不少于100 000次的浏览量，每次浏览(查询)的响应时间不得超过5秒；呼叫中心每天不少于10 000人次的话务量，排队量低于5%；内网门户每天不少于10 000次的查询量，每次查询的响应时间不得超过10秒；内网门户支持不少于300人同时在线。

10.2.3.1.3　系统可操作性

为使系统满足信息平台管理人员的应用需求，所有业务系统应具有较强的可操作性。界面设计上应尽量友好、简单易用，同时符合用户的业务操作习惯，最大限度地降低系统使用的复杂程度；发布系统应充分考虑公众的语言习惯和操作水平，尽量减少专业词汇的使用以及专业操作的设计，做到内容表达上通俗易懂，操作上简便易行，用户满意度应达到中级以上；显示屏系统应充分考虑显示屏自身的限制，尽量使用较少的文字表达尽可能完整的信息。

10.2.3.2　系统可扩展性

10.2.3.2.1　系统可靠性

不同的应用功能需求对于系统可靠性要求有所不同，对于信息服务、车辆定位和货物追踪而言，系统需要7×24小时连续运行；对于安全管理而言，系统也需要7×24小时连续运行。系统可靠性达到99.9%，不存在“单点故障”。

10.2.3.2.2　系统的存储要求

由于系统涉及静态和动态两大类数据，以及信息服务、货运信息、车辆定位、运输管理、仓储管理等多个方面，不同的数据访问频率及数据产生量的大小均有所不同，所以系统存储需满足以下方面的要求：

(1)静态数据(如物流政策法规、物流企业名录等)在系统中永久保存。

(2)动态数据中的信息服务类信息(如推广信息、企业展示等)在生产系统中保存15天。为提高系统运行效率，15天以前的数据保存到备份系统中，保存5年。其他业务系统(如货运交易、设施设备供求数据等)动态数据应永久保存。

10.3　物流信息平台的规划设计

10.3.1　规划设计原则

10.3.1.1　节约投资、充分整合

在对物流信息化发展现状深入分析的基础上，充分整合现有的业务系统资源、数据资源、通信网络等基础资源。

10.3.1.2　统一平台、共建共享

通过搭建统一的IT基础设施平台、数据交换与共享平台，形成物流信息数据库，实现物流业务相关资源的“共建共享”。

10.3.1.3　需求主导、先进实用

以政府部门、物流园区(货运场站)、物流企业等用户的实际业务为需求，充分利用Web GIS、OLAP、CallCenter等先进的计算机和通信技术，提供实用便捷的服务。

10.3.1.4　多重兼顾、全面提高

开发物流公共信息平台、基于物流业务的信息化管理系统，从而提高物流企业的业务管理能力、政府管理部门的宏观调控能力、行业监管能力以及为社会公众的服务水平。

10.3.2　物流信息平台总体设计

物流信息平台逻辑架构如图10-1所示。

10.3.2.1　系统环境层

系统环境层包括：硬件系统环境和软件系统环境。硬件系统环境包括基础通信网络、网络设备、主机及存储系统等。通信网络是承载数据传输、交换的基础，包括交通行业信息专网、无线通信网络、VPN和因特网等。网络设备包括路由器、交换机等；主机系统包括数据库服务器、应用服务器；存储系统包括磁盘阵列、磁带库等。软件系统环境包括操作系统、数据库管理系统、数据交换与整合系统、网络杀毒系统、各种中间件系统以及其他专业辅助性支撑软件。

10.3.2.2　数据资源层

数据资源层按照规范的程序和数据标准，对数据资源进行标准化处理、交换以及管理。数据资源包括基础数据库、业务数据库、主题数据库。基础数据库包括物流基础数据库、经营业户数据库、从业人员数据库等；业务数据库包括支撑各种应用实现的各种数据库，其中包括物流公共信息发布与服务数据库、电子商务数据库、货运交易信息服务系统数据库、各类供求信息数据库等。在业务数据库和基础数据库的基础上将这些业务数据库和互联网资源以及一些文件文档进行整合，形成物流主题数据库提供咨询服务和决策分析服务。实现与交通行业、其他行业、增值服务、其他数据信息平台的对接，丰富平台信息资源，保证数据、业务联通共享。具体说来包括交通运输管理部门、工商行政管理部门、海关商业管理部门、各大型企业 ERP 系统、其他区域物流信息平台等。

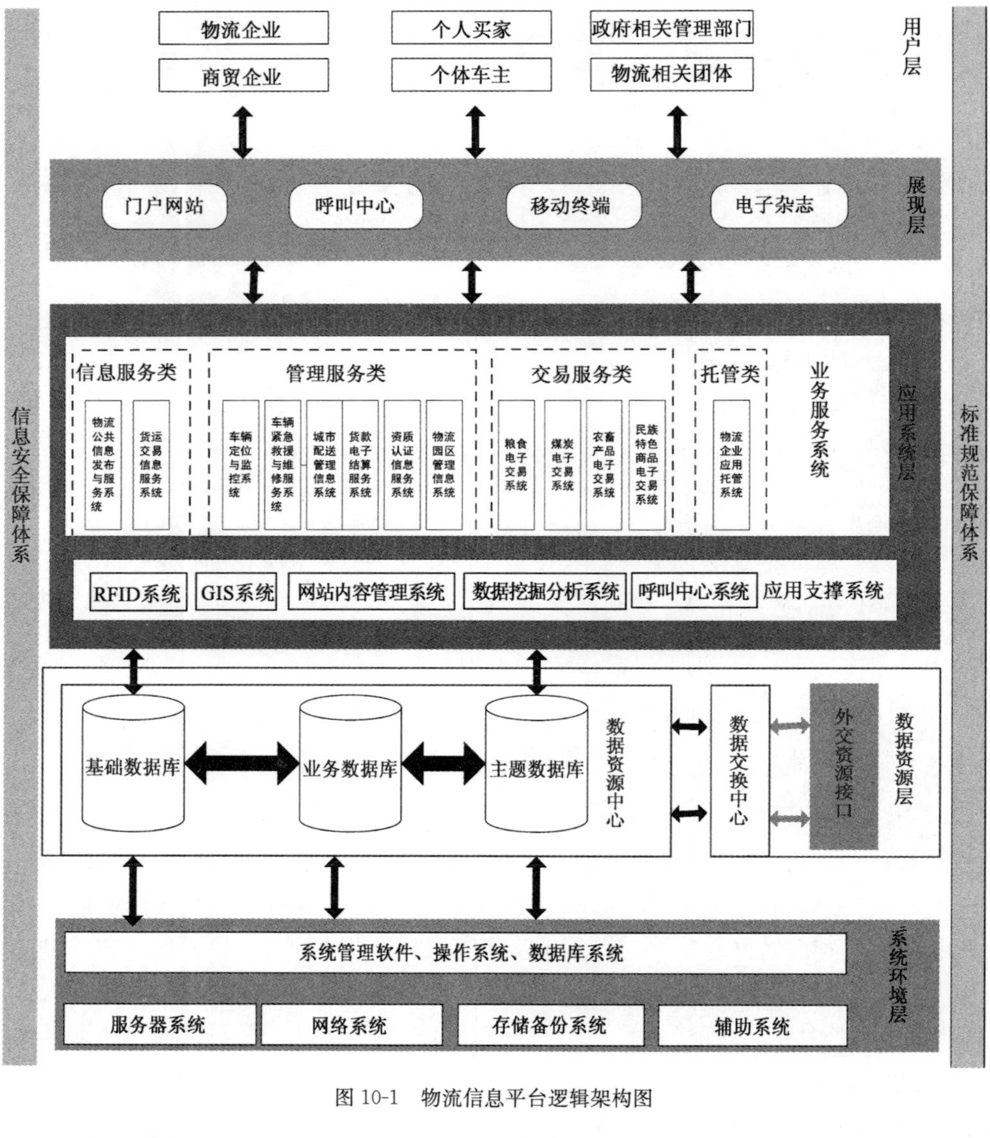

图 10-1　物流信息平台逻辑架构图

10.3.2.3 应用系统层

应用系统层主要是物流公共信息平台的各种物流交易信息子平台和各个物流业务应用管理系统等。

10.3.2.4 展现层

展现层是平台与用户在信息服务、信息管理的对话过程中的直接界面。前端展现层包括门户网站、移动终端、呼叫中心、广播等。

10.3.2.5 用户层

平台的主要用户对象是物流相关服务的企业、有物流需求的企业和个人、政府管理部门，还包括平台运营机构。

10.3.2.6 保障体系层

保障体系包括信息安全保障体系、标准规范体系、建设与运营保障体系。信息安全保障体系采用相应技术、权限管理手段和管理体制等，充分保证系统信息等数据的安全；标准规范体系规范工程相关数据的设计、存储、交换；建设与运营保障体系包括基于建设模式及运营模式上的保障体系。落实机构、人员和资金，制定一整套科学合理的建设管理体系以及长效运营机制，规范系统的建设管理。

10.3.3 业务服务系统设计

10.3.3.1 物流公共信息发布于服务系统

物流公共信息发布与服务系统利用相关政府管理部门掌握的行业管理信息、公路路网信息、路网通行状况信息、相关法律法规、物流信息等各类信息，同时整合社会公共信息，面向货运与物流企业、物流需求的生产、工商企业以及个人，提供物流信息、法律法规、出行信息发布查询、招投标服务、物流设施设备租赁等多项服务。系统可以门户网站为主要展现方式，结合呼叫中心、移动终端平台建设，为用户提供网站在线服务、呼叫中心电话服务和移动信息平台服务，多种服务方式保证用户能方便快捷的获取所需信息。

10.3.3.2 货运交易信息服务系统

我国物流行业的发展正处于起步快速发展阶段，信息化进程尚处于初期阶段。物流企业普遍对信息系统的认识不够，这非常类似于国内其他行业信息化开始时的情况。同时，由于中国加入世界贸易组织导致国外竞争对手的加入，国内外物流发展的巨大差距和物流业务本身的特点，都需要在物流信息系统的建设中引入信息服务。

货运交易信息服务系统面向从业人员、企业提供全方位的行业信息，如新闻、行业热点追踪、考试、专访、专家观点等，以及一些物流环节的小工具，把实用性和易用性结合起来，提供给用户不同角度的信息，支持行业、企业上层分析和决策。

货运交易信息服务系统面向运输经营业户、货运中介组织以及货主单位，广纳货运信息，通过WEB服务、呼叫中心、短信平台以及显示屏等多种技术手段，以简捷、直观、方便的操作方式，提供货源、运力信息发布与查询功能，并同时结合平台资质认证服务功能，可以实现对营运车辆和车辆驾驶员的资质信息进行认证，解除了货主后顾之忧，保障运输安全。货物运输承托双方可以通过本系统进行自主交易，即网上查询，网下交易的方式，通过与意向方取得联系来完成货运信息的交易。

同时，货运交易系统的建立，可以实现货物与车辆之间供求信息实时交换，减少“车找货、货找车”中间环节，为货主在更大范围择优选择运力，为车主广纳货源，为中介服务机构更有效地提供运输服务创造条件；可以帮助运输企业和营运个体户应对油价高涨、空驶率居高不下的双重压力，实现节能减排，提高货运周转量。

10.3.3.3 车辆定位与监控系统

随着通信、互联网技术的发展和GPS/LBS定位技术、GIS技术的广泛应用，中小运输会员企业和客户可以利用移动的位置服务技术，通过局域网或互联网实时跟踪货物及运输车辆的状况，从而为中小运输会员企业的高效率管理及高质量的服务提供技术支持。面向平台中小运输会员企业实现对自有车辆监控调度、通过平台货运管理为中小运输企业会员与货主提供货物跟踪支持功能，各会员企业只需购买GPS/GSM智能车载单元即可为客户提供高质量的物流状态跟踪服务。

10.3.3.4 车辆紧急救援与维修服务系统

面向货运车辆建立车辆紧急救援维修服务系统，该系统由紧急救援呼叫中心、车辆定位系统、维修企业等共同组成。同时依托信息平台吸纳维修企业、检测站、汽车配件生产厂家、供销单位和车主入网，提供维修和价格、购置配件、技术资料等信息咨询服务。

10.3.3.5 城市配送管理信息系统

城市配送管理信息系统在结合GPS/LBS定位技术、地理信息系统(GIS)技术、网络技术的基础上，面向不同地市配送企业、货运出租车辆提供“一站式”的城市配送信息服务，实现对货运出租车辆的定位、查询、电召；实现会员企业对本公司车辆的调度、监控、管理等服务功能；实现公众通过呼叫中心进行“电话叫车”服务。城市配送管理信息系统应广泛吸收会员企业，通过平台提供的服务实现城市配送市场整体管理与服务水平的进步。

10.3.3.6 货款电子结算服务系统

货款电子结算服务系统是提供给货物运输过程中的发货方、收货方进行货款结算的系统，对发货过程中涉及代收货款的业务进行管理、规范。为此应结合中移动的第三方支付牌照，为物流企业和货主提供第三方结算平台，通过货款电子结算服务系统减少货款结算不及时以及携款潜逃等现象的发生。

10.3.3.7 资质认证与信用服务系统

物流信息平台的建设为物流相关企业和用户建立了一个良好的信息交换和共享平台，同时也是一个物流业务开展的良好介质平台。为了企业和用户能在一个公平、公正的平台上开展相关业务和接受物流服务，信用服务系统的建设十分重要。该系统的建设将使平台内的企业和个人在公平竞争的原则下，让客户择优选择企业与服务。该系统依据统一的评价指标，通过获得用户和平台管理者的反馈和评价对物流平台会员进行评价，并对外发布和供各方查询。

10.3.3.8 物流招投标管理信息系统

物流招投标管理信息系统可以建立完善的专家库、企业库、项目库信息，易于维护，具备良好的报表格式。用户、专家、企业都可以通过登录使用其权限范围内的功能。

系统以项目为核心，对项目有完善的管理，将项目从建立到资审、投标等到确定中标企业。系统具备了短信收发功能，可以实现系统短信自动通知被抽取的专家，专家可通过手机短信或登录到系统确认自己能否到场参评，抽签人或系统管理员等都无法在评标前查看抽取了哪些专家，避免了人为因素导致被抽取的专家信息泄露等情况，能保证招投标过程中的“公开、公平、公正”，确保招投标的规范运作，提高招投标过程的信息化和质量水平。

用户、专家、企业可以建立自己的好友，并可以向好友发送系统内的短消息，发送短消息的同时，将同时发送一封同内容的电子邮件到接受者的邮箱。具备权限的用户可以群发系统内的短消息，如果选中相关选项，可以同时向接受者发送手机短信。

10.3.3.9　物流园区管理信息系统

物流园区是一个在特定范围(区域)对货物的大型转运中心(HUB)，所有有关运输、物流和货物配送/分拨(既为国内也为国际转运/转口)都在那里实现；除此之外，这个转运中心还包含所有商业基础设施，是一个集仓储、运输、企业OA、商业等的综合性的场所。物流园区的功能服务是由不同的企业和经营者实现的，因此，物流园区作为一个物流平台其功能服务是由物流园区管理企业和其他入驻物流园区的企业共同实现的。该系统将围绕园区的业务和管理需求为物流园区提供信息化服务，并可以此为基础向全区同类物流园区提供标准化的物流园区托管信息服务。

10.3.3.10　仓储管理信息系统

仓储管理，是指对仓库及其库存物的管理。现代的仓库已经称为物流的中心。物资的存储和运输是整个物流过程中的两个关键环节，被人们称为“物流的支柱”。

仓储管理信息系统是用于管理仓库中货物、空间资源、人力资源、设备资源等在仓库中的活动，是对货物的入库、检验、上架、出库及转仓、转储、盘点及其他库内作业的管理系统。

仓储管理信息系统按分类、分级的模式对仓库进行全面的管理和监控，缩短了库存信息流转时间，使企业的物料管理层次分明，井然有序，为采购、销售和生产提供依据；智能化的预警功能可自动提示存货的短缺、超储等异常状况；系统还可以进行材料库存的汇总，减少资金积压。完善的仓储管理功能，可对企业的存货进行全面的控制和管理，降低库存成本，提高企业客户的满意度，从而提升企业的核心竞争力。

仓储在物流系统中的重要作用主要表现在：降低运输成本、提高运输效率，产品整合，支持企业的销售服务，调节供应和需求。

10.3.3.11　运输管理信息系统

运输管理子系统是针对公路运输业务的特点开发的综合管理系统。它的任务是实时掌握物流供应链的动态，从货物订单到托运，到物流公司所控制的一系列环节的协调，再到将货物交到收货人手中。其目的在于实现物流运输的信息化管理、运输作业过程的标准化和统一化、运输作业信息的透明化，降低空载率，提高物流运输环节的工作效率。物流要赢得货主的信任，完善的物流供应链和先进的信息系统是必不可少的。

进行运输管理信息系统建设的总体目标是：实现运输作业流程标准化、统一化；实现运输作业信息的透明化；降低空驶率，提高运载效率；货物全程跟踪；将新的管理理念、先进的管理技术与信息系统相结合，强化资源整合，提高为客户服务的水平。

10.3.4 应用支撑系统设计

10.3.4.1 数据库管理系统

数据库作为应用系统的基础，对应用系统的开发和运行起着十分重要的作用。在大型的应用系统中，必须选择一个具有先进体系结构、高度可靠性、高效率的开放的数据库系统，才能保证整个系统真正发挥综合效益，为各级领导和管理人员提供及时准确的决策和管理信息。

10.3.4.2 呼叫中心平台软件

呼叫中心系统平台采用IP分布式呼叫中心技术和整合式CTI平台结构，CTI服务内置在IP-PBX交换机内，核心交换采用IP-PBX技术，同时支持电路交换，系统功能和软硬件都要实现高度整合，除数据库系统和业务系统外，所有CTI功能都应在一台设备上承载和实现，不使用分离的CTI中间件产品、录音产品等。呼叫中心核心功能(ACD、CTI、IVR、录音、传真管理等)均由同一厂商提供；座席系统支持IP座席和模拟座席混合使用，所有功能及软件开发接口须保持一致，IP座席直接使用同一厂商的IP电话机，不采用VoIP网关方式；系统应可以灵活、方便、可靠、高性价比地支持IP分布式的扩展需求，并且支持各种网络拓扑的分布式结构；系统平台应有良好的开放性，提供COM及JAVA接口；系统平台应该管理、使用、维护简单方便，可以通过网络进行远程管理。全中文图形化管理界面，可以用同一个管理界面管理CTI、IVR及IP-PBX功能。

10.3.4.3 J2EE中间件

应用中间件提供一个基础的框架，帮助用户建立、运行和管理一个三层客户机/服务器模式的应用，使开发不再需要从零做起，大大缩短了应用开发的时间，提高了应用开发的成功率。根据Standish Group的调查报告，采用一个成熟的交易中间件产品能够为应用开发节省25%～50%的时间。

10.3.4.4 操作系统软件

数据库服务器操作系统使用硬件自带的UNIX操作系统，应用服务器、GIS服务器、数据交换服务器等设备使用WINDOWS系列的操作系统。

10.3.4.5 数据挖掘分析系统

利用目前先进的海量数据在线分析处理技术(OLAP技术)处理加工贸易合同审批积累的数据，从不同的纬度和层面分析、汇总数据，以图形、表格的形式直观的呈现。整理物流贸易相关政策以及业务咨询案例资料，建立相关知识库，为企业和政府领导服务。以现有的数据挖掘工具KDD* 为基础，从加工贸易数据库中，发现有效、新颖、潜在有用和用户可理解的知识模式，聚焦于挖掘因果性规律，为决策服务。

10.3.5 安全系统设计

系统安全设计主要包括网络安全、操作系统安全、数据安全、应用系统安全、安全管理制度等五个方面。

10.3.5.1 网络安全

网络安全是系统安全防护体系中最为基础，也是尤为重要的一环，网络安全主要采用防火墙技术、入侵检测技术、防病毒技术。在中心机房部分，部署防火墙、防病毒网关、入侵检测系统等网络安全设备。

10.3.5.2 操作系统安全

操作系统安全是整个应用安全的基础，任何应用系统的安全都是基于操作系统之上的，绝大多数的入侵行为都是要通过对操作系统的攻击来获取重要的信息并实现的。操作系统可采用 UNIX 和 WINDOWS。

10.3.5.3 数据安全

为了保证数据的存储安全，采用基于 RAID 技术的存储设备；数据据库服务器和应用服务器采用双机热备方式，加强数据存储安全。另外，存储设备进行配置时考虑一定的冗余性，避免由于存储设备的单点故障导致数据的丢失。

10.3.5.4 应用系统

应用系统是用户操作的入口，使用最为频繁，安全性要求较高。应用系统在设计开发时应注意代码自身安全、配置安全、访问控制、审计日志等多个方面，从而有效控制非法用户的进入，保证整个工程的安全。

10.3.5.5 安全管理制度

信息安全管理在物流信息化安全体系建设中起着非常重要的作用，一方面可以保证安全产品真正发挥作用，另一方面合适的程序性安全机制可以弥补安全产品的不足。安全管理制度的实现需要各级领导的重视和支持。

10.3.6 网络系统设计

10.3.6.1 网络设计总体思路

物流信息平台部分主要的使用者为交通行业管理部门、其他政府部门、物流企业、其他企业和社会公众。物流信息数据通过各物流园区管理系统或其他物流公共信息服务平台交换汇总提交到后台数据库服务器，信息的受众登陆到平台来查询获取内部服务器区数据。因此网络方面应着重考虑其对多种接入链路的支持能力、数据交换能力，安全方面应重点保障其数据的完整性、安全性。

10.3.6.2 网络拓扑设计

信息平台网络基础由交换设备、路由设备、安全设备组成。各种网络设备均采取双份冗余方式设计，避免单点故障，满足系统可靠连续运行需求。安全设备支持多层次安全策略配置，从各个层面保护系统，使其免受攻击、非授权访问和病毒侵袭。

物流信息平台的网络系统为数据库服务器、应用服务器、WEB 集群三级架构。基于网络健壮性和可靠性考虑，在整个网络设计时所有的骨干链路和服务器都采取备份设计，保证全网不会出现任何单点。对于服务器集群，设计 WEB 集群实现负载均衡功能，同时也克服负载均衡设备风险集中、扩展性差的缺点。当采用双机备份时，只有主机在工作，负责全部的数据处理;而从机只处于热备份状态,不处理任何数据,等于为了保证网络的可靠性而闲置了部分的设备,造成投资的浪费。而采用 WEB 集群实现负载均衡,通过操作系统协调服务器集群内所有机器共同工作,当有服务器出现问题时,它会自动将数据分配给其他服务器进行处理,这样既可保证网络的可靠性和健壮性,也可避免投资的浪费,并且使服务器集群处理业务的能力得到最大的发挥。

10.3.7 终端系统设计

10.3.7.1 门户网站群内容管理系统

物流信息平台门户系统是对分散在政府、社会、企业的物流信息进行资源的整合并实现共享的应用平台,它的实现将促进物流活动过程信息化服务的提高并实现全社会的物流信息共享。通过网站群建设、信息采编发布、电子商务、实时沟通以及物流园区管理信息系统应用集成等方面的管理,解决企业信息管理、电子政务等方面的问题,实现企业充分利用内、外部的信息,为用户提供一个定制的信息服务平台。

物流公共信息门户在一个将各业务层的信息服务类、交易服务类、保障服务类、专业服务类、增值服务类和托管服务类的各个应用服务,拓展层的行业服务平台、区域服务平台以及物流园区管理信息系统进行统一的系统接口访问集成。通过将上述各应用模块以及系统的数据集成,可将多种应用系统数据在统一的门户系统中进行有效集中的数据展现,为企业创建最高效率的业务模式,其功能和特性都围绕着物流信息所需的一切高效率而生成,其最突出的特性就是对信息交流的实时双向性的要求。

网站群建设将围绕着物流公共信息以及园区综合管理系统的数据共享提供整体门户的展现应用。它的特点在于唯一性、集成性、个性化和整体性。通过数据与应用的集成及个性化的控制,为管理者、员工、同行业相关人员等提供一个唯一的企业接入点,通过该接入点,提供全面的企业信息和应用。它的实质在于集成企业内部和外部的资源,为自己的员工、客户和合作伙伴提供个性化的综合服务,以最快速的方式联系客户、仓库供应商和运输服务商,从而帮助企业寻求更多的商业机会和更紧密的合作。

10.3.7.2 呼叫中心

呼叫中心是一种系统化、智能化、个性化、人性化的客户服务体系。呼叫中心以电话服务为主要服务方式、结合计算机信息系统的资料数据,为客户提供全方位的服务,包括信息查询、信息咨询、业务受理、投诉和建议、申告预约等功能。

作为为公众提供服务的一种便捷、高效的服务手段。物流信息平台的呼叫中心服务平台,配合门户网站,利用丰富的信息,为平台用户提供实时的服务:申请流程询问、线路询问、车辆配载、收费标准、常见疑难问答等各项业务办理在线咨询;货运交易信息、设施设备租赁信息查询发布;车辆紧急救援与维修服务;城市货运出租车呼叫预约;天气、线路、路况、道路周边服务设施等出行信息,并可以就服务质量、服务水平进行投诉。

平台用户可以通过电话、手机拨打物流公共信息平台服务热线接入呼叫中心,CTI 服务器将电话分配给不同业务处理人工座席,根据平台用户的不同需求,为其提供个性化的信息服务,满足各类物流信息的查询需求,并可以就服务质量进行电话投诉等。

随着目前呼叫中心托管业务的成熟与便捷，并从节约系统运营成本的角度出发，可以考虑将呼叫中心业务托管结第三方服务商运营。

10.3.7.3 移动终端平台

移动终端平台由数据库服务器、应用服务器、短消息发送接收应用系统等组成，通过集团短消息服务业务，申请接入号码，将包含平台用户服务和应急信息(包括货运交易信息、租赁信息、路况信息、公路交通气象信息、封堵通知信息等)数据包发送至用户移动终端，具有灵活方便的特点。

与传统服务方式相比，短消息具有以下优势：手机普及率高，用户数量大；移动终端随身携带方便，接受短消息及时到位；费用低廉；与语音相比，消息更容易存储和识别。

物流信息平台建设移动终端平台，通过无线发送信息与用户交互，为用户提供更加方便、细致的服务。

10.4 物流信息平台的建设与运营

10.4.1 物流信息平台的建设模式

物流信息平台是以现代通信和网络技术为支撑，充分整合各方面信息资源实现各类企业之间、企业与客户之间、物流市场与监管部门之间的信息交互与共享，并以此为契机，全方位使用各种先进的物流技术，为社会、政府、企业、个人提供全面、个性化的服务。因此，物流公共信息平台的建设复杂程度高、建设难度大，必须遵循一定的建设模式由简到全分步完善。

10.4.1.1 政府主导协调、各方积极参与

物流信息平台是一个面向社会和市场的信息服务平台，同时物流又贯穿于各行各业，因此它的建设必须由政府主导。只有政府主导才能进行统筹规划、协调、获取分散在各个管理部门、各类企业以及社会中的人才、信息、政策、资金等资源，集中力量高效率地建设。除了政府的积极推动以外，物流公共信息平台建设也离不开各方的参与，这样才能使物流信息平台真正切合实际需求，提供优质服务。

10.4.1.2 基础平台优先、功能逐步完善

物流信息平台离不开各种网络通信和各种技术平台的支撑，因此在建设过程中应优先考虑，只有这样才能为平台打下良好的基础，为各类应用服务搭起坚实的框架。另外，物流信息平台的建设也不是一蹴而就的，应该从需求迫切性、技术复杂度、信息资源质量、后期运营需求等多角度综合考虑，合理安排建设顺序。

10.4.1.3 资源充分整合、投资减少浪费

物流信息平台的建设投资虽然从主导角度出发应以政府为主，但为了避免资金浪费并考虑到运营成本，还是要充分把握“资源整合与共享”的原则，既要利用现有信息资源(如公路数据库、运政管理数据库、公众出行数据库等)、应用系统资源(如运政管理系统、公众出行信息服务系统)，也要整合各种社会资源，对于社会上已有较为成熟的应用系统，可以考

虑相关增值服务商参与到项目的建设、推广和运营中来，从而降低建设风险与成本，提高整体效益。

这类需要整合的系统中一部分是由于已经出现了较为成熟的社会平台，通过整合能够满足系统的服务要求的系统，如货运交易信息服务系统；还有一类是由于技术较为复杂且服务推广期较长，建设与运营成本较高的已有的系统或平台，如车辆紧急救援与维修系统、车辆定位与货物追踪系统、物流业务应用托管系统；还有一类是已经出现且拥有垄断性信息资源的系统，如农业气象、价格发布系统。对于以上三类系统优先考虑通过收购、合作、参股等方式进行整合，可以大大降低建设投资、运营成本和相应的技术风险。

10.4.1.4　强化组织保障，规范质量管理

为保障平台建设工程的顺利实施，应明确平台各个子系统的组织架构和责任人分工，需要指定各子系统的主要业务人员参与到工程建设中来，协助开发单位完成平台的设计、开发、测试和部署工作。平台建设的质量管理，是涉及各个建设小组间的贯穿整个项目过程之间的重要活动，必须建立一个规范的质量保证体系，以明确组织内部的质量保证业务，保证各项活动的顺利开展。

10.4.2　物流信息平台运营模式

物流信息平台是政府主导，依托企业化运营的信息平台。该平台应建立采取政府引导、行业约束、企业自主的市场化运营模式。政府主要行使宏观调控职能，企业在运营阶段接受相关政府管理部门的行业管理和指导。由于是企业运营，因此在市场化的环境下还要配套建立市场运营机制，使平台可以平稳运转并有所发展。

10.4.2.1　建立推广机制，广泛吸收会员

平台在运营过程初级阶段应大力进行推广，将所具备的服务内容和功能向用户宣传告知，从简单的信息服务与共享服务入手，吸引社会用户加入平台，使得用户从简单的服务开始，逐步使用更加复杂的功能。同时，平台应该建立一套完整合理的会员体系，将不同的用户分类管理，并提供不同层次和深度的服务，发展收费用户，以维持平台的正常运转。

10.4.2.2　加强横向合作，拓展增值服务

平台应在现有功能基础上，在会员达到一定规模的前提条件下，与其他服务机构加强合作，拓展增值服务。如与保险公司合作，向会员提供一站式的各种物流保险的投保业务；与银行等金融机构合作，向货主、运输企业提供代收货款运费的业务。以上这些增值服务不仅可以使会员获得更加超值的服务，还能扩大平台的盈利点，为平台的发展提供资金保障。

10.4.2.3　保障技术支持，重视技术培训

平台需要定期进行软硬件的技术支持和维护，并进行专业人员的技术培训，以确保平台能够正常发挥作用。硬件方面，系统平常的日常维护应以自有专业力量为主，专业性技术服务主要依靠设备厂商，以使整个平台稳健地运行。软件方面，定期对所开发或购买的软件产品升级，以适应对已发现问题的修正及对新硬件平台的支持。同时，还应对新的软件版本进行必要测试，以保证各信息子系统在实际应用环境中的正常使用。在物流平台运营机构的统一组织下，向各级信息系统应用单位提供后期技术培训，为这些单位培养一支水平高、人员稳定的技

术队伍。

10.4.2.4 数据维护管理，落实长效机制

为了保证平台长期、持续正常运行，必须强化数据的维护管理，重点落实数据共享长效机制、信息采集制度，确保数据来源的稳定和交换渠道的畅通。对于数据维护管理，为了确保系统建成后能持续获得及时、准确、全面的信息，保证信息链畅通，根据信息不同的分类采取不同的数据质量控制机制；对于数据共享环节，数据提供商应按照相关数据管理规范及时、准确的提供，在物流信息平台管理范围内全面共享；对于部分物流增值服务信息，可以与物流增值信息服务商系统签订利益分配协议，实现有偿数据共享。

第 11 章　运输服务系统规划

运输服务是物流服务的重要组成部分和实现物流的核心环节。随着经济社会的发展与进步，人们对于物流服务以及运输服务的要求日益提升。对运输服务系统的建设与发展进行系统规划，有效提升运输服务的能力、质量与水平，对于满足物流服务需求，并通过多模式和创新的运输服务支撑和引导物流发展具有重要作用。基于此，本章主要从物流规划的角度，按照物流发展对运输服务的要求，在分析运输服务系统的内涵构成、运输服务与物流服务之间的关系的基础上，搭建运输服务系统规划的基本框架，包括运输服务系统规划的背景、内容、原则、目标等。

11.1　运输服务系统的内涵及构成

服务是指为他人做事，并使他人从中受益的一种有偿或无偿的社会活动，其不以实物形式而以提供活劳动的形式满足他人某种特殊需要，具有不可分离性、品质差异性、不可储存性、所有权的不可转让性等特点。随着经济社会的发展和我国加快推进经济发展方式的转变，社会中的服务需求日益增长且不断多样化发展，与之相适应的服务业态也快速形成与发展，服务作为经济系统中一个重要的产业部类，被社会各界所广泛关注。运输服务作为服务产业的重要组成部分，一直是伴随经济社会发展的重要手段和产业。

按照经济学理论，经济系统包括三大产业，即第一产业、第二产业、第三产业。根据我国《国民经济行业分类》(GB/T 4754—2011)，构成我国经济系统的产业体系，包括 3 大产业，20 个门类(如表 11-1 所示)，96 大类，432 中类，1 094 小类。简言之，第一产业为农业(包括农、林、牧、渔业 1 个门类，以及种植业、畜牧业等 5 个大类)、第二产业为工业(包括制造业、采矿业等 4 个门类，以及煤炭开采和洗选业、食品加工业、纺织业等 45 个大类)、第三产业为服务业(包括交通运输、批发和零售业、住宿和餐饮业、金融业等 15 个门类，银行业、房地产业等 46 个大类)。这其中，交通运输作为服务产业的一个重要组成部分，在整个服务产业乃至经济社会系统中扮演着重要的角色，其作为其他产业有效运行的先导和纽带，在促进经济社会健康运行方面发挥着重要的基础性、引导性和服务性作用。

我国产业类别划分　　表 11-1

类　别	门　类	大　类
第一产业	A	农、林、牧、渔业
第二产业	B	采矿业
	C	制造业
	D	电力、热力、燃气及水生产和供应业
	E	建筑业

续上表

类　别	门　类	大　类
第三产业	F	批发和零售业
	G	交通运输、仓储和邮政业
	H	住宿和餐饮业
	I	信息传输、软件和信息服务业
	J	金融业
	K	房地产业
	L	租赁和商务服务业
	M	科学研究和技术服务业
	N	水利、环境和公共设施管理业
	O	居民服务、修理和其他服务业
	P	教育
	Q	卫生和社会工作
	R	文化、体育和娱乐业
	S	公共管理、社会保障和社会组织
	T	国际组织

11.1.1　运输服务概念及类别

11.1.1.1　运输服务概念

运输服务即将运输对象(人或物)从一个地方转移到另一个地方的服务过程,其只改变运输对象(人或物)的空间位置,不创造新的实物形态产品。

11.1.1.2　运输服务类别

从不同的角度分析,运输服务有不同的划分类别。如,按照运输对象划分,可以分为旅客运输服务、货物运输服务以及其他运输相关服务(如中介、代理等)等,基于本书以物流为研究重点,因此,本章所指的运输服务特指货物运输服务;按照运输方式划分,可以分为铁路运输服务、公路运输服务、水路运输服务、航空运输服务、管道运输服务等;按照服务等级划分,可以分为高端运输服务、普通运输服务等;按照服务速度划分,可以分为高速运输服务、快速运输服务、普速运输服务。按照我国《国民经济行业分类》(GB/T 4754—2011)中关于第三产业服务业的门类划分,交通运输、仓储和邮政业大类具体细分为8个中类,即铁路运输业、道路运输业、水上运输业、航空运输业、管道运输业、装卸搬运和运输代理业、仓储业、邮政业,如第1章中表1-5所示。与其相对应的,运输服务也至少囊括有以上8种大的划分类别。

11.1.2　运输服务系统及特征

11.1.2.1　运输服务系统

按照系统论创始人贝塔朗菲的定义:“系统是相互联系相互作用的诸元素的综合体”。从这一角度，运输服务系统则可以理解为由诸多相关联系相互作用的运输服务元素组成的综合体，这些元素包括基础设施、技术装备、政策环境以及组织方式等。

11.1.2.2 运输服务系统的主要特征

运输服务系统既是综合交通运输体系的重要构成要件，同时也是经济社会大系统的一个重要组成部分。从系统论的角度来看，运输服务系统具有一般系统的基本特征，包括目的性、整体性、集合性、动态性、相关性、适应性等，也具有一些自身独有的特性，包括多元性、跨越性、多目标性等。

(1)多元性。即运输服务系统是一个由人和物等多重元素共同组成的"人+物"复合系统。具体而言，运输服务是由运输劳动者运用运输设备、装卸机械以及仓库、港口、车站等设施，实现服务对象(人、物)的位移转移的生产服务活动。这一服务过程中，既涉及基础设施、运输装备等"硬性"系统要件，也包括具体的理念、标准、政策等"软性"系统要件，还包括服务供给者、服务需求者等不同的系统主体要件。

(2)跨越性。即由于运输服务本身的动态性、整体性和不可储存性，使得运输服务系统在服务区域、服务时间等方面具有很大的跨度。按照服务对象的不同要求，运输服务可能会跨越几大洲、几国、几省等广阔的地理空间，与之相对应，运输服务在时间上往往也会有较大的跨度。运输服务的跨越性，使得其在运营管理、网络化组织等方面要求较高，同时对于信息等具有极大的依赖。

(3)多目标性。所谓多目标性，一方面由于运输需求的多样性和异质性，运输服务系统也有着不同的目标取向，比如，安全性、舒适性、便捷性、时效性、经济性等。不同目标取向的侧重各不相同，而且有些目标之间也存在一定"二律背反"现象，比如，舒适性与经济性之间。另一方面，不同主体之间，如运输服务供给者和运输服务，其目标也不尽相同。因此，如何权衡好不同目标之间的矛盾，在多目标中探寻最佳效果，全面提升运输服务的整体效率和水平，是运输服务系统规划与发展的一个重要任务。

11.1.3 运输服务系统的构成要素

从不同的角度，运输服务系统的构成要素不尽相同。比如，按照系统的物理逻辑，运输服务的核心是处理好各种"流"之间的关系，包括流体、流量、流时、流向、流程、流速等，因此，从这一角度，运输服务系统主要包括以上六大要素。按照系统的市场逻辑，运输服务的核心则是利用必要载体，实现运输服务市场上的供需均衡，从这一角度，运输服务系统的构成要素则包括主体要素(供给方)、客体要素(需求方)、载体要素(基础设施、技术装备、制度环境等)。按照系统的组织逻辑，运输服务系统则又可以细分为服务供需子系统、运营网络子系统、中介服务子系统、保障服务子系统、管理服务子系统。此外，还有从具体的服务环节及功能角度的要素划分，比如运送服务、仓储服务、中介服务、信息服务、票务服务以及金融服务等。不同视角下运输服务系统要素构成如图 11-1 所示。按照物流服务与运输服务的关系，本书重点从市场逻辑角度和组织逻辑的角度介绍运输服务系统的要素构成。

11.1.3.1 市场逻辑角度的系统构成

(1)主体要素。从运输市场的角度审视，运输服务系统的主体要素是指广义范畴的供给主体，即提供运输服务及其相关服务的所有主体，包括企业、社会团体乃至政府部门，在市场经济条件下，企业是运输服务供给的直接主体，这一企业既包括各类运输企业，如汽车运输公司、航空企业、航运企业等；也包括中介代理企业，如货代、船代；还包括与运输服务有关的其他企业，如运输装备维修企业、相关保险企业、相关金融企业等。除此之外，政府部门、社会团体也是运输服务重要的供给主体，特别是在带有公益性质的运输服务（如城市公共客运服务供给等）以及交通基础设施和相关设备等的供给方面，政府是最重要的供给主体。

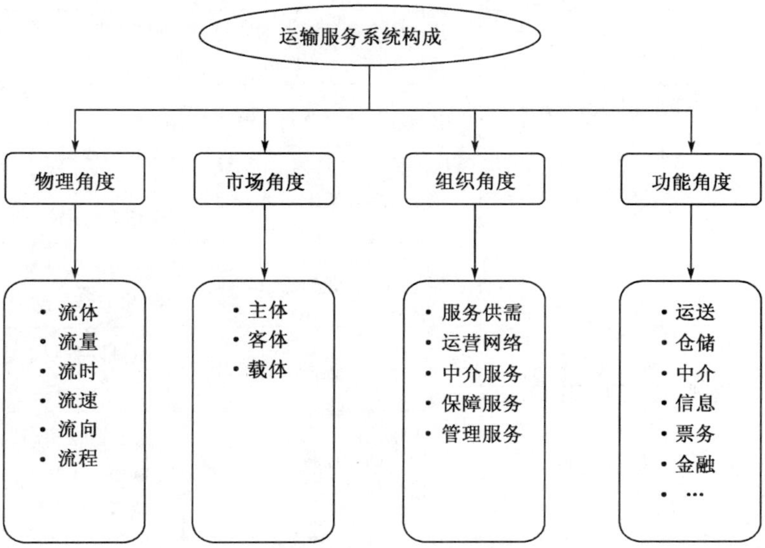

图 11-1　不同视角下运输服务系统要素构成示意图

（2）客体要素。所谓运输服务的客体要素是指广义范畴的需求主体。运输需求作为经济社会发展的派生需求，是推动运输业发展以及促进运输服务供给不断升级优化的本源动力。经济社会的发展加速了全社会资源要素的流动范围与流动频率，为运输业的发展提供了广阔的空间，也对运输服务供给提出了相应的要求。总体而言，运输服务的需求主体，既包括客运需求主体（如旅客、乘客），也包括货运需求主体（如货主），还包括其他相关服务需求主体（如信息服务等）。其中，对于货运需求主体而言，从宏观生产的角度来看，其都是来源于国民经济的各个产业，具体则可以细分第一产业货运需求主体、第二产业货运需求主体和第三产业货运需求主体（如表 11-2 所示）。由于货运需求主体与物流高度关联，因此，本书分析的重点是货运需求主体。

（3）载体要素。所谓载体要素，即承载运输服务生产运行活动的各类要素，包括交通运输基础设施、交通运输技术装备、交通运输政策环境等。其中，交通运输基础设施、交通运输装备与技术更多属于保障运输服务的“硬件”载体，交通运输政策环境则更多属于保障运输服务的“软件”载体。

①交通运输基础设施。交通运输基础设施包括线路基础设施和枢纽站场等基础设施，其中，线路基础设施主要包括公路、铁路、内河航道、油气管道等，枢纽站场基础设施主要包括机场、港口、铁路站、公路站，在枢纽站场设施中，特别是货运站场中，一般都包括有仓库、货场等仓储设施。

货运需求主体要素构成 表 11-2

类别		构成	
第一产业货运需求主体	农业货运需求主体	农资货运需求主体、初级农产品货运需求主体、农业加工品货运需求主体	
	林业货运需求主体	林业物资货运需求主体、林产品货运需求主体	
	畜牧业货运需求主体	畜牧业物资货运需求主体、初级畜牧产品货运需求主体、畜牧加工品货运需求主体	
	渔业货运需求主体	渔业物资货运需求主体、初级渔产品货运需求主体、渔业加工品货运需求主体	
	农林牧副渔服务业相关货运需求主体	各类相关服务货物运输需求主体	
第二产业货运需求主体	制造业货运需求主体	采矿业货运需求主体	石油、煤炭、金属矿、非金属矿开采和木材等运输需求主体
		原材料工业货运需求主体	金属冶炼及加工、炼焦及焦炭、化学、化工原料、水泥等运输需求主体
		加工工业货运需求主体	机械设备制造业、金属结构、水泥制品、化肥、农药等运输需求主体
		以农产品为原料的轻工业货运需求主体	食品制造、烟草加工、纺织、缝纫、皮革和毛皮制作、造纸以及印刷等运输需求主体
		以非农产品为原料的轻工业货运需求主体	日化用品、化学药品、医疗器械、文教体育用品等运输需求主体
	电力生产与供应的货运需求主体	电力生产的物资与设备、电力调度的物资与设备等需求主体	
	燃气生产与供应的货运需求主体	燃气生产的物资与设备、燃气调度的物资与设备等需求主体	
	水生产与供应的货运需求主体	水生产的物资与设备、水调度的物资与设备等需求主体	
	建筑业货运需求主体	建筑、安装、修缮、装饰和其他工程作业等需求主体	
第三产业货运需求主体	批发零售业货运需求主体	生产资料、生活资料等运输需求主体	
	住宿餐饮业货运需求主体	酒店、宾馆、餐饮等相关物资运输需求主体	
	金融业货运需求主体	银行、证券、保险等相关物资运输需求主体	
	房地产业货运需求主体	房地产投资开发、物业管理等相关物资运输需求主体	
	其他货运需求主体	其他领域相关物资运输需求主体	

②交通运输技术装备。交通运输技术装备，包括各类运输装备、搬运及仓储设备以及相关技术平台等，其中，运输装备主要有汽车、火车、船舶、飞机等，搬运及仓储设备包括桥吊、集装箱、托盘、货架、射频设备、识别设备等，相关技术平台主要是指各类信息技术平台，包括信息采集技术平台、电子数据交换信息平台、全球定位信息平台等。

③交通运输政策环境。这里所指的交通运输政策环境是广义范畴的概念，主要包括制度

安排、法律法规、相关政策及标准等。其中，制度安排是运输生产运行和运输服务供给保障的基础性框架，包括行业管理体制、运行机制以及管理方式等，从行业管理体制角度，包括政府、企业以及行业协会三个层次。一般而言，政府是运输服务的制度供给者，企业是具体运输服务的直接供给者，协会则处于中间层，是政府与企业之间沟通的重要纽带。此外，管理方式中的运输组织管理技术及模式是重要的构成要素，其对交通运输服务能力与水平的影响越来越大。

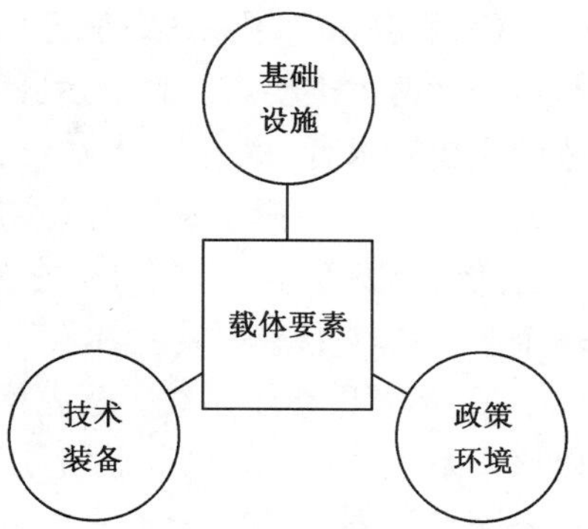

图 11-2　运输服务载体要素基本构成

11.1.3.2　组织逻辑角度的系统构成[18]

运输服务载体要素的基本构成如图 11-2 所示。从组织逻辑的角度划分运输服务系统，主要是基于完成运输服务所涉及的相关要素在运输组织过程中彼此联系、相互作用。与市场逻辑角度的系统划分相比，组织逻辑角度的系统划分（如表 11-3 所示）在基本的要素组成方面差别不大，更多是从另一个视角来审视系统的组成问题。货运服务系统之间的组织逻辑关系如图 11-3 所示。

组织逻辑角度的货运服务系统构成　　表 11-3

	子　系　统	要　　素
货运服务系统	服务供需子系统	服务供给者：承运人、港站企业等 服务需求者：托运人、发货人、收货人等
	运营网络子系统	承运人的经营分支机构与业务网点 覆盖运输节点的运输代理人业务网络
	中介服务子系统	运输代理人、运输经纪人、报关员、理货员等
	保障服务子系统	信息平台、金融机构、保险机构等
	管理服务子系统	交通、海关、质检等部门、行业协会

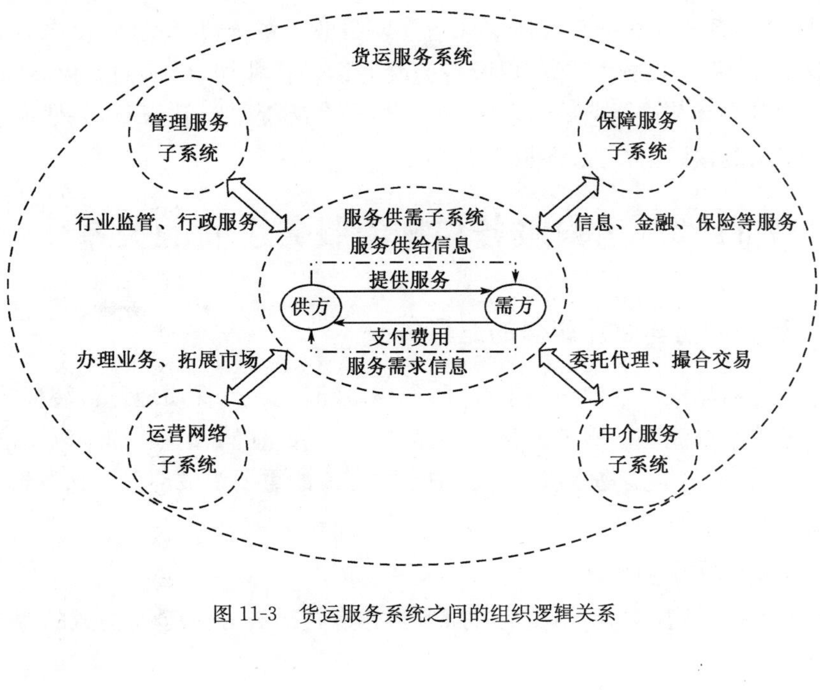

图 11-3　货运服务系统之间的组织逻辑关系

(1)服务供需子系统。服务供需子系统是运输服务系统的核心子系统,它包括服务供给者与需求者两大类要素。就货运服务而言,托运人、发货人、收货人等货主企业与个人是货运服务的主要需求者,承运人、港站企业等是货运服务的主要供给者。无论实际承运人还是无船承运人,都以向货主提供货物的位移服务并获取运输收入为根本,港站企业则为货物提供中转、装卸、存储、分拨等服务并获取相关费用,大多数情况下,其服务对象为公路、铁路、水运、航空等运输企业,而非直接针对货主,但其最终目的仍是实现货物的全程位移,为货主提供间接服务。

(2)运营网络子系统。运营网络子系统是运输服务的支撑性子系统,所有运输组织活动均以该子系统为平台开展。就货物运输而言,货运服务的运营网络以承运人的经营分支机构和业务网点为主体,如航运企业设立与境内境外的分公司与代表处、公路运输与快递企业的货物集散点等,同时也包括其他为承运人提供业务支撑的网络,如港口、机场所在地的运输代理企业业务网络。也就是说,货运服务的运营网络子系统并非也不必完全由承运人自行建立和独立运作,可以借助各类合作伙伴的运营网络实现业务更大范围的拓展与覆盖。

(3)中介服务子系统。尽管并非所有的运输服务,特别是货运服务都有中介机构参与其中,但随着运输专业化程度的提高和服务内容的多元化,特别是多式联运与国际运输的发展,中介机构的作用日益凸显,各种代理人、经纪人为货运服务供需双方提供了大量信息服务、揽货订舱、运输工具租赁、报关报检、理货拼箱等专业性服务,不仅搭建了二者之间沟通的桥梁,而且简化了手续,提高了效率,也拓展了业务与网络规模。因此,中介服务子系统是货运服务系统十分重要的子系统之一。

(4)保障服务子系统。就货运而言,其服务是实现物的流动,但由于运输需求本身是引致需求,在此过程中必然伴随着资金流、信息流,并且随着货物的移动,产生了责任的转移、环境的变化和不确定性的增强,这就要求在满足货运服务需求的同时,还要提供更多附加服务,如金融服务、保险服务、信息服务等,以保障货运服务的顺利完成。上述服务的供给者构成了货运服务系统的保障服务子系统。

(5)管理服务子系统。服务系统还应包括管理服务子系统,从货运角度来看,主要涵盖货物运输的行业主管、海关、质检等部门以及各类交通运输行业协会,他们不仅要对货运服务市场与运输组织的各个环节进行监管,而且要为其他子系统提供行政服务,并研究制定政策、法规、标准,促进市场的繁荣与产业的健康发展。

11.2 运输服务与物流服务之间的关系

11.2.1 运输服务与物流服务的逻辑关系

物流服务是将物品从一地向另一地合理、准确、及时、安全、保质地进行转移的一种先进的服务模式和全程的服务流程。服务的整个过程涉及物品的仓储、运输、加工以及信息、金融、保险等多个环节。其中,运输是物流服务过程中不可或缺的重要组成部分。从逻辑上来看,物流服务与运输服务紧密关联。

11.2.1.1 运输服务是物流服务的重要环节

物流服务是由一系列具有不同功能的服务内容有机组合在一起而构成的服务系统,运输服务是实现物流活动中实物空间位移的主要手段，也是物流服务系统的核心功能，对物流系统的效率、功能等也具有重要影响。物流服务的实现离不开运输服务的支持。从这一角度来看，运输服务是物流服务的核心环节，也是物流服务的重要组成部分，与物流服务具有密切的内在联系，也有着紧密的外在组织关系。

11.2.1.2　运输服务属于第三方物流的范畴

第三方物流是现代物流业的基本业态。第三方物流企业提供的是专业化的物流服务，从物流服务的流程设计、设施依托、工具选择到具体的物流管理都需要体现专业化水平。但纵观第三方物流企业的发展历程，大都是在运输服务企业的基础上发展而来的，运输服务是企业整个流程化服务中的重要基础，也是最为传统的优势。很多传统的运输企业依托其固有的运输服务优势，拓展衍生出仓储、代理等服务功能，并通过信息化管理手段和物流服务整合等途径，逐步向第三方物流企业方向发展。换句话说，具有现代物流管理理念和功能的传统运输企业，也可以提供专业化、系统化的物流服务。因此，从这一角度，运输服务企业所提供的运输服务也属于第三方物流的范畴。

11.2.1.3　物流服务是对运输服务的系统化整合

物流服务是在针对企业的原材料、中间产品和最终产品等相关服务的基础上形成的完整的供应链系统性服务，这一系统性服务中的运输也因适应物流网络化、系统化运作的需要而在服务方式、服务网络和设施布局等方面进行构建与整合。运输服务在适应物流服务需求的过程中发生的这种改变，与运输发展的趋势与方向具有吻合性。因此，物流服务的发展和环境的营造，是对运输服务的系统化整合，对处于传统单纯运输服务的发展具有良好的提升作用，对运输服务的产业升级具有重要的作用和意义。

11.2.1.4　运输服务企业是物流服务的组织者

现代条件下的运输服务，主要依托运输枢纽、场站进行运输作业，以及开展不同运输方式之间的联运和同一运输方式之间的干支运输衔接。因此，在按照现代经济发展对运输的要求进行运输组织与服务的背景下，运输服务企业特别是网络化运输服务企业往往成为物流服务的组织者和实施者。此外，现代物流注重产业链上物流过程的整合，门到门的物流运营模式成为一种趋势，而这种物流过程的整合需要可以控制或协调物流个环节的物流企业来完成，交通运输企业由于承担了物流环节中的最重要的运输过程，而往往成为物流整体过程的组织核心。从这一角度，物流服务的具体实施，离不开运输服务企业的有效组织与保障支撑。

11.2.2　物流发展对运输服务的要求

鉴于物流与货物运输服务的关系，从物流发展的角度，对运输服务的发展提出了系统的要求。由于运输服务系统由运输基础设施、运输技术装备以及运营服务企业等多方面要素构成，物流对运输服务的要求主要体现在不同的领域和方面。基础设施发展对于物流的支撑主要体现在基础设施的规模、布局、结构等方面，技术装备进步对于物流的保障主要体现在先进适用的技术装备在物流领域的应用情况，包括先进适用技术装备的数量、等级、结构等，而在运输的运营服务中，交通运输及相关服务产业对物流的支撑主要体现在服务的能力和水平等方面。

11.2.2.1 对运输服务的能力要求

所谓对运输服务能力的要求，更多体现在运输服务保障能力的规模总量上。运输服务能力与交通运输基础设施能力、运输技术装备能力等共同构成交通运输整体保障能力。交通运输在基础设施、技术装备与物流需求相适应的同时，其具体的运输服务能力，特别是组织能力、管理能力等，也要与之相匹配，才能使运输服务在整体上适应物流的需求，满足经济社会发展的需要。除此之外，对于运输服务能力的要求，既包括着总量规模的要求，也包括着在运输能力的持续性与稳定性方面的要求。就运输服务供应企业而言，运输服务能力主要由两部分构成，一部分是运输服务的工具载体，包括车辆、机车、船舶、飞机以及相关的装卸设备等，另一部分是运输服务的组织能力。

(1)运输工具载体能力。物流发展对运输工具载体的选择和要求既体现在载体的数量上，也体现在结构上。一方面，随着现代物流服务范围与要求越来越高，对运输工具等载体的规模数量要求日益提升。另一方面，随着精细化、异质性物流的快速发展，以及专业化分工的不断细化，其对运输工具等载体在结构、档次等方面的要求也日渐严格，既要求大、中、小型运输装备配套，也要求高、中、低档运输装备齐全。因此，运输工具载体必须从满足物流服务获得性、便利性等要求出发，按照先进适用的原则合理配置，使其在能力上与物流对运输服务需求特点、装载要求、运输效率等要求相适应。

(2)运输服务组织能力。物流组织技术水平的提升，对运输服务组织水平提出了更高要求。具体而言，具体体现在运输组织的衔接和整合等能力方面。其中，多种运输方式的衔接组织能力主要是指多式联运服务(不同运输方式之间和同一运输方式内部)能力，即不同物流组织过程中的运输组织环节之间实现无缝对接，以实现“门到门”、“货架到货架”的一体化运输服务。运输服务与其他服务的统一组织和整合能力主要是与仓储、加工等服务的整合与相互协作。除此之外，随着经济的发展，特别是金融、电子商务等的快速发展，运输与金融、电商等之间的高效衔接也成为运输服务组织中必须认真考虑的重要问题。

11.2.2.2 对运输服务的水平要求

随着经济社会的快速发展，其所派生的出物流需求呈现出多样化、异质化的发展趋势，物流需求的结构也向规模化、网络化和个性化方向发展，因而也对其运输服务整体水平提出新的更高的要求，特别是在经济性、时效性、安全性、便捷性、专业性、集约性等方面要求日益提升。在这一趋势下，传统的规模较小、服务系统性相对较弱的运输服务企业难以适应物流发展的要求，必然需要转型发展，不断拓展自身的业务领域与服务能级，更好地适应物流乃至整个经济社会发展的需要。就具体的发展要求来看，根据物流与运输服务的关系，物流发展对运输服务水平的要求主要体现在以下几个方面。

(1)运输成本。从经济社会发展的角度来看，更多地是希望有效降低物流成本，进而有效提高经济社会运行效率以及地区经济的竞争力。作为物流成本重要构成的运输成本，也必然是物流发展着力控制的一个重点，即物流发展的要求较低的运输成本。具体而言，物流发展对于运输成本的要求包括具有比较优势的竞争性成本、比较稳定的运输成本、通过物流管理技术的应用可以控制的运输成本、具备规模化运作而降低运输成本的空间等。

(2)运输时间。随着经济社会的发展，人们对物流的时效性要求越来越高。“Just in time”

的物流发展理念，就是顺应经济社会发展对于物流时效性的要求而提出的。就运输服务的角度来看，物流发展对于运输时间的要求，包括运输时间的准确性、运输时间的可调控性、运输时间的稳定性等，其中运输时间的准确性强调运输全过程的准时准点，这一准时准点要求货物运输时间最好既不提前，也不延迟。

(3)运输效率。效率问题是现代经济社会发展运行高度关注的核心问题，运输的效率直接影响着物流服务的整体能力与水平，也决定着整个经济社会整个运行与发展的质量。物流的发展对于运输效率的要求主要包括以下几个方面，运输的快捷性、运输组织的通畅性、车辆使用的充分性、货物装载的科学和合理性、运输指挥与调度的高效性等。

(4)运输安全。运输的安全性是物流发展对于运输服务水平的一个重要要求。随着经济社会的发展，人们对于物流服务以及运输服务的安全性要求日益提升，这一安全性不仅仅是指运输过程的保障安全运行不发生安全事故，而指的是运输全过程、运输各环节、运输各领域的安全性，既包括运输设施、运输装备的安全性，也包括所运货物的安全性，即保证尽可能小的货损货差，还包括运输信息以及从事运输作业及相关作业人员的安全性。从功能要求角度来看，则既要求运输组织的安全性，也要求运输管理的安全性。

(5)运输网络及衔接。所谓运输网络及衔接，是指物流发展对于运输网络化以及各种方式顺畅衔接的要求，主要包括以下几个方面，一是要求具备较为完备的区域内、跨区域、跨国的货物运输网络系统；二是要求运输枢纽、物流中心布局合理，规模适当，能够提供物流组织所需要的点对点运输组织服务；三是要求多式联运系统较为发达，能够提供既有或便于集成的系统性运输服务；四是要求形成以中心城市为支撑的货物运输系统，具备构建以运输为支持的物流组织与管理系统。五是要求以现代化信息管理为手段，能够在一定条件和水平上实现对货物的跟踪管理，具备适时传递货运信息的能力，具备提供准确信息的管理流程和技术手段，能够为网络化运输以及方式间高效衔接提供有效保障。

11.2.2.3　对运输基础设施的要求

运输基础设施是物流的重要组织载体之一，物流服务以及运输服务的供给离不开运输基础设施的支撑与保障。从欧美发达国家的经验来看，其相当部分物流园区、物流中心和配送中心等设施都是在运输设施的基础上，提升功能和合理布局、整合资源而形成的。从运输服务与物流服务的关系，以及运输服务与运输设施的关系层面分析，现代物流的发展离不开运输基础设施的支撑，需要运输基础设施发展在功能、规模、结构、布局等方面全面适应物流发展的要求。

(1)设施规模。运输基础设施是运输服务的核心载体，在现代运输与物流发展的环境条件下，具有物流的相应服务组织功能。按照物流发展的要求，运输基础设施在规模上必须更好地适应物流组织的要求，具体而言，必须从两个方面考虑，一是物流服务组织所需要的运输设施规模，包括线路设施(如公路、铁路、内河航道等)、枢纽设施(如公路货运站、铁路货场等)等，二是运输设施功能增加后的相关仓储、配送等设施规模。运输基础设施的规模与物流组织需求适应根本原则，就是寻求物流基础设施在总量、规模上与实际需求以及组织能力的最佳匹配，既避免由于设施规模过大，造成基础设施投资的浪费，也避免由于对于需求把握不足，而造成的能力不足，进而实现社会物流成本的最小化以及综合效益的最大化。

(2)设施功能与结构。物流发展对运输基础设施的另一个要求，就是运输设施在功能与结构方面更好地满足物流管理的需要。尽管运输基础设施是运输服务的基本载体，也是物流服务的重要基础，但运输基础设施与物流基础设施之间还是存在一定的功能差异。为更好地满足物流发展的要求，则需要实现运输基础设施与物流基础设施真正的融合发展。要求运输基础设施在功能和结构安排上有所侧重，以更好满足物流管理的要求，特别是从运输服务和不同运输方式的衔接方面满足物流组织的要求。此外，运输基础设施在功能与结构上满足物流管理的要求还有另外一层意义，即通过设施功能和结构的调整优化，为运输自身的组织化、集约化发展创造条件，达到提升运输服务效率，降低运输成本的目的。同时也通过设施功能与结构的调整优化，更好地与周边地区的产业结构相适应，满足产业发展对运输组织等的要求，以降低总体运输成本，提升区域产业的竞争实力。

(3)设施的空间布局。物流发展对运输基础设施的布局要求集中体现在布局的网络化上，为使物流组织更为合理和运输自身的组织具有高效性、低成本的特征，需要运输基础设施在空间布局上与其他物流设施相适应，与物流组织服务相适应，共同构建具有网络化组织能力的物流基础设施体系。随着经济社会的发展，特别是产业链的深化和区域经济协作水平的提升，区域之间物流的协作和整合要求日趋明显，物流规模化和专业化发展趋势也日益显著，这就对运输基础设施的网络化布局提出新的要求。运输基础设施一方面要根据这一要求，在节点的布局选择方面做好工作，另一方面也要求基础设施在功能选择做好安排，全面提升运输基础设施网络的覆盖面和通达性。需要特别注意的是，运输基础设施空间布局的选择要以提升物流服务规模化和专业化水平为核心，重点强化物流组织的节点功能，而这一功能的强化往往依托不同运输方式的枢纽(场站)，因此，枢纽设施是运输基础设施的空间布局的重中之重。

11.3　运输服务系统规划的基本框架

如前所述，货物运输服务与物流服务存在着紧密的内在逻辑，但二者也存在有显别的差异。本章所论述的货物运输服务系统规划，是从物流的视角出发，按照经济社会发展对物流的要求以及物流自身发展的要求，对货物运输服务系统进行规划设计，具体内容主要包括运输服务系统规划的背景、运输服务系统规划的目标、运输服务系统规划的原则、运输服务系统规划的方法以及货物运输服务系统规划的内容。

11.3.1　规划的背景

从影响因素的角度，运输服务系统规划的背景主要包括宏观经济社会发展背景和交通运输自身发展背景，其中，宏观经济社会的发展背景主要反映未来的需求情况，而交通运输自身发展背景则主要体现交通运输服务自身供给情况。

11.3.1.1　经济社会发展背景

运输服务的根本目的是为了满足经济社会发展的需要和人们生产生活的各类需求。经济社会发展现状及趋势，会对其派生的物流需求及货运需求产生重要影响，也决定着货物运输服务系统规划的方向、目标与主要任务。经济社会发展背景主要包括一国或区域经济发展总体情况、产业发展情况、商贸交流情况、对外经济合作情况、地区风土人情以及人们生活习惯等。

具体到我国而言，相比新建中国成立之初乃至改革开放之初，我国经济社会面貌发展了翻天覆地的变化，取得了举世瞩目的成绩。2012 年我国国内生产总值已经达到 51.93 万亿元，分别超过建国初期和改革开放初期的 460 倍和 30 倍，经济总量已跃居世界第二位，其中，第一产业增加值 5.24 万亿元，第二产业增加值 23.53 万亿元，第三产业增加值 23.16 万亿元，三次产业结构比重达到 10.1∶45.3∶44.6；人均国内生产总值 6 100 美元；工业增加值 19.99 万亿元；完成全社会固定资产投资 37.47 万亿元；完成社会消费品零售总额 21.03 万亿元；完成货物进出口总额 3.87 万亿美元；城镇化率达到 52.6%。2012 年我国主要农产品和工业产品产量见表 11-4。

2012 年我国主要农产品和工业产品产量　　表 11-4

类　别	名　称	单　位	产　量	比上年增长(%)
农产品	粮食	亿吨	5.9	3.2
	棉花	万吨	684	3.8
	肉类	万吨	8384	5.4
	水产品	万吨	5906	5.4
	木材	立方米	8088	−0.7
工业产品	纱	万吨	2 984.0	9.8
	布	亿米	840.8	3.3
	卷烟	亿支	25 160.9	2.8
	原煤	亿吨	36.5	3.8
	原油	亿吨	2.1	2.3
	粗钢	亿吨	7.2	4.7
	钢材	亿吨	9.5	7.6
	十种有色金属	万吨	3 672.2	6.9
	水泥	亿吨	22.1	5.3
	硫酸	万吨	7 686.3	2.7
	纯碱	万吨	2 408.8	5.0
	化肥	万吨	7 296.0	10.1
	发电机组	万千瓦	13 005.6	−9.7
	汽车	万辆	1 927.7	4.7
	移动通信手机	亿台	11.8	4.3
	微型计算机	亿台	3.5	10.5
	彩色电视机	亿吨	1.3	4.8
	家用电冰箱	万台	8 427.0	−3.1
	房间空气调机器	亿台	1.3	−4.5

当前，我国正处于新型工业化、信息化、城镇化、农业现代化深入发展时期，人均国民收入稳步增加，经济结构转型加快，市场需求潜力巨大，资金供给充裕，科技和教育整体水平提升，劳动力素质改善，基础设施日益完善，体制活力显著增强。除此之外，经济社会所面临的资源环境等外部约束也进一步严格。种种这些必将会对运输服务的总量与水平提出新的、更高的

要求。这就要求运输服务系统必须顺应经济社会发展的趋势，科学规划，合理发展，适度超前，更好发挥其对经济社会的基础性、支撑性和引导性功能与作用。

11.3.1.2 交通运输发展背景

交通运输发展背景主要体现的是交通运输自身的服务供给的情况。按照综合交通运输体系的构成要件，主要包括基础设施发展背景、技术装备发展背景以及运输服务发展背景。

(1)基础设施发展背景。交通基础设施是运输服务得以实现的核心载体，因此，交通基础设施的发展背景对于运输服务系统的规划至关重要，广义而言，交通基础设施也是运输服务系统规划中的重要内容。如前所述，交通基础设施主要包括线路设施和站场设施，线路设施主要包括铁路、公路、内河航道、管道以及城市轨道等，不同方式的线路设施有具体分为不同的等级类别，如铁路线路中又包括高速铁路线路、普通铁路线路，公路线路又包括高速公路线路、一级公路线路、二级公路线路等；站场设施包括各种运输方式的港湾站场，如港口、机场、火车站、汽车站等，不同方式的站场设施也有不同的等级类别。

就我国实际情况而言，随着改革开放以来，特别是近年来的大力建设，目前我国交通基础设施总体面貌较之以前已经有了巨大的改观，基础设施总量规模和等级水平都取得了显著成绩。截至 2012 年底，我国交通基础设施线路总里程已经达到 456.1 万公里，其中，铁路总里程达到 9.76 万公里，位居世界第二位，客运专线超过 9 300 公里，位居世界第一位；公路总里程达到 423.8 公里，位居世界第二位；高速公路 9.6 万公里，位居世界第二位；内河航道 12.5 万公里，位居世界第一位；沿海港口万吨级泊位超过 1 800 个；民用运输机场达到 182 个。新中国成立以来，我国主要交通线路基础设施及运输枢纽基础设施发展情况见表 11-5、表 11-6。

新中国成立以来我国主要交通线路基础设施发展情况(万公里)　　表 11-5

年　份	铁　路	公　路		内河航道	管　道
		合　计	高速公路		
1949	2.2	8.1	—	7.4	—
1978	5.2	89.0	—	13.6	0.8
1992	5.8	105.7	0.1	11.0	1.6
1998	6.6	127.9	0.9	11.0	2.3
2001	7.0	169.8	1.9	12.2	2.8
2002	7.2	176.5	2.5	12.2	3.0
2003	7.3	181.0	3.0	12.4	3.3
2004	7.4	187.1	3.4	12.3	3.8
2005	7.5	334.5	4.1	12.3	4.4
2006	7.7	345.7	4.5	12.3	4.8
2007	7.8	358.4	5.4	12.4	5.4
2008	8.0	373.0	6.0	12.3	5.9
2009	8.6	386.1	6.5	12.4	6.9
2010	9.1	400.8	7.4	12.4	7.9
2011	9.3	410.6	8.5	12.5	8.3
2012	9.8	419.2	9.6	12.5	10

资料来源：2012 年中国统计年鉴摘要，其中 2005 年开始公路总里程数据统计包含农村公路。

新中国成立以来我国主要运输枢纽基础设施发展情况(个) 表 11-6

<table>
<tr><th rowspan="3">年份</th><th colspan="5">港口泊位</th><th rowspan="3">民用运输机场</th></tr>
<tr><th rowspan="2">共计</th><th colspan="2">沿海港口</th><th colspan="2">内河港口</th></tr>
<tr><th>合计</th><th>万吨级</th><th>合计</th><th>万吨级</th></tr>
<tr><td>1949</td><td>161</td><td>161</td><td>0</td><td>—</td><td>0</td><td>—</td></tr>
<tr><td>1978</td><td>735</td><td>311</td><td>133</td><td>424</td><td>0</td><td>78</td></tr>
<tr><td>1992</td><td>4 318</td><td>1 007</td><td>342</td><td>3 311</td><td>30</td><td>98</td></tr>
<tr><td>1998</td><td>9 814</td><td>1 321</td><td>468</td><td>8 493</td><td>47</td><td>144</td></tr>
<tr><td>2005</td><td>35 242</td><td>4 298</td><td>847</td><td>30 944</td><td>187</td><td>142</td></tr>
<tr><td>2008</td><td>31 050</td><td>5 119</td><td>1 157</td><td>25 931</td><td>259</td><td>158</td></tr>
<tr><td>2009</td><td>31 429</td><td>5 320</td><td>1 261</td><td>26 109</td><td>293</td><td>166</td></tr>
<tr><td>2010</td><td>31 634</td><td>5 453</td><td>1 774</td><td>26 181</td><td>318</td><td>175</td></tr>
<tr><td>2011</td><td>31 968</td><td>5 532</td><td>1 422</td><td>26 436</td><td>340</td><td>180</td></tr>
<tr><td>2012</td><td>31 862</td><td>5 623</td><td>1 517</td><td>26 239</td><td>369</td><td>182</td></tr>
</table>

资料来源:《新中国交通五十年统计资料汇编》、《全国交通统计资料汇编(2006—2012)》。

但由于体制上的分隔,长期以来我国不同运输方式基础设施分别归属不同的行业主管部门管理,如铁路设施的规划建设主要由原铁道部负责、公路和水路设施的规划建设主要由原交通部负责、民航设施的规划建设主要由原民航总局负责。尽管铁路、公路、港口、机场等重大基础设施项目工程的规划及建设审批都由国家发展改革委负责统筹协调,但由于仅限于重大项目,覆盖面相对有限,因此,不同运输方式的部分基础设施在规划及建设层面则难免会出现一定的衔接不畅、不协调、不匹配等问题。规划主体分散而导致的设施规划与建设衔接不畅等问题,有望在新一轮大部门制改革后得到一定的解决。2013 年 3 月第十二届全国人民代表大会审议通过的《国务院机构改革和职能转变方案》明确提出"实行铁路政企分开,将铁道部拟订铁路发展规划和政策的行政职责划入交通运输部;组建国家铁路局,由交通运输部管理,承担铁道部的其他行政职责",这对于统一交通运输领域主要方式的规划编制工作将产生积极影响。

具体到支撑物流发展的交通运输基础设施规划问题,重点是要在物流发展规划对相关资源进行整合的背景和要求下,从降低社会综合物流成本、提高物流效率、改善物流服务的总体发展目标出发,对交通运输基础设施(主要是运输枢纽和场站设施)进行功能整合和布局优化,提高设施的利用水平和效率,促进交通运输的集约化、规模化和网络化发展,进而在硬件设施支撑上为运输服务以及物流服务提供更好地保障。

(2)技术装备发展背景。技术装备对于运输服务供给也有着直接影响。特别是新技术、新装备的应用对于运输服务能力和品质的提升都具有深远影响。就技术而言,主要包括运输组织技术、管理技术、信息技术等。就装备而言,既包括运输装备,如火车、汽车、船舶、飞机等,还包括其他辅助装备,如桥吊、集装箱、托盘等。

近年来,随着我国经济的快速发展以及科技实力的不断提升,我国运输技术装备总体水平有了大幅提升。铁路重载技术实现了跨越式提升,达到国际先进水平;铁路、公路的修建技术达到国际领先水平;大型深水港口建设、航道治理等关键技术取得重大突破;基本实现超大型铁矿石、集装箱船舶核心部件自主研发和建造;国产 ARJ-21 新支线飞机成功试飞并将投入商业运营,民航建立了较为完善的飞行保障和维护体系,空管新技术应用提高了民航空域资源利用效率,民航运输安全保障能力增强。

截至2012年底，我国共拥有各类铁路运输车辆超过60万辆、民用机动船超过18万辆(其中海运船队总载重吨和集装箱船队运力规模居世界前列)、民用汽车1.2亿辆、民用运输飞机大约2 000架。截至2012年的主要运输装备数量统计见表11-7。

我国主要运输装备数量统计　　表11-7

类　别		单位	1980年	1990年	2000年	2005年	2010年	2012年
铁路	机车	台	10 665	13 981	15 253	17 473	19 431	20 800
	客车	台	16 367	27 538	37 249	41 974	52 130	5 770
	货车	台	270 253	368 561	443 902	548 368	62 2284	670 700
公路	民用汽车	万辆	178	551	1 609	3 160	7 802	10 933
	客车	万辆	35	162	854	2 132	6 124	8 943
	其中：营运客车	万辆	4	11	99	128	83 *	87
	货车	万辆	130	368	716	956	1 598	1 894
	其中：营运货车	万辆	16	20	436	587	1 050	1 253
水运	民用运输机动船	艘	64 307	325 858	185 018	165 900	155 624	158 309
	净载重量	万吨	1 278.94	2 909.11	4 264.06	9 075.64	16 898.57	21 879.37
	民用运输驳船	艘	119 464	82 482	44 658	41 394	22 783	20 282
	净载重量	万吨	595.14	906.67	864.05	1 103.01	1 142.29	969.25
民航	民用飞机数	架	—	503	982	1 386	2 405	3 589
	运输飞机	架	143	204	527	863	1 597	1 941
	通用飞机	架	—	217	301	383	606	1 320

注：2010年营运客车统计口径发生变化，不含城市公共交通车辆、出租车等。

资料来源：《中国交通年鉴(2010)》、《2010年铁路统计公报》、《全国交通统计资料汇编(1980、1990、2000、2010年)》、《中国统计年鉴(2011)》等。

(3)运输服务发展背景。运输服务的发展背景，主要是从运输服务总规模及总水平的角度来审视运输服务的总体情况。从本质上来看，运输服务的总规模和总水平实际上是运输相关服务人员综合利用运输基础设施和技术装备进行生产而实现的结果，主要可以通过完成的货运量及货物周转量等指标来反映运输服务的总体规模水平。

"十二五"交通运输领域主要规划对于运输服务的目标与任务，分别见专栏11-1至专栏11-6。

专栏11-1

《国民经济和社会发展第十二个五年规划》关于运输服务的发展任务

第十二章　构建综合交通运输体系

按照适度超前原则，统筹各种运输方式发展，基本建成国家快速铁路网和高速公路网，初步形成网络设施配套衔接、技术装备先进适用、运输服务安全高效的综合交通运输体系。

第一节　完善区际交通网络

加快铁路客运专线、区际干线、煤运通道建设，发展高速铁路，形成快速客运网，强化重载货运网。完善国家公路网规划，加快国家高速公路网剩余路段、瓶颈路段建设，加强国省干线公路改扩建。大力推进长江等内河高等级航道建设，推动内河运输船舶标准化和港口规模化发展。完善煤炭、石油、铁矿石、集装箱等运输系统，提升沿海地区港口群现代化水平。完善以国际枢纽机场和干线机场为骨干、支线机场为补充的航空网络，积极推动通用航空发展，改革空域管理体制，提高空域资源配置使用效率。

第二节 建设城际快速网络

适应城市群发展需要，以轨道交通和高速公路为骨干，以国省干线公路为补充，推进城市群内多层次城际快速交通网络建设。建成京津冀、长江三角洲、珠江三角洲三大城市群城际交通网络，推进重点开发区域城市群的城际干线建设。

第三节 优先发展公共交通

实施公共交通优先发展战略，大力发展城市公共交通系统，提高公共交通出行分担比率。科学制定城市轨道交通技术路线，规范建设标准，有序推进轻轨、地铁、有轨电车等城市轨道交通网络建设。积极发展地面快速公交系统，提高线网密度和站点覆盖率。规范发展城市出租车业，合理引导私人机动车出行，倡导非机动方式出行。优化换乘中心功能和布局，提高出行效率。统筹城乡公共交通一体化发展。

第四节 提高运输服务水平

按照客运零距离换乘、货运无缝化衔接的要求，加强铁路、公路、港口、机场、城市公共交通的有机衔接，加快综合交通枢纽建设。推广先进装备技术应用，提高交通运输信息化水平。优化运输组织，创新服务方式，推进客票一体联程、货物多式联运。大力发展节能环保的运输工具和运输方式。积极发展公路甩挂运输。加强安全管理，保障运输安全。

从目前发展情况来看，我国运输服务整体能力与水平较之以前得到了巨大改善。2012年，全社会完成货运量412亿吨、货运周转量173145亿吨公里，分别是1978年的16.5倍和17.6倍，在货运量和货物周转量中，铁路、公路、水运、航空、管道完成的份额分别为9.5%、78.2%、11.1%、0.01%、1.2%和16.9%、34.6%、46.6%、0.09%、1.8%。与此同时，运输服务的时效性、安全性、便捷性、可靠性、经济性等也得到大幅提升，比如，就全社会物流成本而言，2012年我国全社会物流成本占GDP的比重降低到了18%左右，虽然仍然高于发达国家，但较之先前20%以上有了大幅下降。

但客观而言，由于我国长期受到交通基础设施建设滞后的制约，政府部门把主要精力集中与加快发展交通基础设施，在交通运输基础设施的建设上取得了巨大成就，但对于运输服务的发展一直未给予足够地重视，运输服务相对而言一直处于边缘化的状态，因此，使得运输服务在整体能力以及质量和效率等方面还处于较低水平，与现代化的基础设施及技术装备不尽匹配，与经济社会的发展也不尽适应。2012年7月国务院颁布的《"十二五"综合交通运输体系规划》，指明了"十二五"时期运输服务的发展方向，按照经济社会发展的趋势和要求，提出"十二五"时期运输服务的任务和重点。

近年来我国货物运输服务完成情况见表11-8。

近年来我国货物运输服务完成情况 表11-8

年份	货运量（亿吨）	货物运输周转量（亿吨公里）	年份	货运量（亿吨）	货物运输周转量（亿吨公里）
2000	135.9	44 321	2004	170.6	69 445
2001	140.1	47 710	2005	186.2	80 258
2002	148.3	50 686	2006	203.7	88 840
2003	156.4	53 859	2007	227.6	101 419

续上表

年　份	货运量（亿吨）	货物运输周转量（亿吨公里）	年　份	货运量（亿吨）	货物运输周转量（亿吨公里）
2008	258.7	110 301	2011	369.7	159 324
2009	282.5	122 133	2012	412.1	173 145
2010	324.2	141 838			

资料来源：《中国统计年鉴(2012)》。

从物流发展的角度来看，运输服务作为物流活动的核心环节和重要支持条件，在现代物流发展的基本背景下，需要按照物流对运输服务的基本要求，在运输服务的意识与理念、服务的方式与运作模式、服务的整体能力与质量效率等方面，进一步配套升级，以更好地支撑物流业的发展。

专栏 11-2

《“十二五”综合交通运输体系规划》关于运输服务的发展任务

按照建立综合、高效交通运输服务系统要求，实现运输服务能力与质量的同步提升。加快运输市场建设，完善政府运输监管和公共服务职能，着力提高运输服务水平和物流效率，提升运输服务对国民经济和社会发展的支撑作用。

加快运输市场建设。进一步完善运输市场准入制度，规范市场行为与经营秩序，积极推动运输市场全面开放，加快构建公平开放、竞争有序的运输市场。深化运输价格改革，加强运输价格监管，建立健全国家宏观调控下灵活反映市场供求状况的铁路运价形成机制，完善公路收费政策，稳步推进民航运价市场化改革。优化企业经营环境，加强对交通运输企业“走出去”的宏观指导和服务，加快培育具有较强国际竞争力的运输企业。加快发展运输代理、交通工具维修检测和租赁、物资供应、劳务、运输咨询和信息传播等运输辅助服务，培育行业协会及中介组织，建立和完善行业的行为规范、服务标准及自律机制。

完善政府运输监管。强化综合交通运输政策，运用经济、法律手段和必要的行政手段，加强政府对运输市场的监管，促进公平竞争。加强政策引导，促进运输市场结构合理化，着力提高运输服务集中度和组织化水平。

强化公共服务职能。转变政府职能，加大政府对公共运输服务的供给力度。建设信息服务平台，推动各种运输方式信息系统的互联互通，为社会和公众提供全方位、立体化的出行服务信息平台。加大公共财政对城市公共交通、农村客运、支线航空服务和邮政普遍服务的扶持力度，逐步推进基本公共运输服务均等化。

提升运输服务水平。加强各种运输服务之间的无缝衔接与合作，提高客货运输服务效率，降低社会物流成本。鼓励运输企业开展一体化运输服务，加强运输服务中的线路、能力、运营时间、票制、管理的衔接。优化运输组织，创新服务方式，推进客票一体联程、货物多式联运，大力发展现代物流服务、快递等先进一体化运输服务方式以及汽车租赁等交通服务业，有效延伸运输服务链。加强高速铁路市场开发与培育，优化产品结构。积极发展集装箱运输服务网络，逐步满足市场多样化需求。积极发展公路甩挂运输。建立农产品、农资、农村消费品的货运系统。提高普遍服务能力与水平，适应低收入人群和偏远地区运输需求。

依托综合交通运输体系，完善邮政和快递服务网络，提升传递速度。加强邮政设施建设，积极发展农村邮政，实现普遍服务覆盖城乡。同时，充分发挥邮政综合服务平台作用，拓展邮政物流、代理代办等业务。加快发展电子商务配送等新兴业务，推进航空快件等绿色通道建设。大力发展便捷、高效快递服务。健全保障和监督机制，提高邮政业服务能力和水平。

11.3.2　规划的内容

运输服务系统是一个复杂的多要素系统，运输服务过程也是一个多要素共同作用的过程，各要素之间逻辑关联紧密，彼此相互交织、相互作用、相互影响。广义来看，运输服务系统不仅包括着各种“软件”要素，如中介、管理、组织模式等，也包括各种“硬件”要素，如交通基础设施、技术装备等。狭义来看，运输服务系统以“软件”要素为主。按照现代物流发展的趋势和要求，结合运输服务自身的特点及各要素之间的关联，运输服务系统规划时还是应该从广义角度着眼。一般而言，运输服务系统规划的主要内容包括以下几个方面：

11.3.2.1　基础设施

严格来说，交通运输基础设施并不属于运输服务系统的主要内容。但交通运输基础设施是运输服务的基本载体，从广义的运输服务系统的规划角度，需要重视交通运输基础设施的规划、布局、建设及发展问题，特别是从物流发展的角度，系统考虑交通运输基础设施网络。具体而言，包括各种运输方式的线路设施以及枢纽设施等的规划布局问题，比如，从服务一体化的角度，系统考虑运输线路及通道与区域以及城市交通之间的关系、运输线路及通道的布局与功能、运输通道与核心港口和机场等运输枢纽的布局与衔接、运输枢纽的规模与布局以及彼此之间的衔接(包括物流园区、物流中心、配送中心、仓储中心等)。就我国的发展实践而言，《综合交通网中长期发展规划》、《中长期铁路网规划》、《国家高速公路网规划》、《沿海港口布局规划》、《全国民用机场布局规划》等交通基础设施专项规划以及《“十二五”综合交通运输体系规划》、《铁路“十二五”规划》、《交通“十二五”规划》等交通运输发展规划都对未来一定时期内交通基础设施网络的布局与发展重点有了明确的规划指导。

11.3.2.2　技术装备

同样，技术装备并不属于严格意义上运输服务系统规划的主要内容，但考虑到运输服务的实现离不开技术装备的支持与保障，而且运输车辆、装卸搬运设备、信息技术等对运输效率和服务质量等具有重要影响，因此，从广义的角度来看，运输服务系统规划时也需要在一定程度上考虑技术装备的规划与发展问题。过去在运输服务的发展过程中，人们对于运输工具和技术装备的考虑相对不够。随着经济社会的快速发展及其对物流需求的进一步升级，使得运输技术装备在运输服务中的重要作用日益凸显，这就要求在运输服务系统规划时综合考虑技术装备发展问题。对运输技术与装备的规划，也是从广义的角度系统谋划运输服务系统的发展问题。在具体的规划中，要特别重视从物流发展的角度，按照物流服务以及运输服务的要求，进一步强化技术装备的发展与规划。具体而言，既包括各种运输车辆、船舶、飞机以及叉车、桥吊、自动货架、集装箱、托盘等装备，也包括信息技术、智能技术、导航技术、射频技术等，还包括组织技术、管理技术等。需要注意的是，技术装备往往涉及装备制造及其他高新产业，因此，对技术装备具体的发展问题往往会在工业、装备制造业、战略性新兴产业等专项规划中系统考虑。在运输服务系统规划中，更多是强调的是对先进适用的技术装备提出要求，并侧重于先进适用技术装备在交通运输服务中的推广与应用。

11.3.2.3　运输服务

这里所指的运输服务属于上面提到的狭义角度的概念，属于运输服务系统的“软件”要素，该部分内容是运输服务系统规划的核心和重点。从本源目的来看，运输服务系统规划就是为了通过合理整合和配置相关的要素资源，按照“以人为本、服务至上”的理念，切实提升运输服务的整体能力与质量水平，以更好支撑和保障满足经济社会发展。因此，在运输服务系统规划时，必须对两大问题予以足够重视，一是运输服务供给的整体能力问题，即运输服务供给的数量问题；二是运输服务供给的整体水平问题，即运输服务供给的质量问题。基于运输服务能力与水平两方面的综合考虑，运输服务系统规划的主要内容如图 11-4 所示，主要包括以下几个方面：

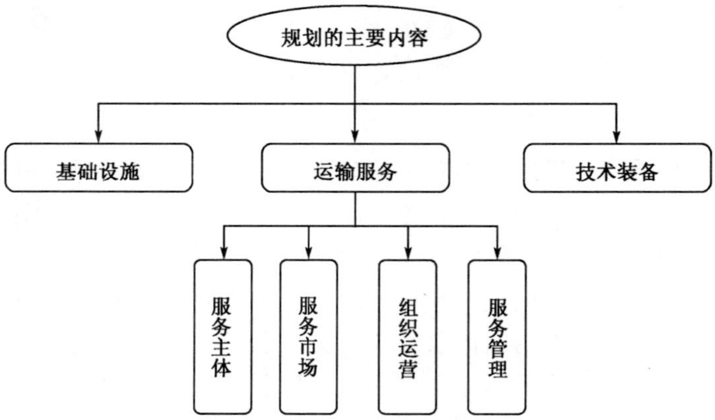

图 11-4　运输服务系统规划的主要内容

(1)运输服务主体。一谈到运输服务主体，大家很可能直接想到运输企业。确实运输企业是运输服务最为重要的供给主体。但实践中，运输服务的供给主体不仅包括运输企业，还包括政府以及其他相关企业。概括而言，运输服务供给主体主要包括以下四类：一是运输服务的直接供给主体，即主要是各类运输企业，包括公路运输企业、水路运输企业等，对于一些公共运输服务，其直接供给主体可能是政府。二是中介服务供给主体，主要是一些服务代理商、中介企业等。三是是管理服务供给主体，或者说是运输服务的制度供给主体，这一主体主要是政府。四是保障服务供给主体，包括与运输服务相关联的金融、保险、信息等服务的供给主体。在运输服务系统规划中，需要对于不同运输服务主体的服务内容、职业范围、权力义务以及具体要求予以明确，并加以规范、指导、鼓励以及予以监督、约束。

(2)运输服务市场。狭义来看，运输服务市场指的是运输服务进行交易的场所。在市场经济条件下，运输服务市场在运输服务发展中的作用十分重要，不仅直接提供者运输供求之间的信息，而且在协调运输与经济社会其他产业部门以及运输系统内部不同方式之间的关系，刺激社会生产力发展等方面都具有显著作用。因此，运输服务市场是运输服务系统规划不容忽视的重要内容。就规划层面而言，运输服务市场的内容，除了之前的运输服务主体之外，还主要包括市场规则、市场环境、市场准入、市场结构、市场行为、市场绩效、价格机制以及相关政策与标准等。

(3)运输组织运营。运输组织与运营直接决定着运输服务的整体效率与服务质量，对于运输服务具有重要影响。运输组织与运营的根本目的，就是根据需求的特点以及产业空间布局等客观实际，通过运力、线路、流程以及模式等的合理选择与配置，避免或尽可能减少迂回、重复等无效运输，切实提高运输的经济性和时效性。不同类别的货物运输，具体的运输组织与运营模式也各不相同。在具体的规划中，一方面要在宏观层面系统把握运输服务品质提升对于运输组织与运营的要求，明确先进运输组织与运营模式的发展趋势和方向，比如，多式联运、网络化运营等。另一方面,就是要根据不同货类自身的运输特点,针对性地提出与之配套的运输组织与运营模式的具体任务和发展要求,比如,对于鲜活农产品鼓励直达运输组织模式,对于货源较为稳定的零担货物鼓励定班定线的运输组织模式等。此外,在运输组织与运营方面,必须要重视组织及运营的网络化发展问题,组织及运营的网络化是实现运输规模经济、范围经济的根本途径。

(4)运输服务管理。关于运输服务管理,在运输服务系统规划中主要包括两个层面,一是企业内部管理层面,在这一层面,更多是要求企业按照市场化发展的要求,从公司法人以及公司化运营的角度,制定规范的管制制度,以保障运输服务的整体质量。二是政府公共管理层面,这一层面更多强调政府的公共管理与公共服务方面的有效保障,通过政府的制度安排、体制构架、政策支持等,保障整个运输市场的有序运行,并对市场中的各类各类予以有效的监督和管理。

11.3.3　规划的原则

运输服务系统作为一个复杂的综合性系统,在具体的规划过程中,需要秉承以下四大原则,即以人为本原则、综合协调原则、统筹兼顾原则和适度超前原则。

11.3.3.1　以人为本

所谓以人为本,即在运输服务系统规划时,要牢固树立"服务至上"的基本理念,以需求者的实际感受为根本出发点,通过全方位服务能力与品质的提升,全面满足经济社会发展的客观需要,以及客户的日益提升、日趋多样的异质性运输需求。

11.3.3.2　综合协调

如前所述,运输服务系统是一个复杂的综合性系统,包括诸多要素和构件。因此,要做好运输服务系统整体效能的最大化,就要在前期规划上对各个要素和构件做好综合协调,实现运输资源的最优配置。具体而言,主要包括以下几个方面,一是要根据经济社会以及物流发展的需要,做好广义运输服务与经济社会以及相关产业之间的综合协调,即使运输服务系统的建设能够与经济社会和产业发展的需要相适应;二是在广义运输服务系统内部,做好运输服务与基础设施、技术装备等之间的综合协调;三是要根据不同运输方式自身的技术经济特性和服务组织特点,做好不同运输方式服务之间的合理分工与综合协调;四是在狭义的运输服务内部,做好制度、政策、运营、组织、管理与服务等之间的综合协调。

11.3.3.3　统筹兼顾

所谓统筹兼顾,即在运输服务系统规划时要做到多个关系的兼顾权衡。一是做好运输服务数量与质量的统筹兼顾,既要在保持运输服务能力持续较快增长,满足"量"的基本需求,又要突出服务的质量和安全,不断提升服务品质。二是做好效率与公平的统筹兼顾,即要处理好服务高端化与服务普遍化之间的关系,既要考虑运输企业的效益和效率水平以及中高端"异质性"运输服务需求,也要考虑运输服务的公平性,保障中低收入需求者能够享受到基本公共运输服务。三是做好政府与市场的统筹兼顾,即要处理好政府、市场、协会等之间的关系,明确政府、市场、协会各自的职责定位,充分发挥政府在运输服务系统发展中的宏观调控、政策引导、市场监管、公共服务中的重要作用,发挥市场机制在运输服务系统发展以及运输资源配置方面的基础性作用,发挥行业中介在政府与市场之间的沟通协调作用。四是做好运输服务既有存量与新添增量之间的关系,在充分挖掘既有存量的潜力,合理安排好新添增量的规模以及建设的速度与节奏。五是做好运输服务系统与生态环境之间的关系，按照资源节约、环境友好的要求，推进运输服务的低碳节约、绿色发展。

11.3.3.4 适度超前

从运输服务的特点来看，尽管其具有生产与消费过程统一且服务不可储存的特点，但要实现运输服务供给必须有相当的运输服务能力储备，包括设施、设备、技术、人员等多个方面，而且设施、设备的能力形成又需要较长时间。因此，在运输服务系统规划时，就要在立足当前实际需求的基础上，放眼长远、前瞻性的系统谋划，使运输系统整体服务能力，特别是基础设施能力、技术装备能力以及组织运营网络发展理念等能够适度超前于经济社会和物流发展的需要，以更好地支撑和引导经济社会健康持续发展。

11.3.4 规划的目标

运输服务系统是物流业发展的运作支持环境与条件，按照物流发展对运输服务的需求，运输服务系统必须具有现代交通运输的特征，因此，运输服务系统规划的最终目标是要构建形成现代运输服务系统，实现系统内各要素的优化衔接，以更好地适应物流发展以及经济社会发展的需要。从系统的构成来看，运输服务系统包括基础设施、技术装备、运输服务等多个要素，尽管基础设施、技术装备等并不属于运输服务系统的核心要素，但其属于运输服务的重要载体，对于运输服务系统整体目标的实现具有重要影响，因此，在运输服务系统规划的目标确定时，除了要重点考虑运输服务自身的具体目标外，比如运输企业发展、运输组织运营等，还需要考虑基础设施、技术装备的整体目标，使之能与运输服务具体目标相匹配、相适应、相协调。

11.3.4.1 运输服务

关于运输服务的具体目标，主要体现在以下四个方面，一是规模化、集约化的企业发展；二是高效化、网络化的服务组织；三是信息化、智能化的服务管理；四是一体化、综合化的经营运作。在这些方面，既有体现服务总量或数量方面的指标，也有体现服务质量和水平方面的指标。目前，国内专门针对运输服务系统的具体规划尚处空白，但既有的综合交通运输体系规划以及交通、铁路等专项规划中往往会涉及运输服务的具体目标。

比如，2007年国家发展改革委颁布的《“十一五”综合交通体系发展规划》，明确提出了“运输服务”方面的具体规划目标，主要包括以下几个方面：

(1)初步建立运输产品、价格多样化，多方式相协调、点线面相衔接、集疏运相配套的客货运输服务体系，满足不同货种、不同层次旅客运输需求。

(2)建立全国性综合交通公众信息平台，以及基于卫星导航和地理信息技术的大城市交通诱导系统；建立比较完善的货运代理、客货营销等运输服务中介体系。

(3)提高运输效率。以多式联运为基础的内陆集装箱运输得到较大发展，铁路集装箱承运量达到10%左右。厢式汽车运输比重较大提高，零担和快递业务网络初步形成。

(4)扩展普遍服务。高速公路连接90%人口在20万以上的城市；实现所有具备条件的乡镇和行政村通公路，通班车率分别达到100%和90%以上。

(5)基本建立起干线机场、高速公路网、快速铁路线路组成的城际快速客货运输网络。实现京津冀、长江三角洲和珠江三角洲三大经济圈内一日交通。

2011年，交通运输部颁布的《交通运输“十二五”发展规划》也明确提出“十二五”时期公路水路领域中运输服务的具体目标，并将技术装备置于运输服务的具体目标中，主要包括：

(1)运输装备专业化、标准化水平显著提升。中高级营运客车比例达到40%，重型车、专用车和厢式车占营运货车比例达到25%、10%和25%，内河货运船舶船型标准化率达到50%。

(2)运输组织化程度明显提高，服务范围进一步延伸。集装箱、大宗货物水铁联运、江海联运较快发展。所有具备条件的乡镇和92%的建制村通客车，有条件的地区实现城乡客运一体化。

(3)服务水平和运行效率显著提升。国道平均运行速度提高到60公里/小时，内河主要港口基本实现机械化、专业化，沿海主要港口平均每装卸千吨货在港停时下降15%，民航航班正常率高于80%，邮件、快件全程时限达标率达到85%。

2011年，铁道部颁布的《铁路“十二五”发展规划》，提出了铁路领域运输服务的具体目标，指出“十二五”期间“运输能力和服务水平大幅提升”，并将基础设施等置于运输服务具体目标中，主要包括：

(1)大能力区际干线和煤运通道进一步优化完善，煤炭运输能力达30亿吨以上，重点物资和跨区域货运服务能力显著增强，大幅提升铁路对经济发展的支撑和保障能力。

(2)加快构建与其他交通方式紧密衔接的综合交通枢纽及综合物流中心，提高服务效率，促进综合交通运输体系建设。

专栏 11-3

《交通运输“十二五”规划》关于运输服务的目标与任务

第四节 提高综合运输服务保障能力

一、优化运输组织

鼓励跨行业整合运输资源和拓展业务。加强协调，努力破除行业政策壁垒，修订和废止阻碍企业跨行业经营的政策制度，组织公路、铁路、水路、民航、海关、检验检疫等部门开展合作，构建规范的一体化运输市场，鼓励跨行业、跨区域的运输企业间开展多种形式的合作，实现规模化、集约化和网络化经营。

加强对多式联运市场的引导和规范。制定多式联运经营人资格认证标准、资质、经营内容和责任范围。加强对货代企业的监管，规范和整顿各类小型货代，引导、扶持大型货代企业的集约化、规模化发展。强化对公路、内河集装箱运输市场的管理，规范市场竞争秩序和运营行为。

重点推进集装箱多式联运、甩挂运输等先进运输组织方式。充分发挥长江三角洲、珠江三角洲等水网地区的内河航运优势，引导和支持大型航运、码头企业发展集装箱水水转运、驳船快速运输。扩大集装箱海铁联运试点范围，选择特定运输线路、航运公司和货代企业，扩大五定班列的规模和范围。组织开展甩挂运输试点工程，推进甩挂运输全面发展。

二、建设公共信息共享平台

加快建设综合运输管理和公共信息服务平台。继续推进交通运输各行业的信息化建设，建立综合运输信息采集和共享机制，切实加强信息资源的开发利用，促进各运输方式信息系统对接和资源共享，减少票证及单据的流通障碍，为公众出行和货物、邮件、快件运输提供全面覆盖、及时可靠、选择多样的信息，提高交通运输管理效能和服务水平。

三、制定与完善标准规范体系

制定与完善综合运输政策和标准规范，改造提升客货运输服务体系，促进运输方式之间运输组织与市场的衔接。从运输、包装、装卸、信息等各环节，逐步建立和完善多式联运的技术、服务、管理的标准规范。通过行业管理机构设定强制标准，引导企业使用，推进运输组织、运输行为衔接的标准化。

四、进一步完善协商协调机制

进一步加强部门间沟通协商，完善交通运输各部门部际协调机制。努力在综合运输体系规划及重大项目建设、综合客货运枢纽的规划建设与运营管理、区域交通与城乡客运一体化、多式联运标准和技术政策等方面的衔接、沟通与协调上取得突破。

加强与海关、国检、银行等部门的协商协调，增设内陆直通关口岸，在保证海关和国检部门对进出口货物实施有效监管的基础上，减少内陆、沿海口岸之间的转关，提高通关效率。

2011年，民航局颁布的《中国民用航空发展第十二个五年规划》也对民航领域的运输服务提出了具体发展目标，主要包括：

(1)保障能力整体提高。运输机场数量达到230个以上，初步建成布局合理、功能完善、层次分明、安全高效的机场体系。空域不足的瓶颈有所缓解，空管保障能力稳步提高，保障起降架次达到1040万架次。

(2)运输能力显著增强。运输总周转量达到990亿吨公里，旅客运输量4.5亿人，货邮运输量900万吨，年均分别增长13%、11%和10%。航班正常率高于80%，公众对民航服务基本满意。

除此之外，既有的交通运输规划，比如《"十二五"综合交通运输体系规划》、《交通运输"十二五"发展规划》等也在具体的发展任务中，进一步体现了运输服务的目标与重点，比如运输组织、运营管理等方面的具体目标大都通过定性描述体现在发展任务之中。

专栏 11-4

《铁路"十二五"发展规划》关于运输服务的目标与任务

(五)不断提升服务水平

创新运输组织，优化运输产品，提升服务水平，强化市场营销，拓展运输市场，实现客货运量持续增长。

2. 大力拓展货运市场。充分利用新线和既有线释放的货运能力，加大货运营销力度，努力开发货运新产品，吸引和挖掘新增货源，扩大铁路货运量。继续深入推进大客户战略，积极发展重载运输、直达运输，巩固扩大大宗货源，增强重点物资运输保障能力。优化运输组织，开发快捷运输、多式联运、集装箱运输等货运产品，加大对高附加值、高运价、远距离货物运输的占有份额，拓展铁路货运市场。依托铁路运输优势，深化铁路运输与物流服务融合，增强物流服务功能，推动铁路运输企业向现代物流企业转型，打造铁路物流骨干企业。探索货物列车客车化开行模式。

3. 不断提高服务质量。树立以人为本、客户至上的服务理念，创新服务方式，完善服务标准，提高服务水平。实施便民利民举措，加快客货营销由传统方式向电子商务转变，实现铁路与客户远程直接服务，积极推广电话订票、互联网售票、电子客票、银行卡购票、自动售检票等方式，最大限度方便旅客和货主。深化货运组织改革，创新货运业务流程，加快推进集中受理、优亿装车等服务方式，提高运输效率和效益。加快建设铁路客户服务中心，实行"一站式"办理、"一条龙"服务，拓展服务功能，提升服务水平。加强公共信息服务工作。进一步改善站车服务设施，强化站车乘降、供水、供暖、卫生、餐饮、信息等基本服务，全面提高站车服务质量和水平。

11.3.4.2　基础设施

如前所述，严格意义上说，交通运输基础设施并非属于运输服务系统规划中的核心重点，但由于基础设施是运输服务的重要载体，运输服务的实现离不开基础设施的有效支撑，因此，在运输服务系统规划的目标确定时，也需要统筹考虑基础设施的建设目标。而且，在现有的交通运输发展规划中，往往也是将基础设施融合在运输服务之中，共同构成运输服务的总体目标。

概括而言，在确定交通运输基础设施的发展目标时，更应该侧重于运输枢纽的的建设与发展，具体而言，需要重点关注以下几个方面：一是支持运输服务组织化发展的运输枢纽、场站等要迅速健康发展；二是以中心城市为依托的运输服务组织功能较强的大型运输服务枢纽建设与运营状况良好；三是适应物流组织需要的具有服务功能分工特点的物流中心、配送中心、零担运输服务站等，应成为运输枢纽布局的关注重点以及未来的发展方向；四是运输服务枢纽的建设运营发展机制正在形成，投融资方式不断丰富，枢纽具体的建设、布局、运营等必须充分考虑运输的组织规律和自身特点。

关于交通基础设施，特别是枢纽基础设施，既有的交通运输规划，比如《“十二五”综合交通运输体系规划》、《交通运输“十二五”发展规划》、《铁路“十二五”发展规划》等都有着明确的规划指导。

2012年，国务院颁布的《“十二五”综合交通运输体系规划》，明确提出“发展综合交通枢纽。按照零距离换乘和无缝化衔接的要求，全面推进综合交通枢纽建设”，并指出“加强以铁路和公路货运场站、主要港口和机场等为主的综合货运枢纽建设，完善货运枢纽布局和功能。依托货运枢纽，加强各种运输方式的有机衔接，建立和完善能力匹配的铁路、公路等集疏运系统与邮政、城市配送系统，实现货物运输的无缝化衔接。加大铁路在港口货物集散中的比重，减少公路集疏运对城市交通的影响。推进集装箱中转站建设。”

专栏 11-5

《中国民用航空发展第十二个五年规划》关于运输服务的目标与任务

第二节　积极发展货邮运输

提高国际货运能力。鼓励货运公司间的并购、重组和业务合作，打造具有较强国际竞争力的全货运航空公司。积极稳妥、有序渐进地开放货运市场，引导我国航空货运企业开辟国际航线，加入国际航空货运联盟，扩展国际货运网络，加强与海关等联检部门的协作。

实行便利通关、异地清关，提高货物通关效率。推动航空货运物流化。鼓励货运航空公司与铁路、公路、水运和物流企业开展各种形式的合作，完善地面物流网络，开展多式联运，促进航空货运企业由单一货运向现代物流转型。鼓励口岸机场建设航空保税物流园区。引导建立航空物流公共信息平台，支持航空公司建立货运信息系统和电子商务平台，促进航空企业与其他物流企业实现信息对接。支持邮政航空、顺丰航空等企业拓展航空快递业务，推进重点城市航空快件绿色通道建设。

加强货运枢纽建设。支持和鼓励航空货运企业建设航空货运枢纽、货运集散地和快件处理中心，在航线经营权、航班时刻等方面给予支持。引导形成3个国际航空货运枢纽群：环渤海地区以北京、天津为主，大连、青岛、济南、石家庄为辅；长三角地区以上海为主，杭州、南京为辅；珠三角地区以广州为主，深圳为辅。加强沈阳、厦门、郑州、武汉、成都、重庆、昆明、西安和乌鲁木齐等机场航空货运枢纽的建设。

专栏 11-6

《道路运输业"十二五"发展规划》关于运输服务与物流发展的目标与任务

（二）提升货运组织化水平，服务现代物流发展

1. 创新道路货运发展模式，提高集约化和标准化水平。大力发展新型货运组织方式。大力发展各种专用运输、鲜活农产品及高附加值货物直达运输，加快发展甩挂运输、多式联运、定班定线的货物运输、汽车列车运输、冷链运输。支持零担、快运、货运代理、城市配送以及利用班线客运为依托的小件快运等经营业务的网络延展。鼓励有条件的道路运输企业向物流企业转型，建立全程、无缝、连续性运输经营组织和管理体系。全面推进甩挂运输试点工程，培育一批具有示范效应的甩挂运输企业，探索甩挂运输运营组织模式，进一步完善促进甩挂运输全面发展的政策法规和标准规范体系。加快优化货运车型结构。推进车型标准化改造，完善营运车辆技术标准和综合性能检测标准，加快发展标准化程度高、自重轻、承载量大、安全性能好和能耗低的货运车辆，推进货运车辆大型化、厢式化和专业化，鼓励发展集装箱、厢式、冷藏、散装、液罐、城市配送等专用运输车辆和多轴重载大型车辆。

2. 着力培育重点货运物流企业，全面提升物流服务水平。大力培育龙头和骨干货运企业。从市场进入、车辆更新、技术改造、信息化建设等方面加大政策扶持力度，加快培育一批规模化、网络化、品牌化运作的现代道路货运企业，成为引领行业发展的龙头和骨干。"十二五"末，全国道路货物运输业户中，道路货运一级企业达到 50 家，加快引导龙头和骨干企业充分发挥资金、技术、人才、管理、网络、品牌、货源组织等各方面的优势，通过收购兼并、资产重组、加盟连锁等方式拓展经营规模和网络，对中小货运物流企业和个体运输户起到引导、示范、整合、规范和服务的作用。对分散的道路货运资源实行整合。

促进重点道路货运企业向物流服务商转型。在全国开展重点道路货运企业物流转型培育工程，引导道路货运企业转变经营理念，积极拓展服务领域，利用信息技术和现代组织管理手段，为用户提供集运输、仓储、包装、加工、配送等为一体的综合物流服务。促进货运企业加强与生产、商贸企业的合作与联盟，拓展一体化物流和供应链集成等高附加值的物流服务。引导和规范货运代理、无车承运人等运输组织的发展，鼓励拓展现代物流服务。加快推进城市配送和农村物流服务发展。

2013 年，国家发展和改革员会委颁布的《促进综合交通枢纽发展的指导意见》更是进一步明确了枢纽发展的重点与任务，指出"完善以货运为主的枢纽集疏运功能。统筹货运枢纽与产业园区、物流园区等的空间布局。按照货运'无缝化衔接'的要求，强化货运枢纽的集疏运功能，提高货物换装的便捷性、兼容性和安全性，降低物流成本。铁路货运站应建设布局合理、能力匹配、衔接顺畅的公路集疏运网络，并同站建设铁路与公路的换装设施。港口应重点加强铁路集疏运设施建设，大幅提高铁路集疏运比重；积极发展内河集疏运设施。集装箱干线港应配套建设疏港铁路和高速公路，滚装码头应建设与之相连的高等级公路。民用运输机场应同步建设高等级公路及货运设施。强化大型机场内部客货分设的货运通道建设。公路货运站应配套建设能力匹配的集疏运公路系统，切实发挥公路货运站功能。"

2011 年，交通运输部颁布的《交通运输"十二五"发展规划》也明确提出"依托货运枢纽发展现代物流"，要"在全国 196 个国家公路运输枢纽城市，共建设 200 个左右、具有综合物流服务功能的物流园区或公路货运枢纽，强化与铁路、水路等其他运输方式的衔接，与产业园区、商

贸市场、国际口岸有效对接，全面提升物流服务水平。”

11.3.4.3　技术装备

与基础设施类似，严格意义上讲，技术装备也不能算作运输服务系统规划的重点，但运输服务品质的提升，很大程度上也离不开技术装备的支撑与保障、升级与进步，特别是现代技术装备在支撑运输服务方面具有不可或缺的重要作用。因此，在制定运输服务系统规划目标时，也需要认真考虑技术装备的具体目标，概括而言，包括以下几个方面，一是干线运输装备的大型化、高技术含量；二是城市内递送服务装备的专业化、高效率运作；三是车辆及货物跟踪管理的信息化；四是现代物流管理技术较为普遍的推广和应用；五是多式联运技术装备以及相应的组织经营技术应成为运输服务的发展主体和基本方向。

在实践方面，目前我国既有的交通运输相关规划，基本都将技术装备纳入运输服务的范畴予以整体考虑。

2012年，国务院颁布的《“十二五”综合交通运输体系规划》中明确指出，“按照安全可靠、先进高效、经济适用、绿色环保的要求，依托重大工程项目，通过消化、吸收再创新和系统集成创新以及原始创新，增强自主发展能力与核心竞争力，进一步提升技术和装备水平。加大交通运输新技术、新装备的开发和应用，加快推进具有我国自主知识产权的技术与装备的市场化和产业化，带动相关产业升级和壮大。研究设置能耗和排放限值标准，研究制定装备技术政策，促进技术装备的现代化。”

2011年，交通运输部颁布的《交通运输“十二五”发展规划》在“提升提升公路运输服务水平”和“提升水运服务能力和水平”章节中，均将技术装备发展纳入其中，明确指出“引导营运车辆向专业化、标准化、清洁化方向发展。鼓励发展大中型高档客车，大力发展适合农村客运的安全、实用、经济型乡村客车。鼓励发展集装箱、厢式、冷藏、散装、液罐、城市配送等专用运输车辆和标准车型。重点推进干线公路营运货车的轻质化、标准化。加快更新老旧车辆，促进高效、节能运输车辆的发展。建立健全推荐车型制度，促进车型标准化”和“调整运力结构，促进运输船舶向大型化、专业化方向发展，到“十二五”末，远洋、沿海、内河船舶平均吨位分别提升到25 000吨、6 500吨和800吨。壮大海运国轮船队，提高进口能源、重要原材料运输保障能力。提升沿海船舶技术水平，鼓励发展液化气船、商品汽车滚装船等专业化船舶。加快推进内河船型标准化，大力发展江海直达船舶。严格实施和完善老旧船舶强制报废制度，加大船舶技术更新改造力度，改善安全性能，提高技术水平。”

但需要注意的时，由于技术装备覆盖面广、涉及领域广泛，交通运输在整个技术装备的发展链中，处于末端的应用端，具体技术的研发与装备生产属于装备制造等领域，因此，在运输服务系统规划中确定技术装备的具体目标，更多应该考虑技术装备的具体应用，同时可以从运输服务客观需求的角度对技术装备的研发及配套提出建议和要求。

第 12 章 物流支撑体系规划

12.1 物流支撑体系构成

12.1.1 支撑体系构成

按照从制定具有可操作性发展规划的目的出发，物流系统包括物流基础设施体系、物流服务运行体系，以及物流支撑保障体系。物流支撑体系是指由支撑物流发展的相关环境和条件所构成的系统，主要由以下两个方面的内容构成。

12.1.1.1 物流管理和政策系统

物流管理和政策系统，是从政府推动物流业发展的角度，对物流业发展的宏观环境进行分析，提出的支撑系统。物流的发展首先需要在宏观层面明确产业发展的推动主体以及推动的模式，这种物流业发展的上层建筑架构，往往对特定区域内物流业的发展起到关键作用，同时，作为推动手段的载体，物流政策对物流发展在宏观上起到支撑作用。

12.1.1.2 物流资源系统

物流资源系统，是从物流发展的运作和操作角度，对物流业发展的微观环境进行分析，提出的支撑系统。物流的发展需要各种要素的支持，如物流设施的建设需要土地资源的基础支撑，物流的运作需要操作和管理人才的操作支持，物流的开展需要技术的储备和进步提供保障，物流的发展受到环境容量的支撑或限制等。

通常在物流发展规划中，根据不同发展规划对物流支持体系建设要求的差异，在具体规划中对上述内容可以进行取舍，或者将其纳入相对应的规划内容之中。

12.1.2 规划的必要性

12.1.2.1 物流支撑体系对物流发展具有重要的作用

物流支撑体系尽管是为物流运行以及发展提供支撑，但并不意味着物流支撑体系在物流发展中的作用不高，相反，物流支撑体系对于物流业发展具有重要的作用，基于物流业的产业特点以及我国物流业的发展现状，物流支撑体系的作用尤为明显。一方面，物流业属于复合型产业，其产业存在的一大特征是涉及面广，既涉及到生产企业、商贸企业，也涉及到物流运作企业，相应的物流业的管理、政策等方面的内容也远较一般的产业发展更为复杂，构筑良好的支撑体系，对于物流业发展的作用巨大；另一方面，我国物流业的发展尚不成熟，本身就没有形成通用的管理体系、政策体系，同时，物流业的发展所需资源较物流发展较为成熟的国家更多。正是由于物流支撑体系的重要作用，我们在物流规划中将物流支撑体系作为规划的要件之一进行规划。

12.1.2.2　物流支撑体系的复杂性特征要求系统制定规划

按照上述物流业的特点，物流支撑体系相关内容具有复杂的特点，涉及多个行业，多个管理部门，内容涉及管理、政策、资源等多方面，其中的各种功能归属重叠，发展利益交错，这些特征决定了物流支撑体系难以简单进行表述，必须从区域发展的根本利益出发，系统开展研究分析，在厘清各项功能、利益关系的基础上，科学制定规划。

12.1.2.3　物流支撑体系的针对性特征要求系统制定规划

物流支撑体系的各项内容在我国尚无统一、成熟的开展模式，各个地区差异较大，这是由物流业作为复合产业，其发展取决于不同地区相关产业发展的基础。以物流管理为例，不同地区的主体产业不同、发展优势不同，物流管理主体可能不同，物流归口的管理部门在不同地区可能分别由发改、商务、交通、经贸等不同的部门主管。上述特征决定了物流支撑体系必须依托区域物流发展条件进行有针对性的规划，使支撑体系与区域物流发展的思路和方向相匹配。

12.2　物流管理支撑系统

12.2.1　规划背景

12.2.1.1　物流业发展中的管理特征

此处所述物流管理不是指微观的企业物流运行管理，而是特指宏观层面上推动物流发展的政府行业管理。物流作为生产性服务业，与制造业、商贸业结合紧密，往往作为制造业、商贸业运行的一个环节，从物流的具体运行角度，又具体表现为运输、仓储等专业活动，而作为一种技术，通常物流的管理又涉及技术装备，标准制定等内容。因此，物流在管理的边界上不甚清晰，与一般的产业管理不同，存在多个部门参与管理的特殊性。这一特征决定必须对物流管理体制进行科学设计，实现对物流的管理效率和管理效果，特别是在具体推动物流活动开展的地方政府层面上，管理体制的设计和规划显得尤为重要。从多年来地方政府推动物流发展的实际情况看，物流的管理模式并无定式，但其中存在一些规律。

12.2.1.2　国家物流管理的模式框架

由于国家层面不直接涉及具体的物流项目管理，因此我国的物流管理在顶层采用的是以分散为主，统一协调为辅的模式。其管理的框架为，国家的商务、交通、信息产业、工商、税务、计划等十多个部门分别从各自部委职能的角度开展与物流相关的管理。2005 年国家发展和改革委员会推动建立现代物流部级联席会议制度，规定国家发展和改革员会、商务部、铁道部（已合并至交通运输部）、交通部（改为交通运输部）、信息产业部、民航总局（已合并至交通运输部）、公安部、财政部、海关总署、工商总局、税务总局、质检总局、国家标准委、中国物流与采购联合会、中国交通运输协会共 15 个部门和单位共同构成部级联席会议的成员单位，通过每年召开 1～2 次联席会议，协调物流发展中的系统问题，在一定程度上实现了统一协调的功能。

在国家管理层面上，物流管理侧重于明确物流发展的战略方向，为物流发展中的共性问题提供宏观思路，综合协调涉及现代物流发展的政策、战略和规划，实现指导物流的具体发展的目标，很少涉及物流的具体开展，目前，既有管理模式基本适应了物流发展的要求，本书对此不进行进一步的阐述。

12.2.1.3 地方物流管理模式和框架

城市等地方物流的管理模式和框架与国家层面的管理模式本质上是类似的，其核心均为多部门多功能的集成管理，但由于城市是物流发展的载体，涉及物流发展各种项目的具体开展，地方物流管理模式与国家相关模式略有差异，这种差异主要是基于地区政府对物流发展的重视程度不同和地区发展特色不同而定。

由于地区物流涉及到具体物流项目的落地，发展改革部门作为协调部门，在具体项目的设计和推动上，与行业的紧密程度不如相关的行业管理部门，因此，地方物流管理的牵头单位除发改部门外，不同地区往往还根据其产业发展特色，设计不同的物流的推动主体。如有的地区商贸业较为发达，或未来的发展战略方向是商贸流通领域，为便于商贸物流相关项目的设计、规划和管理，地区的物流管理牵头单位则可能是商务部门，有的地区交通区位优势特征明显，交通发展是地区经济发展的核心竞争力所在，则地区的物流管理的牵头单位可能就是交通部门。

随着我国物流业的不断发展，以及物流在经济发展中的重要作用的不断被重新认识，在地区层面上对物流发展的重视程度也不断加强，很多地区出现了物流管理部门相对独立的管理模式。如有的地区成立独立的物流办、物流局，将物流管理独立于交通、商贸、工信等管理部门之外，物流管理部门直接向地区行政首长负责。这种模式由于独立部门按照物流的发展要求设立下级机构，并且作为独立部门其管理的职能边界较为清晰，从而对物流的管理表现出较为系统和有效的特征。除此之外，有的地区通过规划，形成了针对物流发展具体项目体系，在其推动过程中，通过成立物流重点工程（项目）推进领导小组，由分管行政领导人直接担任组长，加强物流发展的推动力。

地方层面的物流管理既需要具有体现物流特征的协调功能，同时又涉及具有地区特色的物流项目的推进，物流的发展方向、发展路径以及发展手段可能存在各种差异，往往需要通过具有地区特色的相应物流管理模式予以推进，因此，地方物流管理系统根据地区发展情况系统进行规划尤为必要。

12.2.2 发展要求

12.2.2.1 系统性要求

由于物流的发展涉及的行业众多，涉及的管理内容也极为广泛，这种物流发展特征对物流管理提出了系统性的要求。具体体现为：在管理架构上，应将与物流发展相关的，具有物流管理职能的各行业多个部门纳入管理体系，形成一套相互有机结合的管理框架系统；在管理功能上，应包含物流服务的多种功能，且形成功能间的有机结合。

12.2.2.2 集中性要求

在系统性的管理框架下，要形成系统管理的效果，必须以统一和协调的发展要求来统领对物流发展的各项管理，这就要求物流管理体制体现出相应的集中性。具体体现为，在管理框架内存在一个特定的主体，在全面协调物流发展的各种要求的基础上，从物流业发展的角度，统领推进各项工作的开展目标和时序，形成推进物流发展的合力。

12.2.2.3　推动力要求

物流发展的推动来源于两个方面，一是从宏观层面加强对物流相关的战略、方向、规划、政策等的统一和协调，为物流的发展提供明确统一的引导，由此必须在物流管理中明确管理的主体和协调的机制；二是从微观层面加强对具体项目的落实能力，因此，设置特定的主体，负责物流项目的开展，也是物流发展在管理上提出的具体要求。

12.2.3　管理规划

由于国家层面上的物流管理重点是协调，目前的管理架构相对稳定，尽管尚存提升的空间，但已具备了基本的协调功能，从具有实际意义的角度出发，重点探讨区域物流管理的规划。按照物流发展对管理系统的要求，区域物流管理规划内容主要包括以下几个方面。

12.2.3.1　明确管理架构

从管理功能实现的角度，区域物流发展的管理架构应包括以下几个方面：一是成立组织与管理的核心机构，二是成立具体办事机构，三是根据物流的发展需要，成立具体项目推进机构，四是成立辅助管理的相关机构。此外，从实现区域系统推进的管理层级角度，地区的下级政府也应成立相应机构，建立起在实际运行中自上而下的组织管理关系。

12.2.3.2　制定管理规划

12.2.3.2.1　物流组织管理机构

物流组织与管理结构是研究协调全市现代物流业发展的有关重大问题和政策的核心机构，其设置通常采用特定的领导小组的形态，由地方行政主要领导牵头，物流发展相关部门共同参与，组成成员根据地方政府部门的具体设置而不同，一般包括发展改革部门、交通部门、商务部门、工信部门、财政部门、口岸部门、海关部门、国土部门、城建部门、工商管理部门等。

12.2.3.2.2　物流发展专职机构

物流发展专职机构的功能是负责全市物流业发展的管理任务和日常协调工作，同时作为领导小组的具体办事机构开展相关工作，通常这种专职机构以物流办的形态出现。物流办一般经过政府授权，负责区域物流发展规划的制定、调整，以及重点物流项目的审批和发展指导，并具体引导和扶持物流企业、企业物流等的发展。

物流发展专职机构的设置。根据城市对物流发展重视程度和具体的推动要求，专职机构可以作为独立的部门进行设置，也可以在某一部门内部，如发改、交通、商务等部门，设置相关处室专职负责上述工作。在特定部门设施相应专职机构时，部门的选择需要与地方经济发展的特征密切结合考虑，以便于相关工作开展的针对性和成效。

12.2.3.2.3　物流项目推进机构

物流具体项目的开展往往涉及的部门众多，需要针对不同的项目构建具体的推进机构，物流项目推进机构的职能是负责项目推进中的统筹组织。最为典型的是在物流基础设施建设领域，如物流园区项目等，按照项目分布设立管理委员会，负责土地征用、规划建设、招商引资、物业管理等工作。

12.2.3.2.4　物流辅助管理机构

除政府行政管理机构的设置外，还应鼓励建立物流行业协会等民间中介组织，作为政府部门和企业的沟通渠道，在管理部门与企业之间及企业相互之间行使协调、咨询、服务、沟通的职能，并代表企业参与政府相关政策的制定工作以及执行的后续跟踪调研。行业协会的具体职能主要包括，负责各类物流项目涉及的各相关部门以及企业之间的组织衔接；负责协调解决物流行业实际运行过程中的市场与企业间的出现的实际问题，并向管理部门进行信息反馈；负责物流运作企业之间在价格、服务组织方面的协调，并向相关政府部门反馈决策所需的信息或代表企业提出相关意见和建议；负责组织物流相关的培训、考察等活动，参与政府相关政策的制定和执行调研；负责物流行业在职培训事务，在国家级物流行业协会——中国物流与采购联合会的支持、帮助和指导下，负责执行现代物流产业从业人员执业资格培训与考核制度，逐步建立健全相关的培训机构与设施，逐步建立地区的物流行业从业人员职业教育、培训和从业资格认证制度及相应的认证体系。

12.3　物流土地资源支撑

12.3.1　土地资源对物流发展的重要性

几乎所有产业的发展都离不开土地的支持，而在现代物流的发展中，公路、铁路、机场等交通基础设施是物流发展的基础，需要大量的土地资源，仓库、堆场等物流设施对土地资源也有较高要求，基于物流发展中的这些大量的土地需求，土地资源管理在物流的发展中地位重要，特别是在当前我国城市土地资源普遍紧张，用地需求种类较多的情况下，重要性尤为明显。

12.3.2　国家土地地资源管理的总体要求

12.3.2.1　由国家统一调控管理

国家通过编制土地利用总体规划对农业、林业、牧业、工业、城市和居民住宅建设等各类用地进行统筹规划，合理布局，确定各类用地规模和建设用地总量、耕地保有量，对各类用地进行控制，尤其是对城市建设用地规模进行控制，并通过编制土地利用年度计划对建设用地总量进行控制。

12.3.2.2　土地资源利用的原则

土地集约利用原则。国家鼓励土地利用要从粗放型向集约型转变，提高土地的利用率和单位土地面积的产出率，充分发挥土地使用的效益和使用功能，减少土地的闲置和浪费。一是土地的节约利用原则。国家要求使用土地过程中必须注意节约用地，尽量少占地，尤其是好地、耕地，防止占而不用，闲置浪费土地。二是土地的有偿使用原则。随着市场经济的发展，国家逐步减少划拨使用土地的范围，扩大土地有偿使用的范围，逐步实行有偿使用，建立起土地使用者的自我约束机制。三是保护耕地原则。国家实行土地用途管制制度，严格控制耕地转为非耕地。四是保护土地环境原则。国家鼓励开发未利用的土地，但必须注意保护和改善生态环境，防止水土流失和土地荒漠化、盐碱化，防止土地污染；禁止破坏土地。

12.3.3 土地资源管理与物流发展关系

12.3.3.1 物流发展获得土地资源管理上的支持

我国的物流发展尚处于发展的初级阶段，需要国家的大力扶持，在众多的国家鼓励政策中，对物流产业发展的土地政策就是其中重要的一条。多年来，物流产业在发展中，常常在批转手续、土地成本、占地规模等各种方面，得到土地管理部门的优惠待遇，为我国的物流产业的快速发展提供了有利的支撑。

12.3.3.2 土地资源的科学管理有利于物流发展

由于土地资源管理在国家可持续发展中的重要性，其相关管理要求执行具有一定的刚性，只有在物流的发展适应了土地资源管理的要求之后，其发展项目才能得到相关政府部门的批准，这也从一定程度上促进了物流发展中的节约和高效性，为物流发展的可持续性奠定了基础。

12.3.3.3 土地资源管理中的导向问题需要明确

随着当前我国经济社会的发展，各个城市的土地资源呈现日益紧张的状态，而物流作为生产性服务业，与制造业、商贸业等产业相比，在同样的土地上产生的税收规模相对较小，受到地区财政压力等客观发展环境的影响，目前很多地区，尤其是经济发达地区，对于物流用地的保障困难加大，地方政府更倾向于将土地用于工业等产业的开发，甚至一些原先规划的物流用地，也出现转型，在北京、上海等特大城市，物流用地日益偏远，对于服务城市基本生活的配送等物流活动效率和成本产生一定的影响。

鉴于此，应重新在认识物流功能的基础上，明确土地资源管理的导向问题。对于地方政府而言，物流产业尽管产生的税收等显性收入相对较低，但物流的发展对于区域内产业发展和产业的培育具有重要的作用，物流产生的社会效益作为隐性的效益并没有计入物流产业的总体效益。因此，作为政府应进一步明确土地管理中对于物流用地的导向标准，不以产生税收作为唯一导向，将社会效益间接纳入对物流土地资源利用考量。

12.3.3.4 物流发展要适应土地资源管理的要求

基于我国土地资源的相关政策，现代物流发展过程中应当在发展中适应土地使用的原则，具体体现在以下方面。首先，交通基础设施的建设应当遵循高效率原则，通过基础设施的升级发展，提升同样占地情况下交通基础设施的通过能力，从效率角度节约对土地资源的占用；其次，物流基础设施的布局应当科学合理，通过组织水平的提升，加强物流基础设施与其他节点设施的整合建设，功能共享，减少基础设施的占地，同时，通过线路的合理规划，使基础设施尽量少占用耕地、林地、好地。

12.3.4 物流规划应遵循资源管理要求

物流的发展离不开土地资源的支撑，物流发展的规划必须适应土地资源管理的各项要求，为此，物流发展规划应从理念和操作层面适应土地资源管理的要求。

12.3.4.1 处理好物流用地与土地资源之间的关系

为使物流规划中相关的基础设施项目最终落地，物流规划对用地的规模和布局，应与区域土地资源之间密切衔接，为此，应做好以下几方面的工作。

首先，应做好区域土地资源的梳理。一是对既有的物流设施用地状况进行梳理，明确既有物流用地的规模和布局情况，作为规划的基础；二是对土地资源的可利用状况进行梳理，主要是依据城市的控制性规划，了解可利用土地的面积总量、布局和土地性质等。

其次，做好区域物流发展中的物流土地需求分析。物流发展规划中应开展对物流土地需求的分析，以明确物流发展所需要的土地总量和土地布局需求。具体的分析思路为，通过对经济社会以及交通等基本状况的分析，明确区域物流发展的操作量水平，根据物流操作的种类特点，结合通常的物流操作量与设施占地之间的一般关系，推算物流用地的总量；并依据交通格局，大致推算未来物流发展用地需求的布局。

最后，依据上述两方面的基础性梳理和研究结论，系统进行对应分析，最终规划区域物流的发展用地。

12.3.4.2　物流规划应贯彻土地资源利用相关要求

物流发展在用地上应充分贯彻土地利用的相关要求，以达到集约使用土地的目的，按照土地利用的相关要求，物流规划应重点在物流系统的操作效率上取得突破。具体包括，合理进行物流操作功能的区域布局，将物流操作功能作为一个系统进行规划，实现系统整体操作效率的提升，减少单位物流操作量对土地的利用面积；集中进行相关功能的布局，通过集中布局，实现规模化运作，提升物流服务的效率；充分利用既有的物流设施，补充相关功能，提高运作效率，减少新增物流用地等。

12.4　物流人力资源支撑

12.4.1　物流人力资源发展背景

12.4.1.1　我国物流人力资源的总体状况

近20年来，我国物流业发展迅速，物流市场需求旺盛，我国的物流人力资源总体上不足，且存在人力资源层次上和区域上的不平衡。

12.4.1.1.1　人力资源自身的结构

从人力资源的结构角度看，凡从事物流业的相关人员都属于物流人力资源的范畴，其中既包括直接从事仓储、运输、分拣、配送、流通加工等服务的一线操作型人员，也包括物流组织功能中各类专业管理人员，还包括对物流与经济发展进行系统战略构思的高端复合型物流人才。由于我国的物流发展起步较晚，虽经过多年的发展，但在战略管理以及组织管理上，物流中高端人才相对匮乏。如果仅从学历角度看，我国物流核心行业的物流从业人员中，具有大专及以上学历者仅占从业人员的约20%，而美国的同一数据比例则达到约90%。

12.4.1.1.2　人力资源的区域结构

从区域结构角度看，在我国传统的东部沿海较为发达地区，物流人力资源相对充足，这是因为作为开放的前沿，这些地区得以快速发展的重要依托就是便捷的交通环境和发达的物流运作环境，因此，东部发达地区的物流人力资源一直处于培育和提升发展过程之中。而中部、西部等我国内陆地区，由于传统上物流发展较为滞后，加上地区经济社会环境对相关人才的吸引力也不足，物流人力资源，尤其是高端物流人才相对匮乏。

12.4.1.2 人力资源对物流发展的重要性

12.4.1.2.1 物流发展需要充足的人力资源支撑

任何行业的发展均离不开人力资源的支撑，随着我国经济社会的不断发展，物流需求增长迅速，完成巨大的物流操作，需要充足的物流相关人力予以支撑，而我国物流人力资源总体上不足，充足的人力资源是未来物流业发展的重要支撑。

12.4.1.2.2 物流发展需要中高端物流人才支撑

物流行业发展具有与产业高度融合的复合产业特征，随着产业发展的区域一体化和供应链等理论不断深入应用，物流的发展成功与否越来越多的取决于，物流发展思路的正确性和管理的能力，物流高端人才在物流发展中的重要性越来越凸显。

产业链的延伸发展，使得以操作能力提升为代表的粗放式物流发展重要性降低，取而代之的是供应链的全面管理和物流组织方案的科学设计，迫切需要既熟悉物流又熟悉产业的复合型物流人才作为核心支撑。区域一体化的深入发展以及区域竞争合作关系的深入推进，我国通过改善物流环境，提升区域经济发展水平，已成为区域经济发展的重要路径之一，迫切需要能在宏观上把握物流发展与区域关系的高端人才支撑。

由于人力资源对物流发展具有重要意义，应对物流人力资源进行细致规划，以支撑在国家、地区、企业等各层面上开展的物流规划。

12.4.2 物流人力资源发展规划

12.4.2.1 人力资源缺口分析

首先，在区域、企业层面的各类物流规划中，应依据区域或企业物流发展的思路和发展目标，研究物流相关人力资源的需求情况，明确物流人力资源的需求规模，以及物流人力资源的需求结构；其次，根据区域或企业物流从业人员的现状基础，梳理区域人力资源的总量、结构现状；最后对比物流人力资源的需求和供给情况，分析人力资源的缺口。

12.4.2.2 人力资源来源分析

一般而言人力资源的来源主要有两个渠道，一是内部获取，主要方式包括区域内或企业内通过设立各类学校、培训机构等，对相关人员进行教育、培训，满足物流发展对人力资源的数量和质量需求；二是外部获取，即通过一些政策和措施，从其他地区及企业引进相关人员，满足需求，外部获取的方式通常用在中高端人力资源的获取上。

在分析存在的人力资源缺口基础上，物流规划应根据区域或企业既有的人力资源培养能力，结合人力资源需求缺口的类型，以及获取的紧迫性，明确人力资源的来源和方式。如特定地区或企业对于操作性物流人力资源，可能重点采用加大招生规模，加强技能培训的方式从内部获取，对于物流经营性人才，则重点采用外部引进的方式实现获取。

12.4.2.3 人力资源培育措施

在厘清地区或企业物流发展人力资源缺口，分析人力资源培育基础及获取方式的基础上，提出具有地区或企业固有特征的人力资源发展相关措施，总提上应从以下几个方面予以推进。

12.4.2.3.1　加强学历教育

在具有相关教育资源的地区，鼓励地区高等院校按照市场需求开办和设置现代物流专业及课程，同时物流管理机构重点推进区域内学校与物流企业、行业协会以及其他院校之间的联系，为院校提供教育实习基地，同时为物流专业学生的引进提供先期条件和潜在就业机会。

12.4.2.3.2　强化在职培训

鼓励和引导企业、行业组织及民办教育机构参与现代物流人才的培训和教育工作，加强与国家、省市物流教育机构的业务联系，加强与物流发达国家和国内物流发达地区的物流专业培训交流和调研实习的组织工作，依托中国物流采购联合会等国家协会，组织开展“物流师”等专业职业技能培训工作。

12.4.2.3.3　推进人才引进

按照物流人才队伍建设规范化的思路，物流主管部门制定专项的现代物流业人才发展规划或物流人才培养和引进的具体执行细则，对引进且聘用的地区紧缺物流人才在薪金待遇、个税缴纳、社会保障、购房安家、子女教育等方面给予一定的优惠，以吸引相关人才，充实、加强和带动物流人才队伍的建设。

12.5　物流发展技术支撑

12.5.1　技术对物流发展的意义

12.5.1.1　现代物流技术

现代物流技术从具体功能内涵角度分类，主要包括运输技术、仓储技术、包装技术、分拣技术、信息技术等方面，从技术的性质角度，现代物流技术主要包括软件上的管理技术和硬件上的设施设备技术两部分。

12.5.1.2　技术进步意义

12.5.1.2.1　硬件角度的意义

现代物流设施设备的装备技术在物流的流程的各个环节都有体现，包括运输装备、仓储装备、装卸设备等。硬件技术装备水平的提高，能为物流的实际过程带来效率提升和成本降低的效果，对现代物流的发展具有重要的意义。

12.5.1.2.2　软件角度的意义

先进的管理模式与管理技术是物流技术水平的核心和基础，装备水平的提升会直接体现到物流某一个流程中的效率提升和成本降低，而利用现代物流的系统性和整体性的管理技术和理念，通过对产业链上下游以及物流流程中运输、储存、装卸、搬运、包装、流通加工、配送、信息处理等环节的有机整合，减少物流管理系统内部的不合理操作，能从系统角度达到提升物流运行效率的目的。

12.5.2　物流技术进步基本模式

12.5.2.1　物流技术进步推动主体

物流的技术储备与进步的推进需要多方面共同推进，相关的主体有：政府机构、行业协会、物流企业、工商企业、研究机构等。其中政府机构是物流技术进步与推广的决策者与主要推动者，行业协会是技术进步与推广的辅助推动者，物流企业是物流技术进步与推动的执行主体，是技术发展水平的代表，工商企业是物流技术进步与推广的参与者，是先进技术普及的主要对象，研究机构是技术进步与推动的具体支撑主体，其研发水平代表了技术进步的趋势。

12.5.2.2 物流技术进步推动手段

物流技术储备与进步推动需要各相关主体共同推进，其中所依托的主要手段有三个方面，具体包括：法律法规手段、行政手段、市场手段等。

12.5.2.2.1 法制手段

法律手段是其中的强制性手段，主要针对的是相对落后的技术和不符合国家相关标准的技术的强制淘汰。比如针对一些落后的技术带来大量的燃气排放，通过相关限制燃气排放的法规将淘汰一部分落后的技术，从而促进技术的进步。

12.5.2.2.2 行政手段

主要是从引导角度推进物流技术的储备与进步，其中部分行政手段具有一定的强制性。行政手段的引导性作用的发挥常常借助经济杠杆，如国家对采用先进技术的企业在税收政策上采取一定的优惠，对企业技术的进步和推广就具有较强的鼓励性；也有一些行政手段采取行政命令的方式完成，由于我国的市场经济发育逐渐完善，这种带有指令性的行政方式将越来越少。

12.5.2.2.3 市场手段

市场手段是物流技术进步与推广的最重要的手段，在市场经济条件下，只有当技术进步带来可见的市场利益时，技术进步与推广才纳入良性循环的发展轨道之中。企业生存的关键在于符合市场的需要，当技术进步为企业带来低成本和高效率时，企业才能增强在市场竞争中的实力，成为市场的选择对象，这种内在的动力是技术进步与推广的核心动力。

12.5.2.3 物流技术进步主要任务

12.5.2.3.1 政府机构角度

作为管理部门，政府机构应当从政策、管理角度对技术进步与推广进行鼓励，具体涉及运用土地、财税优惠的经济杠杆，对采用先进技术的企业予以政策倾斜，从标准化角度，为相关先进技术的推广铺路搭桥，推动其广泛的应用。

12.5.2.3.2 行业协会角度

作为行业组织，一方面，行业协会应当响应政府的管理思路，利用会议、论坛等各种交流手段，组织企业宣传推广物流先进技术，并在技术手段上，帮助相关企业提升物流技术水平；另一方面，行业协会应与政府主管部门一同营造出健康的市场环境，消除市场的不当竞争，使技术进步带来的效率提升和成本降低，在市场上能转化为切实的经济利益，从而发挥好市场的作用，推动物流技术的进步与推广。

12.5.2.3.3 企业管理角度

应当注重人才的培养和对先进技术的学习，在集约化和专业化的发展趋势中，顺应技术提升的市场要求，构建以技术为核心竞争力的企业发展环境。

12.5.3 现代物流技术推广应用

现代物流技术发展的推动力量主要来自于两个方面，一方面是物流运行过程中提高运行效率与降低运行成本的内部要求，这种内在要求在现代物流技术发展中体现为物流技术的大型化、专业化、智能化、标准化、信息化等趋势，以及物流管理的系统化趋势；另一方面是可持续发展所带来的外部约束，这种外在约束在现代物流技术中体现为节能和环保的趋势。

12.5.3.1 物流装备技术发展趋势及应用

12.5.3.1.1 专业化趋势与技术应用

专业化是高效率、集约化开展物流活动的基础，物流技术中的专业化趋势应用较为广泛，无论是运输车辆，还是仓库设备以及分拣、搬运设施，专业化的程度都在逐年提高。以载货车为例，随着我国重型汽车产业的快速发展，更多的重型汽车以底盘形式进入专业化改装，目前，一些专业化的运输企业，如零担市场的典型代表企业已经基本采用。

12.5.3.1.2 大型化、快速化技术的应用

大型化和快速化是提高物流运行效率、效益的基础，在车船运力设备中体现得较为明显，具体应用较为典型的有：列车运行近年来持续提速，2007 年以来动车组广泛投入运营，武广、京沪等多条高速铁路项目也已正式投入运营；国际航运市场竞争激烈，高效率低成本的要求使船舶大型化成为较长期的趋势；公路货运市场的逐步规范，公路运输车辆的重型化趋势日益显现，随着中国重汽推出新型重型车，重型车市场也告别了斯太尔的一家垄断状态，近年来重型货车增长速度达到货车总增速的两倍以上。

12.5.3.1.3 智能化技术的应用

物流智能化是物流自动化、信息化的一种高层次应用，主要体现在，以自动化立体仓储系统、自动传输系统、自动导引车系统、机器人作业系统、自动控制系统等为代表的物流管理技术，以及城市交通的智能化系统，如快速路控制系统、先进公交运营管理系统、智能交通信号控制系统、停车诱导系统等。

12.5.3.2 信息化趋势及信息技术的应用

“十一五”以来信息化已经上升到国家战略的高度，从物流的视角来分析，物流信息化是指物流企业运用现代信息技术对物流过程中产生的全部或部分信息进行采集、分类、传递、汇总、识别、跟踪、查询等一系列处理活动，以实现对货物流动过程的控制，从而降低成本、提高效益的管理活动。因此，信息化是物流技术进步的核心，当前，先进的物流组织、经营管理与决策等技术，均建立在信息化的基础上。

12.5.3.2.1 信息化的领域

信息化在物流领域的新发展主要体现在三个方面：第一，公共信息平台进入应用阶段，无论是国家级综合性平台还是行政垂直性、行业性以及物流枢纽性的信息平台建设，都取得了进展；第二，物流信息产品供应商逐步成熟，以 ERP 软件市场为例，2006 年我国的市场规模达到 41 亿元，占全球市场的 2%；第三，企业物流信息化向纵深发展，部分企业已超越简单信息应用的阶段，进入借助信息化实现业务流程优化与再造的深层应用阶段。

12.5.3.2.2　信息技术发展

物流信息技术包括基础性的计算机技术、网络技术、信息分类编码技术，以及具有应用针对性的条码技术、射频识别技术（RFID）、电子数据交换技术、全球定位系统（GPS）、地理信息系统（GIS）等。其中尤以射频识别技术的影响较为深远。

条形码技术是在计算机的应用实践中产生和发展起来的一种自动识别技术，该技术提供了一种对物流中货物进行标识和描述的简单方法。条码是实现POS系统、EDI、电子商务、供应链管理的技术基础，也是物流管理现代化、提高企业管理水平和竞争能力的重要技术手段；电子数据交换技术（EDI）是指通过电子方式，采用标准化的格式，利用计算机网络进行结构化数据的传输和交换，电子数据交换技术是实现基于网络开展系统管理的基础，其核心是对数据的标准化处理；全球定位系统（GPS）技术可实现海、陆、空条件下，全方位实时三维导航与定位，全球定位系统（GPS）技术在物流领域主要应用于汽车自定位、跟踪调度等；地理信息系统技术（GIS）是以地理空间数据为基础，采用地理模型分析方法，适时提供多种空间的和动态的地理信息，地理信息系统在物流活动中可用于线路的规划分析、物流基地的规划和建模分析等，地理信息系统与GPS协同使用可应用于车辆定位跟踪及调度等方面。

射频识别技术目前在应用领域推广尚不足，但未来对于物流组织管理具有巨大影响，射频识别技术是一项利用射频信号通过空间耦合（交变磁场或电磁场）实现无接触信息传递并通过所传递的信息达到识别目的的技术。与目前广泛使用的自动识别技术如条码、磁卡、IC卡等相比，射频识别技术具有以下优点：第一，非接触操作，长距离识别（几厘米至几十米），因此完成识别工作时无须人工干预，应用便利；第二，与只能单独储存一些有关制造商和产品信息的条形码相比，可储存的信息量要大得多；第三，无机械磨损，寿命长，并可工作于各种油渍、灰尘污染等恶劣的环境；第四，可识别高速运动物体并可同时识别多个电子标签；第五，读写器具有不直接对最终用户开放的物理接口，保证其自身的安全性；第六，数据安全方面除电子标签的密码保护外，数据部分可用一些算法实现安全管理；第七，读写器与标签之间存在相互认证的过程，实现安全通信和存储。

12.5.3.2.3　信息技术应用

计算机、网络、条形码、全球定位系统以及地理信息系统在物流管理和运行中的应用已经较为广泛，如以物流服务为支撑的电子商务的发展就是网络技术在商贸领域内应用形成的新型业态；条码技术在商贸物流的运行中也基本成为一项基础应用技术；全球定位技术与地理信息系统也广泛的应用于跟踪、定位、规划等领域，根据相关报告提供的数据，我国基于全球定位系统的车辆追踪水平显著提升，87.50%的企业实现了对自有车辆的追踪，较2011年的80.95%有所提升，其中78.57%的企业自有车辆追踪率达到100%。有75.00%的企业实现了对外部车辆的追踪，较2011年的66.67%也有所提升，其中，有75%的企业对外部车辆的追踪率超过50%；41.67%的企业达到了外部车辆追踪率100%的水平。全程透明可视化率显著提升，有81.25%的企业实现了全程透明可视化；其中，有69.23%的企业全程透明可视化程度超过80%；30.77%的企业全程透明可视化能力达到100%。

作为对未来物流运作具有深刻影响意义的射频识别技术（RFID），其技术瓶颈正逐步得到解决，标准问题、产权问题、以及隐私问题已经得到解决，而成本也已经由2004年的25美分，下降到10美分以下；从应用的政策准备角度，RFID国家标准工作组成立后，RFID的发展逐步标准化、规范化,《中国 RFID 技术政策白皮书》于 2006 年出台;从应用的内涵角度,RFID 在物流领域的主要应用是在供应链物流实现过程中货物的跟踪,制造生产线上的零部件跟踪,以及对物流设施的跟踪等方面;从应用的广泛程度,RFID 的应用还处在以领域或地区应用为主的状态,如上海市利用 RFID 技术实现对进入上海的动物产品的监控,北京机场采用远距离 RFID 技术与数据采集控制系统相结合,建立高速公路不停车收费系统等。

12.5.3.3 物流管理的系统化趋势及应用

物流管理技术集中体现在管理的理念、手段、程序等方面,现代物流的管理技术是与各种装备技术同步发展的,具体的管理技术体现在物流流程的方方面面,如运输领域有车船调度管理技术,仓储领域有零仓储管理技术,还有装备的模块化技术,这里不作过多论述,管理技术提升的关键在于系统性理念的应用,而系统性理念在物流领域的集中体现在于供应链管理技术的发展。

供应链管理定义包含了整个价值链,它描述了从原材料开采到使用结束,整个过程中的采购与供应管理流程。《物流术语》对供应链管理定义为,利用计算机网络技术全面规划供应链中的商流.物流、信息流、资金流等,并进行计划、组织、协调与控制。供应链与传统的供应系统的区别在于:传统的供应系统体系是“从采购到销售”,而供应链是“从需求市场到供应市场”,是一种资源配置的创新。

目前,由于产业的发展水平不足,受限于国内企业供应链的理念、人才、标准以及企业组织模式和运营模式的不足,供应链管理仅在我国的部分大型企业或产业中有所应用,且应用程度较低,对供应链的关注主要集中在供应商——制造商这一层面上,其应用的核心在于控制成本和质量,没有从战略的高度深刻理解供应链管理的系统性核心内涵,并最终导致我国物流企业供应链绩效不高的状况。

12.5.3.4 物流环保和节能趋势及其应用

环保和节能是物流可持续发展的长期要求,随着可持续发展观念的深入,众多硬性的条件约束,以及随着不可持续性运行成本的上升,对现代物流技术的发展都产生了一定的影响,发展绿色物流成为物流发展的总体趋势和必然要求。

绿色物流的发展使环保和节能技术在物流领域内的应用日益广泛,从物流装备到物流管理技术中都有应用。在运输装备领域,随着第三阶段排放标准的实施,轻型载货车面临着技术淘汰的压力,新兴技术正迅速获得发展。在货架、托盘、包装等领域,相对环保的材料应用从政策导向和成本角度都得到更多的推动,如木质材料的应用随着政策面的不鼓励和价格的上涨,其应用强度逐步趋向稳定并略有下降。

12.5.3.5 物流先进技术推广应用的思考

总体而言,先进物流技术的应用,将有效的促进物流成本的降低和物流运行效率的提升,但对于物流先进技术的应用,需要有所把握。判定一个新技术是否应该推广应用,必须结合特定的需求和条件。

对于微观的企业运行而言,先进物流技术的应用需要特定的条件和环境支撑,或者说并不是越先进的技术就一定需要在特定企业中进行推广,企业在应用相关技术的时候,一定是根据自身的运作具体特征,包括物流运作的效率要求、成本要求等,具体决定技术的采用。如针对大宗原材料开展物流活动的相关企业，可能并不需要智能技术的应用，同时由于服务对象的低价值，较低的物流成本是其核心要求，也就不需要快速运输技术的应用，而通过合理的物流时间节点的控制实现需求方的即时供货。综上所述，对企业而言，技术应用合理与否的判定标准是“最合适”，而非“最先进”。

对全社会而言，先进物流技术的应用和技术的全面进步不是一蹴而就的，物流先进技术的应用，与经济社会的发展水平密切相关，国家经济运行的基本效率，产业结构，决定了社会经济发展对于物流总体运行效率和成本的支撑要求，由此也决定了体现这种效率和成本的物流先进技术的应用必须循序渐进，不可盲目推进。

12.6　其他物流支撑系统

除了上述管理系统、土地资源、人力资源、技术等支撑外，物流发展还需要政策体系、城市设施条件、环境等方面的支撑。其中，政策发展支撑是物流发展的核心支撑内容之一，由于其重要性，将政策体系单独成章进行系统阐述。物流城市设施条件不是物流规划直接解决的问题，通常在物流规划中提出相关要求，在城市的交通、商贸等其他发展规划中予以解决；环境容量支撑也是物流发展中面临的发展问题，未来随着经济社会的发展其重要性将不断提高，需要在物流发展的过程中，贯彻相关要求。

12.6.1　物流发展环境条件支撑

12.6.1.1　环境容量是物流发展的支撑条件

现代物流运营过程中的交通工具、各种物流机械都将排放出大量的有害气体，必将对环境造成一定的损害，而环境保护已经成为经济发展中的重要评价指标，环境评价成为各项工作规划、开展的前提条件，只有符合环境保护、满足环境容量的要求，现代物流才有发展的基础，因此，环境容量也是物流发展的支撑条件之一。

12.6.1.2　物流发展必须贯彻环境保护要求

环境容量不具有可规划性，是一个相对固定的基础条件，从发展的角度，只有对发展对象进行有针对性的规划与管理，使之符合环境容量的要求。物流的发展必须贯彻环境保护的有关要求，促进以系统、全面降低物流的污染为核心的绿色物流不断加速推进，也只有这样才符合物流业的可持续发展战略。

12.6.1.3　我国环境保护方面具有明确要求

良好的环境是人类生存和发展的基本前提。随着社会经济发展人类改变环境的加深，环境问题日趋重要。保护环境，减轻环境污染，遏制生态恶化趋势，成为政府社会管理的重要任务。对于我们国家，保护环境是我国的一项基本国策，解决全国突出的环境问题，促进经济、社会与环境协调发展和实施可持续发展战略，是政府面临的重要而又艰巨的任务。

经过20多年的发展，我国的环境保护政策已经形成了一个完整的体系，它具体包括三大政策。即“以预防为主，防治结合政策”，“谁污染，谁治理政策”，“强化环境管理政策”，在经济生活中对企业发展的具体要求主要体现在：首先，国家建立环境影响评价制度，凡是不符合国家环保法律法规和标准的建设项目，无法获得审批、立项、用地以及相关贷款，从企业根本立足的角度限制环境污染企业。其次，国家实施污染物排放总量控制制度。各地都制定污染物排放总量控制计划，并层层分解，最终落实到基层和重点排污单位，从污染的行政控制角度，限定企业污染行为。第三，国家建立环境保护的市场机制，建立能够反映污染治理成本的排污价格和收费机制，完善生态补偿机制，将环境成本显性化，从经济成本角度限制企业的污染行为。

12.6.1.4 物流发展涉及环境保护主要角度

12.6.1.4.1 设施设备技术角度

设施设备是物流运行的基本载体，也是产生环境污染的主体，从硬件角度降低污染，是贯彻环境保护要求的一个重要方面。具体而言，政府应从低碳环保等角度，明确相关行业的物流设施设备的各类标准，并加强对于强制性标准的监管、执行，和对于鼓励性政策的宣传和投入，具体的物流企业，应自觉采纳和遵循相关标准。

12.6.1.4.2 运行服务结构角度

不同的运输、装卸、存储等操作环节，通过不同的方式、设施设备实现，其实现过程的单位能耗以及环境污染水平是不同的，这种差异来自于不同方式的经济技术条件差异，以及相关设施设备的集约化和专业化成都差异。如同样的物流运输服务需求，采用铁路运输所消耗的能源、产生的污染，远小于公路运输带来的能耗和污染。因此，应通过合理的物流服务组织，提升物流活动的规模化和集约化，优化物流运行的结构，降低物流活动的污染程度。

12.6.1.4.3 运行效率提升角度

物流开展的目的是满足经济社会生活中的物流需求，在这一过程中减少必要的物流操作，科学合理的开展物流活动，也是减少环境污染的一个重要方面。因此，应提升物流的管理水平，通过科学的物流管理，实现物流组织的高效率，减少不必要的重复物流，在降低物流成本的同时，实现物流发展于环境容量的更好匹配。

12.6.2 物流发展城市条件支撑

城市是国家行政区划的重要单位之一，无论是物流企业或物流园区还是工商企业，其基本落脚点绝大多数都是在城市，物流的发展需要国家宏观层面的推动力，同时也需要城市基本元素的支撑，现代物流开展所需要的运行环境、生活环境都离不开城市相关基础设施及运行的支持。

12.6.2.1 城市基础设施的界定与分类

所谓城市相关基础设施是指：区别于物流专用基础设施，与物流开展有关的城市公用基础设施。从功能角度分析，城市与物流相关的基础设施可以从运行保障和后勤保障两个角度进行分类，运行保障设施主要指城市内部交通，即城市街道、地铁、码头等设施，后勤保障设施主要是指城市生活配套设施，包括生活必须的住宿、商业、教育、娱乐等设施。

12.6.2.2 城市物流基础设施特点分析

12.6.2.2.1 城市相关基础设施的公用性

与物流相关的城市基础设施具有公用性，往往具有多种功能，如城市交通基础设施，其功能既是为了满足城市居民的出行，也满足城市物流配送的要求，同时还具有区域交通网络连接的功能。

12.6.2.2.2　城市运行以服务居民为核心

城市作为人口的集中居住地，其交通运行以及商贸组织均围绕以居民的生产生活为核心的原则开展，物流活动核心是为产业发展服务，其中一部分配送服务功能与城市居民生产生活密切相关。

12.6.2.2.3　城市相关基础设施特征属性

部分城市基础设施的建设不是依靠政府的规划进行的，具有一定的市场行为特征，如商业和娱乐设施，规划部门只提供规划用地，具体的建设是以市场需求为主导的企业行为。

12.6.2.3　城市相关基础设施发展要求

12.6.2.3.1　要兼顾物流运行的需求

区别于大交通，城市交通是城市内部的交通系统，其特点是交通设施密度大、交通流量大，人流与物流同时存在，且人流的比重较高。随着城市规模的扩张，居民生活水平的提升，城市对内经济功能发挥日益重要的作用，以城市配送为主要形态的物流需求也随之增加。在城市交通基础设施建设的过程中，应更多考虑物流开展的需求，合理规划交通设施的通过能力与布局方向，以及服务于商贸等的物流配送站点的设置，适应物流发展的需要；同时，在城市交通的运行方面，在重点考虑为城市人口出行服务的同时，也要考虑到城市配送的运行需求，城市物流配送区别于干线分拨等物流活动，也是城市居民生产生活的重要支撑部分，因此，在运行过程中，对于合理开展的城市配送等物流需求，应当在物流时间、物流路线、物流操作节点等方面给予合理的政策考虑。

12.6.2.3.2　要满足物流发展的要求

依托城市完备的生活设施所创造出的良好生活环境，是物流基本运行和人才聚集的重要支撑方面，城市基础设施的发展要兼顾物流产业发展的后勤支持要求，推动现代物流业的发展。特别是物流发展过程中，出于对成本和效率的追求，物流设施布局往往是基于各类产业布局或是干线交通节点，进行相对应的布局，由此出现众多的物流产业聚集地，位于较为偏僻的产业聚集区或交通节点处，其产生的大量从业人员聚集，需要城市生活等配套设施提供后勤支持。

第13章 国外物流规划借鉴

13.1 规划的基本内容

西方经济发达国家主要在物流管理和供应链物流服务等环节制定物流相关规划，物流规划的内容主要涉及客服服务、物流管理与运作等方面。

13.1.1 客户服务

客户服务方面的规划主要涉及客户服务目标的设定，以及根据服务目标确定物流企业的服务规划。

13.1.1.1 客户服务目标

物流规划层面的客户服务目标是指对客户物流服务质量与水平等进行设定。确定客户服务目标（即客户服务水平）是企业供应链物流系统规划的首要任务，企业提供的客户服务水平比任何其他因素对系统设计的影响都大。客户服务水平较低，可以在较少的存储地点集中存货，利用较廉价的运输方式，订单服务提前期比较长。客户服务水平高则恰恰相反。

13.1.1.2 客户服务规划

由于物流服务水平与服务成本之间一般存在效益悖反，即当服务水平提高时，往往带来服务成本的上升。当客户服务水平接近上限时，企业供应链物流系统成本的上升比服务水平上升更快，也就是说，此时继续提升服务水平，即使是微小的提升也将付出很大的成本代价。

13.1.2 物流网络

物流网络就是指存储点及供货点的地理分布，它是构成供应链物流产业发展规划的基本框架，主要包括确定设施的数量、地理位置、规模，并分配各设施所服务市场（服务对象）范围，物流网络能够确定产品到市场（服务对象）之间的线路。好的设施选址应考虑所有的产品移动策略及其相关成本。寻求总成本最低的需求分配方案或利润最高的需求分配方案是物流服务网络设计的核心所在。

13.1.3 物流管理

物流管理主要包括负责企业物流服务组织体系的构建、业务职能和业务流程的分工、设计。有关企业物流组织和业务流程的规划应从企业供应链、价值链管理的全局角度出发进行系统、综合的考虑，关键是保障企业物流作业的顺畅、高效率，并保障企业总体物流成本最低，而非局部部门成本或单项物流活动成本最低。管理模式的规划是指有关企业物流是自营还是外包的抉择。

13.1.4　物流运作

物流运作一般是由企业的客户服务目标和客户服务水平决定的。库存战略是指库存管理方式。将库存分配(推动)到存储点与通过补货自动拉动库存,代表两种不同的战略。其他方面的决策内容还包括,产品系列中的不同品种分别选在工厂、地区性仓库和基层仓库存放,以及运用各种方法来管理永久性存货的库存水平。运输战略包括运输方式、运输批量和运输时间以及路线的选择。这些决策受仓库与客户以及仓库与工厂之间距离的影响,反过来又会影响仓库选址决策。库存水平也会通过影响运输批量影响运输决策。

13.1.5　物流信息

随着企业业务规模的日益增大,企业必须将物流信息化纳入企业战略规划范畴,从某种程度上来说,当前所谓的MRPII系统、ERP系统、SCM系统的规划等最初都是围绕企业的物流活动进行的,目的是使得企业物流、商流、资金流和信息流能协调统一,提高其流动效率和质量。

13.2　规划的基本方法

13.2.1　规划依据

企业的物流产业发展规划主要是根据物流资源建设的国家规划、地区或行业规划,涉及如何使用这些资源、改造自身的业务流程、提高周转速度、降低物流成本。就生产企业而言,在暴利时代结束之后,轻资产运行的新型企业需要改变过去大量投资于生产能力旧的投资方式,而将大量制造业务外包,这样就必须建立诸如供应链之类的物流系统,形成以联盟为新的组织形式的、虚拟的企业。这就必须对物流系统进行新的构筑,或者对企业的整个流程从物流角度进行再造。所以,规划物流的问题对于生产企业也是非常重要的一件事情,它是在经济全球化背景下,在新的竞争格局的压迫下,生产企业转型变形以求生存的问题和求发展的问题。社会上存在一种误解,以为规划物流问题是宏观的问题而不是企业的问题,这显然是低估了物流对于企业发展的重要意义。

13.2.2　规划目的

对于企业来讲,物流产业发展规划已经不是理论上的探讨,而应当变成切实的行动,为此,生产企业应该根据自己的战略发展要求把物流产业发展规划纳入议事日程,并且着手物流产业发展规划的落实工作。企业的物流产业发展规划应当着重于以物流支持营销的规划思路。生产企业,尤其是大型生产企业,从营销支持和流程再造角度进行物流的建设规划,会有效地提高企业的素质,增强企业的运营能力。

13.2.3　规划重点

企业物流发展规划的重点在于现有物流资源的改造和利用。大型企业集团(如业务分布全国的企业集团)的物流类似于行业特点。一般企业的规划则主要是利用外部物流资源,改造自身的物流流程,而不要过多地进行物流资源的建设,无论是制造业还是传统物流企业,多数都不应该把重点放在物流资源的建设上,而是应该放在现有资源的改造和利用上。

13.2.4 规划流程

企业物流发展规划的一般流程可表示为图 13-1 所示。进行企业物流发展规划,首先要确定企业战略目标,如降低企业经营成本、减少固定资产投入、改进客户服务水平等,然后进行物流成本分析,即实现上述企业战略目标的所需要的物流成本,进行物流成本分析时还要注意从企业的全局利益和长远利益来考虑。根据物流成本分析结果制定适合企业的物流产业发展规划方案,如设施选址、运输规划、库存管理、合同管理、人事管理和作业管理,最后还要对物流产业发展规划方案实施的总体业绩和效果进行评估,以便及时对物流产业发展规划方案进行调整。

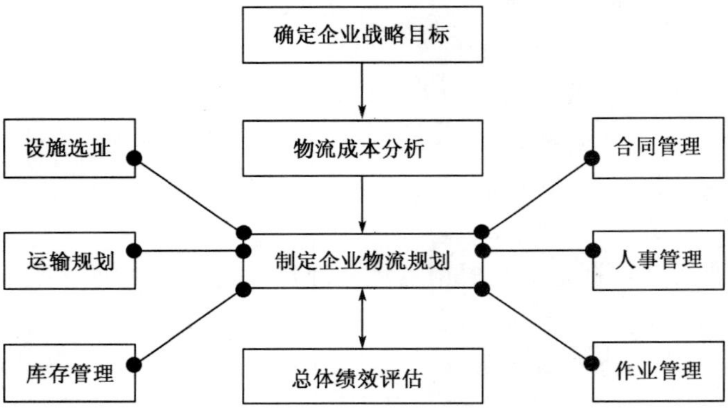

图 13-1　企业物流发展规划流程

13.2.5 规划任务

企业物流发展规划一般围绕降低经营成本、减少投资金额、改进客户服务这三个任务及目标而展开。降低经营成本是指在保持一定的客户服务水平的条件下尽量将系统总成本降到最低。通常需要评价各备选的行动方案,例如,在不同的仓库选址、库存决策方案中进行选择或在不同的运输方式中进行选择,以形成最佳战略。减少投资金额是指战略的实施目标是使系统的总投资最小化,其根本出发点是投资回报最大化,例如,为避免进行仓储而直接将产品送达客户,放弃自有仓库选择公共仓库,选择适时供给而不采用储备库存的办法,或者利用第三方物流管理等。与高额投资的战略相比,这些战略虽然可能导致可变成本的增加,但投资回报率得以提高。改进客户服务战略一般认为企业收入取决于所提供的客户服务水平。尽管提供客户服务水平将大幅度提高成本,但收入的增加可能会超过成本的上涨。实践中,需要根据企业的不同特点、市场定位和企业战略发展要求灵活地采用不同目标物流战略。

13.3 规划的借鉴意义

13.3.1 政府作用

13.3.1.1 资金支持者角色

13.3.1.1.1 开发建设模式

在日本,大型物流基地是由政府以很低的价格将土地卖给开发集团,并由若干企业集团、株式会社向银行贷款建造的。日本政府考虑到建设大型物流基地投资巨大、回收期长、社会效益显著,对改善城市功能具有特殊的意义,所以银行予以长期底息贷款或无息贷款。在欧洲,法国政府要求地方各级政府资助物流园区的建设,并对物流基础设施的建设提供一定资助。在德国也没有物流园区的建设不是通过政府的赞助而建成的。德国最典型的做法是采用PPP模式,公私合作。政府主要是对物流园区基础设施的建设提供资金,而私人公司主要是对他们自己的一些物流方面的设施设备进行投资。这里很重要的一点是,所有的政府资助不会是百分百的,私人公司必须有一定的投入在里面,基础设施建设也不例外。

13.3.1.1.2 发展政策支持

在日本,政府可以提供减税和免税的优惠政策。法国的一些地方政府对物流业采取了开始5年免税和雇员补贴的鼓励政策。比利时政府也通过减免税收来鼓励国外企业投资建设物流园区之类的物流中心。美国作为物流业较发达的地区,政府也有优惠政策。如德克萨斯州圣安东尼奥市为了使其尽快成为北美自由贸易区的贸易走廊,制定了前10年免征财产税、销售税返还、对从事中转货运的企业免征财产税等一系列的优惠政策。在德国,入园企业也可以得到政府资助,水、电、排水等等建设都可以用这方面的资金来进行建设,其份额约为物流园区建设厂房的10%。对于其他基础设施的投资也有资助。还有一项资助是建立公铁联运中转站,政府资助可高达80%。德国现33个物流园区中,有11个物流园区的中转站是用德国联邦铁路的钱修的。

13.3.1.2 总体规划者角色

13.3.1.2.1 确定总量控制规划

日本政府把全日本的大型物流基地建设的总体规划交给了通产省、运输省、农林水产省、建设省和经济企划厅等5省主务大臣,由他们制定全日本共通的基本事项,决定建设流通基地的城市。凡需规划建设大型物流基地的城市,均以本地区的城市规划为原则,决定物流基地的建设地点、数量、规模及功能,并报中央主务大臣审批。

13.3.1.2.2 采取规划控制措施

日本东京都建设物流园区时的主要措施有:一是政府在市政规划时就确定在城市的边缘地带、内环线外或城市之间的干道附近,规划有利于未来相关设施配套建设的地块作为物流园区基地;二是将基地内的地块分别以生地的价格出售给不同的物流行业协会,这些协会再以内部募股作为购买土地和建设物流设施的资金;三是政府对已确定的物流园区,积极加快交通设施的配套建设,并在促进物流企业发展的同时,促进物流园区的地价升值,从而使有关的投资者得到丰厚的回报。

13.3.1.2.3　完善设施布局规划

1992年,德国政府从铁路运输的考虑出发,由当时的联邦铁道部和前东德的铁路局合作完成了"全国物流园区的总体规划",规划在全德国境内建造28个物流园区。1995年,对规划进行修改,由28个物流园区扩建到39个,并形成网络。

13.3.2　物流政策

通过对各国物流政策的分析可知,虽然各国均未制定针对物流的专门法规,但是政府方面都在采取相应的政策来促进本国物流业的发展。这些政策虽然各有侧重,但大同小异,方向和目的是一致的。下面以日本为例进行探讨。

13.3.2.1　对政策的作用对象进行分类

在日本,首先进行物流的系统分类。将物流系统的布局分为区域内、区域间和国际物流三个部分。从20世纪50年代起,日本政府就开始根据不同时期经济发展的侧重制定相关政策。通过对美国的考察,开始重视流通领域现代化的重要作用。1964年,通产省在产业构造委员会中设置了流通小委员会,正式着手计划和实施流通政策和措施。在短短的几年中就先后制定了"流通政策的基本方向"、"流通现代化的展望和课题"、"流通活动系统化报告"、"流通系统化基本方针"等政策措施。

此外,通产省还与经济企划厅、运输省、建设省、农林水产省等六个政府部门联合制定了"流通市街地整备法",决定整顿城市流通秩序,统一规划流通设施,以解决城市交通混乱、空气污染和噪声等公害。到1969年,形成日本全国范围物流体系的宏观规划。在规划中,结合1966年制定的《流通业务市街的整顿法》,将日本按经济特性分为八大物流区域,进行区域间物流和区域内物流的分类。

13.3.2.2　指定分类指导的政策

1990年,日本颁布了《物流法》。1996年又通过、颁布了《综合物流施策大纲》加以规划、促进、完善。依据实施的状况和形成的成果,以及日本国内外各种情况和形势的变化,《综合物流施策大纲》五年制定一次,每年加以研讨修整。1998年4月,日本内阁会议决定由政府颁布一个至2001年的《物流业发展对策大纲》,颁布了"流通业务市街地建设法",把大城市中心的流通业务设施集中外移到市外适当的地方,使得大城市的流通功能、道路交通状况能够得到改善,城市功能得到增强,物流作为城市经济的支柱产业。可以说,这一系列的法规政策为日本物流园区的规划奠定了良好的政策平台。

13.3.3　物流园区规划的原则

13.3.3.1　公开性原则

总的说来,为了充分体现自由竞争、公平交易的原则,物流园区的业务必须公开地提供给所有经营的公司(包括物流、贸易等公司)。为了实现以上业务,物流园区必须拥有已完善的服务设施,如有可能,需要包括为全体雇员服务和给用户的设施。为了实现多种形式的运输,物流园区必须预先配备多种方式的交通设施(公路、铁路、海运、内河运输、航空等)。

13.3.3.2　合理选址原则

减轻交通压力，减轻环境污染程度，把商业中心向外迁移，提高各种交通方式的运行效率等这几个初衷，是日本政府对物流园区规划目的的定位。日本在物流团地（物流园区）的选址方面，规定以都市外围的高速道路网和铁路网的交叉口为中心的10公里半径范围内为团地选址地点，确立了物流团地的交通优势以及与都市内配送的衔接优势。

13.3.3.3　合理运输组织原则

德国政府认为物流园区的选址必须满足：一是至少有两种以上的运输方式，特别是铁路和公路在该址连接；二是选择交通枢纽中心地带，使物流园区网络与运输枢纽网络相结合；三是经济合理性，其中包括运输方式的选择与使用、环境保护与生态平衡、以及物流园区经营者利益的实现等。

13.3.4　物流园区的规模

物流园区的占地规模较大，一般以仓储、运输、加工（工业加工和流通加工）等用地为主，同时还包括一定的与之配套的信息、咨询、维修、综合服务等设施用地。日本是最早建立物流园区的国家，自1965年至今已建成20个大规模的物流园区，平均占地74公顷。德国的一些物流园区的占地规模较大，如不莱梅的物流园区占地在100公顷以上。比利时的CARGOVIL物流园区占地75公顷。相比之下，在1988年建立的英国第一个占地只有1公顷的物流园区就显得小了一些。一般来说，国外物流园区平均占地多在70公顷以上，但不超过200公顷。日本对规模经营有总量的控制（涉及覆盖面和人口，且超过经济规模，效益反而下降），建筑用地相应作了限制，一般物流团地（物流园区）的用地约为20公顷，不超过35公顷（约500亩），要求高层发展。

日本政府从1965年起，便着手将流通机能从东京市的市中心分离出去的艰巨工程。由政府统一规划、集资，在东京近郊的东南西北部分别建设了葛西、和平岛、阪桥和足立四个现代化的物流基地，由东京团地仓库株式会社经营。该公司成立于1966年，由112家股东组成，主要从事土地的购置和租赁、仓储业装卸、设施设备的租赁以及相关附属业务，在四大园区内分别设有事务所。

13.3.5　物流园区的经营模式

13.3.5.1　物流园区的发起者

西南欧国家如意大利、西班牙、葡萄牙、法国等，其物流园区的发展过程始终坚持陆港方案，由此反映了这一类型物流园区的特点：通常直接或间接由政府或国有公司提出，创建者包括乡镇和地方政府参与的公司，如港口经济发展促进委员会或开发公司；政府方面直接或至少间接地参与到土地开发中来，同时政府对物流园区的规划、交通连接、补贴、资助、信贷以及地方对基础设施的投资问题享有参与和置疑的权利。陆港物流园区方案的实施是通过建立一个经营公司来推动物流园区的持续发展，经营公司的运营费用主要是通过出租土地及成套设备来获得。

13.3.5.1.1　德国

德国物流园区的规划和创始者主要是一些独立的经济促进会，同时也包括各城市和乡镇主管规划的部门和相应的专业部门、一些独立的工商会以及企业联合会和当地运输企业。德国根据自身的经验认为:由主管机构或确切地讲业主的开发公司制订发展规划,是建立一个广泛的物流园区网的基础。

13.3.5.1.2 法国

法国物流园区是以政府和私人伙伴合作(可能的伙伴合作包括:公共和私营团体或机构、地方和城市当局、投资人等)的形式加以规划和提供资金建设的,最终转由一家经营公司来管理。

13.3.5.1.3 英国

英国是由于英吉利海峡隧道的开通推动了该国物流园区发展的,至今该国还没有一个总体的物流园区规划,但有政府出资建的物流园区,也有私人投资建的物流园区。与欧洲其他国家不同,英国的物流园区只在特定条件下才会去追求地区规划或环境保护目标。可以说在物流园区规划建设上,英国奉行的不是政府行为而强调的是市场导向,是以单一经济利益为追求目标。

13.3.5.1.4 荷兰

荷兰物流园区的代表是文洛港,它是由当地政府和综合运输中转站的经营者 ECF(欧洲联合中转站)创建的。它的市场推广是按照货物配送中心的模式通过对个体招商来实现的。虽然物流园区的开发商最初没有采取一个中立的经营机构来实现与企业的互利合作,但仍在当地成立一个代表文洛地区运输业的联合会组织。这一机构包括物流服务商、地方商会、文洛市政府以及投资公司,其任务主要是加强其成员间的合作、园区的营销以及对物流方面出现的问题提供专业上的帮助等。

13.3.5.2 *物流园区建设方式*

13.3.5.2.1 日本

根据日本 1966 年公布的“关于流通业务区域建设法”的规定,将流通中心统称为流通业务团地。其内容是将集中在大城市中心区的流通设施集中迁移至交通发达的中心城市外围,以减少环境污染,促进流通合理化。据此,日本有近 22 个城市被指定应建设公共流通中心。港口流通中心是在大型港口附近建设流通中心。其他方式,如一些地方团体出资在中小城市以及工业团地附近建设的流通中心。

13.3.5.2.2 德国

德国的物流园区建设主要表现在货运中心的建设上。为了提高货物运输的经济性和合理性,发展综合交通运输体系,它的建设遵循“联邦政府统筹规划—州政府扶持建设—企业自主经营”的三段发展模式。建设方面由政府规划、出让低价土地或由政府加以补助,物流团体组织投资,物流企业按专业共同使用。

13.3.5.3 *物流园区运营方式*

13.3.5.3.1 日本

园区规划后的运营方式,国外物流发达的国家也进行了有益的探索。如日本物流园区的运营方式可分为:个别方式,协同组合方式,共同出资方式,半官半民方式。其构成比例如图 13-2 所示。

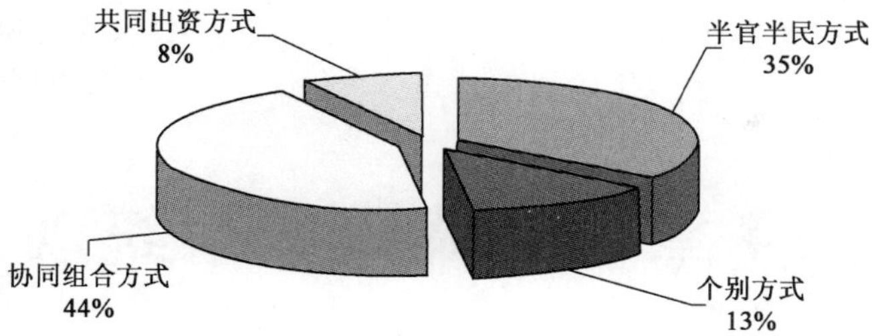

图 13-2　日本物流园区运营方式及结构

13.3.5.3.2　欧洲

欧洲各国共同认为，物流园区的运营应由中立的机构来组织，并能全面地为入驻企业提供服务。所不同的是，欧洲物流园区联合会将中立的运营机构称为业主，即是独立经营、自负盈亏的实体。这个实体既可以是公共机构，也可以是私人性质的企业。而在一些国家则将中立的运营机构称为物流园区管理公司。欧洲物流园区联合会编写的《2000 年物流园区研究报告》指出：物流园区的运营不是由区内建筑和资产（仓库、商业区、办公室、停车场等）的所有者，也不是由其租赁者，而是必须是由中立的第三方责任机构负责。

13.3.5.4　物流园区的管理者

13.3.5.4.1　物流园区管理公司

欧洲各国物流园区的工作即是物流园区管理公司的工作。不论是对于入驻园区的企业，还是对于社会公共领域的其他部门，由园区管理公司负责主持或组织各项工作都有重要意义，并且在经济上能为地方利益带来好处。专业的物流园区管理工作被认为是一种创造价值的工作。首先，地方政府把物流园区作为实施地方经济、交通环境规划的举措。因此，参与开发建设的政府希望由一家得到物流园区企业认可且运作良好的物流园区管理公司，来领导整个物流园区的发展阶段并对物流园区施加长期影响。其次，各国物流园区的开发目标是希望集中吸引私人投资的运输企业和物流企业入驻带动当地的就业、激活地方经济。同时，入驻园区的企业更希望物流园区发展过程中政府能够施加长期影响，以避免在发展阶段可能出现的负面影响，这两方面因素客观上要求物流园区的运作规则应通过政府参股或扶持的物流管理公司予以实现。通过欧洲 10 余年物流园区的发展，说明物流园区管理公司作为一个中立机构，在政府公共事业部门与企业、私人之间起到了协调沟通的作用。

13.3.5.4.2　物流园区管理公司运作特点

根据欧洲经验，管理公司在物流园区的工作的特点为：第一，物流园区的总体管理，负责物流园区从筹建到运营全过程的指导；第二，物流园区的经营管理，提供综合运输或远程运输方面的网络连接，联合采购（能源与电信），园区内部网络平台的建设，企业及领导人员的培训与进修，危险货物专职代理人，特殊仓库的建设与管理，产品货物的配送，安全监管等；第三，负责物流园区的营销、推广工作，组织博览会、广告宣传，制作宣传册、客户杂志等；第四，为迁入园区的企业提供所需要的各种服务。

第 14 章　物流政策系统规划

14.1　物流政策系统的概念内涵

物流政策本质上是一种产业政策，按从属关系来看，物流政策在政策系统中的归宿关系应该是：物流政策⊂产业政策⊂经济政策⊂(公共)政策。因此，物流政策系统的概念既包含政策、经济政策、产业政策等上层概念共有的本质特征，同时又具有一些自身特有的内涵特点。

14.1.1　政策系统特征[19]

14.1.1.1　政策的基本概念

一般认为，政策又称公共政策，是指国家(政府)执政党及其他政治团体在特定时期为实现一定的社会政治、经济和文化目标所采取的政治行动或所规定的行为准则，它是一系列谋略、法令、措施、办法、方法、条例等的总称。

政策的基本特征包括：

(1)政策由特定的主体，即由国家或政府、执政党及其他政治团体所制定及执行；

(2)政策具有特定的价值取向，要实现特定目标或目的；

(3)政策是政府为解决特定社会问题，以及调整相关利益关系而采取的政治行动；

(4)政策是一种行为准则或行为规范。

14.1.1.2　政策系统的构成

政策系统是政策运行的载体，是政策过程展开的基础，由政策主体、政策客体和政策环境构成。政策主体指直接或间接地参与政策制定、执行、评估和监控的个人、团体或组织。政策客体指政策所发生作用的对象，包括政策所要处理的社会问题(事)和所要发生作用的社会成员(人)两个方面。政策环境指影响政策产生、存在和发展的一切因素的总和，包括自然环境和社会环境两大部分。

14.1.1.3　政策系统的分类

从不同的角度出发，政策系统具有不同的分类方式。从政策对社会和相关人员之间关系的影响角度，可将政策系统划分为分配性政策、调节性政策、自我调节性政策和再分配性政策等四种类型。从政策层次的角度，可将政策系统划分为总政策、基本政策和具体政策等三种类型。从政策所涉及的社会生活领域及其问题的不同角度，可将政策系统划分为政治政策、经济政策、社会政策和文化政策等四种类型。

14.1.2 产业政策系统[20]

14.1.2.1 产业政策的内涵

产业政策是政策系统中隶属于经济政策范畴的一种政策子系统。一般认为，产业政策是指一国政府为了促进本国的经济发展，根据产业发展规律的客观要求，综合运用经济手段、法律手段以及必要的行政手段，调整产业关系，维护产业运行，促进产业发展，达到对社会资源的最优配置，重新调整产业经济活动的一种政策导向。

与政策系统一样，产业政策也包括产业政策的主体、产业政策的客体和产业政策运行的环境等三个要素。产业政策的主体是产业政策制定、执行、评估和监控等四个环节的行为承担者。产业政策的客体是产业政策所作用的对象，包括产业关系、产业运行和产业发展。产业政策的运行环境是影响产业政策产生、存在和发展的一切因素的总和，其中尤其以社会经济状况、体制和制度条件、国际关系三个方面最为重要。

14.1.2.2 产业政策系统的分类

产业政策是从产业经济的角度推动国民经济发展的政策系统，根据各国产业政策的理论和实践，大致可以把产业系统分为三大类：一是产业关系政策，包括产业结构政策和产业布局政策两部分；二是产业运行政策，包括产业技术政策和产业组织政策两部分；三是产业发展政策，包括产业全球化政策和产业现代化政策。

14.1.2.3 产业政策系统的功能

产业政策系统的功能和作用，集中体现在以下几个方面：

(1)弥补市场失灵的缺陷。即通过制定科学合理的产业政策，把产业政策和市场机制结合起来，从而将市场失灵和缺陷所带来的产业效率损失减少至最小程度，诱导经济朝既定目标发展。

(2)实现产业超常规发展，缩短赶超时间。即通过制定和推行合理的产业政策，有重点、有步骤地配置资源，引导优势和战略产业优先发展，实现非均衡性增长，从而达到经济超常规发展，缩短追赶先进国家所需的时间。

(3)促进产业结构合理化与高度化。即通过制定产业政策，调节资源在各产业部门之间的合理分配，有效地支持未来主导产业和支柱产业的成长壮大，有秩序、低成本地实现衰退产业的撤退和调整，从而加速产业结构的合理化和高度化进程。

(4)增强产业的国际竞争力。即通过制定产业政策，充分利用本国比较优势，积极不断形成具有新的比较优势的出口产业，同时实现对国内“幼稚产业”的保护。

14.1.3 物流政策系统

14.1.3.1 物流政策的概念[21]

一般认为，物流政策是指为实现物流产业的健康快速发展，保障国民经济的高效运行，政府针对物流产业发展过程中出现的各类问题，制定的有关促进产业融合、调整产业结构、规范市场秩序、培育市场主体、加快技术进步等各类政策的总和。按从属关系来看，物流政策属于产业政策的范畴，它在政策系统中的归属关系应该是：物流政策$\subset$产业政策$\subset$经济政策$\subset$(公共)政策。

14.1.3.2 物流政策系统的构成[22]

物流政策系统是指在一定的物流政策环境下，在辅助机构的参与下，政策主体采用一定的政策手段作用于政策客体，使之向特定方向发展，从而实现既定的政策目标。政策主体、政策客体、政策手段、政策目标、政策环境、辅助机构是物流政策系统的六大要素。

物流政策主体是指物流政策的直接制定者，通常指各级政府物流相关部门及政府间合作组织。物流政策客体是指物流政策发生作用的对象，通常又包括物流社会问题和物流社会成员两部分。物流社会问题主要集中在物流设施、物流市场、物流产业政策等物流领域内部问题和物流供求关系、物流企业与工商企业关系等物流领域同其他领域的衔接这两方面。物流社会成员主要集中在物流企业方面。物流政策目标是指物流政策作用后物流客体的预期效果。可分为宏观目标、中观目标和微观目标，也可分为总体目标和分项目标。物流政策手段是指政策执行主体采取的一系列措施和方法，包括行政手段、法律手段、经济手段和思想诱导手段四方面。物流政策环境是指物流政策系统外部的影响因素，包括物流业发展状况、物流业管理体制、上层政策三方面。辅助机构是指独立于主体和客体之外对物流政策具有影响的机构，主要包括科研团体(决策支持)、行业协会(行业代表)、消费者协会(客户代表)三种。

14.1.3.3 物流政策系统的分类

(1)从政策与物流业的关系分类。可以将物流政策系统分为内部发展政策和外部支持政策。基于物流政策的复杂性，从不同的角度可以对物流政策进行不同的分类。从物流体系的内部构成角度，物流政策体系应当涵盖物流的需求方、供给方，以及物流市场关系等方面，同时，物流作为经济发展中的一个重要环节，其发展离不开外部的经济领域众多相关环节，因此，物流政策体系还应包括经济领域众多发展、引导、支撑政策。从内、外部角度，物流政策具体包括物流内部发展政策和物流外部支撑政策。物流内部发展政策主要包括物流基础设施政策、物流技术政策、物流组织政策、相关行业管理政策、市场准入政策、市场培育政策、生产企业物流组织管理技术应用政策等；物流的外部支撑政策主要包括物流投融资政策、土地政策、财税政策等。

(2)从政策功能角度进行分类。物流政策系统可以分为支持性政策、引导性政策和发展性政策。支持性政策的目的是为物流发展提供基础平台，具体包括：产业政策、土地政策、投融资政策、财税政策、运输管理政策等；引导性政策的目的是引导产业理性、科学的发展，主要包括：产业结构政策、空间布局政策、工商企业政策等；发展性政策的目的是为物流业提供产业升级与发展的平台，其具体政策主要包括：企业引进政策、重点企业发展与扶持政策等。

(3)从产业角度进行分类。物流业作为一种复合产业，其政策系统也可按产业政策系统的分类方式进行分类，分为物流业产业关系政策、物流业运行政策、物流业发展政策等。其中物流业产业关系政策包括物流业产业结构政策、物流业产业布局政策，物流业运行政策包括物流业技术政策、物流业组织政策，物流业发展政策包括物流业全球化政策和物流业现代化政策。

14.1.3.4 物流政策系统设计的意义

(1)维护物流业的健康发展。在科学的物流发展规律指导下所制定的物流发展政策，对物流的发展具有保障、引导和促进作用,这种作用的发挥,有利于维护物流业的健康发展。我国的物流发展相对于经济发达国家而言有一定的差距,这种差距也就意味着提升空间和提升速度具有较大的潜力,结合我国的具体情况,通过调整既有的不适应物流发展的政策与制定有利于物流发展的政策及措施,从而充分发挥物流业的“后发优势”,促进我国现代物流业快速健康的发展。物流政策的制定对物流业发展具有保障性作用。物流业的发展需要众多的支持因素,如资金、土地等,离开了国家对物流发展的相关政策保障,物流业的发展将受到制约,因此,政策的保障是必不可少的。物流政策的制定对物流发展还具有引导作用,尤其在我国当前物流发展水平较为落后的情况下,政策的制定可以在物流发展规律下,体现出较强的前瞻性,从而使物流发展不走或者少走弯路,达到引导物流业健康发展的目的。在物流政策保障和引导性的基础上,物流发展政策具有促进物流业加速发展的作用,现代物流从出现到发展都具有一定的规律性,不同于发达国家在市场机制的作用下,物流按部就班的发展过程,我国物流业可以通过科学的物流政策鼓励和引导,以跨越式的发展方式获得提升。

(2)发挥物流在经济发展中的功能。我国各级各类政府管理部门是物流发展政策的制定者,与行业协会不同,政府的政策制定都是基于国家、地方整体产业发展需求,因此,物流政策的制定可以从更高层面促使物流与经济发展的需求相协调,如在经济发展总体要求基础上制定的物流业与其他产业的布局架构,物流业内部空间布局、组织方式等政策,必将促进物流服务经济发展这一功能的发挥,使物流发展更为健康和高效。

14.2　物流政策系统的主要内容[20]

物流政策系统设计的主要内容就是为实现物流业的健康快速发展,保障国民经济的高效运行,政府针对物流业发展过程中出现的各类问题,制定的有关促进产业融合、调整产业结构、规范市场秩序、培育市场主体、加快技术进步等各类政策的总和,也就是整个物流政策系统。具体而言,物流政策系统设计的主要内容可从产业角度分为物流业产业关系政策、物流业运行政策和物流业发展政策三类。

14.2.1　物流产业关系政策

物流业产业关系政策包括两方面的内容:一种是关于物流业与其他产业之间关系的政策,即物流业产业结构政策;另一种是关于不同地区的物流业之间关系的政策,即物流业产业布局政策。

14.2.1.1　物流产业结构政策

物流业产业结构政策指政府制定的影响与推动物流业与其他产业之间关系的政策。具体来说,由于物流业新兴产业和战略产业的产业定位,我国物流业产业结构政策主要是对物流业的保护和扶持政策。

(1)国际贸易保护政策。国际贸易保护政策的实质是通过限制有关产品或服务的进口,或者削弱进口产品或服务在本国市场上的竞争力,从而为我国物流业的成长创造一个良好的市场环境,主要手段是关税保护和非关税壁垒。在世界贸易组织规则下,传统的幼稚产业保护政策受到越来越多的限制,合理利用世界贸易组织规则实施对物流业发展的保护成为政策趋势。首先,可以利用世界贸易组织对发展中国家幼稚产业的保护政策,保护物流业发展,比如允许发展中国家修改或撤销减让表中的关税减让,允许发展中国家采取与“关贸总协定”不一致的数量限制等措施。其次,强化进口配额和进口许可证的分配环境,为利用“关贸总协定”保护物流业发展创造条件,主要包括:进口配额和进口许可证的分配中坚持公平、公正、透明原则,引入监督机制;严厉打击进口配额和进口许可证中的违法行为,强化法制力度;实行进口配额和进口许可证招标制度。第三,灵活运用政府采购、反倾销、反补贴等措施保护物流业发展,主要包括:政府物流业服务优先国内采购;启动并完善物流反倾销和反补贴措施;制定反倾销、反补贴的具体实施细则,以便于操作;培育从事物流反倾销、反补贴业务的市场中介组织。

(2)国内产业扶植政策。国内产业扶植政策的实质是政府将资源向物流业倾斜,以达到迅速增强我国物流业扩大生产、参与竞争的能力。主要手段有以下四个方面:其一,财政扶植政策,包括:对物流业实行特别税收制度,如减免所得税、允许税前还贷,对有关关键技术和装备的进口予以关税优惠等,从而为物流业的长期发展创造自我积累的能力和良好的发展环境;通过财政补贴,弥补物流业在成长初期因技术开发或市场开拓等方面出现的暂时性亏损;建立特别折旧制度,对物流业技术工艺装备采取加速折旧方式,以促进其技术装备的更新和现代化;通过政府在基础设施方面的直接投资,为物流业的发展提供必要的基础保证,使其能获得较多外部经济效应。其二,金融扶植政策,包括:利用国家专业投资银行,对投资风险较大的物流业发展项目进行投资,为物流业的发展提供融资渠道;为物流业制定特别的贷款政策,如实行优惠的贷款利率、对商业银行向物流业的贷款实行政府贴息、政府担保和适当延长还贷期等政策;积极引进国外资本,如接受国外各种贷款、兴建“三资”企业等;动员社会资金,建立各种形式的物流业发展基金;制定特别政策,对有物流业企业的上市问题实行专案处理制度,以方便其从社会集资。其三,技术扶植政策,主要包括:制定物流业技术发展规划,为其技术进步提供导向;通过各种形式,如组建政府与企业合作的技术开发体系、政府直接投资某技术开发领域等,分担企业的技术开发风险,促进物流业的技术进步;积极推进物流业引进技术和消化吸收政策。其四,直接规制扶植政策,主要是采取一些带有强制性的管制措施,对物流业的规模经济水平、技术进步程度做出规定,以保证其业成长目标的实现,比如 2009 年出台的《物流业调整和振兴规划》等。

14.2.1.2 *物流产业布局政策*

物流产业布局政策指政府制定的影响和推动物流业在一定地域空间上分布的政策,具体包括:物流枢纽城市政策和物流节点设施政策两个方面。

(1)物流枢纽城市政策。物流枢纽城市政策除了明确物流区域划分、国家级、区域级、地区级物流枢纽城市位置的总体政策之外,主要包括规范和引导物流枢纽城市发展方面的政策。其一,统一的物流枢纽城市建设立项审批制度及监督制度。比如从制度上为控制物流枢纽城市建设规模设置必要的壁垒,对那些机构不独立、职能不到位、管理不规范的物流枢纽城市进行限期整顿,对长期无引进项目、发展无望、名存实亡的物流枢纽城市坚决取消。其二,实施科学人才战略的政策。能否吸引并保持一支具有创新精神的高素质专业人才队伍,是物流枢纽城市能否保持发展后劲的关键,因此,物流枢纽城市的发展需要符合各枢纽城市实际的人才引进政策。其三,优化综合招商投资环境的政策。比如物流枢纽城市在发展初期,以出台对外资的优惠政策为主，随着物流枢纽城市的发展，还应出台包括优化城市物流发展环境的政策、优化枢纽城市与周边区域物流发展环境的政策、协调枢纽城市与周边地区和腹地关系的政策，以及切实保障外商投资企业经营管理自主权、维护投资各方和企业的合法权益、依法保护劳动者的正当权益、切实加强对知识产权的保护等方面的政策等。其四，推进物流枢纽城市管理体制改革的政策。比如成立城市物流业管理部门，负责全市物流工作的管理与协调；构建城市物流业管理机构体系，保障物流政策的落实；发挥行业协会作用，实现城市物流业自律等。

(2)物流节点设施政策。物流节点设施主要包括物流园区和物流中心等。物流节点设施政策除了规定全国物流园区、物流中心的总体布局之外，主要包括规范和引导物流节点设施发展的政策。其一，加强对物流节点设施建设统筹规划的政策。比如成立园区管理机构，统一制定园区的发展规划，对物流园区的整体发展方向等问题进行宏观规划。其二，营造有利于节点设施建设发展环境的政策。比如各级政府应为物流园区的土地、仓库、道路等硬件建设提供支持和优惠的政策，简化物流园区内项目评估、注册等手续等。其三，拓宽节点设施融资渠道的政策。比如通过金融创新增加对物流园区及园区内企业的信贷投入，支持有条件的企业进入国内和国际资本市场融资，动员私人资金资助技术创新，引导社会闲散资金投入园区建设等。其四，科学评估节点设施的政策。比如为加强国家和各级政府对物流园区的宏观管理，合理、有效地引导物流园区的发展方向，建立起科学合理的产业园评估体系，以此为政策导向，推动产业园的健康成长与发展。

14.2.2 物流产业运行政策

物流产业运行政策包括两方面的内容：一是政府为促进物流业技术进步而制定的引导和影响物流技术开发和转移的政策，即物流业技术政策；二是政府为获得理想的市场绩效而制定的优化物流业市场结构和调整物流业市场行为的政策，即物流业组织政策。

14.2.2.1 *物流产业技术政策*

(1)技术开发政策。技术开发政策的主要内容：一是财政鼓励政策，比如加大对物流技术研究与开发组织或部门的资金投入、进一步提高政府委托物流研发项目的资助金额、对物流技术进步需要的专业设备减免进口关税、对高技术物流企业实行收税优惠等；二是金融鼓励政策，比如通过国家开发银行对重大物流技术研发提高优惠贷款、对重点企业在重点物流领域的技术进步活动进行贷款贴息等；三是直接奖励政策，比如对重大物流技术进步活动实施评奖制度，特别是要提高有关应用性技术的受奖份额等；四是组织协调政策，比如通过发布国家物流技术进步指南引导物流技术进步方向、通过编制国家物流技术进步课题目录，引导研究资源向重点领域聚集、通过重大工程的技术装备招标引导企业参与物流技术研发等。

(2)技术引进政策。技术引进政策的主要内容：一是税收优惠政策，比如对进口物流技术及装备减免关税、对企业在消化吸收引进基础上所改良和创新的技术或装备减免有关税收等；二是外汇扶持政策，比如建立引进技术和装备审核制度，核准那些国内急需或对物流业发展具有战略意义的物流技术或装备的民间引用汇申请；三是贷款优惠政策，比如对企业引进物流技术和装备所进行的配套改造工程，由政府系统的金融机构提供低息贷款、对企业消化吸收引进物流技术所需的各类投资给予低息贷款等；四是引导协调政策，比如通过与先进国家签订有关技术交流和合作协定，为企业引进先进物流技术营造良好环境，通过举办各种博览会以及建立科技情况检索机构等，为企业引进物流技术提高信息服务，通过实行差别化优惠政策和外国投资审查制度，鼓励拥有先进物流技术的外资企业进入等。

(3)技术扩散政策。技术扩散政策的主要内容：一是构建技术扩散通道的政策，比如进一步发展和完善物流技术市场，建立有利于物流技术扩散的环境，大量吸引国际优秀物流企业进入等；二是加强政府在外商投资领域引导作用的政策，比如鼓励投资者使用更复杂更先进的物流技术，鼓励外商增加在本地从事物流技术研发的投入，开发高质量的科技园区为外资物流企业提供技术研发平台等。

14.2.2.2　物流产业组织政策

(1)企业行为调整政策。物流业的企业行为调整政策主要包括反垄断政策和反不正当竞争政策。反垄断政策的主要形式就是反垄断法，具体到物流业，可以从法律制度体系完善的角度，尽快完善反垄断法中针对物流企业垄断行为的实施细则，在反垄断的指向上，注重对垄断行为而非垄断结构的控制，注重对行政垄断的控制，并建立具有高度独立性的反垄断执法机构。反不正当竞争政策的主要表现形式就是竞争法，具体到物流业，首先，应该完善物流领域反不正当竞争的法律体系；其次，要加强执法管理，严格制裁物流业不正当竞争行为；第三，要建立有效的法律监督机制，确保法律严格执行；第四，要建立物流业行业自律体系，强化行业自控效果。

(2)市场结构优化政策。物流业的市场结构政策主要包括兼并与合并政策和中小企业政策。物流企业的兼并与合并政策主要是鼓励物流企业兼并与合并。其一，逐步收缩政府在企业兼并与合并行为中的参与程度，规范市场行为；其二，对企业兼并在资金政策上实行倾斜，解决企业兼并的资金短缺问题；其三，建立健全法制环境，加强对企业兼并与合并行为的法规制定；其四，建立良好的社会保障体系，解决兼并中出现的人员失业问题。物流业的中小企业政策主要是鼓励中小物流企业发展。其一，完善中小企业的相关法律法规，创造良好的企业经营环境；其二，建立专门的中小企业管理机构，避免政出多门；其三，制定落实中央扶持中小企业的相关政策的实施方案等。

14.2.3　物流产业发展政策

物流产业发展政策包括三方面的内容：一是政府促进物流业在全球范围内扩张和延伸的政策，即物流业全球化政策；二是政府为促进物流业的现代化进程而制定的政策，即物流业现代化政策；三是政府为促进物流业的低碳、环保和可持续发展而制定的政策，即绿色物流政策。

14.2.3.1　物流业全球化政策

物流业全球化政策集中体现在国家贸易政策和投资政策两个方面。国际贸易方面的全球化政策包括：以国际惯例为指导，以出口货物零税率为基本原则，实行统一的出口退税、免税制度；结合物流业发展，用好允许的补贴政策，扶持物流业的进一步发展，以便提高物流企业在全球的竞争力；实施政府性的物流企业“走出去”援助计划；加强政府在企业全球化中的系统管理和协调职能。投资方面的全球化政策包括：适应加入世界贸易组织进程，进一步向外商开放物流市场；进一步加大对外商投资物流领域的政策优惠力度；积极促进跨国物流公司与国内知名企业合资或合作经营；积极引导跨国物流企业以合营方式投资国内物流业；按照国际惯例，修订和规范现有利用外资的法律体系，进一步完善外商投资软环境；积极推动有发展潜力的国内物流企业到海外上市融资；积极探索海外发行金融和公司债券，以及商业票据等直接融资等。

14.2.3.2 物流业现代化政策

物流业现代化政策主要包括提升物流业国际竞争力的政策和促进传统运输仓储企业向现代物流企业转型的政策等两个方面。提升物流业国际竞争力方面的政策包括：建立公开公平的物流业市场秩序的政策；加快物流业产业重组的政策；加速物流业产业发展方式转变的政策；推进物流企业的科学运营的政策等。促进传统运输仓储企业向现代物流企业转型的政策包括：向企业推广先进物流理念的政策；鼓励企业开展第三方物流业务，提升物流服务质量的政策；鼓励企业采用先进的物流设备和物流管理技术的政策；鼓励企业与国际先进物流企业合作的增持；鼓励企业引进现代化物流人才的政策等。

14.2.3.3 绿色物流发展政策[23-24]

绿色物流政策主要包括：树立绿色物流发展理念的政策、鼓励绿色物流发展的财政政策、推进绿色物流标准化的政策、推进绿色物流法律体系建设的政策、引导企业推进绿色物流发展的政策和倡导消费者绿色消费行为的政策等。树立绿色物流发展理念的政策包括倡导绿色物流理念的传播政策、加大绿色物流人才培养和科研工作的政策等；鼓励绿色物流发展的财政政策包括针对绿色物流企业的税收优惠政策、“绿色补贴”政策和政府优先采购政策等；推进绿色物流标准化的政策包括制定车辆最低排放标准、制定车辆技术标准、制定装卸工具标准和制定包装尺寸标准等；推进绿色物流法规体系建设的政策包括完善固体废弃物处理法、完善回收再循环法、完善空气污染控制法和完善噪声控制法等；引导企业推进绿色物流发展的政策包括鼓励企业树立绿色物流形象的政策、鼓励企业实现物流各环节“绿色”化的政策和鼓励企业选择绿色供应链上下游企业的政策等；倡导消费者的绿色消费行为政策包括宣传绿色消费观念的政策和推行绿色消费模式的政策等。

14.3 物流政策系统规划的程序[19]

物流政策系统的运行是一个由政策制定、政策执行、政策评估、政策监控和政策终结等环节组成的过程，而物流政策的系统规划设计是政策制定环节所要完成的主要工作，是对物流政策的分析研究并提出相应解决方法或方案的过程。一般而言，物流政策系统规划的程序包括问题诊断、目标确定、方案设计和方案评估等四个阶段。

14.3.1 规划的要求和原则

14.3.1.1 物流政策系统规划要求

(1)对政策规划的总体要求。总体要求是按照“保障物流运作中各环节的顺利进行和功能的发挥，并营造出有利于物流企业降低成本、提升效率的经济及产业发展环境，引导、促进物流业的健康发展”的总方向，明确政策主体，确定政策目标，制定分类政策。也就是说，根据规划区域及对象对物流政策的整体和具体要求，明确物流政策的制定主体，以及建立政策的制定与协调所必须的政府管理体制与协调机制；在明确物流政策主体的基础上，按照物流业发展的政策环境要求，针对物流业政府管理的特点和政策的协调性要求，确立总体物流政策和部门政策的基本目标；按照政策目标，根据不同的政策分类，指定与物流发展相关领域具有对应性的分类政策，建立物流业发展的政策体系。

(2)对具体政策规划的要求。物流技术政策的规划设计，要求从制定技术标准、服务标准、技术的引进、开发、推广等方面制定相关政策，强制性地推行一系列标准，鼓励企业提高技术水平，提升物流运行的技术含量，达到降低成本和提高效率的目的。物流组织政策的规划设计，要求通过制定相关政策，发挥经济杠杆的作用，鼓励物流企业向集约化和专业化发展方向，发挥物流对促进供应链一体化组织运行的作用。市场准入政策的规划设计，要求通过制定企业资质标准、企业资质评定方法，以及市场进入和退出的相应规则，从政策层面保障市场的健康有序环境，从而促进物流市场的繁荣与稳定。市场培育政策的规划设计，要求通过构建市场环境政策、监管政策，提升市场的开放度，以及规范化程度，达到吸引物流需求并促进内在需求显性化的目的，从而繁荣物流市场。企业物流组织管理技术应用政策的规划设计，主要从技术角度制定，核心在于鼓励企业引进、推广应用物流的管理技术。政府投资政策的规划设计，要求适应我国物流业发展尚处于起步阶段的特点，在政府投资政策中重点体现出对物流基础设施投资、公共信息平台建设的支持。土地政策的规划设计，要求在物流基础设施的建设、物流园区、物流中心等节点的建设用地方面，既体现出对物流用地的控制作用，又从用地方面体现出对物流业发展的支持。税费政策的规划设计，要求体现出总体上对物流业发展的鼓励和支持，即通过较低甚至无税费的政策对物流业发展提供支撑。

14.3.1.2 物流政策系统规划原则

(1)信息完备原则。信息是物流政策规划设计的基础和依据。物流政策系统规划设计实际上就是一个与物流政策有关的信息输入——处理(政策设计)——输出的过程，信息的搜集、加工和处理贯穿于政策规划设计的整个过程。政策的科学性是与信息的全面性、真实性成正比的，信息越全面、准确，物流政策系统设计就越有科学性。

(2)系统协调原则。在物流政策系统规划设计时，要从系统论的观点出发，进行综合分析。要将整体利益与局部利益、目前利益与长远利益、内部条件与外部条件、主要目标与次要目标相结合，要注意各项政策之间的相互联系、相互影响、相互制约关系，从而使各项政策成为一个有机整体，相互支持，协调配套。

(3)科学预测原则。所谓科学预测，就是在正确的理论指导下，按照科学的原则、程序和方法对未来情况进行估计的活动。物流政策规划设计中只有运用科学预测，对于未来条件变化、方案执行结果及其影响等方面进行预测分析，才有可能制定出正确的政策，避免政策失误。

(4)现实可行原则。物流政策总是要付诸实施的，要实施就得具备实施的条件，即具有可行性。物流政策问题的决策，包含了诸多复杂的因素，只有通过综合的、全面的可行性分析，才能得出方案是否可行的结论。

(5)民主参与原则。物流政策系统规划设计中的民主原则，首先就体现在政策是否能够真正反映物流供需等各方参与者的要求和愿望，是否能使他们最终获益；其次，要求物流政策能保障物流活动的各方参与者享有同等的权利和利益分配；再次，要求重视发挥专家智囊团的作用。

(6)稳定可调原则。物流政策既要保持连续性和稳定性，考虑与原有政策的衔接或过渡，避免朝令夕改，大起大落，又必须随环境的变化而做出相应的调整与变动，在政策设计时要从长远出发，给政策留有余地，并准备好应变措施。

14.3.2　问题诊断[22]

问题诊断就是从现行的社会物流系统中发现问题、分析问题的过程，由问题获取、问题筛选、问题界定、问题分析和问题总结等五个阶段构成，逻辑流程见图 14-1。

14.3.2.1　问题获取

问题获取的主要任务是从现行的社会物流系统中找出存在的问题和不足，为问题的筛选、界定和分析提供基础，是物流系统政策设计的起点。问题获取的主要方法有观察法和调查法。

观察法对观察者个人的综合素质要求较高，要求其既对社会物流系统的运行机理非常清楚，也要对社会经济政治系统的运行机理非常清楚，同时对问题要有非常敏锐的洞察力，不适宜大规模推广。调查法有问卷调查、走访调查和网上资料搜集三种方式，问卷调查适用于具有相同或相似特征的一类被调查群体，如物流企业、生产企业和商贸企业等企业。走访调查的适用对象比较广泛，原则上对所有单位和个人都可以进行走访调查，但受可行性和有效性的限制，一般仅对唯一的、典型的以及其他个别比较重要的单位和个人进行走访调查，如政府物流管理部门、代表性物流企业、物流行业协会以及相关部门或企业的主要负责人等。网上资料搜集得益于网络普及，越来越多的政府、企业和科研机构采用网络方式公开发布相关资料，通过网上资料搜集，可以更全面的了解社会物流系统的相关资料，使得问卷调查和走访调查更有针对性，避免重复工作。通过对问卷调查、走访调查和网上资料搜集得来的信息进行加工整理，就形成了完整的问题集。

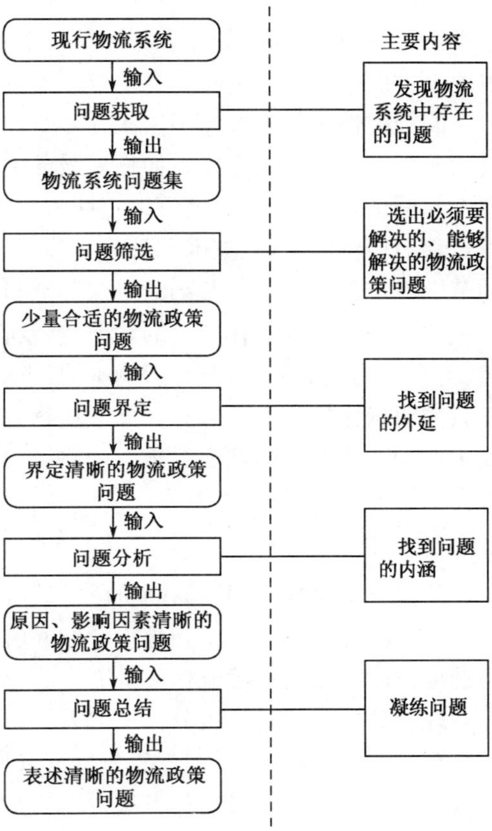

图 14-1　物流政策系统规划设计诊断流程图

14.3.2.2　问题筛选

问题集将问题获取阶段所获得的问题统统包含了进去，但是这些问题能不能解决，需不需要解决，仍需要进一步判断，问题筛选的主要任务就是按照一定的原则选取必须并且能够解决的物流政策问题。

问题筛选遵循的原则：一是可能性原则，即问题有没有可能被解决，剔除那些不可能解决或解决的可能性很小的问题。二是需求性原则，即问题是否需要被解决，一般作为问题提出来总有被解决的需要，因此这项原则在问题获取阶段就已经隐含在里面了。三是重要性原则，即问题是否重要，只有重要的问题才能够入选，以便在有限的资源条件下首先解决比较重要的问题。四是紧迫性原则，即问题是否紧迫，只有比较紧迫的问题才能够入选，以便在有限的时间内优先解决比较紧迫的问题。按照上述原则，首先结合政治经济体制、资源需求情况选出那些可能被解决的问题，然后将这些问题按照重要性排序，选出比较重要的一些问题，最后重要问题按照紧迫性排序，选出比较紧迫的几个问题作为将要分析和解决的问题。

14.3.2.3 问题界定

问题界定的主要任务是对即将进行分析和解决的问题进行总体框定，是对问题进行总体定性的过程，对于问题的深入分析具有指导意义。问题界定包括问题的性质和问题的影响范围两个方面。

问题的性质是多方面多层次的，通过对问题性质的界定，可以全面把握问题的本质，为问题的分析和解决提供方向。如物流服务水平低的问题，站在企业的角度可以定性为企业运营管理问题，站在城市的角度可以定性为城市经营问题，而从政治经济社会文化划分的角度又可以定性为经济问题，从技术和管理划分的角度可以定性为既是技术问题又是管理问题。问题的范围界定包括问题涉及到的单位和部门、影响的领域、影响的区域三个方面。一般来说物流问题的影响范围是比较广泛的，既会涉及物流企业，也会涉及物流管理部门；既会影响经济领域，也会影响社会领域；既会影响本地，也会影响外地。因此没必要将所有影响范围统统罗列，而只需明确比较重要的部分。如上述物流服务水平低的问题，其影响范围可以表述为“问题主要影响到物流企业的核心竞争力，影响到行业的发展水平，影响到城市的物流环境，影响到城市在区域的竞争优势”等方面。

14.3.2.4 问题分析

问题分析是整个问题诊断阶段的核心内容，主要任务是将物流问题结构化、细分化和清晰化，找出问题的症结所在，并分析导致问题的原因，为方案设计阶段能够“对症下药”提供基础。问题分析的方法是环境分析—供需矛盾分析—因果分析法。

环境分析—供需矛盾分析—因果分析法是一种组合分析方法，环境分析提供了物流问题所处环境方面的约束，供需矛盾分析可以找到问题的症结，而因果分析则可以找到导致问题的原因。环境分析主要采用分类法，首先列举物流问题所处的环境包括哪些主要方面，然后看这些主要方面能否继续细分，能细分的将其继续细分，最后逐条考虑环境方面存在的问题及对总问题的影响。供需矛盾分析主要采用分类分析法、层次分析法，分类分析法用于将问题进行分析直到能够产生简单结论为止，层次分析法用于将不同层次不同子问题的结论进行归纳总结以便得到一个整体结论。因果分析法主要采用因果树法，将问题逐级分解，一一推导并逐级列出原因，直至不能继续分解或无需继续分解，将前后因果用线连接构成若干条因果链，最后将因果链进行规整，形成“纺锤状因果树”。

14.3.2.5 问题总结

问题总结的主要任务是将问题界定和问题分析阶段形成的结论进行归纳总结，形成一个要素完备、重点突出、因果分明、条理清晰的完整的问题表述。

一个完整的问题表述应该具备的要素有立场和视角（一般默认，并不明确写入表述中）、背景、问题涉及客体、主要矛盾点、主要原因和主要影响等六大要素。可概括为：“站在谁的立场上（或采取何种视角）来看，在什么样的背景下，由于哪些主要原因导致问题涉及的客体存在哪些主要矛盾，并将产生或已经产生什么影响”。

14.3.3　目标确定

目标确定阶段的主要任务是根据物流政策问题的分析确定合适的物流政策目标，指导物流政策系统设计。目标确定阶段的逻辑流程是以物流问题诊断结果作为输入，在价值分析和考虑上层目标的基础上，提出总目标和分目标，然后对各分目标进行冲突分析，最后对总目标进行评价，冲突分析和目标评价的结果作为修改目标的参考，见图 14-2。

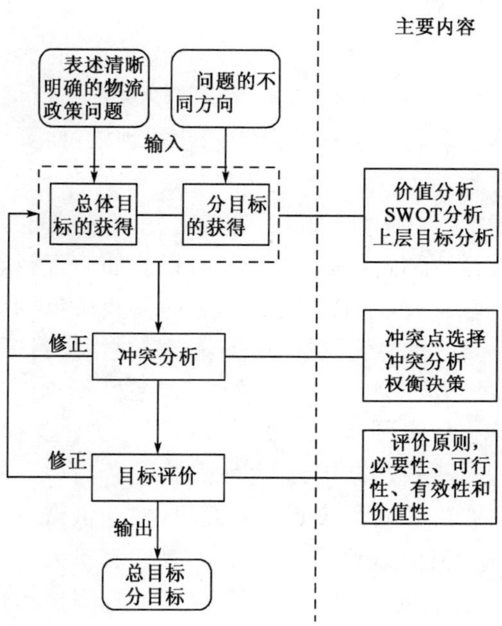

图 14-2　物流政策系统规划设计目标确定流程图

14.3.3.1　目标获得

(1)总目标的获得。目标和问题是一对相互依存的概念，问题是现实和理想之间的距离，这里的理想或者期望就是目标，目标的实现以问题的解决为表现形态。目标总是基于问题而提出，符合人们的价值观和价值标准，因此获得目标必须进行价值分析。同时，问题又总是在一定的现实条件中产生的，因此获得目标还必须进行 SWOT 分析。此外，目标还要受到上层系统的目标的制约和影响，因此获得目标还需进行上层目标分析。

在问题诊断阶段已经形成了外延和内涵都很清晰的问题表述，问题清晰之后，实际上最终目标已初步清晰。目标获得阶段的主要任务就是通过对问题进行价值分析、SWOT 分析和上层目标分析，获得几个备选目标。备选目标的个数取决于问题的性质，对于描述性问题(如要发展成为什么样的物流系统问题)，可以将问题诊断阶段形成的问题在某些方面的特征进行总结，形成一个表述准确的政策目标，然后再经过一些冲突分析和评价分析对所列目标进行修正；对于选择性问题(如城市物流发展的战略定位问题)，可以先列出几个可能性比较大的目标，然后通过层次分析法分析实现条件对这些目标的支撑承担，将支撑最大的目标作为拟定目标。

(2)分目标的获得。总目标获得后，结合问题诊断阶段对问题不同方面的分析，将获得的总目标按照某一角度进行拆分，即可获得分目标。拆分时注意逻辑的严密性和分目标与总目标之间的一致性即可。

14.3.3.2　冲突分析

冲突分析的主要任务是检验目标与同层其他目标之间、目标内部分目标之间、总目标与分目标之间的一致性、相容性和协调性，并提出冲突矛盾的解决方法。

进行冲突分析首先要进行冲突点识别。冲突点识别可以由内而外，也可以由外而内，按照一定顺序搜寻。目标内部的冲突分析主要是检验各分目标之间的一致性，可以考虑目标的出发点、影响群体、效果等相互之间的关系，其中效果是最好的参考指标，效果相互支撑则一致性好，效果相互抵消的一致性差，即存在矛盾冲突。目标与分目标之间因为有目标拆分时的逻辑保证，一般不会存在较大的冲突。目标与同层其他目标之间的冲突分析因为其他目标的难获得性和模糊性而显得比较困难，可以选择与所分析的目标关联性比较大或者比较主要的目标进行分析，同样可以考虑目标的出发点、影响群体和效果以及对共同的上层目标的支撑程度来找到冲突点。接下来要对找到的冲突点进行分析，找到冲突的根源、冲突的严重程度以及解决的办法。最后根据分析结果选择合适的标准如效率标准、公平标准、利益最大化标准等对具有冲突的目标进行统一、协调和取舍，根据决策结果对目标进行修改。

14.3.3.3　目标评价

目标评价的主要任务是考察所选择的目标是否必要、是否可行、是否有效以及是否值得，需要说明的是此处对于目标的评价主要还是一直基于客观事实基础上的判断和预测，而真正的评价需要等政策方案实施后靠实践的检验来评价。

目标评价的关键在于评价标准或评价原则的确定。目标评价的主要原则：一是必要性原则，即考察目标是否必要。首先目标要有超前性，已经达到的状态不能成为目标，如培育两家5A级物流企业在已经存在两家以上的物流企业的现实情况下就不能成为目标。其次目标要求需求性，没有需求的目标不能成为目标，最后目标要有重要性，目标的实现要对更高层目标、对社会经济发展有意义。二是可行性原则，即考察目标是否可行。考察的方面包括：不能违背现象政治制度；具有重要的经济效益和社会效益；具有现实可行的技术手段对目标提供支持；行政机构拥有实现目标的行政手段和行政资源。三是有效性原则，即考察目标是否有效。所谓有效是指目标的实现有利于解决或者缓解目前存在的矛盾。按照一般逻辑，根据供需矛盾分析得到的问题而确定的目标一定是有效的。四是价值性原则，即考察目标是否有价值。一般而言，具有必要性和有效性的目标必然是有价值的，但是针对一些价值并不十分明显的目标，尚需要采取额外的办法判断其经济效益和社会效益。

14.3.4　方案设计

方案设计是物流政策系统规划设计的中心环节，主要任务是在前两个阶段工作的基础上找到解决问题、实现目标的具体方法、手段、措施和步骤。物流政策系统方案设计的逻辑流程是：在政策目标的指引下，选择一个合适的视角进行政策方案设计，从立足点、手段选择、着力点和阶段划分等四个方面构造一条合理可行的设计路径，将路径的核心部分——手段选择、着力点和阶段划分进行组合形成一个方案框架，对方案框架进行细分，根据每一个着力点或阶段的不同影响因素提出相应的政策措施，最后将政策措施打包总结形成层次分明的政策方案，见图14-3。

14.3.4.1　视角选择

视角即看问题的角度，角度不同，看到的问题就不同，获得的问题解决方案也不同。视角的划分多种多样，如从社会领域角度有经济视角、政治视角、社会视角、文化视角等，从社会发展的基本推动要素角度有生产力视角和生产关系视角，从利益主体的角度有政府视角、企业视角和第三方视角等。如果物流政策要解决的问题比较单一，那么分别从不同的视角对其考察即可，如果问题比较复杂，尚需对问题进行细分，使问题呈现出层次性，那么若不对视角进行统一，分析就会出现混乱。社会物流系统中的不同问题，视角选择不尽相同，一般而言，全国物流业发展中的政策问题，适宜以政府视角为主；物流企业发展中的政策问题，适宜以企业视角为主。当然，任何层次的问题，如果用其他视角，尤其是第三方视角进行辅助分析，将会使政策设计更加全面合理。

14.3.4.2　途径构想

途径指解决物流问题的总路线，由立足点、手段选择、着力点、阶段划分和目标实现五部分构成，它是物流政策方案形成过程的总概括。立足点指解决物流问题的根本出发点，解决方案、政策措施都是站在统一的立足点上提出的，是物流政策方案设计的第一原则性要素。手段选择指根据物流问题的性质从政策手段体系中选择适合的手段来解决问题，这里的手段具有大类指导性质，指导物流政策方案设计时更加具体的政策手段的使用，是方案设计的工具性要素。着力点要重点解决的问题或者解决问题的重点方法，着力点都是问题的关键点，是物流政策方案设计的结点性要素。阶段划分的目的是考虑从那几个阶段来解决问题，是物流政策方案设计的时间性要素。目标实现是途径的终点，是物流政策方案设计的意义所在，在整个设计过程中发挥指导性作用。

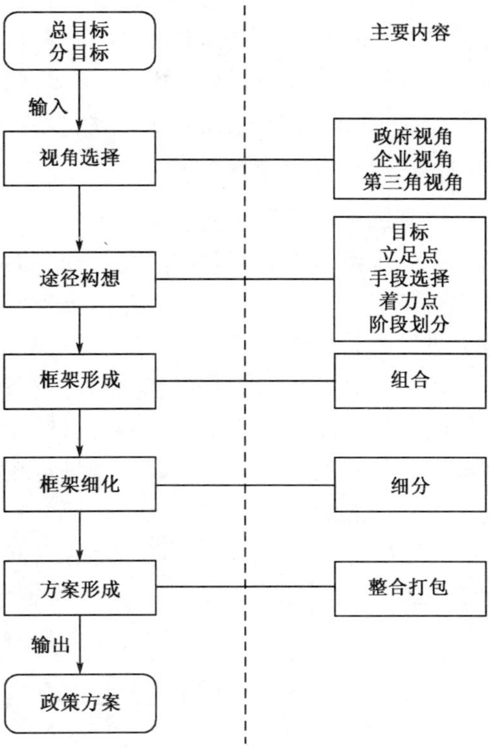

图 14-3　物流政策系统规划设计方案流程图

14.3.4.3　框架形成

将方案设计途径的核心内容手段选择、着力点和阶段划分进行组合，以着力点和阶段分别为矩阵表的行和列，以对应的手段选择作为矩阵元素，从而形成一个矩阵。该矩阵的含义是在什么时间用什么手段来解决什么问题，从而形成物流政策方案框架，如表 14-1 所示。

物流政策方案框架表构成　　表 14-1

	阶段 1	阶段 2	……	阶段 n
着力点 1	手段 11	手段 12	……	手段 1n
着力点 2	手段 21	手段 22	……	手段 2n
……	……	……	……	……
着力点 n	手段 n1	手段 n2	……	手段 nn

14.3.4.4　框架细化

方案框架里面的政策手段还属于大类的，尚缺乏针对性和可操作性，因此需要对政策手段进行细分，直到具体的政策措施，细分的依据是对着力点及阶段划分的重要影响因素分析。

为了能够得到对应于着力点的比较全面的政策措施，要首先对着力点展开分析，了解着力点的构成、关键影响因素，在这些构成和影响因素的提示下，灵活运用比较成熟的政策方案设计方法，得到对应于关键影响因素的政策措施。对于不同阶段，考察每一阶段所面向的主要目标群体、需要解决的主要问题以及关键点，形成以阶段目标为核心的项目安排，项目的核心内容即为根据着力点分析而得出的具体政策措施。常用的政策措施设计方法有右脑风暴法、文献评论法、快速调查法、比较法、系统综合分析法、情景分析法和偶然联想链法等。

14.3.4.5 方案形成

框架细化阶段形成的政策措施和项目实际上已经构成了物流政策设计方案的雏形，但是由于第一政策措施之间并不是相互独立的，往往具有很强的相关性；第二由于政策措施的多效果性，针对某一着力点提出的措施，极有可能对其他着力点也具有很强的作用。因此，还需对方案进行整合处理。

整合处理的步骤：一是建立关联。在政策措施和着力点之间进行作用分析，将具有现实或者潜在支撑作用的政策措施和着力点建立关联；将政策措施按照政策手段进行归类，这样政策措施和政策手段也产生了关联。二是对政策措施进行关联分析。政策措施之间的关联方式有前提关系、辅助关系、替代关系、互斥关系、反向关系等，不同关联采用不同处理方式，见表14-2。三是对经过关联分析的政策措施打包。将经过关联分析的政策措施打包，是零散政策措施系统化、工具化。

物流政策措施之间的关联及处理方式列表　　表14-2

关　系	描　述	处理方式
前提关系	A是B的前提	A可独立使用，B需与A捆绑使用
辅助关系	A辅助B	A一般不单独使用，可与B一起使用
替代关系	A与B等效	可选择其一使用
互斥关系	A、B不能同时存在	只能选择其一使用
反向关系	A、B能相互(部分)抵消效果	平衡后选择其一使用

14.3.5 方案评估

物流政策方案评估属于前评估的概念，指在物流政策决策、执行之前进行的一种带有预测性质的评估，评估的目的在于检查政策是否可行，是否能够实现政策目标，能够多大程度上实现政策目标，为政策方案优化提供支持，为政策决策提供依据。物流政策方案评估的主要内容一是对政策可行性的评估，包括经济可行性、政治可行性、技术可行性、行政可行性、时间可行性和地域可行性等；二是对政策效果进行评估，即通过对政策内容和外在环境的综合分析，对政策实施可能产生的效果进行预测。政策评估的关键是确定评估标准和评估方法，其逻辑流程见图14-4。

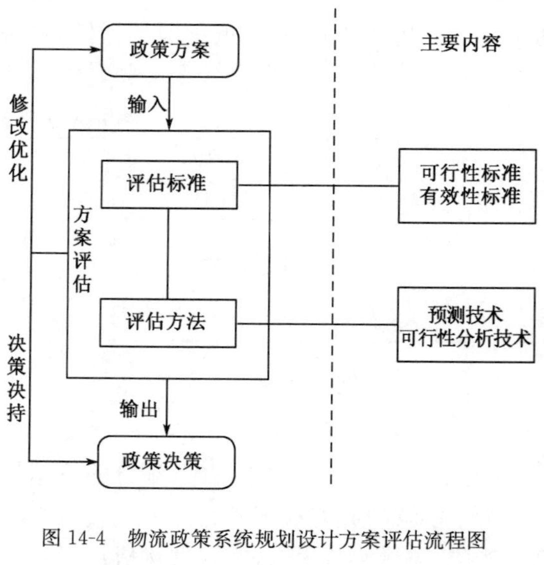

图14-4 物流政策系统规划设计方案评估流程图

14.3.5.1　评估标准

评估标准主要有可行性标准和有效性标准。

(1)可行性标准。可行性是物流政策方案存在的前提,一个缺乏可行性的政策方案无论设计的多么完美都没有意义。可行性标准一般可分解为技术可行性、经济可行性、政治可行性、行政可行性,另外还可以进一步考虑时空可行性,增加时间可行性和地域可行性。

(2)有效性标准。所谓有效是指方案的实施能够在一定程度上解决物流系统存在的问题,能够实现政策目标。有效性标准是从效果方面考察物流政策方案是否有效及效果大小,它表征着方案的优劣,有效性越大,方案越好。

14.3.5.2　评估方法

对应于两大评估内容,相应有两种评估方法:一是预测技术,二是可行性分析技术。

(1)预测技术。预测技术是"鉴往知未",就是以实物发展的历史为依据,总结客观规律,从而对事物的未来状况做出判断或预言。预测的目的是提供有关未来的信息。物流政策设计中的预测可以界定为一种方法,它依据政策设计各阶段所掌握的关于政策问题、政策目标和政策方案的信息或知识,对政策方案的未来前景做出估计、推测或判断。常用的预测方法有趋势外推法、因果分析法和直观判断法。

(2)可行性分析技术。可行性分析是指考察物流政策方案是否能够被执行、是否值得被执行,主要包括技术可行性、经济可行性、政治可行性、行政可行性、时间可行性和地域可行性。技术可行性主要考察是否具备物流政策方案实施的技术手段以及在现有技术水平下政策的实施达成目标的可能性有多大。经济可行性主要考察物流政策方案的实施占有和使用资源的可能性以及物流政策方案的实施话费的成本和产生的效益是否合理。政治可行性主要考察物流政策的实施是否满足政治约束。行政可行性主要考察物流政策方案能够被贯彻执行的可能性,一般需要权威、制度约定、能力和行政组织的支持。时间可行性主要考察物流政策方案能否在规定的时间内实施并取得预期效果。地域可行性主要考察物流政策方案能否在指定的地域实施并取得预期效果。

14.4　物流政策系统规划的实践

我国物流政策方面的实践较为丰富,重点涉及三个不同层次的物流政策系统设计,一是我国物流业发展的政策系统设计,二是城市物流业发展的政策系统设计,三是物流企业培育的政策系统设计。

14.4.1　物流产业发展政策系统框架设计[25-26]

14.4.1.1　政策目标和政策构成

我国物流产业发展政策系统设计的基本目标是:争取在较短时间内建立起一套目标明确具体,符合市场经济与全球经济一体化发展趋势,既有法律类政策,也有行政类政策,既有限制类政策,也有促进类政策,既有效率类政策,也有社会与环境类政策,既有全国性政策,也有地方性政策的政策系统。

我国物流业发展政策系统由物流管理体制改革类政策、行政类政策、法律法规类政策、和经济类政策等四部分构成，四部分之间相互渗透、相辅相成，构成一个完整的物流业政策系统。

14.4.1.2　物流管理体制改革类政策

针对目前我国各级政府物流业管理体制中依然存在的各部门基本自成体系、各自为政，部门间协调不够的问题，应制定推动我国物流管理体制改革类的政策，使物流管理体制与物流业的发展相适应。

(1)严格界定政府在物流管理中的职能范围。物流市场存在着垄断、信息不对称、不完全竞争、供求失衡等市场失灵问题，需要政府对物流市场进行规制和调控，以提高物流市场的资源配置效率，促进市场稳健发展。政府在物流管理中的职能范围主要有：制定全国以及区域物流总体规划和中长期以及年度计划；制定和实施促进物流业发展的政策和措施；为物流业发展提供公共基础设施，如交通设施、公共信息服务平台等；培育物流市场，规范市场主体行为；协调解决物流业发展中的有关问题等。

(2)建立有中国特色的科学物流管理体制。我国物流业的管理体制应在借鉴国外经验基础上，根据我国国情进行科学设置。考虑到目前我国物流业管理中缺乏统筹协调的问题依然存在，必须自上而下建立一套物流协调机构体系。具体而言，与国务院的全国现代物流工作部际联席会议制度相对应，地方各级政府均应逐步建立相应的联席会议制度并设立职能部门，承担全国和各级地方政府的物流业发展的规划、指导、组织、协调、推动，为物流业发展建立开放、有序、公平的市场竞争环境，从根本上改变多头领导、各自为战、缺乏整体协调的条块分割局面。

(3)充分发挥物流协会、物流学会等社会组织的作用。国家应当充分发挥现有各物流行业协会的作用，促进各行业物流管理水平的提高，促进专业化、社会化物流服务的发展，使之成为行业企业和政府之间的重要桥梁和纽带。同时，作为学术组织的物流学会应该注意学习欧、美、日等发达国家在物流管理发展过程中积累的先进经验，追踪先进国家物流管理理念和物流技术的最新动态，并结合我国的国情不断推出具有关键指导意义的研究成果，引导我国物流业的发展。

14.4.1.3　行政类物流政策

行政类物流政策主要从市场准入、行业监管、标准推广等方面制定政策，以便营造良好的物流业发展环境。

(1)规范物流市场准入条件，改善行业环境。针对我国目前物流企业的规模能力和服务水平普遍较低的现状，应从推动物流企业做大做强和提高物流企业服务水平与质量的角度出发，在考察物流企业经营资质的基础上，简化企业的审批程序；同时针对物流企业诚信度低、自律性差、物流服务不规范等问题，应制定统一的行业服务准则、出台行业诚信体系建设方案等。

(2)建立行业调查制度，加强行业监管。国家有关部门应发挥指导和协助作用，让各行业协会牵头组织、动员和联合国内外的市场调查资源对全国总体和分行业物流市场进行调查，调查应包括物流费用水平、物流市场规模、运输资源、仓储资源、物流服务质量、物流需求变化、政策环境评估、行业标杆水平等。同时要统一调查数据的处理方法，把握市场发展的趋势，通过发布物流市场调查报告、专项研究结果、趋势预测等方法，逐步建立起相应的物流市场监测监管体系。

(3)抓好标准化系建设，提升标准化水平。针对当前物流标准化中存在的问题和国际物流标准化的发展方向，应该加快标准化的发展方向，应该加快标准化的建设步伐。在做好物流用语、计量标准、技术标准、数据传输标准、物流作业和服务标准等方面基础工作的同时，要加强标准化的组织协调作用。在对各种与物流活动相关的国家标准、行业标准进行深入研究的基础上，全面整理现行标准。对已经落后于物流发展需要的标准应予淘汰；对尚未制定的标准，要抓紧制定，以使各种相关的技术标准协调一致，与国际标准接轨。

14.4.1.4　法律法规类物流政策

由于我国物流业法律体系仍很不完善，必须研究制定促进和保护我国物流业顺利发展的法律体系，从而规范物流市场环境、保障物流健康发展。

(1)整合现有物流法律法规。在物流立法方面，我国目前尚缺少基本的立法，主要法律规范表现为层级较低的行政法规和规章，以及地方法规，且不少规定已经不适应物流业发展的新形势。因此，应抓紧开展对这些规范的清理工作。对于老、旧的且确实已不适应物流业发展实际的法律规范应及时废止；对于相互重复或彼此冲突的法律规范应及时进行整合；对于层级本来相对较高的法律规范，应及时进行修改、补充和完善，使其能够对行政法规和规章的出台起到规范和引领作用。

(2)制定新的法律规范。现代物流法律体系应是本土化和国际化的内在融合。在制定新的物流法律规范时，一方面要与国际惯例、国际规范及国际标准相衔接，借鉴国际先进的物流法制经验；另一方面要从中国现代物流业发展的独特性出发，切实反映我国现代物流业的发展规律，进而保障我国经济利益，同时，努力把它推广为世界各国能够接受的法律准则。

(3)构建物流法律法规体系框架。从我国物流业发展的客观实际来看，我国物流法律体系框架的建构应从四个方面展开:第一，物流主体法。即确立物流主体资格、明确物流主体权利义务和物流业进入与退出规制的法律规范。第二，物流行为法。即调整物流主体从事物流活动的行为的法律规范，它是各种物流交易行为惯例法律化的产物。第三，物流宏观调控法。即调整国家与物流主体之间以及物流主体之间市场关系的法律规范。第四，物流标准法。即确定物流行业相关技术性标准的法律规范。

14.4.1.5　经济类物流政策

(1)鼓励多元主体共同兴办物流业的政策。兴建物流设施和发展物流业，完全依靠国家财政拨款或全部靠企业自己集资都是不太现实的。比较可行的办法是中央与地方、国家和企业(包括私营企业)联合投资，共同兴办物流业。与此对应，国家应当实施鼓励各个行为主体共同投资兴办物流业的经济政策。比如某些重大物流建设项目(即大型物流设施建设)的投资可采取“集资入股”的形式由中央和地方、国家和企业共同来承担；某些小型物流设施建设和部分物流设施的技术改造项目投资，可以按照“谁投资谁收益”的原则由企业或企业集团独立承担，或以合作的方式共同承担。

(2)鼓励生产、商贸企业开展物流外包的政策。由于受传统体制的影响，我国的生产企业和商贸企业普遍存在自建物流设施、自购物流设备、自组物流机构，形成“大而全”、“小而全”的局面。这种非专业化、非社会化的物流体系的存在，不但不利于合理利用各种物流资源，而且在很大程度上干扰或阻碍着我国物流业的健康发展。针对这种情况，从优化资源配置和扶持第三方物流发展的角度出发，国家应当制定和实施相应的经济政策鼓励物流外包，使制造与物流、商贸与物流联动发展。

(3)降低物流企业税收负担的政策。税收政策对物流业的支持应集中在建立公平竞争的市场环境，有重点地为物流服务产业发展创造良好的基础物质条件。具体的税收政策包括：针对传统物流行业利润薄弱的状况，适当调整营业税税率；针对提供全程、综合服务的第三方物流企业，实行统一的营业税税率，避免重复纳税；降低运输发票的抵扣率，扩大增值税抵扣范围，解决运输发票抵扣增值税问题；运用税收优惠政策，推动物流企业技术进步和加大固定资产投资等。

(4)支持物流基础设施建设的政策。发展现代物流所必须的基础设施和公共信息平台，对整个国民经济具有很强的带动作用，应该积极支持。政府应该通过适当方式参与前期投资，应该大力支持现代物流企业采取多种途径筹集资金，鼓励、引导多元化市场主体投资物流基础设施，以增加发展现代物流的资金来源。政府管理部门应为物流资源的整合创造条件，对于物流基础设施整合与综合利用的建设项目，应该给予较为优惠的土地、贷款、税收等相关扶植政策。

(5)支持先进物流技术创新的政策。先进物流技术是物流业发展的动力，国家应出台支持先进物流技术创新和应用的政策。具体包括：大力推广物流管理标准化，提升物流技术装备水平；加强物流标准化理论研究，促进物流标准与国际接轨；鼓励大力推广各种先进适用物流技术；要鼓励企业采用物流机械化和自动化装备，提升我国物流装备技术水平；要加大对物流标准化和装备技术现代化的研发投入，走产、学、研一体化的技术创新之路。

14.4.2 城市物流业发展政策系统框架设计

14.4.2.1 政策目标和政策构成

城市物流业发展政策系统设计的目标是：为实现城市物流业发展战略提供政策支持和保障。政策构成包括完善城市物流业管理体制的政策、保障城市物流发展战略实施的政策、落实城市物流业重点工程的政策等三个方面。

14.4.2.2 完善城市物流业管理体制的政策

(1)成立城市物流业管理部门。成立由市政府主要领导牵头、全市各相关管理部门共同组成的现代物流业发展工作领导小组(以下简称领导小组)，作为全市物流发展组织与管理机构，研究协调全市现代物流业发展的有关重大问题和政策。同时，设立常设专职机构负责研究全市现代物流业发展重大事项，协调解决现代物流业发展中的重大问题，并负责处理和开展日常工作。

(2)构建城市物流业管理体系。全市下属各区市配备相应管理部门，负责辖区内各项工作的具体开展。市区政府有关部门之间建立相应的协调机制，加强对地区现代物流业发展有关问题的研究和协调，在物流基础设施建设领域按照项目分布设立管理委员会，负责土地征用、规划建设、招商引资、物业管理等工作。

(3)发挥行业协会作用。加强城市物流行业协会建设，充分发挥物流协会等社会组织和研究咨询机构的作用，促进其更好地承担起规范市场和行业自律的职能，协助做好物流行业战略和专业课题的研究，配合制定、推广物流行业标准，加强物流技术交流和物流咨询服务等方面的工作，积极开展物流企业认证、项目评估、行业交流、招商引资等活动，建立符合国际规则的创新型物流服务组织。

14.4.2.3　保障城市物流发展战略顺利实施的政策

为保障城市物流发展战略顺利实施，必须适时出台相关管理政策并进行统筹管理，为城市物流业发展和规划实施创造政策环境，以完整的政策框架作为保证规划实施的机制条件。

(1)物流企业扶持政策。对年缴纳地方税收额超过一定规模的物流企业，财政部门对企业信息化、标准化建设贷款给予适当贴息补助。对开展多式联运的企业给与鼓励性政策支持，从税收、贷款等资金角度和审批、准入等行业角度，推进企业的集约化和专业化发展。

(2)物流业务外包鼓励政策。鼓励工商企业物流业务剥离经营，城市大中型工商企业物流业务剥离经营后新增的地方税收，由同级财政主管部门给予一定比例的补助。

(3)物流企业提升激励政策。引导物流企业的专业化发展，促进企业从经营理念、服务质量、信息技术等方面上等级、上水平，不断提升企业综合竞争力，对通过国家A级评估的物流企业和创建的省级以上服务名牌和著名商标，从市服务业引导资金给予奖励。

(4)物流企业兼并重组政策。通过参股、控股、兼并、联合、合资、合作等多种形式进行资产重组的物流企业，要对其在组建新物流企业过程中发生的资产置换以及土地、房产、车辆过户等各项行政性收费予以优惠或免交。

(5)物流项目用地政策。对于纳入发展规划(包括更高层级规划)的物流用地应予重点保障，列入城市土地利用总体规划并优先安排。进入规划认定的各类物流园区开展经营的物流企业，利用自有划拨土地建设物资交易、物流储备、中转、配送、分销作业、运输装卸场所及相应附属设施，可采取协议方式出让办理出让手续，土地出让金收取给予适度优惠。

(6)城市交通管理政策。制定城市配送车辆相关标准，调整完善城区货运车辆交通管制办法，对为专业市场、商场、超市等市内商业网点服务的城市配送车辆，在城市道路行驶与车辆停靠方面提供便利条件。鼓励开展甩挂运输，制订甩挂车辆注册、运行、安全管理等政策。对于在珠海市登记注册的集装箱专用车辆、大件运输车辆、海关监管车、冷藏运输车等专业化货车，在市管收费公路按三类车标准缴纳过路过桥费。

(7)资金支持政策。建立扶持现代物流业发展专项资金，用于对具有示范带动作用的物流重点建设项目、物流信息化和标准化建设、物流骨干企业等予以资金补助、贷款贴息或奖励。设立物流项目建设配套资金，作为对国家、省等上级政府扶持项目的地方配套资金，支持重点物流项目建设。设立物流企业吸引资金，用于对本市新注册的4A级以上的物流企业的奖励。

(8)人才培养和引进政策。充分利用城市高教资源，以本市高校主，加强物流的学历教育，鼓励本市高等院校按照市场需求开办和设置现代物流专业及课程。鼓励和引导企业、行业组织及民办教育机构参与现代物流人才的培训和教育工作，加强与国家、省市物流教育机构的业务联系，加强与物流发达国家和国内物流发达地区的物流专业培训交流和调研实习的组织工作。制定城市物流人才引进办法，对引进且聘用的优秀人才在薪金待遇、个税缴纳、社会保障、购房安家、子女教育等方面给予一定的优惠。

14.4.2.4 落实城市物流业重点工程的政策

(1)综合运输服务提升工程政策。按照国家和省市交通管理部门的统一规划,加速城市综合交通基础设施建设,制订详细的建设推进方案和建设时序。同时,调整完善道路货运车辆运行管理办法,依托各类综合运输场站和专业物流设施建设和与有效组织,形成综合运输与物流服务的完整体系,增强城市综合交通体系的整体服务能力。

(2)产业联动物流服务发展工程政策。以城市政府主管部门为主导,以物流行业协会为平台,以规划为依据,加速全社会公共物流资源的整合进程,建立物流企业与制造业及商贸业企业之间的沟通与衔接渠道,加强物流服务供需关系的清晰化和市场化,通过有效提升物流企业服务能力和服务模式,以具备清晰目的性的专项服务能力和针对性的专业服务模式,在物流服务供需相关企业之间里建立起以物流管理和物流运作为纽带的战略合作伙伴关系,从而推进城市产业联动的物流服务发展。

(3)产业集群发展壮大工程政策。城市政府主管部门以出台指导意见和实施细则的形式,积极引导优势物流企业通过兼并重组等方式整合分散的物流资源,鼓励中小物流企业加强设施共用和运行合作,优化全市物流资源的整体配置态势。调整完善物流企业申请高新技术企业的认定标准,具备条件的企业可以享受高新技术企业的相关优惠政策,为吸引和引进高水平物流企业进入本市开展业务创造条件。

(4)外部增量物流扩张发展工程政策。按照国家相关法律与政策框架的要求,以物流交易平台和物流总部基地建设为切入点,通过引导城市各类银行业与金融机构加大对物流企业的信贷支持力度,加快推动适合物流企业特点的金融产品和服务方式创新,为先进物流企业的引入和本地物流企业的发展创建良好的运作环境条件,形成对本市和周边区域产业发展所形成物流服务需求的有效积聚与供给保证,为扩张发展外部增量物流创造渠道与模式的支持。

(5)智慧物流城市建设工程政策。以城市公共物流信息平台和物流企业专用信息平台建设为导引,加强物流新技术、新装备特别是信息化设施设备的引进和配置,鼓励物流企业应用信息技术提升服务能力和拓展服务范围。结合物流金融、口岸物流、保税物流等新型服务模式及服务领域的建立与拓展,积极推进物流电子交易结算平台、电子口岸、港口信息服务系统与陆上交通综合信息系统的建设,鼓励各类物流服务企业、工商企业和管理部门(包括行业协会)之间实现有效控制下的信息互通与系统运行,提高物流服务效率和经营管理水平。

14.4.3 物流企业培育政策系统框架设计[22]

14.4.3.1 政策目标和政策构成

物流企业培育政策系统的目标是:政府通过制定物流企业培育政策,形成一批机构合理、功能完备、运转协调、高效低耗、竞争有序的高水平现代化物流企业,满足社会对物流企业多层次、全方位的物流需求。物流企业培育政策系统由供给方面的政策、需求方面的政策和物流环境方面的政策等三个方面的政策构成。

14.4.3.2 供给方面的政策

(1)提升企业现代物流理念。提升企业现代物流理念的政策措施包括:一是实施企业领导层的培训学习计划;二是实施企业一般管理层的培训学习计划;三是鼓励企业开展文化建设;

四是建设企业信誉档案等。

(2)提高企业物流技术水平。提高企业物流技术水平的政策措施包括：一是鼓励物流企业积极采用先进物流技术；二是鼓励物流企业及科研机构进行自主知识产权的技术开发；三是要求物流企业在一定时间内技术要有所进步；四是实施物流技术人才培训计划；五是鼓励企业建设物流研发中心、物流实验室、物流研究所等。

(3)提高企业设施设备水平。提高企业设施设备水平的政策措施包括：一是鼓励企业进行设备更新，享受加速折旧优惠政策；二是建设社会闲置设施设备资源调度系统，实现设施设备的有效利用；三是鼓励不同企业开展共同配送，对实现一定份额共同配送的企业给以奖励等。

(4)提高企业信息化水平。提高企业信息化水平的政策措施包括：一是支持物流企业建立自己的物流信息系统，政府提供宏观信息的支持并对进口软硬件提供关税优惠；二是支持国内企业开发具有自主知识产权的物流信息系统，政府给以财政补贴；三是政府待公共物流信息需求培育壮大后，择机组织建设公共物流信息服务平台等。

(5)提高企业管理水平。提高企业管理水平的政策包括要求：一是要求龙头、核心或者典型物流企业委托专业咨询公司进行企业运营管理评估，以不断提高管理水平；二是委托行业协会对先进管理经验进行宣传推广等。

(6)扩大企业规模和网络化。扩大企业规模和网络化的政策措施包括：一是鼓励企业进行横向和纵向并购，并在工商注册时给予方便；二是支持本地企业到外地设立分支机构，并提供相应的免税优惠；三是通过国有资产投资扩大企业规模或主导企业并购；四是对并购后需要进行资产重组或置换的企业，给予政策支持；五是鼓励物流企业与生产企业、商贸企业等结成战略联盟等。

(7)完善企业服务类型。完善企业服务类型的政策措施包括：一是给予第三方物流企业、物流信息咨询服务企业以及配送企业在企业设立上的便利；二是鼓励企业开展第三方物流业务、物流信息咨询业务、配送业务，对从事该类业务的企业给予一定税收优惠等。

(8)加大企业人才培养力度。加大企业人才培养力度的政策措施包括：一是政府设立专项资金支持高校、科研院所、行业协会以及企业的物流培训计划；二是鼓励企业与物流教育机构合作，开展联合办学、定向委托培养、共建实验室及实习基地等。

(9)拓宽企业资金筹措渠道。拓宽企业资金筹措渠道的政策措施包括：一是为具有良好信誉和发展前景的企业提供财政贴息或者贷款担保；二是提高高端物流服务的价格标准；三是对符合政府政策导向的物流企业制定专门的税收优惠政策；四是改革物流企业投融资渠道，拓宽融资渠道，吸引社会民间资本进入物流领域等。

14.4.3.3　需求方面的政策

(1)鼓励先进制造业聚集。鼓励先进制造业聚集的政策措施主要是进行产业发展构架规划，构建适合本地特点的产业群体，确定需要大力发展的先进制造业类型，并根据城市总体规划合理安排区域位置，制定相关政策措施以最大程度满足制造业聚集需要的条件。

(2)鼓励工商企业剥离物流业务。鼓励工商企业剥离物流业务的政策措施包括：一是对自营物流达到一定规模的工商企业，如果进行物流业务剥离可以给予一次性补贴，剥离出去新成立的企业给予一定的税收优惠；二是工商企业自营物流不能享受一切关于物流企业的优惠政策等。

(3)培育新型消费理念。培育新型消费理念的政策措施包括:一是鼓励电子商务的发展,允许网上商品经过成本核算以低于市场价格出售,同时加强对网上市场秩序的监管,保护消费者合法权益;二是建立生活小区配送终端,一定时期内居民可以免费或者低收费使用,政府提供财政补贴等。

14.4.3.4 环境方面的政策

(1)放宽市场准入。放宽市场准入的政策措施包括:一是降低企业进入相关物流市场的规模和注册资金等方面的要求以便更多有潜力企业进入市场参与竞争,同时加大对企业法人监督处理力度以降低客户的风险;二是取消前置性审批事项,对于非资产型企业改审批制为备案制,同时加强后续监督管理等。

(2)完善市场规则。完善市场规则的政策措施主要是制定物流法,对物流市场规则进行原则性界定,各级地方政府根据物流法制定适用于本地区的地方性法规或规章,将市场规则落实到实施层面。或者先由地方政府根据实际物流管理的需要制定地方性物流法规或规章,条件成熟后国家再进行物流立法。

(3)加强市场监管。加强市场监管的政策措施包括:一是由全国现代物流联席会议工作领导小组负责召集各类监管主体共同制定统一的物流市场监管方案,然后各监管主体分头执行;二是加大市场监管力度,开拓新的监管渠道,加大对市场违规行为的处罚力度等。

(4)推进物流标准化。推进物流标准化的政策措施包括:一是全国物流标准化技术委员会和全国物流信息标准化技术委员会对全国物流标准化工作进行划分并负责总体组织协调;二是地方政府积极参加国家物流标准制定工作,以便国家物流标准制定能够充分考虑各地因素;三是地方政府加紧组织本地相关部门开展地方性标准的研究工作,并注意与国家标准接轨等。

(5)提高政策主体的协调一致性。提高政策主体的协调一致性政策措施包括:一是通过召开各部委之间、各地方政府之间、地方政府各部门之间的联席会议,在共同目标的指引下协调各方利益,制定统一的行动方案,出台物流政策;二是中央通过立法及出台物流政策、制定国家物流发展规划、国家物流标准等方式指导或规范地方物流政策的出台以及物流业的发展,同时接受地方物流实践的反馈等。

14.5 未来物流政策的创新方向

14.5.1 政策创新作用及其方向

物流政策对于物流业发展的重要性,前已述及,现在的问题不是政策少了,而是政策多了,政策的作用力度不够,或者政策过于原则,缺乏符合物流业发展特征与要求的针对性,往往很难发挥作用。纵观近10多年间物流业发展政策,也似乎证实了这种问题的存在。多年来,从中央到地方陆续密集出台了与物流相关的扶持、推进、引导等多种政策,在一定程度上对加快物流业的发展起到了积极的作用,但许多政策往往雷声大、雨点小,实施效果并不理想。这里提出了一个长期以来困扰物流“产、学、研、官”四方的关键问题——物流业政策应当包括哪些内容和如何发挥作用的问题。为解决这个问题,目前需要做的工作似乎不是继续制定更多的政策,而是需要对既有政策的效用进行深入分析与评估,并进行较为深入的产业发展和经济运行等宏观层面的物流业发展政策机理分析，以便在我国物流业发展环境与条件下寻求到新的解决途径。

14.5.1.1　政策创新的主要作用

通过对近些年来我国中央、部门和地方政府出台的各类物流业发展政策的分析可以发现，目前，我国物流业发展政策的主要着眼点往往立足于物流服务的供给环节，对物流服务的需求环节，以及物流供给与需求有机结合下的物流服务质量提升等方面的政策涉足不多。在"十二五"期间我国需要加快实施"转方式、调结构"战略背景下，如何通过发展物流业寻求服务业新的增长点，如何通过物流服务的提升为三次产业的转型发展提供环境支持和引导力量，均需要通过物流产业层面的发展政策系统化、综合化和针对性设计，才能真正解决问题。为此，应在物流业产业层面，按照产业的内在发展规律，将物流业需求培育与供给提升，以及相应的服务创新与质量改善等纳入政策的设计范畴，即制定具有很强产业发展特征的政策，以便发挥物流业政策的作用，推进物流业的健康快速发展。

14.5.1.2　政策创新面临的问题

制定符合现代物流业发展特点和要求的产业政策，真正发挥政策在推进物流业发展中的作用，需要搞清楚物流产业的运行特点，而非简单照搬其他产业政策的制定模式，或者仅关注于物流服务的供给环节，对于具有很强的需求派生性和产业组织网络化特性的物流业，将很难发挥政策的推进和扶持作用，这也是当前我们往往较难感受到物流业发展政策推动效果的主要原因。物流业是复合产业的概念，物流业内部、物流业与其他服务对象产业之间具有很强的关联性，需要根据这种关联性所导致的产业融合特征进行政策设计，以适应物流业发展的需要。但是，现实条件下我国分部门的行业管理体制和传统的界线过于清晰的产业运作模式，在很大程度上制约了产业融合性政策的出台，或者是虽由多个部门共同出台物流业推进政策，但在需要打破部门、行业管理界线的情况下，政策缺乏跨行业的可操作性，产业发展只能局限于较为清晰的部门性产业界面内进行推进，在现代产业往往是产业链层面的运作联系和跨产业链的资源整的情况下，很难按照物流供应链管理的需要和产业链建设的要求推进物流产业体系或服务运行系统的建设，这个问题是目前横亘于物流业的重大障碍。2009 年国务院出台的《物流业调整与振兴》在政策上体现了产业融合的基本特征，在物流产业政策方面有很大的进步。但是，恰恰是其中以物流产业发展主要任务和重点建设工程方式设定的产业政策，由于缺乏打破部门和行业界线的具有产业融合组织特征的执行支持，实施的效果被打了较大的折扣。国家出台的《关于加强和改进城市配送管理工作的意见》、《关于推进物流业健康发展的意见》等，均属于抓住了物流产业发展特点和难点的政策范畴，但均存在执行主体跨界和运行支持政策困难的问题。

14.5.1.3　物流政策创新的方向

在既有政策的基础上，从符合物流业发展特征的政策创新角度，以及从便于政策执行和提高政策的针对性的层面，对物流业发展政策按照"需求带动、供给保障、质量提升"三大基本政策视角进行创新，即通过培育产业物流需求，有效扩大需求规模，带动物流业发展；通过针对产业物流需求的物流服务供给的发展，保障转变经济发展方式和企业运行模式所需要的物流服务环境的建设；按照需求带动和供给保障的要求，有效提升物流业发展的质量和水平。

14.5.2 物流需求聚集带动政策

按照“需求带动、供给保障、质量提升”三大基本政策视角进行物流业发展政策创新，首先需要培育产业物流需求，有效扩大需求规模，带动物流业发展。由于我国经济仍处于转型发展阶段，工、商企业管理方式和运行模式较西方经济发达国家依然存在较大差距，因此，在物流业发展受到高度重视的背景下，我国工、商企业虽有内在的利用物流服务提升企业管理水平与效率的意愿，但苦于无法使落后的物流管理与现代专业化物流服务实现对接，既导致工、商企业不能利用物流管理与服务实现“第三利润源泉”的挖掘，也使得专业物流企业“无米下锅”，物流业的发展就这么因需求—供给对接困难而僵持着，物流管理与服务似乎天天都在进步，但往往并不令人满意。

14.5.2.1 需求带动政策

鉴于我国物流业发展中物流需求与供给关系存在与经济发展阶段密切相关的特殊性，以及物流需求并不因物流服务供给水平的提升而立即得到释放的基本特点，为加快物流业的发展，在传统上以物流服务供给为核心的政策基础上，需要围绕物流服务需求培育进行政策创新和突破，以便使近些年在包括物流园区、物流中心、配送中心、货物运输枢纽和场站、物流企业培育等物流供给政策取得初步成效的基础上，将物流业的发展推升到一个更高水平的供需匹配的境界。为此，需要确立“物流需求聚集圈为手段的服务需求带动政策”，以期在需求培育政策创新层面进行一定的探索。

所谓“物流需求聚集圈为手段的服务需求带动政策”，就是改变目前泛泛的培育物流需求的政策做法，建立依托物流需求可能产生区域内的针对性需求培育政策支持体系。其核心含义体现在两个需求聚集圈：

14.5.2.1.1 增量需求培育

以城市的增量产业聚集区为基本依托的需求聚集圈物流需求培育，这是培育现代物流需求的重要路径，就是将增量产业的布局发展与物流需求的培育作为一个有机整体来进行政策设计与实际操作。即在城市尤其是经济后发的中西部城市拟规划建设的新的产业布局区域内，按照“增量布局产业＋高水平物流服务”解决方案的模式，通过制定较为完整的产业组织、发展和招商政策方案，引进具有较高物流管理水平和较强内生性物流需求的制造业、商贸服务业，并通过创新物流服务模式的方式，在规划区域内形成区域性的物流需求高地，聚集高质量的现代物流服务需求，形成符合产业扩张、辐射要求的创新性物流服务环境，实现由高端物流服务需求带动的物流产业聚集发展格局，既彻底改变目前的落后产业布局方式，又通过物流服务需求的有效培育，加快物流业的发展。

14.5.2.1.2 存量需求扩张

以城市高端增量需求营造的良好需求环境，换取存量物流需求提升，构建依托城市的物流需求聚集圈。城市物流产业的发展一个复杂的系统工程，如果缺乏高端的需求聚集环境，仅靠目前的物流配送系统建设政策来推动，不仅难度大、见效慢，而且物流服务业往往很难与制造业、商贸服务业提升有机结合，因此，充分利用城市规划新区高端物流需求培育的示范效应，带动存量物流需求的提升，就成为城市制定物流业发展政策过程中需要重点考量的问题。

14.5.2.2　需求政策作用

之所以提出“物流需求聚集圈为手段的服务需求带动政策”，并将城市的增量需求与存量需求区别对待，希望依托高端增量需求带动存量需求，主要原因在于现代物流的网络化、规模化和信息化特征，这种特征支持在特定区域内的聚集发展，需求聚集培育的高水平物流服务具有很强的辐射和扩张能力，通过扩张能力来带动存量，将有效破解低端制约高端、落后淘汰先进的现状的物流竞争难题。为此，需要政府部门在政策层面上加强对物流运行机制和产业组织方式的研究，提高政策的针对性和有效性。

14.5.3　物流供给辐射保障政策

物流需求聚集圈为手段的服务需求带动政策，解决了需求培育的问题，但发展物流业的核心是供给所构成的产业体系的建设，因此，需要在需求培育的同时，很好解决产业的发展问题。而要解决物流产业的发展问题，就必须在服务供给的政策上下工夫。

14.5.3.1　供给保障政策

物流供给辐射圈为目标的服务供给保障政策，其基本原理是按照满足物流需求聚集圈所形成的具有增量特征的辐射性物流服务需求，创新性地对物流供给资源进程整合，形成由各种不同类型、不同环节物流服务企业共同参与，在不同辐射范围提供物流服务的物流平台。为此，物流企业的发展政策将不再是传统的没有特定服务对象指向、或者仅仅是分类指向的物流基础设施、物流企业培育政策，而是以物流辐射平台的政策取而代之。

14.5.3.1.1　物流基础设施平台政策

就是在规划建设物流园区、物流中心、配送中心和运输组织枢纽过程中，从物流基础设施与配套的产业聚集所生成的服务需求联动的层面，制定相关的服务供给政策，使政策成为推动物流基础设施为依托的、辐射特定区域（全国、省、城市周边地区、城市域、城乡等不同区域层次）的物流服务企业聚集平台和物流服务运作组织平台，发挥物流基础设施的功能和作用，改变目前相当部分物流基础设施缺乏需求支持、无法发挥区域性物流组织服务功能的状况。为此，在物流基础设施较为集中的城市，要按照物流运作服务的层级，形成各类设施在区域物流辐射中功能匹配、分工明确、合作紧密的物流基础设施网络化辐射系统。

14.5.3.1.2　物流企业分工合作政策

传统政策上较为迷信通过政策培育物流企业，其实，物流企业的发展很大程度上并非政策培育的结果，而是在一定的政策环境中，通过物流企业的竞争，使具有战略能力和经营管理优势的企业在竞争中胜出而实现发展的。因此，不能本末倒置，从政策的角度，就是要研究所期望发展壮大的物流企业在竞争中能取胜的环境。具体而言，就是按照为聚集的物流服务需求提供不同层次辐射服务的需要，营造依托物流产业聚集发展平台，有利于物流服务企业分工合作的政策氛围，改变众多物流服务企业仅在简单的服务层面的竞争格局，实现分工合作下的企业围绕自身的核心竞争力谋求发展的企业关系，实现具有各种服务模式和功能的物流服务企业体系的建设和发展，提升物流企业的整体发展层次和水平，打造物流企业在物流服务聚集与辐射中具有网络化、集约化、规模化和信息化特征的“升级版”发展模式。

14.5.3.1.3　物流信息平台建设政策

正是由于具有不同层次辐射特征的物流基础设施平台的建设和物流服务企业的合作发展格局的形成，才导致了基于支撑网络化辐射所需要的信息平台的建设和发展要求，信息平台是实现各种层级辐射的重要手段和基础，在“大数据时代”更是如此。目前，更多是为信息平台而建设信息平台，或者缺乏基础设施和物流企业基于物流需求和物流服务组织上的支持，信息平台的建设是投入多、效果差、维护困难，如果有了基础设施和物流服务企业的内在辐射运作的需求，信息平台的作用和意义才能真正得到体现。因此，信息平台规划与建设政策是在基础设施和企业政策基础上形成的，不能就信息平台论信息平台。

14.5.3.2 供给政策作用

按照物流服务辐射圈的建设需要进行物流基础设施网络平台建设、分工合作的企业体系建设和数据共享、服务支撑的信息平台建设，而非仅仅按照政策制定者的主观意愿进行政策设计，是按照物流业的运行特征进行政策研究，而非按照政策管理的资源、手段进行政策设计，才能在物流服务供给政策环境的营造方面具有针对性。

14.5.4 物流服务质量提升政策

在市场经济条件下，竞争总会导致需求与供给匹配下达到平衡。平衡有两种形态，一种是竞争打破原有平衡，供需在更高的层次上平衡，带来的是技术进步和产业发展水平的提高；另一种是既有平衡虽被打破，供需仅仅是扩大规模下的平衡，并未带来技术进步和产业水平的提升，相反，发展质量进一步下降。

14.5.4.1 供需平衡政策

多年来，我国物流产业的部分领域存在供需低水平的平衡问题，而且，由于物流产业总体上进入门槛较低，很容易形成供给能力。尤其是在我国交通运输基础设施不断改善，物流需求规模不断扩大的背景下，物流服务的能力供给总体上呈现缺乏有效控制的增长状态。一方面缘于市场的开放，投资进入较为踊跃，缺乏“把门”的和秩序的有效守望者；另一方面是缺乏淘汰机制，经营者进来后就滞留在市场，导致多年来市场竞争是激烈的，也能形成相对的平衡，但服务质量始终起色不大，部分领域的竞争甚至在恶化。因此，在物流需求聚集圈为手段的服务需求带动政策、物流供给辐射圈为目标的服务供给保障政策的基础上，需要确立物流供需平衡为方向的服务质量提升政策，以便寻求供给、需求和服务质量提升之间的有机衔接。

14.5.4.1.1 引导物流需求与供给

在市场经济体制环境下，供需平衡往往是短暂的，不平衡是常态，因此，寻求供需平衡下的质量提升路径，无论在理论上和实践上都是困难的。但困难不等于政府管理部门无法通过政策途径有所作为，相反，正是通过高水平需求的培育，以及应对高水平物流服务需求的供给政策推动，使得低端服务仅仅只能在既有的需求层面上生存，随着高端服务需求规模的不断扩大，以及由此带动的低端需求企业寻求竞争优势的运作模式的转变和提升，可以产生用高端服务限制低端服务的进入，将使高质量的供给对低端服务进行竞争基础上的自然淘汰。要形成这种发展模式和市场竞争格局，就需要政府部门转变政策的着力点，从低水平供需平衡下服务质量缺乏提升的无效市场监管，且总是加大所谓执法力度却不见多大效果的管理惯性上，作出改变，花力气研究高端服务需求与供给问题，通过合理引导高质量的需求与供给，推动技术进步和产业发展水平的提升。

14.5.4.1.2　保障物流业供需平衡

实现高质量的供需平衡管理，首先需要研究物流服务提升的趋势和演变规律，充分认识技术进步、服务提升的服务业态和企业组织形式，研究其所需要的政策环境和管理方式，出台政策给予高端需求进入所需要的支持，而非传统政策模式下高端需求与供给发展中在既有的政策系列中缺乏依据，往往发展无门或颇费周折，白白贻误适时进入市场取得竞争优势的机会，这方面的教训太多，政府管理部门应当很好总结。其次，政府部门应向勤政方向发展，这种转变并不需要大动干戈，不需要下多大决心、做多大的改革动作，仅需要建立政府管理创新的机制，将适应物流业在更高水平基础上的供需发展政策创新作为政策考核的主要内容，将创新服务作为淘汰落后服务的手段，加以培育和发展，就可能在很大程度上实现产业的技术进步与发展水平的提升。

14.5.4.2　供需政策作用

在我国物流产业快速发展的大背景下，政府部门要实现上述管理和政策方式的转变，最根本的就是实现从行业管理向产业管理的转变，不再以行业特点的管理较为狭窄的政策为基本管理途径，而是按照产业投入、产出水平不断提高的产业系统为管理对象，进行产业层次的政策设计和市场监管，提高以供给平衡与质量提升为方向的管理能力和水平。

第15章　物流产业规划案例

15.1　区域物流产业发展规划案例

区域物流产业发展规划是指依托特定区域的经济社会发展需要进行的物流产业系统性规划。所规划的物流系统其空间布局与作用范围涵盖或超出通常的行政区划，其意义主要是针对区域经济发展的要求，规划构建服务于特定区域和特定产业的物流产业框架和服务运行系统。

15.1.1　东北地区物流业发展规划

东北地区是我国重要的老工业基地和商品粮生产基地，加快其经济发展，不仅对解决自身存在的问题具有重要意义，而且对国家经济的增长和持续稳定发展也有极大的贡献。通过科学规划构建东北地区的物流体系，引导与优化物流资源配置，提高区域物流效率，有效降低社会物流成本，促进主导产业发展，实现东北地区老工业基地的全面振兴。

15.1.1.1　*东北地区物流业发展概况*

15.1.1.1.1　东北地区物流业发展基础

(1)自然条件和区位条件。东北地区包括辽宁省、吉林省、黑龙江省和内蒙古东部五盟(市)，域内沈阳、大连、长春、哈尔滨等大城市圈，拥有规模庞大的产业集群和完善发达的物流网络，具备了较强的物流集聚辐射功能，具有区域物流一体化化发展的显著区位优势。东北地区优越的自然条件、雄厚的产业基础和丰富的自然资源为发展现代物流业提供了必要的基础条件。同时，东北地区地处东北亚的核心地区。通过渤海、黄海与太平洋沿岸各国取得联系，沿海港口和内陆口岸几乎遍布全区四周。优越的地理位置为发展物流提供了便利条件。特别是在东北地区资源性的产业结构发生明显变化的趋势下，在周边区域间的物流地位将更加突出。

(2)经济总量及产业结构。2005年，东北地区实现国内生产总值(GDP)18 410亿元，占全国的10.1%。三次产业比例为13.5∶48.5∶38，产业结构仍偏重，东北地区仍处于工业化升级阶段，第三产业发展水平空间巨大。

15.1.1.1.2　东北地区现代物流业发展现状

(1)货运量及物流结构特征。2005年，东北地区货运总量222 350.9万吨，其中：辽宁97 748.2万吨，吉林37 578.66万吨，黑龙江73 068万吨，分别占全区的44%、17%和33%；内蒙古东部13 956万吨，约占全区的6%。全部货运量中，本区货运量约占65%，国内货运量(不含本区)占30%，其余5%为国际货运。

(2)综合交通及仓储设施。东北地区五种运输方式齐全，基本形成了完整的综合运输网络体系，运输网络密集、发达。东北地区仓储设施资源丰富，全区仓储面积约 6 000 万平方米，但水平较低。

(3)物流企业。除运输、仓储等传统物流企业外，近几年东北地区也引进和培育了一批具有现代物流特征的物流企业，已经发展成为国内物流知名企业，国际著名的物流企业也相继进驻东北地区。

15.1.1.1.3　存在问题

(1)物流管理体制不顺、政策有待完善。东北经济区在区域物流管理体制上，严重存在着多头管理、交叉管理，责任主体不明确等问题，政府间没有建立统一的综合协调机制，影响区域现代物流产业的整体发展。

(2)各省区、各城市的物流产业发展规划不衔接、资源整合存在障碍。东北地区各省区、各城市的物流产业规划在很大程度上只考虑了本地区内部情况，忽视了资源的共享和地区间的协调发展，导致东北区域内物流基础设施等出现重复建设，造成资源的巨大浪费。

(3)物流产业发展所需要的信息化环境亟待完善。虽然企业物流信息系统应用比较广泛，但由于尚未搭建共享的物流信息系统，造成很多物流企业和部门的信息数据成为一个个“信息孤岛”，无法实现数据的交换和共享。涉及物流产业的运政管理、海关商检、银行汇兑、税收征管、电信运营等部门的物流公共信息平台尚未形成。

(4)国际物流系统建设不适应对外开放需要。面对广泛的国际经济合作都将产生大量的高端物流需求，东北地区没有形成统一的、整体的、共享的国际物流市场，严重制约和影响着区域物流产业的发展。

(5)区域物流系统的建设难以满足区域经济合作需要。东北区域物流内部经济联系没有形成有机关联，目前东北三省与内蒙古东部地区的物流衔接不畅。同时东北地区与河北、天津、山东等环渤海经济圈省市物流也存在相互阻滞的问题。

15.1.1.2　指导思想、发展定位与目标

15.1.1.2.1　指导思想

按照国民经济和社会发展“十一五”规划的总体部署，以科学发展观为指导，以东北地区老工业基地振兴为目标，以信息技术和资源整合为手段，以物流基础设施网络和物流信息网络建设为重点，培育社会化、专业化和具有竞争力的运营主体，通过建立健全现代物流服务体系和营造现代物流产业发展环境，提高经济运行的质量和效益，推动产业升级、结构调整和经济增长方式转变，实现东北区域经济一体化协调发展，增强国际竞争力。

15.1.1.2.2　发展定位

提升物流业在东北振兴的战略地位，将物流产业作为先导产业来培育。东北地区物流产业发展定位为全国物流发达区域，东北亚物流产业发展核心区域。

15.1.1.2.3　发展目标

依托东北地区物流产业发展的现有基础和区域经济的特点，加快物流基础设施建设和物流市场培育，培育发展具有核心竞争力、规模合理、技术装备先进、管理水平较高的物流产业集群，建立与国际接轨的物流体系，形成以沈阳、大连、长春、哈尔滨为中心，联结大中城市及边境口岸的物流大通道，构建社会化、专业化的物流基础设施平台，推进企业物流信息化，建设物流信息平台，共同形成高效、快捷、准时、经济合理的现代物流服务网络体系，将东北地区建设成

为东北亚物流产业发展核心区域、全国物流发达区域。

15.1.1.2.4　发展空间布局和发展重点

未来东北地区将形成以哈大交通线为主轴，依托交通网络资源，建设物流通道，以沿边和沿海经济带为两翼，依托沈阳、大连、长春、哈尔滨四个中心城市主节点形成的沈阳、长吉和哈大齐三大物流圈，共同构成“一轴、两带、三圈、四核”空间发展布局，其发展重点是规划建设物流基础设施体系、物流信息体系、产业物流体系和物流政策体系。

15.1.1.3　物流业发展的政策及措施

15.1.1.3.1　物流产业发展政策

为实现东北地区物流业发展的目标，针对当前东北地区物流产业发展急需解决的问题，制定如下政策：空间布局引导政策、结构优化引导政策、业务剥离引导政策、扶持物流企业发展政策、扩大物流产业开放政策、产业政策、投资政策、融资政策、土地政策、税费政策、运输管理政策等。

15.1.1.3.2　物流产业发展措施

根据东北地区发展现代物流的政策方向，采取的措施包括：建立并完善东北地区物流协调机制、积极转变政府管理职能、建立并充分发挥物流行业协会的作用、促进跨地区物流资源开发利用，实现资源共享、制定东北地区物流产业发展规划，实现投资共享、联合开发沿海沿边物流产业带，实现开放共享、促进跨地区物流企业联合重组，实现优势共享、打破地区封锁和行业垄断，实现市场共享、突出物流产业发展重点，实现政策共享、构筑区域性物流配送体系，实现服务网络共享、建立区域性物流监测系统，实现信息共享、建立区域物流研究机构，实现成果共享、建立重点企业联系制度等。

15.1.2　广西沿江物流体系建设规划研究

按照国家物流业发展的相关要求，考虑到沿江地区经济发展所处的阶段、特点及发展现代物流的基本条件，在国家可持续发展和对外开放战略对沿江地区经济及产业发展、贸易与流通环境、效率等提出更高要求的形势下，研究制订沿江地区现代物流体系建设实施方案，将为沿江地区在战略高度和实施层面上系统研究确定在现代物流产业发展领域中的发展内容、发展形式、政策需求等重大问题，以此为沿江地区借助现代物流促进社会经济科学可持续发展等重要发展目标提供决策依据和相关支持，具有积极而重要的意义。

广西沿江地区是指广西壮族自治区内西江水系所连接城市组成的区域，包括南宁市、贵港市、梧州市、百色市、来宾市、柳州市和崇左市等7市，总面积13.10万平方公里。沿江地区区位优越，是西南地区最便捷的出海通道，也是中国西部资源型经济与东南开放型经济的结合部，在中国与东南亚的经济交往中占有重要地位。沿江地区水力资源丰富，矿产资源富集，气候温暖湿润，是重要的农产品和矿产品产区。

近年来，沿江地区经济持续快速健康发展，综合经济实力迈上新台阶。2008年，沿江地区7市实现生产总值3 977.33亿元，实现社会消费品零售额合计达1 445.81亿元，外贸进出口总额合计55.60亿美元。同时，交通基础设施建设速度加快，综合运输体系粗具雏形，物流基础设施和货运场站已具有一定规模，南宁空港物流园区、柳州中铁物流园区、崇左凭祥东盟国际物流园区等均已投入运营。

良好的基本条件和发展环境使现代物流业正在成为沿江地区经济社会发展的有力支撑，但同时沿江地区在发展现代物流业的过程中也存在一些不足，如管理体制及政策、物流基础设施规划建设、物流业市场环境、物流信息化与标准化以及物流人才等问题，需要在以后的发展中进一步完善。

根据预测，沿江地区全社会物流总量 2015 年和 2020 年将分别达到 19.56 亿吨和 26.83 亿吨。考虑到沿江地区产业结构与发展水平所形成的需求规模与结构特点，沿江地区物流设施需求规模水平 2015 年和 2020 年将分别达到 6 180 万平方米和 9 300 平方米。

15.1.2.1　沿江地区物流业整体发展目标

根据国务院《关于进一步促进广西经济社会发展的若干意见》和《物流业调整和振兴规划》要求，以构建支撑沿江地区经济带发展的物流系统为目标，以降低物流成本、提高物流效率为核心，依照"优化存量、统筹发展，扩大增量、优先发展，强化联动、协调发展，全面开放、合作发展，政府引导、自主发展，生态环保、科学发展"的基本原则，以优化物流基础设施空间布局、整合物流载体系统整体功能为重点，以改造企业物流系统和培育物流企业系统为路径，以整合各类物流资源、发挥资源的最大效应为手段，以协调有效的政府管理和得力的政策为保障，构建物流组织管理与发展推进系统、物流基础设施系统和物流企业经营组织三大系统。到 2015 年，促进"比肩北部湾经济区、承接东部产业转移、对接中国—东盟自由贸易区"的沿江经济带建设的物流支撑体系初步形成；2020 年，全面建成沿江地区现代物流体系，物流业成为沿江地区新的经济增长点。

15.1.2.2　沿江地区物流节点设施布局与建设重点

根据沿江地区既有城市物流业发展现状和趋势，将南宁、柳州作为全国物流节点，建设具有国际、国内双向辐射功能的国家级物流枢纽；将贵港、梧州、崇左作为区域性节点，建设具有区域辐射，并与国家级物流枢纽之间建立紧密的运作联系的区域物流中心城市；其他城市以发展自我服务的物流业为主要内容，在空间上形成对上述两层次物流节点的运作支持(图 15-1)。

15.1.2.2.1　物流园区

重点建设南宁国际机场空港物流园区、柳州中铁物流园区、贵港临港综合物流园区、崇左凭祥东盟国际物流园区、梧州赤水港综合物流园区、百色六塘物流园区等 12 个核心物流园区(图 15-2)和南宁市武鸣国际物流中心、柳州市国联张公岭物流中心、梧州市儒隆农资物流中心、百色市隆林煤炭物流中心等 31 个重点物流中心。

15.1.2.2.2　运输设施

实施西江黄金水道"五大工程"的建设，全面提升西江黄金水道航运能力和水平；提升空港规模和等级，加强现有机场基础设施和配套设施建设，形成航空运输体系，构建沿江地区空中物流通道；加强现有陆路(公铁)货运枢纽和场站设施建设，以沿江区域内国家铁路、公路货运枢纽为骨架，以各等级货运场站为支撑，形成陆路货运场站系统(图 15-3)。

15.1.2.2.3　物流通道

以当地综合运输网络布局为基础，以满足物流服务的流量、流向为目标，依据沿江地区内河航运黄金水道、公路网、铁路网布局特点和物流服务流量、流向特征，以南宁为中心，由沿

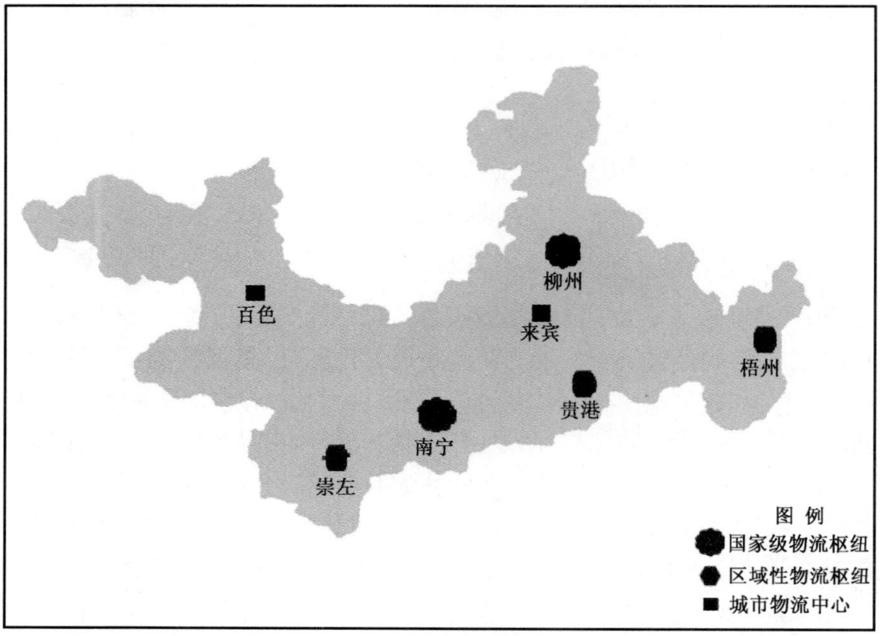

图 15-1 沿江地区物流节点城市布局示意图

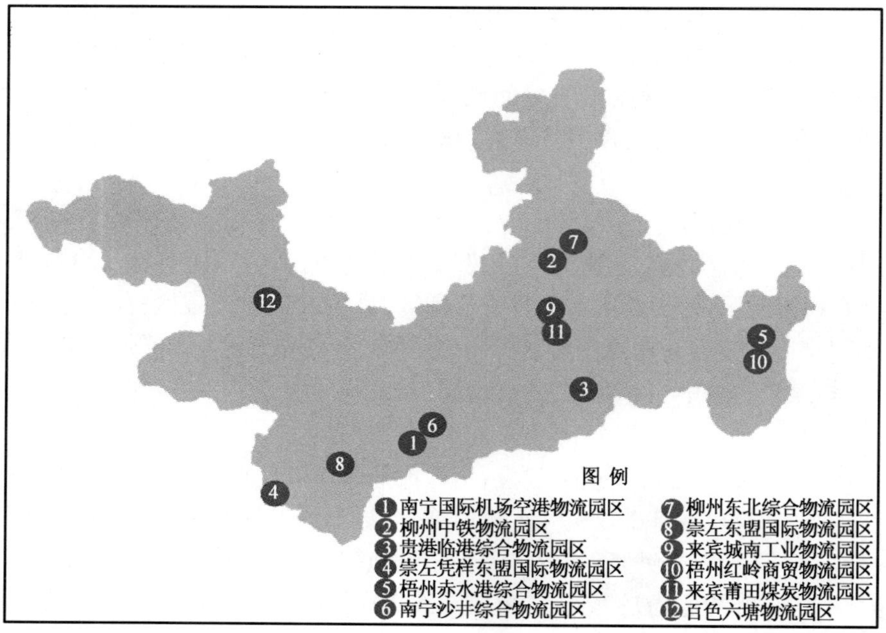

图 15-2 沿江地区重点物流园区布局示意图

江—越南、东盟物流通道，沿江—北部湾、出海物流通道，沿江—广东物流通道，沿江—桂东北、湖南物流通道，沿江—桂北、贵州物流通道，沿江—云南物流通道等六大物流通道系统，共同构成沿江地区物流通道的整体布局框架(图 15-4)。

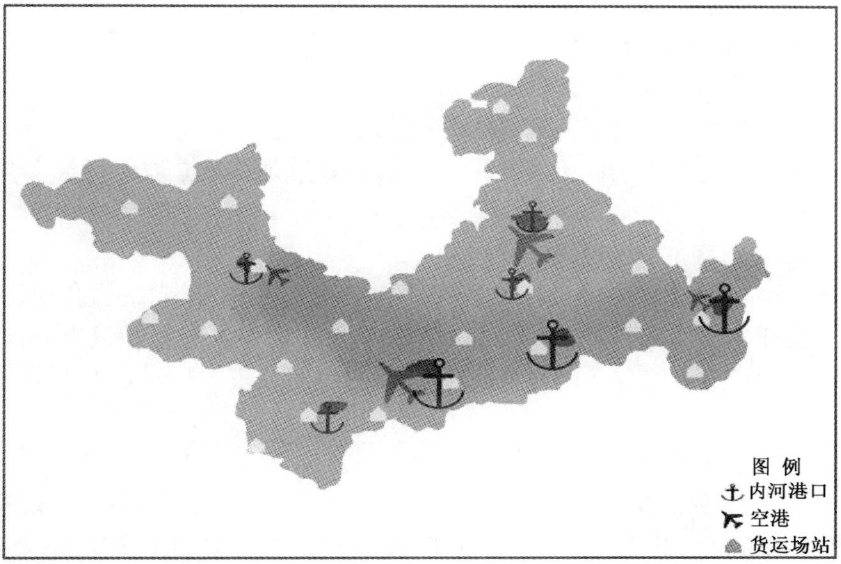

图 15-3　沿江地区综合运输系统布局示意图

图 15-4　沿江地区物流通道布局示意图

15.1.2.3　工商业企业物流建设发展

15.1.2.3.1　工业企业物流产业发展目标

以流程再造、供应链构建和扩展第三方物流服务为发展重点，打造物流技术与服务支持的工业经济开发区，加快建立适应工业物流管理与运作的网络化物流企业系统，逐步建设适应工业发展所需要的物流基础设施系统。

15.1.2.3.2　商贸流通业总体规划

以建立商贸流通领域物流服务框架体系和满足沿江地区对外贸易的服务要求为目标，逐步建设适应商贸流通业发展物流所需要的基础设施系统，加快建立适应商贸流通业物流管理与运作的服务系统。

15.1.2.3.3　物流企业发展目标

经过5～10年的时间，完成沿江地区物流企业培育工作，形成结构合理、方式齐全、功能强大、分工合理、运行协调、质量良好、特点突出，由不同服务类型物流企业构成的物流服务企业体系，在沿江地区综合运输与物流基础设施的支撑下，具备区域辐射与服务的整体竞争能力。

15.1.2.3.4　物流信息化发展基本目标

到2015年，全面完成集政务与商务、政府与企业、设施与运行、服务与保障各类功能齐全的沿江地区物流公共信息平台系统，并以此构成沿江地区现代物流产业发展的重要支撑。

15.1.2.3.5　物流人才发展的基本思路

以院校教育为基础，以在职教育为依托，在物流操作和物流管理两个不同层面上建立相互独立又相互联系的培训系统，并保证培训系统运转的连续性。

15.2　省域物流产业发展规划案例

省域物流产业发展规划是指在特定省域行政辖区范围内，针对所在省份经济、产业与社会发展需要进行的物流产业系统性规划。所规划的物流系统空间布局与作用范围基本遵循现行的省域行政区划，其意义主要是针对省域内经济发展的要求，规划构建服务于特定省域内各主要经济中心城市与主导产业分布区域的物流产业框架和服务运行系统。

15.2.1　云南省现代物流产业发展规划

云南地处我国西南边陲，具有靠近东南亚和南亚的独特经济地理条件和区位优势。国家西部大开发战略的实施，使云南省在未来经济发展上得到了国家政策的支持。因此，制定云南省现代物流产业发展规划，在云南省范围内积极推进现代物流业的发展，以良好的物流产业发展内环境为省内经济发展、对外贸易交流等创造低成本和高效率的条件，将使云南省在支持国家对外经济开放和西部经济大开发战略的实施中，获得新的经济发展活力和增强经济发展后劲。本案例选取的是云南省“十五”期间物流产业发展规划。

15.2.1.1　现代物流产业发展的指导思想、方针和目标

15.2.1.1.1　指导思想

树立“优先发展、快速推进、全面准备”的推进现代物流产业发展的核心指导思想，通过周密细致的规划，在物流基础设施建设和物流服务体系等环境建设的层面上，构建适应“中国—东盟自由贸易区”建立、云南省经济开发与发展需要，能提供设施完善、服务一流的物流支持的现代物流体系。

15.2.1.1.2　发展方针

支持云南省实现经济发展目标，推进中国—东盟自由贸易区建设，积极完善和建设现代物流基础设施，努力营造现代物流产业发展的良好环境，发挥自身优势，整合现有资源，建设社会化物流服务体系，实现全方位、多模式和高效化发展。

15.2.1.1.3　总体发展目标

争取通过“十五”期间的建设，在2005年前后初步建成云南省域范围的现代物流基础设施及建立物流组织管理系统、物流基础设施系统、物流企业经营组织系统、物流技术应用系统和物流管理与经营示范系统等六大系统。积极推广和鼓励企业采用现代物流技术，努力培育现代物流产业，使现代物流及由其带动的交通运输、仓储、信息服务等相关产业，共同构成云南省新的经济增长点和支柱性产业。

以云南省省域物流产业发展所形成的网络和运作环境为基础，以昆—曼公路、泛亚铁路、澜沧江—湄公河黄金水道和昆—思—景空中航线构建的综合运输主通道为轴心，以昆明向川、黔及通过川、黔向更广阔的内陆腹地辐射的运输通道为支持，构建围绕自由贸易区建设和相应的经济开发区、贸易关税区、贸易口岸等建设，发展以昆明为中心的高效率区域物流服务圈，使云南省成为国内区域乃至国际区域物流集中和分拨的物流经营管理和运作组织的承接地——面向东南亚的现代物流中心。

15.2.1.1.4　发展战略

以物流基础设施系统建设和物流企业、企业物流系统发展为基础，以物流产业发展环境的改善为核心，以物流运作管理效率和信息条件的提高为宗旨，构建适应云南省省（区）域物流产业发展的现代物流运作平台、担当区域物流中心的政策环境平台发展政策和提高云南省物流运作和管理效率的信息平台三大平台。

15.2.1.2　建设面向东南亚的现代物流中心

15.2.1.2.1　物流组织管理系统规划

依照“加强现代物流产业发展中政府部门的领导，发挥政府部门在推动、扶持现代物流快速发展中的作用，完善行业协会和协调组织，加强物流业发展的行业协调和行业自律”的基本原则，构建由综合管理部门、行业主管部门和行业协会共同构成的云南省现代物流管理体制。

15.2.1.2.2　物流网络建设

建设以昆明等经济中心城市物流基地为主节点，以其他地、州城市为辅助，以云南省综合运输网络和大通道建设为主干，以中心城市物流设施为支持的具有独立运作能力和内部协调能力的多层次物流网络体系。其远期发展目标是依托国际大通道建设与省内物流网络建设共同服务于建设“面向东南亚的现代物流中心”。

(1)省域内通道。以昆明为地理中心,以省内物流主要节点城市构架省内物流通道的基本走向;以连接省内物流主要节点城市的高等级公路网和连接主要节点城市与周边地区的公路网络为主干,以国家铁路网云南境内部分等地方铁路为辅助,共同构成云南省域内物流通道的主框架;省内水运网络与航空网络作为补充和调剂通道。

(2)出省(境)通道。未来云南出省(境)物流通道的基本构架以东向通道——贵昆铁路、南昆铁路、南向通道——昆明—景洪—曼谷高等级公路结合澜沧江—湄公河水运通道(未来泛亚铁路作为辅助)、北向通道——成昆铁路、内昆铁路为主干,构建三大物流通道。对内以铁路通道为其主干,水运通道为其发展支持,公路通道为其辅助,航空通道为其特殊调剂;对外以公路通道与水运通道共同构成其发展主干,铁路通道为其辅助,航空通道仍作为其特殊调剂。

15.2.1.2.3 物流基础设施建设

以昆明、玉溪、景洪和红河四大物流基地构成云南省面向东南亚物流中心的省内主节点,共同构成云南省物流主干网络和物流服务基地群,并联合其他节点共同构成云南省现代物流系统的基本运作框架。以中心城市物流基础设施为基础,以云南省综合运输网络特别是高速公路干线通道为主干,构筑云南省中心城市物流服务圈和省内物流服务主通道的核心构架,以城市域快递系统为运作支撑,形成云南省区域内物流产业发展与运作的基础架构。预计设施能力 5 500 万吨,建设规模 2 200 万平方米。

15.2.1.2.4 物流信息平台建设

规划建设具有物流公共信息服务功能(政府信息服务功能)、数据交换功能、物流信息发布功能、电子商务功能和企业物流信息管理功能的综合性信息平台,作为云南省现代物流产业发展的重要支持系统。

15.2.1.2.5 物流企业发展规划

云南省应在建立完善的物流企业系统基础之上,通过政策的引导和企业自身的不断努力,使云南省现有运输及仓储企业适应物流产业发展的要求,根据自身特点制定相应的发展对策,获得在组织管理和经营方式方面的较大改善;同时,在整体政策框架范围内,有选择、有重点地培育和发展现代物流企业,并使其在云南省现代物流产业发展进程中承担示范者和带动者角色。

15.2.1.2.6 企业物流发展规划

云南省现代物流系统建设规划的核心任务之一是在工商企业中推行现代物流管理技术的应用。主要包括将物流成本列为企业正式统计和考核指标,在各行业中确定一批现代物流管理试点企业,鼓励公共物流设施和第三方物流企业降低成本。为克服工商企业利用专业化物流服务的障碍,应通过鼓励规模经营的措施,如核算物流基地、物流中心、配送中心基础营业额,对超过基础额以上部分,通过财政手段给予一定税收返还,以鼓励专业化物流经营企业扩大经营规模,降低成本。

15.2.1.2.7 特色产品物流产业发展规划

(1)花卉产品物流组织。打破地区封锁与行业封锁,改善昆明机场现有花卉运作方式,积极推进和鼓励花卉生产企业与花卉物流企业建立长期合作关系,积极研究、引进和推广花卉保鲜技术与装备。

(2)蔬菜产品物流组织。积极组建大型蔬菜生产、销售企业和蔬菜物流专营企业;以信息系统建设作为公共支持改进现有交易方式;积极推进和开展各类蔬菜保鲜技术与专用装备的推广与普及;逐步推进蔬菜交易市场向专业化蔬菜物流中心转化。

(3)烟草产品物流组织。积极推进各烟草企业物流资源整体上的有效整合与合理配置,推进通用物资联合采购与产品的共同分销,推进省内外专业化物流企业与网络化运输企业直接进入烟草产品物流运作市场,支持物流企业与烟草企业建立长期的战略伙伴关系。政府相关部门加大协调力度。

15.2.1.3 加快发展现代物流的主要政策和措施

15.2.1.3.1 合理发挥政府在物流产业发展中的作用

加强现代物流业管理与组织协调,完善现代物流的政策法规体系,完善现代物流税收体系,支持物流业的发展,采取积极的财政政策培育物流企业成长,建立与物流产业发展相适应的市场监管体系,创造良好的市场氛围。

15.2.1.3.2 加快综合运输体系建设和扶持物流企业发展

加强综合交通运输发展规划,大力发展多式联运技术及装备,积极规范和发展运输服务代理,促进各种运输方式企业向物流服务转型,建设中心城市高效的综合货物运输服务系统。

15.2.1.3.3 促进物流服务市场体系的建设

积极培育物流技术应用及服务需求市场,扶持高效率物流企业的发展,加快流通体制和流通经营管理方式的改革。

15.2.1.3.4 努力推进中心城市现代物流的发展

建立高效率的城市物流服务系统,建设便于发挥中心城市经济功能的物流通道,改善综合性政策环境,完善物流项目建设政策,改革物流产业发展投融资政策。

15.2.2 海南省现代物流业发展规划

海南是泛珠江三角洲、东盟经济圈、太平洋经济圈的交汇点,也是中国乃至东亚地区联通东南亚、南亚、大洋洲、非洲、欧洲的海上要道。环南海区域各国与地区的经济快速发展与区域合作的增强,使海南省在区域与国际航运发展中占据有利位置,有利于发展区域性的物流服务产业。海南省自然资源富集,拥有丰富的能源、矿产、热带农产品和水产品等资源,尤其具有独特的旅游资源。近年来,海南省国民经济综合实力增强。2009 年,全省生产总值 1 646.60 亿元,对外贸易进出口总值 89.58 亿美元,全省综合经济实力明显增强。

根据海南省未来国民经济与社会发展对现代物流业的发展要求,加快培育现代物流业,不仅有利于提升具有区域比较优势产业的发展能力,维护良好的自然和生态环境,而且通过物流业与旅游业之间形成良性互动,促进全省产业结构调整、经济发展方式转变和增强区域经济竞争力,有利于为国际旅游岛的建设和发展提供产业发展的支撑。

近年来,海南省物流业发展取得一定进展,物流业规模不断扩大。2009 年,全省物流相关产业实现增加值 88.04 亿元,占全省生产总值的 5.34%。完成货运量 1.68 亿吨,货物周转量 820.05 亿吨公里,港口货物吞吐量 7 369 万吨。拥有各类物流相关企业 628 家,一批依托港口、机场、铁路车站和陆岛滚装运输的物流服务的发展,促进了各具特色的专业化物流企业迅速成长。目前,海南省已初步形成了省内交通以公路为主,对外交通以港口、民航、铁路并举的综合运输体系,未来环岛铁路和琼州海峡跨海通道的建设,将进一步改善和提升全省交通基础设施的能力和水平。

海南省物流业发展存在的问题主要表现为以下几个方面：一是管理体制尚不完善，政策较为滞后；二是物流基础设施建设缺乏统一规划，布局与功能定位不清晰，设施标准化程度低，配套性与兼容性较差；三是物流业发展的基础环境如物流公共信息平台、企业信息化、装备技术水平较为薄弱；四是物流企业竞争力较弱，对岛内特色产业与产品物流管理与服务水平较低；五是现代物流业专业人才较为缺乏。同时，作为远离大陆的岛屿省份，海南缺乏与大陆密切、便捷的陆路运输联系，使物流的辐射缺乏后方集疏运系统的纵深支持。

为实现国务院《关于推进海南国际旅游岛建设发展的若干意见》和全省海南国际旅游岛建设领导小组编制的《海南国际旅游岛建设发展规划纲要(2010—2020)》(以下简称《规划纲要》)中提出的相关发展要求和建设任务，海南省发展现代物流业面临巨大的挑战，需要在满足和适应国际旅游岛建设的发展要求下，实现包括基础设施建设、企业发展、提升服务、市场培育、技术进步和相关管理等诸多领域的创新发展，探索一条旅游、商流、物流循环发展的现代物流产业积聚发展新路。

15.2.2.1 发展战略

15.2.2.1.1 战略思路

从发挥海南省区位、资源优势出发，抓住国际旅游岛建设发展机遇，提高现代物流业的战略地位，加强既有优势产业和具有潜力的相关产业与物流联动发展，按照“政府引导、企业运作”的基本发展模式，构建完善的现代物流产业发展政策平台、运作平台和信息平台，积极培育为国际、国内区域服务的物流产业和具有增量价值与发展潜力的区域性物流服务产业，把现代物流业培育成为海南新的战略性经济增长点。

15.2.2.1.2 战略定位

依托重要城市和港口、机场等物流资源，建设辐射北部湾地区、面向东南亚和大陆地区的重要枢纽型、综合型现代物流服务基地，积极培育和发展现代物流服务产业，拓展产业服务范围，扩大产业发展和运行规模，在区域经济发展中占领优势地位，在物流业发展战略上应以海南国际旅游岛建设为契机，以国际转口贸易、出口加工基地建设为切入点，以岛内生产和国内贸易为支撑，通过培育配套的物流服务能力系统建设，将全省建设成为背靠华南、面向东南亚的国际航运枢纽和物流中心。

15.2.2.1.3 总体目标

根据《规划纲要》提出的总体要求和发展任务，通过整合资源与合理布局，加快物流基础设施、物流服务企业和物流信息化建设，实现全省现代物流业的跨越式发展，显著改善全省现代物流业发展水平和运行效率，支持全省经济总量和综合实力的整体提升，在建设背靠华南、面向东南亚的航运枢纽、物流中心战略指引下，逐步将海南建设成为具有重要影响力的国家级物流产业基地，努力建设和培育区域性的物流枢纽节点和国际区域物流枢纽城市。

15.2.2.1.4 总体任务

(1)依托产业发展，提高物流产业聚集程度。建立以大型农产品与海产品冷冻库与交易市场、工业原材料与产成品储运中心和商贸物流配送中心为主要形态的物流专业化设施，形成全岛物流基础设施的网络化和一体化，提升服务专业化发展水平与能力。

(2)加强基础设施建设，完善多式联运网络体系。以全省沿海港口、环岛铁路、粤海铁路通道、省内高速公路网络和美兰、凤凰两大机场建设为核心，积极构建海陆空运输大通道，有序推进全岛各级各类专业化物流基础设施建设。

(3)围绕市场服务需求，培育各类物流服务企业。积极培育现代物流企业和促进传统交通运输企业、仓储企业等向现代物流转型，着力培育和支持第三方物流企业快速发展，形成结构优化、业态齐全、优势突出、区域竞争力强的物流产业发展集群。

(4)坚持科技进步，推广和应用物流技术。积极推广和鼓励企业采用现代物流技术和绿色物流理念，推进物流标准化、专业化建设，使全省在交通运输与仓储、工业及制造和商业流通等领域，大幅降低物流管理及经营成本，明显提高物流服务及运作效率。

(5)按照物流信息需求，搭建物流信息平台。加速物流企业信息化建设，加快建设满足各种物流管理与信息沟通服务需求的公共信息平台，实现企业信息系统与公共信息服务平台、公共信息平台之间的信息共享。

15.2.2.2　空间布局

15.2.2.2.1　产业总体布局

依托海口、三亚、五指山、琼海—万宁和儋州—东方五大经济功能组团的分布，以岛内综合运输网络、港口和进出岛航线为岛内支撑，以国家综合运输网络为延伸支持，整合各类物流基础设施和交通运输网络设施，以物流服务企业为服务运行主体，形成以海口和洋浦为主核心，以三亚、东方、琼中、琼海等城市为次核心，联系全省六个物流主要发展区域的“三纵一横、六点支撑”的物流产业空间布局系统。

15.2.2.2.2　物流通道布局规划

鉴于海南省的岛屿特征，按照物流产业发展要求和服务运作特点，全省物流通道由对外通道、岛内通道和核心枢纽构成。

(1)对外通道。主要由以沿岛五大港口为核心，以南北两大航空港为辅助，以粤海通道为支持，以海上交通线为主纽带，构成海南与内陆及海外地区物流联系的主通道。

(2)岛内通道系统。由东线纵向通道、中线纵向通道、西线纵向通道和中线横向通道构成通道网络基本构架。

(3)城市物流节点。以海口、洋浦、东方、三亚、琼海和琼中六城市作为其各自所在经济功能组团区域的物流枢纽，构成全岛物流服务的六大区域性节点。

15.2.2.2.3　重点物流基础设施

(1)物流园区建设。规划2020年，建设马村综合物流园区、海口联运物流园区、美兰航空物流园区等7个大型综合性物流园区，总建设规模(1 413万平方米)(21 200亩)，服务能力5 260万吨。

(2)物流中心建设。规划2020年，建设口丁村美居物流中心、琼中综合物流中心等5个专业物流中心，总建设规模387万平方米(5 800亩)，服务能力1 040万吨。

(3)配送中心群布局建设。规划2020年，建设商业配送中心及农产品配送中心两大配送中心群，年物流服务总能力700万吨，总计建设用地200万平方米(3 000亩)。其中，商业配送中心群规划2020年物流操作量300万吨，规划用地87万平方米(1 300亩)。农产品物流配送中心群规划2020年物流操作量400万吨，规划用地113万平方米(1 700亩)。

(4)配套项目建设。在上述核心设施建设布局的基本框架下，根据全省各市县实际发展要求，规划建设一批与上述核心设施相配套的基层物流设施，主要包括澄迈中国—东盟国际热带农产品物流园、儋州岛西物流配送中心、海口主食加工配送中心等25个项目。

15.2.2.3 发展重点任务

15.2.2.3.1 物流企业发展

用5～10年的时间，完成支撑全省物流产业发展的企业培育工作，形成结构合理、方式齐全、功能强大、分工合理、运行协调、质量良好、特点突出、竞争力强，由不同服务类型物流企业构成的物流服务企业体系，在全省综合运输与物流基础设施能力的支撑下，具备区域辐射与服务的整体能力。具体任务：一是推进第三方物流服务企业发展，选择确定具有一定基础的龙头企业，作为全省第三方物流发展的扶持对象进行重点培育；二是发展物流咨询企业，建立产学研发展联动机制；三是发展邮政物流企业，重点发展国际化、规模化、网络化、高效率的物流服务；四是发展运输与仓储企业，改善服务质量和服务模式，降低运行成本，建立自身的核心竞争能力。

15.2.2.3.2 重要产业物流产业发展

(1)制造业物流。鼓励工业企业充分利用既有物流基础设施，探索资源利用、系统管理与运作经验，积极尝试开展服务专业外包，到2015年形成支撑新的工业发展战略所需要的物流基础设施体系框架，到2020年形成结构合理、设施配套、技术先进、运转高效的工业物流体系。

(2)商贸物流。到2015年，形成以企业为主体、综合性与专业性相结合的商贸流通业物流体系框架。到2020年，形成结构合理、设施配套、技术先进、运转高效的商贸流通业物流基础设施体系，商贸物流服务的组织化、规模化水平整体上达到国内先进水平。

(3)农产品物流。到2015年，以海南农产品市场商业及物流一体化信息系统的建设为契机，逐步构建专业化、规模化的大型物流服务企业，继续扩大和完善现有销售网络，成为区域性热带农产品交易与物流中心。到2020年，有效提升海南农产品的标准化加工和冷链物流设施建设与运行水平，扩展专业化物流服务企业能力，提升海南热带农产品的出口能力和国际竞争力，将物流终端延伸至周边及发达国家消费者市场，将海南建成国际性热带农产品交易与物流中心。

15.2.2.3.3 物流信息平台建设

(1)发展目标。以海南省信息化建设为指导，以海空港口信息系统为龙头，以口岸物流和产业供应链建设为主线，以物流设施为依托，以物流服务企业信息系统为单元，以信息系统维护与升级体系建设为保障，以工商企业物流管理信息系统建设和信息管理技术应用推广为支持，实现海南省物流设施与物流服务企业以及物流服务目标企业的信息连通。2012年启动全省物流公共信息平台的建设，到2015年初步形成港口物流系统、空港物流系统、陆路物流系统三大系统内的公共信息平台建设。到2020年，全面完成三大物流系统信息平台的连接与并网运行，形成集政务与商务、政府与企业、设施与运行、服务与保障各类功能齐全的海南省物流公共信息平台系统，成为海南省现代物流产业发展的重要支撑。

(2)信息平台的基本功能框架。海南省物流信息平台的基本功能包括公共信息服务和物流信息管理两大方面：

①公共信息服务功能。包括政府信息服务功能、数据交换功能、物流信息发布功能和电子商务、信用监管等功能。

②企业物流信息管理功能。为各类具有物流信息和管理服务需求的企业，提供方便、安全

的平台服务。

15.2.2.4　政策措施

15.2.2.4.1　发展政策

发展政策主要包括：一是完善物流管理体制；二是加大财政资金扶持力度；三是严格现代物流项目确认规定；四是完善物流统计指标体系；五是强化物流人才培养；六是大力推进物流服务理念、服务模式和服务技术的提升；七是发挥物流行业协会的作用；八是加快多式联运的发展；九是推进物流业全方位开放与合作；十是营造公平有序的物流市场环境。

15.2.2.4.2　保障措施

保障措施主要包括：一是加大省服务业发展专项资金对现代物流业的扶持；二是支持物流企业发展；三是加强物流通道建设；四是完善物流运输车辆管理；五是扶持工商企业分离物流业务；六是支持引进国内外知名物流企业；七是努力提高物流通关效率；八是发挥试点企业的示范作用；九是完善物流项目用地管理及报批程序；十是积极拓展物流企业融资渠道。

15.3　市域物流产业发展规划案例

市域物流产业发展规划是指依托特定城市的经济社会发展需要进行的物流产业系统性规划。所规划的物流系统其空间布局与作用范围均在现有城市行政区划界内，其意义主要是针对城市域经济发展的要求，规划构建服务于特定城市和特定产业的物流产业框架和服务运行系统，通常情况下应结合和遵循该城市所在省份的统一规划和相关政策指导，但有时会因城市地位的差异（如直辖市或计划单列市）出现产业发展与运行范围上的局部超出或影响范围扩大。

15.3.1　华中物流中心规划

根据武汉市人民政府制定的经济发展总体规划，武汉市提出发展现代物流，支持工业、商业流通、交通运输、信息等构成国民经济重要支柱和基础的各类产业，要把武汉市建成华中地区重要的经济、贸易、金融、交通信息、科技教育等五大中心和光电子信息、现代制造业、钢材生产、生物工程和新医药、环保等五大产业基地。上述宏伟规划的实现迫切需要现代物流业提供高效率、全方位的服务支持。武汉作为区域经济中心城市的地位，发挥其区域经济中心的作用，使武汉的综合物流能力与其作用的发挥相匹配，华中物流中心的规划建设是发展物流的必然的、更为宏观的、更具国民经济意义的重要举措和正确途径。

15.3.1.1　华中物流中心总体战略目标

15.3.1.1.1　发展战略目标

全方位参与、全过程推进，发挥优势、挖掘潜能，培植核心竞争能力、提高经济发展动力，提升经济增长质量、巩固区域经济地位。

15.3.1.1.2　总体规划框架

依托武汉市在华中经济区域的中心城市的特殊地位，以武汉为华中物流中心的核心，以武汉及周边城市物流基础设施与物流企业为基础，以国家综合运输网络现代化为主干依托，构筑四重物流服务时域圈和四大物流服务主通道，形成我国华中地区物流产业发展与运作的“双四”架构。华中物流中心服务区域如图 15-5 和图 15-6 所示。

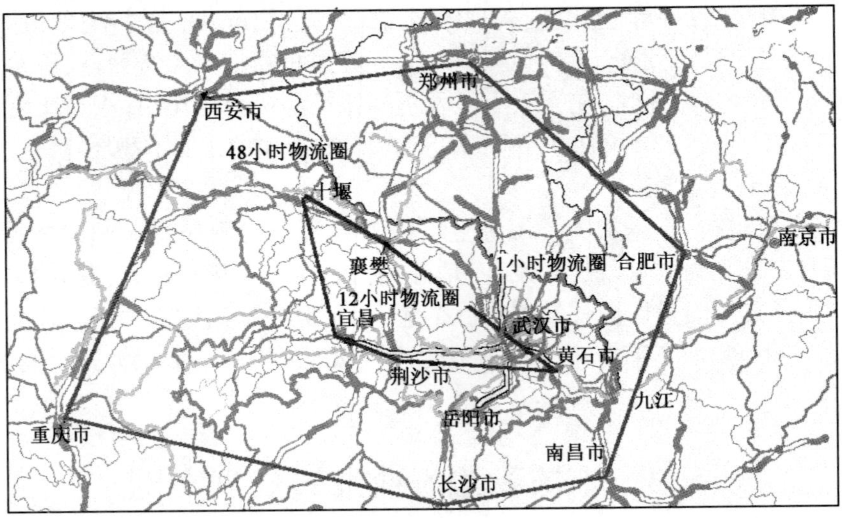

图 15-5　华中物流中心服务区域(国内)

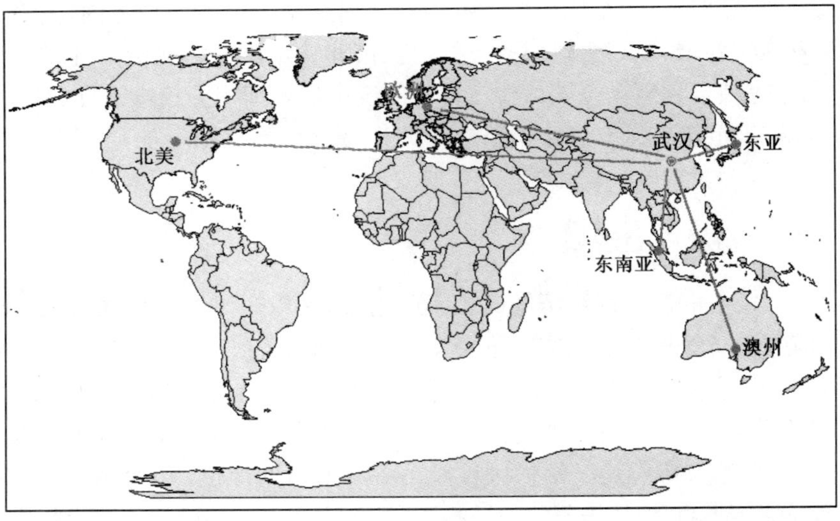

图 15-6　华中物流中心服务区域(国际)

15.3.1.2　华中物流中心发展基本思路

15.3.1.2.1　重视物流基础设施与物流服务市场体系的规划和建设

武汉市将以华中物流中心建设作为契机和突破口，促进武汉市现代物流产业的形成，迅速提高武汉市现代物流服务水平，初步完成武汉市物流资源的首次整合与重新配置，带动全市物流产业的全面启动。武汉市有关部门应打破部门分割和行业界限，在土地、贷款、税收等方面，给予华中物流中心建设启动项目较为优惠的相关扶持政策和更大的发展自由度，以确保以华中物流中心为核心的物流运作体系建设和运作能力培育创造体制环境和条件。同时应加强对物流服务市场建设与运行的监督指导，通过不断完善各项法律、法规，维护市场的稳定发展和有序竞争，为物流社会化服务体系的建立创造积极的市场环境。

15.3.1.2.2　加快物流业的技术进步，提高物流业发展的技术含量

华中物流中心的发展必须紧紧依靠技术进步，最大限度地提高物流业发展的技术含量。充分发挥研究咨询机构在理论研究及应用技术研究方面的优势，重视物流标准化工作，积极开发、研制能有效提高物流效率的运输、搬运装卸、仓储、包装、条码及标志印刷、信息管理等的技术装备，并使其具有产业化发展能力。加强对适合企业生产、经营、管理、组织等特点的各种物流组织技术及理论的研究，为物流企业的发展准备组织技术条件。高度重视物流专业人才的培养和培训，建立物流经营、管理人员和从业人员的上岗培训机制，使人才成为促进华中物流中心发展的重要推动力量。

15.3.1.2.3　抓紧进行物流基础设施系统建设，提高物流的组织化能力

积极发挥和行使政府在解决城市功能紊乱、缓解城市交通压力、合理布局基地设施等方面的独特职能作用，将华中物流中心设施建设融入到强化产业布局、明确城市功能、疏导和合理组织交通的整体目标之中。同时，充分调动企业投资物流中心的积极性，周密考虑武汉基础设施投资及体制改革的现状能力，从运输和仓储业现有存量资产的合理利用入手，积极吸收社会资金加盟，解决建设资金不足的问题。

15.3.1.3　华中物流中心建设支撑性项目

15.3.1.3.1　物流基地

在武汉城区与郊区的结合部上设立两个现代化、大型、多功能物流基地，即舵落口物流基地和阳逻物流基地，并充分考虑未来发展而在适当位置上为可能出现的新的物流服务需求预留足够的土地。物流基地的规划目标年为2005年和2015年，基地总规模占地533万平方米(8 000亩)左右。

15.3.1.3.2　物流中心

建设武汉万吨冷库区冷冻(藏)食品物流中心，占地总规模按10万平方米进行控制，物流处理能力25万吨；建设升官渡物流中心，占地总规模按年7万平方米进行控制，物流处理能力20万吨。

15.3.1.3.3　配送中心

建设武汉商贸配送中心、武汉商储配送中心、武汉农资配送中心和武汉物资配送中心，占地总规模45.5万平方米，最终物流处理能力137万吨。

15.3.1.4　物流企业与企业物流发展规划

15.3.1.4.1　物流企业

物流企业在广义上指从事物流相关活动的各类企业，包括运输、仓储和相关的代理企业，也包括目前正在兴起的第三方物流企业。现有运输及仓储企业要适应物流的发展，首先必须确立合作意识与服务意识，根据自身特点制定相应的发展对策；第三方物流企业则应充分发挥优势，在华中物流中心的发展中承担带动者角色。

15.3.1.4.2　企业物流

华中物流中心建设的重要标志之一，是充分发挥武汉的区位及高效物流服务的优势，建立

工业、商贸物流服务体系,以武汉为中心构筑区域性物流组织系统,为企业物流管理的发展营造良好氛围。鉴于武汉及周边城市企业物流开展现状,以武汉为中心的工业、商贸企业现代物流服务发展途径主要体现在三个方面:运输组织调整、物流运作条件创造和以物流为依托的市场经营条件。

15.3.1.5　物流管理规划

充分考虑现代物流运作的跨行业、多环节、综合性和技术含量高的特点,构建适应发展的全新的管理组织系统;在物流相关的各级政府主管部门和行业协会,树立现代物流产业发展意识,在管理方法与手段上进行相应调整,构建对物流各环节、各领域发展具重要影响,也是最为基础的部门分工明确、运作协调的管理体系。成立华中现代物流产业发展促进委员会或其他协调机构,由其协助政府部门共同完成对现代物流产业发展具有推动性作用的规划制定、信息发布、物流产业发展组织协调、技术推广、宣传联络、人才培训等方面工作。

15.3.1.6　综合性政策建议

武汉市建设华中物流中心、加快发展物流业是一个庞大而复杂的系统工程,涉及许多产业和领域,必须有针对性地在政府部门领导、行业协调、产业政策、市场培育、技术支持等诸方面采取一系列政策及措施。一是提高认识,明确发展现代物流的指导思想与总体目标;二是加强领导,发挥政府部门在推动物流业快速发展中的作用;三是完善行业协会组织,加强物流业发展中的行业协调和行业自律;四是创造积极的政策环境,保证华中物流中心健康发展;五是促进产学研结合,加快引进、培养和造就我国物流业发展所需人才;六是重视并加强物流基础设施的规划和建设。

15.3.2　哈尔滨市现代物流产业发展规划

15.3.2.1　发展战略

15.3.2.1.1　指导思路

以市场为导向,以企业为主体,以信息技术为支撑,以提高供应链管理水平为核心,以实现物流资源整合为出发点,营造现代物流产业发展的政策环境,建立配套完善、服务高效的现代物流服务体系和行政管理机制。大力开展专业化、社会化的物流服务,提高物流服务质量和效率,降低社会物流成本,为哈尔滨市经济和社会的全面、协调、可持续发展和全面建设小康社会,建设资源节约型、环境友好型社会提供相应的物流保障。

15.3.2.1.2　基本原则

坚持为社会经济发展服务的原则;坚持高起点建设,适度超前发展的原则;坚持发挥自身优势,整合与新建相结合的原则;坚持统筹规划,协调发展的原则;坚持物流综合效益相统一的原则。

15.3.2.1.3　发展定位

哈尔滨市物流产业发展的目标定位为:全省物流网络“龙头”;东北北部物流中心;东北亚国际物流重要节点;洲际性的物流中心城市。

15.3.2.2　发展目标

15.3.2.2.1　总体目标

依托哈尔滨市未来经济发展总量、经济辐射能力和综合运输网络，大力引进和采用先进的物流组织、技术、设备和管理经验，优化产业结构，培育发展具有核心竞争力、规模合理、技术装备和管理水平较高的物流产业集群；形成以物流园区为主的社会化、专业化物流设施平台；加快物流市场培育，逐步形成高效、快捷、准时、经济合理的现代物流服务网络体系，促进哈尔滨国民经济快速发展和人民生活水平的提高。

15.3.2.2.2 物流产业发展目标

物流业增加值的增幅高于国内生产总值的增幅；到2010年，全社会物流总成本与GDP的比值下降4个百分点；到2010年，全市社会货运量达到12 500万吨。

15.3.2.2.3 产业物流发展目标

建成工业生产资料和产成品配送的工业物流体系；建成以农产品、农资配送为主的涉农物流体系；建成以提高、完善城市商业服务体系为主的城市物流配送体系。

15.3.2.3 发展步骤

根据哈尔滨市现代物流产业发展目标，哈尔滨市物流产业发展立足于“十一五”期间，展望到2020年，分为三个发展阶段。

15.3.2.3.1 资源整合和集中建设阶段(2006—2010年)

围绕哈尔滨市现代物流“十一五”发展目标，对现有的物流资源进行整合，集中建设物流基础设施平台以及综合物流服务体系，使其为区域物流竞争能力的提升，哈尔滨现代物流的发展打下坚实基础。

15.3.2.3.2 核心竞争力和产业集群形成阶段(2011—2015年)

逐步形成哈尔滨市物流产业的核心竞争力，扩大物流产业集约化经营的规模和效益，形成物流产业集群，使物流业发展成为哈尔滨市的支柱产业，巩固东北北部物流中心枢纽地位，初步建成东北亚国际物流节点城市。

15.3.2.3.3 成熟和提升阶段(2016—2020年)

开拓物流产业发展空间，扩大物流服务品种和辐射范围，优化物流产业结构，提高物流服务质量，形成完善、高效的社会生产、生活物流保障体系，构建完善的物流基础设施网络体系和物流运营体系，形成全国乃至东北亚经济圈现代物流中心。

15.3.2.4 哈尔滨现代物流体系规划

哈尔滨市现代物流体系是涉及政府、行业和企业多个层次，涉及国民经济多个部门，涉及社会生产和生活多个方面的综合体系。哈尔滨市现代物流体系主要包括物流基础设施网络体系、物流信息系统、物流运营体系、专项物流等。

15.3.2.4.1 物流基础设施布局规划

综合考虑全市交通运输条件和区域经济发展情况，结合全市已形成的交通经济区域和产业布局特点，围绕哈大齐工业走廊建设和哈牡绥对俄产业带建设对现代物流产业发展的需求以及与周边省和市(区)相互关系等因素，哈尔滨市物流体系形成“一核一圈一带”的物流布局结构，即以哈尔滨城区物流系统为物流产业发展核心，以哈尔滨都市卫星城为物流辐射圈和以沿江6县为物流带，形成“一核一圈一带”的物流布局结构。

15.3.2.4.2 物流通道规划

发展现代物流的重要措施是建立综合运输体系，打破交通行业各部门的条块分割、各自为政，实现各种运输方式有效衔接、合理配置；充分发挥各种运输方式的优势，实现社会运输资源的有效整合。以哈尔滨为中心，以辐射全市公路网和铁路网为支撑，重点发展公路和铁路沿线的物流网络体系。到 2010 年，全市基于综合运输体系的物流通道发展成为：各种运输方式健全合理，内外物流通道顺畅，交通物流枢纽（场站）有机匹配，运输综合效能高，运输成本合理的综合物流通道体系。

15.3.2.4.3　哈尔滨市物流运营体系

结合东北老工业基地振兴战略和对俄经贸科技合作战略升级纲要，围绕服务于装备制造、石化、食品、医药、国防科技等支柱产业，整合哈尔滨市物流相关产业，在物流运营体系方面主要构筑产业物流体系和专项物流运营体系。在产业物流方面主要构建三大物流体系，一是构建工业生产资料和产成品的工业物流体系；二是构建以农产品、畜牧产品、农业生产资料和农机为中心的涉农物流体系；三是构建以商贸物流、外贸物流和第三方物流为主的服务业物流体系。专项物流运营体系主要是构建绿色物流、应急物流、冬季奥运物流体系。

15.3.2.4.4　企业物流和物流企业

(1)发展目标。整合创新现有物流企业，至 2010 年，培育 1～2 个具有国际竞争力的大型物流企业集团；同时，重点培育发展综合型的第三方物流企业；使第三方物流占全市物流服务业的 20%。2020 年第三方物流服务市场的比例达到当时国际上发达国家水平，国际物流业务主要由第三方物流企业承担。

(2)发展思路。以哈尔滨市区位优势、产业基础优势为前提，以现有物流企业为基础，以市场化运作为准则，以整合、创新为主线，在积极推动传统物流企业向现代物流企业转变的同时，大力推动第三方物流企业的发展。

(3)发展重点。生产制造企业的物流创新、商贸流通企业的物流创新、第三方物流企业(3PL)的培育和发展、公(铁)路货运站(场)、仓储企业；大力扶持第三方物流企业；对电子商务企业给予行政支持和严格管制，解决信用不足问题；综合服务型第三方物流企业(3PL)；以上述物流企业之间、物流企业与信息咨询企业之间的多样化联合为途径，建立契约型的综合服务型第三方物流企业，为工商企业提供运输、仓储、加工、配送、信息、市场营销、企业物流方案设计等综合物流服务。

15.3.2.5　专项物流

15.3.2.5.1　绿色物流

绿色物流是以降低对环境的污染，减少资源消耗为目的，利用先进的物流技术、物流产业发展规划和管理，实施包装、运输、仓储、装卸搬运、流通加工、配送和废弃物回收等物流活动。主要发展措施为：通过多式联运，降低货运汽车运输量的比例；发展第三方物流，实现共同配送；物流系统合理规划；应用信息技术，实现物流管理智能化。

15.3.2.5.2　应急物流

应急物流是指应对突发事件（包括抗洪抢险、抗震救灾、森林灭火、疫情控制等）的一系列紧急物流保障系统行动。主要发展措施包括：构筑高效灵活、军民一体的应急物流指挥体制；制订科学合理的应急物流保障系统预案；搞好应急物资的合理储备和及时配送；确保应急物流保障系统的信息顺畅；完善应急物流保障系统的法规体系。

15.3.2.5.3　冬季奥运物流

冬季奥运物流系统的总目标是:依托哈尔滨市基础条件,尽量利用社会现有物流设施,合理规划建设冬季奥运专用物流设施,保障2009年世界大学生冬季运动会成功举办。主要发展措施为:一是从系统角度对冬季奥运物流系统进行规划,对冬季奥运会前期、中期、后期的建筑物流、器械物流、生活物流、废弃物物流等需求提供有效的管理和实施监控支持;二是建立冬季奥运供应链物流信息系统,构建冬季奥运物流信息平台,充分满足冬季奥运物流信息服务需求;三是制定冬季奥运物流系统的运作机制与保障体系,支持大冬会成功举办和未来冬奥会成功申办;四是成立冬季奥运交通和物流研究中心,成立由有关部门组成的联合领导小组、项目协调组和专家顾问组,制订2009年世界大学生冬季运动会物流产业发展规划,开展冬季奥运物流技术研究,举办相关国际研讨会与展会。

15.3.2.6　政策措施

15.3.2.6.1　物流行政管理规划

哈尔滨市现代物流行政管理规划的目标模式是建成高效科学的物流行政服务机制,精简行政审批程序。建设统一的运输交易中心,工商、海关、金融、交通、公安等部门进驻物流基地和物流中心,实行“大通关”机制,提供贴近式行政服务。

15.3.2.6.2　物流行政管理规划的主要政策

扶持重点物流项目和物流产业,规范物流企业注册审批,整顿规范收费管理,提供税收优惠,积极拓宽融资渠道,提供必要建设用地,加强财政扶持,优化运输车辆管理。

15.3.2.6.3　物流行政管理规划的主要内容及措施

市政府应抓紧组建全市现代物流工作协调领导小组,发挥其组织、协调、规划的职能,统一指导和协调全市现代物流业行政管理的相关工作,科学制定发展规划,积极培育物流服务市场,加强物流资源的整合与开,加快发展物流企业集团,加速现代物流业人才培养,加快物流标准体系建设,社会信用体系的建设,积极扩大对外开放,加快物流业有关的地方法规制度的建设。

15.3.2.6.4　物流行政管理规划保障措施

针对物流产业发展对政府管理提出的要求,加强领导,精心组织,严格落实,营造环境,创造条件。

15.3.2.6.5　物流企业发展措施

提高制造业物流管理水平,积极发展第三方物流,改革传统经营业态,引进现代流通方式,加强物流企业的整合,发展优势产业物流。

15.4　物流园区规划案例

15.4.1　合肥物流园区规划

15.4.1.1　园区建设的意义

15.4.1.1.1　物流产业发展的实践与示范平台

作为合肥市乃至安徽省物流产业发展的重要示范性项目，合肥物流园区的建设将通过园区设施建设和园区内企业物流服务的具体运作，建立起合肥市现代物流产业发展的基础平台与运作基地，引导和扶持合肥市现代物流企业发展，逐步建立起合肥市乃至安徽省区域内现代物流运作、组织和信息管理的系统框架。

15.4.1.1.2 改善物流产业供需关系

合肥物流园区的建设，将有效引导和转化合肥市潜在的物流需求，提高合肥市的物流服务供给能力与水平，有利于对非社会化物流资产的整合利用和物流服务的社会化，有利于行业自律与良性竞争，为降低物流交易成本和提高物流服务效率提供有益的尝试与实践，有效扩大物流服务的市场需求，通过建立良好的市场秩序，形成对物流服务企业活动的规范化与积极引导。

15.4.1.1.3 提升物流产业发展水平与作用

合肥物流园区将依托区域核心城市合肥市，通过对合肥市宏观物流调控、微观物流组织管理以及人才培养、资产整合、基础设施建设运营等方面工作的全面实践，有效地提高合肥市经济发展的对外交流环境和内部协调条件，支持合肥市保持经济发展的强劲后劲和健康良好的市场竞争环境秩序，从而实现支持合肥市国民经济和社会发展的最终目标。

15.4.1.2 *总体发展设想*

根据合肥物流园区的市场定位，合肥物流园区的总体功能规划将围绕物流服务运作、物流环境建设和物流产业发展推进三大功能进行。

15.4.1.2.1 合肥物流园区总体结构

根据园区总体功能的定位，依照发挥其总体功能的基本原则，在物流园区管委会的直接领导和组织下，通过园区基础设施建设和园区管理系统建设，按照园区系统建设规划，将物流运作企业引入园区，构建合肥物流园区服务运作系统，通过服务功能与服务内容的不同组合，最终构成合肥物流园区的三大服务运作功能平台，即公铁联运中心、区域物流中心群和城市配送中心群。

15.4.1.2.2 能力规模预测

本次规划中，根据近年来合肥市运输总量、库存总量和配送总量的统计结果，按照未来需求发展趋势与实际能力的匹配要求，同时考虑其中供应链意义上的第三方物流服务量与适用货类物流库存量对公用设施的需求程度，根据合肥物流园区三大主服务区的基本功能，分别确定了配送中心群、物流中心群和公铁联运中心的能力规模，最终确定合肥物流园区基本规模。

合肥物流园区最终能力估算为：2005 年约 300 万吨，95 万平方米；2010 年约 680 万吨，190 万平方米；2015 年约 1 300 万吨，330 万平方米。铁路专用线、园区主通道及通道连接线线路总长度 35 公里(其中铁路专用线 10 公里)，总投资规模 27.42 亿元。

15.4.1.2.3 建设模式

以合肥物流园区管委会及相关制度建设为基础，以合肥物流园区建设发展公司为执行主体，利用开发区拥有的土地资源和资金资源，借助合肥市政府以及社会各界的共同努力，完成园区物流基础设施(包括库场、信息系统和园区道路系统)建设任务，依靠园区成功的运行换取园区发展的时间和空间以及部分发展资金，实现合肥物流园区的“分期建设，滚动发展”的终极目标。

15.4.1.3　园区运行管理规划

15.4.1.3.1　园区的管理结构

以新站试验区管委会为依托，组建合肥物流开发区管委会，主管园区内的行政事务，并协助和支持合肥市相关行业管理部门的行业管理，对园区内企业进行协助执法与督促检查；新组建的合肥物流园区建设发展公司将根据管委会制定的建设开发规划进行具体的项目建设，并承担未来园区设施的经营性活动；进入园区的企业在业务开展上独立进行，在外部环境协调上服从园区管委会统一管理，在设施使用与能力调节上与园区建设发展公司建立经济关系。

15.4.1.3.2　园区的基本运行模式

以物流开发区管委会为管理核心，以行政管理与服务为主要任务，负责整个园区的发展规划与运行规则的制定与调整；以园区建设发展公司为运行主体，以园区建设与园区经营为其主要任务，吸引、协助物流企业进入园区，实现园区的正常经营；以进入园区的物流企业为运行基础，通过上述企业的具体服务活动实现物流园区的功能发挥和园区未来发展的积累。

15.4.1.4　运作系统规划

15.4.1.4.1　园区的运作管理结构

合肥物流园区的运作管理具有三个层次，即决策层、执行层和实施层。三个组织层次是一种以园区行政隶属关系为基础、以资产管理为纽带的自上而下进行纵向组织管理和横向经营联系的关系。通过对园区建设性质和合肥市发展物流园区的基础条件的分析，选择采用“经济开发区模式”作为合肥物流园区建设和发展的基本商业模式。

15.4.1.4.2　园区的服务功能定位

根据现代物流的特征以及对物流园区的功能定位，考虑到物流企业和企业物流管理的发展需要，园区物流服务方式应体现在为客户提供专业化物流服务、为客户提供快速响应物流服务、为客户提供高水平的物流系统服务，建立集物流、商流、信息流于一体的新型物流配送中心等四个方面。

15.4.1.4.3　园区的运作保障系统

合肥物流园区发展的运作保障系统，主要包括园区建设与发展的政策、规章制度、运作手段及措施保障和园区发展的管理、运营环境的保障等。保证物流园区健康、高效运行的政策和规章制度涉及物流园区开发建设的商业模式设计中提及的发展机制、建设机制、管理机制、运营机制等有关的政策和管理机制。

15.4.1.5　园区功能规划

15.4.1.5.1　功能区平面布局与设施设备配置规划

15.4.1.5.2　运力配置规划

区域干线物流系统将以合肥物流园区为核心，依托国省道、高等级公路的交通优势条件，以大型、超大型封闭式货车作为主力车型，构筑高速公路干线物流通道，逐步完善区域干线快运体系。

城际快运将根据城际间货运需求规模开展运力的配置，结合合肥物流园区建设，对车辆的更新和运力的合理配置进行统一规划，逐步实现对物流中心集约和衔接功能的支持，小型与大型封闭式货车、冷藏集装箱货车是城际间干线快运运力的配置发展方向。

市内配送运力的配置以各类小型厢式货车和邮政递送车辆为主，满足城市日常生活和商业活动对物流配送的需求，充分利用现有的车辆和仓储设施，满足集中配送服务需求发展的要求，从物流成本效益和运力合理化角度进行设置。

15.4.1.5.3　信息系统规划

合肥物流园区的信息系统由合肥物流园区建设开发企业实施，以园区信息平台为主体架构，是政府与企业间的联系桥梁，也是入园企业业务开展的信息依托与服务组织平台。

物流信息平台的服务功能包括物流公共信息服务和企业专业信息服务两大功能，物流公共信息服务功能包括政府信息服务功能、数据交换功能、物流信息发布功能和电子商务功能，使政府的信息服务成为推动和支持物流产业发展的重要力量。

企业物流信息管理功能按照《合肥市现代物流业发展规划》，物流园区组织实施合肥市物流信息平台，为适应企业物流信息管理的多样化需求，其功能将采用模块化设计，将主要包括系统管理、运输仓储管理、EDI、信息发布等八大功能模块，主要服务于引导合肥市域范围的企业的发展，为物流企业服务运作提供双向的信息服务通道。

15.4.1.6　园区运行体系设计

涉及物流园区开发建设的商业模式、园区内物流整体运作、园区物流服务机制、园区运作保障机制、园区发展环境体系设计等诸多方面。对物流园区运行问题进行规划设计的主要原因是使缺乏现实需求的物流园区能在规划建设中尽快实现设计功能、发挥物流服务组织和产业集聚作用。

15.4.1.7　财务分析及评价

合肥物流园区的建设内容包括园区物流设施建设、园区通道建设和物流信息系统建设三大主要任务，其中物流设施建设为分期实施，园区通道系统和物流信息系统为一次性建成，预计总投资规模 27.42 亿元。

根据计算，本次园区建设项目的财务分析结果为：企业财务内部收益率为 3.27%；在基准收益率定为 3%的条件下，企业财务净现值为 862 万元；企业投资利润率为 2.45%；项目投资回收期为 22.45 年。

计算结果表明，由于园区项目建设本身是一项公益性很强的工程，其建设意义主要反映在支持和促进合肥市经济发展的社会效益上，而合肥物流园区建设的直接财务效益较低。但根据目前国内成功的物流服务企业 10%以上的平均投资利润率计算，园区企业年平均利润水平将达 2.5 亿元以上，年均上缴所得税将达到 0.8 亿元。

15.4.1.8　政策及运作保障

15.4.1.8.1　物流园区发展的优惠政策和运作保障政策

包括出台相关财政、税收、审批与土地等领域的优惠扶持政策与相关执行细则；鼓励各类投资主体参与园区物流基础设施的建设；建立物流基础设施建设投资的综合补偿机制；为园区物流服务及管理企业提供运作支持。

15.4.1.8.2　积极引导和培育市场需求

主要是推进工业及商业企业物流管理技术的应用；提高物流企业的经营管理水平；加快流

通体制和流通经营管理方式的改革；加强物流市场的监管水平。

15.4.1.8.3　努力协调园区发展相关的各个部门的关系

要发挥政府部门在推动物流业快速发展中的作用；完善行业协会组织、加强物流业发展中的行业协调和行业自律。

15.4.1.8.4　设立物流园区启动建设项目，充分发挥示范带动作用

创造启动项目发展所需的政策环境，提高启动项目的技术含量；抓紧进行示范性物流基础设施的建设；努力探索适应园区发展的招商引资方式。

15.4.1.8.5　建立科学的园区建设发展机制

认真做好园区项目建设的前期工作准备；合理安排建设时序，滚动发展；建立风险防范机制，规避风险。

15.4.2　兰州公路货运主枢纽东部物流园区规划

兰州是新亚欧大陆桥上重要的枢纽城市，也是全国32个物流中心之一，发展物流业有着区位交通优势、物流基础优势、市场供给优势、信息服务优势以及巨大的物流需求优势。兰州公路货运主枢纽东部园区的建设，将通过园区的集中组织和管理作用，充分发挥兰州交通枢纽与产业基地的优势，重组与整合各类物流服务企业的资源，促进兰州市实现经济发展方式的转变，提升兰州市物流业整体的运作效率与服务规模。

15.4.2.1　发展战略

15.4.2.1.1　战略意义

(1)促进区域物流系统的完善。促进物流系统的运作一体化，从基础设施和功能角度为物流系统各运作环节进行有机的联系和衔接创造条件，促进物流系统的建立和运作的一体化。

(2)促进物流系统的布局合理化。完善国家公路货运枢纽建设，促进区域物流资源整合与效益发挥，支持依托交通枢纽产生积聚效应，促进区域经济的快速发展，提升兰州市的区域功能地位，促进区域及城市经济的发展。

(3)提升区域物流整体运行水平。促进物流整体运行环境的改善，并吸引产业的聚集和发展，最终促进区域物流市场的进一步发育和物流市场的规范化，从而为区域物流向集约化和专业化的方向发展创造有利的条件。

15.4.2.1.2　总体定位

以服务于定西农产品及农资专业化物流业务为起步发展时期的市场目标，以支持兰州公路主枢纽功能完善和承担兰州市城市商贸物流服务需求为后续市场发展目标，以满足定西城市经济发展中工、商业企业发展壮大所产生的物流管理为物流产业与城市产业互动市场目标，使兰州公路主枢纽东部物流园区成为为区域及城市提供运作设施和集成环境的综合性物流园区。

兰州公路枢纽东部物流园区的总体市场地位主要包括四个方面：以农资及特色农产品的区域分销中心为基础的专项服务市场定位；以兰州公路主枢纽系统设施为基础的综合服务市场定位；以特定的服务领域和区域商业零售业的配送中心为基础的附加服务市场定位；以公共配送中心为基础的区域服务市场定位。

物流服务运作、运输枢纽运行和物流服务环境建设将成为兰州公路主枢纽东部物流园区

的三大主体功能，并将围绕上述功能构建目标市场。

15.4.2.1.3　发展战略

以现代物流产业发展趋势和物流园区发展的规律为指导，充分利用兰州交通主枢纽的区位优势，通过完善物流园区对外和内部交通、市政等物流基础设施的建设，以兰州、定西两城市既有的物流相关产业和市场需求为基础，通过“政府主导、依托核心企业进行开发”的发展模式，引导符合园区发展方向与思路的物流企业进驻，集中开发一片，形成园区开展物流活动的初步运行环境和示范效应，并通过提高园区运行管理水平，健全相关法律法规，培育、规范物流市场，创造良好的物流市场运行环境，以兰州运输主枢纽形成的交通条件为依托，吸引产业聚集，形成资源的有效配置和在区域内的集散效应，实现物流园区的健康持续发展。

15.4.2.2　园区设施布局

15.4.2.2.1　能力与规模

根据本次研究结果，兰州公路主枢纽东部物流园区最终能力规划确定为：2010 年 150 万吨，2015 年 210 万吨，2020 年 330 万吨。根据对物流园区服务能力的需求，兰州公路主枢纽东部物流园区物流服务设施的最终建设规模估算为：2010 年约 54 万平方米；2015 年约 75 万平方米，2020 年 120 万平方米。

15.4.2.2.2　园区设施布局

按照对物流园区的功能规划要求，本次规划中将依托农产品与农资交易、运输配送服务和综合性商品销售服务三种主要物流服务形式，将园区设施布局划分为农产品与农资物流服务区、运输配送物流服务区和综合商业物流服务区等三个主要功能区（图 15-7），建设面积分别为 16.2 万平方米、27 万平方米和 10.8 万平方米。整个服务区最终占地面积 54 万平方米，位于规划区中部，预留西部未来发展区，其中，库区建筑面积约为 16 万平方米。

图 15-7　兰州公路主枢纽东部物流园区各功能区布局

在空间布局上，以规划中的铁路专用线为主轴由北向南呈一线布置，由物流园区内部主通道将各个功能区进行分隔和连接，由 1 条铁路专用线和 8 条不同等级公路共同组成物流园区通道系统。

15.4.2.2.3 信息系统建设

本次研究中，规划了物流园区未来的信息平台的基本功能与结构，并提出建议交由物流园区建设和开发企业按规划的框架结构和功能进行开发、建设和运营管理，并争取得到兰州市及定西市政府行业信息系统建设的支持与合作进行共同建设，以便物流信息平台能够兼顾政府物流管理信息与社会物流信息服务，同时确保信息平台的经营效益。

15.4.2.3 园区运行规划

15.4.2.3.1 经营管理规划

由相关各方共同组成园区管委会，负责兰州公路主枢纽东部物流园区的规划、建设及运行管理职能，制定并实施相关规划、园区发展政策、管理与组织实施措施，并负责协调入园企业间的关系，同时负责园区各类运行资源的整合。整合任务主要包括以下几个方面:经营主体、货源市场、运输资源，实现园区物流服务功能、运输服务功能和商贸交易服务功能在运行层面的整合。

15.4.2.3.2 运作系统结构

兰州公路主枢纽东部物流园区的运作系统总体上应具有三个层次，即决策层、执行层和实施层。三个组织层次是一种以园区行政隶属关系为基础、以资产管理为纽带的自上而下进行的直线纵向组织管理和横向经营联系的关系。

决策层由政府行业管理部门，以及直接对园区行使管理职能的园区管委会两个层次构成，其主要职能是在国家和区域经济发展宏观政策背景下，根据引进物流园区企业和企业进入园区以后的发展需要，制定物流园区发展政策、管理与组织实施措施和协调企业间的关系。

执行层是在决策层之下，具体进行物流园区建设开发的企业和具体进行物流经营管理、工商业生产、辅助服务企业的集合，执行层的核心是物流园区开发建设企业和园区物流运行核心企业。组建“兰州公路主枢纽东部物流园区建设开发公司”，专门负责物流园区的项目建设和建成后的管理和运营。

支持层是为物流园区运行所提供的生产、生活基础性支撑平台，主要包括物流运作平台和物流信息平台两个方面。

15.4.2.3.3 运力配置与衔接

以园区的运输配送服务区为核心，依托国省道、高等级公路和区内道路的交通条件，连接周边能源供应地、兰州市和各个马铃薯主要产区，开展以货运控制—运输组织—运力控制模式下的钟摆运输和三角运输，逐渐调整运力结构，逐步扩展服务范围，构筑高速公路干线物流通道。

市内配送运力发展应充分利用现有的车辆，以各类中型厢式货车和邮政递送车辆为主，发展部分大型箱式运输车辆，满足定西市和兰州市日常生活和商业活动特别是兰州市汽车及零配件对物流配送的需求。

15.4.2.4 研究结论

15.4.2.4.1 园区建设财务分析

兰州公路主枢纽东部物流园区固定资产投资额为57 927.5万元(含征地拆迁费、建安费、设备费)。财务分析结果如下:

(1)所得税前。财务内部收益率为12.4%;财务净现值为35 236.2万元;动态投资回收期为8.71年(包括建设年)。

(2)所得税后。财务内部收益率为10.6%;财务净现值为24 205.8万元;动态投资回收期为9.38年(包括建设年)。

分析表明:上述投资行为收益合理、财务内部收益率大于基准收益率,财务上可行,并具有一定的抗风险能力。

15.4.2.4.2　经济及社会效益分析

根据对兰州公路主枢纽东部物流园区的市场、建设环境与条件等的分析结论,在经济分析与评价的基础上进一步进行分析,本项目的规划建设促进了提升兰州东部及定西地区的产业集聚能力,有效地整合了土地、交通、环境等稀缺资源,有利于提高物流资源的配置效率与物流系统的建设及运行效率,具有十分显著的经济及社会效益。

15.4.2.5　规划实施建议

15.4.2.5.1　基本政策环境建议

本次研究建议,定西市政府针对物流园区项目在财政、税收、立法上出台优惠的产业政策。通过财政手段和政府投资机制,加大对物流园区周边衔接功能的交通、市政等基础设施投资,积极与高速公路管理部门和企业协调,选择合适的高速公路与物流园区的接口,积极争取铁路部门的支持。

15.4.2.5.2　招商引资政策

建议由物流园区管委会负责制定针对物流园区的鼓励和优惠政策,对入驻园区企业的建设和运营活动给予必要的补贴。建立起一套相对完善的社会保障体系及相关制度,同时,加速市场引导和培育,积极推进工业及贸易企业物流管理技术的应用,逐步提高物流企业的经营管理水平,在加强物流市场监管的同时,加快流通体制和流通经营管理方式的改革。

15.4.2.5.3　完善相关技术政策

建议定西市政府应对物流园区建设发展创造必要的技术政策环境,鼓励发展技术含量较高的企业,鼓励依托物流园区形成的产业聚集环境培育技术研发,高度重视定西市及物流园区开发建设所缺乏的物流专业人才的引进、培养、培训,为人才的引进和培训提供环境条件和经费支持,建立物流经营、管理人员和从业人员的上岗培训机制,使人才成为促进兰州公路主枢纽东部物流园区发展的重要推动力量。

15.5　交通枢纽物流产业发展规划案例

15.5.1　三峡现代物流中心发展规划研究

15.5.1.1　概述

15.5.1.1.1　三峡物流中心的建设内容及辐射范围

(1)建设内容。三峡物流中心是以宜昌市为载体,以完善三峡航运枢纽功能和提升航运能力为建设核心,以提升长江黄金水道航运服务能力为建设目的,以推进实施国家物流节点、通道规划为建设重点，以建设依托宜昌市的物流服务系统为项目支撑，通过综合规划和相关设施的整合建设，所形成的高效率、网络化现代物流组织、管理系统，是国家重要的区域性物流枢纽。

(2)辐射范围。三峡物流中心的辐射范围为"一线、两点和三区"：一线即长江黄金水道，作为长江航运枢纽节点，服务长江上、下游航运，确保黄金水道的顺畅联系。两点即三峡航运枢纽过闸点和宜昌市城区节点，一是提供三峡航运枢纽通航物流组织，通过物流服务分流过闸货物，转变过闸货物的运输组织模式，彻底缓解过闸压力，提升过坝货物的效率，降低综合物流成本；二是提高宜昌市在物流组织和服务上的能力和水平。三区即通过三峡物流中心功能的发挥，以物流节点和通道为支撑，以宜昌市为节点，为鄂西渝东地区、长江中上游地区和中西部地区提供依托节点的区域物流服务。

15.5.1.1.2　加快建设三峡物流中心的意义

按照国际、国内现代物流业网络化、规模化、集约化、信息化发展特征和规律，建设三峡物流中心，对加快区域经济发展和培育物流服务产业具有积极意义。一是对处于我国中西部地区经济发展相对滞后的宜昌市，寻求具有可持续发展能力的产业，对贯彻和落实科学发展观，实现区域及城市产业发展方式与内容的创新具有积极意义；二是对充分发挥宜昌市在三峡航运枢纽、长江黄金水道建设中的区位功能，以及城市和区域综合运输体系建设中的作用方面具有重要意义；三是对依托物流形成产业布局竞争能力，加快宜昌市城市经济发展，并培育现代服务产业方面具有现实意义。

15.5.1.2　三峡物流中心的定位与发展任务

15.5.1.2.1　发展定位

根据宜昌市所处地理区位、经济发展水平与环境，以及综合运输辐射条件，为提升三峡航运枢纽功能和配套能力，提高长江黄金水道的航运能力与服务水平，培育现代物流服务产业，三峡物流中心的定位为：通过完善以宜昌市为载体的三峡枢纽区域的航运等物流基础设施系统、物流服务功能和城市物流产业发展功能，使三峡物流中心成为我国中部地区南北物流通道、长江与运河物流通道、煤炭物流通道等多条物流通道上的重要区域性物流枢纽。

15.5.1.2.2　发展功能

根据三峡物流中心的发展定位，作为国家区域性物流枢纽，宜昌市将承载三大物流节点功能：一是为三峡枢纽工程配套及服务长江黄金水道的三峡航运中转中心；二是支撑长江中上游和中西部地区物流与运输物流枢纽中心；三是湖北省及鄂西渝东重要的区域性物流节点城市。建设三大发展功能的目的在于，有效支撑长江中上游地区和中西部地区物流与运输的高效率、网络化、集约化发展。

15.5.1.2.3　发展任务

(1)三峡枢纽和长江黄金水道航运服务系统建设。建设与三峡枢纽工程配套，有利于提升三峡枢纽航运功能的物流基础设施与服务系统，转变落后的过坝货物运输组织模式，从根本上解决船闸通航能力不足的问题。同时，建设与长江黄金水道航运功能发挥相适应的航运组织服务系统，为支撑我国长江中上游衔接地区及中西部区域经济发展，提供优质和高效的航运物流组织服务。

(2)城市物流服务系统建设。以航运服务系统建设为核心内容，实现与宜昌市物流产业发展有机融合，建设与宜昌市城市产业布局、经济提升发展及区域功能发挥相配套的物流基础设施与服务系统，支撑宜昌市经济发展质量、水平和区域经济竞争力提升，将物流产业培育为宜昌市新的经济增长点，加快宜昌市产业结构的调整和升级。

15.5.1.3 发展战略

15.5.1.3.1 发展思路

按照三峡物流中心发展定位，为抓住依托宜昌市建设区域物流中心的发展机遇，三峡物流中心的发展思路为：以解决三峡枢纽的过闸通航制约为切入点，紧紧依托三峡枢纽形成的航运条件，建设能充分发挥三峡枢纽和长江黄金水道航运功能，并与城市物流功能配套物流服务设施系统，通过三峡区域通航货物分段和直航运输相结合的物流运作模式创新，有效提高过坝货物和区域货物运输的组织化率，降低货运成本，提高运行效率，减轻大坝通航的压力，实现过闸货物与长江航运、城市物流运作方式的根本性转变。

15.5.1.3.2 发展目标

根据"系统建设与发展、突出重点与配套、结合城市与区域和优化布局与功能"的基本原则，充分发挥宜昌市位于三峡航运枢纽坝首的航运、物流资源优势，以及处于长江中上游和中西部地区物流组织结合部的区位优势，在将三峡物流中心建设成为国家级物流枢纽节点过程中，使物流产业成为宜昌市的支柱产业之一，整体发展水平处于国内领先地位。到"十二五"末期，物流业增加值达到 300 亿元，占宜昌市服务业增加值 40%，占 GDP 的 10%以上，社会物流总成本与 GDP 的比率低于全国平均水平。

15.5.1.3.3 发展重点

涉及五个方面：建设与三峡枢纽和长江航运配套的物流基地，重点建设港口和综合物流园区；加快交通运输资源整合与建设，重点实现翻坝运输与航运设施的整合与建设；加强物流信息网络平台建设，提高三峡物流中心的信息化水平；培育具有三峡物流中心特点的竞争优势和特色物流，重点是以翻坝货物为基础的区域辐射物流，以及具有区域配送特色的农产品冷链物流、日用商品区域分拨与配送物流等；加快电子商务与城市配送体系建设，重点是整合城市商贸物流，建设与宜昌提升发展地位相适应的高效率的城市配送系统。

15.5.1.3.4 加快物流系统建设与发展

遵照系统发展的基本原则，加快三峡物流中心的物流系统建设与发展，通过支持航运发展的物流运行系统和工商产业与物流联动发展系统建设，明确三峡物流中心的物流业发展内容和方向，搭建三峡物流中心建设与发展的基础平台。

(1)支持航运发展的物流运行系统。依托三峡大坝上、下游的港口系统，以及公路、铁路运输系统和港口集疏运系统，构建对通过坝区的航运和其他运输方式货物具有组织和分流作用的物流服务系统，完善三峡航运枢纽的航运与物流服务功能。

(2)工商产业与物流联动发展系统。从培育物流服务需求和通过物流服务推动产业发展的双重目标出发，从为支持航运发展的物流运行系统提供充足服务资源的角度，建设宜昌市工商产业与物流联动发展系统，完善宜昌市企业物流运作模式，提升物流服务的区域辐射能力，为三峡物流中心的建设提供实质性的需求支撑。

15.5.1.4 完善物流基础设施空间布局

15.5.1.4.1 空间布局原则与思路

以适应三峡物流中心"一线、两点和三区"的辐射范围对物流基础设施的功能要求为核心，以支撑支持航运发展的物流运行系统，以及工商产业与物流联动发展系统建设为基本原则，按照"把握定位、抓住重点、提高起点、注重实效"的发展思路，充分整合和利用既有物流基础设施，完善物流基础设施的布局建设，形成布局合理、功能强大、配套完善、层次清晰、辐射力强，由综合物流园区、城市配送中心以及综合运输网络系统构成的网络化物流基础设施系统。

15.5.1.4.2 空间布局方案

(1)九大综合物流园区。建设花艳综合物流园区、太平溪物流园区、茅坪物流园区、云池物流园区、红花套物流园区、晓溪塔商贸物流园区、东山商贸物流园区、枝城物流园区、三峡机场物流园区(图 15-8)。

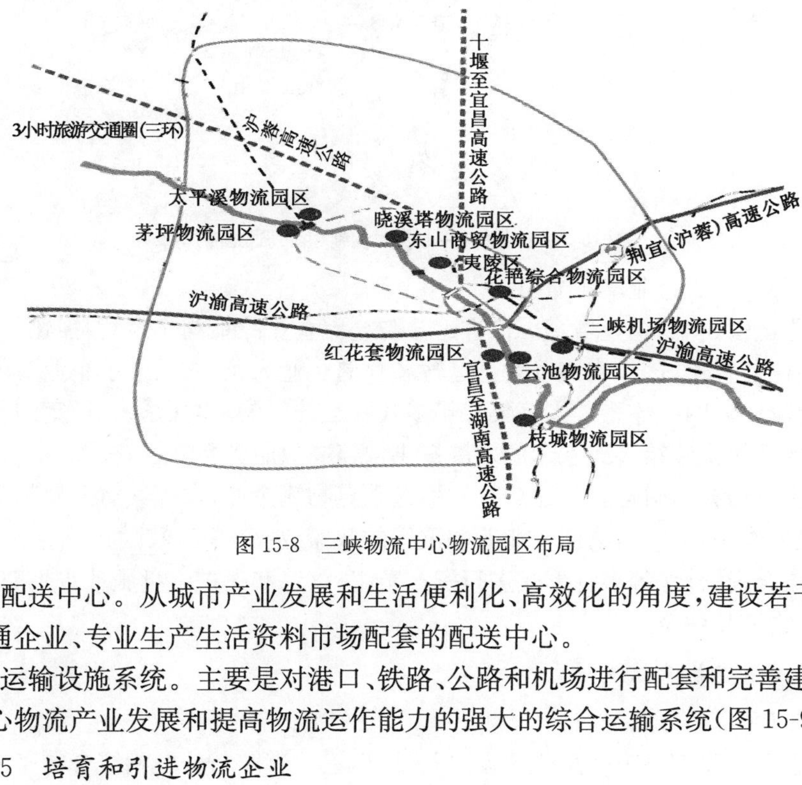

图 15-8 三峡物流中心物流园区布局

(2)城市配送中心。从城市产业发展和生活便利化、高效化的角度，建设若干与制造业企业和商贸流通企业、专业生产生活资料市场配套的配送中心。

(3)交通运输设施系统。主要是对港口、铁路、公路和机场进行配套和完善建设，形成支持三峡物流中心物流产业发展和提高物流运作能力的强大的综合运输系统(图 15-9)。

15.5.1.5 培育和引进物流企业

15.5.1.5.1 思路与目标

(1)基本思路。加大整合宜昌市各类物流服务企业资源力度，积极引进、培养龙头物流企业，加速物流企业的技术进步与服务能力提升步伐，为三峡物流中心建设，以及宜昌市经济和区域经济的健康发展，提供优质、高效和强大的物流服务支持。

(2)总体目标。经过 5～10 年的时间，完成三峡物流中心建设所需要的区域性物流企业的引进与培育工作，形成结构合理、方式齐全、功能强大、分工合理、运行协调、质量良好、特点突出的物流服务企业体系。

15.5.1.5.2 物流企业发展

按照第三方物流服务企业、邮政企业、运输与仓储企业和物流咨询企业四大类企业，提出了分阶段的企业发展水平、质量等方面的目标，为物流业的发展提供企业支撑。

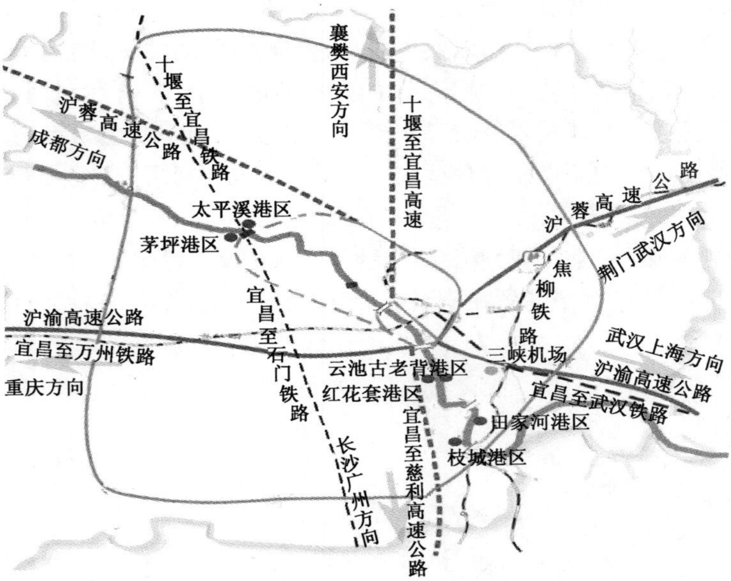

图 15-9　三峡物流中心交通设施和对外通道布局

15.5.1.5.3　物流企业培育与引进

(1)网络化运输、仓储企业培育。推进运输与仓储企业的集约化经营,强化网络化运作,鼓励企业之间的业务合作,逐步构筑以大型运输和仓储企业为龙头,以中小企业为依托的区域性运输与仓储物流服务网络体系。围绕集装箱多式联运的发展,建立系统、稳定的分工与合作框架体系,为三峡枢纽集装箱多式联运的发展提供快速高效服务。

(2)品牌企业培育与引进。强化培育和引进重点物流企业,发挥其对三峡物流中心物流企业的引导和表率作用,加大对物流企业兼并重组的政策支持力度,鼓励物流企业通过参股、控股、兼并、联合、合资、合作等多种形式进行资产重组,培育和引进一批服务水平高、国际竞争力强的大型现代物流品牌企业。

15.5.1.6　搭建物流信息平台

15.5.1.6.1　发展思路与目标

(1)基本思路。以宜昌市信息化建设为基础,以三峡直航与分段相结合物流系统和产业供应链建设为主线,以物流设施为依托,以物流服务企业信息系统为单元,以信息系统维护与升级体系为保障,以工商企业物流管理信息系统建设和信息管理技术应用推广为支持,完成宜昌市物流信息平台建设,实现宜昌市物流设施与物流服务企业以及物流服务目标企业的信息化。

(2)发展目标。2010 年,启动宜昌市物流公共信息平台;到 2015 年,全面完成物流覆盖宜昌市范围,并涵盖三峡枢纽运输体系的物流信息系统,并在物联网的应用上取得重要进展,实现物流信息平台与物联网的对接;到 2020 年,初步建立基于 RFID 的物流信息系统,物联网技术得到较为广泛的应用,成为物流信息平台的基础。

15.5.1.6.2　物流信息平台建设

(1)信息平台功能。①物流公共信息服务功能。创造良好的物流产业发展环境,提供物流产业发展所需的公共信息环境及信息化条件,功能包括政府信息服务、数据交换、物流信息发布和电子商务。②企业物流信息管理功能。以模块化的方式开发出公用性物流信息管理子系统，并通过 ASP(应用服务供应商)方式，提供方便、安全的平台系统接口供企业以独立用户的方式开户使用，平台的建设和维护企业可以提供多个模块的信息系统功能集成服务。

(2)信息平台模块功能结构。①基本功能模块。物流信息平台的功能模块将主要包括系统管理与集成、运输与配送管理及货物跟踪、订单处理、仓储管理及库存水平监控、综合查询与统计分析、信息发布及电子商务、数据交换中心(EDI)和网络通信等八大功能模块。②基本技术结构要求。满足企业及各级机构对物流管理的需要和物流信息管理技术进步的要求，保持服务的适应性和技术的先进性以及维护低成本的方便性。③系统组织结构。物流信息平台由物流市场信息系统和物流管理信息系统组成，以三峡枢纽运输服务支撑物流体系为扩展依托和运作支持，与市政府信息发布系统相连接，以各类物流企业与工商企业自有信息管理系统为接入单元和操作单元共同构成，同时具有接纳、展示、交流和处理物流相关信息的开放式信息管理系统，提供物流产业发展所需的公共信息环境及信息化条件，为各类物流相关企业之间提供信息交流与合作的信息通道和操作平台。

15.5.1.6.3 建设任务

(1)建设内容。宜昌市物流公共信息系统包括硬件设备购置、相关基础开发软件和应用平台建设、维护软件开发等。

(2)建设模式。采用物流服务企业与物流服务目标企业和各个相关管理部门共同提出要求，物流行业管理部门主持，以政府支持和各级相关机构参与投资的方式，共同组建股份制企业，对物流公共信息平台进行开发建设和建成后的运营与维护。

(3)工作重点。一是完成机构建设。在市政府政策支持下，尽快完成建设主体企业的组建，使三峡物流信息系统建设实现的企业化运作。二是做好前期研究。认真分析来自于全社会各个方面的物流信息需求，对于需求种类、需求强度、需求规模、需求分布以及满足形式进行全面深入的专项研究。三是制定相关规范。加快制定物流信息共享与数据交换的规范与标准，与电子口岸、电子政务的建设相互支持。四是完成相关技术与人才储备。加紧进行物流信息系统建设的相关储备，包括资金、技术和人才储备，鼓励社会和企业力量参与建设。

15.5.1.7 *构建物流业发展政策体系*

15.5.1.7.1 争取国家层面的政策支持

涉及将三峡物流中心项目纳入三峡后续工程建设范畴；将三峡物流中心纳入国家级物流节点范围；将三峡物流中心规划提升为国家区域层次规划等战略性的政策支持。

15.5.1.6.2 宜昌市相关配套政策支持

主要包括：扶持现代物流项目建设；设立物流项目建设配套资金；吸引物流企业来宜昌市发展；支持多式联运企业发展壮大；扶持物流企业做大做强；鼓励工商企业物流业务剥离经营；引导物流企业现代化发展；合理确定物流企业营业税计税营业额；鼓励和支持物流企业加快引进优秀人才；物流项目用地政策；物流企业兼并重组政策；城市交通管理政策；运输车辆管理政策。

15.5.1.8 *规划实施措施建议*

为顺利实施规划，取得良好的实施效果，需要在六个方面完善具体的实施措施：完善物流管理体制;加大专项资金扶持力度;严格现代物流项目确认规定;强化物流人才培养;引导物流企业开展物流标准化工作;发挥物流行业组织机构的作用。

15.5.2 丹东港现代物流产业发展战略规划

15.5.2.1 发展条件与方向

15.5.2.1.1 基本条件

丹东港港口物流产业发展基础条件较好,港口区位优势、港口资源条件、集疏运条件等有利于港口物流服务的发展。港口物流产业发展的支撑条件较好,大东北地区、东北亚地区丰富的物流需求,支撑港口的规模扩张与提升发展,利于打造区域"门户"港口。因此,丹东港发展港口物流的条件具备,既符合国际港口发展的趋势,也拥有后发优势条件。加快丹东港物流服务发展,提高港口的发展水平与质量,实现港口发展方式的转变,为国内、国际区域经济合作发展提供高质量的服务非常必要。

15.5.2.1.2 发展方向

港口物流产业发展的基本方向是:以适应国际、国内大型港口发展趋势、把握新的发展机遇为港口物流产业发展的基础出发点,以服务港口功能提升、提高港口辐射能力为核心,加快建设具有较强辐射能力的港口物流系统,包括建设辐射周边、东北地区,以及衔接国内外其他沿海港口的多层次物流服务系统,辐射周边国家和地区,使港口在国际、国内合作和竞争发展中处于有利地位。

15.5.2.2 需求分析与预测

15.5.2.2.1 需求分析

丹东港的腹地范围较广,直接经济腹地是丹东市、邻近的本溪市和通化市;间接腹地覆盖整个东北地区,包括辽宁省、吉林省、黑龙江省以及内蒙古东部五盟市(呼伦贝尔市、兴安盟、通辽市、赤峰市、锡林郭勒盟),其中,哈大线以东的辽、吉、黑三省的东部地区,又是间接经济腹地中的重要地区,主要包括辽宁省的抚顺、铁岭,吉林省的通化、白山、延吉、吉林、长春等,黑龙江省的哈尔滨、牡丹江、鸡西、佳木斯等。

丹东市城市经济发展、产业布局,以及城市生产生活提升,要求加快港口物流系统的建设,使丹东港与丹东市形成"港城互动"效应。东北地区资源禀赋较好,随着东北地区特别是东北的东部沿海地区交通运输基础设施网络的日臻完善,以及综合运输服务能力与水平日益提升,丹东港在区域经济发展中的枢纽地位得到确立,需要加快港口物流的发展,以便满足区域经济发展要求。丹东港腹地重点行业,如粮食、钢铁、煤炭、木材、件杂货等物流需求较为旺盛,需要在港口服务的基础上,加快建设衔接产业链的物流服务系统。

15.5.2.2.2 需求预测

(1)预测指标设定。选择"物流作业总量"指标预测港口物流服务需求。丹东港物流需求量是指在丹东港进行的,与物流活动相关联的各类物流作业需求量总和,包括对运输、仓储、配送、加工等各种物流运作组织的需求量。为方便计算和把握,在此,将其划分为港口货物吞吐总量、库存总量与配送总量之和,附加服务作业量暂不计入物流总量之中。预测特征年选取为2015年、2020年。

(2)腹地运输需求。根据目前东北地区货运量情况,结合振兴东北老工业基地发展战略,以及“十二五”时期东北地区各省发展规划提出的经济社会发展预期目标,交通运输发展设想等,并参考东北地区各省相关产业发展规划中的相关取向和思路,预测2015年东北地区货运总量将达到24亿吨,2020年东北地区货运量将达到29亿吨。

(3)港口物流需求。根据丹东港腹地货运需求特征及趋势,结合丹东港自身特点和条件,未来丹东港货物吞吐量将会进一步大幅增加,预计到2015年,丹东港货物吞吐量将有望突破10 000万吨,2020年有望达到20 000万吨;2015年,丹东港货物库(堆)存总量将达到7 500万吨,2020年丹东港货物库(堆)存总量将达到15 000万吨;2015年丹东港配送量将达到8 200万吨,2020年将达到16 500万吨;2015年丹东港物流需求总量将达到26 000万吨,2020年物流需求总量将达到52 000万吨。

15.5.2.3 *发展战略规划*

15.5.2.3.1 物流产业发展战略

(1)战略定位。按照辽宁沿海经济带建设和东北地区经济振兴的发展战略要求,依托国家和区域骨干物流通道系统和物流枢纽系统的建设与布局,面向大东北、东北亚两大辐射区域,建设具有国内、国际区域物流服务功能的大能力、强辐射、网络化、高效率现代港口物流服务体系,使港口物流服务体系成为丹东港发展的有机组成部分和功能提升、规模扩张的重要支撑,确立丹东港后发优势和服务竞争优势。

(2)战略重点。加快推进港口设施建设、积极完善内陆物流设施、努力提升区域物流服务。并实现专业化、综合化、国际化、高端化、联动式、创新性发展。

(3)发展思路。以加快建设丹东港现代物流体系为主线,以提高港口物流综合服务效率和降低港口营运成本为目标,以物流产业发展政策、物流设施、物流服务运行系统和物流信息化为支撑,按照港口物流产业发展原则,以港口发展环境、港口服务运行和物流信息管理三大系统建设为发展核心,以港口设施、内陆港网络、物流服务创新、港口运行组织与管理的信息化、物流人才的引进与培养等为发展内容,以加快辽宁沿海经济带经济一体化发展为切入点,以与三大物流系统配套发展为物流设施空间布局和规划基础,共同构成丹东港现代物流业发展框架。

(4)发展目标。近期目标是继续加强码头泊位、航道、内陆港和集疏运通道等基础设施建设,积极构建和探索发展现代物流的企业管理环境和运行模式,培育物流需求市场,积极培育物流人才。到2015年,丹东港港口吞吐量达到10 000万吨,物流操作量26 000万吨。远期目标是到2020年,丹东港现代物流产业整体水平进一步提升,完成传统港口业务以及物流相关产业全面升级,加速港口物流服务与临港产业的联动发展,大幅提升港口物流业务对于丹东城市经济和东北地区经济的服务能力与支持力度。到2020年,丹东港港口吞吐量达到20 000万吨,物流操作量52 000万吨。

15.5.2.3.2 物流网络体系

(1)设施网络及功能布局。港口设施主要包括岸线、泊位、航道、后方陆域、疏港通道等。主要依据港口自身的总体规划,以及港口物流服务体系建设对港口的发展要求,对港口基础设施布局问题进行梳理。大东港区规划在现有作业区的基础上增加庙沟作业区和东沟一、二、三作业区。港区将发展成为腹地经济发展和后方临港工业服务的综合性国际深水港区,主要以大宗干散货、石油及液体化工品、集装箱运输为主，兼顾粮食、钢铁、木材等散杂货运输，为承担丹东港主要服务功能的核心港区。浪头港区规划在港区现状的基础上，主要对功能进行调整，将污染较严重的油品和散货调整出港区，调整后的功能以客运、杂货为主，主要满足旅客运输、边贸、城市所需杂货运输和江海货物转运。到 2015 年，丹东港货物吞吐量可达到 10 000 万吨，将建设成为现代化、专业化、集约化、深水化的国际一流综合贸易商港。

(2)物流集疏运支撑系统。按照集疏运的功能与作用，集疏运支撑系统主要包括两个方面：一是基础设施的支持系统，为港口与腹地之间的物流服务运作提供连接和载体环境与条件。基础设施既包括连接港口与腹地的路网系统，也包括为港口提供运输、物流服务组织的节点设施，承担港口货物的组织与运作功能。二是运输和物流服务组织系统，依托基础设施开展与港口发展水平、效率相适应的运输、物流服务。服务系统由各种运输、物流服务企业，以及运输代理、信息服务等企业组成。

(3)内陆港网络服务系统。根据丹东港建设港口物流系统的总体战略，作为腹地物流组织节点的内陆港，可以划分为货源组织型、货源辐射型和增值服务型内陆港三种类型。内陆港系统的总体结构为：以货源组织型内陆港为建设重点，以货源辐射型内陆港为辐射支持，以增值服务型内陆港为经营手段，以港口物流信息平台为支撑，以港口物流运作实体企业整体经营和管控为保障的网络化内陆港系统。为加快内陆港的建设，要按照发挥区位优势、靠近主要客户、支撑物流产业发展、依托载体城市进行布局建设，并按照各种类型内陆港的特点进行规划建设，选择合理的建设模式，重点规划建设通化、本溪、吉林市、鸡西、富锦(建三江)、阿尔山、图们、牡丹江、佳木斯等九大内陆港。

15.5.2.3.3　运营网络体系

(1)运营组织体系结构。丹东港开展港口服务的经营涉及港口、陆港两个大的层级，港口物流经营系统是由两个层级构成的具有整体性的企业经营组织，是与港口物流服务网络匹配的港口物流运营网络体系。物流业务的特点和物流业务的过程都表明，丹东港集团物流运营组织体系适宜采用网络型结构，物流运营网络体系由网络核心系统、内陆服务单元、网络连接系统三个要素构成。

(2)运营网络体系构建。为构建科学、合理、高效、有序的丹东港物流运营网络体系，丹东港物流运营网络体系的网络核心系统为设置在丹东港下，同其他业务部门平级的物流部。物流部可由丹东港的货运商务部、运输部、集装箱公司、粮食物流公司等原有部门转型或整合而来。物流部下设六个职能部门，其中，综合办行使行政管理职能，人事办行使人力资源管理职能，财务办行使财务管理和审计监督职能，市场办行使营销管理职能，资产办行使资产管理和项目管理职能，信息办行使数据统计分析职能。在此基础上，完善内陆服务单元运营系统，构建二级结构的内陆服务单元系统，一级内陆服务单元采取分公司组织形态，分别设置通化片区、佳木斯片区、阿尔山片区、哈尔滨片区、南部区和国际区等六大片区，二级内陆服务单元采取办事处组织形态，办事处分别设在各内陆港所在城市；完善网络连接系统，建设信息传递系统、权力配置系统构建；完善集装箱运营网络，按照网络核心系统、一级服务单元、二级服务单元、网络连接系统推进其建设。

15.5.2.3.4　重点物流系统

(1)粮食物流系统。粮食物流系统要考虑粮食产销区之间的衔接，加强系统内部的优化，从提高系统效率、降低系统成本和提高服务质量等方面，保证粮食系统构成要素之间、各项功能之间的匹配与衔接。围绕粮食物流运作核心企业，通过对物流、商流和资金流的控制，将粮食及其产品生产和流通中涉及的农户、加工企业、零售商以及最终消费者连成一体。并按照以订单农业、农产品期货交割、临港农产品深加工为先导驱动粮食物流系统，以港口为核心整合粮食物流系统运输资源，以信息系统为平台衔接粮食物流系统相关各方，进行物流系统建设。

(2)钢铁物流系统。钢铁物流具有物流量巨大、空间跨度大、物流成本高、市场较集中的特点。要按照建立共同的利益驱动机制、构建良好客户关系、组建战略联盟要求，搭建系统总体框架。要从计划协同，实现生产排期同步，联合库存管理和主动持续补货，实现生产流程同步，建立公共信息平台，保证信息协同同步，安全保障协同，为系统合理运行奠定基础等方面，形成系统运行模式。

(3)煤炭物流系统。港口煤炭物流具有与经济发展关联强、客户需求复杂多样、供应服务安全可靠、物流服务高度集成等特点。港口煤炭物流系统不仅是港口装卸系统的延伸，而且是装卸、搬运、仓储、运输、流通加工和信息处理等各项物流活动的集成，是物流、商流、信息流、资金流和人才流的集成。要按照现代物流和第四代港口发展的趋势和要求，整合现有资源，规范煤炭业务管理，促进煤炭港口服务水平提高，积极培育区域性煤炭贸易市场，建立区域煤炭商贸物流系统，以“一般性港口煤炭运输业务—港口煤炭现代物流—港口煤炭供应链管理”的渐进模式，构建协调发展、物畅其流的丹东港煤炭物流系统。要通过组建战略联盟，搭建物流平台，实现高效管理。

(4)集装箱物流系统。借鉴国际、国内集装箱港口成功运营经验，依托不断发展的海上运输网络、内陆集疏运网络，通过对行业内外的资源整合，形成以集装箱码头产业为核心，以物流产业、集疏运网络产业和 IT 电子信息产业为支撑的丹东港集装箱综合物流系统，发展多元化、产业化、集团化的经营实体，加快业务整合和产业功能完善，走战略合作、资本运营、共同发展的产业化经营之路，实现现代物流理念下的港口集装箱物流供应链的成功搭建，为客户提供功能完备、便捷、快速的全方位集装箱物流服务。

15.5.2.3.5 信息平台建设

(1)建设目标。结合丹东港港口信息化的发展现状，港口信息化应继续坚持“统筹规划、分步实施，建用并举、以用促建、统一标准、资源共享”的建设方针，实现以下主要目标：提高管理水平、整合信息资源、促进数据交换。

(2)总体任务。建设两个中心，三个子平台。两个中心即：数据资源中心、数据交换中心；三个子平台即：物流服务平台、港口管理平台、电子商务平台。

(3)建设重点。目前，丹东港港口信息化建设的重点内容包括：加快网络建设、成立信息中心、建设服务体系、完善管理系统、提升指挥系统。

15.5.2.4 对策建议与方案

15.5.2.4.1 物流系统建设投融资建议

丹东港港口物流系统建设符合国家、区域和城市经济发展和产业提升发展政策，应抓住机遇，通过投融资创新加快建设步伐。从现实的角度分析，丹东港的建设资金来源渠道大致可分为三个方面：一是作为国家和省级规划重点项目获得政府的财政支持和补贴；二是通过企业向银行贷款获得建设资金；三是进入资本市场获取发展所需要的资金。为此，需要积极挖掘内部投资潜力、争取政策支持、充分利用资本市场。

15.5.2.4.2　提升物流经营管理的建议

丹东港开展物流经营运作的基础是总部及其属下的各级分公司、全资子公司和控股子公司。在未来发展进程中，对现有各类下属企业进行新一轮内部资产整合和职能调整势在必行。丹东港领导层必须明确其下属各企业各部门在机构功能扩展、设施建设归并，以及投资主体、运营主体中的地位，以便于对设施建设与物流运作的管理进行协调运作。为此，需要积极培育物流服务意识，谨慎选择物流服务领域，认真制定市场营销策略，建立良好内部运作环境。

15.5.2.4.3　精细设计规划的实施步骤

丹东港现代物流产业发展规划提出的发展任务系统性较强，涉及面较广，影响因素较多，需要较长时期的综合努力才能逐步完善。为加快这一任务的推进速度并使其产生良好的实施效果，丹东港应针对其建设的各个方面的具体条件，有计划地选择一些关键环节或重点项目并提出切实的实施步骤和科学的实施组织，避免在缺乏设施建设和企业经营组织经验和市场基础尚不完全具备的条件下，进行盲目建设和不切实际地推广。

15.5.2.4.4　加强与政府部门规划衔接

首先是融入政府规划。实现企业发展规划与国家战略及省市规划的合理衔接和协调运作，使其成为辽宁省与丹东市现代物流产业发展规划中的重要组成部分和实施环节。其次是编制科学规划。丹东港应按照辽宁沿海经济带战略和丹东市现代物流产业发展规划以及各类相关规划在现代物流产业发展领域提出的要求与任务，精心编制丹东港物流产业发展规划，使港口物流的发展符合政府规划要求。三是落实规划政策。充分利用政府部门鼓励物流业发展的土地、环保、投资等规划发展政策，为丹东港物流体系建设与运行提供重要保障。

15.5.2.4.5　争取政府部门的优惠政策

丹东港集团应研究国家及地方鼓励物流业发展的政策，了解政策精神、消化政策内容、用好各项政策，为丹东港物流体系的建设发展创造良好的政策环境。

15.6　航空物流基地规划案例

15.6.1　武汉天河航空物流基地规划

15.6.1.1　规划指导思想和基本思路

(1)指导思想。本规划作为地方政府推进物流产业发展的基础设施项目，将按照市场经济条件下产业发展规律，本着“政府引导、市场导向、营造环境、培育产业、企业运作”的指导思想进行规划。

(2)基本思路。通过分析市场需求，明确发展战略，确定功能定位和空间布局，积极借鉴国内外发展经验，通过创造产业积聚条件、合理组织空间布局和完善物流服务功能、营造产业发展环境，培育具有竞争力的国际、国内产业，提升武汉在区域经济发展中的战略地位与作用，使物流业成为航空城发展的重要支柱产业。

15.6.1.2　规划目标

(1)规划工作目标。完成对武汉天河航空物流基地的概念设计与总体战略发展规划,包括市场需求分析与判断、发展战略定位、空间布局设想、基本服务功能确定,以及实施物流基地建设与发展的策略等。

(2)规划发展目标。按照将武汉天河航空物流基地建设成为具有国际、国内、区域辐射能力,满足航空城建设中产业布局与发展、航空城功能发挥对物流服务功能的需要,打造国内一流航空物流基地,成为武汉物流基础设施系统的重要组成部分和物流与服务产业相互支持发展的示范与带动项目。

15.6.1.3　发展规划

(1)发展目标。以天河机场为依托,以物流基地的基础设施系统建设和物流企业培育为核心,按照现代物流与临空产业联动发展的要求,积极培育规范化、繁荣的物流市场,建设成为国内一流的航空物流基地,支撑武汉航空城的建设和发展,并以此提升武汉市产业发展的资源集散能力,成为提高产业布局吸引力的重要基础和辐射能力提升的重要依托,将武汉建设成为具有国际、国内服务功能和辐射能力的国际航空物流中心。

(2)发展方向。以支持武汉航空城建设为契机,着重提升物流基地自身对资源配置和临空产业布局的主导能力,以区域性的航空物流组织和集散中心为中期方向,扩大对外辐射面,完善空间布局和内部功能,最终建成国际性的航空物流集散地,为武汉市成为中部地区重要的经济中心城市奠定基础。

(3)功能定位。武汉航空城物流基地的功能定位:一是物流满足临空产业的快速航空物流各项组织服务需求的基础设施功能;二是满足高水平物流管理与服务需要的专业化物流企业服务功能;三是沟通武汉市临空产业与区域内关联产业的物流联系功能;四是利用航空物流基地、机场航空物流设施和综合运输网络开展区域物流服务的功能。

(4)空间与功能布局结构。空间布局规划的总体构想是:遵循“灵活布局、功能明确,核心突出、系统连接,网络支持、专业运作”的基本设想,规划武汉天河航空物流基地的空间布局。

①核心设施。航空物流基地核心设施集群位于黄陂区原规划航空物流园区的北侧,是从事围绕航空货运的前方作业为核心的高端物流服务的航空物流前方作业基地。核心设施集群担负物流服务基地业务总量近期为65%,远期为55%。

②综合设施。根据现有规划中产业布局的状况,在临空工业园区和佳海工业园分别设置两个综合性物流服务设施集群,分别担负上述两个园区中临空高新技术产业发展的物流服务需求。两个综合性设施集群分别担负物流服务基地业务总量的15%,共计30%。

③外围设施。依托天河街城镇新址,建设服务于航空商务与商业的外围物流服务集群,担负物流服务基地业务总量近期为5%,远期为15%。

按照上述相关功能性用地规定和本次规划中对于物流产业发展规模的推算,到2030年,本次规划内的武汉航空城全部物流设施的用地规模为150万平方米,其中,武汉天河航空物流基地设施占地2030年将达到40万平方米。

(5)信息平台规划。按照服务于武汉航空城发展需要,以及使物流基地具有较高物流信息化水平的要求，搭建以武汉天河航空物流基地为支撑的信息平台系统，实现政府类信息、企业类信息和基地企业信息“三位一体”交流与沟通，满足航空物流为主体的高效率物流运作需要。信息平台的相关功能目标体现在：一是政府类信息对接；二是企业类信息对接；三是基地企业信息对接。武汉天河航空物流基地信息平台由建立在电子商务基础上的社会物流共享信息平台和企业信息管理平台两大功能板块构成。

(6)开发模式。参考国内外物流基地开发与建设模式，武汉天河航空物流基地依托武汉机场发展战略定位，在开发和建设模式上建议采用“综合开发与建设模式”。即对物流基地开发建设的经济开发区模式、主体企业引导模式和工业地产商模式进行混合运用。

(7)开发策略。主要是根据开发模式对航空物流园区的总体定位、市场定位和市场培育、投融资等进行制度和机制安排。

①总体发展定位。依托并带动武汉航空城发展，充分利用武汉航空枢纽、铁路和公路运输通道等形成的便利交通条件，以及航空物流基地的物流服务设施和高效率物流企业运作环境条件，将武汉天河航空物流基地建设成为具有高效化、现代化、信息化、产业化、生态化特征的国际、国内区域性具有航空运输依托的综合型物流基地。

②总体市场定位。根据航空物流服务业需求特征，通过对市场需求的分析，其总体市场定位为：航空运输为主的物流服务、航空保税物流服务、仓储为支撑的物流服务和区域性为主的物流服务。

③物流市场培育。要根据项目总体发展需要设计市场开发政策环境，争取武汉市和湖北省产业布局政策，引进具有发展潜力的航空物流和物流基地建设与运作企业。

④项目投融资。根据项目性质和既有可能的投融资渠道，主要通过以下方面解决：政府直接投资、物流企业投资、制造加工业企业投资和物流地产企业投资。

⑤政策与制度。制定和完善相关政策和规章制度，主要涉及开发建设的土地政策、发展机制、建设机制、管理机制、运营机制、税收政策及分成比例等有关的政策和制度。

⑥运作保障机制。从建设企业、招商引资、基地开发业务运作、技术支持、资本运营和提高进入基地企业的竞争能力等六方面建设物流基地的运作保障机制。

⑦启动阶段应完成的主要任务。涉及五个方面：先期完成基地建设管理体制框架构建和相应的运行机制建立，积极发展临空经济带动航空物流基地建设，建立高效的区域性内外通道系统，建立政策与规划层面的弹性空间发展框架，塑造航空港与航空物流基地的城市门户形象。

15.6.2 北京空港物流基地规划

15.6.2.1 首都国际机场基本情况

首都国际机场是我国最大的国际机场和航空枢纽之一，2006 年度进入全球机场排名的前 30 名，其中货邮吞吐量 102.9 万吨，列第 21 名。首都国际机场扩建后，其货运量将由 78 万吨提高到 180 万吨。同时交通便捷、路网发达，已规划建设多条高速路、快速路和两条轻轨。随着三号航站楼(图 15-10)建成投入使用，将为临空经济区的开发、建设提供较充足的物流产业资源，也为临空经济和空港物流基地的发展提供了更为广阔的发展平台。

图 15-10　首都国际机场三号航站楼

15.6.2.2　空港物流基地地理区位

空港物流基地位于北京市顺义区，首都国际机场北侧。顺义区位于北京市东北方向，区中心距市区 30 公里，总面积 1 021 平方公里。总人口 75 万，其中，户籍人口 54.8 万，流动人口 20 万左右。是北京市规划的东部发展带的重要经济发展支撑点。

15.6.2.3　空间布局

北京市产业空间布局如图 15-11 所示。目前，临空经济区主要由空港工业区、天竺出口加工区、林河工业区、空港物流基地和汽车生产基地构成(图 15-12)。空港工业区和天竺出口加工区主要是以高新技术产业和外向型经济为主，空港物流基地主要是以航空物流业为主，北京林河工业区以及北京汽车生产基地则是以数控机床、微电子集成电路、汽车制造等现代制造业为主。

15.6.2.4　引进产业

空港物流基地共引进企业 200 余家，包括 TNT、日本邮船、日本住友、索尼、美国大都会、德国汉莎等 9 家世界 500 强企业以及普洛斯、近铁、SANTAFE、中外运、中远等 130 余家国内外知名临空物流企业。2006 年基地实现税收 11.1 亿元，同比增长 71.3%，并成为 2008 年北京奥运会唯一的物流配送中心；2007 年 3 月 8 日，北京奥运物流中心正式启动，奥组委第一批官员入驻；2007 年 3 月 28 日，首批奥运物资抵运物流中心。临空经济得到快速发展，航空企业迅速集聚。

15.6.2.5　通关设施

空货运大通关基地是我国首批四个物流通关基地之一，总占地面积(5 056 亩)，总投资 60.5 亿元。功能分区：一级货站、海关监管库、国际快件中心、保税物流中心(B 型)、综合办公楼。开创地方政府与民航机场合作的先河，实现优势互补、资源集成(图 15-13、图 15-14)。

保税港区总规划面积 5.944 平方公里，重点发展国际中转、配送、采购、转口贸易和出口加工等业务，享受保税区、出口加工区相关的税收和外汇管理政策，由海关实行封闭围网管理，实现保税区、出口加工区和港区口岸的“三区合一”，开展口岸作业、保税加工、保税物流和综合服务。享有海关特殊政策：“一线”放开，“二线”管住；国外进入保税物流中心(B 型)的货物给予保税；国内货物进入保税物流中心(B 型)给予退税；批进出库，集中报关；简单加工、增值服务货物在中心内可以自由组合、转移和存放两年。未来业务范围包括口岸功能、出口退税,避免了深加工结转货物的“境外一日游”;供应商管理库存业务(VMI HUB);国际分拨、配送、采购物流服务;免税存放各种进口产品,尤其是高附加值产品、航空器材;流通性简单加工和增值服务;进出口贸易、国际转口贸易和国际中转。北京空港物流基地通关物流基地业务模式如图15-15所示。

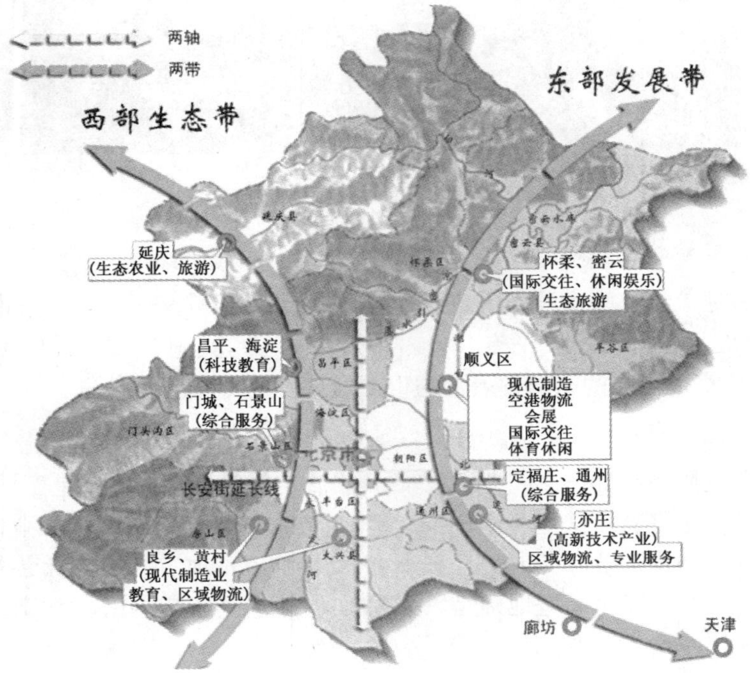

图 15-11　北京市产业空间布局

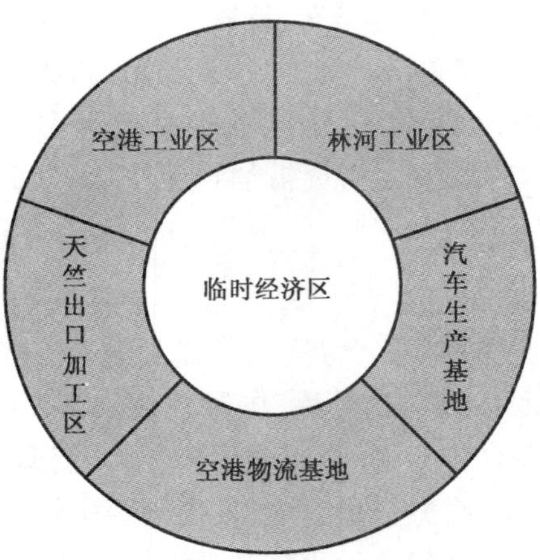

图 15-12　北京市临空产业空间布局图

图 15-13　北京空港物流基地通关物流基地功能布局

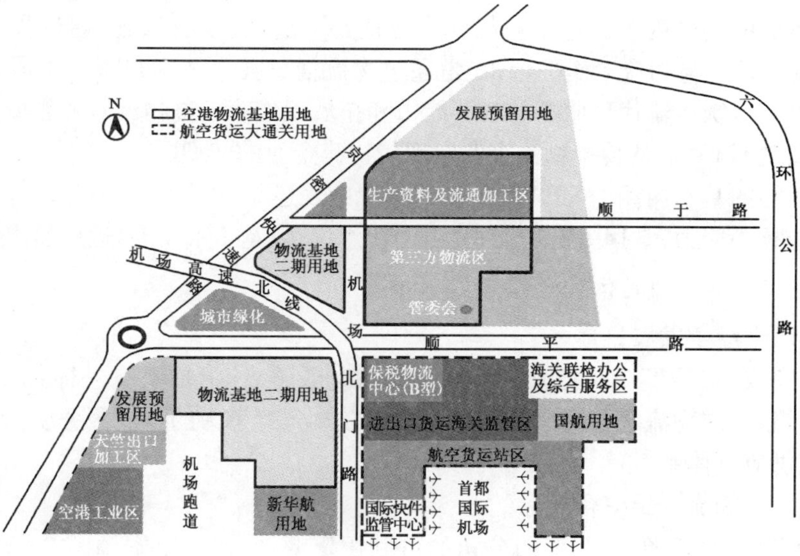

图 15-14　北京空港物流基地功能布局

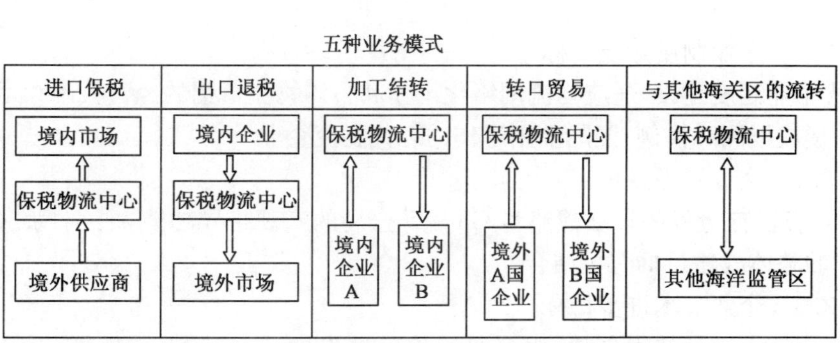

图 15-15　北京空港物流基地通关物流基地业务模式

15.7 企业物流发展规划案例

15.7.1 GTWT 企业发展规划

GTWT 是一家较为典型的传统外贸运输代理企业，其发展现代物流的意义不仅限于其自身发展的需要，同时还担负着为上级集团公司的转型提供系统运作保证与内部资源整合的任务。

15.7.1.1 GTWT 总体发展战略目标

15.7.1.1.1 战略目标

GTWT 总体发展战略目标为：通过向现代物流服务转型而逐步发展成为具有较强市场竞争能力的、具有个性化经营模式的专业化、网络化物流企业。

15.7.1.1.2 战略目标的内涵

(1)战略目标的具体内容。主要包括四个方面：一是依托既有设施，通过整合资源，构建 GTWT 物流网络系统与物流运作平台；二是通过物流信息技术和客户服务手段，强化业务服务能力；三是提高传统运输代理服务的经营能力和拓展现代第三方物流服务领域；四是确立新型服务模式，实现 GTWT 从传统物流企业向现代物流企业的转型。

(2)战略目标的基本内涵。GTWT 的战略目标的表述具有以下内涵：追求集团和 GTWT 综合效益；塑造核心能力；掌握关键功能；突出创新意识；以竞争求发展；适应需求、开拓市场。

15.7.1.2 GTWT 的具体战略目标

15.7.1.2.1 经营发展目标

在 3 年内完成 GTWT 既有物流资源的合理和有效整合，形成具有一体化物流经营优势的物流服务网络，形成物流服务网络与服务客户能在具有竞争力的物流服务质量和效率、成本支持下的物流供应链体系。

15.7.1.2.2 物流资源整合目标

依托 GTWT 自身资源，以及集团公司的可利用资源，完成以下资源整合任务：一是对管理职能进行整合；二是对运作网络进行整合；三是对经营主体进行整合；四是对服务功能进行整合。

15.7.1.2.3 企业制度建设目标

完善现代企业制度建设，适应物流网络化运作和整体物流营销的经营机制和运行体系，逐步将 GTWT 建成按国际惯例、国际准则运作的现代物流企业。

15.7.1.2.4 企业管理目标

强化战略管理，充分发挥发展战略对 GTWT 全局的宏观指导功能，把各下属企业内部管理和 GTWT 的整体战略目标有机结合。

15.7.1.2.5 企业技术进步目标

坚持以物流信息管理技术创新、服务组织技术进步推动 GTWT 的发展，并作为 GTWT 各物流服务项目持续发展的重要支撑。

15.7.1.2.6 人力资源开发目标

引进人才搭建GTWT发展物流业务的组织架构，培养业务骨干，为员工提供适应企业业务转型的在职培训。

15.7.1.2.7 企业文化与企业形象目标

建设独特的企业文化和企业精神，巩固和扩大GTWT在现代物流服务领域的良好信誉和美誉度，构筑以品牌意识为基础的企业形象。

15.7.1.3 GTWT的发展战略定位

15.7.1.3.1 GTWT的企业发展战略定位目标

以自身物流服务网络和可利用物流资源为基础，将GTWT发展成为具有区域性实体物流网络和较强节点物流组织能力，具备在更广泛区域进行物流服务组织的能力，在国内具有较强市场竞争力和较好客户基础的一流物流服务企业。

15.7.1.3.2 GTWT的服务定位

以现代物流服务专业化、网络化、高效化和规模化经营理念为核心，将以集团为主的外贸运输代理、外贸物流供应链管理、集团医药等实体产品物流供应链管理以及可有效提高GTWT物流资源利用率的社会产品运输服务、运输代理服务和供应链管理服务等，作为GTWT发展现代物流服务的基本服务内容。

15.7.1.3.3 GTWT的服务模式

GTWT服务模式定位于：传统外贸运输代理服务延伸的物流服务＋供应链管理综合物流服务。

15.7.1.4 GTWT经营组织与管理战略

15.7.1.4.1 机构设置

对适应物流业务开展所需要的GTWT管理机构进行整体设计，形成较为完整的管理架构，推动物流业务战略的顺利实施。

15.7.1.4.2 GTWT机构运转保障

除了从机制、制度角度保障上述战略方案的实现外，建立稳妥、合理的实施措施也是重要的保障手段。保障措施大致包括以下三个方面：

(1)人员建设。在机构设置和功能定位的实施过程中，根据业务人员的自身特点和业务专长，进行优势互补的调整组合，充分发挥业务人员的最大潜能。

(2)资源整合。对企业内外发展现代物流服务运作的资源状况进行全面梳理，使公司确立的物流服务模式具备操作资源支持。

(3)业务拓展。对于相关的业务关系与业务渠道进行梳理，提高业务部门对于客户物流服务需求与业务流程的把握程度。

15.7.1.5 GTWT的业务运作方案设计

15.7.1.5.1 物流业务运作

(1)集团内部物流业务运作。对适宜利用GTWT物流服务资源进行运作的物流业务，物流部与GTWT下属各公司或单独运作或彼此协商达成费用与利润的分配协议进行合作运作；对GTWT不具备自身资源条件的物流服务项目，由GTWT物流部或下属公司整合社会资源，按照 GTWT 的物流服务标准进行组织。

(2)集团外部物流运作。来自集团外部的物流服务需求可分为由总部货代部控制和各个下属公司自行控制两类。前者的处理方式建议采用公开招标、下属公司同等条件优先的方法，用市场竞争的方式解决运作问题；而后者的操作则完全由承担业务的下属公司自行决定，总部一般不介入。

15.7.1.5.2 货代业务运作

总部货代业务部作为 GTWT 货代业务运作的操作主体，与各下属公司的货代业务必须向延伸服务发展，扩展现有的服务领域与服务内容，充实和完善现有的服务功能。

15.7.1.5.3 运作保障

加强市场拓展和资源调查，合理划定业务运作区域与功能范围，建立物流管理信息系统，建立资金、资产支持与人才保障。

15.7.1.6 GTWT 信息化建设

GTWT 的物流信息化表现为物流信息收集的数据库化和代码化、物流信息处理的电子化和计算机化、物流信息传递的标准化和实时化、物流信息存储的数字化等。GTWT 应按照科学、合理、效率、经济、实用，以及构建网络化、信息共享平台为信息化建设的基本原则。

15.7.1.6.1 物流信息系统的一般功能

根据 GTWT 的业务定位和经营模式，GTWT 进行信息化建设，其物流信息管理系统必须具备基本的与物流运作相适应的信息系统功能，主要包括：订单处理、货物跟踪、仓储管理、运输及配送、综合查询与统计分析和数据交换。

15.7.1.6.2 GTWT 的重点建设任务

主要包括建设信息采集与处理功能、企业及物流中心管理与服务功能、信息网络服务与服务指标分析和控制功能。

15.7.1.7 GTWT 的业务运作流程再造

15.7.1.7.1 GTWT 业务组织管理流程

理顺产权关系、业务关系，以物流部和客户服务部为骨干，以物流信息系统的得力运作为有效支持，按照物流组织管理流程的设想，构建未来开展物流服务的企业业务组织管理体系。

15.7.1.7.2 GTWT 物流业务管理流程

对物流业务进行科学和统一的流程管理，充分发挥总部和下属企业各自的主观能动性，逐步理顺 GTWT 在物流业务运作上的关系。

15.7.1.7.3 物流操作管理与运作流程

建立规范的物流操作运作与管理流程，保证物流服务质量和运作的统一性，满足进行跨区域和跨企业的物流服务组织的要求。

15.7.1.8 规划实施建议

GTWT 将按照准备、调整、启动、实施、完善 5 个阶段进行发展战略的实施。在规划实施过程中，GTWT 应积极培育物流服务意识，谨慎选择适宜的物流服务领域，认真制定务实的物流服务营销策略，建立良好的内部运作环境，加强企业自身素质建设。上级集团也应注意发挥集团在推动物流业快速发展中的作用，创造积极的政策环境，保证 GTWT 向现代物流服务的顺利转型。

15.7.2　KGWL 物流系统建设发展规划研究

15.7.2.1　KGWL 战略方向

15.7.2.1.1　总体评价

(1)企业发展基础评价。KGWL 是其上级企业为整合企业物流资源、培育企业新的经济增长点而组建的专业化物流企业，其发展所依托的母体企业环境较好，有利于其在为母体企业提供供应链物流服务过程中不断发展和壮大。同时，KGWL 经过组建后的快速发展，在物流人才的培养、物流基础设施的建设和物流的运作经营方面也取得了一定成效，具有较好的提升发展基础。

(2)企业发展战略环境评价。鉴于云南省物流业发展的经济、产业环境不断改善，省及相关中心城市、口岸等高度重视物流业的发展，使 KGWL 发展面临总体良好的战略发展环境，为 KGWL 的扩张发展创造了条件。在较好发展基础条件支撑下，KGWL 需要全面把握和抓住发展机遇，为云南省乃至我国大西南地区的产业振兴与经济崛起做出贡献。

15.7.2.1.2　KGWL 市场需求分析

KGWL 面对的物流服务市场需求主要由三部分构成：一是母体企业自身生产经营活动产生的企业物流服务需求；二是云南“桥头堡”战略实施背景下，区域产业体系逐步建立和完善产生的社会物流服务需求；三是支撑云南“桥头堡”建设重大战略举措实施进程中的国际物流服务需求。

(1)母体企业物流需求预测。KGWL 的母体企业是云南省最大的工业企业，在激烈的市场竞争中，其庞大的产业体系需要经济、高效、优质的现代物流服务予以支撑，因此，KGWL 发展的首要任务是满足母体企业自身对物流服务的需求。根据其母体企业提出的发展目标和近年来企业物流产业发展情况，预测 KGWL2015 年服务于母体企业主业和相关多元化的物流服务需求(不含海外业务)将达到 8 560 万吨，云南省内需求约占 2/3。

(2)社会物流需求。KGWL 的社会物流服务对象以大宗物资为主，兼顾云南优势产业与特色产业的原材料、零部件与产成品，如机械装备、特色农产品的物流服务需求等，服务范围以云南省为主，面向西南地区，辐射全国。根据云南省物流需求总体发展趋势，结合省内物流市场供给格局，预测 KGWL 服务于社会的物流需求 2015 年将达 1 115 万吨，其中绝大部分发生在云南省内。

(3)国际物流需求。KGWL 的国际物流服务需求主要来源于母体企业海外战略产生的物流服务需求，以及云南“桥头堡”战略全面推进过程中，我国建设泛亚运输大通道工程项目所产生的物流服务需求，以运输服务和仓储服务为主要需求内容。预计 2015 年国际物流服务需求规模将达 1 810 万吨，主要沿泛亚运输大通道分布。

15.7.2.2　KGWL 企业发展战略

15.7.2.2.1　KGWL 的战略发展方向

(1)扶持 KGWL 企业发展。KGWL 应以母体企业为需求支撑，抓住产业发展机遇，从满足企业物流需要出发，瞄准社会物流服务市场的发展潜力，积极向成为“桥头堡”重要物流企业方向发展。

(2)明确 KGWL 发展的战略方向。按照国际国内区域性、支撑"桥头堡"的物流服务组织节点性、物流服务规模确定的网络化运作作为体现战略目标的专业化物流企业的发展方向,按照对云南"桥头堡"的定位,从服务经济发展、产业布局、国际国内经济联系所产生的物流服务需求角度,将 KGWL 建设成网络化、规模化、信息化和集约化的综合型现代物流企业。

15.7.2.2.2　KGWL 的战略定位

依托现有优势,加强物流资源的有效整合和空间布局,加大物流管理与服务的信息化、一体化、市场化、专业化、社会化、现代化、国际化等的建设力度,有序拓展物流服务空间、服务领域和服务内容,着力将 KGWL 打造成为立足云南、面向世界、特色鲜明、优势显著、经济高效、绿色环保、安全可靠的具有相当影响力和竞争力的国际性、综合性物流企业,成为云南省"桥头堡"乃至更大区域范围内"大宗物流的龙头、社会物流的核心、国际物流的先导"物流企业。

15.7.2.2.3　KGWL 的发展任务

KGWL 的发展任务表述为:"一个中心、两大突破、三大领域、四大重点、五大体系"。具体含义是,以打造"KGWL"品牌为中心,在资源配置领域和增值服务领域取得突破,突出企业在大宗物流业务、社会物流业务和国际物流业务三大方向的物流业务领域的发展,通过加强大宗物流产业链建设,加快商贸物流服务业务发展,以完善物流园区建设实现服务功能拓展,培育发展口岸国际物流业务,最终形成物流组织管理、物流运作服务、物流网络服务、物流企业合作和物流企业人才五大物流体系的建设。

15.7.2.3　KGWL 发展规划

15.7.2.3.1　管理体制

依据组织结构设计的稳定适应性原则,本次研究对 KGWL 企业的组织结构规划依据三种不同的阶段设计三种阶段的组织结构方案。第一阶段考虑组织变革的风险性,主要解决 KGWL 当前存在的结构松散、管控不力、责权不清、业务边界模糊等问题。第二阶段在第一阶段基础上,建立更加扁平化的组织结构,解决 KGWL 组织结构中存在的业务流程不畅、对外接口繁多等问题。随着 KGWL 战略定位的逐渐明晰和各不同类型业务的发展壮大,第三阶段将主要构建新型事业部制组织结构。

15.7.2.3.2　经营模式

结合 KGWL 发展的实际情况,本次研究给出如下 KGWL 经营模式:对内以资本为纽带,整合企业各类物流资源,制定并执行母公司服务需求的整体解决方案;对外以 KGWL 的相关物流园区为依托,为生产制造企业和商贸企业提供全方位的物流配套服务,重视与其他企业的战略合作,积极探索各种物流衍生服务业务。大幅提升企业竞争力和盈利能力,实现在内部整合与外部联盟基础上的业务拓展。

15.7.2.3.3　物流服务体系

(1)大宗物资物流服务体系。以实现物流业与制造业联动为出发点,以母体企业主要产品的生产、销售和相关多元化产业板块产生的物流服务需求为强大支撑,构建以主要产品及其原材料为主的大宗物资物流服务体系。

(2)社会物流服务体系。发挥母体企业的品牌和资产优势,在整合企业内务物流资源的基础上,依托物流园区、物流中心、配送中心等专业化物流设施,打造以产业供应链服务体系为核心，以物贸一体化发展为主线，以物流节点布局网络为保障，以物流公共信息平台为支撑，建立集商流、物流、资金流、信息流为一体的综合物流服务体系。

(3)国际物流服务体系。采用“国际陆港”的运行模式，依托于口岸等国际商贸物流节点，加强综合配套能力建设，积极开展保税物流服务，实现“港口功能后移、就地办理手续、公铁海陆联运、物流无缝对接”，形成综合高效的对外贸易与产业服务功能，开辟云南省及西南地区企业与国际市场的直接对接通道。

(4)物流衍生服务体系。依托自有物流设施建设，寻求有实力的物流地产商合作，逐步开展优质高效的定制化物流设施设计、建设与咨询服务，物业管理等方面的物流地产服务。同时，根据自身经营状况和市场需求开展托收货款、预付货款、仓单质押、保兑仓、物流保理和开证监管等物流金融服务业务。

15.7.2.3.4　物流基础设施空间布局与建设

(1)总体思路。在系统考虑云南省社会经济发展总体格局、内部和对外交通网络框架基础上，构建功能上支撑母体企业主业和相关多元化产业发展、满足云南省经济社会发展，以及云南省“桥头堡”战略下区域经贸合作等产生的不同物流服务需求的物流基础设施体系。

(2)基本原则。遵循以下原则：按照功能分类考虑物流基础设施的布局与建设；充分整合各种功能的物流设施；与区域物流总体布局相适应。

15.7.2.3.5　设施布局设想

(1)服务于母体企业自身产业的物流节点。布局于：昆明、玉溪、红河、大理、瑞丽、河口、磨憨、老街(越南)、皎漂(缅甸)、万荣(老挝)。

(2)服务于云南省社会物流需求的物流城市节点。布局于：昆明、曲靖、玉溪、楚雄、大理、蒙自，适时考虑在芒市、瑞丽、昭通进行布局。

(3)服务国际商贸交往的物流节点。布局于：河口口岸、瑞丽口岸、磨憨口岸、猴桥口岸、景洪口岸、昆明口岸(陆港)、皎漂港(缅甸)。

在此基础上，依据基础设施整合的原则，结合母体企业自身既有或在推进的物流基础设施情况，以及区域物流产业发展情况，进行适当调整，预计建设规模为：总投资218亿，设施占地规模2 200万平方米。

15.7.2.3.6　物流技术应用与信息化建设

基于KGWL自身战略取向和发展定位，物流信息平台的建设应当成为未来时期KGWL信息化建设的重点任务。从功能角度，KGWL的物流信息平台主要包括物流公共信息服务功能和企业物流信息管理功能。具体而言：

(1)物流公共信息服务功能。从树立企业国际物流品牌效应和打造云南省物流产业龙头企业的角度，KGWL公共信息服务主要包括以下功能：政府信息服务功能、数据交换功能、物流信息发布功能、电子商务功能。

(2)企业物流信息管理功能。为适应云南“桥头堡”建设以及KGWL自身发展需要，特别是顺应KGWL企业物流信息管理的多样化需求，其物流信息平台应包括系统管理、运输仓储管理、EDI、信息发布等八大功能。

15.7.2.4 相关建议

(1)扩展物流系统建设投融资渠道。争取将建设项目纳入国家和省级规划重点项目,以获得政府的财政支持和补贴;依托经营效果和母体企业,向银行贷款获得建设信贷资金;通过资本运作手段进入资本市场获取发展所需要的资金。

(2)提升物流经营管理水平。积极培育物流服务意识;谨慎选择适宜的物流服务领域;认真制定务实的物流服务营销策略;建立良好的内部运作环境。

(3)强化母体企业推进物流产业发展的步伐。发挥母体企业在推动物流业快速发展中的作用;创造积极政策环境,保证KGWL现代物流服务体系的健康发展;加速推进KGWL的企业改制。

(4)加强与云南省相关规划的衔接。由于涉及较大规模的物流节点设施的布局和建设,需要与云南省物流规划、物流节点建设规划等进行有机衔接。

15.8 物流政策案例

15.8.1 城市配送车辆交通管理研究

城市配送是指在城市范围内实施的、以配送物流为组织方式、实现发货方到收货方的专业化物流服务活动,包括两大环节:一是以物流基础设施(包括物流园区、物流中心、配送中心、运输枢纽及场站)为据点的货物配送组织管理环节;二是以城市道路和城市对外道路为依托将货物送到城市范围内指定地点的运输服务环节。

城市配送车辆的交通管理,既涉及城市配送据点布局及对外运输的间接管理,也涉及对内运输的直接管理。为提高城市配送车辆交通管理水平,提升城市物流效率,应对城市及城市周边以配送服务为基本业务的配送车辆运行交通进行管理,包括开展城市商业配送、城市工业企业配送和城市快件运输的各类作业车辆,以便在适应城市物流产业发展的同时,最大限度地减少配送交通对城市交通的影响。

15.8.1.1 加强配送车辆交通管理的思路

15.8.1.1.1 管理目标

在满足城市经济发展的物流需求、提高城市货运与物流效率的基础上,通过配送车辆交通的科学管理和有效控制,改善城市货运与物流带来的交通拥挤、环境污染、能源消耗及道路交通事故,促进城市物流业发展,改善城市经济发展、居民生活和投资环境。为此,需要从适应城市配送的发展要求出发,以合理、有效和实用的管理政策及相关管理手段,实现对城市配送车辆规模、结构和运行方式的有效管理,结合城市配送产业及相关基础设施的系统建设,建立科学的政策管理决策系统和高效率的实施系统,提高城市配送的总体效率。

15.8.1.1.2 管理原则和思路

根据“科学管理、服务城市、系统建设、循序渐进”的原则,城市配送车辆交通管理的基本思路为:

(1)明确政策、适应需求、突出重点。顺应城市货运、配送服务市场的客观需求和变化趋势,以提升配送企业和配送中心服务组织功能为基础,建立对城市配送企业适应和引导市场需求的政策导向,在城市配送车辆交通管理上实现市场配置资源、行业自律发展与政府宏观调控的有机结合。

(2)技术进步、完善规范、综合管理。以配送车辆的车型标准化和技术管理为切入点,以货运车辆车型管理政策和租车市场最低限价政策为辅助手段,完善行业协会建设、企业自律管理、系统管理协调和科学决策支持能力建设。

(3)疏堵结合、货配区别、以疏为主。放宽城市配送车辆运行的时间与空间限制,从严限制大型货车进入城市道路,合理调整配送车辆入市的审批管理,加大路上巡查监管力度,逐步规范配送车辆通行证的使用范围和使用模式。

15.8.1.2 配送车辆交通管理体制

15.8.1.2.1 完善管理体制

在维系目前的管理体制架构的基本前提下,由城市政府授权,将城市配送行业协会作为政府管理部门在配送车辆交通管理上的业务辅助和技术支持,纳入城市配送车辆交通管理体系,通过赋予其相应的职能和适当调整既有部门的职能,形成城市配送车辆交通管理的行业自律与政府管理有机结合的体制架构。

15.8.1.2.2 明确管理职能

(1)行业管理职能。城市交通行业管理部门负责配送车辆发展规划的制定、运政管理,制定城市配送车辆的技术标准,提出配送车辆发展总量控制、配送网点布局与技术标准建议方案,并与城市公安交通管理部门协调落实。

(2)城市交通管理职能。城市公安交通管理部门在现有基础上加强配送车辆交通管理相关政策的研究与制定职能,重点针对配送车辆的行驶和停车作业需要,形成与交通行业管理部门之间的政策协调机制,兼顾各方发展需要,形成城市配送车辆的交通管理系统。

(3)行业协调管理职能。城市配送或相关行业协会发挥企业与政府管理部门之间的联系纽带与桥梁作用,负责协助交通行业管理部门制定配送车辆、配送网点等发展规划,以及建立与配送车辆交通管理部门之间的信息反馈机制,并提供配送车辆发展所需要的企业及行业发展信息和建议以及反映企业发展诉求。

15.8.1.2.3 完善政策法规

城市配送车辆相关管理部门梳理和细化现有管理政策,针对城市交通的资源容量和配送车辆发展可能的需要,区分城市配送车辆与过境货运车辆、城市之间的货物运输等的不同特点,制定具有针对性、地位较高的相关管理法规和实施办法,并留出调整的空间和路径,为部门之间的协调创造条件。

15.8.1.3 配送车辆的交通管理机制

在部门协调的基础上,调整现有通行证发放思路与办法,实行城市范围内的货运和配送车辆分类管理,满足城市对货物运输与配送服务发展的需要。

15.8.1.3.1 确定运行控制的时间及范围

(1)配送车辆。以公安交通管理部门为主,并在交通行业管理部门和相关行业协会的参与下,将城市区域与路段划分为货运、配送车辆交通管制的一般路段和特殊路段,对划分路段和区域的货运、配送车辆行驶与作业的时间进行规定和标识，确定节假日、重大活动和其他特殊管制时间作为交通管制的特殊时段。

(2)配送网点。交通行业管理部门与公安交通管理部门根据规划和协调方案，在城区内主要配送节点处划定区域，依照目标地性质(商务、商贸、居住等)的差异，分别树立交通标志，标识停靠车型、时段与时间，限时停靠作业。特殊地段和特殊时间仍采取通行证制度。

15.8.1.3.2　实行通行证制度并进行区分管理

(1)分类管理。调整和完善现有配送车辆的通行证管理方式，建立车辆协调总量控制并作为发证依据，行驶和作业按区域和线路标志进行。将配送车辆的通行证按照一般和特殊两类进行区分管理。

(2)一般性通行管理。一般通行证可允许持证车辆在城区全天(除固定线路、特殊路段、特殊时间、特殊车型外)行驶和停靠作业，服从交通管理人员的现场指挥。

(3)特殊性通行管理。特殊通行证针对企业自有非经营性车辆的固定线路(可以根据需要多于一条)上的自我服务进行管理。

(4)临时性通行管理。对于货运车辆，按照管辖特殊路段、特殊时间、特殊车型范围通行，采取“特事特办”的方式，以满足特殊需要。

15.8.1.3.3　发挥行业协会的辅助决策与管理支持作用

(1)认证管理。由行业协会经授权协助管理部门，制定并认证从事城市配送业务企业的执业要求与车辆技术标准，对企业资质进行初审，并出具车辆性能意见。

(2)社会通行证管理。交通管理部门在得到行业管理部门意见或协调的基础上，对附有协会审核、认证意见申请经营性车辆的企业直接发放一般通行证，通行证应注明企业名称、车型与车牌号。

(3)企业自营通行证。商贸及制造业企业自有车辆等非营运车辆，以及其他货运营运车辆的特殊通行证，由企业直接向交通管理部门申请，在征求交通行业管理部门意见和协调的基础上，由交通管理部门审核批准后颁发特殊许可证。通行证上除企业名称与车辆牌号外，同时标注车型、线路与时间许可范围。

15.8.1.4　配送车辆标准化管理

15.8.1.4.1　提高车辆标准化管理的地位

城市交通行业管理部门应结合我国城市交通特点和配送经营需求，制定配送车辆标准，将城市配送车辆的标准纳入到企业资质评定和市场准入范畴，并通过与城市交通管理部门的协调和对相关规则的调整，使标准车为车辆通行运行管理的基本条件，确保配送车辆标准的贯彻和落实，提高车辆标准化管理的法律地位，引导配送企业采用标准化车辆运营。

15.8.1.4.2　完善标准化管理流程及机制

在制定标准过程中，相关部门应加强管理与政策的协调，充分考虑城市配送车辆技术进步与发展的经济条件，针对城市交通环境与对内、对外交通特点，以及配送企业现状、配送服务需求等，完善标准化管理的流程，使标准化能够促进和适应配送发展需要。

15.8.1.4.3　标准的形成与管理

依据国家现行车辆技术标准的要求，由行业协会在征求企业意见和进行研究的基础上，提出城市配送车型建议报请交通行业管理部门；由行业管理部门与交通管理部门协商，共同核准在城市范围内使用的配送车型标准，包括车辆吨级、外形尺寸、外观标识和区分一般车辆与特种车辆的环保、能耗等要求；将确定的车型标准纳入城市配送营运和通行申请资格范畴，不符合标准的车型一律不接受市场准入申请和通行；特种车、大吨位与超大吨位货车划入特别通行证管理范围。

15.8.1.4.4　配送货运及配送服务价格管理

由行业协会进行配送企业运行车辆的经济技术性能和盈利水平的统计与分析，明确城市配送服务市场的基本容量与承受能力；由城市交通管理部门、城市价格管理部门和城市财税部门共同制定配送车辆租车和配送服务市场运行的最低限制指导价格，防止企业大量购车并压低租车价格进行不合理和恶性竞争；由上述各个相关部门和协会共同建立实时、长效的运行监督机制，对配送服务市场价格运行实施有效的实时监控和及时反应。

15.8.1.5　配送车辆交通管理措施及建议

15.8.1.5.1　提升城市配送车辆在城市交通中的地位

在城市交通资源没有获得根本性改善的前提下，继续沿用目前我国大中型城市普遍实行的"客运优于货运"定位以及基于该定位的相关措施。针对城市经济的快速发展、居民生活的改善和信息化发展的要求，有选择地适度调整部分配送服务如快件、冷链、食品等的性质定位，制定专向扶持政策，提高配送车辆的时效性和服务性，促进城市配送能力的发展。

15.8.1.5.2　提高城市配送车辆管理政策的制定水平

在现有管理体制框架下，以遵循适用性、科学性、系统性、可操作性和引导性为原则，加强配送车辆政策制定的协调性与有效性，促进各部门管理行为的协调与合作，提高城市配送车辆管理政策的综合性和科学性。

15.8.1.5.3　提高城市配送车辆交通管理水平

鼓励配送服务的发展，在提高运行管理水平、健全管理协调机制、发挥行业协会功能、提高信息化管理水平和确立依托城市配送中心强化运行管理等方面提高对城市配送车辆的交通管理水平，促进配送车辆交通管理在行驶安全、运营效率、服务质量和环境保护等方面取得实际成效，实现对城市配送车辆的有效、科学管理。

15.8.1.5.4　加强协调、严格执法

加强管理体制内部的协调，着重协调公安交通管理部门和交通运输行业管理部门在政策制定层面和政策执行层面的协调合作；加强执法力度，逐步清除现有的管理盲点，维护市场秩序，并依据政策进行全面的管理和监控，以制定严格的管理程序予以保障，对于违法经营、扰乱市场和抗拒管理的企业，相关管理部可依据法规取消其经营许可与车辆运行许可；提高管理水平，本着公平、公开、公正，以及充分考虑需求的原则，严格运行监管，建立进入和汰出机制，逐步实现城市交通行业管理部门、交通管理部门和行业协会共同管理的模式。

15.8.1.5.5　改善外部环境及保障条件的相关措施

构建城市配送管理的支持环境，完善和强化城市交通规划，促进城市产业布局的合理化，建立通畅的交流渠道；提高城市配送服务的发展质量与水平，引导配送产业的集约化和专业化发展，引导配送模式的创新与发展，系统发展与重点建设相结合，支持城市第三方配送行业的发展，推进城市配送信息化建设，加快完善配送中心功能；完善对配送车辆发展相关领域的管理，完善城市货运网络的管理，加强枢纽与路网的衔接管理，加强城市配送车辆线路、装卸与停

车管理，建立和完善配送监管系统，完善配送车辆发展技术政策，加强管理政策实施效果的评估。

15.8.2 香港与内地物流合作发展研究

15.8.2.1 两地在物流产业发展中开展合作的必要性

15.8.2.1.1 现代物流业发展特点决定了两地合作发展物流的必要性

现代物流产业发展特点和趋势以及物流产业在国民经济中的地位和作用，决定了合作发展物流是提高香港和珠江三角洲两地物流管理、物流效率和整体效益的内在要求，将在整体上提高两地经济发展水平和整体竞争力。

15.8.2.1.2 现代物流与货运发展关系决定了加强区域性货运发展合作的必要性

从现代经济条件下货物运输发展的基本特征和物流产业发展对货运发展的基本要求角度考虑，加强区域性货运合作对物流合作发展非常必要。紧密的区域性货运合作关系的建立，有利于高效、低成本地完成完整的运输服务。同时，合作会促进分工的细化，为物流的网络化、信息化、规模化和跨区域、跨国界运作创造货运企业组织与服务条件。

15.8.2.1.3 两地更紧密的经贸关系安排决定了合作发展物流的必要性

两地更紧密的经贸关系安排，要求两地物流业的发展加强和扩大协调与合作规模，改善和调整两地物流企业的发展关系，香港和广东(特别是珠三角地区)因地理及产业联系的紧密性而使合作发展物流显得非常必要。

15.8.2.1.4 物流产业发展合作是建设华南物流圈的重要基础和前提条件

包括珠三角地区在内的华南经济区具有强大的经济发展潜力和较好的经济运行水平，经济的健康、快速发展决定了未来该地区物流管理方式的逐步改变，两地物流产业发展合作将对构建华南物流圈构成设施基础支持、运行环境支持和运作模式的实验。

15.8.2.1.5 为两地海运集装箱服务的高效集疏运系统建设势在必行

海运集装箱不仅是两地物流合作发展中重要的合作内容与运行领域，也在未来双方各自的物流产业发展中占有重要地位，香港的物流产业发展资源状况决定了依托内地构建后方服务系统的必然性，构建双方合作、协调运行的高效服务系统是双方的必然选择。

15.8.2.1.6 两地物流合作发展应尽快克服的障碍

从两地物流业政府管理和企业发展关系等角度分析，两地物流合作发展的主要障碍来自于三个方面：一是宏观环境，由于两地分处不同的经济发展环境、法律环境与管理环境，对物流业发展、管理与运行的政策和制度也具有各自的特点与模式，因此两地的相关政府部门之间的协调与合作至关重要；二是运行条件，由于两地的特殊地位与特殊关系，地区利益、部门利益与地方保护等问题在一定程度上对两地物流产业发展构成运行条件上的妨碍，必须在未来的发展合作进程中不断加以改善；三是服务水平，目前两地在物流服务水平与效率的不同领域和不同方向上各具一些优势，也存在一些明显的弱项，并具有强烈的互补特征。因此，必须通过整体上的物流合作，提高两地各自及彼此之间的物流服务效率与合作效率。

15.8.2.2 合作发展物流业的重要意义

15.8.2.2.1 促进两地经济发展和经济结构调整

(1)促进香港经济发展,巩固其国际经济地位。香港发达的物流业已经成为支撑国民经济发展、解决就业和巩固贸易、金融中心地位的重要手段,内地提升经济发展水平和物流业服务效率也需要香港在物流服务效率、供应链关系以及在国际贸易与金融方面的地位、经验与运作能力领域提供支持,因此,两地物流合作发展有利于最大限度地发挥香港优势,在更高的经济发展水平和更高的物流服务效率上为香港经济发展注入活力,巩固其国际经济地位。

(2)支持广东省珠三角地区经济的健康持续发展。目前,广东省珠三角地区以加工、制造为主体的工业产业的聚集程度已相对较高,对于提升制造业企业的物流管理水平和社会化物流服务水平的要求日益强烈。因此,两地物流在物流业领域的一体化合作发展,有利于充分发挥两地物流基础设施的作用,提高利用率和降低整体成本,又可以借鉴香港在现代物流管理、企业运作和网络化服务上的经验,使广东省珠三角地区物流管理水平和服务效率迅速提升,支持广东珠三角地区经济健康持续发展。

15.8.2.2.2 推进两地传统货物运输服务业战略转型

充分兼顾香港与广东省珠三角地区的现状并发挥各自优势,实现两地物流服务在不同发展水平和基础条件下的协调发展,将实现香港与内地在物流产业发展上的双赢局面,对巩固香港的国际航运中心与枢纽港地位,提高大珠江三角洲地区港口群体的整体发展实力,在与周边国家与地区的大型物流枢纽的竞争中取得优势地位,具有重要的现实意义和积极的支持作用。

15.8.2.2.3 构建两地优势互补的现代物流业发展体系

珠三角地区目前的大型物流枢纽均分布在珠江下游出海口地区,拥有共同的经济腹地和密切的业务联系,服务领域的高度重叠和交叉使得合作与竞争势在必行。因此,合理地使用该地区的各类资源,有利于充分发挥现有各类物流枢纽的作用,提高物流服务的效益和质量,从而促进整个大珠江三角洲地区经济的健康、有序和可持续发展。

15.8.2.2.4 实现两地物流资源在市场机制下的合理开发和利用

中国的华南地区特别是以香港、深圳、广州为经济中心城市的大珠江三角洲地区,已经具有较高的经济发展水平与实力,是中国加入 WTO 后参与国际竞争的重要力量。因此,两地物流合作发展将有利于尽快改善大珠江三角洲地区物流资源条件,提高珠三角地区物流总体能力与通畅运作,全面提高该地区企业可能获得的物流能力。

15.8.2.3 *发展战略*

15.8.2.3.1 合作的基本指导思想

体现在三个方面:从“大珠江三角洲”地区现代物流业的整体发展战略考虑合作问题;从发挥两地物流优势和潜力的角度进行合作方案和政策设计;合作要达到改善两地整体发展环境建设的目的。

15.8.2.3.2 两地物流合作发展的基本战略目标

以满足香港与珠三角地区(大珠江三角洲地区)物流服务需求、降低区域物流成本、提高物流效率和改善物流服务环境为宗旨,借助香港国际航运中心和枢纽港强大的服务功能和深圳、广州港口服务能力,构建区域性综合物流服务系统,以共同发展、合作双赢为理念,以协调合作、专业分工和市场竞争为手段,以法律环境建设为保障,充分发挥香港和珠三角的各自优势与潜力,以适合双方发展特点、与现实条件相适应的一体化物流服务基础设施和高效运作系统有计划、分步骤建设为合作推进的切入点,使现代物流成为推动双方经济、社会发展的积极动力和基础支持。

15.8.2.3.3　合作发展战略框架设想

(1)政府引导。通过两地政府在物流产业发展上的组织与协调,指导、协调和监督两地企业及相关管理部门开展物流服务运作与行业管理,实现两地在物流产业发展合作宏观层面的协调与互动。

(2)行业自律。加强两地相关行业协会的建设与相互联系,建立顺畅的行业与企业沟通渠道,发挥协会在行业与企业中的扶持、沟通和协调作用,围绕强化两地行业协会的建设与协作积极开展物流企业的行业自律。

(3)技术支持。依托现代信息手段与技术装备,在珠三角地区统一规划、建设和完善具有海关监管功能的物流中心和物流园区(货运村),形成点面结合的物流网络节点体系,并以此作为两地间物流服务的管理控制枢纽,积极开展各类跨境物流服务模式。

(4)环境建设。以行业管理手段和法律法规的调整与完善为基础,以合理、有效、公平的运行监管为保证,以调整、完善海关通关管理手段与政策为支持,开放物流服务市场,建立公平竞争的市场环境,积极拓展物流产业发展合作的领域和空间,在保证国家利益的前提下实现通关效率的全面提升和通关环境的整体改善。

15.8.2.4　香港与内地物流合作发展方案

15.8.2.4.1　两地物流业合作发展可供选择的方案

考虑两地物流合作发展中政府组织与协调的必要性,根据两地物流及货物运输管理体制和监管的现实状况,在此提出两个两地合作发展物流可供选择的方案:一是完善既有政府组织与协调机制基础上的合作发展;二是强化政府协商机制与组织架构下的合作发展方案。

15.8.2.4.2　物流合作发展方案的选择及实施安排

方案的选择:方案一具有直接与既有系统接轨和方便操作的特点,产生推进两地物流产业发展合作的效应较快;而从两地物流业的长远发展角度,高度的组织协调是两地物流合作发展的重要保障,方案二在这方面的作用和意义可能更大些。因此,设想的两个方案均可以作为推进两地合作发展物流时的选择。

由于两地是两个在管理上完全独立的经济体,也是两个独立的关税区,要在较短的时间内达到实质性的合作发展,有一定难度,因此,若把建立协商机制的重心放在先建立新的架构基础上,然后由该架构所设立的决策、衔接和实施系统进行推进,需要较长的时间。本着积极推进、稳步发展的基本原则,建议选择方案一,在该方案设计的原则下推进两地物流产业发展合作。按照方案一提出的设想,在两地既有协商机制下,由两地政府、市场两个角度共同推进物流的合作发展。

15.8.2.4.3　合作方案的实施安排

针对合作方案的特点以及香港与内地在物流管理、运作上的差异,对具体的实施作出制度性和运作性安排。

15.8.2.5　推进香港与内地物流合作发展的政策建议

15.8.2.5.1　未来政策导向

(1)必须正确面对香港与广东省珠三角地区在物流业发展上的竞争。两地紧密的经济关系决定了两地物流市场的融合程度将不断提高，合作是必然趋势。但是，两地经济能力的变化和企业成长后，竞争也必将越来越激烈，这是两地物流合作要面对的现实。因此，在政策导向上要充分考虑两地企业竞争的存在，要充分体现推进物流效率、服务质量提高的要求，按市场经济规律营造良好的企业发展环境。

(2)要充分发挥双方优势和利用两地资源。香港在服务、信息、物流、金融等方面在两地合作中具有明显优势，将这些优势作为实现两地在更深层次的发展合作的基础，将有利于广东珠三角地区整体经济水平的提高；而在利用广东珠三角地区土地资源和生产基地等优势中，两地经济关系将更加紧密，整体竞争力将会共同提高。因此，在两地物流产业发展合作的政策导向上，要体现利用香港优势，利用两地资源，实现经济进一步发展的思想。

15.8.2.5.2 营造两地物流合作发展的市场环境

(1)充分发挥既有高层协商机制的作用。明确两地联席会议在两地物流合作发展中的协调职能，加大协调力度，特别是通过立法，赋予其在涉及两地物流产业发展合作的重大政策、重要基础设施建设与整合等方面的协调权限，并通过协调机制的确立与调整，为两地创造良好的物流产业发展协调条件。

(2)强化政府相关部门的联系与协调。加强两地物流产业发展相关政府管理机构和部门之间的协调，明确两地物流相关政府管理机构与部门在物流产业发展合作上的功能，要逐步建立两地之间以及两地各自的政府管理部门在物流产业发展规划的制定、运输管理、市场监管、口岸与通关管理等方面的顺畅协商与合作机制。

(3)充分发挥行业协会在行业与企业发展运作中的协调指导作用。发挥两地相关协会在反馈信息、沟通政府、参与决策等方面的中介作用。积极为两地协会建立较为紧密的合作关系创造政府支持条件，使协会组织发挥作用的机制得以健全。

(4)完善双方技术标准与服务规范的统一与协调。加强两地在物流标准化建设上的衔接和配合。两地政府要高度重视物流标准化和运作规范化问题，通过协商机制，结合两地物流系统的特点、实际运作状况和贸易特点，积极推广采用国际先进的技术标准。

15.8.2.5.3 推进两地物流资源与运作领域的合作

(1)鼓励企业参与物流基础设施网络的建设。两地政府管理部门要在物流基础设施规划和建设上进行通力合作，如两地港口建设规划、物流通道的建设规划、物流资源的整合规划等，应积极通过协商机制为企业在基础设施建设与运营上的合作创造条件，降低企业投资与经营风险，并结合“货运村”和“超级中国干线”等合作基础较好和便于一体化运作的物流基础设施建设项目的实施，统筹考虑陆上集疏运系统建设，包括物流园区、保税区、集装箱场站的建设等。

(2)注重现有综合交通运输网络建设与运营的结合。现有国家与地区综合交通运输网络的建设和发展是大珠江三角洲地区物流服务网络发展的必要基础。因此，大珠江三角洲地区物流产业发展合作必须注重将新建设施与现有设施在规划、布局、功能以及运行等方面的有机结合，发挥最大的经济效益与社会效益。

(3)加速打通两地西部联系通道。加快推进深圳西部通道(蛇口与香港的连接通道)和香港与广东珠三角地区联系的西部通道(珠江西岸地区与香港的联系通道)——珠港澳大桥的建设，增加两地间的联系通路，为两地间物流合作发展创造设施能力条件。

(4)充分发挥铁路的能力与优势。利用铁路运输成本较低、运输量较大和便于依托场站(保税仓、物流园区)进行监管的优势,积极与国家铁路集装箱运输系统衔接,寻求依托两地物流服务市场,使服务范围向更深的内陆地区延伸,拓展两地大型港口的腹地范围,为两地港口集装箱运输的发展寻求新的增长途径。

15.9 国外物流政策案例

物流产业对经济发展具有重要引导、提升和支撑作用,而且现代物流产业发展问题较为复杂,几乎涉及所有产业发展、产业运作过程。除面临经济转型与产业升级的我国高度重视外,物流业较为发达的西方经济发达国家也高度重视物流业的发展。为推进物流业的发展,经济发达国家在物流产业发展过程中也制订了各种类型的物流规划。由于我国经济管理和运行方式与西方国家存在较大差异,与我国丰富的各种类型的物流规划不同,除日本、澳大利亚、德国等少数国家制订具有一定宏观层次的物流产业发展规划,与我国目前制订的国家、区域、物流基础设施规划相类似外,许多国家主要是制订物流企业和企业物流等微观层次的物流规划,此类规划的理论和方法论已经比较成熟,对我国物流企业和企业物流发展规划具有借鉴意义。尤其是国外分析物流活动的一些基本方法,对我国区域性的物流产业发展规划也具有参考价值和借鉴意义。

15.9.1 日本物流产业发展规划政策

15.9.1.1 经济转型阶段的物流问题

20 世纪 80 年代中期以后,物流合理化的观念面临着进一步变革的要求。这主要是由于 20 世纪 80 年代以后,日本的生产经营发生了重大的变革,消费需求差异化的发展,尤其是由于 20 世纪 90 年代日本泡沫经济的破裂,使以前那种大量生产、大量销售的生产经营体系出现了变化,生产的多种化和少量化成为新时期的生产经营主流。其结果是整个流通体系的物流管理发生了变化,即从集货物流向多频度、少量化、进货短时间化发展。

在销售竞争不断加剧的状况中,物流服务作为竞争的重要手段在日本得到了高度重视,这表现在 20 世纪 80 年代后期日本积极倡导高附加价值物流、Just-in-time 物流等现代物流发展的核心技术进步和服务提升等方面。但是,随着物流服务竞争多样化,物流成本的高昂成为这一时期的特征,在日本有把这一时期称为"物流不景气"时代的说法,即由于经营战略上升,提高物流效率是 20 世纪 90 年代日本物流面临的最大问题。

15.9.1.2 针对经济转型的物流政策

针对经济转型阶段的物流发展特征,为提高物流管理与服务水平,提升日本参与国际竞争的能力,日本在物流政策方面发生了一些变化。1997 年(平成 9 年)4 月 4 日,日本政府制定了对本国物流业发展具有重要影响力的系统政策——《综合物流施政大纲》。《综合物流施政大纲》是根据 1996 年(平成 8 年)12 月 17 日日本政府决定的《经济构造的变革和创造规划》中有关"物流改革在经济构造中是最为重要的课题之一,到 2001 年(平成 13 年)为止既要达到物流成本的效率化,又要实现不亚于国际水准的物流服务"目标而制定的。《综合物流施政大纲》是日本物流现代化、纵深化发展的重要指针，对于日本物流管理的发展具有历史意义。2001年7月，考虑到《综合物流施政大纲》业已取得的成果，为进一步提高物流业发展水平，经由日本内阁会议决定，《新综合物流施政大纲》延续1997年所定《综合物流施政大纲》的计划进度，以2005年为目标年，目的在于建构日本高度且全面有效率的物流系统。

15.9.1.3　日本物流政策的积极影响

日本《综合物流施政大纲》和《新综合物流施政大纲》，对我国物流产业发展规划的编制和国家物流政策的出台，产生了较大的影响。两个大纲在物流业发展方面的宗旨、内容和作用，具有很强的针对性，所以，将上述两个文件的主要内容作为国外物流产业发展规划案例纳入本书中，以便于了解国外从政府角度推进物流产业发展的相关情况。

15.9.2　《综合物流施政大纲》的主要内容

15.9.2.1　基本目标

大纲中提出了到2001年日本物流产业发展的三项基本目标，即第一，亚太地区便利性且充满魅力的物流服务；第二，实现对产业竞争不构成阻碍的物流成本；第三，减轻环境负荷。为实现上述目标，大纲中还制定了实施措施的三项原则，包括通过相互合作来制订综合交通措施；为确保适应消费者需求的有效运输体系，以及创造良好的交通环境、道路、航空、铁路等交通机构合作共同制订综合交通措施；通过竞争促进物流市场活性化。

15.9.2.2　横向措施

横向措施包括三大部分，第一部分是社会资本配置。即在所规定的物流体系上集中使用资本，此外，加强相关部门的合作。一是与利用者需求相对应的多样化的选择方法(社会资本的相互合作)；二是物流瓶颈的消除；三是国际港湾、机场的建设，以及高规格干线道路、地域高规格道路、通往港湾机场的道路建设，主要干线铁路运输力的增强，中枢、中心国际港湾的设置，大都市圈物流中心、空港建设。第二部分是规制缓和。即在法规、政策上推动物流效率化，例如需求供给调整计划的废止；安全规制的制定(国际调和、推动技术水准提高的政策)。第三部分是物流系统的高度化。一是信息化，如无纸贸易、一站服务、EDI的发展；二是标准化，如集装箱的标准化等等；三是其他措施，如技术开发、商业惯例的改进等。

15.9.2.3　不同领域的措施

涉及三个方面：一是都市内物流，即缓和交通阻塞、提高汽车装载效率、提高物流服务质量、减轻环境负荷，在发展方向上主要是建立道路交通的通畅机制(物流共同配送、交通需求管理)以及货车的自营转换(提高装载率)；二是地域间物流，通过多种方式完善陆海空运输的竞争条件，实现复合联合运输以及减轻环境负荷，在措施上主要是促进内河、海运和铁路货运，道路、大范围物流中心的建设，货车的规制缓和等；三是国际物流，即为了应对日本市场商品输入增加的状况，缩减国际物流的时间和成本，纠正内外价格差，改善产业地域竞争力，主要措施是国际中枢、中心港湾据点的整顿、设立，进出口手续、港湾手续的信息化等。

15.9.2.4　构筑各机构合作的政策推进体制

推动各政府机关、地方公共团体、物流业者和货主联合采取物流现代化措施，加强地方与中央的合作。在措施上包括:在中央强化与地方合作的体制,在地方强化与中央合作的体制,每年对所实施的举措效果和问题进行彻底调查。

15.9.2.5 需要进一步强化的主要发展问题

从日本《综合物流施政大纲》可以看出,今后日本物流进一步发展、强化的方向是:信息化的推进;物流技术的开发;物流人才的培养;新物流服务的开展;国际化的应对;包装机械化、在库管理数码化的推进;整体系统化的加强;社会资本的充实;规格化、标准化的推进;共同化、协作化的推进。

15.9.3 《新综合物流施政大纲》的主要内容

15.9.3.1 总体目标

2001 年 7 月 6 日所发布的《新综合物流施政大纲》,其目标是在迎接 21 世纪,形成符合日本经济社会的新的物流系统,预计在 2005 年达成以下目标:一是建构具有国际竞争力水准的物流市场;二是建构减轻环境负荷的物流系统与对循环型社会的贡献。

15.9.3.2 具体目标

为达成上述目标,确定以下三个大方向,并设定具体的数值目标:为实现具有国际竞争力的社会,构建高度且全面有效率的物流系统;应对社会的课题,构建物流系统;支持国民生活构建物流系统。

(1)为实现具有国际竞争力的社会,构建高度且全面有效率的物流系统。一是构建高度且全面效率的物流系统。包括为促进共同化与信息化(3PL)等民间措施,推动法规限制改革与行政手续简单化、效率化、技术开发;促进以标准托盘联运托盘化运输(从发货到目的地无须交换而使用相同托盘的联运运送方式)为中心,促进单位化装载。其目标是到 2005 年可应用托盘运输的货物的托盘化程度约达 90%(现在为 77%),标准托盘化比率提高到欧美水平(现在日本约 40%,欧美 50%~60%);在地区物流方面,公路、海运、铁路等相互竞争与合作,根据使用者的自由选择,构建适合角色分担的交通系统,推动合作事业。其目标是国内贸易货柜场使用陆上交通半日以内往返的地区人口从现在的 80%提高到未来的 90%。其次,从汽车专用道路等在 10 分钟以内可到达的港口与机场的比率,约达到(现在机场比率是 46%,港口是 32%,欧美约为 90%)90%;在都市内物流方面,依照环状道路整备、交换改良扩大交通容量,并且按交通需求面以期能分散与调整需求,推动交通需求管理(TMD)措施。其目标是在 21 世纪初,在三大都市圈的人口集中地区,早晚平均行车速度改善到 25 公里/小时,此外,货车装载效率提高到 50%(现在的行车速度是 21 公里/小时,货车装载效率是 45%)。二是强化国际物流据点的功能。包括国际港口等国际物流据点与从该处的通路、海上通过网络、干线道路网络的重点整备。其目标是在 2005 年,进出口货柜的陆上运送费用,以 1997 年综合物流大纲所制定当时设施配置为基准来作比较减少 30%。促进港口 24 小时开放化、进出口、港埠手续的电子化与单一窗口化,大幅改善国际港埠物流效率。其目标是到 2005 年,从船舶入港开始到货物搬出货柜场的必要时间缩短到 2 天,现在则所需时间为 3~4 天。

(2)应对节能与环境问题,构建物流系统。一是应对地球变暖问题。主要是为达成《京都议定书》CO_2 排放削减目标,加强排放管制措施;为应对货车等运输工具的燃料费提高、车辆大型化、共同化等，促进运输的效率化与充分利用铁路和国内海运。目标是到 2010 年，长距离杂货运输方面的组织化比率（铁路与国内海运占全部运输工具的比率），从现在的 43%提高到 50%以上。二是应对大气污染等问题。涉及强化排放氮氧化物限制、开发及普及低公害车辆、扩充环状道路设施的交通容量，通过交通需求管理（TMD）措施，促进都市内交通通畅；促进在环状道路周边等规划建设物流据点；探讨在都市内通过交通需求转换使对货车的需求转变成对水运与铁路的运输对策。三是实践循环型社会，构建回收物流系统。包括充分利用铁路与海运，探讨并具体化对循环性社会有贡献的有效率物流系统；整合广域废弃物再生设施等以整理港埠设施等；防止事故应对物流安全问题；配备货车行驶速度限制装置（90 公里/小时），对于拥挤海域的新通航方式进行研究等，强化事故预防对策与适时修正安全基准。

（3）支持国民生活，构建物流系统。在物流管制放松后，确保稳定的物流服务与消费者保护。规划街道的物流顺畅性，例如都市内建筑物等配置货物装卸设施。构建稳定的物流系统，提高既有基础建设的耐震性等，确保紧急时的代替手段与通路。

参考文献

[1] 汪鸣,冯浩.我国物流业发展政策研究[M].北京:中国计划出版社,2002.
[2] 丁俊发.中国物流[M].北京:中国物资出版社,2007.
[3] 保罗·萨缪尔森,威廉·诺德豪斯.经济学[M].14版.北京:首都经贸大学出版社,1996.
[4] 哈罗德·孔茨,海因茨·韦里克.管理学[M].10版.北京:经济科学出版社,1998.
[5] 亨利·法约尔.工业管理与一般管理[M].北京:机械工业出版社,2007.
[6] 中国社会科学院语言研究所词典编辑室.现代汉语词典[M].北京:商务印书馆,1978.
[7] 何明珂.物流系统论[M].北京:高等教育出版社,2004.
[8] 陆化普.交通规划理论与方法[M].北京:清华大学出版社,2006.
[9] 克朗R M.系统分析和政策科学[M].北京:商务印书馆,1986.
[10] 王庆云.交通运输发展理论与实践[M].北京:中国科学技术出版社,2006.
[11] 谢雨蓉.国际物流统计核算的基本情况及国内外比较[J].综合运输,2012(5):29-25.
[12] 汪鸣.物流基础设施发展问题的探讨[J].综合运输,2004(8):24-27.
[13] 汪鸣.城市物流的概念与政策问题[J].物流技术与应用,2012(4):73-77.
[14] 崔介何.企业物流[M].2版.北京:北京大学出版社,2008.
[15] 龙江.商贸企业物流[M].北京:中国物资出版社,2004.
[16] 季航.物流信息化建设问题研究[D].北京:对外经济贸易大学硕士学位论文,2006.
[17] 邓子云,黄友森.物流公共信息平台的层次结构与功能定位分析[J].物流工程与管理,2009(10):13-14.
[18] 谢雨蓉.构建货运服务系统的解析与对策[J].综合运输,2012(11):55-62.
[19] 陈振明.公共政策分析[M].北京:中国人民大学出版社,2002.
[20] 刘吉发,花蕾.产业政策学[M].北京:经济管理出版社,2004.
[21] 王坤.我国物流产业政策选择研究[D].北京:北京交通大学,2011.
[22] 李群峰.城市物流政策系统及其规划分析方法研究[D].上海:同济大学,2005.
[23] 胡江虹.绿色物流发展研究[D].西安:长安大学,2011.
[24] 刘冬林.绿色物流的制度研究[D].武汉:武汉理工大学,2010.
[25] 任志鹏.国内外物流管理体制和产业政策研究[D].上海:上海海事大学,2007.
[26] 张玲.我国物流服务产业性质及政策研究[D].上海:上海海事大学,2005.